U0064638

大人（八）

沈葦窗與《大人》雜誌

蔡登山

已故香港邵氏電影公司在台分公司總經理馬芳蹤說：「文化事業出版界，我最欽佩兩個人，一是台北《傳記文學》的社長劉紹唐兄，以單槍匹馬一個人的精力，把中國近代史的資料蒐集成庫，且絕不遜於此地的『歷史博物館』與大陸的『文史檔案館』。另一位就是香港《大成》的沈葦窗，《大成》是專門刊載藝文界的掌故與訊息，目前海峽兩岸包括海外，似乎還找不出第二本類似的刊物。」其實《大成》還有個前身就是《大人》雜誌，它創刊於一九七〇年五月十五日，至一九七三年十月十五日停刊，前後出了四十二期。一九七三年十二月一日《大成》緊接著創刊，至一九九五年九月沈葦窗病逝終刊，出了二百六十二期。兩個刊物合起來共三百零四期，前後有二十五年之久。它也是「一人公司」，香港作家古蒼梧說：「《大成》的業務，從編輯、校對到聯絡作者、郵寄訂戶，幾乎都由沈老一人包辦。每次我到龍記樓上《大成》編輯室送稿，總見到他孤單地在一堆堆雜誌與書刊中埋首工作，見我來了，便露出燦爛的笑容，跟我閒聊幾句，臉上毫無倦容。……」。當然可想見更早的《大人》的情況，亦是如此。

關於沈葦窗的生平資料不多，他是一九一八年十二月三十日出生，浙江省桐鄉烏鎮人。正如他自己說的：「我寫作至今，從未提過自己的家世。」只在〈記從兄沈泊塵〉一文中，他透露一些蛛絲馬跡：「祖父右亭公生子女九人，泊塵是三房長子，能毅、叔敖是他的胞弟。我父季璜公行九，娶我母徐太夫人，婚後居上海之台灣路，姪輩到上海求學，多住我家。我家兄弟都以『學』字排行，泊塵名學明，家兄吉誠名學謙，我名學孚。我生在台灣路，大約我出世未久，這位『明哥哥』便去世了！」沈泊塵卒於一九一九年，得年僅三十一歲。沈泊塵兄弟三人曾合辦《上海潑克》畫報，為中國漫畫報刊的始創者。作家陳定山就說：「上海報紙之有漫畫，始於沈泊塵。若黃文農、葉淺予、張光宇正宇兄弟，皆為後輩矣。」

沈葦窗畢業於上海中國醫學院，據香港的翁靈文說沈葦窗自滬來港後，雖投身出版事業，但也常應稔友們之請，望聞切問開個藥方，多能藥到病除。沈葦窗曾任香港麗的呼聲廣播有限公司金色電臺編導、電視國劇顧問。他的夫人莊元庸也一直在「麗的呼聲」工作，莊女士其實早在上海名氣就很大了，每天擁有十萬以上的聽眾，她口才好，聲音悅耳，有「電台之鶯」的雅號。後來在台灣的華視也工作過，我還看過她演出《星星知我心》的連續劇。

沈葦窗是崑曲大師徐凌雲的外甥，徐凌雲曾對寧波、永嘉、金華、北方諸崑劇，甚至京劇、灘簧、紹興大班等悉心研究，博採眾長。十八歲登臺，堅持長期練功不輟，生、旦、淨、末、丑各行兼演，「文武崑亂不擋」。後來又與俞粟廬、穆藕初等興辦蘇州崑劇傳習所，培養「傳」字輩一代崑劇藝人有功。沈葦窗說他自己：「少年時即好讀書，有集藏癖，年事漸長，更愛上了戲曲。其時崑曲日漸式微，但因我的舅父徐凌雲先生是崑曲大家，總算略窺門徑；還是和平劇接近的機會多，凡是夠得上年齡的名角，都締結了相當的友誼，搜羅有關平劇書籍更不遺餘力。」他後來將這些重要史料收藏，如《富連成三十年史》、《京戲近百年瑣記》、《清代燕都梨園史料》、《菊部叢譚》、《大戲考》等十二部珍貴或絕版史料，以「平劇史料叢刊」由劉紹唐的傳記文學社出版，嘉惠後學。

沈葦窗在上海時期，就在小報上寫文章。一九四〇年金雄白在上海創辦一份小型四開報紙，名為《海報》，當時寫稿的人可說是極一時之選，長期在《海報》撰稿的有陳定山、唐大郎、平襟亞、王小逸、包天笑、蔡夷白、吳綺緣、徐卓呆、鄭過宜、范煙橋、謝啼紅、朱鳳蔚、盧一方、沈葦窗、陳蝶衣、馮鳳三、柳絮、惲逸群等，女作家中，更有周鍊霞、陳小翠諸人。沈葦窗當年曾是金雄白辦報時的作者，沒想到幾十年後金雄白變成了是沈葦窗的作者。《大人》初創時期，就有一個非常壯觀堅強的撰稿人隊伍，這些人大多是大陸鼎革後，流寓在香港和臺灣的南下文人、名流和藝術家，大都是沈葦窗的舊識，也可見他在舊文化圈中人脈的廣博。

《大人》雜誌給這些人提供了一個發表文章的重要平臺，刊載了大量有價值的文章和重要的第一手史料。其中像被稱為「中醫才子」的陳存仁的兩本回憶錄《銀元時代生活史》、《抗戰時代生活史》，都先後在《大人》及《大成》上連載，而後才集結出書的。《銀元時代生活史》後來在一九七三年三月，由香港吳興記書報社出版，張大千題耑，沈葦窗撰序云：「一九七〇年五月，《大人》雜誌創刊，我承乏輯務，初時集稿不易，因而想到陳存仁兄，他經歷既豐，閱人亦多，能寫一手動人的文章，於是請他在百忙之中為《大人》撰稿，第一期他寫了一篇記章太炎老師，果然文筆生動，情趣盎然，大受讀者歡迎。存仁兄的文章，別具風格，而且都是一手資料，許多事情經他一寫，躍然紙上，如歷其境，如見其人，無形之中成為我們《大人》雜誌的一員大將。《銀元時代生活史》刊載以後，更是遐邇遍傳，每一段都富有人情味和親切感，存仁兄向有考證癖，凡是追本究源，文筆輕鬆，尤其餘事。綜觀全篇，包含著處世哲學、創業方法、心理衛生、生財之道，對讀者有很大的啟發性和鼓勵性，實在是老少咸宜的良好讀物。今當單行本問世，讀之更有一氣呵成之妙，存仁兄囑書數言，因誌所感，豈敢云序。」

再者在《大人》甚至後來的《大成》上，占有相當份量的，莫過於「掌故大家」高伯雨（高貞白、林熙）的文章了。一般說起「掌故」，無非是「名流之燕談，稗官之記錄」。但掌故大家瞿兌之對掌故學卻這麼認為：「通掌故之學者是能透徹歷史上各時期之政治內容，與夫政治社會各種制度之原委因果，以及其實際運用情狀。」而一個對掌故深有研究者，「則必須對於各時期之活動人物熟知其世襲淵源師友親族的各族關係與其活動之事實經過，而又有最重要之先決條件，就是對於許多重複參錯之瑣屑資料具有綜核之能力，存真去偽，由偽得真……」。能符合這個條件的掌故大家，可說是寥寥無幾，而高伯雨卻可當之無愧。高氏文章或長篇大論，或雋永隨筆，筆底波瀾，令人嘆服！難怪香港老報人羅孚（柳蘇）稱讚說：「對晚清及民國史事掌故甚熟，在南天不作第二人想。」而編輯家林道群也讚曰：「高伯雨一生為文自成一家，他的『隨筆』偏偏不如英國的essay，承繼的是中國的傳統，溶文史於一，人情練達，信筆寫人記事，俱是文學，文筆之中史識俯拾皆是。」這是高伯雨的高妙處，也是他獨步前人之處。

資深報人金雄白筆名「朱子家」，曾在《春秋》雜誌上連載《汪政權的開場與收場》而聞名。沈葦窗邀他在《大人》再寫了〈「海報」的開場與收場〉、〈委員長代表蔣伯誠〉、〈梁鴻志死前兩恨事〉、〈「入地獄」的陳彬龢〉、〈倚病榻，悼亡友〉、〈梁鴻志獄中遺書與遺詩〉等文，因大都是作者所親歷親聞，極具史料價值。一九七四年他的《記者生涯五十年》開始在《大成》雜誌第十期連載，迄於一九七七年六月的第四十三期為止，前後達兩年又十個月之久，共六十八章，幾近三十萬字。金雄白說：「七十餘年的歲月，一彈指耳，回念生平，真是如幻如夢如塵，在世變頻仍中，連建家毀家，且已記不清有多少次了，俱往矣！留此殘篇，用以自哀而自悼，笑罵自是由人，固不必待至身後。」

還有早期的老報人，著名雜誌《萬象》的第一任主編陳蝶衣，他後來來到香港，還是著名的電影編劇、流行歌曲之王。六十多年來，陳蝶衣光是歌詞的創作就有三千多首。人們尊稱他為「三千首」。周璇、鄧麗君、蔡琴、張惠妹……，中國流行音樂史上一代又一代的歌后們，都演唱過他寫的歌。他在《大人》除寫了〈一身去國八千里〉、〈舉家四遷記〉、〈我的編劇史〉、〈花窠素描〉等自身的回憶文章外，還有《銀海滄桑錄》的專欄，寫了有關張善琨、李祖永、林黛、王元龍、陳厚、胡蝶、阮玲玉、李麗華、周璇等人，所記多是外間少人知的資料。後來以《香港影壇秘錄》為名出版了。

曾經在上海淪陷時期，創刊《古今》雜誌，網羅諸多文人名士撰稿，使《古今》成為當時最暢銷也最具有份量的文史刊物的朱樸，一九四七年到了香港，早已成為一名書畫鑑賞家了，並以「省齋」為筆名撰文。沈葦窗說：「我草創《大人》雜誌，省齋每期為我寫稿，更提供許多書畫資料。那時，省齋在王寬誠的寫字樓供職，薪水甚少，但有一間寫字間卻很大，他每天下午到那裡去轉一轉，看看西報，主要的工作是為王寬誠鑑定書畫。」

當時已渡海來台的陳定山，是名小說家兼實業家天虛我生（陳蝶仙）的長子，他早年也寫小說，二十餘歲已在上海文壇成名了，他工書，擅畫，善詩文，有「江南才子」之譽。來台後長時期在報紙副刊及雜誌上寫稿，筆耕不輟，同時也為《大人》寫稿，陳定山因長居滬上，嫻熟上海灘中外掌故逸聞，一代人事興廢，古今梨園傳奇，信手拈來，皆成文章，乃開筆記小說之新局，老少咸宜，雅俗共賞。這些文章後來成為《春申舊聞》的部分篇章。

詩人易順鼎（實甫）之子，寫有《閒話揚州》引起揚州閒話的易君左，在一九四九年冬抵香江時，曾在鑽石山住過，當時那裡住有不少是國內逃避戰禍而抵港的知識份子，因此他寫有〈鑽石山頭小士多〉、〈記香港幾次文酒之會〉等文。更值得重視的是他寫的「文壇憶舊」，包括：〈我與郁達夫〉、〈曾琦與左舜生〉、〈詞人盧冀野〉、〈田漢和郭沫若〉。這些文章所寫的人物皆作者有過深交的文友，寫來自不同於一般的泛泛之論。可惜的是一九七二年易君左病逝台北，一九七二年四月十五日出版的《大人》刊出的〈田漢和郭沫若〉已註明是「遺作」了。

國民黨政要雷嘯岑，歷任南昌行營機要秘書、安徽省政府委員兼教育廳廳長、鄂豫皖三省總司令部秘書、湖北省第七區行政督察專員、重慶市教育局局長、《和平日報》社總主筆、《中央日報》社主筆。一九四九年七月去香港、任《香港時報》社總主筆。一九六〇年在港創辦《自由報》並受聘為香港德明書院新聞學系主任。他在《大人》以筆名「馬五」，寫有「政海人物面面觀」一系列文章。

他如，老報人胡憨珠長篇連載的〈申報與史量才〉，及當年曾在上海中文《大美晚報》供職的張志韓，所寫的〈血淚當年話報壇〉長文，都有珍貴的一手資料。

而沈葦窗自己也寫有〈葦窗談藝錄〉，談得較多的是京劇，這是他的本行。甚至《大人》每期有關京劇崑曲的文章，都佔有一定的比重，這也是這個雜誌的特色，同時也成為喜好京劇崑曲的讀者的重要收藏。沈葦窗的哥哥沈吉誠，在香港電影戲劇界、文化新聞界都相當吃得開，他在《大人》以「老吉」筆名，從第二期起寫有〈馬場三十年〉至第三十八期連載完畢，講的是香港的賽馬。在上世紀五〇年代，老吉的《馬經大全》，曾經風行一時。

《大人》每期約一百二十頁，用紙為重磅新聞，樸素大方。內頁和封底為名家畫作、法書或手跡，畫家有齊白石、吳湖帆、黃賓虹、張大千、溥心畬、傅抱石、關良、陳定山、黃君璧、吳作人、李可染、周鍊霞、梅蘭芳、宋美齡等。從第三期開始，每期都有四開彩色精印的銅版名家畫作或法書的插頁，精美絕倫。這些插頁除已列的上述部分畫家外，還有：邊壽民的蘆雁，新羅山人、虛谷的花鳥，沈石田、陸廉夫、吳伯滔、金拱北的山水，鄧石如、劉石庵、王文治的法書等。但由於這些插頁開本極大，採折疊方式，裝訂在雜誌的正中間，常為舊書店老闆取下，另外販售。此次復刻本，多期就沒有這些插頁，但在目錄中編有該插頁的頁碼，有時會有八頁之多，其實它是一張大畫折疊的頁碼，如今畫雖不見，但不影響內文，因該畫和內文是完全不相關的。在此聲明，希望讀者明瞭，不要以為雜誌有所「缺頁」是好。

這次能輯全整套雜誌而復刻，首先要感謝熱心協助，並提供收藏的師長好友：資深報人鑑賞家黃天才先生、收藏家董良彥（君博）先生、史料家秦賢次先生及香港的文史家方寬烈先生、學者作家盧瑋鑾（小思）女士。《大人》在臺灣流通極少，甚至國家圖書館都沒有收藏，筆者首先見到的是秦賢次兄已捐贈給中央研究院文哲研究所的部分雜誌，驚嘆之餘，才興起要收藏這份雜誌的念頭。但談何容易，歷經數載，找遍舊書攤才得不到四分之一之數。後經黃天才先生提供他的收藏，並熱心找到收藏家董良彥先生的珍貴收藏，董先生的十幾本雜誌品相極佳。在整理蒐集到手的四十二期雜誌，發現其中兩期有脫頁，於是藉著到香港開學術研討會之便，我和賢次兄又找到方寬烈先生及小思老師，經他們協助影印，補全了全套雜誌的內容。

我曾在二〇一〇年十月十七日香港的《蘋果日報》副刊寫有〈遲來的懷念〉一文，開頭說：「今年九月底，我到香港參加張愛玲誕辰九十週年國際學術研討會。十五年前的九月八日張愛玲被發現死在洛杉磯公寓，無人知曉，據推測她的死亡時間應該是九月二日或三日。而幾天之後的九月六日沈葦窗因食道癌在香港病逝。之所以將兩人並提，是他們都是『寂寞的告別』人世。正如作家穆欣欣所說的：『張愛玲走得孤寂而熱鬧。說孤寂，到底是她自己選擇的一種方式，待世人知曉，已是六七天之後；說熱鬧，是世人不甘，憐她愛她。她像中秋的月亮，走了之後，人間還得追望。比起張愛玲，另一個人走得更寂寞。起碼，他連最後的繁華都沒有。他是《大成》雜誌的主編沈葦窗先生。』是的，早在一九九三年，我籌拍張愛玲的紀錄片，次年還收到張愛玲的傳真信函。她故去之後《作家身影》紀錄片播出，之後我又寫了兩本關於她的書，並推薦李安導演拍她的〈色，戒〉。而對沈葦窗我至今無一字提及，這篇小文就算是遲來的懷念吧！」現在把這段文字轉錄於此，依舊是對他的懷念！

目錄

第二十九期（一九七二年九月十五日）：

第三十期（一九七二年十月十五日）：

大人

側目而視

蔣彝畫 賈訥夫題

論天下大事
談古今人物

第廿八期

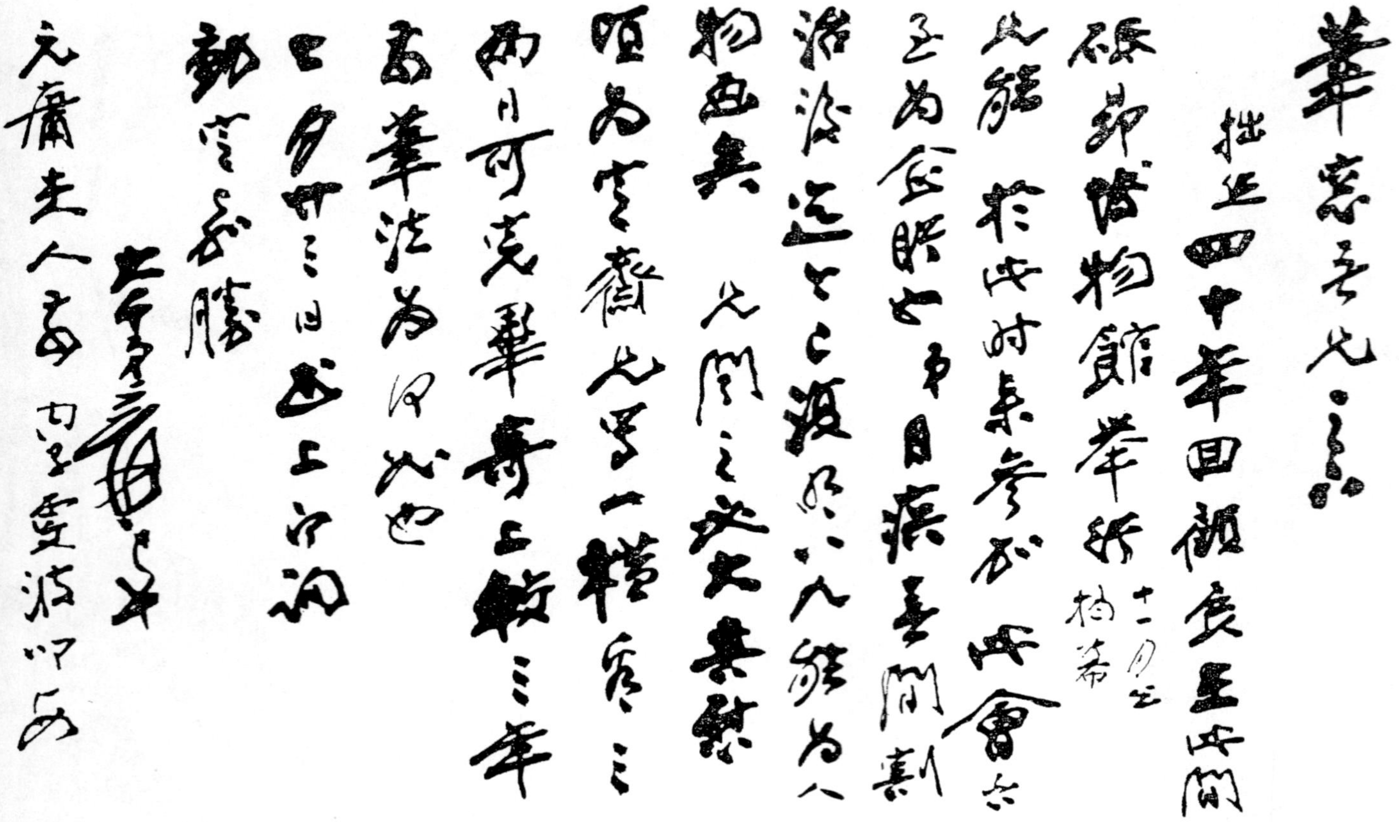

大千居士最近來函敘述近況

葦窗吾兄足下：

拙作四十年回顧展在此間砥昂博物館舉行，十一月半揭幕，兄能於此時來參加此會否？至為企盼也。弟目疾春間割治後，迄今已復明八九，能為人物畫矣，兄聞之必大喜慰！頃為定齋兄寫一橫看，三兩日可完畢寄上，較三年前筆法為何如也。

動定嘉勝。

七月廿三日書上，即詢

大千弟爰頓首

元庸夫人前 內子雯波叩安

封　面：蔣彝畫賈訥夫題側目而視　封面內頁：大千居士來函

彩色插頁：清王文治何紹基曾國藩趙之謙對聯（定齋藏）

大人

每逢月之十五日出版

The Chancellor Publishing Company Ltd.

出版及發行者：大人出版社有限公司
督印人：王朝平
編輯者：大人雜誌編輯委員會
總編輯：沈葦窗
社址：九龍西洋菜街三號A 即彌敦道六一〇號後座
電話：K八五五七三〇
印刷者：立信印刷公司
九龍新蒲崗伍芳街緯綸大厦十一樓
總代理：吳興記書報社
香港租庇利街十一號二樓
電話：H四五〇五六一 H四五〇七六六
星馬代理：遠東文化事業有限公司
新加坡厦門街十九號
檳城杏田仔街一七一號
泰國代理：集成圖書公司
曼谷耀華力路二三三號
越南代理：聯興書報社
越南堤岸新行街二十二號
其他地區代理：
澳門：可大文具店　漢城：汎亞書籍公司
亞庇：利民公司　寮國：永珍圖書公司
千里達：中華公司　斗湖：光明書店
菲律賓：華安書局　菲律賓：玲瓏書局
倫敦：東寶公司　紐約：友聯圖書公司
芝加哥：杏林春　紐約：大方圖書公司
波士頓：中西公司　洛杉磯：永安堂
三藩市：新生圖書公司　檀香山：大元公司
三藩市：益智圖書公司　三藩市：文化商店
加拿大：香港商店　加拿大：新國華公司

八月紀事

·上官大夫·

我的一生，與「八月」這個月份關係最深。以個人生活而言，我是在「八月」裡結婚的，半生中大部的經歷，都與「八月」有關，其中最重要的當然是「上海之戰」。「上海之戰」爆發於一九三七年八月十三日，雖說同年七月七日蘆溝橋事變已吹起了我國對日抗戰的號角，但我之離開上海而來香港，以至後來因太平洋戰爭而至抗戰後方，却係自「八一三」的上海之戰開始無疑。

一九四四年八月十日，衡陽失守，其時我在桂林，次晨驚悉衡陽淪陷，決定全家西上，當天下午便搭上特別快車前往柳州，再經金城江、獨山、都匀，換公路車前往貴陽、重慶，度過了抗戰的最後一年。次年八月，日本投降，八月底，即自重慶啓行，復員返港，以迄於今。

在我的印象中，「八月」這個月份，與我關係實在太深，與我一生生活的影响也最大，所以每年「八月」總要引起我許多回憶，把往事咀嚼一番，因書「八月紀事」，以誌鴻爪。

我生於民國初年，童年時，國內情形軍閥割據，政治混亂，內戰無已，民不聊生。

由於家居上海，我的記憶中，童年時代經歷的內戰，以「江浙之戰」為最早。該戰實際上係江蘇浙江兩省督軍齊燮元與盧永祥二人之戰，起因於私人利益衝突，與國家人民完全無關，歷史上稱之為「齊盧之戰」，頗富「春秋之筆」。

以後是奉軍入關，先至平津，再由津浦路源源南下，張宗昌部隊直抵京滬，結果被孫傳芳揮兵驅走。

其後孫傳芳權力日張，不可一世，自稱為「五省聯軍總司令」，有獨霸東南江山之意。未幾北伐軍興，民心振奮，各地軍閥，望風披靡，革命軍終於建都南京，成立國民政府，一時表面上全國統一，但內憂外患，層出不窮，實際上依然長夜多夢。「一二八」淞滬戰爭發生時，我正就讀初中，那時有一個同學好友，家居浦東陳家行，他知道他故鄉與上海雖然只有一水之隔，却平靜安寧一如平時，未受影响，因此邀我們全家前往暫住，過了一個時期的鄉鎮生活。這次幽居可以說是別有風味的；可是後來「八一三」滬戰，如果再往浦東一鑽，那便等於鑽進了牛角尖，勢將不堪設想了。

因為「淞滬之戰」，日我雙方都無大戰決心，「八一三」滬戰則為我國對日全面抗戰的前奏，規模已大，決心亦强。一開頭我軍發奮作戰，在浦東砲兵陣地迭創日軍，但不久即遭日機轟炸，終於遭迂迴包抄而撤退，我們如果這次再避居浦東，勢將無法脫身。

八一三滬戰爆發消息傳來時，我正在南京路某出版社辦公，第一個消息是日軍進攻閘北八字橋，第二個消息是銀行限制提欵數目，第三個消息是公共租界萬國商團出動，封鎖租界邊境……消息越來越緊，我以家居華租交界，深感不安，立刻回家準備遷居，暫求苟安。

當天下午，我便在法租界皮少耐路找到了臨時居屋，第二天畧携細軟，反鎖大門，越牆而出，所有傢俬和日常用品都不及携走，當天晚上，華租交界處即由萬國商團駐守封鎖，我也從未有機會再返舊居。

就是八一三的第二天，我空軍健兒頻頻出動，轟炸泊於黃浦江中的日軍旗艦出雲號。出雲號上的高射砲砰砰之聲不絕，入晚高射砲彈的火花在仲夏夜的晴空中迸發閃爍，蔚為奇觀。由於黃浦江太狹，江中船舶太多而又位處租界，我空軍未敢輕率投彈，以至造成國際糾紛，但他們在高射砲火網交織之中翻騰飛躍的英勇表現，已經獲得了數百萬市民的無限掌聲。後來為了紀念此事，即定「八一四」為「空軍節」，屈指算來，這已是三十五年前的舊事。

冥冥中似有異數的則是日軍大舉侵華以「八一三」開始，而八年後他們投降日子也就是「八一三」翌日的「八一四」。對於我個人，另外一個巧合與紀念，是我在本港郵政總局申領的郵政信箱，恰巧也是G．P．O八一四號。

虹橋機場水兵行兇　滬戰禍根導源於此

「八一三」滬戰的導火線，是該年八月九日的虹橋機場事件。那天下午五時半，日海軍陸戰隊中尉大山勇夫與水兵齋藤要藏，武裝乘車至虹橋路，衝入滬西虹橋飛機場，我守衛向前阻止，反被日兵擊斃。我保安隊聞聲出視，日軍復開槍射擊，我亦還擊，大山、齋藤俱死於機場近處，此事立即成為日方對我開始軍事行動藉口。其間經俞鴻鈞市長與日岡本總領事再三交涉，希望從外交途徑謀解決，勿使事態擴大，日方即以談判、調査來拖延時間，暗中進行軍事陰謀，我方窺破他們的詭計，也作了相對的準備。八月十一日大隊日艦抵滬，載來大批軍火及海軍陸戰隊，我第五軍之八十七、八十八兩師亦兼程開抵閘北及江陰兩地佈防。

以我軍的準備而言，八月十二日原已可以進入戰鬥，於敵軍準備未就緒時，進撲虹口防線。但因外交關係，不能不延期等待，而對於進入「租界」一事，也考慮甚久，不敢輕易決定。十二日，上海方面各國外交當局曾召集國際委員會，欲根據一九三二年因「一二八」淞滬事件而訂的「和平協定」，解決上海事件，俞市長及日本總領事岡本相互責難，並無任何結果。我外交部也知和平無望，乃發表聲明「蘆溝橋事件發生以來，日軍之種種行爲，均屬侵犯我國領土主權與違反國際條約，我國處此環境之下，忍無可忍，除抵抗暴力實行自衛外，實無其他途徑，今後事態之演變，其一切責任，應完全由日方負之」。此一申明，性質幾乎等於宣戰。事實上，八月初的江陰封鎖，和八月十二晚間黃浦江的封鎖，也是戰事即將開始的象徵。

清晨九時日軍進攻 我軍臨時改變計劃

十三日午前九時半，敵軍沿北四川路、江灣路、軍工路一線向我軍開始攻擊，這是「八一三」上海之戰序幕由此揭開。

我軍除由業已進入閘北部隊迎戰外，復從福吳線馳援淞滬，原期於敵陸軍增援上海前，掃蕩上海地區敵海軍陸戰隊；那時，敵海軍陸戰隊六千人，重武器不多，我軍包括八十七、八十八、三十六各師及保安隊軍實力約二萬人。預定一星期之中，可以達此戰果，掃蕩上海地區以後，然後封鎖海口，擇地決戰。

當時我軍所擬的作戰計劃是：假如掃蕩不能如期完成，便退守國防陣地，作長期防禦戰，並不準備膠着在淞滬陣地，挨受敵方的立體攻擊，可是戰局演變，不得不膠着在淞滬近郊進行「陣地戰」，這已和預定計劃頗有出入。

上一次的「一二八」淞滬之役戰後，日軍在街市戰中曾受慘痛教訓，這次進攻，也一直在街市中苦戰，我軍據守閘北陣地，自開戰至退却，迄未稍變，八字橋的攻擊，我軍開始極爲順利，敵軍退守虹口六三花園司令部一線，也和「一二八」戰役大體相同，如此膠着，亦出敵軍意料之外。

敵軍增援三度易帥 不惶寧處舉家南下

滬戰以八月十三日至八月二十三日爲第一階段，其後敵方着着增兵，數目龐大，陣前易帥，不下三次之多。

八一三滬戰爆發至九月下旬，筆者一直困居上海，由於戰場密邇，幾乎等於目覩一切。不過，在戰事開始數天之後，就感覺到這場戰爭與「一二八」的淞滬戰役不同，而將是全面抗戰的開始，說不定需要一個較長的時期，我因所業無法繼續，乃於九月下旬舉家遷來香港。

十月初，淞滬戰線突告吃緊，敵方數度增援，三次易帥，第一線已經使用了六個師團的兵力，我方也集中了十四萬精兵，雙方從事大規模的陣地戰。

此時，敵軍攻擊重點，指向瀏行防區，企圖中央突破，我與敵雖經劇烈戰鬥，終因敵加强重炮火力，配以大隊飛機轟擊，我瀏行、太平橋、萬橋三線陣地全被摧毀，乃移守唐橋站陳家行沿蘊藻浜南岸經廣福施相公廟線陣地，敵則轉以主力渡過蘊藻浜進攻大場。敵軍每次來攻，先以重炮數千發，壓制我軍，使伏壕不能活動，繼以飛機散放烟幕掩護步兵來攻。其進攻蘊藻浜南岸，且雜以催淚瓦斯，以致我士兵戰鬥能力大爲喪失，其炮兵彈幕反復移動於蘊藻浜至村塘南岸地面，施行隔離射擊，我後方糧食彈藥，幾無法送上前線。敵軍承受了一二八戰役的經驗，適應這湖沼地帶的環境，每一師團都加强工兵設備，到處架橋，行動迅速。爲了便利水面活動，他們又增加了大小橡皮艇的設備，聯絡更爲方便。當時我軍士兵科學常識不夠水準，若干部隊一見烟幕即逃；因此，蘊藻浜南岸戰鬥陷於更艱苦的境地。我軍曾積極經營，調集重兵，向蘊藻浜南岸之敵軍掃蕩，苦戰旬日，雖曾予敵重創，但敵軍仍挾其優勢火力，節節進迫。二十三日我軍退至小顧宅、大場、走馬塘、新涇橋、唐家橋之線，二十五日大場陷落，二十六日我軍乃向蘇州河南岸江橋鎮小南翔之線撤退。

二十六日的閘北撤退，八十八師完成了掩護退却任務，也轉進到蘇州河以南，其五二四團之一營，由謝晉元團長、楊瑞符營長指揮，固守四行倉庫，表演了滬戰中最光榮壯烈的一幕。

我軍西撤，淞滬近郊戰事乃告一段落，五十五師旅及警察總隊奉令堅守南市。九日正午，日軍由蘇州河南岸繞道滬西來攻南市，我軍截擊，予以重創。其後三日，敵機重炮猛轟南市，整日不絕。十一日，敵突破楓林橋附近平陰橋、康衢橋間向我軍降地進迫，是晚即棄南市，於是，淞滬一線之最後戰鬥都告中止。

從此以後，砲聲一天一天遠離上海，上海成爲了孤島，全面性的長期抗戰終與第二次大戰相結合，而勝利則於一九四五年八月到來。

鐵軍軍長慨談往事 記者報道招致轟炸

事實上，「八一三」之戰中，我軍勝利機會甚多，惜因種種關係，未有掌握。距今兩月前，筆者在豪華樓尹致中作主人的宴席上，賓客追述當年滬戰舊事，座有當時指揮浦東我軍砲兵陣地之鐵軍軍長張發奎將軍。據云當時我軍指揮砲兵作戰之司令台乃在三馬路外灘江海關大厦最高處，居高臨下，敵人行動，瞭若指掌，故能每砲必中，敵人爲之喪胆。可惜有一天某報記者前往我砲軍陣地訪問參觀後，竟將砲兵位置及其僞裝陣地攝影照片全部列出，於是敵機全力偵察轟炸，陣地悉被摧毀。又有一次，我軍奮勇作戰，曾追擊敵海軍陸戰隊迫至黃浦江畔虹口滙山碼頭，再前少許，即將落海，忽奉上級命令追擊部隊全體後撤，以免因侵入租界而引起國際糾紛。兩日後，敵軍大事增援，局勢有變，類此機會，乃一去不返。

十里洋場兩顆炸彈 血肉橫飛慘不忍覩

我國對日抗戰，動用兵員人數逾兩百萬，大小戰役，不計其數，以言戰爭壯烈，仍以上海戰役爲最。八一三之戰發生時，是我留居上海的最後一個時期，故滬戰驚險，我曾親歷過半，最觸目驚心的，要算滬戰初期發生在上海英法租界人口最密集地區的兩宗炸彈案。湊巧我都是在出事前後幾分鐘之內，經過和到達墮彈地區，所以傷亡情形，親眼目覩，事隔多年，印象猶新。

第一次是下午一時餘，那天我從法租界皮少耐路臨時寓所經過大世界愛多亞路沿西藏路北行，將要到五馬路口右轉時，忽聞轟然一聲，有如天崩地裂，回頭一看，西藏路愛多亞路口烟火迷漫，呼救哭喊之聲，响成一片。在這情形之下，我非但不敢後退，反而急步向前，於雲南路口探首南望，但見無軌電車兩輛正在愛多亞路上着火，熊熊燃燒，有如焚燒紙紮冥器，途上行人傳說紛紛，可以肯定的是西藏路愛多亞路十字路口附近掉了炸彈。

事後知道，我空軍飛機飛臨黃浦江上空，向日軍旗艦「出雲號」俯衝投彈，均未命中。內有一機被高射炮擊中，尾部冒烟，受傷飛機可能是打算往虹橋機塲降落，駕駛員爲了減輕機身重量，想把炸彈放落在跑馬廳空地，但因差以毫厘，終肇鉅禍，炸彈在愛多亞路着地爆炸，統計死傷人數達四五百名之多。路口廣告大鐘鐵架上，也被血肉橫飛濺得血漬斑斑。

第二個炸彈是掉在南京路上，那天時間也是中午一時餘，我也是吃了中飯從家裏出來，沿西藏路北行，準備返工。走過福州路口時，突見由北而南的救傷車卡車多輛似飛駛來，車上傷者，斷足折腿，呻吟呼喊，站定聆聽，才知道南京路先施公司門前，方於二十分鐘前，中了一顆炸彈，那幾輛卡車上所載的，便是被急救送院醫治的受傷人。

我繼續前行，約十分鐘抵達先施公司門前，看到直接命中的地方乃是該公司三樓東亞旅店面臨南京路上的騎樓，該區是全滬繁華地區中心的中心，當時行人衆多，傷者達六百人，其中一百餘人死亡。在南京路上，筆者目覩一傷者瘋狂奔走，不知自己傷在何處，及至有人告以一臂已被炸去，乃大叫一聲，頹然倒地。據事後傳聞所悉，該炸彈係日本製造，彈上有「SS NO6」標記，傳說當時有白崇禧等高級將領在東亞旅館開會，日軍大概得到了情報，特派飛機前往轟炸。

我離開第一枚炸彈的爆炸時間不足五分鐘，空間距離不足半華里，離第二顆炸彈的爆炸時間不及半小時，空間距離不足一英哩，雖然畧受虛驚，幸而有驚無險，實屬大幸，雖已時隔多年，但今日回憶，仍舊不免有點餘悸猶存！

廣島長崎初嘗異味 原子炸彈使其屈膝

若是沒有那兩顆投擲於廣島長崎原子彈，第二次大戰中的日本將拖到什麽時候才會投降，眞是難以預言。第一個原子彈於一九四五年八月六日擲於廣島，三天後的八月九日，第二顆原子彈又於長崎爆炸，再過一天，日本內閣便決定由瑞士代轉照會，接受波茨坦通牒的要求，願意無條件投降。

波茨坦宣言係於一九四五年七月二十五日由英、美兩國發表，中國連署。在波茨坦會議中，蘇聯爲贊助觀察員，但早此一日，杜魯門總統已作出重大決定，他批准了一項命令，如果日本不接受波茨坦宣言無條件投降，即以原子彈轟炸迫令屈膝。

原子彈的轟炸目標，要選擇一個到那時爲止所受轟炸損害不大的城市。當其時，這一類日本城市已只剩京都、小倉、新瀉、廣島、長崎等五個，經過鄭重研究與考慮，决定目標爲廣島市內工業區。廣島是日本的工業城市和重要港口之一，美機轟炸以來，只吃過一次炸彈，當時人口爲三十七、八萬左右。

投擲原子彈的轟炸機隊由第五〇九大隊組成，載運原子彈的轟炸機名「伊諾拉蓋號」，與之先後起飛同行的另有六架，分別担任測量、攝影，以及萬一「伊諾拉蓋號」發生故障而接過來繼續其任務的工作。

主機係於八月六日凌晨兩點四十五分起飛，四點五十五分，與兩架B二九型於琉璜島上空會合，八點零九分，廣島在望，飛機高度三萬一千六百呎。

依照預定計劃，轟炸員校正目標後，於八點十五分兩秒時按下無線電音响訊號，表示原子彈於十五秒鐘後投出。十五分十七秒後，炸彈艙門大開，原子彈向下急降，一切悉如預定，於四十三秒鐘時，地面冒出一個大火球，直徑一千八百呎，中心溫度高達華氏一億度，與此同時，廣島已天翻地覆，恍若地獄。

這個原子彈重達一萬磅，裏面的原子要素鈾二三五重僅一磅，大小如一高爾夫球，但是能產生相當於九千噸的黃色炸藥。當時美國一共製有原子彈三枚。

這顆原子彈係從東方三哩以外，高度幾達六哩的高速飛機上投下，爆炸地點準確，距瞄準點僅二百餘碼。

廣島地面，誰也不知道發生了什麽事，市中心立刻變成了一個大熔爐，好幾萬人立刻化爲灰燼，另外幾萬人大概多活了幾秒鐘，也都被炸成了肉醬。

八點十六分鐘過後不久，日本廣播公司東京話務員發現廣島電話不通，再過幾分鐘，東京鐵道通信局發現電報幹線失靈，中斷處似在廣島，但仍不知究竟發生了何事。再過幾秒鐘，廣島附近各站紛紛報告廣島發生空前爆炸，這些報告由鐵道通信局轉送大本營，直到下午兩點，大本營才收到一個簡單而內容駭人的電報：廣島被一顆炸彈毀滅，全市在燃燒中。電報是陸軍海運兵站發出的，地區不在爆炸範圍以內。

七月十六試爆成功　八月六日用以作戰

當日下午三時，日本軍方才知道炸彈爆炸時，廣島上空只有三架敵機，兩架沒有投彈，所投炸彈僅一個，但威力之大，見所未見。

一個炸彈而引起如此重大災禍，情形當然十分嚴重，軍方已經疑心這就是風傳中的原子武器，但在眞相未查明以前，不欲引起驚惶混亂，只把消息刋在普通地位，陸軍堅決主戰，更主張對此新聞嚴加封鎖。

可是八月七日凌晨一時，同盟社電台已經收到美國廣播，杜魯門的聲明中，正式稱投在廣島的炸彈爲「原子彈」。消息層層上達，到了鈴木首相，他認爲如果消息屬實，必須終止戰爭，因爲沒有原子彈的國家，絕對不能跟有原子彈的國家作戰。

原子彈的正式公報由華盛頓發出後，舉世震驚，美國空軍在日本四十七個城市，投下一千六百份傳單，爲了促令早降，告以八月九日將有第二顆原子彈擲下，使日本確信廣島之毀滅，並非事出偶然。

原子彈之主要原料有兩種，一爲「鈾」，一爲「鈷」，第一顆投於廣島者爲「鈾彈」，第二顆投於長崎者爲「鈷彈」。第二次轟炸目標，本爲小倉，但飛機飛臨三次，上空雲層密佈，乃改投第二目標長崎，轟炸航路由雷達指示，炸中地區距離瞄準點遠達三哩，但破壞程度依然驚人。

第二顆原子彈轟炸長崎後，日本便不敢再稍有猶疑，鈴木內閣決定由瑞士代轉照會，接受波茨坦最後通牒要求，準備投降。

美國開始研究原子彈始於一九三九年，但最初兩年，進行遲緩。一九四一年夏，國家研究委員會添設「鈾科」，十二月六日，羅斯福總統答應增加人員經費，加速研究，第二天日本偷襲珍珠港，美國即向軸心國家宣戰。

原子彈研究工作進行時，一直叫作「曼漢頓計劃」，一九四二年十二月二日，達成了人類控制的第一次連鎖反應。不久，在新墨州一處荒涼的高地上建立原子彈實驗室，由奧本海默担任科學部門主管，一切嚴守秘密，包括財務開支在內。

爲了準備將來投彈，調了一千五百名官兵成立一個第五九零混合大隊，進行特殊訓練。飛行員經常在三萬呎高空練習投彈，每架飛機每次只投萬磅炸彈一枚。轟炸機須遠離爆炸躲避聲浪，速飛到八千哩外，因此飛行員要作一百五十八度的急轉，同時向下俯衝，增加航速。爲了減輕載重，拆除所有武器，只留機尾零點五口徑機關槍一座。受訓人員對此無不莫名其妙，直到轟炸廣島才知原來如此，七月十六日第一次試爆成功，八月二日發出作戰密令，定八月六日轟炸廣島，執行日期，與預定計劃之密切配合，極爲成功。

今日廣島進步繁榮　每年八月舉行紀念

原子彈在廣島爆炸，準確時間爲一九四五年八月六日當地時間上午八時十五分，造成慘重災禍，因而此舉曾被一部份人稱爲「歷史罪行」。至今爲止，每年七月底至八月初，廣島例必舉行集會，藉以紀念當地死亡人士，並乘此機會呼籲禁絕使用核子武器「罪行」，參與集會者各國人士都有。禁絕原子武器，原則上無可非議，但平心而論，以其在上次大戰中所担任之角色職務而言，它其實還是功多於罪。

美國投在廣島的原子彈，在軍事秘密通訊中使用的代名詞爲「小核」，這枚炸彈重四噸，直徑一百六十三吋，當時我在重慶新民報任職，記得各報載稱其大小僅似一高爾夫球，實際是指其所含的一公斤「鈾二三五」。它的破壞力却異常强大，它摧毀了日本關西軍的總部，這個總部指揮着整個中國大陸東南亞及南太平洋的日本軍隊，使廣島三千二百英畝地區夷爲平地，七萬五千人當場死亡。其第一枚原子彈在廣島市上空約一千尺之處爆炸，產生了熱度達攝氏一百萬度的巨大菌狀火球，並在瞬息之間造成巨災。日本官方統計，在原子彈爆炸霎那之間，整個廣島約有百分之七十五遭受毀滅。

據當時科學界人士的說法，在原子輻射塵密集降落的地區，永遠無法再生出一草一木，聞之咋舌，但此種說法，未免過甚，事實上，今之廣島，市內樹木茂盛，鳥語花香，不遜未炸以前。

今天的廣島，和世界上任何城市一樣，趨向於繁榮和進步。二十餘年來，廣島新建的樓宇總值逾六億美元，酒店林立，儼然成爲一旅遊勝地。原子彈的恐怖早已逐漸淡忘，新建的廣島有寬濶行人道，有許多高樓大厦，但仍有一些東西和遺跡被保留，使人記得這是世界上第一個遭受原子彈轟炸的城市，例如在市內築有原爆犧牲者的紀念碑，有刻着所有原爆死難者姓名的和平公園紀念塔，市內還築有一個和平火炬，永遠燃燒着，規定要到全世界禁絕原子武器時方使這支火炬熄滅。另外還有一座和平紀念博物館，收藏着許多有關原爆時慘烈景象的繪畫以及遺物。

二十七年後的今天，大多數的廣島人，並未身歷原爆之禍，有此經歷者不足全市人口的五份之一，但他們並不把那場災禍歸咎於美國人或任何人，而只視爲戰爭所造成的無數禍害之一。大多數的市民說：「我們反對把本市曾經遭遇的慘象作爲招徠遊客的手段，我們應該把這件事遺忘。」

空軍上尉今仍健在 訪問廣島語重心長

據悉二次大戰末期，曾任空軍偵察總隊負責人，參與投下原子彈計劃的美空軍上尉，今仍健在，他是住在德薩斯州的退役軍官廸克遜。數年前他曾到廣島參觀原子彈資料展覽會，深以會中沒有一張正式的原子彈爆炸照片爲憾，而他手上則有該項照片多幅，願有條件的予以出讓。

據查，廸克遜戰時駐於關島及塞班島，主要任務是決定轟炸目標及其效果的判斷，所以他並不是自己飛去拍照片，而是每天有超過一千張的照片經過他的手，經審定後送交國防部，而其中一部份，他留了下來作爲紀念，帶回家去。

爲此日本報紙曾派記者向他訪問，他表示照片不能免費贈送，他認爲那次美國投下原子彈，是爲了挽救更多美國青年子弟的生命，免於爲進攻日本而犧牲，所以，他在四年前訪問廣島時，曾在留言冊上寫下了：「不要再有廣島，也不要忘記珍珠港」的字樣。因爲戰爭是日本發動的，美國後來投原子彈，實屬不得已而爲之。

就事實言，今天的日本人對於當年美國以原子彈轟炸廣島長崎這件事情的觀感不一，狹義的愛國主義者認爲這是一宗「仇恨」，另一些人認爲這是時代的悲劇，不能單獨責備任何一方面，但是對於購買這批照片作爲紀念這件事，廣島方面已明白表示拒絕，因爲此舉只是徒事增加他們的不快而已。

也有人表示，戰爭久已過去，美國與日本早已化敵爲友。無論從任何觀點出發，這些照片當然是值得珍視的。他們認爲，爲了表示友誼起見，這些照片應該贈與日本而非售與日本，如果應該付錢，這筆錢也應該由美國付出。

日皇決定投降之前 曾有五天空前緊張

日本投降雖到八月十四日才正式宣佈，但投降的準備早在八月九日便已開始。在八月九日至十四日之間，緊張情形可謂空前。投擲在廣島的世界第一顆原子彈，固然是促使日本無條件投降的主要原因，但日本所以不在八月六日第一顆原子彈投下廣島後即時準備投降，而等到八月九日第二顆原子彈炸毀長崎後，以及蘇聯對日宣戰後才開始是項準備，其中也另有原因。

原來，日本在一九四五年七月間，已經自知必敗，非降不可，所爭者只在「無條件」與「有條件」之間而已。因此，是年七月二十六日，中英美三國發表波茨坦宣言，要求日本無條件投降時，日本逕予拒絕，但在另一方面，他們已托蘇聯從中斡旋，使日本得以有條件停戰。他們以爲蘇聯或會署念兩國訂有「互不侵犯條約」的舊情，可能助日本免於無條件投降的耻辱，他們把有條件停戰的最後希望寄托在蘇聯身上，所以在第一顆原子彈投下後，他們仍不準備無條件投降。豈料蘇聯竟於八月九日突然亦向日本宣戰，乃使他們最後的希望終成泡影。於是日本不能不急於接受波茨坦宣言而無條件投降了。這倒不是他們怕紅軍馬上就會打到東京而急於投降，他們怕的是第三顆原子彈說不定會投下東京，則天皇及其「萬世一家」就有同歸於盡的危險。

防空洞內御前會議 討論準備投降經過

討論波茨坦宣言的御前會議，係於八月八日，亦即廣島被炸後兩日在東京日本皇宮防空洞舉行，這個防空洞周圍用七十英尺厚的混凝土牆壁建成，深入地下四十五英尺。出席會議者，有日皇裕仁，首相鈴木貫太郎和其他十個高級領袖。關於裕仁及其大臣們當時準備投降的經過，據東京「朝日新聞」事後追述，約略如下：

八月九日——最高戰爭指導委員會在皇宮內開會，自上午十一時至下午一時半，討論因蘇聯參戰而引起的新局勢。隨後，內閣亦開緊急會議，就最高戰爭指導委員會所議問題，續加討論，自下午二時半至晚上十時十分，歷時將近八小時，意見仍未一致。

八月十日——最高戰爭指導委員會又於九日半夜開會，天皇親自出席主持，歷三小時始作出如下議決，按波茨坦宣言，對天皇主權，並無更易要求，日本政府可加接受，應即以此意照會盟方諸國。內閣隨於是晨三時十分即電託瑞士、瑞典兩政府代把日本照會轉達盟方諸國。

波茨坦宣言係英、美兩國公佈，中國參加簽署，蘇聯則係以觀察者身份列席會議。由此觀之，蘇聯實係於最後一分鐘加入的投機份子。

八月十二日，盟國對日覆文，由美國務卿貝爾納斯廣播如下：（一）日本政府須受盟軍統帥監督，以便有效實行波茨坦宣言的各項規定；（二）日本天皇須下令日本軍隊全體解除武裝，並採取必要步驟以履行投降條件；（三）日本政府須將盟國戰俘及其他囚犯等移往指定的地點，由盟國船隻運送回國；（四）日本未來政府的形式，將由日本人民自由意志加以決定。

日本內閣聽到了盟國廣播覆文的內容，即行開會討論。多數閣員均認爲，盟國覆文對日本天皇無更易要求，可予接受，但全體意見仍未絕對一致。

八月十三日——盟軍正式覆牒於上午到達。鈴木首相即與外相東鄉、陸相阿南、海相米內、參謀總長梅津、海軍參謀長豐田交換意見，歷六小時，旋於下午四時，再開緊急閣議，討論至晚上七時許，決定接受盟國覆牒所提的各項要求。

八月十四日——上午八時五十分，首相鈴木入宮，將閣議結果呈奏天皇，歷一小時辭出。天皇遂於十時四十五分再度召開御前會議，全體閣員及樞密院大臣平治、參謀總長梅津、海軍參謀長豐田等人均出席，分別報告並陳述意見。天皇聆悉後宣稱：「朕念上對祖宗，下對臣民，責任至重，不能不忍所難忍，爲所應爲，此蓋熟考國際情勢及本國處境而後決定者也。卿等意見或者有不能盡同，然盟國覆牒對天皇主權並不否認，吾人不妨接受之。朕對自身，成敗生死，在所不計，然全國變爲焦土，百姓全遭戰死，則朕所不忍坐視者也。」

天皇語畢，與會諸人無不感動泣下，天皇亦以所戴白手套之手，頻頻拭其龍顏。

日皇親自宣讀詔書 大勢已去非降不可

中午會議告終，與會衆人低頭退出，當日下午，日皇正式下詔其軍民全體向盟國投降，並即親自宣讀其投降詔書如下：

「朕鑒於世界情形與帝國之現狀，欲以非常措置收拾時局。茲告爾等忠良臣民曰：朕命帝國政府通知中美英蘇四國，接受其共同宣言，共謀帝國臣民之康寧，諧萬邦共榮之樂，此爲我皇祖宗之遺範，爲朕之拳拳無惜者。曩者，向英美兩國宣戰，亦爲期望帝國之自存與東亞之安定，排斥他國主權；侵佔領土，固非朕之意也。然交戰已歷四載，朕之海陸戰士勇戰，朕之百僚有司精勵，朕之一億庶衆努力奉公，各盡最善，惟戰局未必好轉，世界大勢亦不利於我；加之敵使用殘虐炸彈，頻頻殺傷無辜，慘害所及，誠不可測。若繼續交戰，不但我民族終告滅亡，即人類文明亦必被毀。如斯朕何以保億兆赤子，謝皇祖皇宗之神靈？是故朕命帝國政府接受共同宣言。」

當時日本參謀部中有少數少壯軍官始終反對投降，力謀破壞，及知投降詔書已於十四日下午由日皇在宮中宣讀，並由錄音技術師二人灌音製成蠟片，準備於東京電台廣播，當晚他們便帶了一隊兵士闖進皇城，解除衛隊武裝，禁於一室。隨後，他們在皇城裏四處搜尋投降詔書的蠟片，欲予銷燬。但此時該蠟片早經帶出皇城之外。這些軍人正在失望時，東京警備司令聞警馳至，以「聖意」、「聖斷」一類語來嚴加抑制。結果其中激烈份子數人當場自殺，另外數人束手待縛，日皇詔書亦即廣播。日本投降已成事實，全國朝野軍民開始在肅穆悲壯之中，等待盟軍部隊前往佔領及接收。

八月十五香港廣播 夏慤少將奉命接收

以上是日本決定投降前後東京方面的情形。八月十五日清晨七時，中美英蘇四國同時公佈「日本正式無條件投降」消息，香港居民則於同日下午方知其事。消息係由日佔領軍控制的無線電台中所播出。廣播員爲一女性，她的聲音先在廣播機裏宣佈了「日本天皇」陛下接受盟軍投降的詔書，接着是香港日軍當局的安民佈告，要求市民安居樂業，切勿妄動，等待盟軍接收。

事實上，一九四五年八月十五日的前一天，香港一部份敏感人士已經覺得有點什麽不同，許多謠言不脛而走，帶來了種種希望，澳門偷運來港的報紙，首先刊出了原子彈炸平廣島的消息。

奉命接收香港的夏慤少將率領英國艦隊兼程於八月三十日開抵香港，是日也，萬人空巷，羣集港口燃放爆竹，熱烈歡迎。港府定八月三十日爲光復紀念日，日軍對於香港的統治，於一九四五年八月三十一日全部終止；那天收發信件的郵戳，蓋的仍是昭和二十年八月三十一日，香港軍政府則於九月一日宣告成立，同日上午正式接收全港，每晚九時起至翌晨六時止實施宵禁，並暫停收發一切信件。事實上日軍於八月十五日以後除維持治安外，早已停止行使其他職權，並奉命對居民竭力忍耐退讓，避免衝突。但少數居民按捺不住，仍有趁此機會對日軍實施報復，因而引起殺身之禍的。

投降儀式督府舉行 我國代表出席受降

香港的日軍投降儀式係於一九四五年九月十六日下午四時在督府舉行。香港日軍係向中英美蘇四國投降，夏慤少將以英國代表及香港政府總督身份爲投降之主席，我國代表爲潘國若將軍，代表日本投降者二人，一爲日本南支派遣軍參謀長兼香港日本陸軍司令岡吉少將，另一爲日本華南艦隊指揮官藤田類太郎中將。

日本兩代表分別在英、中、美、蘇四代表前將軍刀繳獻夏慤少將，夏慤少將即發表從事復興香港之復興繁榮工作宣言，隨後升旗，典禮即告完成。此一具有歷史性之日本投降書，內容如下：「簽立降書人岡吉陸軍少將及藤田中將，茲根據一九四五年九月二日在日本東京灣簽立投降文書第二條所載，任何地域所有日本武裝部隊，及日本轄下部隊，均須向同盟國列强無條件投降；因此，余等代替日本天皇及日本帝國大本營，以及吾人及轄下所有部隊，謹向夏慤少將作無條件投降。」

香港郵政局於事後發行一套特種郵票，用以慶祝香港重獲和平。該紀念郵票係於一九四六年八月二十九日發行，因香港光復紀念日定爲公衆假期，故郵票提前一日發行，有人稱之爲「光復紀念郵票」，有人名之爲「勝利紀念郵票」，也有人叫作「和平郵票」。

關於這次戰爭結束以及香港重光，各種稱謂不一：盟軍稱之爲「解放」，當地人民尤其是曾和日人合作者，稱之爲「和平」，英國政府人員則稱之爲「光復」。三種不同的名稱正好代表了三種不同的立場。

盟軍佔領日本之初 兵力共達四十萬人

日本正式宣佈投降之後兩週，盟軍即準備對日本進行軍事佔領。一九四五年八月二十八日，美陸軍先遣部隊，空運降落於東京十八哩外之厚木機場，後繼部隊於次日陸續開到，主持軍事佔領日本盟軍最高統帥麥克阿瑟元帥及其總部人員，以及大批美軍，則於三十日抵達東京，停於相模灣之美國軍艦，亦於同日大隊駛入東京灣。當時美陸軍第一軍由艾克勃格將軍指揮，旋即在東京成立司令部，其部隊則分駐濱松以東至北海道一帶之主要地區，另一枝由克魯格中將所率領之美國陸軍第六軍，則在京都成立司令部，其部隊則分駐於濱松以西及九川一帶之各要隘，此外，美遠東空軍由威德法中將率領，進駐各基地，當時美國進駐日本之佔領軍，總兵力達四十萬人。

約半年後，麥克阿瑟元帥於一九四六年一月三十一日，發表了與英國締結的「英軍進駐日本協定」，而英軍亦隨後開始進駐日本，由白亭司令官率領。當時，美軍開始感到佔領軍人數過多，乃於稍後之四月間將第六軍全部調回，各佔領軍所駐地區，亦經一度調整至適當程度。

停戰最初期，盟軍佔領日本後，其首要任務，爲奉總部之命，摧毀日本作戰力之基礎，並集中全力於日本復員工作。當時日本政府盟軍最高統帥之指揮與監督下，於一九四六年八月二十六日設置了「終戰聯絡事務局」，下設政治、經濟、設營及遣送四部，由當時日本外務省調查局局長岡奈勝男出任局長之職，主持其事。其後由兒玉謙次繼主該局，改稱總裁，並擴爲六部：（一）總務，（二）政治、軍事、治安、文教，（三）財政、金融，（四）陸海軍運輸、通訊，（五）軍隊整理，（六）留日外僑之遣送。未幾，因兒玉謙次列入放逐名單，被盟軍最高當局統帥部將其免職，改由前外相吉田茂；即數年前任首相者，接充總裁之職。此爲第三次改組，改組後僅分設政治，經濟，交通，設營，管理五部，又按日本行政區設分局八所。

解除日本武裝事宜，於一九四五年十月十五日，已在盟軍總部之指揮與監督下完成，當時盟軍最高統帥麥克阿瑟元帥曾向世界廣播詞中宣稱：日本國本土內日軍近四百萬侵畧武裝業已全部解除，計有陸軍五十個師團二百五十萬人，海軍一百五十萬人，其中包括海陸軍之空軍二十萬人。

日本自明治元年一月十七日開始建軍已屆八十週年之日本軍隊組織，至此宣佈全部解體，近年雖因防衛關係，開始重整武裝，但與戰前相比，則相差甚遠矣！

勝利消息傳至重慶
一夜不眠共商復員

一九四五年八月十四日之晚，日本投降消息傳至重慶，舉國若狂，我一夜不能闔眼，與早經預約在先的事業合作者共商復員計劃。我們底計劃是回到香港，因爲在上海我已無「家」可歸，一切關係都在香港，香港事實上已成爲我的第二故鄉。那時我在香港雖只曾住過四年，但因爲香港和我的關係太深，眷念太甚，所以心理上也急於回到香港，而非上海。尤其因爲我當初入桂入川，都是從香港去而不是上海去的，所以一心一意要重覩濶別三年多的香港，看看來往於港九間的渡海小輪，重臨現在正在凱悅大酒店正門貼對的樂道舊居，到聰明人咖啡室去品茗小坐，瀏覽皇后道與彌敦道的戰後景色。勝利消息到達的翌日，我即向當時任職的新民報當局請辭，結束了重慶出版「星島畫報」的一切業務，積極準備復員返港，實行我們的預定計劃，沿途寫了些復員見聞，以新民報特派員名義寄與該報發表，所遺副刊「天方夜譚」編務則由吳祖光、封鳳子繼承。

爲了爭取時間，事前我與家人商談決定，由我一人與事業上的合作者結伴先行，預作安排，先到香港，等一切稍爲就緒，再接全體家人來港安居。一家老小，於一九三七年「八一三」事件開始，由滬來港，由香港而桂林，由桂林而重慶，轉輾千里，辛楚備嘗，心裏在想，如今勝利到來，天下太平，再不好好過一段享福日子，更待何時？

我們準備一切，加速成行，於八月三十日於重慶神仙洞虎豹別墅出發，過江往南岸海棠溪，登上一架貨車，正式啓程，那天正是八月三十日。我們對於日期事前未有研究選擇，後來到了廣州，才曉得八月三十日，就是英軍夏慤少將率領的英軍艦隊駛抵香港之日，以此之故，港府即定八月三十日爲香港光復紀念日，並列爲正式公衆假期之一，匆匆至今，二十七年於茲矣！

（一九七二年七月三十日）

大人 合訂本 精裝每冊十二元

第一集（第一期至第八期）
第二集（第九期至十四期）
第三集（十五期至二十期）
第四集（廿一期至廿六期）

均已出版

九龍旺角彌敦道六一〇號
香港銅鑼灣怡和街一號 大人公司文具部
香港租庇利街十一號二樓吳興記書報社 有售

大人小語

香港盛事
本年陽曆八月份香港第一件大事，是海底隧道通車。陰曆八月份第一大事，是月餅漲價。

太平與不太平
香港「太平紳士」，陸續在增加中。太平紳士之人數以今日爲最多；香港之不太平，亦以今日爲最甚。

因小見大
社會人士議論紛紛，議員權力太小。正因爲議員權力如此之小，政府權力方能如此之大？

粵語國語
市政局下月開會，席上可以粵語發言。以粵語唱「時代曲」者聞之屢矣，以國語唱粵曲者，則尚未之有也。

美其名耳
政府獎券發行十週年，將辦特別獎券一次，以資紀念。紀念云何哉？實爲多發一次獎券，不過美其名耳！

公私有別
私人居處積水滋生蚊蚋，可以判處罰欵五百元。蚊子若自政府公地飛來，又將如何？

是功是過？
電影公映之前先上電視，蔚然成爲風氣。電視究竟搶去電影觀衆，還是替電影吸引觀衆，功過難明。

電影博士
美國哥倫比亞大學第二百一十八屆畢業典禮中，「緊張大師」喜治閣獲頒榮譽博士學位。其時喜治閣已拍片九十餘部。我們也有外國回來的電影博士，不同在當他獲得博士銜頭時，他還沒有拍過一部影片。

不祥之日
田中定下月中旬訪問大陸，實行日本外交新政策。這個日本人如果聰明，應該儘量避開「九一八」這個日子。

越戰結束？
台灣盛傳，越戰三個月內可以結束。這場戰爭，應勝者未勝，應敗者未敗，若能停火，當爲現實向夢想投降。

神機妙算！
又傳基辛格與周恩來曾有默契，美艦隊將長駐台峽，以防蘇聯。杜魯門當年神機妙算有此一着，諸葛亮再生於今日，亦將自嘆弗如。

兩枝玫瑰
西貢有「越南玫瑰」、北越則有「河內玫瑰」。玫瑰多刺，一枝玫瑰刺是在美國丘八身上，一枝玫瑰刺是在美國政府身上。

事後方知
張發奎憶談滬戰，「八一三」滬戰乃可勝而未勝。事後方知大陸江山係於可以不失中失去。

第六縱隊
傳有中共特務四千，名以開設餐館爲掩護，潛伏法國各地。愛吃北京塡鴨及揚州炒飯之人，均請特別注意。

明日之星加坡
星加坡五百元紙幣，已於本月七日面世。我曾謂明日之星加坡，即爲今日之香港，由此可見端倪。

先見之明
越南政府頒佈新法令，規定報紙須繳存巨欵，以備罰鍰。香港政府規定報紙登雜誌記須先繳保証金港幣一萬元，實有先見之明。

「時代曲」在那裏？
奧運樂隊特製新歌，歡迎紀政蒞臨，紀政抵達慕尼克之日，歌頌「飛躍羚羊」之唱片及時上市。想到台灣少棒小將赴美衛冕，連「時代曲」也沒有一支相送以壯行色，能不黯然！

啤酒之所以貴
奧林匹克會塲內，啤酒售價特別提高。啤酒價格提高，可以減少厠所擁擠。

聯想所及
泰國公主拋棄王室尊榮，願與普通平民相愛。這使我想起不願爲王的愛德華八世，也使我想起不肯放棄公主名位的瑪嘉烈公主。

・上官大夫・

啞行者與香港遊記

伯文

封面說明

江州啞行者蔣彝先生，兩月前在香港大會堂舉行個人書畫展覽，一連五天，參觀人數空前踴躍，一時稱盛。蔣彝先生長久以來，皆在海外講學，除精書善畫外，更以啞行者筆名在外國出版多種遊記，著作等身，歐西人士對他那輕清的筆法和典雅的中國畫插圖，莫不珍視。三十多年來，啞行者之名 The Silent Traveller 响徹歐美。

今年初，蔣先生應中文大學之聘，來港担任客座教授，講學之餘，雖酬應繁忙，但仍不廢筆墨。計自紐約哥侖比亞大學近年所作書畫五十餘幅外，居港五月，竟能完成六十餘幅，除一部份寫熊貓外，香港山水人物收入畫囊的也有十多幅。行者雖曾一度來港任中大考試委員，但因居港時間太短，港九名勝尚未遍及遊覽，筆者忝屬交末，自應奉陪响導。

從來畫家遊覽名勝，多喜携備紙筆，遇有可供題材之用的山水事物，便收入畫稿，啞行者也是一樣。像展出的十幾幅山水畫，如「昂平聞鐘」、「南丫買魚」、「沙田晚眺」等，都是親臨其境的寫生之作。於人物花鳥，也莫不掌握特徵，隨手描繪，像本期的封面，就是遊流浮山附近時看到一隻昂首濶步的行鵝，取材構圖都簡單得很，但一經題上「側目而視」四個字後，整幅畫即氣韻生動，不流俗套。

畫展的第二天，名鑒藏家定齋先生伉儷和章窗兄蒞塲參觀，我們幾個朋友以爲定齋先生會選上「熱門貨」的熊貓，可是後來却看中了這幅「行鵝圖」，大概也是欣賞它的新穎與突出吧。

啞行者生平用英文寫的遊記，不下二十餘種，足迹徧五大洲，旅程跨七大洋，每到一處，觀風問俗，不遺鉅細。像最近行將出版的「日本畫記」，就是他費了四年時間的精心傑作。一九六九年春，行者寫信告訴我說：爲了這本書，他要多次親赴日本搜集有關資料，還要畫上一百多幅的挿圖。在那年十月底，我到紐約哥倫比亞大學的教授宿舍拜訪，看到滿屋子堆積的大小畫幅，足有五六十幅之多。「哥大」齋館並不像一般新型宿舍的堂皇外表，而是「年逾古稀」的舊房子，這位行者獨處其間，坐擁書城，揮灑翰墨，十數年孜孜不倦，自得其樂。所以我在他的畫冊序文中說：「深知先生恬淡自持，不求聞達。一室之內，只四壁圖書，蕭然一榻，講學之餘，惟以著述繪畫自娛。」他的生活是如此樸素，加上不嗜烟酒，不謀口腹，笑口常開，談吐溫雅，這一派安詳和樂的氣度，眞像一尊彌勒佛，而不是個頭陀行者。

文人畫家多數喜結方外交，蔣彝雖未受戒，亦躭禪悅。居港半載，屢邀導遊大嶼山寶蓮寺。

蔣彝在香港大會堂舉行畫展，自右至左：本文作者貴訥夫，香港大學校長黃麗松，中文大學校長李卓敏夫婦及蔣彝合影

在暮春三月的一天，我和賴恬昌先生、馮居士三人，陪他到昂平訪僧。那時，筏可大和尙適在養疴期中，未便見客，後來我們又再上「阿彌陀」拜訪海仁老法師。歸途乘車，忽然失去控制，直衝「長沙」小徑，幸虧司機臨變不驚，得以履險如夷，我們事後還笑稱此乃仗我佛庇佑之力。啞行者說：將來他寫香港遊記時，一定要把這段小事插入畫頁。

此外，我們還陪他到邊境作過一番巡禮。勒馬洲、尖鼻咀、流浮山、梧桐山麓、文錦渡岸，這一帶水靜河飛氣象蕭森的情景，也將供給他的遊記不少資料。

畫展開完以後半月，中文大學講學也告結束，七月初他已遄返「哥大」，準備休息一月，再赴澳洲接受坎培拉大學名譽博士學位，及任客座教授一年。此文刊出時，這位啞行者想又雲遊於海洋洲的薔薇灣畔了。

人物素描　蔣彝作

GALLUS

西德名廠 **加利士皮鞋**

歐美·舒適

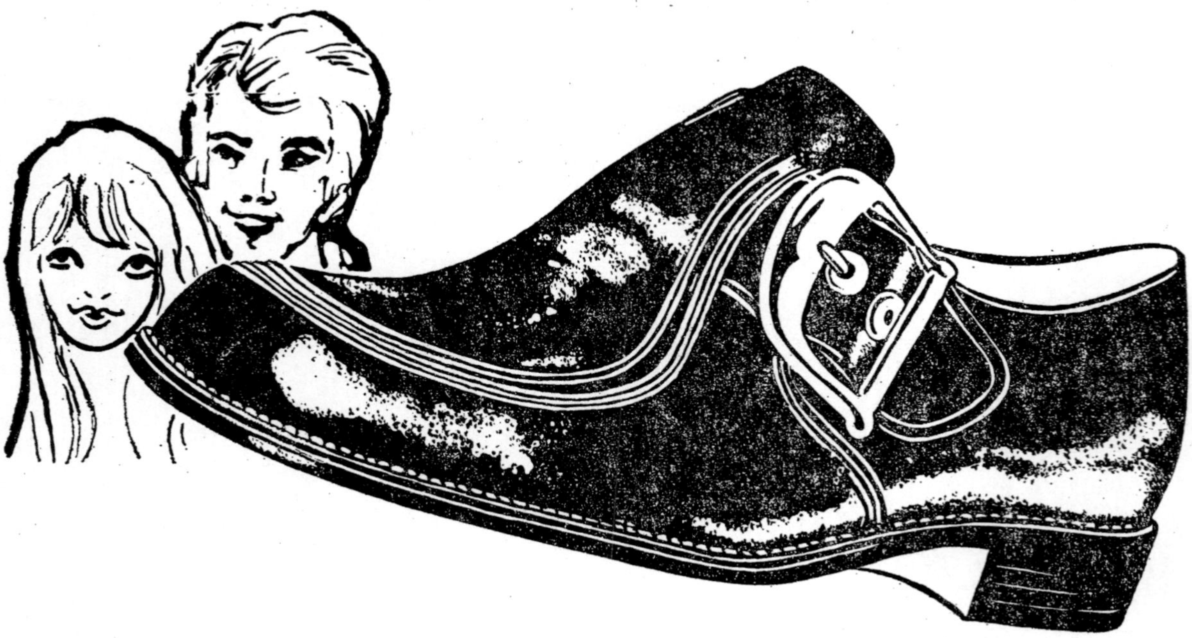

大人公司 平價市場 人人百貨 大方公司 來路鞋公司有售

歐陸旅游憶語

馬五先生

一九五九年八月，國際筆會在西德佛蘭克福舉行大會，香港筆會推派了四名代表前往參加，筆者亦是其中之一，另外還有黃天石、邢紀章、邱然三位。我和黃、邢二君由港直飛西德，邱女士此時在羅馬進修，她是由意大利前往的。

西德各大都市見聞

筆者係初次赴歐陸旅行，一切皆生疏，此行最大的目的，一是看看戰後德國的復興情況；二是要到西柏林和維也納這兩個為蘇俄與西方自由國家互通聲氣的重要都市觀察一番；最後就要尋訪曾任中華民國政府的軍事顧問團團長、戰後又曾以戰犯關係被判徒刑而保釋出來的德國名將法根霍森將軍。但我不懂德文，英語亦如粵諺所謂「水皮」的，幸有同行的邢紀章君係留德多年的識途老馬，得他協助，幷不感覺困難。

我們一行飛抵佛蘭克福機場時，海關人員對於旅客的檢查手續和態度，即與香港和台灣的情形迥然不同，關員看過護照後，只詢問旅客一句「帶有茶葉嗎？」我們答以沒有，對方即很和藹地免予檢驗而放行了，決不像港台的海關傾箱倒篋，把旅客都看成走私的犯人一樣。後來我問德國朋友，海關人員何以對旅客這麼客氣？據說，海關人員都經過訓練的，他們對於旅客有無走私的嫌疑，一眼即可省識大半，再察看護照身份，便全盤瞭解，毋須個個檢查了。至於單問茶葉，乃因茶葉在德國很貴重，在飯館中飲一盃中國茶，即需美金一元。記得兩年前我到台北旅行時，入境証上註明我是現任國大代表，但海關人員對我的行李翻了又翻，胡亂搜索，竟將我的手提旅行袋亦弄破了，以致內藏的零星用品如漱口盅與刮鬍刀片盒等，皆散落地下，當時我大為惱怒，非教他賠償損失不可。旋有位高級職員聞聲出來，他認識我就是「馬五先生」，再三道歉，且說那位檢查員是剛從學校畢業出來，派到機場服務的生手，請我原諒，我祇好自認晦氣，用手巾把散在地下的零星用品包裹而攜走了事。這証明西德海關人員的文化修養比咱們是高一着，思之不勝慚怍。

到達佛市後，首先就赴設在市郊的「歌德大學」訪晤中國留學生李秉都君（粵人由香港去的，邢紀章兄教過他的德文），約定次日參觀世界著名文學家歌德的舊居，那是一座在市內大街旁的普通樓房，佔地相當廣濶，游人往來絡繹不絕，內部一切陳設皆仍舊貫，只是大門已經修葺一新了。李秉都君帶着照相機，攝影了屋內走廊中一個鏡頭，再到市上的公園內，除歌德銅像外，尚有著名文學家雪萊銅像，我和邢君立在歌德銅像前照了一張相。其後我和陳源、陳紀瀅二先生又到歌德舊居游覽一次，歌德大學的男女學生不少，校內亦有宿舍，但不用工役，所有洒掃炊爨與購買食品等事，皆由學生任之，實行讀書與勞動合一的生活，可見今日中共將學生驅往農村從事勞動的作風，幷非新發明。

德國人民的勤儉而守秩序，隨處可以見到。我從佛蘭克福坐火車往來波恩數次，凡是進入火車上餐室飲食的，沒有一個德國人，德籍旅客都是携帶着幾片麵包，一根肉腸，到時候就在座位上取出來吞吃果腹，然後就車上的水喉喝一口涼水，便是一頓午餐或晚餐了，走進火車餐室去的，百分之百都是外國游客。我無論在火車中，或在市面飲食店裏，每取出美國出品的「好彩」香烟(Lucky strike)抽吸時，前後左右的德國人，皆表現着驚異的形色。原來這種香烟在美軍佔領地區是違禁品（佛蘭克福屬於美軍佔領地），如有德人吸此香烟，即有人加以查究來源，懷疑是美軍盜賣出來的，準會招致煩惱。所以，我將好彩香烟分致隣坐的德國人一支後，他們必表示深厚的謝意，視同珍品呢！某夕十時左右，我在佛蘭克福旅館內忽感頭痛，外出購買藥片，這時候街上不但很少行人，車輛亦完全絕跡，因為德國的天氣約在香港的深宵五時天就亮了。我走到馬路旁，瞧見對面電桿上出現着紅燈，但以路上既無人跡與車輛了，即逕自走過去；但有一德國婦女亦是臨時出外購物的，她始終站立不動，一直等到對過的紅燈換為綠燈後，她纔緩步過街。這是德國人謹守秩序的性格，雖小事亦不馬虎，德國民族性之善於組織，即此可見一斑了。

我們到達佛蘭克福的第三天，當地報紙上舉行民意測驗，教讀者各抒己見，列舉近代的德國偉大人物，統計結果，希特勒竟佔着前三名的多數票，他的最大功績便是建築了一條貫通全國的「奧托邦」大道。這條路不特建造結實，路身有二十丈深的水泥，路面可使七八輛大卡車並排馳驅，而且兩旁皆設有堅固的輸油管和加油站，在戰時運輸軍隊和軍需品，方便而迅捷，平時亦給人民以交通上的莫大便利，因而在德人的心目中，對希特勒留下了深刻的去思。德境各個都市所放映的電影片，十九都是英美法各國的產品，但劇中人的對白完全用德語，我在波恩時，曾將此事就教於德政府新聞部的人，何以外國影片對白盡是用的德語呢？據告這是西德政府的政策，外國影片既在德國放映賺錢，就得對地主國家有所貢獻，影片改用德語對白，片商必須雇用德國的知識份子爲之効勞改寫詞句，而給以相當的報酬，這樣即替德國減少了一些失業的人。德國政府堅持既定政策，外國片商亦就不願因小失大了。現時香港電視中的外國影片亦多改用粵語，而台灣的外國影片乃至電視中的外片，一律聽任原有的外語對白，表示着殖民地的色彩，何其不思之甚也！

十年前的西德經濟，遠不及今日之繁榮，人民生活殊艱苦，然我走遍佛蘭克福、波恩、海得堡、科隆各大都市，未曾見到一個乞丐，祇在波恩郊外的萊茵河畔一個小鎮上，遇見一老年人在道傍石磴上拉手風琴，口裏還唱着歌曲，據同行的朋友說，這便是向路人乞錢的乞兒了。我看他那樣的斯文而優雅，送給他美金一元，他再三道謝不置，從乞兒的身上，亦就可以看出一個民族的文化教育的程度啦！

德國的科隆市，是僅次於漢堡、而與佛蘭克福相伯仲的都市，爲英軍佔領區。全市的一切建築物，除却高聳雲霄而宏偉非凡的古代所建的一座教堂，依然矗立無恙外，在戰爭期中，概被盟軍轟炸得片瓦無存了。我到科隆旅游時，全市各式各樣的屋宇，櫛比鱗次，煥然一新，各個戲院和運動場與圖書館，皆係最新式的現代化格式。我在旅館跟店主東談到科隆市復興之快，他以驕傲的詞色答道：「這要感謝英美的空軍啦！若不是他們當年的猛烈轟炸，科隆市再過五十年亦不會構成現時這樣嶄新的現代化建設呢！」他又告訴我：「現任西德總理愛德諾，戰後担任科隆市長，因爲英軍方面認爲他不是人才，將他撤走了。他一氣之下，組織政黨，從事政治活動，不數年即被選爲內閣總理，英國人對他乃刮目相看，再不說他是無能之輩了。」言下頗有得色，我認定這位店主東決不是普通的商人之流，對他甚表

歌德大學門前之本文作者其右爲筆會會長黃天石

欽佩。西德中央政府所在地的波恩，係一小城市，但不在外軍佔領之列，風景優美，世界著名的音樂家貝多芬，即出生於此。我到貝多芬的故居參觀過，係一座小小的樓房，比歌德的故居遜色多了。樓上陳列着貝氏所使用的提琴等樂器，也有他手寫的樂譜與歌詞，最別緻的有貝氏親筆寫下一天的菜單，貼在墻壁上。看到了這一椽舊宅，即可想見貝氏在生時的生活貧乏情形爲何如了。這天剛逢下雨，室內更陰暗，貝氏銅像巍然建立在通衢上，我們在雨中瞻仰了一番就走了。波恩市內只有一家中國餐館，名叫「中國酒家」，名氣很大，西德政府凡是欵待外賓，必在這家飯館設席。我到該酒家進過一次餐，所製的菜肴簡直不是味道，而價格殊高昂，若在香港，必然無人問津，但在波恩却係獨一無二的豪華餐館了。波恩有一項很好的設備，那就是火車站和飛機場上的播音機，清晰明暢，沒有絲毫的雜音，用德、英兩國語言報告行車和起飛時刻，任何人皆聽得很清楚，不像香港、台灣，以及東京、曼谷、新德里、仰光各地機場之播音嘈雜，而語言又急促震耳，有時令人不知所云呢！

德國人無論男女，在交際應酬場合，說話都很和諧而不粗率。我住在佛蘭克福的旅館中，某日，吾國學人陳源（通伯）先生來訪談，適有一年輕而貌頗清秀的女侍應生到我的房裏收拾衾褥和杯盤等，陳先生對她很賞識，乃以英語跟她談話，她搖首表示不會說英國話，我即從鄰室請邢紀章君過來作舌人，先問通伯先生有甚麽話要跟她談？陳先生說：「我很喜歡她的美麗容顏和風度，請問她可否把姓名告訴我呢？」邢君乃先對她介紹陳先生是位文學博士，又係聯合國文教組的重要人員，從英倫來此出席國際筆會的，會後仍回英倫去，然後將陳先生的意思說給她聽。她嫣然答道：「請告訴這位先生，很抱歉，我最近已經跟一男友訂婚了！」我們三人聞之皆大笑不已，她却很有禮貌地跟陳先生握手道別。當我送陳先生到電梯門口時，陳先生還笑說「今天來此拜訪你，很有收穫」，風趣盎然，殊堪敬愛。於今陳先生已作古有年了，回憶前情，不勝悼念之至！

訪問法根霍森將軍

我於筆會閉幕後，原擬先去維也納游覽，約同邢君赴波恩的奧國總領事館簽証。我倆襟間皆繫着國際筆會的証章，該領事館職員見着我們即用英語說道：「教授們，歡迎！」態度極親切而客氣。我們說明要去維也納觀光，特來簽証，對方答言很好，只繳簽証費美金五元就行了，我們如

數繳付後，提出香港政府所發的身份証明書給他簽字。詎對方說道：「噢，你們乃是沒有國籍的政治難民啊！」邢君把他說的德國話譯告我，我登時怫然從懷中取出吾國外交部所發的護照，向他的櫃台上一擲曰：「我怎麽沒有國籍呢？只因你們奧國尚非獨立國家，跟我的中華民國幷無邦交，所以改用香港政府的身份証明書請你簽字，你說話太過失態了！」他忙答「沒有關係，我就簽，請勿誤會。」我把証件收回道：「我不想去維也納了，請將簽証費還給我罷！」他以尷尬的形色把錢交還我，一句話也未說，我倆悻悻然走出了那奧國領事館，回到旅舍後，決定向德國政府新聞部打聽法根霍森將軍的下落。

當夜德國新聞部即通知我們，說法根霍森將軍隱居在波恩與佛蘭克福之間厄姆斯河畔一個小市鎮上，地名是納梭（Nassau），幷將其住所的電話號碼寫出，旋由邢君撥長途電話到納梭找法氏接談，說明我們要去訪問，他極表歡迎。次日午前，我倆乘坐火車出發，下午一時即抵達該市鎮。當我們下車進入鎮內時，居民皆投以驚奇的眼光，蓋該地頗偏僻，平日很少外國旅客來往，忽然見着兩個黃臉黑髮的東方人蒞臨，不覺大感稀奇。邢君以德語叩詢法根霍森的住址所在，對方先問邢君是那一國人？繼謂何以能說流暢的德國話？然後有一男子漢引導我們步行了十分鐘，走到市鎮的盡頭叢林前，指點我們穿過樹林後，即有一座小型的樓房，那便是法氏的住宅。我們走到樓房前，只見重門緊閉，寂靜如寺觀，經再三拍門後，有一白髮老漢從樓上走下來開門，邢君以德語說明我們的來意，那老人急忙答道：「我就是法根霍森，請進請進。」我們踏入客室，驀見餐桌上的花瓶中，插着一小支青天白日的中華民國國旗，我以英語揚聲說道：「將軍眞是咱們的好朋友！」他遜謝之。主客進到裏面一間書房中坐下懇談，初由邢君爲我作舌人，介紹我是日本留學生，法氏欣然謂：「我在東京的德國大使館作過五年武官，可以說日語交談了。」於是，我倆乃以日語交談了一會，因我要向他請教關於二次大戰的若干問題，以及戰後德國的一切情形，怕他用日語談論很吃力，乃請他改說德語，由邢君翻譯之。剛談及問題時，一中年婦人手持着菓盤與啤酒進來饗客，等她出去後，法氏笑謂：「她就是我的準主婦，又是我的敵人而兼愛人呀！」我大惑不解。法氏繼續娓娓叙述道：「二次大戰時，我（法氏自稱）担任進攻比利時的德軍統帥，旋受任爲駐比利時總督。此時我這位準主婦是比國政府雇用的一名國際間諜，負責偵查德軍的軍情，曾被破獲，拘繫獄中服刑。迨德軍戰敗後，我被盟軍指爲戰犯，由紐倫堡的盟軍法庭判處八年徒刑。這時她已釋放出來了，常到獄中探問我，表示要替我說公道話，認爲我在佔領比國期間，幷無殘暴行爲，且對比國人民很和善。她以曾爲國家出力有功的人，遍訪盟軍當局，叙述我在比國作總督時期的一切事實，証明我沒有戰犯的罪責，應該免刑。經她不斷地奔走呼籲，盟軍法庭果然把我開釋了，這不是由敵人變成了恩人嗎？」法氏談得眉飛色舞，喝了兩口啤酒又侃侃而言：「我是出生於普魯士的貴族家庭，有田數百頃，生活很優裕。我有一子，在二次大戰中戰死了！老妻亦已去世。戰後從獄中出來，孑然一身，無家可歸，因爲普魯士屬於東德共黨的統治區域，我的家產全被沒收了。所以祇靠西德政府規定的一點卹金過活，住在納梭這一鄉郊小鎮上，生活費用比較便宜，我這位準主婦從我出獄之日起，即跟着我一道，熱心照料我的飲食起居，我決計跟她正式結爲夫婦，到時候一定通知你（指筆者），這不是由恩人又成爲愛人了嗎？」

談過這項羅曼蒂克的故事後，我提出東西德如何統一的問題，法老將軍說道：「我以爲德國最好是暫緩統一，否則在這世界兩極化的對立鬥爭中，德國又有介入戰爭的危險，這是環境使然。德國居於四戰之地的形勢中，不特糧食不能自給自足，即菜蔬和鷄蛋等，亦須從比利時大量輸入，一有戰爭，德軍即非向外發展不可，無論勝敗，結果都要負担『侵畧』的罪名，戰爭對德國是有害無利的，倒不如東西分裂，人民可以過些和平生活呀！」我提到西德中央政府設在波恩小城市，殊不適中，法老將軍答稱：「這純粹是政治人物的利害關係。西德總理愛德諾在戰後飽嘗過佔領軍的痛苦滋味，他又是以基督教民主黨起家的。佛蘭克福雖然地點適中，城市甚大而未曾遭到戰爭的破壞，本是理想的首都地點。但那裏是屬於美軍佔領區域，而大多數民衆皆信奉耶穌教的。只有波恩不是佔領區，那一帶沿着萊茵河

歌德銅像前之本文作者（右）與邢紀章教授（左）

岸各地方的居民多屬基督徒，在選舉中，基督民主黨可以穩操勝算啦！」既而法氏的準主婦來請我們到餐廳用膳，菜餚很豐富，飯後法老將軍和我走到樓房外的曠場中，用日語閒談，且以電話叫來攝影師，給我倆拍照一幀作紀念。他告訴我：「你們蔣總統著的那部『蘇俄在中國』一書，要在德國譯成德文發行，蔣總統有信請我寫篇序文，我很高興，曾囑在德主持譯述是書的某某等，把譯文送我審閱一下。第一章譯稿送來了，我以譯文幷非標準的德國詞句，提筆修改了許多，不料以後即未見繼續送閱，而該書不久就在德國刊行了。因此，我不及撰寫序文，實在對不起老朋友，希望你回到台灣後，務須將我的意思轉報蔣總統知道，於心乃安。」我說今天要趕回佛蘭克福，過兩天還要赴西柏林游覽一番。他謂不妨在此多談談，反正有晚車直開佛蘭克福，幷不妨事，然後再回到室內，與邢君三人共坐品茗。

法老將軍聽說我們要去西柏林，他把那邊的情形詳細指述，教我們不要隨便住旅店，更不要在旅舍門前隨便雇用汽車出游，謹防司機的是共黨份子，把你們車到東德去，那是很麻煩的，理由是我身上帶有台灣中華民國政府的護照，共黨一定毫不客氣的加以留難。於是，他給我們寫下一封致西柏林 **Astoria** 旅舍老闆的信，教我們下榻該旅館，店主東係法老將軍的舊部屬，萬無一失的，我很感謝他的照顧盛意。再問他每天如何消遣呢？他說：「除却寫寫回憶錄，看看報章雜誌外，每日午後二時在窗前迎候許多從叢林中飛來討取食物的雀鳥。我常常於午飯後，以穀麥從窗上投飼飛禽，日子久了，習以爲常，那些雀鳥到時候即集體飛到窗前，羣聲吱吱索食，有趣極了，這是我每天幹着的快樂工作」。我笑謂這亦是老將軍把訓練士兵的兵法小試其技耳，他不禁哈哈大笑。此外，他說常有從英法各國來德國旅行的軍人，亦到納梭拜訪他。他又担任着「中德文化協會」的主席，協會在波恩召集會議時，他必出席，因此幷不感覺寂寞云。最後我請教他一項事：「在香港我聽到一位德國副領事（名字似叫作貝乃特）說，當二次大戰之前，他以文教界人士，曾在俄境烏克蘭于役過，當地的知識份子多不滿史達林政權。迨二次大戰發生後，他重游烏克蘭時，由於希特勒把烏克蘭視同征服的殖民地，設置着總督，德軍對當地人民任意虐待，因而原來對史達林政權懷有反感的人，皆倡言愛國主義，擁護史達林了。這纔是德國失敗的最大因素，老將軍的尊見以爲何如呢？」他說：「一點不錯，不但俄國人民反對希特勒，我亦曾經以反對希特勒作風而膺受處分，幾遭不測，嗣請求戈林從中緩頰，纔得恢復軍職。所以我在比利時作總督期間，對於比國人民從不加以虐待。假使二次大戰中，德軍以解放政策對待俄人，攻佔烏克蘭後，不設總督而讓當地的俄國人組織政府，執行統治權，史達林政權早就垮台了！」

我們暢談到下午五時纔興辭告別，法老將軍表示依依不捨的情誼，臨別且在他送我的照片背面寫下了一句日本話：表示希望再度晤面的意思，他確確實實是咱們中國的一位眞朋友。我回到香港後，不時跟他通訊，過了四五年後在報上見到他去世的消息，爲之悼惜不置，檢點篋中尚存有他給我的信件一通，簽名的字跡是老將軍親筆，函文好像是女人寫的，或許是他那位敵人而兼愛人的代筆吧？特附印於後，以誌不忘。

在西柏林流連一週

我們從納梭回到佛蘭克福小住兩天後，即乘夜航機直飛西柏林，約莫三句鐘就到了。飛機先要經過東柏林的，我在機窗中俯視東柏林一大片烏黑的房屋，却未見有燈光，問問機上的侍應生這是甚麼地方？她以驚詫的態度答道：「你是初次來柏林的？下面就是東柏林嘛！」既而飛入西柏林上空，乃見全市各色各樣的燈光明亮，一片燦爛景色，我對邢紀章兄說：「共產生活與非共產生活的區別，這便是很顯明的對照，用不着再事

陳源（中）陳紀瀅（右）及作者（左）攝于歌德故宅

研究了。」

走出機場已是深宵二時了，持着法根霍森將軍的介紹信，直奔他所指定的旅舍，店主東對我們很客氣。次日早餐後，我急於要去看看吾國駐德的大使館，邢君對柏林街巷皆熟悉，他主張不必坐車，步行前往。使館位居西柏林市內一條最熱鬧的大道傍，幷未受到戰火摧殘，一棟三層樓房的建築物，依然完整如故。但四門緊閉，看守無人，想進去巡視亦不可能，從玻璃窗中瞧到樓下客廳的桌椅上，灰塵盈寸，滿目凄涼景況，我慨然告語邢君云：「這便是反映着國運艱屯的象徵吧？」我倆垂頭喪氣離開使館，再步行到俾斯麥銅像之前，瞻仰很久，以附近幷無商店，我們又未携帶照相機，乃不及攝影存念。旋馳赴德國舊有的國會參觀，祇見敗壁頹垣，不成模樣，唯大門高處橫刻着的「德意志萬歲」字句，尚未損壞而已。此時已是午後三時了，我主張去參觀普法戰爭後建立的凱旋門，邢君領路前進，我們走過一座新建築的大門前，適有一隊服裝很整齊的軍士從裏面出來，瞧見我倆即無言的注視着，我們亦不理他們，低頭向前走了十來丈遠，邢君遙指着對面巍然屹立的高大牌樓式建築物道：「喏，那就是凱旋門！」迨走到近距離間，有大馬路一條橫亘着，凱旋門位置在馬路的那面，我們正要趨越過去，忽睹這面的馬路旁樹立着一塊木牌，上寫英文，說明英軍防區到此爲止，游人若走過這界線，英軍即不負保護安全之責，這纔知道對面即是東德的管轄區域了。我倆祇好止步，遠遠瞻望凱旋門片刻，懷着惆悵心情，走回旅館，把在路上遇見軍隊情形，告訴店主東，他說：「那是蘇俄的駐軍，那座大門內的曠地係埋葬俄軍進攻柏林而戰死的無名英雄墳場，裏面常駐有一隊俄軍守護着，你們恰恰遇見俄軍換防而已。他們必以爲二位是日本人，因而特加注視，別無惡意的。」

本文作者與法根豪森將軍（左）庭苑談話

我們在旅館休息後，又走到市街上找尋中國餐館，旋發現一所「泰東餐室」，門面很堂皇，我們進去尋得座位，等候了許久亦沒有人來招呼，我正在批評這餐室一定不會發達，忽有一華人前來以英語詢問我們是否要吃日本料理？答以「我們是中國人！」那人立刻笑容可掬地操着湖北話說道：「剛纔侍應生報告有兩位日本人在座，請我出來招呼，原來是自己的同胞。」然後他自我介紹道：「我叫蕭雲來，湖北籍，曾畢業中央黨務學校（即政治大學），戰後奉派在我國駐德軍事代表團工作，代表團撤消後即未回國，已跟德國女子結了婚。」我問「侍應生何以認定我倆是日本人呢？」蕭說：「在德國、比利時、荷蘭人的觀感中，每見東方旅客西裝比較講究的，就認爲日本人，衣服差些的，即說是中國人，積習相沿，二位不必嘔氣。」我又問他以吾國使館何以無人看守呢？他慨然答道：「本來有一個德人看守很多年了，戰後的每月工資爲五十個新馬克，由巴黎我國大使館料理這方面的事。近年來看守人的工資積欠許多個月亦未支付了，看守人年紀已老，他將使館的鑰匙交給西柏林的中國人聯誼會，聲明辭職不幹了。」我說「原來如此，難怪別人。」從此我倆常到這家餐館飲食，蕭君亦到我們的旅舍來訪問，幷介紹他那位老闆劉君與我們相識，劉係山東人，住家在荷蘭首都鹿丹特，擁有鉅量資財，其人的言談亦很少市儈氣習。

我們旅游柏林時，東德的共黨政權尚未建築圍墻，東西柏林的界線，只隔一條馬路而已。東德地區人民每日走入西柏林的很多，西德政府在西柏林設有難民接待機構兩所，凡東德難民走過來，先到第一接待所登記姓名、年齡、籍貫和職業後，接待所即發給他一紙登記証，然後到第二接待所交出証件，另換取一張証明文件，持赴指定的地方居住着，最多三個月，即由政府分配到某處工作，決無失業之虞。西德政府在柏林以外的轄境內，建有許多新屋，作爲東德難民臨時住宿之地，萊茵河沿岸亦有這種建築物，計劃很周密。我曾經問過在西柏林接待所服務的人，許多東德人民走過來，無條件地予以接待收容，不怕共黨份子混雜其間，從事顛覆活動嗎？答言：「毫無顧慮，西德的經濟繁榮，生活自由，又沒有失業的，縱使共產黨徒混進來之後，他根據現實的生活情況，亦會改變思想的，我們決不怕共諜潛踪的。」這就是共黨所在地必須緊垂鐵幕，不許人民有行動自由的癥結所在也。現時的香港如果照西柏林的辦法，無條件收容從大陸逃來的難民，社會秩序必然大亂，因爲難民沒有就業機會之故。西柏林設有一座「自由大學」，我去參觀過，全校學生皆不分區域，學術研究很自由，從來沒有學潮發生。我問學校當局，東柏林來的學生亦收嗎？答言祇要程度合格，不超過年齡，一律收錄，且容許學生們公開討論自由與極權主義的利弊得失，毫無禁忌，這纔是眞正的自由大學呀！

我們在西柏林逛了七天，未曾雇乘過計程汽車，因邢紀章兄對柏林的大小街道皆很熟悉，我倆總是步行到各處參觀游覽。邢兄尚懷念他在柏林留學期間的住宅及其主人，我倆特去訪問，那是市內一個僻靜的長巷，叩門詢問後，房屋依舊，主人全非了！邢君不勝惆悵，在門外逡巡徘徊一陣，又向左右鄰居的人談他在戰前居留這兒若干年的往事，有個婦人笑謂邢君：「你怎麼還能夠說這樣流暢的德國話呢？」邢君頗爲得意，把那婦人的說詞翻譯給我聽，我亦爲之黯然。

我一生走過的地方不算少了，見過的婦女亦不知其數，唯有在西柏林一家航空公司服務的一位少女，確爲平生所罕見的絕代美人。我倆向她訂購回佛蘭克福飛機票，她的容貌、言談、身材和舉動，無一不令人發生美感，我以英語問她是否德國人？她笑謂「請你猜猜看！」邢君即以德語跟她攀談，聊了一刻鐘，臨走時她送我們到大門口，珍重道別。她那種天生麗質，確屬非凡，任何人見到她，都要產生極好的印象，迄今相隔十餘年了，我偶爾憶及前情，她那副美人兒的模樣，依然如在眼前呢！

Nassau a.d. Lahn, 27.VII.59
Emser Strasse 27.
Tel. 531.

Dear Mr. Lei,

I just got your kind letter of July 24. One hour ago Minister Ouang had a talk with me on the telephone; just too early. I shall be very glad to see you and your friend, Prof. Dr. Hsiung here at Nassau on or about the 30.VII. Please, be so kind to telephone me as soon as you have made up your mind about the day. Will you come by motor-car or by train? I hope you will have time enough to take here dinner, tea, supper or what you like best; you will be heartily welcomed.

Yours truly

von Falkenhausen

法根霍森將軍致本文作者函件

向比利時京城進發

由西柏林遄返佛蘭克福休息了幾天，先致函吾國駐比大使汪孝熙明（名孝熙，外交界耆宿汪榮寶之子，已經逝世。），他回信歡迎我早日往比國一游。然邢紀章兄因事不能同行，從德國坐火車赴比京布魯塞爾，中途要換車一次，路徑我一點亦不熟悉。歌德大學的李秉都君適在假期中，他到過比京，願意作嚮導，我倆乃相偕出發，但忘記向比國駐德京的使館簽証，迨走到德比交界處，即被當地海關人員，原車送回德國科隆市，這兒沒有比國領事館，弄好簽証手續後，次日再乘車向比京進發。下午到達布魯塞爾總站，一出站外即有營業汽車司機前來兜攬生意，以英語問我們到甚麼地方？我說中華民國大使館，司機欣然答道：「O．K！」駛到一條馬路旁的長巷口，這往裏面一指道：「就是最末尾那棟高樓啦。」這時細雨紛飛，我倆各提着旅行袋，步入巷內，有一婦人正在一家住宅大門前抹拭玻璃窗，瞥見我們，亦用手指示那座大樓，我們走到樓下大門口按鈴，有一鬚髮皤然的老司閽，啓門作了九十度的鞠躬敬禮，未加查詢，即請我們直接登樓，只見樓梯間鋪着很講究的厚絨地氈，我語李君：「咱們比國大使館的局面眞不錯，不愧泱泱大邦的氣派啊！」走到二樓有工役來索取名片，我用華語吩咐他，要見汪大使，他亦未答話即持着名片去啓報了。俄頃，一青年人來至客廳，手拿着我的名刺，操英語謂：「能說法國話嗎？」（在比國通行法語）我正感詫異，以自己使館的人，對本國來賓爲甚麼要說洋話呢？該人又以英語問我們懂不懂英文？此刻我有些不耐了，大聲答以「我們是中國人，來見汪大使的！」那人仍以英語應之曰：「很對不起，我們這兒是日本大使館。」我纔知道自己弄錯了對象，大爲失禮，急以日本話向他道歉，聲明係初次來此旅行，人地生疏，誤受汽車司機的指示而然，請原諒。那人笑謂：「沒關係，貴國旅客錯到敝處的情形常常發生的。」他指導我們走出長巷向右轉前行數十步即係中國大使館。但我們走來走去亦不見有使館的招牌，細雨仍未止，帽簷上積滿了雨水，涔涔然向外流出了，我抬頭張望，忽覩一座屋沿高處，掛有小圓型的青天白日徽章，料應是使館所在了。叩門進入後，汪大使穿着老羊皮袍從三樓下來（北歐天氣，九月間就很冷了。）相見，我正要坐到大廳上古色古香的國產靠椅上，汪大使忙說坐不得，否則靠椅將有身首異處之虞，原因是那些木器業已朽壞不能使用了，又無錢新置，祇好擺着做樣子而已。再看客廳裏裝置的「司蒂姆」熱氣管，結銹很厚，亦以沒錢購煤燃燒之故，荒廢很久了。所以汪大使在樓上辦公不得不穿皮袍以禦寒，館員們沒有皮袍的，即穿厚棉襖。至於使館內外的墻壁皆剝落有如破廟然。據汪大使說，由於館址周圍的樹木成林，室內經年沒有太陽射入，壁間潮濕不堪，更增加秋冬時的冷度。他就任後，想把周圍的叢林大樹，斫掉幾株，但沒有這項經費開支，最後跟木材公司協商，由公司負責斫樹，而將斫下的木材送給公司作爲人力的代價，這纔使館址的房屋得見天日，潮濕亦降低了。我聞此情，再想到剛纔所覩日本使館的豪華壯麗景色，不禁悲從中來，駐比大使館自大使以迄全體館員，只有五人，據館員李南興君說，旅居比國的浙江青田籍華工最多，光是辦理這些僑胞的簽証和其臨時發生的事項，使館即忙不過來，四個大小職員，雖朝夕工作，亦辦不了每天應辦的業務，而使館的設備又極簡陋，更使工作效率爲之低降了。

到比利時去的游客，都要去瀏覽一下世界著名的古戰場滑鐵盧，我亦不例外，由汪大使陪伴前往，進入那建築在廣漠無際的平原中一座圓形大廈樓上，四壁繪着拿破崙在當地大戰時的兩軍陣容，拿翁騎着一匹白馬，殿後督戰。汪大使對於滑鐵盧戰役的史事，熟悉極了，爲我解述戰事經過情形殊詳盡，不啻上一堂戰史課程，譚譚有味。另有以泥土堆集起來的高崗，據說是埋葬戰死沙場的將士們的萬人塚。還有一座拿破崙紀念館，設在滑鐵盧邊境的大道旁，裏面陳列着拿翁使用過的兜鍪和軍器，以及拿翁親筆書寫的文件信札等，令人發思古之悠情。

位置在法比接壤海岸的安德衛浦，是一有名的市鎮，第一次歐洲大戰時，德國大軍侵入比利時以進攻法國，曾在此一地帶苦戰多日，然後進至海岸，以致貽誤全面戰事，而使該市聞名全球。當年壘戰最激烈的區域，是在離安德衛浦尚有五哩之遙的丘陵地帶，兩旁築有隱蔽的砲台，比軍以寡敵衆，給德軍很大的打擊，使其不能按照作戰計劃，迅速馳入法國境界，終告敗績。迨第二次大戰時，由於空軍的發展，安德衛浦的要塞價值便喪失了。我們一行在要塞前的馬路旁停車，巡視殘存着的砲台舊壘，然後前往安市歇息。

安德衛浦的動物園，是全球最大動物園的第二位，內有全球各地產生的各種動物，光是飛禽部門，我們參觀了兩小時纔看完，若要對全部動物皆加以省覽，非有三天的工夫不能畢其事也。我們由當地一位中國餐館老闆（粵人，名字忘記了，係姓李，亦是由香港去的。）帶領去參觀的。這位華僑商人眞有本領，他領着我們步行過街時，街上站崗的警察皆舉手對他敬禮。進動物園的入場券，每張須付美金三元，但有他帶領即可免費進去參觀。我問他何以具有這樣的特殊地位？他笑謂：「很簡單，當地警政人士下班後，到我的餐館飲食，一律不收費用，我的餐館開張的頭三天之中，早晚開着流水席，讓他們大快朵頤而去，這樣他們自然對我很客氣了。」此君幷不會說外國語言，但他在巴黎和瑪德里亦開有餐室，我又問他既不通當地語言，來去做生意沒有困難嗎？他說：「先生，天下烏鴉一般黑，無論海關人員也罷，治安人員也罷，祇要『熟性』——粵語通氣之意——即沒有辦不了的事呀！」他更有一種美德，事母至孝，財富滿身，而家中祇有一位原配的髮妻（粵人），他的母與妻，我都見過。此君固未曾受過甚麽教育，然從中國文化浸潤培成的德性，遠較本國的一般高級知識份子爲優越，禮失而求諸野，吾於是覘驗有據矣。

在比京流連了五天，此外沒有甚麽名勝古蹟可看的，常與汪大使到比京的公園茶室閒坐品茗。我對汪大使笑謂比國的婦女似乎沒有一個好看的，他莞爾不答，同行李秉都君急以眼色示我勿復言，我不明白他是甚麽意思，回至旅舍他告訴我，汪大使的夫人就是比國籍，我深感失言了！我問汪大使以荷蘭京都這座「海城」風景如何？他說：「我可以陪你去看看，用使館的汽車代步，憑着大使身份，不需要簽証手續即可入境的。」次日乘車前往游覽，沒有什麽特殊的景物可以參觀，但當地的華僑所設餐館與洗衣店，共計有七十餘家，一到晚間打烊後，不但雀牌之聲遍聞，且有鴉片烟出售，我問荷蘭亦產罌粟嗎？汪大使說非也，鴉片和雀牌，都是華籍海員從船上走私進來的。我們在荷京玩了一天就回到布魯塞爾，立即準備重返西德佛蘭克福，以免邢君在旅舍久候。

此行旅游歐陸幾個國家，有兩項生活過不慣：一是到處沒有開水可喝，盡飲凉水；二是西德飯館裏的小圓形麵包，堅硬如石，我是全部假牙，且只有一套，萬一咬破了，重新裝置就很麻煩，所以我每餐皆不得飽食。因此，我認定中國人如在國外生活，全世界的地區只有香港最適宜了。從歐陸游罷歸來迄今，始終不想再去外國旅行，女兒在美國住家，迭次邀我去游埠，我聽說美國社會那種緊張而毫無人情味的生活就不敢領教，不如住在香港爬格子營生，寫意多了。

Wearing Levi's is better than wearing pants!
Levi's®

1972年世運會前奏

·萬念健·

一九七二年八月廿六日，奧林匹克的火焰將在德國慕尼黑大放光明，讓世人知道第廿屆奧運大會行將開始。奧林匹克火焰象徵光芒照耀全球，事實上，五大洲的每處地方，千千萬萬的人，都可以透過無線電及電視，聽到看到本屆奧運大會揭幕禮，及其後十六日的精采比賽項目。

今年八月在慕尼黑舉行的第二十屆奧運大會，不可視爲一個普通的運動節日。本屆奧運的籌備及推行，是經由千萬不同國籍、不同階層的人士，共同合作的表現，實在是我們的年代裏一項重要事蹟。

奧霸威辛非山是本屆世運場地所在，面積近三百萬方公尺，離西德名城慕尼黑市中心不過三點八公里。當初開關該地爲世運會址時，單就爲整理世運會週圍景物，及作築路之用，就曾搬移了逾二百萬立方公尺的泥土。

在這塊移平後的廣濶土地上，分別建築了各項運動所需的不同場地，其中包括露天大會運動場、室內運動場、游泳池、世運村及新聞城等。

大會運動場的特色是：該場有一個面積達七十五萬方尺的透明幕作上蓋。這個運動場就是大會揭幕、閉幕及一些田徑項目比賽的所在地，大會運動場可容納觀衆八萬人，供田徑用場地佔面積一百零五公尺乘六十八公尺，計有八條四百公尺長的跑道，十條短跑道，二個跳高圃，一個立定跳遠及三級跳遠圃，此外還有標槍、擲鐵餅、推鉛球等特別場地。因有透明幕作上蓋，所有田徑賽，將不受雨水威脅，均能如期舉行。

本屆世運大會揭幕的當日，奧林匹克火焰將經過六千六百公里的路程，由數以千計的賽跑選手，從希臘的奧林匹克傳遞到德國的慕尼黑。從慕尼黑，他們再把火焰再傳遠些，直至基爾爲止。基爾是世運划船比賽的目的地，划船比賽將在大會揭幕後三日舉行。

一萬二千多名運動員和他們的隨從人員，在世運舉行期間，即以奧林匹克村爲暫住的家。這個世運村不單是運動員每日起居飲食之所，也是他們會有憩息的最好地方。

運動員可以隨意利用比賽剩下來的時間，找尋各種娛樂，來調劑比賽過後緊張及疲乏的身心。世運村設有會議室、餐室、詢問處、各式各樣的零售店和服務商店，以及醫療處。村內的娛樂中心，設有劇院、俱樂部、音樂廳、舞廳、廣播及電視室，此外尚有一間有即時翻譯設備的電影院，在同一時間內，播送五種不同國家的語言。

八十輛巨型的四百輛小型的公共汽車，將隨時出動，接載運動員，來往世運村和比賽場地之間。划船競賽地點──基爾，位於慕尼黑以北九百公里，基爾的運動員，將由專機接送到慕尼黑，參加大會的揭幕和閉幕儀式。

新聞記者將是奧運會最忙碌的人物，他們無所不在，眼看四面，耳聽八方，即時報導各種比賽情形。在慕尼黑的十六天內，差不多每樣事件都值得報導。全世界千千萬萬關心奧運會的人，藉新聞記者之助，可從報紙，無線電廣播、電視知道奧運會比賽的詳情。因此，新聞記者的工作非常繁重，奧運會籌委會當局爲幫助新聞記者，建設了許多特殊的設備。

大概有四千名新聞記者，另外尚有二千五百名通訊社、電台、電視台的技術人員，將在奧運會期內到達慕尼黑，這些新聞記者及技術人員，居住在奧運會的新聞城內。在各種運動場內，有專爲記者而設的記者席，附設有各種設備，如寫字枱，電話、電視傳播系統等。

很多新聞記者，需要同時報導多種比賽。例如一個記者如果在一個運動場內，需報導另外的游泳比賽，他只要伸出一隻手指，按下了按鈕，可以從直線轉播電視機上，看見游泳池中的比賽情形。在運動館內的記者席中，每兩名新聞記者就有一套直接電視轉播系統。在奧運會中，大約有十種比賽安裝了這種直接轉播系統。

奧運會的新聞城內，裝置了一切現代化的設備，務求新聞記者的工作快捷、詳盡，盡善盡美，讓全世界各地人士，獲得比賽的詳細情形。

在慕尼黑舉行的第二十屆奧林匹克運動會，不但是全世界運動員的競技大會，也是表現現代化技術的盛會。

本屆奧運大會的特色之一是這個盛會所展出的將不限於體育項目，而同時還有一個龐大的文化藝術展覽。

展出藝術節目的費用達美金四百五十萬元，包括一切活的藝術，由義大利「史卡拉劇團」以至巴伐利亞的「推手指比賽」；時間由八月一日開始──比「奧運」體育節目早三週開始。

奧林匹克藝術委員賀年沙說：他們花了四年半時光籌備，目的是想把藝術節目能代表出前所未有的國際可能最偉大天才表演出來，一開各地人物的眼界。

藝術節目有：歌劇、音樂會、爵士音樂、民歌、劇院與藝術展覽……每一種藝術口味都有幾項，例如：米蘭的「史卡拉」，紐約市的「芭蕾舞」，莫斯科的「音樂愛好演奏隊」，蘇聯的薛治岳拉士索夫「傀儡劇院」，瑞典「斯德哥爾摩哥本哈根宮幃歌劇」，奧大利維也納的「交响樂隊」，「音樂演奏隊」……「東京交响樂合演隊」，倫敦的「沙特勒威爾士歌劇團」，東德的歌唱家「芝士拉梅」更是不可或缺的；可惜的是中國的文化藝術一些也沒有。

演出地點在音樂大堂及戲劇院分別舉行，在「奧林匹克公園」裏的「遊樂街」，另有免費的紀念品贈送。

「奧運」體育館的地下，人工湖的湖畔，亦有電影、電視、雕刻、油畫、街頭戲、民間音樂、流行音樂……分別在五個戲台上演。

籌辦當局承認：他們編排節目以饗國際人士，以德意志及巴伐利亞的地方性藝術作優先的介紹。「推手指比賽」冠軍在九月二日產生——地點是「啤酒大堂」。決賽的人交纏了彼此手指，在檯上互推角力。

劇院展覽，則把各國代表性演劇場地與演出方式，做好模型，展覽出來，向參觀人士普遍介紹。「奧運」藝術大會與奧運體育大會的旨趣各異，但藝人的演出，最佳的亦設有金牌、銀牌、銅牌獎品。更重要的是世界第一流音樂家、歌唱家、演員、舞員、雜技員，都可以藉此機會彼此切磋借鏡。

此一安排相當於恢復一部份古希臘的風味。當時，希臘人的體育比賽，多數與音樂藝術等相配合，集世界各地藝術於一堂在體育比賽的場合中公開介紹；這次慕尼黑奧運籌備人只是恢復了一部份希臘傳統古風，為

一九七二年慕尼黑世運會場地全景

人所不為而已！

按照已定的計劃，今年第廿屆奧林匹克運動會在德國慕尼黑舉行時，將使全世界數以百萬計的電視觀衆，能夠在自己家裏看到世界健兒競取金牌的場面。

美國廣播公司的電視網將斥資一千三百五十萬美元來播映奧運會情形。這費用包括在美播送「現場」實況的專利權費用和製作成本，一九六八年墨西哥城奧運會時，美國廣播公司僅付四百五十萬美元作美國映權費用，這次費用適為上次費用的三倍。

美國廣播公司體育部的海遜氏，是一九七二年奧運會製片調度人，據他發表的計劃說、美國廣播公司將派一百五十至一百七十五人到慕尼黑去工作。

梅遜氏說：「我們估計有一億六千萬美國人將在電視中看到慕尼黑部分競賽，美國廣播公司人員會拍到全部二十一項奧運節目，但我們將集中在田徑賽、游泳、體操、拳術及籃球項目上，所有廣播全部彩色。」

美國廣播公司的「現場」節目，只能在美國境內看到。

美國其他電視公司也會有電影及錄影帶工作人員到慕尼黑去，但是它們要等美國廣播公司首先放映後始能放映。

世界其他國家的電視台，也將播送在奧運會現場拍取的錄像帶或電影片。

香港方面，為了向本港觀衆報告奧運情形，麗的電視與香港無線電視台已決定派出新聞隊到世運會現場，以最快的方法，為電視觀衆報導世運會的比賽情形及運動員的生活情況。在世運會未開幕之前，麗的電視已特別安排一個名為「世運會簡報」的節目，每星期二晚上八時十五分，在中文台播映。內容係以紀錄片的形式，報導德國慕尼黑市方面，如何籌建世運會場及興建世運會運動

場及世運村的一切情形。大會開幕期間，則將集中報導香港參加世運會運動員的動態，所拍的影片，每天空運寄返。香港參加本屆奧運，共僅柔道、劍擊、射擊、帆船、游泳等五項。

本屆國際奧林匹克世界運動大會在慕尼黑，毫無疑問將使慕尼黑更趨繁榮。事實上，從世運會的籌備工作各方面，不難看出西德在經濟方面所擁有的無比潛力，儘管它在本質上是一次純業餘的體育競賽，但是從着手籌措經費，分配預算，到工作的執行，却無一不以經濟掛帥爲出發點。因此有些報紙把舉辦國際體育競技活動，形容爲一筆大生意。就本屆奧會主辦當局的各種措施來判斷，說法大致不錯，可是實事求是的說，如果可以賺錢的話，又何必要故意使它賠本呢？

本屆世運所在地慕尼黑風光

本屆奧運會的全部經費預算共爲十九億馬克（相當於五億四千二百萬美元），除了由西德各主要民營企業機構負担一部份之外，其中大半數（百分之五十五）是由奧林匹克運動籌備會，協調聯邦政府，巴伐利亞省和慕尼黑市府等單位按比率分攤。

慕尼黑市政府負担的數目是兩億一千一百五十萬馬克，就數字的表面來說，慕尼黑顯然已經盡了最大的力量，因此覺得有點得不償失，但是撇開新建的運動場地和全部附屬設施與交通的改善不談，單單是因此而增建的地下車站和地下停車場等幾項工程，就用了三億六千萬美元之多，設非世運在這裏舉行，平心而論，上述這幾項强大的公共設施，最快也要等到二三十年後才能夠次第完成，而德國國際奧會主席維利·杜恩說：因爲慕尼黑贏得了舉辦本屆世運大會，已經完成了一座全球最完善最新欵的綜合體育館、四座多種用途的田徑運動場、一座室內游泳場、一條新開專供賽船用的運河，以及一個設備完善的大學運動場，所以不惜以巨額金錢，協助把慕尼黑建設得更爲完全，約畧說來，大會全部經費的百分之六十，已用在建築運動場地及有關設施上面，剩下的百分之四十，則用來建築奧林匹克村——一座可容納一萬二千名運動選手和職員的城市和新聞發佈中心。

投資者把世運村租給奧運籌備會，該村的全部房舍是目前慕尼黑最現代化的建築，也是一座供應選手們最完美的生活需求而且無庸外求的現代城市。

再詳細一點的說，女子選手村共有公寓式的房舍一千七百二十七間，其中單人套房爲一千六百十八間，是由西德「學生福利總會」出資興建的，男選手村共有各式房屋二千九百九十五間，爲民間財團所籌建。據巴伐利亞省府官員估計，這些私人財團的投資，在世運會結束後，必定會很快地獲得「很健康的利潤」。

西德奧林匹克委員會所籌措的三億美元專案經費，也將有利可圖。這筆錢的來源，主要是靠發售聯邦造幣廠所鑄製的面積十馬克的紀念金幣，以拍賣方式出售。此外，又有財政當局發行的有獎彩票，和許許多多勸募式的籌欵措施，對於財政方面都大有幫助。

西德國際奧林匹克的財務小組召集人倫道夫·艾伯畧博士認爲，舉辦奧林匹克運動大會，將給慕尼黑帶來實質利益，加速促進經濟繁榮。這位貝維利亞省的金融界鉅子說：「這些新崛起的建築和附屬設備，就是慕尼黑最大的收穫，至少使其都市計劃提早了十幾年。」

對於主辦國來說，一般的估計是：其觀光方面所贏得的利益，遠不及在公共建設方面來得大，艾伯哈博士認爲：因配合本屆世運會，西德政府已經挹注了數千萬馬克的宣傳費用，這在企業原則上說，自然有點得不償失。

在爲期十六天的比賽大會期中，主辦當局估計，每天約有廿萬左右參觀比賽的外來遊客，每人每日的食宿的最低消費以十美元計算，這筆錢就全賺到慕尼黑生意人的荷包裏去了。

爲了西德的榮譽，政府當局早就展開宣傳，特別針對着旅館業、餐館業以及時裝店和百貨公司，勸導他們切莫趁火打劫；在世運會期間抬高物價，搾取外來遊客的金錢，致予外來遊客以不良的印象。

擁有一百五十萬人口的慕尼黑市，本來是有足夠的「床位」供給每天湧來的十幾萬人客住宿，事實上，兩百多間旅館的房間，早在去年底以前就被外國的觀光客們訂滿，據估計約有百分之七十以上的世運會國外觀衆，得在慕尼黑市區以外解決住的問題。所幸，其附近的衛星城鎮，正是巴伐利亞省的觀光區，這裏的旅館老板們甚至許多鄉村住戶，早就粉飾一新，準備接待這些外國客人。

西德國際奧運當局，發揮了高度的行政效率，預備把本屆世運會辦得盡善盡美，人人叫好。

總而言之，若在經濟的前提上看，慕尼黑世運會穩定是個勝利者，不但會賺很多錢，而且會留下永久性的公共建築物，特別足以使慕尼黑市市民永誌不忘。

雖然如此，在本屆大會開幕前便已退休的國際奧林匹克委員會主席布倫迪治曾在慕尼黑的奧運大會總部對記者們發表談話說：舉辦國際奧運大會用的錢太多，他希望在未來，能將主辦國際體育技術大會的「成本」減低。

今年西德慕尼黑奧運八月大會，估計用達二十億西德馬克。布倫迪治反問：慕尼黑大會，會不會成爲「最後一次的奢華大會？」一九七六年蒙特里爾奧運大會，市長德里浦說過：未來的奧運應減輕「成本」，同時比賽項目也要減少十五項之多。

布倫迪治說：有若干項的運動體育已變成娛樂性生意，它們應該從「大會」節目中排除出去，但是他沒有說明那一項那一種？例如奧運會中的足球比賽，早會有人以已有「世界盃」賽爲理由（奧運會中沒有網球比賽，就因爲網球已經有了台維斯盃賽之故）而建議取消，但是布倫迪治連這一點也沒有提到。

他說：札幌的冬季奧運會便有這種情形。許多參加者，其身份很明顯不是業餘。然而，日本用了五年的時間與巨額金錢去舉辦，管理的國際機構的人，不能不勉强決定，予以容忍，這實在是不得已的。

布倫迪治又指出：奧地利的滑冰能手許蘭茲，年來有「人類滑板」之稱，並奢言他每年所賺到的錢。「奧林」執行委員會正設法，務求類似札幌冬令奧運的情形，在未來不再出現。

但是布倫迪治對本屆慕尼黑的「偉大規模」，依然大加讚賞，他補充說：「過去二十年的奧運大會變成規模太大，用錢太多，我們必須設法加以節減。」

對於奧運會的業餘資格，在答覆記者詢問時，布倫迪治很明白地表示他堅決贊成在業餘資格的規則方面，絕對不放鬆尺度。

奧林匹克運動員是爲了競爭時的喜悅而參加的，至於這些運動員是否眞正的業餘運動員，那就要依賴各國自己的國家奧林匹克委員會來決定，由於現在已經有一百三十個以上的國家參加奧運會，所以由國際委員會來承担審查工作是不可能的。

布倫迪治說：他贊成在奧運會上，停止使用國旗和國歌。他說，勝利者應該僅接受祝賀，而不要再由奧運樂隊演奏他所屬國家的國歌，因爲「奧運」的性質，並非國與國之間的比賽。

當被問到慕尼黑奧運會上，可能又有如墨西哥奧運會上一次黑人選手，做出對黑色勢力的致敬手勢情形發生時又將如何？布倫迪治說：奧林匹克運動會並不是示威者的示威地方，違反這個原則的人，應立即取銷資格。

世運會進行期中，估計慕尼黑將吸引三百萬遊客，當然其中大部份不是會場觀衆，只是乘機到此一遊，開開眼界。慕尼黑有關方面對會場正常秩序的安排並不感到頭痛，最傷腦筋的是有一部份遊客的目的不是參觀世運，也不是觀賞異域風光，而是乘着人潮洶湧的迫擠場面，大施空空妙手。慕尼黑警方估計，至少有五千個國際有名的大扒手一起混進，準備滿載而歸，警方從以前世運會主辦國——澳州和日本得來的資料，證實了這一批「特種遊客」必會出現世運會舉行的地點。其實，五千個還是一個保守數字，加上了本地扒手以及一些不算一流的扒手，數目可能超過一萬個。

慕尼黑警方似乎沒有信心把扒手活動完全阻遏，因爲人數實在太多了，造成了場內場外秩序必然混亂，而且從外表看，根本無法懷疑那一個是扒手，只有在人贓並獲之下，方能繩之於法。然而有胆量越州到此做世界的扒手，決非等閒之輩，不論警方怎樣佈下天羅地網，他們還是可以從容下手，逍遙法外，因此有關方面無可奈何的表示，將有五十萬個遊客受到扒竊的損失，數目會達一億美元。

本屆世運藝術展覽會表演劇院

世運花絮

聖火長征

本屆奧林匹克聖火，於七月二十八日晚在古奧林匹克運動場開始燃點，經過特別之儀式，向上帝祈求保祐後，由希臘運動員羅斯開始其三千一百七十哩之長征，此三千餘哩之旅程，共有一千八百五十名希臘長跑家及三千二百五十名外國長跑家，接力把聖火傳運。每人持聖火一公里（〇・六英里），然後把火炬交到另一人的手中。火炬經過的國家包括希臘、土耳其、保加利亞、羅馬尼亞、南斯拉夫、匈牙利及奧地利。

紀政之光

應慕尼黑市長之邀爲奧林匹克運動會演奏的著名吉蒂樂隊，已製新歌一首，獻贈給世界紀錄保持者的中華民國代表紀政小姐。

該樂隊的女獨唱家吉蒂唱道：「歡迎紀政，這裏是慕尼黑，我們邀請你來參加我們」。

來自慕尼黑的報導稱，這個慕尼黑的業餘五重奏樂隊，已籌募基金兩萬德國馬克，以補助邀請紀政前來慕尼黑。

該樂隊隊長席格瑞特說：「我們必須對一年餘前，在此間的運動場以十一秒創造一百公尺世界紀錄的女傑表示敬意。」中國留德同學會亦特組接待小組爲我選手服務。

南北兩韓

影片曾有「南北和」，但兩個韓國在政治方面之「南北和」雖已開始，進行却遠不若拍攝一部影片之輕鬆便利，關於此一點，可於北韓建議與南韓合作參加本屆奧林匹克運動會一事觀之。

北韓曾建議於本屆奧運會中，由南北韓合組一代表隊參加。南韓國家業餘體育會會長金德孫謂，南韓對獨立參加奧運一事籌備已久，規模亦定，今欲改變方式，時間上不及準備。

渠又表示此舉在下屆奧運中大有可能，雙方代表可於慕尼黑加以討論，至於本屆奧運中，則僅希望南北韓能合組啦啦隊而已。

啤酒漲價

「慕尼黑以啤酒城著名，當年希特勒的納粹黨，即係於慕尼黑市的一間啤酒酒窖中成立。但是爲了奧運會的到來，慕尼黑市政當局於七月十五日宣佈了一項關於奧林匹克運動會的重要決定，就是啤酒的價格。

在四間官方的奧林匹克酒樓的啤酒價格，九點四公升塑膠杯的啤酒售價一點六五馬克（半美元），這價格雖然包括小賬，但仍較外面售價高出不少。

門票暢銷

至八月初止，奧運售出之門票已破二百二十萬張大關，估計八月下旬前往西德訪問之世運觀衆可達四百四十萬名，亦即比最初估計之數字多一倍。在二百二十萬張入場券中，海外方面預售七十四萬張，美國佔十一萬八千張，英國五萬二千張，南斯拉夫四萬七千張，瑞士三萬三千張，法國三萬五千張，澳洲三萬三千張，日本三萬一千張，東德兩萬二千張，蘇聯及巴西各一萬八千張。一九六八年墨西哥世運會共銷入場券一百九十萬張，一九六四年東京世運會共銷入場券二百萬張，一九六〇年羅馬世運會共銷入場券一百四十萬張。據稱：西德爲主辦此次盛舉，耗資十億美元，亦破歷屆紀錄。

幸運抽獎

一九七二年慕尼黑的奧運會，共有四百三十四萬五千八百六十張入場券，其中一百二十萬張入場券準備賣給外國遊客。德國大概有七十五萬運動迷寫信給奧運會籌備委員會，要求獲得入場券，其中四萬四千幸運兒，獲得購買入場券的機會，他們每人可購買二十張入場券。

奧運會開幕及閉幕禮的入場券則屬例外，除了遊客有機會購買外，德國人只有機會買幸運抽獎券，「贏得」入場券並免費來回慕尼黑。這種幸運抽獎於本年度及時舉行，每張抽獎券五馬克，幸運抽獎的收入，爲一九七二年慕尼黑舉行的奧運會的經費。

最大煎鍋

大會尚未揭幕，作爲奧運會場最大特色之一之世界最大帳幕型上蓋，七月間已有一間報章撰文評之爲「西德最大的煎鍋」。運動員在這個可容八萬觀衆的運動場內作練習賽後指出，令人難以忍受的空氣即係該帳形上蓋所造成。

中距離賽跑明星羅保夫在該運動場內以十四分十一秒八奪得五千尺賽跑冠軍，賽後他投訴說：現場缺乏空氣，使他幾乎窒息而放棄比賽。他說：這是他從未見過的最壞情況，現場的氣溫，白晝高至攝氏三十五度，黃昏爲攝氏二十八度。

黃色電影

慕尼黑當局爲了使奧運期間內，遊客對慕尼黑留下較好印象，治安當局早於夏初便警告夜總會與酒吧所有人不得向遊客行騙，此外並曾要求電影院，暫時停止放映黃色電影。商會發言人說：該會在奧運期內將會以鐵腕對付夜總會、酒吧經理人與不正當之婦女企圖向遊客行騙。在過去一個月掃黃行動中，警方曾查封二十五間商店，七十人被迫繳出大批色情物品。

他又說：警方此次行動爲保障慕尼黑在奧運前後及奧運期內的聲譽，警方在最近一次行動中，已關閉市內最大一間妓院。但是當局向電影院提出的暫停放映黃色影片的建議，却被拒絕。一家影院負責人表示：『我們放映色情電影已達四年，在奧運會期間將不會改變主意。我們所經營的就是一家色情電影院，絕不能突然放映像「愛情故事」、「亂世佳人」之類的文藝片以娛觀衆。』

・余不惑・

川菜三名廚

·美國通訊·

林慰君

大風堂的菜是全國聞名的，我想我們就是說它是「全國第一」，亦無不可！可是在美國，如果做大風堂那樣講究的菜，談何容易！記得我第一次在大千先生的府上吃到張夫人所做的海參時，當同座的另外兩三位客人，正在讚不絕口的稱譽這盤菜味道如何鮮美的時候，我却提出一個與衆不同的問題。我說：

『從前我所吃的海參，都是黑顏色的，怎麽張老師家的海參是白顏色的呢？您這兒是另外一種海參嗎？』

大千先生和他的夫人都大笑起來，他們告訴我他們家的海參，都是去了黑皮的。因爲有了那層黑皮，無論如何，不會這麽好吃。我又問：『海參怎麽去皮呢？』

大千先生說：『在國內時，我們是放在炭火上燒，把那層黑皮慢慢燒掉。然後再泡幾天，把它發大。可是在美國沒有那樣的炭火，所以我們就把海參放在電爐上烤。沒想到時候太久，不知怎麽，竟把電爐燒壞了。據說是裏面的鐵絲燒斷了。所以，我們還得叫電器工人來修理爐子，花了好幾十塊美金才把爐子修好，因此這盤海參可以說是最貴的海參。』

大家聽了，都爲之咋舌！我心想：『能吃到大風堂的菜，已經是幸運極了，何況又是這樣費時費力又費錢的海參？』

我深知張府大風堂的菜，即使是很簡單的便飯，也要比別家人做菜麻煩得多，因此從來不好意思常常去打擾，因爲多添一兩個人，對張夫人總要增加不少麻煩。張夫人過去一向是有傭僕的，在巴西時，廚房裏經常總有幾個女傭幫忙做些洗菜和切菜的工作，現在到了美國，一切都得自己動手，實在太辛苦了！聽說有些人還故意以拜訪大千先生爲名，要求一嘗大風堂的風味，這實在未免太不替大風堂的女主人設想了！（關於此事，並不是張府的人對我所說，我是從「大人雜誌」周士心君寫的文章裏看到的。）大千先生和張夫人對人誠懇寬大，從來不計較小節。雖然自己負債疊疊，但朋友來時，仍然是饗以佳餚美食，毫無吝色；有時若是人數太多，則請人在飯館裏吃。

記得上次台灣復興戲劇學校來美國表演時，大千先生不但親自率領全家到一百多哩以外的舊金山去捧場好幾次，而且還請他們全體人員在十七哩公園中最講究的飯店吃午餐。那個飯店的午餐每人要合五六塊美金，數十人的餐費，算下來至少是數百元！

今年四月初，大千先生生日那天，有幾位最好的朋友，從舊金山一帶來給他老人家拜壽。那天晚上，張先生請我們在他的朋友梁賡舜君所開的飯館裏吃晚飯，連張府全家，一共有三桌之多，每桌十人。

我們這桌有陶鵬飛教授、名工程師夏道師君、侯北人教授及夫人、大千先生，外子王渤生和我。此外還有兩位我從前沒有見過的客人，一位是陳建民先生，一位是陳海倫女士。

由於大千先生的介紹，我們才知道這位陳先生是中國最好也最有名的四川廚師之一。另外兩位，一位是黃昌泉君，一位是婁海雲君；婁君從前也在大千先生家做過廚師。這位陳海倫女士是蜀中名媛，不但非常能幹，而且會唱川戲。記得去年過年時，我曾聽過她給大千先生寄來的川戲錄音帶，陳建民和她是姊弟相稱的。這三位廚師，並非普通「廚子」出身，他們都很有學問，都是因爲自己「講究吃」，才做了廚師的。

陳、黃兩位大名廚，在日本以開「四川飯店」而發了大財。他們在日本已有二十年的歷史。雖然自己的飯館只有兩個，但他們有許多中日兩國的徒弟，這些徒弟，三年學成後，在全日本各大城市，開設了許多「四川飯店」，當然，這些徒弟們打着老師的招牌，每年都得孝敬老師一些厚禮的。（詳見本刊二十三期邵滄銘君大作。）

陳黃二位不但把中國菜做得「色香味」到了盡善盡美的頂點，而且刀法驚人，他們可以把肉和菜，切得比紙還薄，幾乎透明。

世界上的廚師，能得到大千先生誇獎的，除此三人外，恐怕再也找不到了！像大千先生這麽一位對「吃」有研究的人，而能對人這樣稱讚他們，可見他們的「手藝」是多麽「高强」！

據說陳君已花了三十萬美金現欵，在聖柯羅斯 Santa Gruz 城買下了一個飯館，這飯館座落在公路旁邊，本來是一個意大利飯館。現在他們預備把它改造成中國飯館，門外可以停車數百輛，其大可知。

『什麽時候開張？』我們不約而同的都問。

『明年二月。』陳建民君回答。

但在西雅圖，他們也已買好地方，準備在西雅圖也開一個飯館。

『將來聖柯羅斯這個飯館是由你自己來做菜

嗎？」我問。

「不，將來黃先生到這邊來。他並且會帶四個學生來幫忙。西雅圖方面，另外有人主持，但他們也會輪流去的。」

那天在座的人，都希望他們能早點開張，好令我們這些沒吃過「中國最好的四川菜」的人早日大快朵頤！

沒想到我們的口福居然這麼好，還未到明年二月，就已嚐到黃昌泉君所做的名菜了。

有一天，大千先生打電話來，叫我們全家三口在七月六日到他的環蓽盦去吃飯，並且說：『你們一定要帶之林（小女）來，我這次沒請別人，只請你們和王天循先生一家。因爲黃昌泉先生要到我家來做菜請我吃，吃的人多點，吃起來味道也更好。』

我和外子聽了，自然是喜出望外，立刻一點也不客氣的就說：『好極了！謝謝您！』大千先生並且叫我早兩個鐘頭去，以便跟黃昌泉君學習一點做菜的藝術。

七月六號那天，我和外子帶着小女，準時到達環蓽盦。王天循先生和王太太帶着他們的公子和小姐四人，早已到了。孩子們在院子裏玩，王君正在同大千先生擺「龍門陣」。我們加入後，談了一會兒，我就向大千先生告辭，以便到厨房去「學習」。

厨房裏站着黃師傅、陳海倫女士和黃的兩個日本學生。這兩個學生自然都是已經升堂入室了，不然，不會被帶到美國來。我看見鷄鴨魚肉都擺在案上，有的已切好，有的還沒切。黃君正在用日本話指揮他的兩個學生怎麼用刀切，怎麼把菜放到盤子裏去。

輪到切白肉時，他親自下手，表演給大家看。他把那塊肉切得果然是和航空信紙一樣薄，看着幾乎是透明的！後來他又切黃瓜，也是切得那麼薄，因爲他是竪切而不是橫切，因此一長條一長條的薄片黃瓜，都有些卷曲，把它們放在一起，形成了幽美的曲線花朵。一個盤子的中央，是這些淺綠色的美麗花朵，週圍放着那些白肉，眞是漂亮而別緻，爲我以前所未見過。

我們上桌吃飯時，大千先生說：『你們吃過這樣的白肉，北平沙鍋居的白肉就不要吃了。』在座的客人，大概只有我一個人吃過沙鍋居，那時我對北平沙鍋居的菜，印象很淺，和現在嘗到黃君的手藝自然是不可同日而語了。

那天一共有八菜一湯。計爲：

椒麻油鷄
紅油腰片
蒜泥白肉
紅燒蹄膀
家常鴨脯
干燒比目魚
金鈎青瓜
大頭菜肉末
香菇湯

據陳海倫女士說：所有的菜，都是她和黃君特別開車到舊金山去採辦來的。舊金山距我們這兒有一百廿五哩。菜單中的比目魚，原來是桂魚，但因買不着桂魚，只好以比目魚代替。「青瓜」本來需要的是絲瓜，但也因買不到大而好的，只好以黃瓜代替。她如不說，我眞不知道那是黃瓜，因爲那又綠又軟的黃瓜，吃在口中，和平常的黃瓜，味道全不相同！（這盤黃瓜與配蒜泥白肉中切得極薄的黃瓜又完全不一樣。）

平常我做干燒魚和紅燒肉時，總是放很多醬油。因此燒出來的菜，多半是黑顏色的，吃着雖不太難吃，但看着實在不能算「雅觀」！美國人見了尤其可怕！我看黃君所做的魚和肉，不但好吃，顏色也好看。如果是我，顏色一不夠濃，味道也就差了！這大概就是他那「有名大廚」與我這「無名小廚」的分別了吧？

席間，大千先生並且告訴我們，每次大千先生全家到日本去，吃飯、住旅館，都是陳、黃兩位付賬，他們總是請大千先生吃和住；而且將來他們在美國的飯館開張後，大千先生去吃或把菜拿回家來，他們都不收錢。

『大千先生爲甚麽不讓他們把飯館開在我們這兒呢？如果開在這兒，您家裏就不必天天做飯了。』我問。

『他們本來是要把飯館開在這裏的，大千先生不許他們在這兒開，所以只好開在離這兒五十哩的聖科羅斯城了。』陳海倫女士說。

『爲甚麽？』我又問大千先生。

『因爲我恐怕他們會把梁先生飯館的生意搶去。梁先生是我的朋友，不好意思那樣做！』

大千先生爲了保護朋友，情願犧牲自己每天吃好菜的機會，這種美德，能不令人欽佩嗎？

從大千先生的談話中，我們又知道：陳建民和黃昌泉兩位，不但常被日本外務省（外交部）請去做酒席，還會被日本天皇請到皇宮裏去做宴席呢？

『他們的冷盤，可以擺出各種的中國畫——花卉、人物、山水……等等。看着簡直是中國古畫。有時他們還擺立體的山水。』大千先生一面吃飯一面得意的對我們說。大師對這二位名厨，眞誠的很佩服。

『記得我在旅行雜誌上看到過「四川飯店」的廣告，他們有「大風堂」的宴席，那些菜都是老師敎他們做的嗎？』

『是的，他們有些菜是跟我學的。』

我們一邊談一邊吃，不覺已經把八菜一湯都吃光了。環蓽盦的菜盤子，個個是將近二呎大，雖然那張大圓桌可坐十四五個人，但每人都吃得太多了！至於每一樣菜如何精美，實非我這枝拙筆所能形容，只有等將來全世界都有「四川飯店」的時候，請各位讀者自己去品嘗了。

一九七二年七月寫於蒙特瑞

INNOXA

綺麗莎

綺麗莎首席美容顧問英嘉倫小姐

敬請光臨

香港中建大厦閣樓 105 室新綺麗莎美容中心

免費指導美容及化粧

下午三時至五時半有免費美容講座（星期一至星期五）

請電：五一二三二五六二　預約

梁鼎芬與文廷式

·林熙·

梁鼎芬是翰林，文廷式也是翰林，而且文還是榜眼，比梁略高一籌，兩人皆詩人，又皆工倚聲，「雲起軒詞」與「欵紅樓詞」在近代詞壇中是有地位的。梁做過宣統皇帝的師傅；民國四年陸潤庠死後，師傅缺一人，由陳寶琛推荐，以梁補上，所謂赫赫帝師，但文廷式也做過珍妃的老師，所不同者，珍妃向文廷式問字時，尚未入宮，未有「妃師」的尊榮，似乎比不上梁氏，但他們兩位翰林之間，還有一筆搞不清的風流帳，大可併爲一談的。

首先從清末兩部著名的小說談起，東亞病夫「孽海花」第十三囘述文廷式會試時，那班同考官看副總裁潘八瀛（影射潘祖蔭，潘字伯寅，八瀛同音也）交下來要取中的名單，第一個是張謇，第二個是文廷式（書中以聞鼎儒，別號韻高爲影射），於是這班同考官就談論文廷式的才學，其中一人插嘴說：

「你們說的不是聞韻高嗎？我倒還曉得他一件故事呢！他有個閨中談禪的密友，却是個刎頸至交的嬌妻。那位至交也是當今鼎鼎有名的直臣，就爲妄劾大臣，丟了官兒，自己一氣，削髮爲僧，浪跡四海，把夫人託給韻高照管。不料一年之後，那夫人倒寫了一封六朝文體的絕交書，寄與所天，也遁跡空門去了。」這可見韻高的辯才無礙，說得頑石點頭了。」大家聽了這話，都面面相覷。尚秋（影射袁昶，字爽秋）道：「這是傳聞的話，恐未必確罷！」

梁鼎芬五十八歲造像（一八五九——一九一九）

這裏沒有指明梁鼎芬之名，只以「刎頸至交」代表他。又故意借尚秋口中說出「恐未必確」，因爲梁鼎芬當時尚在世，不好給他太難堪。至於我佛山人的「二十年目睹之怪現狀」所記，則較前者爲詳盡，且專寫一囘目來談這件事。書中第一百零一囘「王醫生淋漓談父子；樑頂糞恩愛割夫妻」，一百零二囘「溫月江義讓夫人」。樑頂糞諧音梁鼎芬，溫月江也是影射梁氏的，因梁字星海，溫對涼，月對星，江對海，任何人都一望而知的，現在畧引這兩囘書所說如左：

暢懷道：「有一位先生，姓溫，號叫月江，孟夫子說的：『人之患在好爲人師』。凡有這位溫月江先生却是最喜歡的爲人師。凡有來拜門的，他無有不笑納。並且視贄禮之多少，爲情誼之厚薄。……但是他又高自位置，目空一切，自以爲他的學問，誰都及不了他。人家因他又高又臭，便上他一個徽號，叫他做樑頂糞，取最高不過屋樑之頂，最臭不過是糞之義。那年溫月江來京會試，他自以爲這一次禮闈，一定要中要點的。所以進京時，就帶了家眷同來。來到京裏，沒有下店，也不住會館，住在一個朋友家裏。可巧那朋友家裏，已經先住了一個人，姓武，號叫香樓，却是一位太史公。溫月江因爲武香樓是個翰林，便結交起來。等到臨會試那兩天，溫月江因爲這朋友家在城外，進場不便，因此另外租了考寓，獨自一人住到城裏去，這本來是極平常的事情，誰知他出場之後，忽然來了一個極奇怪的變故。」正是：白戰不會持寸鐵；青巾從此看頭銜。（以下是

第一百零二回接上）温月江出場之後，回到朋友家裏，入到自己老婆房間，自以爲這回三場得意，一定可以望中的。正打算拿頭場首藝，念給老婆聽聽，以自鳴其得意，誰知一脚才跨進房門口，耳邊已聽得一聲「哇！」温月江吃了一驚，連忙站住了，抬頭一看，只見他夫人站在當路道：「你是誰，走到我這裏來？」温月江訝道：「什麽事？什麽話？」他夫人道：「喝！這是那裏來的？敢是一個瘋子？丫頭們都哪裏去了？還不給我打出去！」說聲未了，早走出四五個丫頭，都拿着門閂棒棍，打將出來，温月江只得抱頭鼠竄而逃，自到書房歇下。這書房，本是武香樓下榻所在，與上房雖然隔着一個院子，却與他夫人臥室遙遙相對。温月江坐在書桌前面，臉對窗戶，從窗望過去，便是自己夫人的臥室。不覺定着眼睛，出了神，忽然看見武香樓從自己夫人臥室裏出來，向外便走。温月江直跳起來，跑到院子外面，把武香樓一把捉住，嚇得香樓魂不附體，頓時臉色泛青，心裏突突兀兀的跳個不住，身子都抖起來。

這個武香樓就是文廷式，作者故作狡獪，用文對武，香對芸，樓對閣，因爲廷式字道希，號芸閣也，我佛山人在這部小說中時常用這個方法來影射人的。讀者讀到這裏，以爲温月江瞧破了武香樓的醜行，因此武香樓才發抖起來，生怕温月江對他算帳了。其實不是，温不止不怪他，反而拉他去欣賞他在闈中考試的文章呢。

温月江把他一把拖到書房裏，捺他坐下，然後在考籃裏取出一個護書，在護書裏取取出一叠場稿來道：「請教請教看！還可以有望麽？」武香樓這才把心放下，定一定神勉强把他頭場文稿看了一遍，不住的擊節讚賞道：「氣量宏大，允稱元作，這回一定恭喜的了！」月江不免洋洋得意。……及至三場的稿都讀完了，月江呵呵大笑道：「兄弟此時沒有什麽望頭，只希望在閣下跟前，稱得一聲老前輩就夠了！」（按：新入翰林的進士，稱先入的翰林爲老前輩）：

書中說武香樓是個翰林，故温月江竭力巴結他，要他評自己的文章，看有翰林的希望沒有，甚至連太太讓給他也不加計較。這樣的描寫未免過火，也不合情理，但譴責小說是不講究這些的，亦欲故意反映科舉時代那些八股迷的文人，只一心一意求功名，連戴上綠頭巾也不在乎的。其實梁鼎芬是光緒六年庚辰科的翰林，文廷式是光緒十六年庚寅科榜眼，梁比文早入翰林五科，可以稱得起是文廷式的老前輩。作者故弄玄虛，反寫成梁鼎芬做起文廷式的後輩來了。至於「孽海花」說梁是文的「刎頸至交」，那却是事實。

文廷式是江西萍鄉人，還是胡漢民的表兄。他的祖父文晟，字叔來，以舉人大挑一等，派往廣東做州縣官，在潮州做過海陽縣（今之潮安縣）後來以潮州知府兼攝嘉應州知州，與太平天國軍作戰死難。父親星瑞，字奎垣，號樹臣，也是舉人出身，亦在廣東做州縣道員等官。文廷式以咸豐六年丙辰（公元一八五六年）生於潮州府。同治十一年（公元一八七二年），廷式十七歲，在廣州菊坡精舍跟陳蘭甫先生讀書。據民國年間所修的「昭萍志畧」人物志一門說：「（廷式）天才超軼，讀書十行俱下，過目不忘，尤其長於史學。……」可見「孽海花」說他的記憶力過人是不錯的。

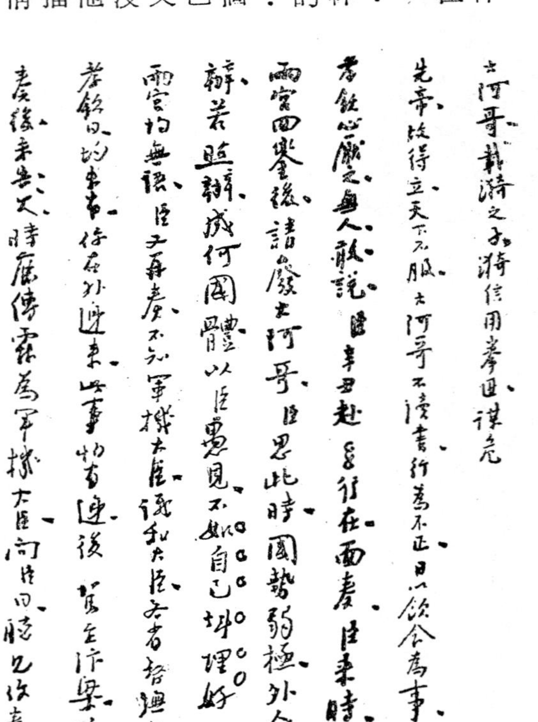
大阿哥載漪之子溥[illegible]信用拳匪[illegible]
先帝，故得立，天下不服。大阿哥不讀書，行爲不正，日以飲食爲事，到西安後時出
孝欽心厭之，無人敢說。臣辛丑赴行在西奏，臣來時聞外國人要待
兩宮回鑾後，請廢大阿哥。臣思此時國勢弱極，外人如此說，恐要照
辦，若照辦成何國體，以臣愚見，不如自己[illegible]理好
兩宮均無語。臣又再奏，不知軍機大臣[illegible]大臣否者[illegible]大臣，[illegible]
[illegible]
奏後未出[illegible]時[illegible]傳霖爲軍機大臣，向臣曰[illegible]

梁鼎芬西安行在奏對私記原稿

梁鼎芬生於咸豐九年，他是光緒三年丁丑（一八七七年）十九歲始從陳蘭甫先生學，他和文廷式訂交就在這時候。甲申（光緒十年）中法戰爭，因爲主和派得勢，西太后聽從李鴻章的話，一力主張和平了結。梁鼎芬年少氣盛，上摺嚴劾李鴻章，罵他賣國漢奸，西太后一怒，把他降級示懲，「二十年目睹之怪現狀」第二十四回寫梁鼎芬這件事說：

繼之笑道：「有一個廣東姓梁的翰林：……曾經上摺子參過李中堂，非但參不倒他，自己倒把一個翰林幹掉了。摺子上去，皇上怒了，說他末學新進，妄議大臣，交部議處，部議得降五品調用。」我說：「編修降了五級是個什麽東西？」繼之道：「哪裏還有什麽東西，明明是部裏拿他開心罷了！」我屈首指頭算道：「降級是降正不降從的，降一級便是八品，三級未入流，四級就是個平民。還有一級呢？哦，有了，平民之下，還有娼、優、隸、卒四種人，也算他四級，他那第五級，剛剛降到娼上，是個婊子了！繼之道：「沒有男婊子的。」我道：「那麽就是王八。」

這一段描寫得很輕薄，我佛山人一支筆，很能描繪物情，而且形容得很生動活潑，自是譴責小說中的名手。他說梁鼎芬降到第五級是娼妓，無非是借此辱罵他而已。按照降官的定制，沒所謂「降正不降從」的，梁鼎芬降官五級，由正七品的編修降到從九品的太常寺司樂，正從並計，恰是五級。「清史稿」梁鼎芬傳，只說他降五級，沒有說降後是什麽官，但梁鼎芬於民國八年死後的卹文，備列生平官銜，翰林院編修上即太常寺司樂，可爲明証。

光緒十一年乙酉（公元一八八五年），梁鼎芬因罷官出都，將家眷託文廷式照料，郭則澐（福建閩縣人，翰林出身，曾炘之子，才思敏捷，詩文皆極可觀，一九四七年在北京逝世，年六十六歲）「清詞玉屑」云：

相傳梁節庵與文道希夙善，其罷官歸，以眷屬託之，後遂有仳離之恨。棲鳳宅改，迸淚花飛；食魚齋寒，驚心覆水，亦可慨矣！節庵室爲長沙龔氏，亦能詩。

文廷式（一八五六——一九〇四）

梁鼎芬妻龔氏，何時與文廷式相戀而賦同居，現在無法考証，文氏比梁氏長三歲，而結婚亦與梁同在一年。鼎芬於光緒六年庚辰（公元一八八〇年）入翰林，即乞假娶婦，故事年少入詞館而未結婚者，到成婚時，名爲「玉堂歸娶」，皇帝有金花尺頭之賜，爲士流歆羨。梁鼎芬結婚時，李慈銘的「越縵堂日記」，是年八月二十一日記云：

同年廣東梁庶常鼎芬娶婚送賀。庶常年少有文而少孤，丙子舉順天鄉試，出湖南龔中書鎮湘之房。龔有兄女亦少孤，育於其舅王益吾祭酒，遂以字梁。今年會試，梁出祭酒房，而龔升宗人府主事，亦與分校，復以梁撥入龔房。今日成嘉禮，聞新人美而能詩，亦一時佳話也。

九月三十日記云：

爲梁星海書楹聯，贈之句云：「珠襦甲帳妝樓記；鈿軸牙簽翰苑書。」以星海瀕行，索之甚力，故書此爲贈，且舉其新婚館選二事，爲助伸眉。

據李氏日記，則知梁鼎芬是光緒六年八月二十一日結婚的，新婦姓龔，爲湖南著名學者王先謙的甥女，美而能詩。鼎芬於光緒六年丙子入北京應順天鄉試，出龔鎮湘房，三年後，又應會試，龔鎮湘與王先謙皆爲同考官，王爲第二房，龔則爲第十八房。梁的卷本來分派在第二房給王先謙閱看的，薦而取中，拆彌封後，知是梁鼎芬，而龔則爲梁丙子鄉試房師，故以梁卷改撥入龔房，使鄉試、會試皆同出自一個房考之門，以成科舉佳話。

李慈銘於鼎芬娶婦歸里時，贈以聯句，專舉新婚及館選爲言，固然是鼎芬少年極得意之事，可惜五年後就往事不堪回首了。

十餘年後，梁鼎芬在湖北做武昌府知府時，題花廳聯云：

零落雨中花，春夢驚回棲鳳宅；
綢繆天下事，壯心消盡食魚齋。

上聯的棲鳳宅，是梁鼎芬與龔夫人結婚時的新居所在地，名棲鳳樓胡同（在內城崇文門大街附近），食魚齋則是武昌府一衙齋，鼎芬所居之地，曾倩黃牧甫爲刻「棲鳳」、「食魚齋」小印，俱見牧甫印集。

文廷式以曾教珍妃姊妹讀書而著名于後世，爲世俗之人所艷稱。至於他何以能進入宮內教珍妃呢？則人們不大追究。其實他教珍妃讀書，在他們未被選入宮之前，並非在入宮之後。當文氏在廣州讀書時，因文名藉甚，與于式枚幷推爲蘭甫先生高弟。這時候，長善（字樂初，滿洲人）正做廣州將軍，最喜與文士交遊，文廷式前曾爲吳長慶幕客，故長善亦延之入幕，待以殊禮。將軍衙門，有一壺園，花木亭館極美，長將軍好客，廣州名士幾乎每日必在壺園聚集，文酒之會，時時舉行，長將軍的姪子志銳、志鈞亦在其中。，珍妃之父長叙，則爲長善之弟，新昌胡思敬撰文廷式傳，說廷式在長善幕府時，教二妃讀書，此說絕不可靠。按長善於同治七年授廣州將軍，至光緒十年內召，前後十七年之久，廷式入其幕府始於光緒三年，約有三年之久，光緒三四年時，瑾妃才四五歲，珍妃才二三歲，安有授讀之理，其實二妃之父長叙，時任京官，幷非流離失所，亦無以二弱女寄養於嶺外之理。按：光緒十二至十四年間，文廷式皆在北京，但其間曾至長沙一行，他在京時，常住在志銳家中，時珍妃已十一二歲，瑾妃亦十三四歲，她們跟文廷式讀一些書，也是情理中的事。至光緒十六年，文廷式以第二人登進士第，人們都說那是珍妃常在皇帝跟前稱贊其師文廷式的才學，所以他的大名才上達九重，這一說也合理，不過文氏高中仍憑學問，并非皇帝聽了枕邊之言才擢他爲榜眼的。

庚寅殿試，翁同龢爲讀卷官，文廷式就是他的門生，翁氏四月二十四日記小傳臚時拆卷封事，有云：

寅正一刻，齊赴西苑門，先聞叫起，隨發十本下。余等入，卯正召見讀卷官於勤政東室。福公（按：福錕也。是科讀卷官八人爲：福錕、徐桐、翁同龢、嵩申、徐郙、廖壽恒、汪鳴鑾等）捧十本（去封加束）入，跪案旁，余等鱗次跪，最後一人折而東。上曰：「所取皆好。」拆封至第二，奏文廷式名，上云：「此人有名，作得好。」……

文廷式不過是一個內閣中書的小官，皇帝怎會知道他的名姓，如非珍妃屢有所言，當無印象如此之深也。翁同龢是讀卷第三人，照例他可以取中探花，而文廷式應爲徐桐所取中。但文廷式之得第二，似乎是出於翁同龢之力爭，可惜他在日記中沒有提到一字。文廷式登第後，有人給他起了一個渾號叫「驢面榜眼」，亦叫「文閭面」。這一花名之獲得，頗與翁同龢「力爭」有關。

平步青「霞外攟屑」卷二，有一段記文廷式考試故事，大部分取材於當日的邸鈔，錄如左：

光緒庚寅七月初六日奉上諭，御史劉綸襄奏：殿廷考試，請嚴除積弊一摺。廷試爲掄才大典，閱卷大臣宜如何秉公校閱，期于無濫無遺。若如所奏，近來殿廷考試，流弊滋多，頗滋物議，亟應嚴行整頓。嗣後派出之閱卷大臣等，務當悉心詳閱，遇有詩賦失音出韻，及引用舛錯，點劃遺落者，一律簽出，不准擬取前列。其分閱未入己手之卷，并不准檢尋移置（按：「檢尋移置」之弊，自乾隆以後，幾乎成爲風氣，本來每一房考官分到若干卷後不能與另一同考官交換的，但他們因爲要作怪，互相通融。上文梁鼎芬會試之卷，改撥入龔鎭湘房以成「佳話」一事，即此例也。）……其所稱本科殿試，一甲二名進士文廷式策內「閭面」二字，讀卷大臣并未簽出，着派崑岡調取原卷查明，據實覆奏。另片奏：近來崇尚說文，試卷中往往攙寫篆書，易取揣摩迎合之習等語。考試文卷，不准書寫卦畫篆文，例有明條，嗣後鄉會試卷，如有違式書寫各項變體難字者，即着照科場條例，認眞辦理。其殿廷考試，倘似此違式者，亦着一體嚴辦，以肅功令，該部知道，欽此！初十日奉上諭：崑岡遵查文廷式試卷，據實覆奏一摺，據稱檢閱原卷策內「閭面」二字，係屬筆誤，讀卷大臣未經簽出等語，所有此次讀卷大臣，均着交該衙門照例議處。欽此！按：八月初八申報附張，劉奏畧云：有詩出韻，而考差高列者；有賦出韻，而散館一等者，并有引用舛錯，點劃遺落，不加指摘，擬置高名。「閭面」係「閭閻」之譌。

有人傳說，時都門有無名子撰對語云：「讀卷太心虛，閭面居然登榜眼；行文眞胆大，纛躬何必問源頭。」以是科中式，有「耳者心之譯躬之纛也」語。又云，文爲翁叔平大司農讀卷，同官亦疑「閭面」無出，必係筆誤。而翁則以曾見一賦，以閭面對簷牙，或有出處答之。

原來翁同龢在閱卷時，已看出「閭面」二字有錯，他所以不簽出的原因，則以文廷式係當代名士，在文學界中聲譽極高，他要成全文廷式的功名，不惜曲爲解說，使文氏得以度過一關。此舉純出愛才，與通關節受賄不同，故輿論對之尚不致不滿。文廷式那殿試對策中，爲什麽有這一個「烏龍」呢？也是很有趣的事。

文廷式自負善書，能「一目十行」，如其閱書一樣本領。他的對策文章內有「留元氣於閭閻，而後邦本可以固」這一句。到抄寫時，他把「閻」字漏去，接着即寫「而」字，幸虧他發覺得早，連忙要施挖補術來補救，但自己平時并不研究此術，臨時學習，必不能天衣無縫的，他急到滿頭大汗，硬着頭皮請同考的人替他把「而」字挖去，寫個「閻」字，又并寫多一個「而」字。殿廷考試是有時限的，一到黃昏以後，就不許士子停留，護軍會來趕走的。衆士子爲了爭取時間，自顧不暇，那肯幫忙別人，況且文廷式平時恃才傲物，得罪多人，同試的人都嫉忌他，見他着急，亦有暗中叫活該的。文廷式見此情景，更加窘急，就不管三七二十一，提筆起來，將「而」字添多三筆作「面」字，其下又寫一個而字，此句遂成爲「留元氣於閭面，而後邦本可以固」的不通詞句了。（按：殿試的策卷紙極厚，精於挖補錯字的人，只畧施小技，拿刀子刨去墨跡，然後用刀柄輕輕捶緊，將被刨過之處砑光，并寫字上去，絲毫不見痕跡。凡是舉人預備應殿試者，無不事前練習此技術，至熟練爲止。文廷式自以爲寫字寫得快而且不會錯，故對此不大注意。）

讀卷大臣中，以翁同龢、汪鳴鑾最有文譽，他們因爲文廷式是這科殿試中文名最大的人，就死命找尋他的卷子，將置之前列，希望大魁落在他身上。傳說文卷落在滿洲人福錕手上，他見「閭面」二字，不勝詫異，認爲是胡說八道，正擬將此簽出，抑置三甲之後。但文廷式的「文運」極佳，恰在此時爲翁氏所見，知爲文卷，就對福說：「這是江南名士文廷式的試卷，不必吹求吧！」福答：「我不管他是否名士，總之閭面二字却狗屁不通，怎可放在十名之內？」翁說：「閭面并非完全杜撰，也有根據的，我曾見過一篇古賦以閭面對簷牙者，足見所用非不典也。」汪鳴鑾連忙附和，力証此說，福錕以翁汪二人皆朝中博學之士，「閭面」或眞有所本，如果力排其議，一旦果有此典，豈非被人耻笑，以藏拙爲妙，便不再爭。於是勉從翁議，置文卷於第二，使無「閭面」小疵，則翁汪等或將文卷置第一，而以狀頭畀之矣。老實說，這科即以文爲狀元，亦爲士論所服，以狀元吳魯學問平常，萬萬比不上文廷式，舉一個例說，三十年後，誰人知狀元吳魯是什麼人呢？（是科探花吳蔭培，亦極平常，是科以學問稱者，有夏曾佑，精於史學，爲梁啓超畏友，另一人則爲俞明震。又，福錕爲咸豐九年進士，光緒五年欽賜翰林，其入詞館後同龢九科，故不敢與老前輩爭，此亦文廷式得高中榜眼之原因也。）

按閻字本亦有獸名之義，「山海經」有：「縣雍之山，其獸多閻。」「儀禮」有：「于郊，則閻中」之句，注云：「閻，獸名，如驢一角；或曰如驢歧蹄。」而「山海經」注也有「閻即羭也，一名山驢。」又世人往往以閻字爲驢之簡寫，故「元史」中之「醜驢」改爲「丑閻」。是閻驢二字，不僅音同，尤爲巧合。文廷式硬把「而」字改成面字，成爲不通，那是無可否認的。

假使文廷式閻面二字被簽出，他便沒有鼎甲的希望，讀卷八大臣因此被劾，僅獲薄譴，此亦可見光緒帝有因文廷式而「推恩」八大臣之意。我們可於翁氏日記中見之。五月初八日記云：

外間以文廷式得鼎甲，頗有物論。

七月初六日云：

御史劉綸襄言殿廷考試弊端，并劾文廷式試卷有閻面二字，未經簽出。奉諭一道，派崑岡查對原卷，據實具奏。

二十五日云：

都察院、吏部會議閻面未簽處分，罰俸六個月。奉旨准其抵銷，毋庸謝恩。

這樣的處罰可謂輕描淡寫之至，如果在康、雍時代，文廷式與讀卷官的罪名就不輕了。文氏逃過這一「刼」後，官運頗爲亨通，光緒十九年放江南鄉試副考官，下一年三月，翰林大考，光緒帝親自擢升他爲翰林院侍讀學士，一般人都說他大考得第一，完全是珍妃之力。夏敬觀「學山詩話」有一段說：

葉伯高提學爾愷大考詩云：殿前珠玉落揮毫，閬苑清班數鳳毛。授簡終童麟本對；侑觴貴主鬱輪袍。似聞司馬由楊意；又見樊姬薦叔敖。沈宋新詩樓下進，宮闈玉尺正親操。逑芸閣得妃薦也。

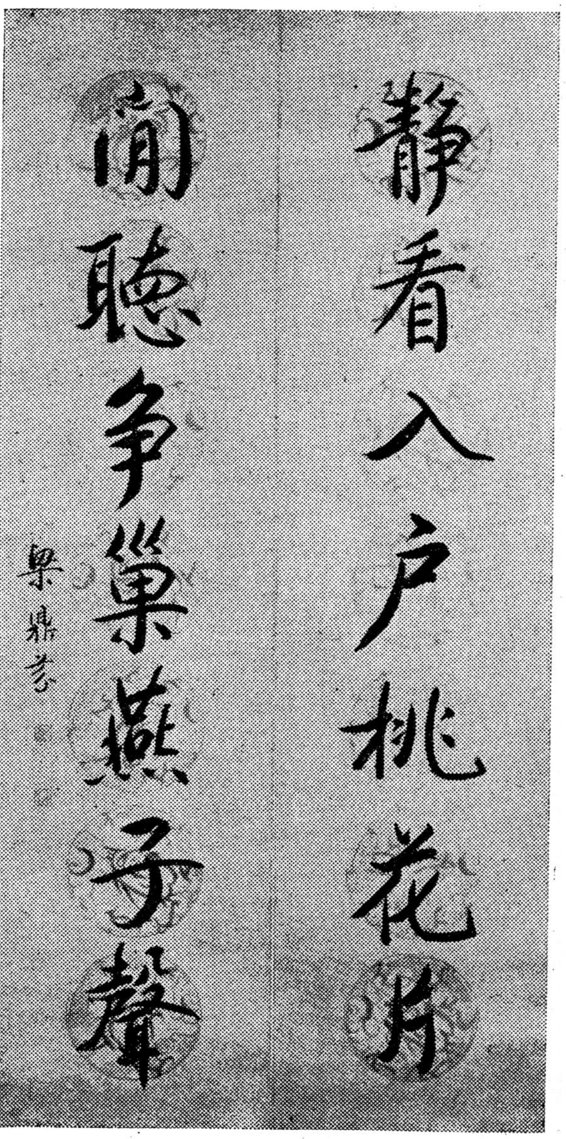

梁鼎芬書七言聯（定齋藏）

惲毓鼎「崇陵傳信錄」云：

廷式以庚寅第二人及第，妃屢爲上道之。甲午大考翰詹，上手廷式卷，授閱卷大臣，拔置第一。

以上二則，還是局外人所記，翁同龢被派爲覆看翰詹大考閱卷官，三月廿八日日記云：

發下卷二百零八本，有頃，禮邸、孫毓汶傳旨細看，除第一及另束五本毋動外，餘皆可動。有頃，奏事太監文德興傳旨如前。

所謂「除第一」無動外云云，即是已圈出文廷式第一了。不能更改這一句是多餘的，閱卷大臣怎敢更動第一名呢。文廷式的官升得快，但也跌得快。因爲這時候，帝黨、后黨，在外呼風喚雨，光緒慈禧兩人亦有意見，而李鴻章對于文廷式議論中日戰爭所結的和約有批評，對他很不高興，欲去之而甘心，就授意御史楊崇伊（詩人楊雲史之父）把文廷式狠狠的奏了一本。此時西太后雖然歸政，但還不時干預用人行政，見此摺後，立即迫光緒下諭，指文廷式與內監往來，刺探宮闈，又于召見時，語多狂妄，着即革職，永不敘用，并驅逐回籍，不准在京逗留。從此文廷式無官一身輕，在江南一帶逍遙自在，只是生活上稍爲困苦罷了。但他的老朋友梁鼎芬此時在湖北則十分得意，他在湖廣總督張之洞幕府中，極得府主信任，之洞行新政，設立很多學堂，凡有關學務事宜，皆付鼎芬以全權辦理。後來又做武昌府、漢陽府，升安襄鄖荊道、按察使、署布政使，紅極一時。相傳文廷式在窮困時，龔氏夫人就晤中往湖北一轉，向故夫「打抽豐」一次。

梁鼎芬爲人很厚道，他對于夫人這樣的「變相離婚」，從無責備一句，對文廷式也沒有怨言，不止沒有，還照常一樣同文詩詞唱和不絕。太太每次來訪，梁鼎芬仍待以命婦之禮，穿好官服，開中門親自迎接，相敬如賓。她在衙門裏有時也住上一月半月，臨別時，鼎芬必使一個了頭送一些精巧禮物給她，無非是裝潢得很好看的詩文集或詩箋之類，外面看來似乎很薄的禮物，其實裏面有銀票一張，多時四五百兩，少亦二三百兩，總不使夫人失望空手回去的。最後一次她到湖北打抽豐，據說這次只住了四五天，梁鼎芬的侍妾對她執大婦之禮，臨行時，龔夫人特許他的侍妾穿紅裙，以示自己是「退職夫人」了。這些事是梁鼎芬衙門裏一個書啓對鄧爾雅說的，三十年前鄧君曾對我說及，幷謂這個書啓是他的親戚，跟隨梁鼎芬二十多年了。

梁鼎芬有二子，長名臥薪，早殤，晚年生思孝，出生時在光緒廿二年（公元一八九六年），思孝則梁思孝不會是龔夫人所生，而爲庶出了。思孝晚年居北京，由葉恭綽先生照顧他的生活，亦住在葉家，前幾年才逝世，年在七十以上。至于龔氏與文廷式結合後有沒有兒女這一層，似乎有很多後輩爲他們隱蔽，不欲張揚。獨有冒鶴亭說文廷式之子永譽，就是龔夫人所生的。冒氏所作的「孽海花閒話」（刊一九四四年五月一日上海出版的「古今半月刊」第四十六期）說：

余家與萍鄉文氏四世交，先曾祖與廷式之祖叔來觀察，同官粵東。咸豐間，先曾祖殉節乳源，觀察殉節嘉應州。余姑母爲廷式嫂氏。余于姑母處曾見其人，廷式之子公直，即龔所生。

「其人」係指龔氏。不過此說似尚有問題。文永譽死于民國廿二年（公元一九三三年）陰曆二月三十日，據陳詩所作的「尊瓠室詩話」說：

文公達大令，芸閣學士之子，共和癸酉仲春晦日，以中風疾卒于滬，年五十二。有二女，無子。

由此可以推知，永譽實生于淸光緒七年辛巳（一八八一年），上一年文廷式與陳氏夫人結婚，而這一年也是梁鼎芬與龔氏夫人結婚之年，那麼，龔氏夫人不能生文永譽是可以確定的。葉恭綽先生藏有「萍鄉文氏族譜」，錢仲聯爲刋于「文芸閣先生年譜」中，廷式妻陳氏，側室羅氏，子四，長永譽，陳出，次敦書，陳出，早殤；三、四未名，五克儉。最後三子，未注明是誰所出。此中疑點，令人不解。（按：永譽字寶，號公直，以蔭生歷保知縣。民國成立，仍在政界服務，做過僉事、秘書、參事、司長、稅務所所長、統稅局局長等職。著有「天倪室集」。）

梁鼎芬的晚年，比文廷式輝煌得多，官至按察使，入民國後，又做起宣統皇帝的師傅，排日進宮講書，最爲宣統所尊敬，他也勤于職守，絲毫不放鬆他的責任。民國七年（一九一八年）他六十歲生日，宣統賜壽，給他的老師風光一下，幷且頒賜銀兩及上方珍物，並壽聯云：「几杖親承天眖節；松筠交蔭歲寒堂」。（按：鼎芬生于六月初六日，所居又名歲寒堂）。可惜他在做壽兩個月後，忽然中風，跌倒地上，不省人事，從此就一直病了一年多，請假三月，又再續假，始終不能入宮授讀。到民國八年己未陰曆十一月十四日逝世。溥儀照例下諭賜以卹典，諭云：

宣統十一年十一月十五日，欽奉諭旨，二品銜毓慶宮行走梁鼎芬，學問優長，持躬端謹，由翰林簡放知府，薦升臬司，旋以三品京堂候補，管理崇陵種樹事宜，幷在毓慶宮授讀，恪盡厥職。方冀克享遐齡，深資啓沃，茲聞溘逝，悼惜殊深，加恩予謚文忠，晉贈太子少保銜，賞給陀羅經被，派員貝勒載瀛帶領侍衛十員即日前往奠醊，賞銀三千元治喪，由廣儲司發給。應得卹典，該衙門查例具奏。伊子梁敂，着加恩賞給乾清門三等侍衛，以示篤念藎臣至意，欽此！

像這樣的聖旨，在民國未成立前，是具有極大影響力的，但在辛亥革命以後，溥儀的聖旨就一文不值了！

文廷式晚年潦倒不堪，亦僅指其物質生活而言，革職丟官，算不了一件什麼事，倒是他浪跡江湖，憔悴以終，其詞益爲人所愛好而同情其遭遇，這一點却爲梁鼎芬所不及的。

大人總代理：
吳興記書報社

外埠訂閱本刋
每年共十二期
訂費包括平郵
港幣二十元正
詳列姓名地址
附寄支票滙票
各國幣値照結
當卽逐期寄奉

吳興記書報社英文地址
Ng Hing Kee Newspaper Agency
11 Jubilee Street, First Floor,
Hong Kong

臥遊記窘

……新浮生六記之三……

·大方·

紅丸，這一種殺人利器，在四十餘年前，推爲較次於嗎啡的毒品，發明者已記不起是什麽人。問世之始，美其名曰「槍上戒烟丸」，指稱癮君子如改吸紅丸，沒有幾天，就可拿鴉片戒絕了。由於代價比鴉片要便宜幾倍，吸食的道具又簡單，愛好新奇的人都趨之若鶩，但槍上戒烟云者，乃是一種美麗的謊言，在吸食紅丸之後，相隔不久，有些人鴉片是戒絕了，紅丸却吸上了癮；更有些人，在紅丸吸上癮後，鴉片仍未戒絕，其結果既要吸鴉片，同時又要吸紅丸，變成了雙重壓迫，眞是爲害匪淺！像本篇所述的楊閏鶯女士，便是一個既要吸鴉片又要吸紅丸的人。

紅丸代價廉於鴉片，因是吸食者多數是中下階級的人，但這東西沒有持久力，經過三四小時必需再吸，一個人在吸上紅丸之後，烟癮越吸越大，其支出遠較鴉片爲多，但已不能自拔，吸紅丸者處此境地，纔覺悔之晚矣。

吸鴉片有燕子窠，吸紅丸者則有安樂窩，其設備較燕子窠遠遜，多數是一個亭子間，或者一個後廂房，裏面擺幾張桌子，下邊舖上些報紙，常見有些打扮得花枝招展的女子，一到裏邊，即急不及待，不顧骯髒，趕緊鑽入桌下，及到吸着紅丸，神情才顯得寧靜，安樂窩之名想來肇因於此。

筆者開始遊覽安樂窩，也即是楊閏鶯帶我去的，我們去的是最高級的紅丸窩，其間有特別間，陳列牀榻，和燕子窠相似，不過有一規矩，必需先付錢而後吸食，理由是吸食紅丸者，多屬無賴，若不先收錢，他們吸完後會一走了事，由此可以見到吸紅丸者品流的低劣程度。

筆者之吸食紅丸，爲了好玩，也爲了好奇，楊閏鶯的看相業務，到晚上十二點即告結束，有時我去相訪，便雙雙出入安樂窩，在我的猜想下，閏鶯之食紅丸，也不過像我的玩玩而已，却不知她實際上受毒已深，已到了不能自拔的地步。

先後約達半載時間，在每一星期內，總有一二次和閏鶯同吸紅丸的機會，我發現閏鶯的毒癮越來越深，暗地替她憂慮，同時產生避之則吉的意念，說來也眞奇怪，我對於紅丸頗乏愛好，雖然有着半年遨遊安樂窩的經驗，居然沒有上癮，這是屬於奇迹，也許這是祖宗有靈，或者上天保佑，纔使我這絕頂荒唐的傢伙，未致墮入泥犂。

楊閏鶯雖號稱出於某一女相士之門，事實上則是釣鰲客的嫡傳弟子，釣鰲客係某女相士的前夫，是一個標準的江湖相士，也是一個出名的淫棍，他一共收了三個女徒，閏鶯以外，還有天眞和紅玫二女，但在數年內，先後將三女奸汚，使她們懸牌看相，得欵飽入自己私囊。這時他看閏鶯陷溺已深，自己想謀擺脫之計，一天忽然專誠過訪，和我談判一件要事，坦白表示，他對閏鶯齊大非偶，終非了局，而我和閏鶯，則年貌相當，故願意無條件奉讓，使閏鶯得到歸宿，他說閏鶯現有積蓄約一千元，閣下如願締結這一段婚姻，不愁有什麽破費，閏鶯姿色不惡，他以爲我在人財兩得的原則下，當無不從之理，誰想我在那個時候，對閏鶯已產生遠而避之之想，自然不會鑽入這個圈套，當下婉言謝絕，釣鰲客既不獲遂其移禍江東之計，只能另作別圖。

我和楊閏鶯的約會，常在半夜，爲了要瞭解她白天的生活狀況，一天下午，我闖入了大中華飯店她所寄寓的房間，那時她還高臥未起，只見一個年約三十歲的男子，隨侍在側，他見來了訪客，便喚閏鶯起來，我突然看到閏鶯，面如黃蠟，雙目緊閉，並且消瘦得驚人，男子表示閏鶯在未曾吸足鴉片以前，是懶得說話的，於是取出烟具，替她點燈燒烟，先讓她在左邊吸着四五筒，換個方向，又在右邊吸上四五筒，才能把雙目睜開，接着便是入浴間進行梳洗，在這種情狀下，使我驚駭於她已經爲毒癮所侵蝕，而相等於一個廢人，無怪釣鰲客要急於棄之爲快。在我們談話中，我得悉她的現狀，釣鰲客已經脫身，而這個男子便是釣鰲客爲她物色的承繼人，我目覩一個相識少女，已接近於毀滅邊緣，欲加救濟，殊無辦法，只能道聲珍重而別。

數月以後，報間發現女相家楊閏鶯的死訊，她是被那個男子用刀刺死的，在我離開閏鶯後，不久中日戰起，閏鶯之母從杭州鄉下來滬探望其女，因戰時女相士沒有生意，便遷出大中華飯店，另行卜宅，和母親及那個男子同居；另有一客，願負閏鶯的生活開支，常來走動，可能由於因妒生恨，一天那男子忽和閏鶯產生口角，一時兇性大發，向閏鶯連刺兩刀，閏鶯倒地不起，男子則逃去無踪，楊母索兇手不得，於是一口怨氣，便完全結集在釣鰲客身上。

楊母雖是一個鄉下老太婆，脾氣却很固執，她因那兇手是釣鰲客所介紹的，便指釣鰲客爲教唆殺人的兇手，無力延請律師，却在十字街頭舖上寃狀，每天跪在那裏要求各界主持公道，這事便成爲當時一件很大的社會新聞。接着便有好事的律師，替她提出訴訟，兇手也已捉到，審訊終結，判終身監禁，釣鰲客雖與殺人案無關，但他奸汚閏鶯時，閏鶯還未滿十六歲，法庭處以誘姦未成年女子之罪，判徒刑兩年，只是在案情結束後，釣鰲客棄保潛逃，從此上海社會也失去了釣鰲客的踪跡。

楊母在心願完遂後，回轉杭州故鄉，臨行時會來辭別，怪我不肯照顧聞鶯。她說：你如果當時要了她，也許她會免去殺身之禍，又怪釣鰲客害了她的愛女。我說事已至此，也不必怪誰，總而言之，還是受了鴉片紅丸之毒，若使聞鶯意志堅定，不染上毒癖，決不致遭這慘酷的下場。談到這裏，只有爲這可憐的少女所遇非人，表示痛恨和歎息。

兩字贈言傳來該死．一燈相對無計謀生

楊聞鶯由困於紅黑而死，而我自己雖無紅白之癖，但鴉片烟癮却越吸越深，我是一個最不善借貸的朋友，沒有錢用，只有出諸於典當和變賣東西的一法，自鈴報館以打官司失敗，讓渡給朋友後，一直無所事事，便縮小寓所，由英租界搬到法租界去住。我有一堂白漆傢俱，當時是用二百元買來的，結果當了二十五元，那時候上海典當的房子大，所以也接受傢俱，如在目下，則傢俱是無法典當的；有一架高脚的留聲機，在小東門的小押店當了五元，又有數近百張的唱片，也早已典去，每張只典一二角。如此挨了兩三年，我已成爲一個標準的「三光碼子」，到達了吃光、用光、當光的境地。

三年來坐吃山空的結果，我不但舉目無親，一室之外，別無長物，說句不怕人笑罵的話，我連床上的一張棉被，也當去買鴉片吸了。

到了晚上，只用一件大衣，代替棉被取暖，這時和我相依爲命的，有一個老黃，他本是一家烟館的夥計，也是我的忠實讀者，在我得意之際，他經常替我裝烟，我也常將剩餘的烟請他吸食，彼此交情不惡，後來他爲烟館辭退了生意，便改行做了我的跑腿，我活下去，他便也能跟着活下去。我這時已到了山窮水盡之境，實在活不下去了，但老黃還戀戀不捨地不肯棄我而去，常說天無絕人之路，你一定會得到轉機的。似這樣使我在絕望中想起一個人，他是我的表弟，在老垃圾橋堍下，開着一家鐵行，環境很好，幼年時彼此同學，我時常幫他補習功課，不但是至親好友，我甚至也是他的良師，當茲困境，便寫了一紙告急書，因爲有病，要求暫借數十元，叫老黃拿去試試。表弟看了信後，沒有付錢，只問了我的地址，叫老黃先回去，聲稱錢改日由他自己送來。

翌日上午，果然有客到訪，我意味着是表弟來了，但我這時正蜷縮在大衣中，狼狽萬分，不堪見客，便裝着睡熟，覺得表弟在房內兜了一個圈子，老黃問要不要叫醒他？表弟說不要，又在床邊立了一回，即推門外出，一回兒老黃送客回來，我在大衣內一躍而起，問老黃他臨走時留下些什麼？老黃說沒有留什麼只有兩個字？我問那兩個字，答是「該死」二字。

我聞言眞似轟雷震耳，一時呆若木鷄，我能怪表弟的無情無義嗎？我是一個絕頂聰明人士，竟然弄到這般光景，其非該死而何？於是我便對老黃作了最後的訣別，我說一切絕望，現下你也該走了。

當天下午，老黃也黯然離去，孤獨的斗室，只存下了我一個人，點上了一盞烟燈，眞有凄涼萬狀之概。

普通所謂癮君子，有着一種奇妙的心理，我也不例外，只要他有一缸烟，則目對烟燈，心裏便會感到非常鎮定，必需在烟缸內的烟斷絕了才會愁，可是我這時坐對烟燈，烟缸內已一無所有，想起今後生活，不知何所適從，可恨的是我在那個時候，仍不想從事戒烟，只想以任何辦法來解決過癮問題，這時的我，恰似一個迷途的羔羊，毫無主宰，在胡思亂想之下，忽然產生一個奇怪念頭，決意去作一種危險的嘗試。

針下留人片言醒夢．燈前讀史妙藥回春

我因鴉片絕糧，香烟泡不能過癮，渾身感到不舒服，忽發奇想，覺得自己對於吸毒，鴉片之外，白麵紅丸均已領教，只有打嗎啡針還未嘗試；這時竟然想去嘗嘗嗎啡針的滋味，以往曾聽老黃說，在法租界公館馬路大自鳴鐘對面的一條橫巷內，有一個打嗎啡針的所在，主持人叫「捲毛阿春」，外號獅子，因他頭髮捲曲之故，過去我曾認識六馬路的許多流氓，而阿春也可算我朋友的朋友，我那時渾身不自在，以爲打嗎啡針，可能會使我過癮。嘗聽老黃說過，打嗎啡針的代價，約分三種，甲種兩毫，成份較濃，乙種一毫，成份較淡，丙種只要五分錢，也即是所謂「針屁股」，那是打針的人在舉行注射時，故意留下一些，沒有完全打盡，拿剩下來的少許液體，擠在一個玻璃罐內，積得多了，再拿來注射給別人，雖然屬於剩餘物資，但也一樣過癮，由於收費較低，打的人也很踴躍，我一摸袋內，還有幾毛錢，竟像鬼使神差那樣，居然摸到那一條巷內，想從事從未嘗試過的打嗎啡針。

走進這條短巷，幾疑進入了幽冥地獄，不但潮濕，並且狹隘黑暗，巷內擠滿了鳩形鵠面的人，他們大都背上揹着麻袋，下身裹着一條席子，幾達與鬼爲鄰地步，原來這些都是所謂白粉道友，他們在買白粉的錢不夠時，便來打嗎啡針過癮。那時候的白粉，都是放在香烟內吸的，和現下香港的追龍方式兩樣，因是地上也舖滿了香烟頭。

在巷的盡頭處，放着一張小桌子，桌上放着針筒藥水等物，係供注射之用，一個中年人坐在桌旁，給道友們輪流注射，先收費而後打針，那個人當是所謂獅子阿春，這時我雜在道友羣中，輪到我時，我鼓足勇氣，向前抬起左臂，說也替我打一針，阿春勒起我的衣袖看了一看，突用閃電似的眼光注視着我道：你沒有打過針，我說沒有，他說那爲何要打針？我說一半是好玩，一半是省錢，他說那麼先拿大洋十元來，我奇怪道：爲什麼要十元？我有十元，可以舒服地吸幾天鴉片，還要打什麼嗎啡針，他說那

你不懂我這裏規矩，我的規矩是沒有打過的人打第一針時，要收費五元，我又問那我為什麽要收十元？阿春厲聲道：你給我滾開吧！我這一針下去，你的一生便完蛋了，你年紀還輕，將來也許有出頭之日，我不能為兩毛錢而造孽，因此要收你十塊錢，你既然沒有打過嗎啡針，那我樂得針下留情，放你一條生路，走罷。

阿春的一席話，居然還有一念之仁，也可說四十年前，還是屬於盜亦有道的時代，現在就不會有這種人物了。筆者那次得以逃出鬼門關，可說拜受着這位捲毛阿春所賜。

我在徬徨無計下，回到自己的斗室，這時的我，眞的已處於絕境，想起過去有許多友好，對我的自甘墮落，加以勸導，甚至有痛哭流涕者，但我均無動於衷，我眞是如表弟所說的那樣是該死嗎？我何致要墮落至此，眼前狀況，只有兩條路可走，一條是自殺，一條是趕快設法回頭。

人總是好生惡死的，想起阿春的話，將來也許有轉好之日，這話頗予我以鼓勵，我便選擇了第二條路，下定决心，從事戒毒，說也湊巧，案頭有一冊清代名人的軼事，刋着林則徐的生平，我拿來讀了一遍，書中記載是這樣的：「林則徐，閩侯人，字少穆，嘉慶進士，道光時，任湖廣總督，時庭議禁烟，林氏尤積極，授命赴廣州就職，焚英人烟土兩百餘萬斤，英派兵移師北上，清廷恐懼，與英議和，謫林氏遠戍伊黎。洪楊亂起，清廷復起用則徐為雲貴總督，旋以疾卒，著有雲石山房詩集行世，林氏生平致力於禁烟，除雷厲風行掃毒外，更研究有一種戒烟藥膏普遍發售，世稱林文忠公膏。」

林則徐不但是個好官，也是一個學者，我讀了這一段記載，不僅對他的為人產生景仰，對他所傳的戒烟膏，也產生了信仰，當天晚上，即用切菜刀將烟槍劈斷，又砸碎了烟燈，採取古人破釜沉舟的故事，準備從明日開始重新做人。

戒烟本是平常事．祇要心堅便不難

第二天起來，很早走進典當，拿身上僅有的一件呢大衣當了，換出了一件業已久困當舖的駱駝絨袍子，將駱駝絨袍子穿在原有的袍子之外，代替了大衣，雖然不及大衣温暖，也勉强可以禦寒，只是在夜晚失去了棉被的代替品而已。似這一套走馬換將手法，居然還可剩餘六七塊錢，說實在話那個時候的六七塊錢，足夠窮人一月之用，我既决心戒毒，便覺有恃無恐，先到藥材店，買一些林文忠公膏，便宜得很，兩毛錢可以買半茶杯，回去拿些生鴉片和在藥膏之內，也像富翁吃膏滋藥那樣，用開水冲來吃，我準備這樣在家裏挨上一星期，靜觀後果。一般來說，戒烟是一件很困難的事，但也可說是一件很容易的事，凡是吸毒的人，沒有一個不想施戒的，也沒有一個戒不掉的，終於戒不掉者，是患在戒掉後再吸，一戒再戒，好幾次後，便無法戒絕了，故我常說：戒烟戒烟，只是戒一口烟，戒後不能再吸一次，也像個吹滿的汽球一樣，如果戳上一針，汽球洩了氣便無濟於事了。因之戒烟之道，在貴乎心堅，不過眞的要做到心堅地步，也絕非容易之事。

筆者不是超人，也許意志是比較堅决的，我在上癮以後，從未戒過這次試戒，自覺頗有信心，在服過林氏藥膏後，似乎很舒服，情緒遂並不感到沮喪，六七塊錢，足夠支持半月，於是除每天上小舘子吃飯外，閒時則在無人處獨自徘徊，一到天晚，買了許多報紙回去消遣，不知不覺過了數日，自感食量激增，一天早起攬鏡自照，忽覺昔日那種烟容滿面的老槍眉眼不見了，轉有一種容光煥發之象，大為欣喜，我眞的已戒絕惡嗜，躍登彼岸了嗎？自己也有些不大相信，可是事實告訴我，精神却一天天的旺健起來，一天突然高興，提起了拋棄幾逾三載的墨水筆，寫了一篇「戒毒記」，親自拿去相識的一家報舘，求他們刋在報上，我這篇稿子，不過是試試自己是否仍可寫作，根本沒有什麽作用。

我那篇文字的大意是說：因讀了林文忠公傳而動念戒毒，並更述打嗎啡針不遂的經過，故事有些詼奇，遂頗受到相識者的注意，不過別人的態度是懷疑的，由於一般情況，癮君子自稱戒烟，不啻黃狗向糞坑賭咒，烟槍劈了儘可再買，有些賭徒，甚至斬了手指頭，還是會再賭的，對我所說自然絕不置信，只是姑妄聽之，不想因緣湊合，這一篇稿子，居然產生了效力，眞似空谷足音。一天早上，我那冷落了已久的蝸居，突然來了一位訪客，那是我多年老友來嵐聲君。

一戒未成痛施二戒．此生有幸得慶更生

來君是個富於辦報精神的人物，我二十歲前，來君即曾和我合辦一張七日刋，取名「星華」，我做編輯，他主持發行，銷路很好，歷年來一直在報壇打滾。上海的小型報，從三日刋進展到每日刋的，他是第一個嘗試人，他不久前創辦了一張世界晨報日刋，並不理想，接着他人便有社會日報的發行，他便想再辦一張完善的小型日報，和社會日報爭勝，一切規劃已經完備，只是缺少一個主持輯務的人，來君在他報讀到我的戒毒經過，想到我如果眞能戒絕嗜好，倒是個理想人選，便來探訪究竟，他見我雖然四壁蕭然，但氣色甚好，証實業已戒毒，便提出來意，要我担任他所新創「時代日報」的主編人，叫我搬到報舘去住，每月薪水是大洋一百元。

第二天，嵐聲叫人送了五十塊錢來，讓我添置衣被，事實上不需添置，我只是拿要用的物件向典當中贖出來，經過裝修門面後，自己覺得煥然一新，那時候的五十大洋，着實可以做一番市面，使我在準備行裝之外，

袋裏還多二十餘元，可以作爲另用。

時代日報如期出版，銷數一鳴驚人，我的名字，也引起同業間的注意，但有人却作了如下的預測，他說：吸鴉片的人暫時戒絕是靠不住的，大家等着瞧吧，沒有好久，盧某人可能會重彈舊調的，這話使我聽了非常氣憤，可是別人說的也是眞話，不幸得很，在半年以後，我居然再度吸毒，幾乎弄得重墮泥犂。

報館中有一位畫廣告畫的同事席君，我們都稱他爲小小畫家，（席君現下安居台灣，是中央印製廠的高級人員），他的叔父席正，開設着一所戒烟醫院，他對我說：林文忠公膏雖可戒毒，但方法太舊，患在最後一些輕微的癮，不易除去，席正的藥水，却能根除痼疾，於是我便託他以最便宜的代價買了兩瓶藥水，服食半月，藥水用完，我的烟癮已完全根絕了，方喜自己無癮一身輕，不想半途又產生波折。

一天傍晚，又來了一位老友史君，駕着自備汽車，用綁票方式，拿我接到他的家裏，目標是請我吃飯，要我替他辦一些筆墨，並說：我已替你準備你所喜歡的東西，使我莫名其妙，晚飯以後，他在紅木坑床上展開了烟具，對我說，這是最好的加爾各答小土，用高麗參收膏，這是我專誠替你預備的，請來吸兩口，助長精神。我說不要開玩笑，我早已戒絕了。他說戒了最好，但偶然吸兩口是沒有關係的。我禁不住史君的勸導，不覺躺下去，一連吸了幾筒，半年不親此味，忽然舊調重彈，只見鴉片烟的一股熱力，打通了我的四肢百骸，上從頭髮尖，下至足趾，無處不感輕鬆愉快，有着無可言喻的舒服，於是轉換方向又一連吸了四五筒，才告罷手，離開烟榻，不覺產生一種愧感，我怎麽又吸了呢，眞沒有志氣。

史家那次宴聚，對我影响很大，翌日在治事之際，想起吸鴉片的樂趣，不覺意馬心猿，竭力的忍耐，方得靜止下去，但到第三天便嚴重了，忽然心煩意亂，坐立不安，執筆好久，寫不出一個字，我曉得是烟癮發了，但報館工作不容延誤，發個狠，叫了一架出差汽車，直奔法租界往昔常去的一家烟館。

上前招呼我的，竟是和我曾一度相依爲命的那個老黃，他無法謀生，廹得仍操舊業，他看見我又驚又喜，他說：你的氣色很好，也聽到你有了新的職務，我們方替你欣喜，何苦又到這裏來呢？我苦笑道：鴉片和女人，眞有異樣的魔力，我現下竟是蹈着宋公明演坐樓的覆轍，說是不來，但又來了，不用多言，快些裝烟過癮。

似這樣一連四五日，半年來辛苦戒毒的成績，蕩焉無存，我依然恢復了標準老槍的身份，如果長此吸毒，我便無法担任這個職務，一旦被報館解雇，更有何面目去見相識的朋友，想到這裏，不覺汗下通體。也許因我有一種向上和知耻的决心，命中不致以毒氛困死，第二天忽然看到報館一個女傭，向會計處支取薪水，因後天是月半，她要去理堂焚香，我曉得理教會是一個戒絕烟酒的機構，遂問女傭，如何方法可以在理？女傭說很簡單，只要有一個會友介紹便可以了，當下我便請女傭，帶我前往，兩日以後，我便也成爲一個虔誠的理教徒。

理教會的規則，戒烟不能服代用品，只給你吃一些藥膏，說服後必有神助，但對烟癮是不起作用的，故在癮發時非常難受，雙手向胸前亂抓，雙足在席上亂蹬，三天過去，我踏爛了一張草席，胸前很明顯的有十餘道爪痕，始終咬緊牙關抵受，才從死神的籠罩下，掙扎了出來。

在入敎的第二天，最感難受，幾次三番，想起來再去吸毒，猶幸我在開始時，早已編了一些口訣：「我要活下去，我不能再吸，我要尋求幸福，得到黃金和美人。」當意志動搖時，便像共產黨徒唸毛語錄那樣，在口裏不停的唸着，這一口訣居然有效，幫我渡過了難關。

我在沒有入理敎以前，覺得戒烟很輕鬆，只要一次便戒絕了，嘗讀後西遊記，裏面的猪悟能改名爲朱一戒，我有時執筆，也署名爲盧一戒，經過在理以後，才知戒烟並不簡單，我是戒了兩次才戒掉的，因嘗自署爲盧二戒，自經過第二次施戒後，至今整整已四十個年頭，連一口也沒有再吸過。嘗有人說：戒鴉片容易，戒香烟難，因爲吸鴉片必須烟鎗烟燈，手續較煩，抽香烟祇是一舉手之勞而已，但主要仍在决心，與吸食方法是全無關係的。

以上是我少年時親歷的荒唐事畧，這些醜惡行徑，知者很少，一向只是埋在心中，不想公開給人知道的，只是鑒於近時代的毒霧瀰漫，遠勝昔日的鴉片，才以現身說法的態度，寫上這麽一篇自白式的經過，藉使青年人讀了多少有所警惕，須知吸毒之與吸鴉片，原理是一樣的，其危害均同於玩火，一觸即易傷身。因之，筆者對於吸毒，將大聲疾呼地，提出三條戒條，第一，沒有吸毒的人，千萬不可輕於嘗試；第二，已經吸毒的人，要提出决心，迅速施戒；第三，已經戒絕的人，要斷絕吸食第二次的念頭，無論如何，不可蹈其覆轍。似這樣或許對吸毒青年，能發生一些阻遏作用，是否有效，殊難自信，不過筆者此舉，同於苦口婆心，無非意圖在此茫茫人海中，藉以減少若干吸毒之鬼而已。

回首筆者於十八歲時開始吸烟，至二十四五歲，入於沉淪階段，二十九歲决意戒絕，從此在這花花世界度過了四十年愉快生活，今後還可能再活十至二十年，向使我當日不是一念回頭，也早已和葉仲方、楊聞鶯等人，變爲枯骨，而不會看到太空人漫步月球的景色。

雖然這個世界動亂頻仍，但人的生命總是可貴的，何況每人只能活一次，你死了便一切完了。然則當世青年，何苦以吸毒而輕視其生命呢？何妨也來向我看齊吧？

（下）

欵式新穎　　經久耐用

wing
star SHOES

「飛星」來路童裝皮鞋

大人公司　平價市場　人人百貨　大方公司　來路鞋公司有售

三百年來兩藝人

曹聚仁 遺作

梅蘭芳逝世後，世人才知道有泰州其地。一天下午，某君喃喃自語，又好像在詢問我：「泰州除了梅蘭芳，還有什麼？你說！」我笑着說：「還有泰州學派！」他愕然久之，好似不十分明白似的。

什麼是泰州學派？有一晚，史復先生參加某處的晚餐，他匆匆地來，又匆匆地走了。我曾提出他在「五十人集」中所寫的幾句話：「人生就是這樣，許多容易得到的東西，都往往得不到，因爲既然是容易的，以爲什麼時候都可取之到手，而不必急了，就從此終生錯過！」這幾句話，正是泰州學派的話。在王陽明弟子之中，龍溪、泰州和江西弟子，各樹一幟，自成一家言。王艮號心齋，泰州人，世稱泰州學派，他原是打銀器的工匠，本名「銀」，後來從王陽明問學，王氏替他去了「金」旁，才名爲「王艮」。他的悟道名言是：「離山十里，薪在家裏；離山一里，薪在山裏。」也正可作史復那番話的註脚。

當然，泰揚自古爲人物薈萃之區，可說的很多。有一回我和梅先生閒談，我說：「你們泰州，三百年間，出了二位大藝人！你以前，還有那位我們的同宗——柳敬亭。」柳敬亭怎麼會是我的同宗呢？他本來姓曹，泰州曹家橋人；而我的祖先也正是從泰州曹家橋遷到金華的，那當然是四五百年前的事。我一生並不希聖希賢，並無大志，一心只想做柳敬亭，後來才知道他也姓曹；可惜，有願莫償！有一回，一切已經準備好了，只因敵機夜襲，沒機會登場了。

吳梅村、黃宗羲都曾替柳敬亭寫過傳，明清之際的筆記，寫他的說書，神乎其技，尤以張岱所寫「柳敬亭說書」爲最深刻。書中說：「南京柳麻子，黧黑，滿面疤瘤，悠悠忽忽，土木形骸；善說書，一日說書一回，定價一兩，十日前先送書帖下定，常不得空。南京一時有兩行情人，王月生、柳麻子是也。柳麻子貌奇醜，然其口角波俏，眼目流利，衣服恬靜，直與王月生同其婉孌，故其行情正等。」孔尚任在「桃花扇」中寫柳敬亭的義俠處，也使人欽敬。

梅蘭芳攝于護國寺街一號

張宗子記柳敬亭說「景陽崗武松打虎」：「其描寫刻劃，微入毫髮；然又找截乾淨，並不嘮叨。聲如巨鐘，說至筋節處，叱吒叫喊，洶洶奔屋。武松到店沽酒，店內無人，驀地一吼，店中空缸空甓皆嗡嗡有聲。間中着色，細微至此，其疾徐輕重，吞吐抑揚，入情入理，入筋入骨，摘世上說書之耳而使之諦聽，不怕其不咋舌死也！」那一時期的詩人，推許他的很多，正如曹貞吉「賀新涼」詞中所寫的：「六代風流歸抵掌，舌下濤飛山走！似易水歌聲聽久。」王猷定的「聽柳敬亭說書」絕句也說：「英雄頭肯向人低？長把山河當滑稽。一曲景陽崗上事，門前流水夕陽西。」過去三百年中，柳敬亭以口舌，梅蘭芳以歌舞，俯仰離合，皆出己意，使聽者悲泣喜笑，不能自己！這兩位泰州藝人，千古不朽了！

柳敬亭小傳

柳敬亭本姓曹，某年渡江南來，因爲休憩在柳樹下，所以改姓爲柳。在此以前，他曾在安徽盱眙學習說書，有時也當塲獻技，其時他才十八歲。

他的老師是松江儒者莫后光，一位對說書藝術有深刻研究的老先生，擅長說「水滸傳」和「西遊記」。他第一次對柳敬亭提出如何取材，如何準備條件，如何演出，以及如何將說書達到精湛圓熟的境界。在柳敬亭第四次會見莫后光的時候，柳先表演一回，莫后光震驚於柳的進步，便說：

「子得之矣！目之所視，手之所倚，足之所跂，言未發而哀樂具乎其前，此說之全矣！于是聽者儻然若有所見焉；其竟也，恤然若有亡焉。」

——吳梅村柳敬亭傳

柳敬亭曾在左良玉軍中說書。淸康熙五年，閻爾梅作有「柳麻子小說行」長歌，其時柳敬亭已八十歲。此後數年，余澹心板橋雜記中尙有聽柳敬亭說「秦叔寶見姑娘」，可以証明柳敬亭壽逾八十無疑。

護國寺街一號

我和梅蘭芳先生在北京，也時常有機會相見；不過，彼此牽於公務，立談幾句便分手了。在我記憶中，深談那一回是在他的家中——護國寺街一號。護國寺和隆福寺，原是北京十大廟會中最大的兩處，一在西，一在東，因此護國寺稱西廟，隆福寺稱東廟。本來這兩條街，因爲成了廟寺，一直很熱鬧。但在我這並不是老北京的印象中却稍有不同，從西單轉入，經過人民劇場，一眼看見向南的大院子，那便是梅家了。院前，一行大樹，這是一所朝南的三合房，裏面有一個寬敞整潔的院子。上房五間，梅氏夫婦住在右面，許姬傳和葆玖住在左首，東廂房住的是姜妙香夫婦，西廂房住了三位劇團工作者。

這所房子，原是慶王府舊址；他們這一排房子，從前是馬號，後來才翻蓋的。當年，梅氏到慶王府唱堂會，時常從那兒經過，想不到幾十年後，梅氏倒住在這院子裏了。

梅氏的老家，本來在李鐵拐斜街，那是六十年前的事，後來移居到百順胡同。一九五〇年從上海回到北京，才住到護國寺街一號。十多年來的梅蘭芳，已經不是單純的藝人，一面要做戲曲工作者，一面要培植新一代的戲曲接班人；因此，護國寺街一號等於梅劇團的總指揮部。和我們一同談話的許氏兄弟——姬傳和源來，正是梅氏一切文稿的整理和搜集者。梅氏的戲曲生活，前半段和齊如山的關係很深，後半段和許氏兄弟密切相關。梅氏的成就，一分是天才，一分是學養，還有一分則是師友的協助。梅氏的學無常師，謙謙有容，誠如諺語所謂「東海不讓細流，故能成其大」的。

本文作者曹聚仁遺影

在戲曲的演唱方面，我不僅是門外漢；但在近代中國戲曲源流的探土上，我也算得篳路藍縷做開山工作的人。我曾經到過弋陽，（南曲搖籃地。）到過臨川，（南曲大師湯若士的故家，玉茗堂舊地。）看過清源師廟碑，（碑在江西宜黃，明抗倭名將譚綸的家鄉，他是把海鹽子弟帶到家鄉，使崑弋兩派結合的第一人。）聽到饒河流域的樂平腔。我讀了梅氏的「舞台生活四十年」，覺得他對於弋陽腔的流遷，還不十分淸楚。因此，我在護國寺街一號客廳上，反而說的比他多一點。珂雲（曹夫人名）就說我班門弄斧。可是我後來讀了他的「贛湘鄂旅行演出手記」，他在南昌談到弋陽腔的流遷，從高腔劇目找到歷史傳統，這就是行家談戲，比我們從書本上找史料的高明一着了。

梅氏的談話、文字，都是言之有物的，他不僅繡了整幅的鴛鴦給大家看，而是把「金鍼度與人」，讓後人知道他是如何繡成的。

老作家曹聚仁先生於一九七二年七月二十三日病逝澳門鏡湖醫院，在拱北火化，享壽七十有二，上文係其兩篇遺作，亦可作爲梅蘭芳逝世十一周年的紀念文字看也。

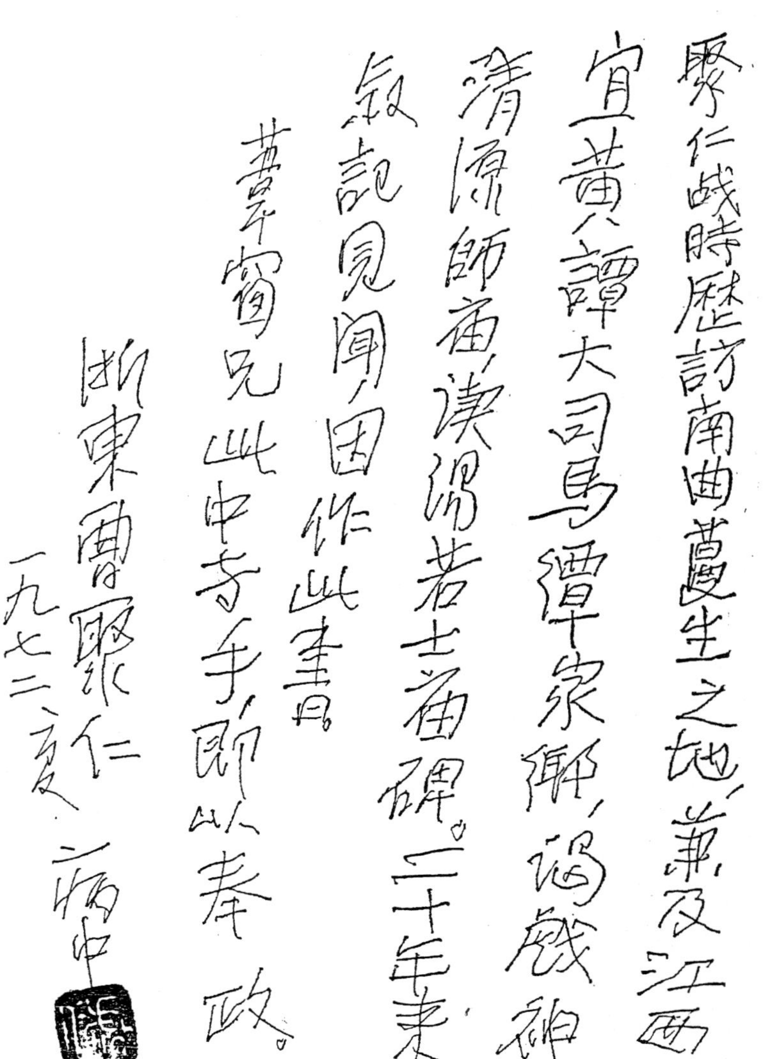

聚仁戰時歷訪南曲蔓生之地，兼及江西
宜黃、譚大司馬譚家鄉，謁戲神
清源師廟、湯若士廟碑。二十年來
敍記見聞，因作此書
葉窗兄此中老手，即以奉 政。
浙東曹聚仁
一九七二夏 病中

曹聚仁病中遺墨

申報與史量才

望平街憶舊

胡憨珠

申報自成立總管理處以來，陳彬龢先以代寫社論，插足入編輯部，繼而又向史量才建議，改組自由談副刊，邀請左翼作家寫稿。他自己又約了許多位幕後人物，代他撰寫社論，種種論調，無非不滿政府之詞，間接方面，連累史量才蒙受損害。中宣部多方規勸無效，祇有請申報將陳彬龢解職，但史量才暗中仍請陳彬龢担任申報工作如舊。

原來張蘊和對陳彬龢撰寫社論，所付予的範圍祇有選擇題材的自由，却沒有交付發排的權力。每天社論稿件之來，必須要交到他手上，經他審閱以後，再行簽字發排，以昭鄭重而明責任，這是他生成翼翼小心，向來謹愼從事的一貫作風。但不過每天他從陳彬龢手中，接過社論稿件，並不立即自己審閱瞧看，那是隨手遞給鄺笑庵全由他審察處理，其中是否有欠妥善之處。若是有發現的話，應刪的就刪，應改的就改，總以不使本館的社論文字惹來意外的煩惱是非爲原則。

只因鄺笑庵經過三五天來的修改社論工作以後，發現社論並非出自陳彬龢之手的三點疑竇。（一）是文稿的字樣筆迹時常不同。（二）是文章的格調氣勢，篇篇殊異。（三）是文句的結構組織，雖然一律都採用了白話文，但結構方式却個個異樣。有的是純粹西洋文化的仿製品，有的是深厚國學所蛻變的改造貨。不過這班寫稿人有一致的共同目標，就是他們都不滿現實，好像已結成爲聯合陣線的文化戰士了。當下鄺笑庵便把他所發現的三點疑竇，和推想猜測的一番言詞，反映給張蘊和知曉。不料張蘊和聽了却處之泰然，毫不驚奇錯愕。淡淡然地對鄺笑庵說：「對你所說陳彬龢寫社論的疑點和猜測，一些不錯，因爲這情形我也發覺到了。在日前曾做過一天的自我思考，覺得只有任由陳彬龢含混過去算了，不要對他察察爲明的處理，才是上策。世諺說得好：『不痴不聾不作阿姑阿翁。』所以我想假裝痴聾，不要戳穿他的秘密，保持空虛無用的翁姑名義，維持好感。這要比之大聲阻喝政策好過百倍，只因爲沒有破除情面之故，但是我和你二人見漏即塞，有洞即堵的防衞工作，却要永遠幹做下去的。

魯迅稿酬千字三十元

事實果然，每天陳彬龢的社論由他所延邀在家一班捉刀人照常撰寫，而且由他親自送到編輯部交卷，張蘊和也每天親手接過交由鄺笑庵刪改以後，照常刊載，因此他們雙方默契似的表現非常良好。大約陳彬龢認爲他對申報社論的革新運動，已經獲得成功，於是繼續第二步改革對象，則爲對副刊方面着手改進，作全面革新。報章的副刊版，向來上海人的口語，叫做「報屁股」，這個「報屁股」的渾名，似乎不大莊重文雅，粗獷鄙俗得頗有爲人輕視的感覺，其實它對讀者們的吸引力，絕對不在一份報章的社論之下。一般讀報的人儘有不讀社論，反而專在「報屁股」上着眼的，就教育意義而言，關係極大。申報副刊版的名稱爲「自由談」，它的題取還是席子佩主辦時代的王鈍根。及史量才接盤過來，主編人雖易換了陳蝶仙（天虛我生）與周瘦鵑，副刊版名，仍沿襲舊制。後因陳氏辭職離開申報，專心一致創辦家庭工業社，出品「無敵牌」牙粉，擊敗了市上所盛銷的日本金剛石牙粉，挽囘經濟漏巵不少，而天虛我生亦因而成爲實業家，從此天虛不我生了。至於「自由談」副刊版則由周瘦鵑一人主編，十餘年來一直與嚴獨鶴所主編新聞報副刊的「快活林」比美，而以民十前後年間爲該兩報副刊最出風頭的時期。

但在陳彬龢要對自由談着手改進時，曾作這樣的話說：「周瘦鵑所編的自由談，滿幅儘是游戲文章，所載多爲鴛鴦蝴蝶派的作品。試思以寫作的天地之大，似乎除掉風花雪月以外，難道無一事與一物可談的麽？至於文字的陳舊尙爲餘事，最要不得的，莫如張資平所寫的三角戀愛連載小說，浪漫頹廢，尤足使讀者爲之迷惘。因此，我寧冒不韙，先將張資平的小說，立即予以腰斬完事。」對於陳彬龢倒不能不佩服他的胆量粗豪、魄力驚人。其實說穿了，毫不覺得驚奇，因爲他的背後撐腰人，便是申報館的老闆史量才，這還有什麽理由可說的呢。況且早於民國二十年的春間起，申報館已經宣佈確定總管理處爲最高行政機構。他的橫衡直撞腰斬張資平的連載小說，萬一有人與之抗辯，他只要很輕便地回以一聲「這是總管理處的決議事件」，便可大事化爲小事，小事化爲無事了！此時的黎烈文，適巧從法國學成回到上海。他是湖南人，在法留學，所攻讀的即是文學一科，聞得他之所以進入申報館工作機緣，却有兩種不同的傳說。

一說是由新加坡華僑富商福建人黃奕柱所推荐的關係，蓋因黎烈文的家人與黃奕柱却是有世交之誼的。有一次黃去法國作遊，黎烈文以世晚輩侍爲老人的導遊伴侶，頗得老人歡欣，因知黎烈文在法攻讀文科，故於臨別時黃奕柱對黎說：「讀文科最好的職業出路，莫如在報館任當編輯。是你將來學成返國，我當荐汝進入上海申報館任職。以申報館的老闆史量才，與我同爲中南銀行的股東，而且同爲中南銀行董事會的董事，相信持了我的荐書去拜訪他，事必可成無疑，這是一個最好機會」，此次黎烈文從法國回到上海，去申報館訪見史量才，就是持了黃奕柱的荐書去作引見，故爲史量才所任用。另一說則是此時黎烈文適從法國研究文藝歸國，其先出國深造，史量才曾予資助，向具淵源。此次學成歸來，史氏當即邀其主編副刊自由談，致力於新文化運動。這個說法，我覺得相當含胡，遠不若前說的合情合理之可信。

非但局外人對於黎烈文進入申報接替周瘦鵑主編自由談副刊，說不清楚他的來龍去脈的實際情形。就是首當其衡，身經其事的陳彬龢，照樣也含含糊糊，說得不淸不楚。他是這樣的說：「此時，黎烈文先生適從法國回到上海，他在法國專攻文學，與史先生又有世誼關係。由史先生提出由黎烈文接替周瘦鵑，論人論事，確屬佳選。」大概黎烈文接替周瘦鵑一事，由史量才親自提出，可無疑義的。至於黎烈文與史量才有世誼關係也罷，有姻誼關係也罷，都非重要問題，不必作深事推敲了。且說他們所定的革新方針，爲要借此「自由談」的篇幅，進行新文化運動。於是提高稿費，禮聘前進作家担任撰述，由此，魯迅、高語罕、茅盾（沈雁冰）、郁達夫、李青崖等都爲「自由談」寫稿。甚至艾思奇也化用了「李崇基」三字的假姓名投稿，魯迅也化名爲「何家槐」的筆名寫作。總而言之，在黎烈文接替周瘦鵑所主編的「自由談」，所有執筆的作家們，都是帶點兒紅色的人物。只不過他們的作品於發表然所見的筆名，却都已改名換姓，但其氣象煥然一新，自然與以往的情形有些不同了。

據陳彬龢對人說：我們申報副刊的自由談，自經過此次全面革新以後，對於青年讀者灌注了不少的新知識。同時，我們一面要培養新作家，使新文化的領域，得以逐日擴充。另一面我們要盡量設想辦法出來，照顧一班老作家們，於是又另闢「春秋」一欄，請周瘦鵑主編。但不過經革新後的自由談，對於文化人確能做到以禮相待的地步。例如每月稿費毋須作者到館領取，館方便派遣專人，登門奉送，而且不取收據，以示對作家的尊重。新作家的作品，其未經採用者，例必予以退還，並且說明退稿原因，而文稿致酬，至少每千字爲十元。惟獨魯迅一人的作品，則不論用與不用，一概稿費照付。甚至，或被新聞檢查處當局，認爲該稿有違檢查法令，予以禁刊；稱爲「開天窗」的亦要照付稿費。尤其對他特別提高稿酬每千字爲三十元，此一數額，在當時，可以羅米六担有零，而且還是松江產品的淨白軟稻米呢。

無怪史量才每次簽發魯迅的稿費單子時，不禁手頭爲之發抖不已，此雖傳言者過甚其詞，但史量才是個克勤克儉之人，平日用錢，縱非絲毫必爭，但亦儉樸自約。這多因他從無到有，逐級爬升起來，登上了富翁寶座，深深體會到銅錢銀子，得之非易的苦處。是以逢到化大錢時，便本能而自然地要想想再用了，現在眼見魯迅千字的一篇文章，竟要化去他六担有零上白軟稻米的代價，怎不要教他心驚胆戰到手頭發抖不已呢。況且他出身於松江鄉村間的泗涇地方，自小看見村間農民們要收穫六担多米的農作物，所受的是暴日淋雨的苦處，所化的是朝耕夕耘的辛勞，這六担多的米，正是粒粒皆辛苦了。但是對魯迅的文章而言，亦自有他的固定價值，除了有深入社會階層的特殊見解思想，還懂得一種罵人的藝術。因此，他的作品大凡諷刺時事，無不句句尖酸，語語毒辣，爲廣大的青年讀者所喜愛，但亦爲若干的拘謹讀者所憎恨，在讀者的喜愛與憎恨之間，就分出左右的思想路線來了。不過申報的自由談，自從刊載由魯迅化名「何家槐」的罵人文章以後，一般讀者終因喜愛魯迅文章的人多，它的發行計數表上的數字竟直線而上了。

申報自由談創刊于一九一一年八月二十四日王鈍根主編，一九一六年姚鵷雛繼任，半年後天虛我生編輯，天虛我生辭職，陳冷血暫時兼任，一九二〇年四月一日周瘦鵑主編，一九三二年十二月一日黎烈文主編，一九三四年五月九日張梓生主編，一九三五年十月三十一日宣布停刊。

周瘦鵑主編春秋內幕

接着再說這段故事，該是陳彬龢所主持改進申報副刊的「自由談」革新運動中的一支小插曲了。因爲原主編人周瘦鵑去了職而後，由老闆史量才另行闢設半版地位的篇幅，作爲舊的「自由談」式副刊版，仍由周瘦鵑主理編務，而其版名題取，則爲「春秋」兩字，以示與黎烈文所主編革新後的「自由談」有別。所以一般人作着類別歸納的說：「自由談已有數十年歷史的舊名詞，這今由新人黎烈文主編，成爲新文化人的園地，可以稱之爲『舊瓶裝新酒』。春秋是簇嶄全新的新名詞，却由舊人周瘦鵑主編，仍然是舊文化人的樂園，祇可以稱之爲『新瓶裝舊酒』了。」

據陳彬龢說：史先生爲了節省開支，認爲自由談既有黎烈文主編，周瘦鵑已屬多餘之人，所以要予以裁去。我則力持不可，其理由一則周先生過去工作，自有他的勞績，次則讀者尙有對舊文學的戀念。爲了公私兼顧，新舊兩利，不如另闢一版副刊，仍由周先生主理編務，於是，史先生遂增設「春秋版」云云。

但據我的朋友「報販大王」徐阿七告訴我的情形，却並不如此，原來徐阿七實是個望平街上了不起的人物，他同申報的關係之深，不僅自席子眉、子佩兩兄弟經營申報時代開始締交，還要遠遠溯追到英人美查的集資組織公司時代爲開端，當申報出版之日，他就與申報發生派報關係了。原來上海在最早時期沒有專業的賣報人，申報出版後的遞送一事，就全部交給一家民信局承辦。而徐阿七就是這家承包遞送申報民信局的姪少爺，他以稚齡兒童於送信件送申報以外，還自己接收申報的定戶，就是這樣的由民信局送信人蛻變成爲眼前被人稱做「報販大王」。且他從席子眉主辦申報時代起，被邀請任做申報的「掐報人」，報館的本身雖迭經滄桑，他的職位則始終未動。而且歷任申報館的老闆無不對他表示好感，其中尤以史量才對他寵信特甚。縱然不能說有言聽計從之概，但至少間隔幾天，史老闆必定要招他去樓上的總理室中作談話。所談的話，不外乎問問他報紙發行的銷數問題，同時，也問問他一般讀者對申報的批評之語。可是徐阿七這個人，却天生成對說話有藝術天才，並且了解人心，洞若觀火。所以他答覆出的話來，無不語中肯綮，言切時弊。既不奉承阿諛，亦不固執己見，看風使帆，適可即止。以他那種誠實敦厚的態度，溫和動聽的言詞，史量才從接辦申報以來，竟被徐阿七的閒言笑語扣住心絃了。

在於陳彬龢的調度安排之下，把申報副刊「自由談」革新，成爲新文化的園地以後，史量才因有多天未與徐阿七見面，渴欲想知道「自由談」革新後的申報讀者們，對它的反應如何。雖然發行部與印機間都把印成數額和發行數額，分別詳塡每日報告表交給總管理處，審核備查，原無疑問之可言。怎奈史量才對於徐阿七實在寵信入迷，已到達極點的地步，非要親自聽他口頭報告銷數情形不可。因之當這天淸晨，徐阿七站在發行部的櫃台傍邊，照料望平街的本埠報販羣紛紛爭向發行人員手上領取滿綑紮申報的時候，突有夜班茶房前來向他傳言，說是老闆關照約你七老闆在午前十一點鐘到總理室談話。這種傳言約會的方式情形，倒可以說史量才對徐阿七已行之二十年如一日了，向不發生差錯。是以屆時，徐阿七從二馬路畫錦里口的一林春茶樓出來，重復到申報館的總理室，見到了史量才。史氏就向他問說：「阿七哥，我們申報副刊的自由談，其內容文字與編排式樣，實在覺得太於古老陳舊了，所以非要徹底的革新不可，現今『自由談』經過改革以後，阿七哥是你的意思感覺怎樣，改革得好是不好，請你說說看。好的在那裏？不好的在何方？」

徐阿七毫不思考，立即隨口答道：「史先生，是你主張自由談改革得眞正好，那裏會錯的呢。不見我們申報本外各埠的銷數，都是天天在增加啦。但看在逐日報告表上的數目指標，正如直線似的向上飛升着。只不過，據我的一班夥計來告訴我，說是申報『自由談』自從改變了啥格新花樣以後，他們的現賣申報紙頭確實添加不少份數。不過這種現買主顧，十有其九都是一班讀書的學生，他們在路上碰見賣報的就買，碰不見便不買。甚至碰見了別的賣報人手上購買，並無固定的主見，但求買得算數。這一來却大大的害苦了我手下的一班送報夥計。他們少備了現賣紙頭的申報，湊巧碰着現買的人多，往往不夠應付賣主。多備幾份而又不湊巧時，便一份也賣不出。這還不要緊，最痛心不過的是有一班看了十幾年，或二三十年申報的老定戶，都要停止不看了。他們說是看慣了從前的自由談，看不慣現在的自由談，這同吃慣陳米飯的改吃洋秈米飯一樣，就是不合胃口。」

徐阿七這一番輕描淡寫的回話，倒像一柄鋒利無比的小刺刀，直向史量才的心扉刺去。不由得他淨白淸秀的臉上，陡然變成有些惱然不豫之色，接着又繼以「唉」的驚嘆之聲。隨後還綴以自言自語的說：「眞正想不到『自由談』的革新，還會牽涉到一班申報老讀者們的憎愛問題。以申報報齡的久長，以歷年讀者的衆多，這倒可以猜想得出愛看周瘦鵑所編的『自由談』，確屬大有人在。關於這一點，是我當時實在沒有想到，現在應該趕緊想個補救辦法才是。」在徐阿七前來德源館吃飯時，就告訴我方纔他與史量才二人的談話經過。但也不曾說出史老闆所說的補救辦法究竟是那種辦法來作補救，相信可能史氏在當時還未想出。是我料想他必定在聽了徐阿七的說話之後，才啓發他再行增闢半版副刊的計劃。於是，一經與陳彬龢研商以後，遂即確定了版名爲「春秋」與仍交周瘦鵑繼續主編的計劃步驟與事實情形。此所以我說導引申報排日出版新舊兩種不同性質的副刊，首先向史量才老闆進言的是徐阿七而不是陳彬龢。我於此時已知瘦鵑有鑒於申報失職以後，爲節省生活開支，乃偕其夫人胡鳳君女士與子女等一家人，遷徙到他故鄉蘇州婁門內的城東地方買宅停居，榜其門爲「紫羅蘭盦」，頗具園林花木之勝，大有作花農終老之想。及他重來申報主理「春秋」版編務，每日乘午前快車來滬，入晚乘夜車歸去。而把看「春秋」版的大樣一事，則託他同事黃寄萍代爲料理，終於成了定例。所以對於周瘦鵑的去職與復職，其中還有這點小轉折，這就與陳彬龢所說的有些不同之處了。

鄒韜奮當申報練習生

在民國二十年（一九三一年）的冬間，江蘇省政府在鎮江召開全省職業教育會議。這天的晚上，陳彬龢興緻冲冲地跑進編輯部，把一篇以勗勉職業教育爲題的社論，雙手奉給張蘊和。該篇社論文章的內容涵義，說來只不過藉以表示申報響應江蘇省政府此一會議召開的成功，認爲大有助於職業教育，普及全省的青年國民而已。但是文章撰寫得極好，不但舉例淸楚，而且條陳分明。至於全篇文章結構的空靈圓活，所有文字造句的淸新灑脫，尤其餘事。如果對於這類文章顧名思義認爲原屬應景之作，無關得失，而不加以細讀，實在是件重大無比的大錯誤事，也是硏究職業教育者，失去參考借鑑的大損失事。原來這篇社論，出之於陳彬龢的幕後捉刀人鄒韜奮之手，他可以稱爲擅寫職業教育文章的專家。這位鄒韜奮先生，出身於常州的一個大家族，其先人都在遜淸政府時代，歷任不大不小的官吏。即他的尊翁於光緒末葉年間，也曾携妻挈兒一家人亦嘗遠去福建做他的候補知縣。只因聽鼓轅門，久無空缺，把一家一當就此年復一年的聽鼓聽完了。幸而見機得早，浩然賦歸，回來上海安居，否則準會流落他鄉呢。

鄒韜奮的父親當年希望他大兒子將來做個工程師，所以把韜奮送進南洋公學（即上海交通大學前身）附屬小學讀書。當時的南洋公學是國內數一數二的工程學校，充當「上院」（按：即大學）和「中院」（按：即附屬中學）的校長兼主任的是無錫人唐文治。他是積極提倡研究國文的。因校長注意學生的國文程度和學習，蹩脚的國文教員不敢濫竽其間。所以鄒韜奮在南洋公學做「中院」的學生時代，對於中英兩國的文字學識，已經打下了結結實實的深厚基礎。據說他當年在同班同學中以陸鼎揆律師爲他唯一的勁敵，在商務印書館出版「學生雜誌」的投稿人中，竟能與楊賢江相頡頏。（筆者按：楊賢江爲浙江紹興府屬的餘姚縣人，時在杭州浙江省立第一師範學校肄業。他所投稿的文章極爲全國青年的中學生們所愛讀，是以商務印書館當局於他畢業後，即請他來滬主編學生雜誌，却編輯得精采之至，爲該館所出版的各種定期刊物中最暢銷的一種。及至民國十六年的淸黨運動展開，他因在學生時代已經名隸共產黨黨籍，恐被逮捕以後，禍遭不測，於是棄職，潛赴日本暫避，但是最後結果，終因悒鬱成病不治而歿。從此骨埋異域，魂羈他鄉，楊賢江之死，亦可哀已。）只不過鄒韜奮覺得在「學生雜誌」所投的文稿，不像投向申報副刊「自由談」文稿的輕便容易，這難易相較，却有大不同的判別之感。蓋在這個雜誌裏所投的文稿內容大概偏於大、中學生修養方面的居多，而以他在當時學生羣中觀察得來的材料爲然。當時南洋公學的上中兩院學生有一千二三百人之多，這學生羣還不算小，但是他要寫他自己所知道得最淸楚的事情，尤其是實踐或經驗中感到最深刻印象的事情，任憑他觀察力如何的尖銳犀利，總難免要有以蠡測海的所見淺小不廣的錯誤之感，怎不要敎他發生有「材難」之嘆啊。更何況他暗自還要和楊賢江的文章鬥好鬥多作比賽呢！

鄒韜奮就因爲佔有「學生雜誌」和「自由談」兩處固定投稿的寫作園地關係，所以無形間把他就學指標導引得變換定向。原來當他在南洋公學讀到大學工科二年級的暑假時候，便與他同班同學王以敬同去投考梵皇渡的聖約翰大學，而且同被錄取。王以敬那是以同等學歷考取醫科，似乎尙在情理之中，蓋凡讀聖約翰醫科的，必先要進聖約翰的理科，由工科轉到理科的課程，却比鄒韜奮由工科轉到文科來得便當，因爲工科和文科的課程，實在相差太多。非但如此，他竟以工科二年級却跳到投考文科三年級，這在當時他的好多朋友都認爲是他太大胆的行徑。其實鄒韜奮之所以不得不這樣大胆的來幹一下，與其說是他的野心太大，不如說是他的經濟力量太差。他希望早些結束他的大學教育，以便尋找出路，却不知道人間世的「畢業」一詞，實爲失業前奏的代名詞。是以鄒韜奮於民國十年（一九二一年）畢業聖約翰大學的文科，隨即而來的問題即爲失業。於是他東求不成，西就不長，舉一個例子來說，是他一度在申報館幹了三星期的練習生工作。在此工作期間，那是專替申報經理張竹坪清理堆積滿寫字枱的英文信件之事，每封信不是向外國公司兜廣告，即是辦交涉，是以逐件由張竹坪授以大意，而後由他就在打字機上翻成英文信作答。每夜工作完畢，當走出申報館的大門時，他總是筋疲力盡，昏昏欲睡。好像生了一場大病剛好似的四肢無力，這樣幹了三個星期，把堆積的英文信件清理之後，才告一段落。至於張竹坪對他的酬報如何呢？這倒可以借用「翠屏山」戲中的潘老丈摸銀子出來，送給石秀時所說的兩句戲詞，就是「喝酒不醉，吃飯不飽」。

鄒韜奮在申報館雖做了三星期的練習生，但是對他的飯碗問題仍未解決。幸而在不久的後來，黃炎培却給鄒韜奮解決了新的飯碗問題，對於這點，黃炎培扶植後進的行爲所施，總算是他的一得之善了。此前，他們兩人原是互不相識，且無若何淵源可言，只因鄒韜奮急於要尋找飯碗，認爲張竹坪係聖約翰前後同學關係，既不可能在新聞界方面給一個相當的機會，不如改向中學校謀求英文教職，自問尙能勝任愉快，遂決定作此走曲線的就業策畧。就因尋求他「教育職業」的飯碗，便忖想着當前以提倡職業教育的教育界前輩黃炎培先生，於是，他便大着胆寫一封信去試試看。事有湊巧，那時黃炎培所主持的中華職業教育社，正在物色一個中英文都有相當可取的編輯人材。恰巧鄒韜奮尋求教育職業的自薦信寄到，黃炎培當即覆信約他談了一次話，並向他取了幾本「約翰聲」，這「約翰聲」便是聖約翰所出版的月刊，在這月刊裏邊刊載都有鄒韜奮若干中英文的作品，以示他眞才實學的証明。黃炎培又分向紗布交易所理事長穆藕初、申報經理張竹坪二人作間接性的調查，因爲他知道他在該兩個商業機構都做過短時期的工作。所得到的調查答覆，幾乎異口同聲讚美鄒韜奮的品學兼優，德行俱佳。於是在不久之後，黃炎培根據調查所得，決定請他到中華職業教育社去担任編輯股主任。

據說黃炎培聘用鄒韜奮之事，却是煞費苦心的。以當時中華職業教育社的經濟力量，只能請他担任半天的職務，因爲只能支出六十元的月薪。還有其餘的半天，仍由黃炎培想辦法，介紹給「科學名詞審查會」任用，這個機構那是由沈信卿（恩孚）與俞鳳賓西醫師二人主持其事，恰巧也正需要一個人担任編輯。是以一說即合，既不吃虧，亦不便宜，半天工作，也出六十元的月薪，這兩處合成一百二十元之數，恰合鄒韜奮當時所提出每月月薪的要求數額。而且這兩個機構都附設在江蘇省教育會裏面，所以鄒韜奮上半天替職教社編譯「職業教育叢書」，下半天替「科學名詞審查會」編輯各種科學名詞。雖然黃炎培早已大吹大嚷地在創導職業教育作大力的宣傳，但其成績呢，恰如江蘇省人們的口頭禪，變成了「宜興夜壺」，所謂獨出一張嘴而已。自從鄒韜奮出任職教社的編輯股主任以後，在他設計籌策之下，出版兩種刊物。（一）是月刊，名叫「教育與職業」。（二）是「職業教育叢書」，屬於不定期的出版物，只要編譯成書，即爲之印行。記得第一本出版的職教叢書是「職業智能測驗」，以賈伯門博士原著做主要的依據，編譯成了專書，這對職教社的鄒韜奮本人而言，却屬於破題兒第一遭。此外，還每半年編寫一冊關於中國職業教育的英文小冊子，寄往各國教育機構作宣傳之用。鄒韜奮爲着要編譯職教叢書，與撰寫職教文章，替職教社定購了關於這方面的英文參考書幾十種。

讀我蕪文的先生們，如果見過由申報館主人史量才主持其事，於民國十一年，申報館所出版的該報五十周年紀念刊物的那本「中國之五十年」巨帙的話。當能記憶得起該巨帙內容所載的百餘篇文章，篇篇出於當代名人的專家手筆。蓋皆由館主化大心力，挨大情面，破大功夫，致大稿酬所懇求得來。其中有關於職業教育問題的文章，雖有二篇，但皆出於鄒韜奮一人之手，只將文章署名分爲「黃炎培」與「鄒恩潤」而已。蓋當其時，鄒已儼然成爲撰寫職教文章的專家，更何況經過在職教社的十年編譯工作的歷程裏。有關於這方面的英文參考書本，他實是看得多，見得廣，因此，其學識和見識，心得和理解，豈是奮發猛進等語彙能足以形容盡之的呢？是以這次鄒韜奮代陳彬龢所寫響應江蘇省政府召開全省職業教育會議的社論，確屬寫得立意美好，措詞温和之極。陳彬龢興緻冲冲前來編輯部，送社論稿件給張蘊和時，原想自吹自讚一番，要表白他寫這種職業教育的文章，有舍我其誰之概。只見張蘊和聚精會神地正在觀看一篇通訊長稿，他對張一向是畏而敬之的。便不敢開口出聲，悄悄回到二層樓他的辦公室裏去了，不過他滿心以爲今夜的社論，明天定可以見報。

不料第二天陳彬龢起身離床，安坐看報，可是看遍各版申報，那裏有他的社論文章，這當然不言可知的是被總編輯張蘊和留中不發，予以冷藏在他寫字枱的抽屜中了。於是，他頓時感覺到非但大不高興，而且極爲忿怒，認爲他們有意破壞他在進報館時向史量才所提的條件。決定即以此事作爲理由，忙即趕到申報館的總理室，他當面向老闆史先生提出辭職。不過他知道張蘊和的爲人温和，行爲方正，在申報館裏極負人望，所以他向史氏在陳述辭職理由，不敢指說扣留他社論的是張蘊和，改爲含渾其詞的編輯部。當下史量才聽後，便邊笑邊說：「這倒是件新鮮消息，在我這裏做事的除了陳冷血先生因體力衰弱，不堪深夜工作而告退以外，第二個就輪到你了，更恰好的是你們二人同是姓陳，這叫做『陳陳相因』，正是巧合之至。」史量才於說話時，還是滿臉笑容，雙目灼灼地注視在陳彬龢的面上。繼續着說道：「你再想想，黃任之（即黃炎培）向來自認是創辦中國職業教育的老祖宗，你的社論文章裏是否提到他，捧過他。如果你的文章裏沒有提到他，沒有捧過他，而被扣發文稿，才說得上是破壞條件，你要辭職還是有道理的。但是，岂果在文中提到他，捧過他，那只能怪你入境界未曾問俗，進報館不曾問禁忌。這咎在自己，曲非他人，你該知道編輯部並沒有和你爲難啊。」

經史量才這番話一說以後，陳彬龢自然會忖想得起，在這篇的社論文章中，確有數處曾提到黃任之的名字和故事。這是因爲中國的職業教育却的確是他提倡最早，係屬事實。因此，該文爲叙述中國職教的史實，作爲文章求取有力的傍証和反應，偶爾於文中必要時提及數語，亦屬應有之義。是以陳彬龢終因社論文稿以黃炎培之故致被扣發，總覺得事殊費解，疑念紛起，爲之惘然作沉思。史量才似乎測知他的滿腹疑團，猶未瞭解盡釋，於是續作進一步的說明。他說：「編輯部中，對於黃任之與趙叔雍二人，在情感方面，都不甚融洽。唯一的原因來由，因爲編輯部還保持着往昔的傳統風格，就是相戒自約，拒絕參加社交。偏偏他倆則常在外間的社交場合，非常活動，致被認爲招搖過甚。莫說於文中提到他倆的名字，成爲大忌，即使外來的極好稿子，要是由他倆交來，亦寧珠玉毀於櫝中而遭摒棄不用的了。」經史量才這麽的解釋清楚以後，陳彬龢方始恍然而悟，原來編輯部同人對於這位總管理處主任黃炎培，一致不予重視的癥結所在，原來如此。

不過，他是黃炎培的忠實信徒，試想他由黃炎培的竭力推荐，牽引到史量才處作門下士。對內對外，處事處人，一切的一切，他都爲之妥爲安排，善事佈置，只讓陳彬龢坐享其成。自從他奉了老闆史量才之命，向申報館的編輯部滲入，作逐步的奪權鬥爭工作。總算他極盡其手揮絲桐、目送飛鴻的工作效能，一切皆如所願。因此，近數月來他的生活所度，席豐履厚，他的風光所佔，眉揚氣吐，總而言之，已非以往的吳下阿蒙了。但陳彬龢還算是個性情中人，得魚未嘗忘筌，得恩亦常思報。就以他對黃炎培來說，亦極盡其恭順忠耿之能事，不避艱險，唯命自從，若被嘗誹，必作諍辯。只因他剛纔聽了史量才有說黃炎培「被認爲招搖過甚」的那句話，他立即就向他的史先生抗辯。作出這樣的一番話說：「任之先生爲前清的孝廉公，也是當地的大紳士。入民國後，曾任江蘇省教育司司長，省議會議員。北洋政府時代，在梁士詒內閣任內，顏惠慶內閣任內，曾兩度被任爲教育總長均未就職，所有江浙兩省的大老以及齊燮元、孫傳芳等都是他的朋友。他的所有接觸面既極廣泛，他的所具活動力向來堅强，若說他假借申報名義，才能有所推展，這未免小覷了他。但如說他利用這塊招牌，使其因學閥而被國民政府通緝，以前的社會地位，易於恢復，尙不失爲情理上的推測，然與招搖之說，則大有區別的了。」

陳彬龢很像他故鄉蘇州地方的說書先生，在開講大書一樣的精神抖擻，興緻飛揚，爲黃炎培「招搖過甚」一語作辯護。只聽得史量才既覺得可笑，却又笑不出來，也覺可氣，但是氣無出處。原來當時史量才對於陳彬龢的可笑，就是笑他眼孔淺小得同蘇州的鄉下人一般，一點沒有見過世面。對於黃炎培一個舉人頭銜，似乎覺得高貴得不得了，什麽孝廉公長，孝廉公短的掛在嘴邊。其實時到今日，漫說孝廉公何價，就是狀元公還値啥銅錢。不見遜清朝代的末科狀元劉春霖，現在靠賣字過日子，靠「點主」賺大錢，這種悽涼境況，令人聞之哀傷無已。但陳彬龢對黃炎培這塊孝廉公的栗主牌位，認爲是價値連城的一件稀世古物，謹敬捧住，怎不要教史量才想想可笑而笑不出來呢？至於史量才對於陳彬龢的可氣，就是氣他耳孔閉塞得同聾子一般，對於世事人情不問不聞。他要高抬黃炎培的身價，特別舉出齊燮元、孫傳芳這兩個人是他的朋友作標榜，再說在北洋政府時代，擁兵自重的軍人，眞正是多的是，誰都可以叫得出來，他却偏偏舉說他們兩個人。豈不可氣！

所以當時史量才對陳彬龢所說之話，邊聽邊作暗想。暗想着，難道他眞的不知道齊燮元和孫傳芳都與申報發生過密切關係，而申報對他們二人在宣傳方面也幫過大忙之事麽？而當年任做此事的拉攏工作，奔走雙方，引線穿針的居間人，那正是黃炎培。要是他不利用申報這塊招牌，如何能活動成功做居間人，這一點却不曾冤枉他是假借申報名義有所推展的。現在聽聽陳彬龢的話，好像在借古諷今，也像在推陳說新，正是一片夢囈，不知所云。這就是史量才聽聽可氣，而氣無從出處。所以他不願陳彬龢再胡說亂道下去，便截住他話題道：「這是編輯部所持的傳統觀念，我全知道，你也不必妄事抨擊。只要記住一點，此後有關於職教方面的評論文章也好，新聞報導也好，千萬不要把黃炎培的人與事，牽入到文字中去就行了。噢！彬龢，此刻我却想起來了。你說你的一篇關於職教會議的社論扣不發排，如果不願你心力枉拋的話，是你不妨去和張蘊老作個詳細談話，仔細研商。最低限度，好讓他諒解你文中對任之並無一點阿諛所私的偏見心意，存留其間。」史量才這一番話，倒使陳彬龢聽來，大有「一言驚醒夢中人」之概。因爲他這篇社論向鄒韜奮求得，實非輕易之事。原來此時的鄒韜奮已經擺脫所有職業，主辦一份十六開本，三十二頁本子的「生活週刊」。對於編輯、撰述、校對、發行等四大工作，他却是表演得「一門抱」的獨脚戲，正是忙得透不過氣來。爲了職教文章的預約關係，與黃炎培的情面關係，於百忙之中，才趕寫出二千多字一篇既好且長的社論來。不料偏偏扣不發排，陳彬龢正苦無法對鄒韜奮有所明白交代。聽了史量才的指示，他就到張蘊和的宿舍，照例張蘊和是看了大樣以後才上床安眠，非到午刻決不起身。陳彬龢在門外枯立二小時，張蘊和方始開門出見，他向他解說文中提到黃任之先生，只是說明國內職業教育的源流，於個人並無標榜之意圖。張蘊和是個宅心仁慈、樂與人善的忠厚長者，當然予以相當諒解。過了一天，即將原文發排刊出，而且未易隻字，事屬異數，而陳彬龢的一怒辭職也就作爲罷論了。

陳彬龢表面脫離申報

在「九一八」的東北事變以後，陳彬龢在申報編輯部裏，已由「養媳婦」變成爲主婦身份了。而身份所示，就是他奪權鬥爭，竟把每天撰寫社論的職權掌握在他的手上。雖然，在他負責撰寫社論職權的頂頭上級，還有一位名義所居是副總主筆，而實權所操是總編輯的張蘊和高高在上，領導羣倫，努力工作。最重要而最厲害的一點，便是張氏把發稿排印，閱看大樣的權力，仍然緊緊抓住，毫不放鬆。這實使主婦身份的陳彬龢對之，要興「花落水流紅，閒愁萬種；無語怨東風」的無可奈何之嘆了。所以我嘗說：在當年當時申報館編輯部的情況，劇類紅樓夢書中的寧國府縮影一樣。例如陳彬龢主持申報總管理處，推展編輯部全面革新運動，實同王熙鳳當家寧國府一般無二。但不過仁慈和祥，渾似賈母型人物的張蘊和，却把寧國府第的家政權，倒是緊操手中，絲毫不會放鬆的。可是紅樓夢裏的王熙鳳，最後還是與失德無行的賈家大丫頭俊襲人勾串弄權，故意構造成「金玉良緣」的錯誤。以致使行一條偷天換日，偷柱換樑的掉包妙計，斷送了林黛玉的性命。這同陳彬龢與黃炎培勾結一氣，以專刊左翼作家的紅色文章，斷送了申報館主人史量才的性命，何曾兩樣呢。

在此時際的國中大事，只是環繞於抗日和勦

匪兩個問題上邊，舉國朝野人士，亦爲之擾嚷不休。申報當是時對於抗日的這個問題，那是日以社論的抨隲文章，督促政府，激發民氣，一時形成爲輿論中心。

至於申報對於勦匪這一個問題如何呢？一般的說，申報同時對此問題，也時作題材，撰寫社論文章。但不過文章內容的涵義、措詞造句，却是別具風格，另闢言路，不願意以譁衆取寵。它們認爲「共產黨」與「匪」不能混爲一談，是以當時出版的申報，無論在社論的言論上，或者在新聞的報導上，從不採用「共匪」兩字。據說，這是由總管理處議決在案之後，通知於全編輯部同人一體知照的事情，亦爲申報在望平街上，大有異於各報之處。所以陳彬龢也常對人說：「九一八的東北事變發生後，南京政府仍然死抱定了老一套的辦法，無視於當前國難，加緊一次又一次地勦共，名曰『勦匪』。在我的看法，一個有主義、有組織的武力，決不是『匪』，亦不是『勦』所能消滅的。故我在申報的社論中，對中共從未用過『匪』的字樣。」

就因爲陳彬龢把他「在我的看法」這一番說話，在任何場合之中，對人隨便任意的胡說亂道，大概耳食其言的人，數當不少，不知此項言詞的立意行動，當然南京政府是不滿意的。非僅此也，即是申報每日所刊的社論文章，曾有人做過比例統計工作。那是假定以一週間的社論爲率，每週屬於明罵抨擊的文章計有三篇，屬於暗譏挖苦的文章計有四篇。這三篇與四篇社論文章的支配比例，似乎成爲定則，決不有所變動。便亦因此，陳彬龢才被揪出申報編輯部，只能降做他地下的主婦了，其事實經過是這樣的。原來陳彬龢自從擺脫其養媳婦身份以後，他的言行舉止，漸漸地不自檢點約束，鋒鋩畢露，使與他相識之人爲之側目以視。大概南京方面有關於新聞事業部門的管理機關，總覺得申報高唱反調，頗感頭痛。只因申報遠處在上海的租界之中，亦使他們對之要發生有「雖鞭之長，不及馬腹」之感的。於是中央宣傳部的專員崔唯吾，中央通訊社的社長蕭同茲，先後奉命都專誠來過上海，還都親踵申報館之門，探訪陳彬龢。他倆一邊是婉婉委委地解釋政府所定的先要安內，再行攘外的政策。一邊又是懇懇摯摯地進行交涉，要求申報的言論不要過於作向左的傾向。但是他倆與陳彬龢交談的最後結果，都因陳彬龢的堅執己見，絕不爲動，而興辭告退回去覆命了。

在不久之後，陳彬龢就受到第一步的壓迫，那是指名的要他離開申報。此時陳彬龢仍不作悔悟之想，還遷怒於人，是他以這樣的話對人說：「崔唯吾與蕭同茲這兩個人，也正夠風度，給我重重撞了兩個鼻子灰，心有所憾，却不形諸詞色。」可能他忘却了「不怕官，只怕管」的那句俗諺。也可能他與這班捉刀人商談，大家認爲處身在上海租界裏，你們遠在南京的中宣部沒奈我們何。因此，稍後數天，接着發表了一篇冗長的社論，分成接連三天刊登完畢，這實有表示，作再接再厲的鬥爭意向。該篇社論即以「勦匪與造匪」爲題的，全文重點的立論，說明亂有亂源，不清其源，徒勦何用。從而指出時政的得失之道，詳敘細述，正喻夾寫，確屬鞭辟入理，無懈可擊之極。也就因這篇社論的發表，申報招致了嚴重的壓力。中宣部對申報第一步的令文所施而要執行其事，即爲請將陳彬龢即日停職。史量才知道此次禍事所闖，不可能運用揚湯止沸之法，只有使行釜底抽薪之計。所以他一方面同意中宣部訓令指示，即着陳彬龢自動離開申報，以示遵照部令辦理。

但是史量才在另一方面却想念着革新運動後的申報，銷數激增，宛若風起雲湧。眼前每日的發行額，已經達到十三萬份之數，展望前途，有增無減。關於革新運動的工作，當以陳彬龢的出力最甚，勞績最大，則又不願對他的離去放行。因此，他正在爲要遵行法令，既不可能留住陳彬龢繼續任職，爲要顧及業務，又不願意放棄陳彬龢去職。實感於去留兩難，進退無計之際，恰巧南京路的大陸商場建築完成。時在「一二八」淞滬對日抗戰以後，各行商業大不景氣，南京路上發現有屋無人租的畸形狀況。史量才有鑒於該商場大樓的後門是設在九江路，只要繞過了望平街「紅毛墳場」門前的數十步路，便到漢口路的申報館，兩地距離不遠。他至此立即計上心來，爲了要留住陳彬龢仍能暗助編務，主持社論，與申報館僅僅做個形式上的脫離。同時，他又爲了配合申報六十週年（一九三二年）紀念，正要準備興辦社會教育事業，以申慶意。於是，史量才乃即派人向該商場業主哈同洋行，租賃第三層樓的全層房屋。該洋行總管姬覺彌以在有屋無人租的時期，申報館竟來租賃全層房屋，爲結好感起見，還予以免小租、減租金等優待條件。史量才特別劃出一部份的幾間房間，作爲陳彬龢的辦事處。從此以後，他便不再到申報館去。若有事與他史先生或張蘊老等接洽，互以電話或書函作聯絡，最使他快心之事，就是早已爭取得社論稿件發排的自由權了。

當時申報館出面所興辦的社會教育事業，那是有流通圖書館與補習學校的這兩個機構。因爲出錢興辦的都是申報館老闆史量才一人，所以在機構上邊也都加上「量才」兩字的字樣，作爲牌發以示與人有別。這圖書館的館址與補習學校的校址，同在大陸商場的三樓一起。「量才補習學校」所招收的學生，概以店員、工友、婦女以及失學青年爲對象。所收學費低廉之極，對清寒者且可免費。而所教授的課程，却以國文、算術、英文三種爲重點教課。至於「量才流通圖書館」，歡迎讀者閱讀，如若借書人對書中發生疑難問題，當場即可向館員詢問，館員自會加以當面指導講解以外，還可來函問難，予以書面解答。主持其事的即爲被當時人們稱爲「救國七君子」之一的李公樸。

（二十八）

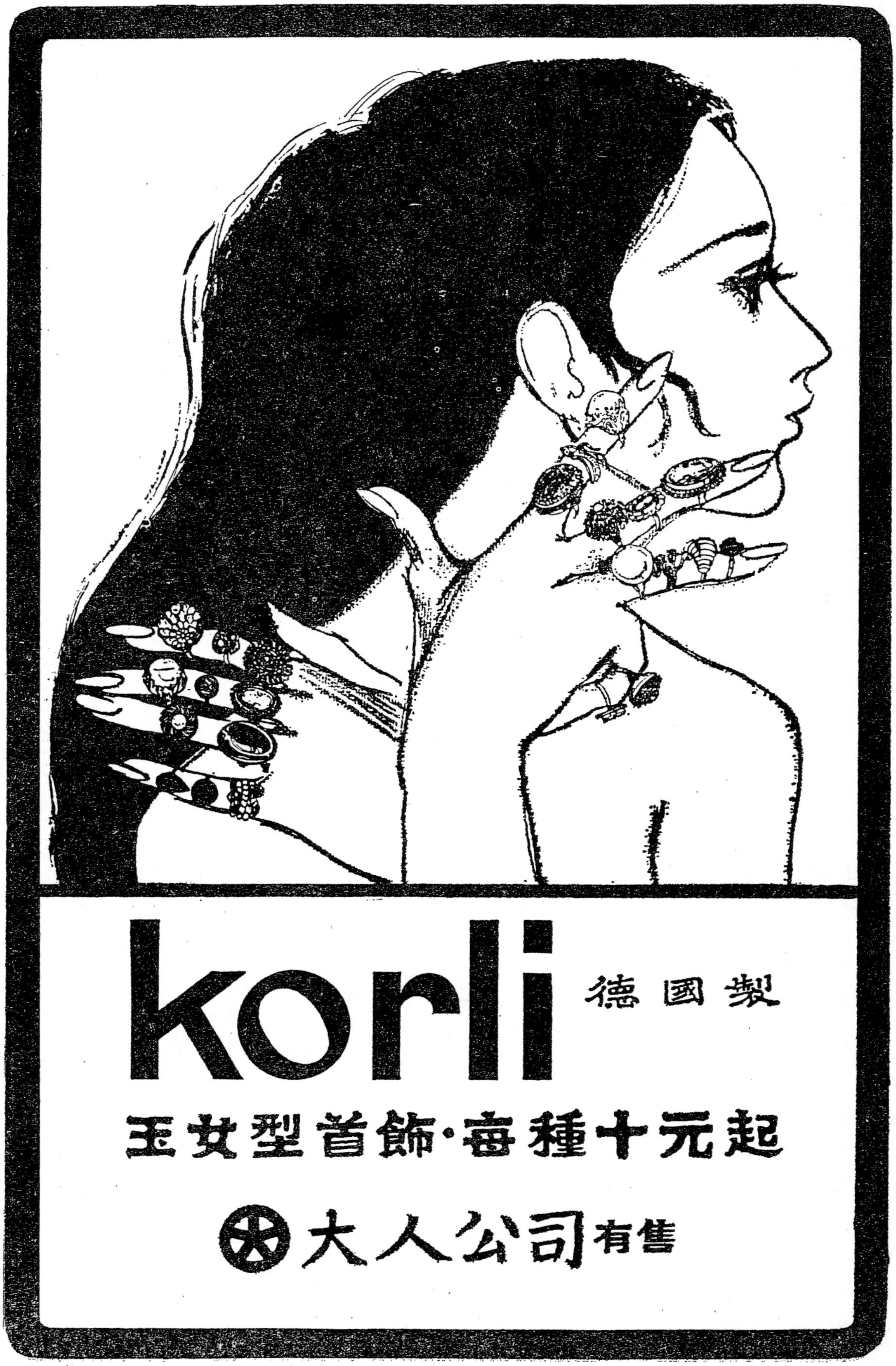
korli
德國製
玉女型首飾·每種十元起
大人公司有售

怎樣鑑定書畫

・張葱玉・

張葱玉先生名珩，浙江吳興人，富收藏，一九四七年曾由鄭振鐸為之編印「韞輝齋藏唐宋以來名畫集」。生平精於書畫鑑定，為時流所推重。他所從事的全國書畫收藏總目編纂工作，準備收錄重要作品六千件左右，並附一部約收兩萬件的書畫存目和書畫家及收藏家的印譜，使傳世書畫能有一個較為全面的紀錄。可惜賚志以歿，痛於一九六三年八月病逝，得年四十有九。本文為其講演紀錄之一部份，由王世襄整理，啓功校訂。

有不少人把鑑定書畫看得很神秘、很玄妙，認為是一門高不可攀的學問。其實不然，我認為這是任何人都可以學會的。舉日常生活中淺顯的例子來說吧：每個人說話的聲音都有他的特點，如果是我們的熟人，一聽聲音，便知道他是誰；又如寫字，每個人也有他的特點，相處久了，一看筆迹也自然知道是誰寫的。古人書畫，我們也能識別辨認，就是這個道理。只要我們能熟悉某一家的風格特點，就能做好對這一家作品的鑑定工作。所以說書畫鑑定是完全可以學會的，並無神秘玄妙可言。

但要精通鑑定却又不是一件簡單的事，因為每個書畫家早期、中期、晚期的作品多不相同。好像一個人的容貌似的，目前是這樣，過些年他就變了樣。我們不能因為他由少變老，或由瘦變胖，便認為前後不是一個人。一位書畫家的作品既有早期、中期、晚期之別，有的甚至一期中尚有許多不同的階段，因而出現不同面貌。自古至今，書畫家不計其數，即以大名家論，也不止千百個人，各家再有分期，那麽名家作品的風格特點便多到不可勝數了。何況書畫自從它有經濟價值那天起就有人做假，用盡方法來欺騙人，即令是眞迹，也還存在着優劣問題，遇到某家的一件書畫，要分辨出它是代表作，還是一般的作品，或是較差的作品。作為一個鑑定工作者，把某家較差的作品看成是代表作固然不妥；將它否定，看成是僞作也是不對的。種種辨別權衡，要靠多方面的比較才能作出結論，問題也就複雜了。有些不熟悉書畫的人，常常因此感到困難，所以要想學書畫鑑定，必須堅持不懈地努力，經過長時期的觀察、比較、研究、思考，才能收到效果。

鑑定書畫應從何處着眼呢？拿什麽東西作為依據呢？我覺得可以分為主要依據和輔助依據兩方面。鑑定的主要依據應該看書畫的時代風格和書畫家的個人風格；輔助依據，方面很多，最常關涉到的是：印章、紙絹、題跋、收藏印、著錄、裝潢等等。

書畫鑑定的主要依據——時代風格和個人風格

書畫時代風格的形成，是和當時的政治經濟、生活習慣、物質條件等有密切關係的，也就是說不能脫離它的時代背景。試言寫字，自古至今就有過許多變化。宋以前人寫字，席地而坐，一手拿簡册，一手懸肘揮寫。後來用高桌子，手和臂的姿勢以及執筆的方法也隨之而改變。再後由於科舉制度的盛行，不同時期的考試規定，對書法提出了不同的要求。明代規定雖要寫小楷，但書體還未限制。由於寫小楷筆鋒活動的範圍有限，手指握管離開筆毫的距離變近了，手臂也隨着貼着桌案。清代試卷到康熙以後更加嚴格，要求行行齊整，字字匀稱，劃平豎直，又光又圓，於是連手腕都挨着桌面了，形成了所謂館閣體的書風。這固屬於科舉仕祿範圍的現象，但即是在野的文人、方外的僧道，由於種種關係的影響，也常無形中反映出那一時期的風氣。若問某時代的書風究竟是怎樣，這便須把各代的字迹擺出來觀摩比較，才能理會。只憑觀摩，不作有意識地比較分析，不會看出差別；而只從理論上講求差別，不多接觸實物，也仍然是空談而已。

再以法書為例：不僅書法本身關係重要，即從文學方面來看，不論是詩是文，詞滙的運用，事迹的敘述，思想感情的表達，也都能看出它的時代風格。例如陸機「平復帖」的句法語氣，在明朝人的信中是不會有的。再就書札行欵格式來說，自晉唐至明清也有很大的變化，連稱呼都不相同。今天我們用「千古」作為對死者的哀悼，明代却用來對生人表示尊敬。淸人書畫題欵慣用的「某某仁兄雅屬」，明人是不會這樣寫的。不同時代的字，筆劃也不同。武則天時新創的字，不可能在南北朝時出現。古代寫本、刻本的書籍可以憑避諱字來斷定朝代，這種鑑別方法對書畫又何嘗不適用呢？還有作者的生卒年代，作品中所反映的生活制度等等，也都直接或間接有助於判斷時代、區別眞僞。

不同時代的繪畫也有不同的風格。古代繪畫創作的操作方式和元明以後文人案頭作畫的方式不同。唐宋以前，壁畫盛行，畫家們是站着畫的，就是在絹素上作畫，也多綳在框架上，立着來畫，像今天畫油畫似的。大約從宋代開始，將紙絹平舖桌上的作畫方式才漸漸興起來，框架綳絹的畫法後來只在民間畫工中還沿用下去，這種立畫的用筆角度和手臂的力量與平畫不同，它的效果也就自然兩樣，這與上述的書法效果問題是同一道理的。

書畫件幅的形式也有它的時代風格。如北宋人常畫高頭大卷。團扇宋元都有，明代就少了，一直要到清代道光時才又時興起來。摺扇明初才更多地流行起來，起初用它來寫字，後來才作畫。對聯產生於明代晚期，乾隆以後始流行，如有宋元人欵的對聯，可以肯定是假的。

從事鑑定的人不妨將書畫的時代分一分段落，我自己是這樣劃分的：唐、北宋、南宋、元、明早期、明中期、明晚期到清初、康雍到乾隆初、乾嘉到道咸、同光到民國初年。只要我們書畫看得多了，漸漸熟悉了，不同時代的風格在心目中就會出現一個輪廓。閉上眼睛，我們可以想得出北宋的畫大概是什麽樣子，南宋的又如何；明代早期的字大概是什麽樣子，中、晚期的又如何。凡遇一件具體的作品時，首先要看他的風格特點屬於哪一個時代？它的時代已經摸索判斷之後，然後再作進一步的考查，便方便多了。不過時代也不是上來即能十分確定的，有時也是從其他條件已知之後才判斷出來的，更要充分考慮其他種種的可能性。一則提防有例外，例如某些在野的文人不事科舉，所寫的字與一般科舉出身文人的書法便可能不同。二則前期的風格有時會延續到後代，元朝的某些道釋畫家，保存了宋人的面貌，一直傳到明清，仍然變化不大。不過不見得一個畫家繼承了前代的畫派便具備了前代的一切特點，例如明人學馬、夏山水的很多，但宋人筆法緊，明人筆法鬆，宋人筆觸重，明人筆觸輕，外貌雖相似，總的效果却有出入。

個人風格比時代風格還要具體，更容易捉摸。書畫家各人的思想不同，性格不同，審美觀點不同，習慣不同，使用的工具也往往不同。古人寫字，不僅執筆方法有出入，運筆的遲速、用力的大小也不一樣，在什麽地方用力更是人各相殊。摹寫古人的書法固然可以使用同樣的工具，運用相同的方法和速度，但很難掌握用力的分寸和筆鋒轉折的節奏。

要寫某一家的字先要分析研究某家的筆法。宋代蘇、黃、米、蔡四家，我認爲黃山谷寫字最緩慢，從表面上也許看不出來，仔細玩味才能體會到。假使有人用寫米字的筆法來寫黃或寫蘇，包管他黃、蘇的妙處一輩子也領悟不到，一輩子也學不像。所以鑑定書畫不能只着眼於作品的表面形式，而是要不僅知其當然，還能知其所以然。否則便不能深入地抓住它的特點，也就無法掌握他的個人風格。我幼年學書畫鑑定是從看字入手的，爲了要求有切身體會，學看字又從學寫字入手。自從對寫字的用筆有了門徑，感到看字也能比較深入，從這裏再引伸到看畫，舉一反三，對繪畫用筆的遲速，用力的大小，以及筆鋒的正側等等也較易貫通。一個不受個人愛好所局限的畫家，在鑑定繪畫時在某些地方要比不會畫的人佔便宜，就是因爲他能掌握作畫用筆的原故。

書畫鑑定的輔助依據

甲、印章

印章是文件上的證明物，是「取信於人」的東西，書畫家以表示確屬自己的創作，鑑賞家用以表示自己的鑑別，都是相當鄭重的。由於印的質地比較堅固，所以某一家的某些印可以延續用若干年，甚至一生。印雖然會因用久而損壞，但究竟不是每一件作品都新刻一印，而常是若干件書畫上同用某一個或幾個印，所以從印章的眞僞來幫助判斷作品的眞僞，是有相當的根據的。因此前代鑑定家，特別是十九、二十世紀之際的收藏家會將印章作爲鑑定書畫的主要依據。龐元濟（虛齋）就非常重視印章，主張逐件畫、逐方印地進行比較。例如他所藏的王石谷畫，印章都經仔細核對過。但我認爲印章除了它有可作爲依據的一面，還有它不完全足爲依據的一面，所以只能作爲輔助依據。

印章本身比使用印章的書畫家壽命長，書畫家死了，如果印章還在，別人可以將它蓋到僞造的書畫上去。上海有個畫家得到一套戴熙的印章，利用它製造了大批的假畫。丁輔之曾把丁敬、金農的印當做收藏章蓋在書畫上。天津藝術博物館有一本法若眞山水冊，其中有些印章蓋在經修補後的破洞上，完全不合乎用印的格式，原來是他的孫子法光祖幹的事，以上都足以說明後人可以使用前人的遺印。

有些書畫家所用的印章雖比較固定，不常更換，容易核對；有些書畫家的印章却既多且亂，根本無法核對。這是鑑定書畫印章難以爲憑的另一理由。例如沈周就是名畫家中印章較亂的一位。他的作品有幾幅從各方面來看都可以肯定是眞迹，但是印章偏偏不一致。最突出的例子是故宮博物院所藏「臥遊冊」中畫牛的一開，蓋在同幅上的兩方白文「啓南」印，字文、大小相同，但非一印。畫家中印章多而亂的不止沈周一人，倘專憑印鑑來斷定眞僞，那末對他們的作品只好一律否定了。

印章也有它的時代風格，形狀、篆法、刻法、質料、印色等等都因時或因人而異。宋代印章形狀種類較多，有鐘形或鼎形的，明以後漸漸少了。宋人篆法不嚴，字體往往臆造，很難辨認。篆法眞正謹嚴，是在清代中葉說文之學盛行以後的事。趙孟頫始用圓朱文，明代出現了文派（文彭），清代出現皖、浙諸派，他們的布局及刀法各有特色。宋的印章有的可能是木製的，趙孟頫有一方「趙氏子昂」朱文印，據翁方綱的觀察，「子」字篆圈之上，偏左偏右的印邊都有微凹才是眞的。也有偏左處平正不凹的，那是年代較早，印邊尚未發生變動的原故。他還認爲此印是銅質的，所以才會有這種現象。宋人講究的印泥用蜜印，一般人用水印，油印出現較晚，蜜印、水印色淡模糊，與油印區別很大。有些書畫家的作品流傳很少，印章根本無從核對，但也可以從它的時代風格來判斷是否可信，畫和印章如果都不假，那末二者的時代風格至少不應當彼此矛盾。倘有一幅元人的字，印章却是皖派的刀法，則此印若非後人加蓋，就是連字也是假的了。

在過去的鑑賞家中也有完全不相信印章的，認爲它不起任何作用，這也是不對的。因爲古人印章傳下來的究竟是少數，翻刻造假，過去在不具備照相製版的技術條件下是比較困難的。即使翻刻得好，也容易辨別，因此印章在輔助依據中還是比較重要的一項。

乙、紙絹

書畫憑藉紙絹而存在，紙絹對鑑定之重要自不待言。不同的紙絹，有它的不同特點，在不同的紙絹上作書畫，便出現不同的效果。書畫家各有他們自己喜用的紙絹，以期能更好地表達他們的藝術特點。當然也還與他們當時取得的方便條件有關。例如米芾喜用一種黃色紙，劉墉、梁同書等人喜用蠟箋等等。有少數幾種紙只有在歷史上某一時期有，而且數量不多，米芾、歐陽修都用過一種白色發灰的紙，只北宋有。一種很白很細的紙也產於北宋，南宋高宗時也還有一些。明大家沈周、文徵明等常用一種白棉紙，質鬆而容易變黑。正德、嘉靖間有一種近似洋紙的布紋紙，寫尺牘有時用，乾隆也曾使用它。絹也有很多種。宋畫院尤其是南宋中期畫院所用的絹，光勻細致，歷久不疲，可能是由於經緯緊密，灰塵不易侵着的原故。明中期有一種粗絹，疏透如紗，張平山常用，有一幅達摩軸就是用這種絹畫成的。一般說來，紙絹也有它的時代風尚。宋朝四大書家都用熟紙寫字，取其光滑適意，到元朝才有用生紙的。早期繪畫多用絹，後期多用紙，這與畫法的發展有關。宋代畫家如范寬、郭熙、馬遠、夏珪等，多用水墨烘染，故絹素爲宜；元以來的文人畫偏重皴擦，用紙便於表現。

過去有些國外人士企圖通過對絹的研究來解决中國畫的鑑定問題。他們做過多次試驗，把已經肯定了年代的作品如郭熙「早春圖」拍照放大，作精密的觀察，但仍不能得出準確的結論來作爲鑑定書畫年代或眞僞的依據。這是因爲古代紡織原料可以長期不變——明代蠶吐的絲和現在蠶吐的絲不會有什麽兩樣——而生產技法也可能延續很久，沒有改變，所以很可能二、三百年間所生產的絹完全是一樣的。但另一方面由於我國幅員遼闊，同一時期生產的絹，因地區不同、蠶種不同、織法不同，反會有相當大的差別。再說古代紙絹也可以留到後代才被人使用。文徵明、王寵等使用過藏經紙，金農也常用舊紙作書畫，乾隆也用了不少宋紙。近年作僞越來越精，上海曾有人用白棉紙的明板書，切下天地頭，泡成紙漿，重製成小幅箋紙，看起來和明朝紙質料一樣，不易分辨。所以只憑紙絹的年代、質地來判斷書畫眞僞是肯定要上當的。

但紙絹對鑑定還是有一定的幫助，前代的紙絹後人雖能用，但後代的紙絹前人却絕對不可能用，摸清了紙絹的年代之後，至少能排除用後代紙絹僞造前代書畫的那些贋品。

宋代有些書畫現狀完好，絹不酥脆，也很乾淨。如宋徽宗的「聽琴圖」、馬麟的「層叠冰綃軸」（梅花）皆是。但比它們時代晚得多的如藍瑛和陳洪綬的作品，絹色却往往很陳黯。這是因爲原料質量不同的原故，而保存和裝裱情況的差異也是十分重要的因素。以前有人認爲宋代去今年久，不可能有整潔如新的絹本畫傳下來，所以他將上述的兩軸宋畫定爲僞迹，其實並不正確。質地靱密的藏經紙不也是宋代的嗎，只要保存得好，也可以完整無損。我們如能弄清楚爲什麽某些紙絹可以歷久如新的道理，便不會對它們的年代有懷疑了。

截至目前還沒有人對古代的紙絹進行系統的調查研究。（編者按：名畫家王季遷正在美作類此研究工作）有的紙確是唐紙，但我們不認識，是看到了紙上的唐人墨迹才知道的。有很多紙絹我們叫不出名稱，文獻中講到的名稱我們又拿不出實物。名稱實物，使其一一符合，並通過科學實驗，弄清楚它們的質地、性能以及製造方法等等，將是今後書畫鑑定學中的課題之一。老一輩的鑒藏家多不注意紙絹，或注意了但沒有用科學的方法進行調查研究，所以爲我們留下來的知識不多。有的收藏家如晚清的顧文彬認爲絹本易壞，並認爲絹本的唐宋名迹，確眞者百無一二，所以根本不收絹本，這當然是一種偏見。（停雲樓是蘇州收藏書畫著名的顧家，亦有書畫記問世。）

丙、題跋

題跋可分三類：作者的題跋，同時人的題跋，後人的題跋。某件書畫的題跋雖然也有對這件作品加以否定的，但是少數。最多的是爲了說明這件作品的創作過程、收藏關係，又或考証它的眞、或表揚它的美。於是有許多作品仗着題跋而增加了後人對它的信任。題跋的正面作用，本是人所共喻的，但書畫既有僞作，題跋方面同樣有多種的作僞情況。

眞古畫而配以別人的僞跋或僞古畫而配以別人的眞跋，都是常事，竟連畫家自己的題跋眞而作品却假的情況也是存在的。以近代人爲例：吳昌碩作畫喜歡一批一批地畫，上午畫完放在地上，午睡以後再題詩添欵，別人有時把畫好的畫拿走了，用假的頂替，老先生午起床，未加思索就一律題上了欵。還有許多畫家晚年誤把別人摹仿他的畫當成親筆，加上題跋。這樣的事在現代畫家中既然發生，古代怎敢說沒有？年代久了，底蘊不爲人知，鑑別起來就麻煩了。

看到畫上有作者同時人的題跋，應當弄清楚他和作者之間的關係。這方面的情況從書畫本身並不見得能知道，而須從一些題跋中去探索。例如陳汝言的青綠山水「仙山圖」，與他的平素風格有出入，但上面有倪雲林的題，故可定爲眞迹。衛九鼎的「洛神圖」，也有倪雲林的題詩，衛和倪是好朋友，倪題既眞，也就增加了畫的可靠性。故宮所藏張擇端的「清明上河圖」，大家公認是眞迹，此卷無欵識，鑑定依據除繪畫本身的時代風格外，張著的跋也很重要，張著金時人，泰和五年（一二〇五）投監御府書畫，離張擇端的年代不遠，他的跋可以令人相信。

後人的題跋對書畫鑑定能起多大作用，更要根據具體情況來進行分析。作僞在宋代已很盛行，米芾「書史」便記載他所臨寫的王獻之「鵝羣帖」及虞世南書，被王晉卿染成古色，加上從別處移來的題跋，裝在一起，還請當時的公卿來題。這些字卷如果傳到現在，宋人題跋雖眞，帖本身却是米芾臨的。

題跋對書畫的鑑定是否可信還要看題跋者的水平。乾隆收藏至富，題跋也很多，但鑑別能力却差，往往弄假成眞。黃子久的「富春山居圖」，他先得到了贋本，嘆爲曠世無雙，天下第一黃公望，隨身携帶，每次閱看，必加題識，將卷中的空隙都塡滿了。後來眞本也入內府，他反瞎着眼睛說是假的。文徵明的題跋就較爲可信，因他工書善畫，鑑別能力高，說出話來就有分量。鑑定的人除了眼力有高低之差，還須看他對作品的負責的態度如何，說不說老實話？董其昌在書畫方面的眼力學識都達高峰，但常常倚老賣老，品評眞僞，信口開河，極不嚴肅，他所題的未必眞是他所想的。總的說來，前代的鑑賞家去古較近，見到的東西多，有比我們佔便宜的地方，他們的題跋雖不可盡信，還是值得我們研究思考的。

有的畫應當說本來是眞的，因被人加上假題，反成了僞作。例如在「唐宋元明名畫大觀」印出的一幅草蟲軸，署欵李亨。按前代畫家有兩個李亨，一爲元人，一爲清人，從草蟲軸的時代風格來看，出於清人之手，本是清代李亨的眞迹，但畫上有後人僞造明錢穀和清卞永譽的跋，由於有了這兩段題字，却使它成了一幅假的元人畫了。這方面的作僞技倆和製造僞書畫一樣的層出不窮，具體的事例足夠寫一專冊，這裏不再多舉了。

丁、收藏印

收藏印對書畫鑑定也是有幫助的。一則是有些烜赫名迹經過歷代鑒賞家收藏都蓋上了他們的鈐記，將收藏者的時代排一排，便可弄清它的傳世經過，前人所謂「流傳有緒」就是指此。其次是有幾位鑑賞家如梁清標、安岐眼力特別高，凡經這二人蓋過鑑藏印的書畫，絕大多數是精品。再其次是收藏印至少可以爲作品的下限年代提供可靠的根據。一幅畫如有宋徽宗的收藏印，就可以確定最晚也是北宋；如有張丑的收藏印，就可以確定至遲也是晚明。餘此類推，不必再爲羅列。

不過收藏印和書畫的印章一樣，也不一定可靠。後人既能拿書畫家的遺印作僞，自然更能拿收藏家的遺印做假。一般作僞的情況是收藏印根本不眞，都是後人仿刻的，而且越是著名收藏家的印，越是有人要仿刻，像項元汴的「天籟閣」、「檇李」等圖章，已不知被人翻刻過多少次了。何況古代一個收藏家、鑑賞家，他的眼力和學識也是有發展或是有局限的，即使果然是他所藏的，所鈐是眞印，也不見得全無僞迹，今天仍要靠我們全面細緻地加以分析，不能只憑藏印來定眞僞。

戊、著錄

前人對於看過或收藏過的書畫，往往寫成紀錄，編爲專書，對鑑定是很好的參考材料。但過去的收藏家未必一定都有著錄，像大名鼎鼎的項元汴、梁清標就沒有著錄傳下來。另一方面，有人收藏不多，或根本不是收藏家，却有著錄行世。著錄大體上可分兩類：一類是個人的收藏，或稱一家所藏，如安岐的「墨緣滙觀」（其中只少數是記載他人所藏）、龐元濟的「虛齋名畫錄」皆是。各朝內府的收藏著錄像宋徽宗的「宣和書畫譜」、乾隆的「石渠寶笈」也屬此類。另一類是經手或過目的著錄，如郁逢慶的「書畫題跋記」、吳其貞的「書畫記」、顧復的「平生壯觀」、吳升的「大觀錄」都屬此類，撰者有的是經營書畫生意的古玩商，又如「裝餘偶記」是字畫裱工編寫的一部著錄。

著錄書的作者，多數在鑑定上下過一番工夫，雖然難免有誤，但很多是正確的，値得學習參考來豐富我們的鑑定經驗。但與此同時，更應當注意不要上了著錄的當。清代晚期，在某些鑑藏家中流行着一種迷信著錄的風氣，認爲它是鑑定眞僞的主要依據，這當然是不對的。因爲收藏家不管他有多麽優越的條件和多高的眼力，終不免有局限性。宋徽宗的鑑定力總要算高了，可是傳說有些曾收入「宣和書譜」認爲是眞迹的晉人法書，現在看來實際上只是唐人的響搨本；又如有些收入「宣和畫譜」認爲是眞迹的古畫，今天看來實際上也是摹本。清初孫承澤也負精鑑之名，而「庚子消夏記」中就頗多疏失，不可盡信。高士奇在清代鑑藏家中也是數得上的，但羅振玉得到了他的秘本「江邨書畫目」，發現把許多進呈給皇帝的假字畫記在上面。秘本底賬如此，雖不足異，但在他刊刻行世的著錄書「江邨銷夏錄」中，竟也將僞物收入。如徐賁畫的「石澗書隱圖」，在「書畫目」中注明「畫不眞」，但也正式地編入了他的「銷夏錄」。又如近代名收藏家龐元濟「虛齋名畫錄」的第一件閻立本「鎖諫圖」就有問題。關冕鈞以「三秋」名閣，所謂「三秋」，是閻立本「秋岑歸雲」、黃筌「蜀江秋淨」、王詵「萬壑秋雲」，沒有一件是眞迹。但龐、關的其餘收藏，眞迹還是極多的。最荒唐的則莫過於明張泰階的「寶繪錄」，所收的全部是僞作（「三秋」全是「寶繪錄」中的畫）。清末杜瑞聯的「古芬閣書畫記」更爲駭人聽聞，漢魏晉唐大家，他竟應有盡有，我們只要一看名頭，便可知決非眞品，這些著錄就更不值一顧了。

前代著錄有不少是抄本，往往流傳了很久才刊行，容易發生錯誤。顏眞卿的「劉中使帖」（亦稱「瀛州帖」），吳升「大觀錄」載明是「黃綿紙本」，但原件眞迹是唐碧箋本。按吳升眼力很高，不見得便是著錄僞物，這或是記錯。又如「平生壯觀」畫中誤記印章處甚多，可能是追憶遺忘。著錄書籍還多由於展轉傳抄，發生脫誤，甚至被後人妄改，因而也不宜將它作爲唯一證據。

各種著錄書撰者的水平、時代、地區、方法等都不相同，應當弄清楚每種著錄的性質和特點，才能更好地利用它。余紹宋的「書畫書錄解題」爲許多著錄書做了提要，我們可以從此書入手。平時我們應當常翻著錄書，看熟了有好處。不過初看時不容易記住，時間久了，印象就深了。在鑑定某一件書畫之前，更應當查看各家的著錄，盡可能弄清楚與該件有關的一切情況，如它的流傳經過如何，究竟是一本還是幾本，題跋、印章、尺寸、裝潢的情況又如何等等。拿前人的紀錄和實物作對比，能幫助我們對它作出比較合理的判斷。

己、裝潢

裝潢與書畫本身的關係更間接一些，但有時也可作爲鑑定書畫的有力佐證。各時代的綾、錦，花紋、色澤多不相同，裝裱的式樣也有出入。前人收藏印多蓋在裱件的接縫上，因而它和裝潢的形式也有密切的關係。以著名的宋「宣和裝」來說，故宮博物院藏的梁師閔「蘆汀密雪圖」是個較典型的例子：玉池用綾，前、後隔水用黃絹，白麻箋作拖尾，連本身共五段。玉池和前隔水之間蓋「御書」葫蘆印，前隔水與本身之間蓋雙龍璽及年號璽各一，本身與後隔水之間蓋年號璽二，拖尾上蓋「內府圖書之印」，共用七璽。「宣和裝」雖有例外，但這是比較標準的格式。不少贗迹上的僞宣和璽，往往是漫無規律，亂打亂蓋的。金章宗也用七璽，梁清標常在前、後隔水上用兩印，乾隆用五璽、七璽、八璽、十三璽不等，也各有他們的習慣。裱工的一般情況是清中葉以前卷子拖尾短，所以比較細，嘉、道以後拖尾長，卷子就粗了。民間裱工南北傳授不同，手法亦異。熟悉了以後，幾種有特點的裝潢不用打開書畫便能知道何時、何地的裱工，乃至是那一家的藏品，從而爲鑑定提供了線索。展子虔「游春圖」大家公認是眞迹，但畫上無欵，隋代又無第二件卷軸畫傳世，缺少可資比較的材料，時代風格只能從唐畫向上追溯，個人風格則更無從印證。所以鑑定此卷，只好依靠題跋、收藏著錄及裝潢。「游春圖」卷首有宋徽宗題簽，又是「宣和裝」，幾項輔助依據爲鑑定提供了有力的佐證，而裝潢正是其中之一。

前人作僞也有利用裝潢使人深信不疑的，他們的技倆是保留原裝裱，挖出書畫本身，將僞本嵌裱進去，即所謂「金蟬脫殼」的辦法，因此只憑裝潢來鑑定，也是靠不住的。

辨真假、明是非

考古發掘所得的文物，一般只有斷代問題，沒有眞假問題，但也不盡然。蘇州以往做假銅器，竟運到河南埋在墓坑裏，過若干年再掘出來賣，甚至還帶着買主一起去挖，使人相信。一個考古工作者如能識別那些「假貨」，知其底蘊，總比沒有這方面的知識要好。至於一個書畫鑑定者，所接觸的文物主要是傳世之品，就更必須對僞品用心研究了。所謂既想知眞，必須知假，不能知假，亦難辨眞。兵法所謂「知彼知己，百戰不殆」，就是這個道理。

任何文物，眞有眞的規律，假有假的規律，書畫也不能例外。作僞者雖心機用盡，詭計多端，但歸納起來不外乎兩類。一類是完全做假，其中又包括：照模、拼湊、摹擬大意、憑空臆造等四種方式。另一類是利用前人的書畫，用改款、添款或割款的方法來做假。這些原件的作者本無心作僞，作品也本是眞迹，而做假是後人强加到它們身上去的。鑑別者就要辨認一下究竟原作者是誰，把是非問題弄清楚，所謂「明是非」者指此。

先談完全做假的幾種方式：

照模接近現在的複製，在古時肯定是不少的，而且所模以名迹居多。張擇端「清明上河圖」入元秘府，「爲官匠裝池者以似本易出」，這似本若非照模是不敢拿去頂換眞本的。近年照模的僞作更爲常見，拿戴熙的畫來說，上海的徐俊卿和北京的陶洙都是作僞能手。陶洙僞造的「西冷烟雨圖」從外簽、引首一直到本身和題跋都是複製，頗有幾分相似；但筆墨不免呆滯，眞僞還是判然易見的。

上海過去有個作僞集團，他們的把戲之一是拼湊，從幾件作品中各取一部，組織成章，乍看起來各部分好像都有來歷，但合在一起往往並不諧調。

書畫如專學某家，熟練之後，不必對臨，信手寫來，也能相似。宋吳琚學米，便到亂眞的程度。大名家如明代的沈周、文徵明，清代的王石谷、惲壽平，臨學他們的人極多，有些人在掌握了某家的一些個人風格之後，便按其大意，從事作僞。他們是用某家的筆法從事書畫，而不是以具體的作品爲藍本的。

憑空臆造的僞作，既不管時代風格，也不問個人風格，這類的僞品，多半技巧不高，最易辨認。一些地區性的僞作如古董商所謂「長沙貨」、「開封貨」等屬於此類。

有些僞作把割剩下的題跋作爲款字，例如故宮博物院的宋人「九歌圖」，款作「李伯時爲蘇子由作」，實際上這是題跋開頭的部分。又有「古柏圖」卷，尾有蘇東坡款，也是利用題跋中首行字來作爲款識。其實這兩卷並不因李、蘇的名款而增重，也不因題跋被割而被否定其藝術和歷史的價值，但作僞人的這樣手段，却是心勞日拙的。

添款的畫多利用無款舊作，看它的風格像誰就添誰的款。但往往由於畫的風格並不與款相符而露了馬脚。添款一般字迹浮燥，從墨色上也能看出破綻。割款也多取小名家的作品，改爲無款畫，再配上僞跋，托名是大名家之作。

要認識僞作還須將它的來路分清楚。地區性的假貨有所謂「開封貨」、「長沙貨」、「蘇州片」等等。開封貨有不少是清初至乾隆間的製品，慣作顏眞卿、岳飛、黃庭堅等各家的字，草書較多，用粉箋紙，色澤黯黑，有些像發掘出來的東西，只要見過幾次，再遇到便不難認識。「長沙貨」多絹本草書，僞造海瑞、史可法等家居多，它本身也具特點，如帶題詩的史可法「牡丹辛夷軸」便是一例。「蘇州片」以絹本工筆設色者最爲常見，好壞頗有出入，面目也不盡相同，辨認起來須多下些工夫。又如同樣是假石濤，就有清代廣州、揚州、和近人僞作等等的不同。廣州的僞作多設色，往往面目受黎二樵一派的影響。揚州的僞作題識多草書大字，波磔故作姿態，有人稱之曰「皮匠刀」。近人主要追擬石濤的精神風格和筆姿墨韵，用技巧來令人信服不疑。有些假石濤，作僞者的地區和時代尚未完全弄清楚，又如同樣的假鄭燮，也有濰縣、濟南、揚州等不同地方的僞品。

僞作中情況比較複雜的是「代筆」，有的畫家找人代筆是爲了趕時間多出作品，自己畫了一部分，學生添補另一部分，可以說是眞假參半。有的是學生作畫，自己題款，像金冬心的畫有不少是羅兩峰畫的。有的由於求畫者有特殊要求，如本人只能畫小幅，而別人非要求他畫大幅；或本人只能畫山水，而別人非要求他加人物，自己辨不了，只好請人代筆。有的本人雖非畫家而有畫家之名，一貫找人代筆。寫字也有近似的情況，管道昇的書札，就有經趙孟頫捉刀的和她的親筆迥不相同。有的畫家代筆者不止一人，以致傳世的作品個人風格不一致，像董其昌就有這類情況。從以上所述不難看出有的是本人畫得好，代筆者本領差；有的却是本人畫得差，代筆者反而本領大，要根據具體的人、具體的作品來分析。在這類情況中，由於本人及代筆者處在同時，所以在時代風格上是沒法據以區別的。

談對聯

王壯爲

聯對盛於明代，而極盛於淸代以至近代。淸道光時梁章鉅所撰「楹聯叢話」，記述最詳，收羅最富。他將對聯分爲故事、應酬、廟祀、廨宇、勝蹟、格言、佳話、挽詞、集句、集字、雜綴、諧語等類。大約因爲春聯雖然設於新春，但內容敍述却極爲廣泛，可以做各種劃分，所以他沒有將春聯設爲一類，後人錄聯，也有另劃爲時令一類的。

收藏家也將聯對視爲一大項目，有人專收這種兩條成副的對聯，動輒幾百副，不足爲奇。有人專收某一時代的對聯，有人專收某幾家的對聯，有人專收書齋小聯，種種名目，不一而足。這其中當然對於書法的因素，極爲重視，如非名家所寫，則不會引人注意了。

春聯在北宋時很流行，「墨莊漫錄」云：

「東坡在黃州，一日逼歲除，訪王文甫，見其家方治桃符，公戲書一聯於其上云：

門大要容千騎入，
堂深不覺百男讙。

蘇公的聯文，當然還是吉語，因爲是新歲桃符所用，又從其文義觀察，大約這春聯還是設置在屋外的。

不是春聯，而以對聯形式獨立展示，是對聯演變的一大發展。此事也見於北宋，據「山房隨筆」云：

「韓康公（絳）宣撫陝右，太守具宴，委蔡司理持正作候館一聯云：

文價早歸韓吏部，
將壇今拜漢淮陰。

韓極喜之。」

這一聯實在作得很好。難能而巧妙的是，上下聯都用韓姓名賢的史實，上聯又將姓氏點出來，而下聯則以漢字與韓字爲對，的確工巧之甚。只是從筆記文意中，看不出這副對聯是張貼在門外呢？還是室內？

相信南宋對於此道施用益爲廣泛，如大儒朱文公（熹）便深好此事。朱子全集卷後附載他所作的聯語很多，而五七言以外的長聯，似乎也是始自此公。如建寧府學明倫堂聯云：

師師庶僚，居安宅而立正位。
濟濟多士，由義路而入禮門。

又松溪縣學明倫堂聯云：

學成君子，如麟鳳之爲祥，而龍虎之爲變。
德在生民，如雨露之爲澤，而雷霆之爲威。

按前舉蘇撰蔡撰二聯，都可說是七言的詩句，說他是摘自詩篇中也未爲不可。而朱子的聯文，可說又有了很大的發展，一如這兩付明倫堂的長聯所示，是用文句組成。平仄聲調，不是詩篇而是賦體或駢文的斷片，其形式風格，又是另外的一種。

研究朱子所撰的聯文，不能証明其有張設在室內的性質。而這兩副長聯，則可斷言其必施之於明倫堂柱，不過舊式的大堂建築，內部有時也有長柱罷了。

有記載可以証明在屋內懸掛對聯的是明朝人，其事見於「野獲編」：

「張江陵（居正）盛時，有送對聯諂之者云：

上相太師，一德輔三朝，功高日月。
狀元榜眼，二難登兩第，學冠天人。

江陵欣然懸之廳事。」

「敝帚餘談」云：

「嘗於都下見一罷閒中貴，堂間書一對云：

無子無孫，盡是他人之物。
有花有酒，聊爲卒歲之歡。

又全用南宋喬行簡詞中語，此輩也知達生如此」。

這兩則筆記表示了幾件事情：一，証明明朝已有人將對聯張置在屋中。二，所謂「懸之廳事」，則對聯的裝璜可能已是後來的兩條附軸可捲之法，但也可能是用木板刻成乃是所謂「抱柱」（半圓筒片狀）的樣式而懸之廳柱的。三，所謂「罷閒中貴間書一對」，是寫而非刻可知，却不知他的裝式是何種情形，也許仍是貼在壁上的。

據故宮博物院前副院長莊慕陵（嚴）先生說，故宮裏對聯很多，但可說是沒有帶軸可捲的裝式的那一種。淸宮的對聯沿自明朝，多半是時令、吉語、格言之類。或刻之木材之上，或貼裱在板壁格扇之間。這種貼裱的對聯，都是墨寫原件，宮中有個術語叫做「貼落」。

第一副可懸可捲的裝式的對聯起於何時何人，不能確切指出，大約是淸初以後的事。不過自從有了這種方便裝式以後，對聯又有廣泛的發展，不論撰作書寫，都有種種方式。譬如何子貞最喜作聯寫聯，據說他平生寫的聯語，無一重複，袁企齋先生曾藏有何子貞氏自書聯稿，厚幾寸許，當然這還不是他寫過的對聯的全部。另外嗜好收藏的人往往藏聯二三百副，不足爲奇，在此不能詳舉了。

原稿
缺頁

原稿
缺頁

原稿
缺頁

原稿
缺頁

原稿
缺頁

原稿
缺頁

原稿
缺頁

原稿
缺頁

曾國藩與對聯文學

張目寒

對聯文學發生的時代雖然很遠，但直至有清道光、咸豐年間，始達到高妙的境界，當時倡導對聯文學最力的便是曾國藩。曾國藩擅古文，却極喜作聯語，嘗云：「吾身後文采傳世，倒也未必，但楹聯一門，定必流傳。」雖屬一時戲言，但其所撰聯語，膾炙人口，確是事實。曾氏聯語風格，一直影响到現在。觀其所作，幾乎無一不佳，不僅辭藻高華而已，更其難得的是表現了作者的胸襟和情感。如江西吳城望湖亭聯云：

五夜樓船，曾上孤亭聽鼓角，
一尊濁酒，重來此地看河山。

又江西奉新縣九天閣聯云：

百戰山河，賸此樓頭煙樹，
九天珠玉，吹成水面文章。

又題東璉書院云：

璉水湘山俱有靈，其秀氣必鍾英哲，
聖賢豪傑都無種，在儒生自識指歸。

又題成都桂湖云：

五千里秦樹蜀山，我原過客，
一萬頃荷花秋水，中有詩人。

以上諸聯，在曾氏聯語中，還算不得傑作，因爲題材不廣，若只刻劃風景，則易失之平庸，曾氏如此着筆，既具感慨，亦復雄壯。如金陵湖南會館聯云：

地仍虎踞龍蟠，洗滌江山，重開賓館，
人似澧蘭沅芷，招邀賢俊，同話鄉關。

此則寓沉雄於隱秀，上比切金陵，而攻入金陵的，正是曾家軍，故有「洗滌江山」之語。曾館中例有戲臺，曾氏亦有聯云：

荆楚九歌，客中聊作枌榆社，
江山六代，劫後重聞雅頌聲。

曾氏善撰挽聯，別具特色，則因死者的性格與事功，以及與生者交情的深厚，無不表現於寥寥數語中，如挽林文忠公（則徐）云：

通宼在吳中，是先帝與藎臣臨終恨事，
荐賢滿天下，願後人補我公未盡勛名。

聯語悉從大處落墨，簡樸厚重，以二公關係之深，志業之同，若歷數生平，殆書不勝書，此則排開一切，但以文忠之志業與荐賢立論，不着一句私情，純是大臣吐屬。又輓胡林翼母云：

武昌據天下上游，看兒郎新整乾坤。
縱橫掃蕩三千里；
陶母本女中人傑，痛仙馭永辭江漢，
慷慨悲歌百萬家。

曾國藩撰聯語，對于鍊字鍊句工夫，無不愼之又愼，一字不妥，常至失眠。如上聯原爲「胡母爲女中豪傑」，聯已派人寄去，是夜不寐，總覺聯語欠妥，改爲「陶母本女中人傑」，既切典故，又較自然，次早乃派人加程追回，換改數字，再行寄去，誠所謂一字不茍、一筆不茍者矣！

三河之戰，公弟國華戰死，爲之大痛，一夕，輓之以聯，數易其稿，甚至達旦，聯云：

歸去來兮，夜月樓台花蕚影，
行不得也，楚天風雨鷓鴣聲。

全聯以空靈勝，其音凄厲，不忍卒讀！

曾國藩的老父竹亭公亦工聯語，有題客廳一聯曰：

有子孫，有田園，家風半讀半躬，
但以箕裘承祖澤；
無官守，無言責，世事不聞不問，
且將艱鉅付兒曹。

寥寥三十八字，悉將封翁身份，明白指出，原來曾氏的對聯文學，得自家傳，後來其子紀澤，亦善撰聯語，可以算得是對聯世家了。

曾文正公畫像（故宮博物院湘鄉曾氏遺物展覽）

紗廠大王的故事

·滄海客·

今日香港之演進爲新興的工業都市，紡織業實爲其中嚆矢。說到紡織業，追本溯源，則不能不想起當年有「紗廠大王」與「麪粉大王」之稱的無錫榮宗敬、榮德生昆仲。在民國初年，他倆即艱苦創業，白手成家，替中國輕工業做了第一位的前驅者。數十年來，其屬下之紡織廠與麪粉廠，散布在全國各地區，業務範圍不可謂不廣大。迄至今日，風氣所及，上海幫之南遷香港而崛起了幾十間紡織廠，說起來還不是拜受其影響？猶憶昔年，我曾親炙其人，躬逢其盛。這二位昆仲給我的印象，都是圓圓的面孔，活像一對無錫出產的泥阿福，對人一團和氣。雖稱富可敵國，仍不失其敦厚樸實的鄉土人情味，今時回想，猶有餘甘！

三塊銀元起家

當年有過這麽一個故事：

某日傍晚，在上海最豪華的華懋飯店門口，有一西服豪客，無意間袋裏落下三塊銀洋，豁瑯瑯地掉在地下作響，在他身後的一個穿中裝的鄉下人，俯身替他拾了起來，交在他手中。這豪客向對方一照面，頓時窘態畢呈地叫了一聲「榮老板」，原來這位穿中裝的鄉下人就是他頂頭上司榮宗敬。只聽到對方和靄地說：「老弟，你小心呀，我這個老板當初也不過靠這麽三塊銀洋的本錢罷了」！原來，這一位主人翁榮宗敬，最初時期確確實實是靠三塊銀洋起家的。他本來是一個貧寒出身的農家子弟，其祖居即在無錫西門外開源鄉的榮巷鎮上。小兄弟倆，約在十五六歲左右，家中的財產祗有一付大石磨，和一隻大水牛。每天在家中磨上幾斗小麥，將磨出的麪粉，送到城中麪店去做麪條或蒸饅頭之用，藉以養家活口。直到一八七五年，榮宗敬到了上海，被引荐在德士古洋行當一名小小練習生，其月薪僅有三枚銀圓，原意不過是作爲剃頭沐浴的零用錢而已。但他做事勤奮，且極省儉，在三個銀圓之中，還寄回兩圓到無錫家中，不斷地添辦石磨，并積存餘資，多購了幾條牛。他的弟弟德生，便一面忙着磨麥，一面向各店號兜售麪粉，日久居然已擴充成一個小規模的土產粉廠。但榮宗敬并不以此爲滿足，他在洋人轄下已略諳洋務，知道外國麪粉都由機器製造，比起鄉下的土磨效率要高得多。且說他幾年來兢兢業業，在德士古已升了職，有一年除夕，洋經理按例分紅給他，他却表示要積存了幾年再來領取，洋人詫詢其故，他便說出他自己胸中的志願，要積存了些錢買一部磨粉的機器，洋人認爲他頗有創業頭腦，便鼓勵他進行這事，并代爲担保向洋行代購了部機器，且分作十年還欵。這樣一來，榮氏兄弟立刻創辦茂新麪粉廠於上海，從鄉下泥土氣的石磨，馬上一改爲新式機器大量生產麪粉，由於當時機器由軍艦運滬，故即命名爲兵船牌。從此一砲開響，在全國各地先後設廠，以茂新與福新爲名，計有無錫、青島、開封、濟南、漢口、西安、鄭州等地三十餘間，製粉機器一百多架，每天可製成麪粉最高數字近百萬袋，品質且勝於舶來，一時榮氏兄弟有「麪粉大王」之號，通國皆知。

難能可貴的是，榮氏雖成了鉅富，而仍不忘其本，把他倆的原始資本那一付大石磨，保留起來作爲紀念品，放在其無錫私人花園梅園供人瞻仰。記得戰前賢昆仲六旬稱觴，上海市商會主席王曉籟特地趕到無錫祝賀。兩位主人翁還共同指點那付大石磨，笑口吟吟面對嘉賓說：「我們從小赤手空拳，開頭就只靠這個老夥計幫忙，才有今天的」。

創造九廠奇蹟

榮氏昆仲的故鄉江蘇無錫，在於京滬鐵路的中心點。其地面臨太湖而背枕惠山，一片肥沃的土地，農產異常豐富；而無錫人士又天賦勤勞聰慧的性能，敢作敢爲，敢於創造大事業，故久稱東南財富之區。中日戰事前後，人們乘京滬火車駛過無錫站，即可以遙見一排大烟囪如林矗立，男女工人來往如潮，當時即負「小上海」之雅譽。據一九四八年國民政府實業部統計，全國的輕工業產品，無錫一地竟佔了百分之八十以上，而屬於榮氏機構的又是其中絕大部份。如此聲勢，在國內眞可說是天字第一號的大富翁，即美國日本的財閥亦當望之失色。

除了創辦不少麪粉廠之外，接着，一間間的紡織廠先後開張，全屬榮氏兄弟二人所有。民國初年，第一次歐戰發生，舶來的洋紗布頓告斷絕，這給予他倆一個空前的發展好機會。於是，首先在上海楊樹浦地方，設立了申新一廠，計有七萬錠子，日夜開工，出品神速；同時又添辦了一千多架布機，實行自紡自織，其品質均屬上乘，一時風行全國。厥後又收購了一個日商紗廠，產量又增一倍。不久，又在無錫西門外創設申新三廠，其紗錠亦擁有七萬枚，布機一千五百架。以後，在漢口設四廠，上海再設五廠，六廠。甚至把上海英商紗廠也收購了下來，一直擴充爲七廠，八廠，九廠。這樣像滾雪球似的愈滾愈大，一共掌握的全部錠子約有六十萬枚之鉅。榮氏兄弟倆祗憑兩雙空手，居然創造了奇蹟似的「澤被天下」，替國家挽回多少漏巵，其智慧與魄力也足夠驚人了。

這其間有一個秘密：這批擴充的無限資力，究竟是從何而來的？因爲無論如何，旣沒有政治後台，又沒有外資支援，而要一下子擴成如此規模浩大的工業王國，實在是非同小可的。當年股票的風氣尚未流行，他們靠的祗是信用兩字，上海的錢莊銀行，沒有一間不爭着放欵給他們，那時的幣值極爲穩定，他們出得起利息，又極其遵守信用如期歸還，誰家都樂于貸欵給他們。這便是榮宗敬的機智過人處。事實上，他之擁有這十三間麪粉廠，九間紗廠，也等於置產的分期付欵，其演進方式，亦正與外國的「托辣司」作風如出一轍。但不幸的是，一九三二至一九三六年間，國內戰亂頻仍，又復天災發生，全國工商業莫不蒙受影響，而龐大的榮氏機構，亦幾番遭到週轉不靈的難關，終以兩兄弟能靠着信用兩字，一貫沉着應付，各廠的生產業務始終維持於不墜。

這時期的榮宗敬榮德生，雖號稱「紗廠大王」「麪粉大王」，但因外來風波太大，處境幾瀕於危者屢，那些日子實在是不好過的。榮宗敬每天一早六時起身，便得小心翼翼地把當天頭寸軋平，對什麽人都低聲下氣。他嘗以一口無錫話告訴朋友：「現在我像挑了一付重担，赤了脚在亂石叢中穿過，縱使脚底被劃破了流出血來，也决不能叫一聲『哎呀喻』！」其堅忍的功夫有如此者，但終以積勞而病故。後來這付担子也祗能交給乃弟德生一人獨力繼續挑下去，德生對人也有「好漢打落牙齒肚皮裏吞」的表示。

凡觀光過那些規模宏大的紡織廠，總該有深刻的印象。記得光是設在無錫西水墩上的申新三廠，面積大概有百萬方呎，那西水墩是一個半島，恐怕比了整個尖沙咀差不多大小罷。有次我穿了皮鞋在廠房四週兜一圈，脚底竟腫得起了一個泡。如果要把他們所有的十三個麪粉廠，九個紗廠，全部實地踏查一番，其範圍之大，簡直不可思議了！

不忘赤脚劃泥

從前，國內的資本家雖不少出身寒微，但本身都有一種「達則兼善天下」的胸襟，發達之後，便竭力做些慈善事業，造福桑梓，或興辦學校，教育後代。一九二〇年，榮氏便在無錫榮巷鎭獨資辦了一間私立工商中學，由地方賢達錢孫卿、朱夢華先後主其事。所收學生亦皆貧寒子弟，實行半工半讀，有時還做些担糞澆菜，鋸木造屋的實驗工作，可說是開中國職業教育之先河。

榮宗敬、榮德生二人，雖在其業務百忙之中，也常去學校巡視。有天在學校中看到學生在校園裏種番芋，兩人便馬上脫下長衫，赤了脚一同揮起鋤頭劃泥，并告訴學生們說：「我兄弟倆在你們的年紀時候，就在這裏種過地的，現在也還沒有忘記」。據說校中師長在上課時，這兩位「大王」也曾降尊紆貴地做旁聽生呢。

有次，錢孫卿在講台上講到大學格物致知，榮德生站在台下起來作解釋：「格物的格字，我看乃規格的格，或亦可謂人格之格。所謂格物，即是不以規矩不成方圓的意思。故物有物格，人有人格，此之謂知本。」這樣實事求是，不愧爲實業家之言。

筆者少年時拜訪過榮德生幾次。他圓圓的臉，和靄可親，對年輕的鄉親稱兄道弟，敬茶敬烟。某天座上有鄉人馮雲初，同時介紹去一個建築業的老板，目的是想兜做廠房的建築生意。榮德生先問：「你看這些廠屋大概要花啥價錢？」建築老板竟冒冒失失估計爲若干萬，德生聽了大笑道：「老兄，你不怕蝕煞老本」？接着他馬上說今天洋灰一包多少錢，洋鐵一噸多少錢，當天行情漲落，歷歷如數家珍，而這位建築老板頓時爲之大驚失色，原來他已多日未接過生意，對行情已很隔膜，想不到榮氏對於建築材料的行情却如此熟悉。此「大王」之所以爲「大王」也！

抗戰勝利後，榮德生在上海一度被綁。消息轟傳全國，綁匪是嵊縣人，把肉票十分優待，每天供應菜肴至爲豐盛。誰知榮德生對於鷄鴨魚肉之類很少下箸，總是說「太破費你們了，不敢當！我祗要喫一味青菜燒豆腐就足夠了」。但傳說結果贖回的代價是美金百萬，這味青菜豆腐價錢實在亦不菲了。

榮德生平日談吐富於幽默感。大陸變色後，在無錫七尺塲還聽到他笑聲爽朗，對人說是「……我們榮家不勝光榮之至！」細味其意，弦外有音，所謂「光榮」也者，即榮家就此被淸算光了，其然豈其然乎？

無錫人好傳統

據近年由大陸來港的鄉人談起：榮氏的私家花園梅園現仍存在，且大加修葺一番。原有榮氏兄弟爲追念母恩而建造的一座念劬塔，則已被改去原名了。

無錫人有一個良好的傳統風氣，發了財後都肯在家鄉作大手筆的建設。當年榮氏開闢了梅園與小箕山，楊翰西手創了一個黿頭渚，還有王堯臣、王禹卿都築造了蠡園漁莊，在太湖一角看去，一片錦繡湖山，疑是人間仙境。其中梅園的佈置最爲富麗，種了幾十萬株梅花，名之爲「香雪海」。有一間大花廳額曰「誦豳堂」，謔者謂爲諷刺山中兩隻冢之意，其實乃豳風不忘農艱之意。但又有一個笑話：有次康有爲到無錫遊梅園，一看那題字竟是冒了他名的僞作，便向主人表露了身份，重新寫了三個字，且賦了「劣字如何冒老夫」之詩。榮氏爲尊敬康聖人起見，這三個字的筆潤即送了三千圓，時人稱爲一字千金。

外國作家給榮氏兄弟寫過一本英文傳記，但目前已無法找到，只記得其中有一句話：「如果有一天，無錫人有機會大批移民到外國的話，可能還會產生更多位這樣的大王」。這句話後來果然應驗了。一九四九年後，無錫的實業家南來香港不少，也給香港帶來了不少繁榮和熱鬧。

胡筆江命犯衝擊

（來鴻去雁）

華千里

光緒七年三月二十九日寅時

辛巳
壬辰
辛卯
庚寅

八歲 辛卯
十八 庚寅
廿八 己丑
卅八 戊子
四八 丁亥
五八 丙戌
六八 乙酉

本刊廿七期，李北濤翁所撰之「胡筆江徐新六飛渝殉難」一文，記載翔實，欽佩之至。余與胡筆江先生，曾有一面之緣。茲檢得胡氏命造，畧抒管見。支全寅卯辰，財旺成方，月上壬水生財，日主甚弱，自用辰土正印。運行己丑戊子，濕土生金，由錢業而轉銀行，爲金融界之領袖人物，宜矣。按寅時爲丙火長生，財旺生官，所以子女八人，皆傑出而成材。亥運戊寅年庚申月戊子日，所乘飛機遇襲，死於非命。（按交通失事，大都命運值於寅申巳亥之衝擊。）

（覆加拿大許啓傑先生）台造：壬辰，癸卯，辛亥，丁酉。水木兩强，命局淸奇，妙在酉時爲根。但行運多火，四十五歲之前，名利浮沈而已。大器晚成於五十歲之後也。婚姻大好，必得賢美之妻。事業宜土宜金，酒樓屬火，如同鷄肋。前星期撞車，幸無傷害，乃流年與月建，凶中藏吉之故也。

× × ×

（覆九龍譚渭銘先生）台造：丁亥，丙午，乙亥，壬午。印，食，得祿。文采風流，名利兩全。運程以癸，卯，壬，寅四步，二十七歲至四十七歲，最爲得意。妻有內助，明年婚事諧矣。

× × ×

（覆九龍周美顏女士）台造：乙卯，壬午，庚午，丁亥。水火旣濟，以木爲病。夫子不能兩全其美。過去運途，健康大有問題，六十歲甲寅年、六十一歲乙卯年，如風中之燭，搖搖欲滅。

× × ×

（覆九龍駱允斌先生）台造：辛巳，丙申，戊子，癸亥。食神用印，丙巳兩火，皆有絆合爲憾。人雖聰明，乃無中心思想，缺少魄力。好運寥寥，僅三十六歲至三十九歲，四十六歲至四十九歲，五十六歲至五十九歲，如小草遇春風，片時得志焉。

× × ×

（覆新加坡林金炎先生）先生所問太多，茲先答覆主要之「職業」問題。台造：丙子，辛卯，甲辰，戊辰。身財兩强，命格不俗。現行乙運，今明後三年，偏重於水木，即有工作，絕不理想。如今年之秋，明年之夏，獲得鷦鷯一枝，僅足餬口；大好機緣，總在於四十一歲之後也。

× × ×

（覆九龍沈愛鳳女士）來函未寫明男命抑女命。茲視「名字」及「筆跡」，似爲女性。台造：己未，丁丑，辛卯，壬辰。寒金多土，惟有卯木爲可喜。婚姻，兒女，皆不如意。將來五十六歲至五十九歲，四載木火流年，大有發財之機會，可營菟裘以終老。

× × ×

（覆新加坡陳德馨先生）台造：丙辰，辛卯，壬子，庚子。精華在於卯辰。運途華而不實。今年壬子，明年癸丑，內外紛擾，更不勝其精神之負担。五十九歲起，六載好流年，建樹之豐，爲生平之冠。承問月前鼻上起紋，當然有損無益。但語焉不詳，又未能謀面，恕難盡其梗概。

× × ×

（覆九龍林崖陽先生）台造：戊子，丁巳，丁未，乙巳。火旺而水不夠。幸二十六歲之後，一路金水運程，廿五年得意可知。但非大富，小康而已。妻尅或離。心臟腎臟皆有病。

× × ×

（覆九龍黃德仁先生）台造：戊申，壬戌，辛酉，戊子。霜降之後，秋金喜火。三十三歲以來，都木火運，雖非大富大貴，遊山玩水，綽乎有餘。六十七歲甲寅年，六十八歲乙卯年，外靖而內亂，丁口欠安。發財在此二年，喪妻尅子，亦在此二年，複雜極矣。

× × ×

（覆官塘陳棟先生）先生最近失業。查台造：壬午，丙午，乙巳，丙子。明年癸丑，必有良棲。今冬亦有所遇，但不相當，可爲而不可爲。命中夏火炎炎，自以從事屬金屬水之工作爲宜。大得意之運，在於四十六歲之後，乃不必耘人之田矣。

× × ×

（覆香港胡霞明女士）令媛命造：己丑，壬申，戊寅，丁巳。月干透財，事業有成。寅巳申三刑，夫與子，皆難美滿。明年如無婚姻，廿七歲乙卯年，必然百輛迎門，之子于歸矣。將來事業發達，在於遠地，三十四歲之後，萬里雄風。

× × ×

（覆九龍黃靜雯小姐）台造：辛卯年，丁酉月，乙卯日。來函僅寫「八時」。如在淸晨，爲庚辰時，晚間爲丙戌時。庚辰時，命局紊亂，夫財子祿，一無可取。丙戌時，乃三奇格，偏官得祿，婚姻好，事業好，曼福無窮。

× × ×

（覆香港林先生）台造：壬辰，丁未，己卯

，丙寅。人海茫茫。我不如人，人不如我，「出人頭地」四個字，誠難言矣。今以先生本人之運途，作爲比較，便識「優劣」。木火土生生不息，二十八歲至三十三歲之戌運，又爲火土之庫地，最爲痛苦。三十三歲起，辛亥壬子四運，水來潤燥，步步進階，潤身潤屋。明年識得一蟾娟，殆爲未來之夫人乎。

× × × ×

（覆香港方永先生）台造：甲午，丁卯，乙酉，丁亥。月建得祿，食神得祿，名必成，利必就。但今年壬子，擬赴美讀書，必有阻礙，後年甲寅，乃克成行。廿三歲後，前程無量。卯酉之冲，不止一妻。寡人有疾曰「好色」，爲最大之玷汙。

× × × ×

（覆香港方露莎小姐）台造：壬辰，戊申，辛卯，壬辰。兩壬透天，秀氣畢呈，亦即鋒芒畢露。雖曰：「人不招忌是庸才」，但樹敵太深，惹來許多麻煩，究爲智者所不取耳。廿四歲乙卯年，或廿五歲丙辰年，必有良緣。二十八歲起，事業竿頭直上，壓倒鬚眉。

× × × ×

（覆九龍周倫先生）台造：壬申，戊申，甲辰，丁卯。秋木凋零，幸有水養，勞而不苦。卯辰會木，所以婚姻遲遲，但明年癸丑，必圓鴛夢。四十五歲至四十九歲，五十五歲至五十九歲，名利取之如寄，乃畢生之「黃金時代」也。

× × × ×

（覆九龍婉雲女士）台造：甲申，辛未，癸巳，甲寅。財官並美，奈何三刑，而又傷官兩透。尅夫應在去年。既賦鵠寡，勿太悲傷。蓋三十二歲乙卯年起，都是美景良辰，古井重波，殘枝復茂，再結絲蘿，必也，白頭無迕，神仙眷屬。

令媛命造：丁未，丁未，己丑，甲戌。化土格，一生無木運，誠「天之驕子」也。二十一歲起，浩浩蕩蕩，四十年福星高照，令人羨煞。「夫從妻化」，大有牝雞司晨，夫逸我勞之概。

令郎命造：己酉，丙子，辛未，戊子。寒金，以火爲恩星，憾於少木，水火不能構通。十六歲至二十六歲，甲戌十年，大好，惜在讀書時期，學有深造而已。二十六歲之後，運程大都平淡，得一「穩」字。

× × × ×

（覆九龍劉狄凡先生）先生近患肝病。查台造：庚辰，丙戌，辛丑，壬辰。按土多而少木，不是肝病，即是胃病。今明年時好時壞，難以斷根。三十五歲甲寅年，木來疏土，必占勿藥。况大運脫丑進庚，從此事業驥展，名利邁進矣。

× × × ×

（覆九龍何文彬先生）台造：壬辰，戊申，辛亥，戊子。月前已披露於本刋。茲又下問名字及婚姻。按秋水通源，少火爲憾。文彬之「彬」，可易以「煥」字。妻宜虎馬犬，如結婚於廿九歲至卅四歲之亥運，可得閨房之樂，更有甚於畫眉者。

× × × ×

（覆香港陳亦先生）先生年事已高，欲知健康及壽元。按台造：戊申，甲子，庚戌，甲申。庚金失令於嘉冬，幸有戌申爲根。今年壬子，明年癸丑，健康情形較差，但在午運，午戌成半火局，無礙於壽命。六十七歲行辛未兩運，老當益壯，更有作爲。惟七十六歲癸亥一年，岌岌可危，及早榮休爲要。

× × × ×

（覆紐約 Mr. Fabio Kuo）開來兩造，俱無「時辰」，可否補下，再行奉推。承囑介紹相理書籍，按中西相書，浩如烟海，從何說起。今人大都研究掌相，Cheiro's Language of the Hand 一書，內容豐富，宜淺宜深，茲已發行第三十三版，可見其銷路之廣也。

（覆荃灣王誠先生）台造：壬子，壬寅，庚辰，己卯。寒金喜火，尤喜土金幫身。五十六歲行來申運，申子辰會水局，盜洩太甚，非病即愁。今年五月十七日交進己酉兩步，自然起色。但查流年，六十六歲丁巳年，六十七歲戊午年，六十八歲己未年，尤其精彩百出，可以不憂晚景之落寞矣。

× × × ×

（覆九龍盧淑端女士）令嫒若茹，刁蠻，說謊，懶惰，讀書不長進。查其命造：丁酉，戊申，癸亥，癸丑。拱祿用官，聰明有爲之命。茲行酉運，如月被雲遮。今明兩年，還是懵懂。十八歲甲寅年起，悟性大開，頭頭是道，士別三日，便當刮目相看矣。惟中年運程亦欠佳，將來勞碌之至。

× × × ×

（覆香港楊百忍先生）台造：庚申，甲申，戊申，甲寅。金木交戰，日元弱而無氣，又不能作「從兒格」而論。奔波栗六，自所不免。今明年依然故我。五十五歲甲寅年，萬丈波濤，宜未雨綢繆。五十七歲至六十歲，爲畢生最好之時光。六十一歲又有一坎。

× × × ×

（覆流浮山麥宏坤先生）先生擬轉醫經商。查台造：甲戌，乙亥，癸巳，辛酉。木火不夠。論大運，須至四十三歲之未運，大展鴻圖。論流年，今年多不如意事，明年乍暗乍明。四一、四二，方入佳境。然則，現在不必亟於轉業，兩年之後，再謀出路可也。

韋千里先生近有加拿大之行來鴻去雁
繼續辦理讀者函問命運附上列印花郵
寄大人出版社轉依收到先後次序奉覆

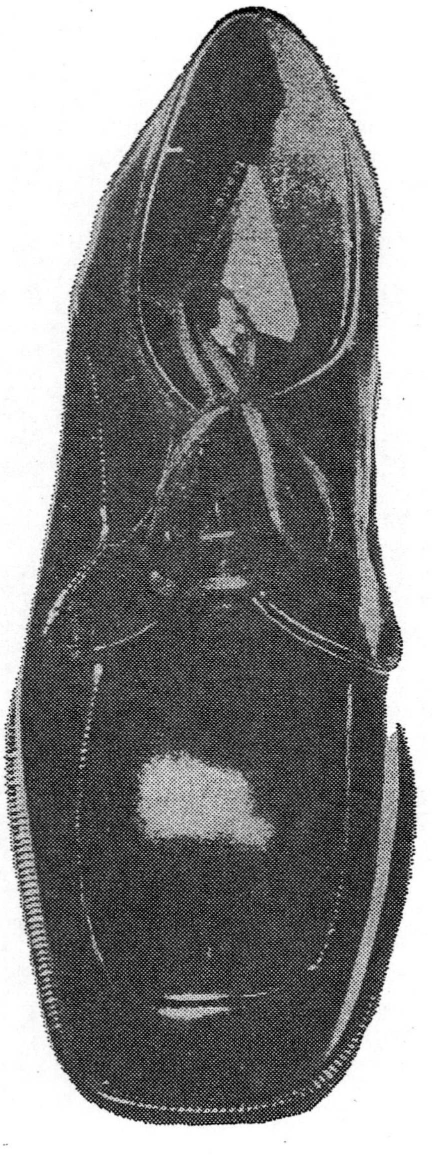

MANZ

MADE IN W. GERMANY.

sitzt wie nach Maß

MEN'S SHOES

大人公司 平價市場 人人百貨 大方公司 來路鞋公司有售

東戰場回憶錄

成家與毀家

圓慧

死是有連鎖作用的，會使活着的人轉變。毀家已三十年，但一直記住亡妻的遺言，一切對不起我們的人，寬恕他們。

從赤石上船後，這個幾乎與我們同死在崇安山上的「勤務」，找軍車先往建陽，我不能誤公家人手缺乏的事，留他服侍病人。

這條崇溪源起於閩贛邊境，所有福建的溪流，除了閩江九龍江下游，可航行小輪外，全是木船用竹篙駕駛的，因爲是雨季，崇溪水漲，那條船並非「征役」，先給了錢，所以很照顧我們。

到了建陽，報社已自舒茂堂那裏知道我一家發生意外的詳情經過，早爲我們準備下一步行動，我不願于陵看到同事們的太太，增加傷感，只留在建陽一夜，辦好一切去南平手續；包括給省立醫院公函，希望醫藥費打折扣，並向報社當局借支三個月薪水等等，第二天換了報社征用的船，再自建陽直下南平。

那時，閩北由於人口激增，山間瘴氣蒸發，加上八成以上來自江西浙江的大量難民水土不服，疫癘盛行，無有一人不患瘧疾，金雞納霜（奎寧）斷市，前線日報雖已在建陽復刋，近二千員工中，平均一天死兩人。于陵等於死了半個，幸而不會染上瘧疾，我是從未有過傷風咳嗽小病的，也不知瘧疾滋味，更未備過一粒奎寧丸。船開出建陽，于陵是平臥在中艙一塊木板上；此時那裏還找得到棕墊？身下又不能墊東西，大熱天會悶出痱子來的，晨風習習，她在假寐，我坐在船頭蓬艙下看水中的峯廻路轉，那條船一直在「之」字形行進，正是連續大雨之後，水流湍急，山脚的面目，也是各異其趣，它與富春江的臥遊不同，多一重驚險，那種兩頭尖形的木船，全靠前後兩名篙師操縱，身處其境，彷彿自己就是醉漢，東搖西擺，看看船頭在漩渦中要觸山了，那知船梢的一篙，千鈞之力的把那船「弄軟了腰身」一般，明明是猛向左邊山脚撞去，霎眼間，船已化險爲夷，出之字山峽在喘息中了。

忽有所悟，人應該迷信「生死有命」這句話，于陵不會死的，最多以後過輪椅生活。她現在沒有捨不得這捨不得那的女人味了，不是已悟了一半。我回過頭去看了她一眼，安詳地閉着眼，不覺輕鬆的舒一口氣，眞想天眞的告訴她：船頭的山水，咱們各領其半，已逝的日子，你向船梢望去，複叠着的山水只有圓的艙門那麽大小，還想它幹嗎？

出神不到半小時，又是一個之字形的急水灣撲來，船正向左舷山脚逼去，對這十分刺激的醉漢形狀，心情解放下，有二十分欣賞了，意味着船頭或船梢的一篙，將在千鈞一髮間，使這小船飛出峽外，那知這次醉漢脚步踉蹌，連搶救的最後一篙也不能「點鐵成金」，眼看船要向山脚撞個正着，自知非常鎮靜，不能驚叫，嚇了病人，我不會泅水，于陵動彈不得，方才想到的，生死有命，這對夫妻不死於敵機四次投彈，原來要一同葬身於崇溪之中。

用得上，說時遲那時快，船在兩根竹篙下還是減低不少撞力，蓬的一聲，船沒有一截爲兩，進水很快，沉了，船沉了，一個半身不遂，一個不會泅水的也沉了，死神這時必已準備歡迎我們這對患難夫妻在沉船中，進入它的世界！

兩個船夫當然不會死，還最後聽得他們的互怨之聲，我也死了瞑目的，因爲聽到了出事原因，兩人都是患瘧疾才好，眼前雖然沒有發燒，畢竟手腕乏力打了折扣，不是失敗於弄舟的沒有經驗，是眞正的天亡我也。

船不是往下沉嗎？于陵怎麽不出聲？水已淹到她睡的木板邊緣了。

就在這世界末日到來前，九死一生中的一生閃現，先有一條船，大概也是這情形下在這個峽之間沉沒，我們這條船正好擱在沉船上面。弄清這情況後，涉水到于陵面前，以死不了的語氣和苦中得樂的神情講述遇險經過。

那知她又有一變，豈止沒有了女人的婆婆媽媽，大澈大悟到「不死即是罪」的境界，伸手就碰到水，她拍着水對我說：「你去幫助船上人救船吧！當心滑倒，船夫可不來救你的。」這話事後想想，多有深意，而她自己與水只一線之隔，反滿不在乎。她是回教徒，我想教義對她起了一定的作用，雖說嫁一個不信回教的是「背義」，但那是戰時，爲此她也說過一句笑話：有愛情存在，就沒有宗教歷史！

化了半天時間，使船浮起，左舷撞了個大洞，船上居然備了修船工具，置之死地而後生的精神，勉强補好，在第一站的一個村上再加「大修」，總算不及一週安抵南平。

崇溪到了建甌，滙合東來的東溪，再南下已易名建溪，也有二十多個險灘，由於水深河面濶，灘之險惡尤甚於崇溪，在抵南平前約半日航程，有個灘眞是匪夷所思，船在江上行，突然下沉三十尺左右，看似順水下竄，稍爲不愼，船會打滾，這比觸礁更慘。這一險盡人皆知，所以早作心理準備，像電梯下降那樣過了這關，南平已在望了。戰後十年，中共在修築鷹厦鐵路前，已將閩江上游和建溪與沙溪的所有險灘，全都炸平，現在小輪已可在福建山地横行無阻。

將于陵移上担架送至省立醫院，第一天就辦妥一切住院手續，南平也是市內有山的，醫院在山上，設備僅次於福州教會辦的協和醫院，但已是全省之冠。我們住的二等病房，一間房兩張床位，空氣好，環境更佳。醫院不先收錢，那封公函相當有效，我先和一位秘書打交道，他安我心，即使收錢，也只是住與吃的費用，針藥及手術費，一定給你免的。

第二天很早就是警報，醫院裏的人不由分說把全院病人送進防空洞，這醫院在一片濃蔭中隱蔽，而南平市中的小山又多，日機不會濫找目標，所以我沒有躲警報，于陵深知我個性，戰爭以來從未進過一次防空壕，何況南平不同於崇安，距戰場已遠，來自閩江口外的敵機，縱是偵察性，也不會飛到南平來浪費汽油的。

警報解除後，立即為于陵照X光，這是生死關頭的診斷，設備如此完整的醫院，我信任上下工作人員，對神經中斷一定有辦法可以接合的。

可是主治她的那位外科主任醫師（他是副院長，東北人，姓王）看了X光片後單獨和我談話，從他那深陷的眼眶和粗濃的眉毛顯示的神情下，已知凶多吉少，他指着照片用低沉的聲音說：

「一根碎骨壓斷了神經，這部位不能動手術，會影響生命，縱然施了手術，也無法接合神經了，一個人癱瘓以後，只要情緒不壞，絕無迸發症，你看需要不需要告訴你太太？」

「如果我堅持動手術你不反對嗎？」

那位外科主任醫師說了眞摯感情的話：「動手術也不能減除她那痲痺的痛苦，何況還有手術台上的意外。」

沒有理由瞞住于陵，我將醫生的話講了，她的希望完全破滅；但將近一個月的生死交戰的痛楚，她越來越沉着，為了不使我同陷苦痛中，她總是表現了不畏懼挫折的精神，不絕望，不抱怨，好像不知有多少個明天在歡迎着她！

當再有警報醫務人員準備抬她進防空洞時，給她說服了：「我是個沒有救的人，我的先生也是從不進防空洞的，讓我們在一起。放心好了，敵機已經炸成我這個樣子，不會再來炸了！」

不知是那一位護士小姐跟于陵說的，神經的確自己會再擴張，說不定自動會接合。她也明知不可靠，却帶幾分喜悅之情告訴了我。

醫院對這病人的精神負担也不輕，每天早晨的會診，院長副院長一大羣，絕不是敷衍，問得很仔細。

我怎會死這顆求治的心，帶了那X光照片趕到福州，通過當地軍政人員的介紹；但協和醫院憑照片的診斷，與省立醫院所得結論相同，治不好，已非手術可挽救。這倒是割了我心口一塊肉，再不想盲人騎瞎馬，硬要使無救的人有救。當時心理上一鬆散，彷彿自己換了一個人，趁在福州之便，痛痛快快玩上了一個星期。正值德國駐福州的領事下旗回國，拍賣所有東西，那位警備司令；一時竟記不起他的名字，也是長官部外放的，而顧祝同與馬樹禮的太太都在福州，不知如何給了我一張優先入拍賣場的派司，在內溜了一轉，買下三樣東西，一是小巧玲瓏的鬧鐘，二是兩個獸毛的坐墊，三是鑲K金不打火可以吸烟的烟盒。會場上後來遇見馬太太，看到那鬧鐘就說，當時稍一猶豫未買，再去時已沒有了，那知是你買下的。互不沾光，她以原價在我手上購去至於一對名貴的獸毛坐墊，其後送與宦鄉，只那烟盒保存到勝利後同上海，與朋友交換一支牙柄的裝飾手槍。

回南平，于陵早不重視此行得失，付之一笑，聽說我玩得痛快，她倒很高興，事實上我們住在醫院後，她可以扶着半靠在床闌干上，有說有笑的，那會心理陰沉的想到病情上去。

經濟應該有問題了吧？醫院掛着眼，吃住不付錢，可以得過且過，但也不盡然，我要使于陵病中不寂寞，教她過「奢侈生活」，慫恿她吸香烟，那烟在當時南平是最貴的一種——十支裝紅錫包，俗稱小大英，是從上海走私，自上海運來的，一天她可以抽十支。另外雇一個針灸醫生，每日作探病狀，實際是打針，針灸制穴，本來可刺激神經，這原理適用於于陵的病情；可是她已痲痺半身，曾在上身施灸，已不起作用。本來畧有積蓄，崇安遇炸後，蕩然無存，在南平維持生活的是向報社預支的三個月薪水，然而怎樣應付這些額外支出，例如福州七天的恣意享受，以及搶購拍賣的東西呢？說來這又是生死有命，無意中於南平認識一位在浙江公路局做事的處長之類的朋友，大概有點錢，浙贛路戰事才爆發，他一家從從容容遷到南平來以度晚年，及至戰事蔓延到江西，南平形成「小上海」，後至的，不論識與不識，好多事借重他，因此形勢造成他的地位不低。如今，我只記得他的外號叫「K」，並非指「十三點」，這是「沙蟹」台上來的，他有個習性，凡是K的底牌必搏，得或失，均會加深同賭的人印象，於是K與老K就這樣叫開了。更因他是公路局高級職員，戰事一發生，司機最吃香，南平是沿海都市，經過這裏的司機還不算抓生死大權，但他們的收入出奇的驚人，因而畸形的成了都市繁榮的主力。K的家裏；一般人都喚之爲K公館了，天天高朋滿座，主人好玩沙蟹，暴發戶的司機正愁無處化錢，連不會的，也趕時髦學習。我就這樣認識K後，又遇上打不來或技術原來不好的這羣「司機老爺」在桌上慷慨輸將，小勝接大勝，滾雪球似的，一塲大一塲，約畧估計，前後四個多月，贏十根大條即一百兩黃金，這越變越好的經濟來源，也跟于陵說明白的，沙蟹多數在下午傍晚開始，午夜以後因在戰時，行走不便，我雖不受限制，往往也還就他們，賭到天明了。

自福州歸來後，浙贛路戰事好轉，沿線城鎭次第克復，前線日報又自建陽遷回上饒，報社不明瞭我在過兩重生活，在病房內的心是沉下去的，上了賭桌，跟一羣暴發戶週旋，又拚命製造嘻嘻哈哈氣氛，同時錢可通神，我也開始像財神般散錢了，加上南平的人事關係，（警備司令是湖南人，很多事幫了我的忙），相處得好，有人誤會我做生意長袖善舞，消息既傳到建陽和上饒，竟然下十二道金牌似的限期歸隊。

要我拋開太太回工作崗位，怎麽也說不過去，盛怒之下，我寫了封辭職信，不幹了。這事爲報社同仁秘密壓下，未將此信上呈，經理邢頌文（現任台灣中央日報編輯）寫了封信來勸我去建陽住幾天，不必返上饒，這樣仍可朝發夕至，到南平看顧于陵的病的。

徵得于陵同意，事實上她也一再勸我不要因私誤公，反正她的病沒有希望，現在已連精神都痲痺了，過一天算一天。如果留在建陽就好，她更加放心，必要時一個電話，第二天就可趕來南平看她。

什麽事沒瞞她，就是跟報社鬧蹩扭未說，那時公路車不再時有時無，署作安排，回到建陽，那已是改爲分社了。（第二次自溫州外借歸來就任分社主任，這回等於給我精神屈服，終於拋了病妻，棄私爲公而已），呆了十天左右，于陵請醫院給我一個電報，說是病況惡化，請速即赴南平。

我不在她身邊，病情可能劇變，不理報社反應，第二天回到南平省立醫院，病人確乎有變，只是不若電報上的嚴重。

這一來一去，堅定了于陵的必死決心，她知道這樣拖下去會拖垮我的一切，人已瘦到不成其形，自然離不開醫院，而醫院每天還得給她打營養針。副院長和那位秘書，不時勸我想開些，希望她早日安詳的在睡夢中一去不返。作爲一個醫務人員，這也是最仁慈的暗示了，然而我有什麽辦法離開她，由着她長住在此？

自知「殺伐不重」，但看到螞蟻，必置之死地，何以對此小小生命有大大仇視？只因有一次山下歸去，進了病房，太太那條床單上，有一行螞蟻連接至床下，一是護士替她洗滌不清，二是整個下午未有人進房。病人當然不知螞蟻也乘人之危，我一句話沒說，閉了眼睛作殲滅戰，于陵不知我在搞什麽，事後也騙過了她，說是床單上有污漬，不使你知道，把它乾洗了！以後我通過醫生，規定白天必須兩小時內看她一次。

于陵終於撒手人寰，擺脫痛苦，留下一個苦笑的笑容去了，她是服安眠葯解脫的，也是醫院默許她這樣做，在她枕下給我的遺書中還是那麽說：我不能拖累你，你對我的安慰與愛，只有來生圖報。有兩句是她從未在病中講過，那是：所有對不起我們的人，你要寬恕他們！這是慘案發生後的事，他們的確可惡，但遵守她的遺言，改變了我的做人態度，對所有以德報怨的人寬恕再寬恕，已寬恕了三十年！

紀念于陵之死，出版了一本「夢外集」，她遺書的全文以及我在前線日報副刊上寫的整版一篇悼文是全書重點。勝利後，出版商徵得我同意，易名「太太專車」在上海再版，那出版社的手面很大，在上海大公報復刊的一天，刊了所印行的書目全版廣告。不幸襆被南來時，恐怕沿途有阻礙，不但未帶此書，即連我的結婚照片也不敢放在箱內，因爲証婚人副政治部長馮劍飛穿的是軍裝，而我兩人照的又不放在上海，一時也來不及携帶。

眼淚早已哭乾，我答允醫生的請求：于陵生前表示過願爲研究神經系的醫生提供材料，她同意死後解剖。

「我們要留下一部份體內的東西。」那位副院長說。

「只要有助於此後患這種病的治療，這不好算犧牲，而是一種貢獻，我允許你把于陵的精神長存在醫院內。」我的聲音嗚咽着要緊下山去辦後事了。

在南平有一位女同事許聞鎬，一直保持聯繫，沒有她眞不知如何是好，一個上午奔波，下午完成了入殮埋葬，那葬地選在北郊名勝區明翠閣的建溪東岸小山上，我盡我心，還是僧僧道道送她至墓地，立了一塊墓碑。遺憾的是中共建鷹厦鐵路，聽說車站即在明翠閣，又因建橋關係，這小山不知是否爲愚公所迫遷？

傍晚，有氣無力上山，醫生要給我看于陵的遺體一部份，心已十分脆弱，怎麽也沒有勇氣「看她一面」，語重心長告訴那位東北老鄉：「當我的經濟條件允許我時，一定我來南平捐一筆獎學金，爲讀神經系的學生繼續進修。」

醫生怕我住在這房內觸景傷情，硬要我服下一片安眠藥，這一晚我也是半死了過去的。

結清醫院賬目，我住到對山的中國旅行社，精神上不像凝固的一塊物體，總是迷迷離離，不是病也是病，有時半夜驚醒，喃喃自語：于陵那裏去了？她不痛苦吧？

東戰場的另一權威報紙署具地方性的是東南日報，也於浙贛路之役遷至南平出版，社長胡健中素無交往，僅因紹興專員邢震南之死無形中造成「不愉快」外，其他如總編輯錢式微，副刊編輯陳向平，國際版編輯蔣文杰，以及資料室主任錢今昔，都是無話不談的老朋友，尤以陳向平是曹聚仁介紹的，更爲投機，他們一致歡迎我進東南日報，同時另一份南方日報也有接觸，人總是感情動物，前線同仁拍來輓電致唁外，也促我料理後事歸去，考慮再考慮，終於因爲有感情，也不能不有感情的揮霍，沙蟹上贏來的錢尙有一點積餘；妻亡故後，勉力打了幾場，天還是有絕人之路，輸了，自認是生活藝術的再生，一開始爲什麽不變個「人人括目」？

大約一個月的胡天胡帝，記憶中糊上一頁彩

色的畫，沒有灰沉沉的威脅了，留閩？去贛？寫文章？當職業軍人？依然決定不下。

這時，東戰場的司令長官、副司令長官、浙閩省主席（江蘇主席在蘇北，安徽的皖南二十二縣屬三戰區，江西的大部份劃歸九戰區），以及集團軍司令在南平舉行作戰會議，重心是李默菴歸建三戰區後，擬將二十二個突擊營，滲透進杭嘉湖三角洲，響應可預見到來的盟軍在杭州灣登陸，同時可防止未渡江的新四軍殘部擴張，而最終標點則是萬一日軍垮了，這股深入敵後的新力量可起政治上作用，堵截不足爲畏可又不能不防的共軍來個「搶先接收」。會議是高度機密的，這個議題也非揣測，更不是事後的外洩，我是在顧祝同的隨員中所得暗示加以分析的結論，不然也不會有李默菴參加會議了。

舉行地點，在南方日報靠右經過一條短巷進入的一所別墅。最後一次會議時，顧的一位副官問我：「你要不要見長官？」當時一想，一見他必然有利於我，只是他有沒有時間召見？不管我怎麽想，副官拿了我的名片進去了。我就在別墅的草地上踱步。這位副官確是了得，會議一散，顧長官走在前面，他將名片遞上，說我就在外邊。本來前線日報直屬長官部，也不知見過我幾少次，炸死十八人的慘案發生後，馬樹禮代表過他向遇難家屬致意，我太太終於不治，死在南平，想來他也知道，所以匆匆忙忙在散會時，他接見了我。那位副官知道顧長官脾氣，所以有把握在這時候遞這張名片。

他們一行正步下會議場所的石階，我走上兩級站住，早已作好準備，不能行軍人之禮，那就完蛋，必須恭恭敬敬站在那裏聽話，豈非與我謁見的原意相反？見過幾次文人學者穿軍裝見長官的，妙在莊嚴中有輕鬆，如果按軍階相見，必十分拘束，甚至無話可談。

還是他先問我：「你的家眷故世了嗎？」

約畧報告了死的情形，他又問：「你在南平還有沒有事？」

「沒有事了。」這是眞話，也是順理成章的囘答。

「那你該還報社去。」他指的自然是前線日報。

頓了下才說：「我想留在南平。」

「囘上饒，」雖像命令式，面色很和順：「車子有問題嗎？……這樣好了，明天你搭我副官的車。」他轉過身，看了副官一眼。

無可無不可的表情，木然的神情，我向站在他後面的人望去，陳儀、黃紹竑、劉建緒等，這無反映的反映，唯有應「是」，才可使他們隨着前行的人鬆動，所以戲劇性的有背來意而結束這十分鐘的談話。

副官約了明天上車的地方與時間，當時一家老小離開江西；被炸死的那個女傭已五十開外了，現在囘去時，却只賸下我一個人。

（續完）

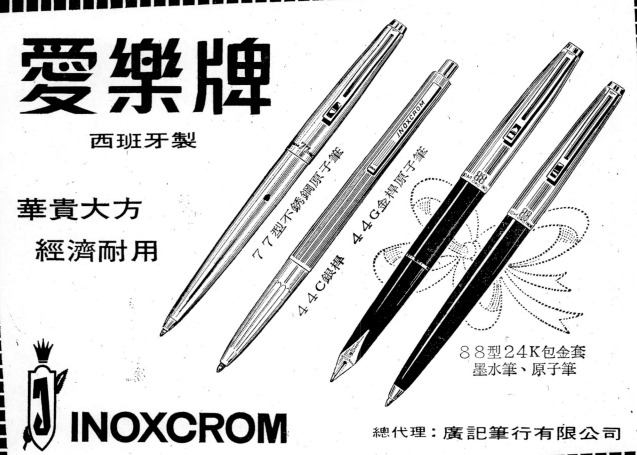

愛樂牌

西班牙製

華貴大方

經濟耐用

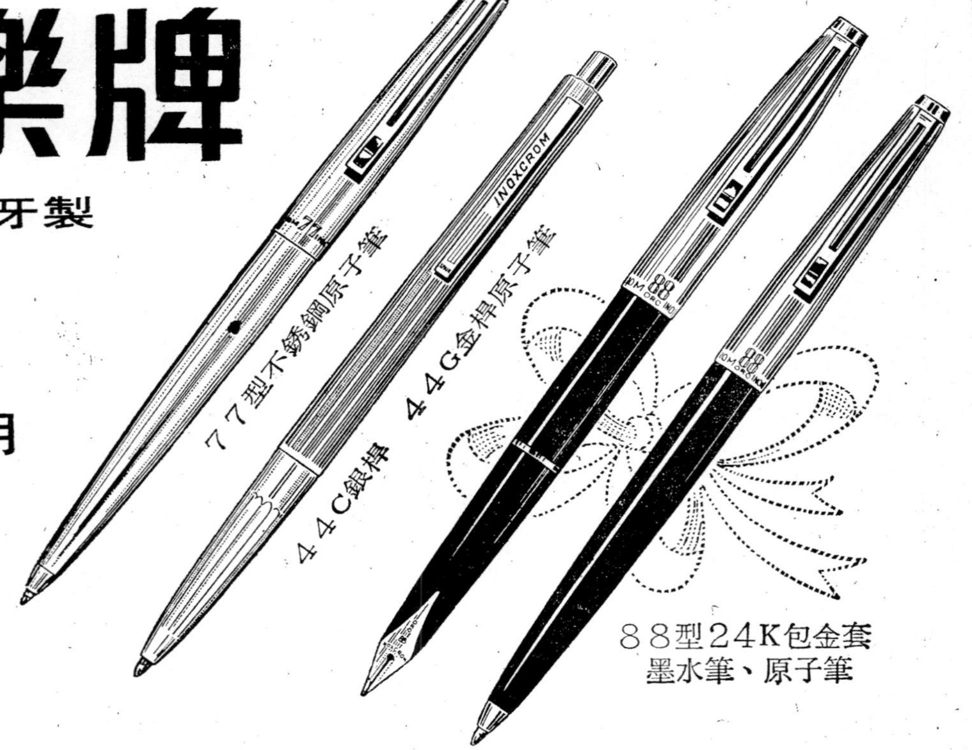

88型24K包金套
墨水筆、原子筆

INOXCROM

總代理：廣記筆行有限公司

馬場三十年

老吉

上期本刊寫到孫麟方向前工商處長以重價購進了劣馬「羅王蘭」，當時令欄邊客既震驚而又莫名其妙，因爲「羅王蘭」這匹馬的價值在當時絕對不值一万元以上的，可是孫君却因購入了此馬而令到工商處長大爲感激，結果便因此而使孫君達到了在香港，能繼承先人遺志，而開設了一家香港有史以來所從來未有的麵粉廠的願望，這是孫君的偉舉，也是香港的光榮。在一九五四年香港麵粉廠在干諾道西開幕之日，參加的親友，都能看見廠房的大門口，樹立了一座孫老太爺的半身銅像，下面還有石刻的文字，詳詳細細的說明孫君開設這家麵粉廠，是爲了竟先人之遺志與開闢香港工業上的歷史，但同時孫君對本港賽馬之興趣仍未稍減，直到馬會當局立例限制馬主養馬數目，同時，他的心腹騎師莊洪康君墜馬昏迷，而另一騎師司馬克又墮馬身亡，令孫君心靈上受了打擊，這時候香港麵粉廠因獨市生意而盈利不貲，於是孫君便進軍東南亞，一方面在馬來亞霹靂設立馬來亞麵粉廠，另一方面便在那一邊再成立「孫氏」馬房，因爲在星、馬養馬，着實比香港爲容易也。

各位須知，全世界賽馬會，馬主養馬，可以自己買入馬匹，自己管理一切，在各地馬場上陣時，只要條件合適，便可參加競賽。唯有香港是最最特別的，因爲，香港賽馬會有全權管理和支配一切馬匹，馬匹由馬會向澳洲或紐西蘭運來，馬會會員交費申請，全部申請書交到馬會之時，由董事會分別察閱，如果認爲合格，然後有資格參加搖珠。可是，這並不是說明一定有馬可得，譬如，馬會定馬一百或一百二十匹來港，申請的會員有四百名，當局剔除了認爲此次無資格得馬的一百五十名，還剩二百五十名。但是，馬匹只有一百或一百二十匹，而其中，硬性規定董事如果也申請配馬，當然一定有馬，於是乎去了十匹八匹；還有上季搖得馬匹中有幾匹劣馬，跑來跑去都不能得到分文奬金者，馬主可以送給馬會做脚馬，而且可以有優先權下屆再配一匹新馬，以示補償。這裏，又失去了十匹八匹，於是乎變成二百五十名申請搖珠配一百或八十匹馬，搖珠落空者雖有資格養馬却仍是落空，因而到最後就變成一百或八十名配一百或八十匹馬，（因爲董事與上屆未得分文奬金而再申請配馬的馬主，皆有優先配馬資格的），配到的馬匹，第一班或第八班就要看你的幸運，因爲配一匹新馬如此困難，於是乎馬價漲到天咁高，盤盤聲，黑市搖馬與黑市賣買自然難免，可是一切管理集中，馬主雖然有馬，自己却不能自由養馬，總而言之，一切都歸馬會管理，這便是全世界賽馬會只有香港是突出的，同時，因爲香港最公開的賭博，最出風頭的賭博是賽馬，因而馬主也管不了這許多，配到一匹新馬已是心滿意足，那裏再去理牠自己養還是由馬會養，求其有馬頭拉，有奬金得，或者可以賭博一下，就算數了。

孫麟方香港不養馬，便到馬來亞去養馬，一方面進行他的馬來亞麵粉廠工程；廠房竣工出貨，大馬主也做成了，香港限止他養馬，他到星、馬去養馬，你們又其奈我何，於是乎孫麟方搖身一變而爲星、馬大馬主，幾乎可與「邵氏」並駕齊驅了。

記得新加坡邵氏兄弟公司的總裁邵三哥仁枚有一次到香港來，剛剛逢到跑馬，他和我同去馬場觀賽，此後便問我香港做馬主的經過，我詳告他一切，他大搖其頭，認爲自己的馬匹而自己無權管理，馬匹又有種種限制，可說是一個怪現象，此後他再也不進香港馬場，因爲他對此地的馬場興趣不高，認爲不及星、馬自由得多也。（邵仁枚是現在星洲賽馬會的主席）。

孫麟方爲馬來亞設立了一家星、馬從來所未有的麵粉廠，霹靂王認爲這是他們的殊榮，於是乎頒了他一個「拿督」的銜頭。

在香港的港九餅干麵飽糖菓同業公會同人，以前已經多得香港麵粉廠不少，這一會孫君受封爲拿督，少不得要爲他慶祝一番。

在去年的一月二日他們便假美麗華的萬壽宮爲孫麟方開一個慶祝會，這一個會期是早在一個月以前所預定的。

當然，老孫興高彩烈了，因爲公會同人，多數是廣東人，所以他的演說謝詞也以講廣東話爲較好，可是孫君雖然在香港多年，廣東話却講得不大好，各位早已見我寫過，他是一位個性十分堅强的人，爲了這篇謝詞，他化了很多時間，先寫好了北方話，然後請公司的廣東籍職員之精通文字者，譯成粵語，再請這位廣東籍職員以粵語錄音成爲聲帶，然後他再化了幾天時間，開了錄音機將粵語反覆的學習，而且要學到全部記得，以便在那天的晚宴席間，可以不拿演講詞原稿而將全文講出來，以謝當晚的全體主人。

孫麟方與他令弟麒方，難得一起拉馬頭，這是一張一九五六年四月七日第九班馬「雪艷」贏馬後，他們兩兄弟同拉頭馬留影，騎師是莊洪康君，練馬師是趙阿毛君（在麟方後面），「雪艷」穿的號衣是「麒方」的號衣，因馬主是麒方也。（老吉誌）

多年來他的努力成功，自不免心力交瘁，先三年雖患有輕微的心臟衰弱，可是他自恃體健素强，滿不在乎，不料，死亡之神，就在這時候，降到他身上來了。

當晚，在同業公會主席致歡迎詞之後，孫麟方便起立致謝詞，用他强記的粵語演講，講了差不多有三分鐘的七、八成廣東話，自然，在他講完全文而再話一句「多謝各位俾面」之後，在全體鼓掌聲中，坐下貴賓位。

就在這個時候，他忽然倒了下去，同席的各人嚇了一大跳，只見他面色轉變，原來因緊張過度，心臟病突發，這一位馬場的名人，就在這一刹那間與世長辭。

好在麵粉廠事業，香港已開設了將近二十年，老臣子像張惠祖、余麒等各位，輔助麟方的令郎以倫、以文昆仲，蕭規曹隨，綽綽有餘。至於馬來亞方面，麟方夫人指揮若定，而且她還在去年秋得到了女拿督的榮譽，以倫兩面走，變成搭飛機好像坐巴士。

至於孫麒方兄，今年更自設了大東貨倉公司，對香港麵粉廠方面，雖然是繼任總經理，因一切早已上了軌道，所以只要「電話」指揮，已經夠了。

孫麟方兄之在香港，因養馬而開麵粉廠，至於事業成功，然後又因心臟病猝發逝世，一切起因，皆與賽馬有關，可稱始於馬而終於馬了。

我在本文曾經屢次的提到蔡克文與莊洪康兩位，還有兩位是陳杰與洪燮康，他們四位，在十幾年前馳名馬場，大家都叫他們少壯派四小將。

在快活谷中，四小將第一個騎馬的是蔡克文君，莊洪康君第二，陳杰君第三，最後的才是洪燮康。但最後退休的也是洪燮康君，因爲在上屆他因自己的公司業務太忙方才掛起馬靴的。

現在，陳杰君在小呂宋經營保險業務，聽說他是當地於仁燕梳（保險）公司的經理，而莊洪康君則也開了一間莊洪康股票公司，可是，蔡、洪兩位則不同了，蔡君是馬會的計時員，自己經營棉花事業，同時，馬會中，有許多中、西馬主的馬匹，請他代爲管理，譬如「山」字頭馬、「藍色」字頭馬（馬主是楊勝惠君），以及陸菊森君與唐翔千君等的馬匹，皆由蔡君管理。而洪君則除了洪燮康股票公司之外，「快車」馬（馬主是劉漢棟君）、「鳥」字馬（馬主是楊元龍君）以及葉謀遵君的馬匹，都由「小洪」做軍師。

我先講蔡克文君的一切。

蔡君是廣東中山人，聽說與陳杰君不獨是鄉里，而且還帶上多少中表關係，他是四小將中，與陳杰是第一個及第二個在香港馬場揚威者。

蔡君是在一九五〇年以紅牌生資格上陣，當年贏了兩場，各位或許記得，在未實行職業騎師賽以前的香港馬會，見習騎師（紅牌生）之未贏過頭馬者，出紅牌生賽可減五磅，贏過兩場頭馬而爲賽馬董事批准公開賽時，可減七磅，到贏過三場頭馬後，出公開賽可減五磅，贏過六場頭馬之後，可減三磅，直到贏滿十場頭馬，就變成了黑牌大師傅，無磅可減了。可是從上屆改爲職業騎師賽後，以前本港的紅牌生，一樣無磅可減，等將來馬會訓練出來的騎師上陣，方才有磅可減，但是方式與以往不同，這一件事，非一朝一夕之功，起碼要再等兩三年或者再多一些時候，本港賽馬，方能初次看見有見習騎師上陣，現在還言之過早哩。

因爲蔡克文年富力强，騎在馬上的姿態和鞍、韁，都能把握穩健這兩個字，而且頭腦靈活，所以到一九五一年，一年中一共贏了十四場頭馬，除了八場頭馬，加上五〇年的兩場頭馬，贏足十場而升爲黑牌大師傅之外，竟然還能贏多六場頭馬，此外，他還得四場二馬與十一場三馬，可惜他落第的場合，那一年有九十場之多，但以一個紅牌生而有如此多的馬匹上陣，在當時已可以算得奇蹟，不過，九十場落第馬，在那一年還不算最多，因爲落第最多者，却是大師傅愛夫（F）諾脫君，諾脫君是兩兄弟都在香港騎馬的，他的老兄是A諾脫君，兩位以前都是上海來的騎師，愛夫諾脫後來申請做練馬師，得到馬會當局批准，這是香港馬會幾十年來直到今天的創舉。因爲至今尚無一位騎師申請做練馬師而能得到馬會當局批准者，好像以前的冠軍騎師郭子猷君，也曾向馬會申請改任練馬師，却未能蒙當局批准，現在改爲職業騎師賽，英、澳大把有名練馬師到香港來，本港騎師想一申請便蒙批准，恐怕決不會成功。聽說郭君不得已，又與陳毓麟君申請想做副練馬師，如果屬實，且看馬會當局，能否批准，因而F諾脫至少是本港空前的由騎馬師成爲練馬師者，至於能否成爲絕後，則要看將來，我以爲將來也未必能再有這樣奇蹟發現了。F諾脫君在一九六二至六三年度賽馬終了之後，辭職舉家移民美國，不到三年便在美逝世。其在港最後一年，在皮洛夫（現已退休）、張學文、趙阿毛（現已退休）、朱寶明、李殿林、林雲亮（現已退休）、美圖惠利、吳志霖、貝爾波夫（現已退休）、羅達尼（現已退休）、蘇芬諾夫、托麥考夫（現已退休）、王筱紅（現已退休）等與愛夫諾脫當年十四個馬房中，愛夫諾脫在全季中是得頭馬最少者（只有七場頭馬），大約因此之故，他就辭職赴美了。其兄A諾脫君現任馬會助理發令員，已有多年，比較起來，幸運得多了。

蔡克文在贏了十場頭馬升爲黑牌大師傅之後，第一場贏頭馬是在只隔一個星期便再度奪標，這一匹馬的名字叫做「長槍」，是第九班馬，小蔡爲牠一贏，此馬便救出了生天，而升上了第八班，可見小蔡眞有一手。跟住他在一九五一年十月八日那一天，竟然贏了三場頭馬，那是第五場的第二班馬「碧茜活」，第六場的第八班馬「鐵馬」與第九場的第二班馬「夷狄」，可是，這三場馬都是第一、二熱門，也可見小蔡在那時，已得到了一般馬迷的信心了。

在此以前，蔡克文所贏的頭馬，都是贏來輕易的，直到贏了上文所講的一天三場頭馬之後，跟着却再贏一場十二分辛苦的頭馬，時間在十月二十日的第三場，他騎第九班馬「隨意」跑九化郎，直路上，與當年的大師傅阿圖茂所騎的「鐵軍」鬥足了半條直路，結果，「隨意」（一四七磅）以短馬頭贏了「鐵軍」（一五九磅），因爲當時已有了「電眼」，所以這是由電眼照片所判決的。

「隨意」是棗色馬而「鐵軍」是灰色馬，所以電眼照片，十分明顯，蔡克文對於這一次贏馬，眞是十二萬分的高興，同時，並託我爲他設法，將記者廂房所得到的這張電眼放大照片，送給他作爲紀念。（因爲那時候新有電眼映相，所以逢賽事要勞動到電眼，記者廂房必有一張以備記者們參閱，這種相片，一直是由我保管，可是在大家看過之後，也就變成了廢物，到現在，因爲看得多了，記者廂房便取消了這張照片，也無需要這張照片了）。這在我是輕而易舉的事，所以我在賽後的第二天，便將這張照片，送到了小蔡的寫字間，當時小蔡在陳顯旋兄（也是當年馬主之一，他的令公郎，兩位都是騎師，一個是已故的陳鴻禧君，另一個則是陳霖禧，因老大逝世，老二現在已是顯旋兄的將來繼任人了）的公司中辦事，地址是在現在的連卡佛大厦四樓，小蔡一見這張電眼照片，開心之至，當然「多謝」兩個字，是免不了的，此後便將這張照片（有八乘十寸這樣大），立即放在他寫字枱的大玻璃下面，作爲他那一次贏馬而要勞動電眼分勝負的紀念。在此之後，小蔡再爲一匹第九班馬「雅都罕默」贏頭馬，可是，雖然將此馬救出了生天而不致淘汰，却因馬會當局在此後年度，改爲一九五二至五三年作爲一個年度，並且開多了第十班A與第十班B，「雅都罕默」雖然在第九班贏了而未被淘汰，却不升反降，到這一年度，變成了第十班A馬，當然，以後也免不了淘汰之苦，劣馬無大用，必然之勢也。

蔡克文大出風頭之時，也是在一九五二至五三年度，這一年度的上半年（五二年一月至六月），王筱紅馬房中，得到了一匹當時的好馬，馬主是蘇沙拍賣行的蘇沙兄弟，我在前文也曾提起過他們這對雙生子（孖仔），各位或者還記得，王筱紅是信任小蔡的，馬主兄弟對小蔡的騎術，也有相當認識，於是便請小蔡爲他們的良駒「博落」（KNOCK-DOWN）（這名字是拍賣行的術語，意思是一鎚擊落去，拍賣便成交）執轡，也是小蔡行運，單單一個上半年，「博落」便連贏了四仗，從初次上陣的希望賽，一直贏到「打比」爲止，四戰四勝，爲馬主得了一萬五千二百一十二元獎金，這數目，在二十年前已是難能可貴了。（「博落」贏「打比」，比「金谷鈴」先了兩季，中間一季的「打比」頭馬是司馬克騎的「拔萃」）。

跟着在一九五二年下半年「博落」上陣五次，又得了三次頭馬與兩次第二，先得「搖會馬冠軍賽」一哩七五，再得「香港聖立治賽」一哩七五，兩賽俱只有三駒同場，前者派獨彩五元九角，後者竟熱到只派五元一角，因爲只有三匹馬跑，沒有位置而只有獨贏票發售，「博落」佔了一萬三千一百四十九票，同賽的「草場清溪」（郭子猷）跑第二，輸了一條街，負票一千二百八十六張，「統帥」（李世華）再輸兩馬位，負票八百三十八張，馬場這一回，有人以爲要虧本，其實，馬會是永不做蝕本生意的，不過將抽得的佣金，賠多少出來，也即是賺少一些佣金而已。

隔了六個星期，「博落」出公開賽「秋季冠軍賽」一哩二五，平磅大家負一四七磅，七駒上陣，當年（一九五二年）馬會的頭等好馬，全部上陣，所謂「三王聚會」即是「空中霸王」、「螢火」與「博落」，欲知勝負如何？又要下次再談了。

（二十七）

麻將家庭

【對口相聲】

・賽寶林・

甲　學徒上台，伺候您這麽一段相聲。

乙　說些什麽？

甲　無非是說噱逗唱，讓各位這麽一樂。

乙　今兒你打算說些什麽？

甲　就說說我們家的事情。

乙　誰都有個家，家家都一樣，這不能算是相聲的題材。

甲　我這個家庭可跟別人的家庭不同！

乙　怎麽個不同法呢？

甲　我們家是個麻將家庭。

乙　怎麽？你們家是麻將家庭？此話怎講呢？

甲　先別說什麽，就說我三個兒子的名字，你別害怕。

乙　我不信，這名字嚇不倒人，他們都叫什麽？

甲　大兒子叫三元，

乙　喲，大三元，好！

甲　二兒子叫四喜。

乙　所有的好牌全讓你們家拿去啦，那麽，老三呢？

甲　他可是老么啊，叫么九，

乙　喝，全么九，眞行，

甲　可是我媳婦兒心裏總不舒服，

乙　爲什麽呢？

甲　因爲三缺一呀！

乙　合算你就是三個兒子，

甲　就是呀！

乙　那趕快再生一個呀，

甲　你當是機器呀，說生產，就能生產，

乙　那怎麽辦呢？

甲　我媳婦兒想出一個辦法來，

乙　怎麽？

甲　她收了個乾兒子。

乙　噢，湊上四個搭子了，那這個乾兒子又叫什麽呢？

甲　這個乾兒子的名字可好着哪！他叫百搭。

乙　眞不錯！

甲　這天我媳婦兒睡到中午才起來，要是沒有人約她打牌，她還睡，她一下床可就說話了，

乙　說什麽呀？

甲　「怎麽，本來是對碰的，怎麽成了單吊啦？」

乙　怎麽，一起床就打牌呀？

甲　不是，她是說那雙拖鞋，

乙　拖鞋也會打牌？

甲　不，她一下床就發現她的拖鞋祇剩下一只了，

乙　噢，原來是這麽回事，

甲　後來總算把拖鞋找回來了。

乙　單吊抓對啦！

甲　她一出房門，我那個小兒子——么九跑過去了。

乙　幹什麽？

甲　他是要問她媽拿錢買書，

乙　怎麽不問你拿呀？

甲　我們家是太太當權，內閣總理兼管財政，

乙　兒子問媽拿錢買書，可是這個「書」字犯忌諱，

甲　是呀！但是我這個小兒子他有辦法，

乙　他有什麽辦法？

甲　他把這個「書」字反過來說，

乙　反過來？

甲　他說：「媽呀，今兒個我要買『贏』，」

乙　好！眞有他的，

甲　他媽聽見兒子問她要錢，可就有點不高興啦，還沒出門兒哪，就要掏錢，說什麽總歸不吉利，

乙　對呀，

甲　可是我那小兒子眞會說話，

乙　他怎麽說？

甲　他說「媽呀！您今兒怎麽老帶着淸一色呀！」

乙　怎麽你太太帶着麻將牌在身上呀！

甲　不是，他媽今天恰好穿着一件青顏色的旗袍，

乙　你這個孩子眞會說話！

甲　她媽一開心，就掏錢了！「要多少？」

乙　（學小孩口吻）「十五元。」

甲　「拿二十塊去。」

乙　眞大方！

甲　就是這句淸一色講對了。

乙　孩子是機靈。

甲　這孩子拿着錢一高興就往外跑。正跟女傭人端着飯菜的盤子碰個正着，嘩喇一聲，連盤帶菜，全打翻了！

乙　那怎麽辦呢？

甲　菜還在其次，有一個大湯碗可挺値錢，女傭人趕緊就拿着這破碗片兒在那兒湊，

乙　那怎麽湊得起來呢？

甲　是呀！我媳婦兒說湊什麽呀！都成了十三不靠了。

乙　好，又是麻將詞兒。

甲　是呀！

乙　可是這菜都糟塌了，這餐飯吃什麽呢？

甲　我們這女傭人眞有一手，

乙　怎麽？

甲　她知道太太吃了飯趕緊要去打牌，不到十分鐘，菜又擺上來了，

乙　一個菜？

甲　不，一桌子。一桌子都是罐頭食物。

乙　都是罐頭，

甲　是呀，我媳婦兒不高興啦，說怎麽一桌子都是罐頭呢？

乙　是呀！

甲　可是這女傭人已然摸着我媳婦兒的脾氣了。

乙　她怎麽說？

甲　她說：「太太，您吃了飯不是要去打麻將嗎？我這是給你一個好兆頭，」

乙　此話怎講？

甲　「這滿桌子都是罐頭，也就是滿貫哪，吃了滿桌子的罐頭，也就儘胡滿貫啦！」

乙　一派胡言，別挨罵啦！

梅蘭芳生前死後

·葦窗·

梅蘭芳赴美演出前在上海大舞台所攝
（呂祥麟先生贈刊）

梅蘭芳先生逝世迄今，已經十一年了，最近仍有讀者來函詢問關於梅蘭芳當年在香港演出情況的，但我那時也不在香港，因之在半月之間，先後訪問了曾請梅蘭芳在香港灌唱片的梁基浩先生、梅蘭芳在香港利舞台演出的戲院經理袁耀鴻先生以及好幾位和梅氏有關久居香港而且愛好戲劇的老友，綜合報導如後；另外要感謝的是名琴師馮鶴亭先生，他是第一次跟梅蘭芳劇團到香港來的成員之一，他提供給我的材料，就是一篇翔實的報道。

往來香港廣州

『民國二十年春天，梅先生帶了他的劇團到廣州和香港兩地作巡迴演出，由南洋烟草公司主辦，一切戲目、說明書，都有該公司出品的香烟廣告，聽說全團包銀是港幣十五萬元，可謂豪舉。梅劇團登場，每客奉送一本戲目，另外贈送曲本一冊，包括全部唱詞，和後來的小戲考一樣。那時這種小本子很名貴，因為在從前戲班裏的劇本是不肯隨便給人的，也是梅先生以身作則最先的創舉，這倒是給了劇團中一班基本演員的一個好機會，大家在廣州、香港搜羅了這些本子回上海之後，許多名伶名票都願意出相當的代價搜購，每人可以賺些額外的收入；附圖的一冊「天女散花」就是四十年以前的印刷品，除了梅蘭芳主演的天女之外，還有朱桂芳演的花奴、王多壽演如來佛維摩居士、高連峰演小沙彌，李桐芳、呂硯琴演仙女，孫小山演文殊力士等。前場由張如庭演「珠簾寨」，金少山演「草橋關」。那時梅的劇團音樂組很講究，例如「天女散花」即分由二班場面奏樂，京戲部份由一位馬老先生打鼓，崑曲部份則由一位唐老先生打鼓，先京後崑。崑曲方面，另有一位吹笛，一位吹笙，京劇場面方面則由徐蘭沅先生獨擋一面；因為那次王少卿沒有來，由彈三絃的霍文元兼拉二胡；霍文元肚子很寬，梅劇團新戲中的插曲，都由他按譜。還有一位藝名瞎七的，名叫孫惠亭，專彈月琴，他是梅劇團音樂組的領導人，官稱場面頭，所有場面上的工作人員，全得聽他的話。彈月琴的人管的樂器很多，又得打鬧鈸，吹鎖吶，吹笛子，全有他的份，還要帶一把胡琴；要是琴師誤場，或是臨時胡琴絃線斷了，就要彈月琴的人接上去

梅蘭芳在穗港演出隨票附送曲本

拉，這是戲班裏的規矩；彈三絃的不會拉胡琴無所謂；彈月琴的就非會操琴不可，還得能吹，才能坐上這彈月琴的位子。徐蘭沅六場通透，能打能拉，有戲德，有人向他請教，知無不言，言無不盡。就以梅劇團此次在香港演出來說，有一天派了金少山的「刺王僚」，這齣戲的花臉唱工繁重，西皮倒板原板轉二六快板，不容易拉，我（馮鶴亭自稱）那時候初傍角兒，雖然我是金三爺的私房琴師，但是從前戲班中規矩很大，稱爲有王法的所在，要是沒有把握，決不敢上台伴奏，我也知道這齣戲不能胡來，祇好搬兵求救，親自趕到德輔道中新亞酒店，把原因講給徐先生聽，請他當晚這齣「刺王僚」辛苦辛苦，幫一次忙。徐蘭沅一口答應，並且說：「我來給您說說，還是你上去拉，我在你傍邊站着。」我是說什麼也不敢上去，徐先生說：「那麼今天晚上我拉，您在傍邊聽着，下次再演，一定要你自己拉了。」我唯唯受教，連學帶聽，方才把這齣「刺王僚」學會。金少山那晚唱得痛快，完戲之後，誇獎於我；因那時梅劇團用紗幕遮住場面，台上演員看不見音樂人員。我說今天晚上的戲不是我拉的，是徐大爺拉的胡琴，金三爺說：「小馮，就憑你動得出這腦筋，搬出徐大爺來教你，你就是個有造化的。」

那次登台先在香港利舞台演出，再去廣州海珠戲院演唱，回來唱高陞戲院，再去廣州，回香港再在利舞台唱，被稱爲利來利去。來回穗港，共唱六期四十二天，最高票價在香港賣港幣七元，在廣州賣國幣十元。那時廣州海珠戲院門前特別裝有擴音器，院內歌聲，全部播出，又有彩聲歡聲，戲院內客滿，戲院門外也擠滿了人，裏面叫好，外面也跟着拍手，正說得上是盛況空前。』

梅蘭芳昨天說 可能在港表演
逗留兩天就到東京去

外號還是那麼彬彬有禮的梅蘭芳

（本報專訊）中共訪日京劇代表團團長梅蘭芳，昨日由廣州乘火車抵港，同來者有副團長歐陽予倩及藝員姜妙香等數人，梅氏身穿淺褐色西裝，結一淺灰色領呔，頭戴草帽，足穿黃皮鞋，現年雖已六十三歲，但望之尚如五十許，且頂上並無一根白髮，誠爲養顏有術，當火車抵尖沙咀車站後，梅於下車時，揭帽向記者爲禮，態度彬彬，與其他共官不同，故頗給人以好印象，梅於接見記者發表談話時，首先証實昨日英文虎報所載渠將于回程經港時可能在港作數次表演，並謂渠本人亦希望此種可能見諸事實，梅繼談及此次東行爲第三次訪日，京劇團團員大部份爲北方人，抵日後，將分別在東京，大阪等五大城市作廿四次之演出，該團共有團員八十六人，大部份均于數日前經港赴日，至于樂器道具等則已事先由天津付輪運往日本，梅等在港僅留兩日，明日將乘英國海外航空公司客機離港飛東京。

一九五六年夏，梅蘭芳率中國訪日京劇代表團過港飛日，圖為當時報章所刊之消息，該團以梅為團長，歐陽予倩、馬少波、劉佳、孫平化副之。

在香港灌唱片

民國二十年，梅蘭芳來香港那一次，還在香港灌過四張唱片。這一家唱片公司，由本港紳商投資，定名爲新樂風唱片公司，主其事者爲李耀祥先生，李先生爲本港紳士，也是李耀記東主；股東有當時高陞戲院主人呂維周先生和娛樂戲院總經理梁基浩先生等

梅蘭芳（白娘子），梅葆玖（青兒）父子合演崑劇「義妖記」之「斷橋」

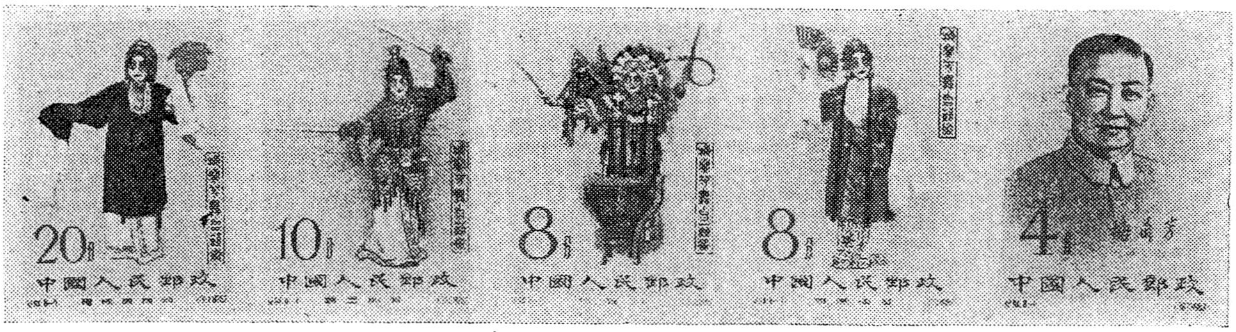

梅蘭芳紀念郵票（其一）

。那時的唱片還是七十八轉的，每面三分鐘，一共灌了四張八面，代價是每張港幣八千元，一共化了三萬二千元，這四張唱片的名稱如後：

一、「春燈謎」西皮慢板　兩面
二、「鳳還巢」快板（與姜妙香對唱）一面
「春燈謎」南梆子　一面
三、「三本太眞外傳」四平調　一面
「二本西施」二六　一面
四、「四本太眞外傳」反二黃倒板迴龍慢板　兩面

姜妙香那次也爲「新樂風」灌了一張唱片，唱的是「頭本太眞外傳」中的西皮倒板和慢板。

演出期間軼聞

提起姜妙香的演戲認眞，是梨園界所公認的，梅蘭芳在他的「舞台生活四十年」第二集裏提過：『有一次在香港演戲，我們住的是一個英國式的旅館，經理忽然跑上來見我，手裏拿着一封信說：「梅先生，這有一封本飯店旅客來的信，請你看看。」我接過來一看，是一個外國人寫給飯店經理的，大意是說：「隔壁九號住的一位客人，大概是有神經病的，每天夜裏，聽他在房裏嘰哩咕嚕說不完的話，我是有心臟病的人，最好請他換一個房間，免得妨礙我的睡眠。」我看完了，就猜出是姜六爺又在那裏用功背詞兒了。我向經理這樣解釋說：「這是我們劇團裏對藝術最負責任的一位演員，他是在房裏溫習台詞，並沒有神經病，等我來告訴他，請他多多注意到隔壁的旅客是有心臟病的，不要妨礙別人的睡眠，以後放輕了唸就是了。」』這是姜妙香在香港的軼聞，還有一件笑話則出在金少山身上。

金少山的豪爽，在伶界中找不出第二個，這次他到香港，帶了兩個傍角，打鼓會俊山，胡琴馮鶴亭。會俊山外號會狗，手裏很衝，一面班鼓，從上海帶到香港，被他打了三天就打破了，後來祇能買一面廣東戲班裏的小鼓代替。金少山那次到香港演戲，他的包銀在未動身之前，老早就化掉了，到臨走時，再向後台經理辦事人借支。好在李春林、楊玉樓二位管事曉得他這一套，早就留着一筆錢準備給他用的。到了香港，又要借錢了，借得他自己也不好意思了，幸虧那齣「霸王別姬」實在叫座，逢演必滿。金老板改變方法，每演「別姬」那天，便到各大百貨公司去溜一溜，看上了幾件另碎東西，好像打火機、烟盒、烟斗之類，叫公司送到梅劇團辦事處代爲付款。李春林、楊玉樓準知道這一手，看在滿座份上，祇能代他收下，貨款照付，晚上把東西交給他，彼此心照不宣。後來每逢演「別姬」這一天，準有東西送來，替他付款，經過多次之後，後台幾位辦事人討論下來，一定要拒收他一次，把貨退回去，以後可以免去這一套了。果然演「別姬」這天，金老板在百貨公司看了一條羊毛毯子、羊毛背心，還有些糖果香烟，這次比平常貨款多出一二倍，梅劇團辦事人早有此心，又加東西特別多，自然更不收了，把貨退回去。金少山一到後台，就有人告以此事，他問都不問，照常上後台扮戲，而且那天特別冒上，大家覺得奇怪，不想演到一半，花樣就來了。項羽打敗仗回營，進帳悶悶不樂，虞姬備酒勸飲，項羽飲了幾盃有些困倦，虞姬唸大王身體困倦，且到帳中，歇息片刻如何？霸王唸妃子你要驚醒了，便進帳休息。虞姬接唱南梆子。怎知虞姬在台上唱南梆子之時

梅兰芳
逝世一週年
紀念演出

北京市文化局
北京市文学艺术工作者联合会　主办

1962.8.8—8.11.

梅蘭芳逝世一週年紀念演出說明書

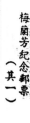

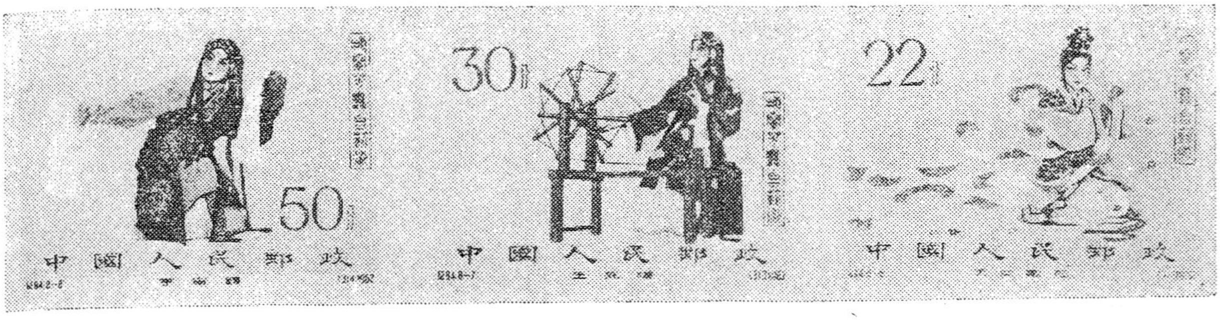

梅蘭芳紀念郵票（其二）

，金少山叫伙計跟包快去關照李春林，金老板頭痛發冷，上不去了，頂不住了，李春林一聽此言，魂飛天外，要是霸王不出場，這齣「別姬」怎麼下台？倒底是老辦事，想起下午毡子退回去之事，即向金三爺連賠罪打招呼。金三爺今晚您怎麼也要唱，明天我去叫公司再把東西送來就是，萬事都衝我，以後什麼事由我負責，沒有錯兒。金少山說：您有所不知，我這病都是受凉的關係，有了毡子，病就好了，總算把這事解決，但前後台管事已經嚇得一身大汗了！

梅蘭芳、金少山合演的「霸王別姬」，轟動港穗，佛山也派人來接洽，請梅劇團到佛山去演唱二星期，一切條件都很優厚，正在接洽之時，上海杜祠落成，南北名伶大會串，急電促歸，佛山之行祇能作罷，後台班底包銀，一律從寬付給，作爲花紅，全體回上海過端午節。

梅蘭芳在香港最後一次登台，時在民國二十七年春末，據袁耀鴻先生回憶說：「當時梅劇團演出一切，都由馮六爺（耿光）包辦，連接洽戲院，都由馮六爺直接和戲院東主利孝和先生商談的。」

那次梅蘭芳在利舞台，一共演了十七天，前座最高票價爲港幣五十元，其時已經駭人聽聞了！三天打泡戲第一晚是「西施」，這是馮耿光的主意，認爲故事具有愛國意義，除了梅的西施以外，姜妙香演文種，劉連榮演吳王夫差，朱桂芳演旋波，倒第二是奚嘯伯的「打鼓罵曹」。第二晚是梅蘭芳、姜妙香的「奇雙會」，派戲的認爲廣東戲中有「桂枝寫狀」，此戲可以比美。第三晚則是梅蘭芳、奚嘯伯的「紅鬃烈馬」。奚嘯伯是票友下海，他之所以能加入梅劇團，是由北方一位兒科名醫郭眉臣所介紹的，郭大夫與梅家很有淵源。奚嘯伯夫婦此次同來香港，他和銀行家費浩叔先生有感誼，費先生還曾經特別招待過他。

梅葆玥（四郎）梅葆玖（公主）姊弟合演「坐宮」

最後一次來港

梅蘭芳最後一次來香港是在一九五六年夏天，經香港赴日本，住在摩星嶺道福利利墅。我和田象奎、吳熹升二位老友同去看他，晤談之餘，次晨又去送他的飛機，這是他最後一次來香港，等他們日本演罷，就直接飛回去，沒有在香港停留。附刊剪報說他可能在港表演，亦未能成爲事實。

各地開會追悼

梅蘭芳以心肌梗塞症於一九六一年八月八日上午五時三十分在北京阜外醫院逝世，那時文革尚無跡象，正是生榮死哀，治喪委員會多至六十四人，由陳毅任主任委員，誠如馬連良後來來港時和我所說，梅大爺死得其時，反映馬連良之死於紅衛兵之亂，可謂死亦不得其時了！同月十四日，上海各界在藝術劇場開追悼會。同月二十一日，港九各界也在普慶戲院追悼，發起者五十人，我以一聯輓之曰：「梅具耐寒姿，品格崇高堅貞節；蘭爲王者香，藝術長春永流芳。」曹聚仁兄見而贊美之，並說我的輓聯做得比他的好，還採用了「貴妃醉酒」中的一句台詞「蘭爲王者香」，當時他的輓聯和我的一聯並排懸掛，可惜沒有把它記下來，已不記得曹兄的輓聯是什麼詞句了！

逝世一周紀念

梅蘭芳逝世一周紀念，北京市文化局、北京市文學藝術工作者聯合會主辦了四場紀念演出，劇目如後：

八月八日
李玉芙（趙女）　宇宙鋒
孟俊泉（趙高）
杜近芳（虞姬）　霸王別姬
袁世海（霸王）

八月九日
楊秋玲（姜秋蓮）　春秋配
夏永泉（李春發）
杜近芳（楊玉環）　貴妃醉酒
梅葆玖（王寶釧）　大登殿
譚富英（薛平貴）
曲素英（代戰公主）

八月十日
李玉芙（蘇三）　女起解

十三日 星期四 大公報 農曆壬子年六月初三日

香港大公報版面一角

闊別京華二十載 重訪舊友梅葆玖

柳慈口述 趙山筆錄

梅葆玖（天女）天女散花
馬連良（劉彥昌）
張君秋（王桂英）二堂捨子
八月十一日
夏永泉（楊宗保）
楊秋玲（穆桂英）鎗挑穆天王
蕭潤增（楊六郎）
梅葆玥（四郎）
梅葆玖（公主）坐宮
張君秋（蘇三）
姜妙香（王金龍）玉堂春

演出者馬連良、譚富英、姜妙香等都是梅生前老友。張君秋、杜近芳、楊秋玲、曲素英、李玉芙等都是梅門弟子。袁世海份屬後輩，蕭潤增是蕭長華之孫、周信芳弟子。孟俊泉是孟小冬之姪、裘盛戎弟子。這是梅逝世一周年的盛大演出，但自第二年起，即沒沒無聞至今，傳統戲目都不演了，雖欲紀念亦無法表現矣。

梅蘭芳生前，會有集郵之癖，他逝世後，郵電部為之發行了「梅蘭芳舞台藝術」紀念郵票，全套八張，計為便裝四分、「游園驚夢」八分、「抗金兵」八分、「霸王別姬」一角、「穆桂英掛帥」二角、「天女散花」二角二分、「生死恨」三角、「宇宙鋒」五角，共計八種，梅蘭芳生前一定想不到他也會變成郵票上的人物，大約在我國名演員中成郵票人物者，也祇得梅蘭芳一人而已！

梅家最近消息

自從文化大革命以後，香港的大公報等早已不再刊登國內演員消息，直至美國總統尼克遜訪問大陸後，方才發現在這次盛大宴會中，有四位京劇演員作了座上客，他們就是袁世海、杜近芳、譚元壽和浩亮。（麒派老生錢麟童子，原名錢浩亮，廢姓。）此後又從袁世海發表的文字中知道了譚富英、李少春，都在担任導演工作，張君秋則專門在為後起研究腔調，因為男扮女的做法，已經行不通了！

本年七月十三日，香港大公報刊載，「重訪舊友梅葆玖」的特稿，這是很突然的，轉載如後：

『……梅蘭芳先生葬於萬花山。梅氏名畹華，與「萬花」同音。一想到梅蘭芳先生，我就想到梅家。因家父與梅先生是莫逆之交，我在京讀書時，常出入於梅家，每星期總是去一趟，幾年如一日，受到梅先生夫婦照顧，與梅之子女亦交誼甚篤。這次回國到北京，應該到梅家拜訪，尤其是看看交如手足的九子（梅蘭芳第九子）梅葆玖。提到要去探望他們，心裏總是矛盾，因為在美國聽到很多關於梅家的傳聞，說梅家現在被「冷落」了，說梅葆玖被迫「自殺」了……，疑慮團團，使我止足不前。

梅葆玖林麗源夫婦合影（一九六三）

到頤和園去遊覽，順路而過梅家舊址，心裏仍是忐忑不安，彷彿梅家大小如在眼前，但又不知他們現今有何遭遇，且種種傳說又未悉是眞僞，既然到達門前，好歹也進去一趟，弄淸是非。梅家原住在護國寺街甲一號，我進去一問，說已搬遷了，梅氏之四子葆琛住在附近，指引我去找到葆琛。他現在是建築部門當工程師，招呼我坐下，我們寒暄一陣，一掃眼一看，擺在廳裏有收音機、錄音機，這時我心裏想到的是葆玖最愛玩的收音機等電器，統統安放在葆琛家裏了，他眞的死了？所以不提起玖子的事了。

我問紹武（梅之五子）好嗎？葆琛介紹說，他在北京圖書館工作，妻子在外交部工作，都很好，她前些時候從幹校回來度假又返去了。提起那個反串老生的葆玥（梅之七女），問我可記得她演「轅門斬子」唱老生的扮相，現在不唱老生了，改唱老旦，在北京京劇團演「沙家浜」沙奶奶。這次我看不到她，因為她到上海去度假，探望在上海的丈夫。

葆琛知我和玖子很熟，未見提及他，主動對我說，葆玖亦很好。我頓然一楞，他不是「死」了嗎，怎麼說他很好？這時我方知那是謠言。我們大家都大笑一場。葆琛具體地說，葆玖結婚了。他原是唱青衣的，文化大革命後改變了男唱女的做法，他不唱戲了，專職培養人材，在北京京劇團教學生，因為他有專門技能，又兼搞劇團裏的音響效果工作。我得知他住在乾面胡同卅號，那天正好是星期天，當晚劇團有演出，葆玖下午四時就要去劇團，我看看手錶已是三時了，立即溜去找他。

葆玖看到我這個突然而來的遠客，又驚又喜。我看到這個傳爲「亡人」而今却活在人間的摯友，高興得熱淚奪眶而出。我戲弄他說：「你不是死了嗎？」他莫名其妙。我將外面謠傳告訴他。他却啼笑皆非，大笑地說：「我未死。」

看來他身體比以前更好了，文革後眞是心廣體胖。他說現在胖得多了，經常要參加體育運動，否則胖下去不行呀！聽到這裏，我想起他和梅蘭芳先生合演「白蛇傳」時，他演的是「青兒」，我曾收到他倆的劇照，他伸出一隻纖纖「玉手」骨瘦如柴般，而今胖得判若二人了。他提到文革京劇的大改革，自己在運動中得到很大提高，認爲京劇應當而且必須往現代革命京劇如「紅燈記」這條路走，爲工農兵服務的方向，是唯一不移的道路。

我原定在北京兩天時間，這樣一來，葆玖留我多住兩天。他得到領導的同意，陪我兩天時間去遊覽長城、地下宮殿、故宮等地，並陪我去探望親友。

當然，我一定要去看看香媽（梅蘭芳先生之夫人福芝芳，這是我們對她的稱呼），香媽住在田簾子胡同的一座四合院子。她身體很好，生活得亦很好。她有心臟病，常有醫生照料，精神不錯。梅先生生前之秘書許姬傳常來梅家，姜妙香先生亦是梅家常客，我還能認得出梅先生家的傭人，住在附近，還在那裏照料香媽。

香媽說要替我洗塵，而且又是歡送我，特地要請我吃飯，請我到著名的菜館子「豐澤園」嘗嘗我平時喜愛的菜式。因爲人多，一部小汽車不夠用，我要和葆玖坐公共汽車。香媽不肯，定要我坐她那輛「賓士」汽車（這輛汽車是梅先生生前專用）。當晚一頓豐富晚餐，五十元左右，是香媽請的客。這一些事實使我明白了，所謂「梅家被冷落」亦是謠言。事情很湊巧，梅蘭芳先生在抗戰期間，曾兩次被謠傳死訊。一次，當在上海的記者們到梅家採訪時，梅氏親自接見記者，等於最好的闢謠。而今，我在京都遊覽中，我和葆玖的會見，又正是「梅葆玖被逼自殺」的最好的闢謠見證。』

上文就是本年七月十三日刊載在香港大公報的一段特稿，作者署名柳慈，筆錄者趙山，從文中可以知道若干梅家的近狀，特爲照錄如上。

「四大名旦」的時代過去了，在「四大名旦」之後，還有過「四小名旦」。當年選舉「四小」，我亦曾推波助瀾，下期當續寫此事，以實我文。

上海京戲院滄桑

·文翼公·

從新新舞台到天蟾舞台

譚鑫培（黃忠）楊小樓（趙云）「陽平關」劇照

譚鑫培搭新新舞台，時在民國元年，因爲演「盜魂鈴」，沒有表演翻桌子，台下有人叫倒好，黃楚九手下的人動武打了觀衆，鬧得停演，結果登報道歉，這是老譚第五次去上海。老譚生平一共去上海六次，其最後一次係在民國四年，搭他女壻夏月潤開的新舞台，前後共演十天。

再說新新舞台班底裏有一個好武生，就是蓋月樓，他陪尚和玉演「四平山」的裴元慶，身上手裏脚下都帥。他是蓋叫天的四哥（蓋弟兄五人，老大演武旦名賽陣風，老二老三是外行），只是他歡喜組班跑碼頭，和上海人少見，如果他久站上海，也許先紅他，後紅蓋五。他後來搭過鄭家木橋街共舞台前身的鳳舞台，和吉祥街的歌舞台，那時他貼本名張英俊。

黃楚九覺得連台本戲能投上海人所好，對於單齣老戲漸漸不感興趣，於是改變作風，暫時放棄京角兒，專靠江南角兒排本戲；大部份是小子和、麒麟童、趙君玉等合演的新戲，可是由於人心不齊，上座平平。

黃本人不懂戲，一遇挫折，便無主張，所以這個時期的新新舞台，就短期出租於人，招牌隨人亂改，曾經叫過醒舞台、競舞台、迎仙新新舞台不等，中間只有四盞燈（周詠棠）仍用新新舞台名義，演過一期，相當成功。他從東北邀來武生何月山，把「長板坡」改名爲「新長板坡」，加出手活兒，再把老天仙的「鐵公鷄」，抽出第三本來打眞刀眞槍，和注重跌撲的「金錢豹」、「冀州城」等，戲眞當得起「殺搏結棍，火爆熱烈」八個字，何月山紅了，四盞燈也賺了錢收檔。

還有一期，歸許少卿接辦，改名天蟾舞台。這天蟾兩字含有「蟾宮折桂」之意，譬喩許少卿要打倒丹桂第一台。時在民國六年，何月山也加入，其他基本演員爲趙君玉、馮子和、蓋叫天、林樹森，小如意、小楊月樓、尙小雲、馮志奎、王益芳、陳嘉祥、李人俊、祁彩芬、李德山、譚永奎、劉松亭、周五寶等。

許少卿的長處，在於工作有計劃，有步驟，專心一意，他組織了一班基本演員，排連台本戲「年羹堯」，趙君玉的十三妹（這時趙早已改了花旦），蓋叫天的岳鍾琪，陳嘉祥的年羹堯，這三個角色是不更換的，其他如小楊月樓、林樹森等則每本角色隨派。

他同時也邀京角，手上的京角兒自然比黃楚九多，先後接到的計有梅蘭芳、王鳳卿、楊小樓、郝壽臣、吳鐵庵、郭仲衡、尙小雲、白牡丹、時慧寶、譚小培、龔雲甫等，賣滿堂最多的要數梅、楊的一齣「霸王別姬」。梅蘭芳的虞姬，楊小樓的項羽，王鳳卿的韓信，姜妙香的虞子期，李壽山的樊噲，遲月亭的李左車，張春彥的張良等，紅花綠葉，相得益彰。

許少卿時常說，我非名角不邀，角兒非到我這裏不紅。固然有些言過其實，但是在他手裏走紅的角兒確實不少。他在丹桂第一台時邀過老十三旦、路三寶等名角，紅出來的京角是梅蘭芳、王鳳卿、朱素雲、龔雲甫、吳鐵庵、小菊笙（李寶奎之父）。津角是小達子、楊瑞亭、八歲紅（劉漢臣）、小寶義。南角是趙君玉、蓋叫天、小楊月樓。在天蟾舞台時紅出來的京角，有尙小雲、荀慧生、郝壽臣、譚小培，那時候的好角兒實在多，時勢造英雄，天蟾舞台成爲京津好角兒的大本營。

照他這樣京劇本戲交替演出的辦法，照理可以永遠演下去，不料戲院的房子給永安公司收買，換了業主，房子被別人挖去，以後他無法再在上海起班，因爲沒有第二家戲院，大得像天蟾那樣能發展。

他在沒有出路之中，組織了班子去日本演出

，主角小楊月樓和蔣月樓（坤角武生，後改花旦，叫蔣麗霞），結果大敗而回，正在無法可想中，恰巧共舞台邀梅蘭芳，挽他去接洽，以後他專替別人做這項工作。梅篤念舊交，他在生前，永遠靠和梅蘭芳的這點關係混飯吃。

天蟾舞台歸實安公司經營，先是顧竹軒的經理，不到一年，歸顧獨開，他在天蟾期內做過的幾件事，值得一記：一、當時英租界工部局勒令天蟾歇夏，修建三層樓，顧不服，和工部局董事英人費信惇涉訟，結果獲勝，工部局賠償他十萬兩銀子，顧發了一票洋財；二、上海有過兩次男女合演，第一次丹鳳茶園（孟淵旅館原址），角兒是：坤角老生恩曉峯，坤角花旦十三旦，男角武生趙月來，雖說男女合演，但在台上只是男角和男角同台，坤角和坤角同台，只能算男女同台，不能算男女合演，這樣演出必須有男女兩副班子，開銷太大，所以一個月便完了。第二次是鳳舞台和大世界，正式男女合演，這兩處是在法租界內，其他華界的新舞台、英租界的大舞台、丹桂第一台、天蟾舞台、亦舞台都不能獲得當局許可，顧竹軒設法爭取到了第一家男女合演的執照，爲全上海舞台男女合演開了一條路。三，他辦過天蟾科班，教師是花旦李鴻卿，青衣張桂卿、伍鳳春，老生劉桐軒，武生王慶海，琴師馮三狗（小子和之兄），出科的有于雪琴、賽艷琴、小過雲、顧春奎、汪美雲、顧艷琴、王桂春等。

天蟾第一期男女合演的陣容是：麒麟童、馬連良、琴雪芳、王芸芳、劉漢臣、劉奎官、高百歲、碧艷霞、郭玉簪、琴秋芳、小菊鈴等。以老戲打泡，天天滿堂。

馬連良期滿北返，麒麟童、琴雪芳領銜排本戲，計有兩本龍鳳帕，兩本香蓮帕，一部華麗緣，大獲全勝，又加聘小楊月樓，排全部封神榜，更得觀衆歡迎。

最後，因爲永安公司翻造房屋，天蟾的遷讓期限迫近，顧竹軒先盤下了福州路的上海舞台，改名天聲舞台，聘有角兒雪艷琴、小達子、郝壽臣、劉筱衡、周瑞安、安舒元等演出，兩個月後天聲散班，天蟾的原班人馬開入，續排封神榜。

這一搬家，不知什麼緣故，上座大不如前，以麒麟童爲首的老天蟾角兒，陸續退出。其間排排新戲，邀邀京角，始終未見起色。

有一期邀到了富連成的盛字輩，計有李盛藻、陳盛蓀、楊盛春、劉盛蓮、朱盛凌、貫盛習、貫盛吉、張盛祿等。（其中有個王盛奎，就是王泉奎，爲求統一，改名盛奎，後來北返，很受富連成的責難。還有一個王富英，其實是南方武生，由於恰巧有個「富」字，大家以爲他是「富」字輩師兄，他在前面總是一齣武戲，火爆殺搏，富連成的管事大喊：「這怎麼受得了？」）

在這同時，牛莊路新造了三星舞台——三星是指黃楚九、趙如泉、周炳臣三個股東，角兒有小達子、趙如泉、趙君玉、毛韻珂、張如庭、金素琴等，排「水泊梁山」，賣座不夠理想，小達子脫離；排「彭公案」，上座大盛，不料前後台互相傾軋，黃楚九見機退出，將股子推給周、趙二人，他們兩人的糾紛越來越甚，求法律解決，通過顧竹軒的調解，撤銷案子，趙如泉退出，遠去雲南。

第二年，周炳臣因營業不振，無法維持，把三星盤給顧竹軒，角兒是雷喜福、鍾鳴歧、劉筱衡、周福珊、梅雪芳、郭玉崑等，半年結束。

趙如泉雲南回來，顧邀入天蟾，排連台濟公傳，上座不錯，越年，顧竹軒因事繫獄，趙如泉等脫離，其間曾演過喜彩蓮的評劇。

顧出獄後邀小達子、李少春、金素琴等，重整旗鼓，在這時期，梅蘭芳、楊小樓、荀慧生、王文源、言菊朋、章遏雲、杜麗雲、王少樓、楊寶森都分別到過。

此後顧竹軒不再成班，僅將天蟾出租，坐收其利，他不再担風險了。

五十年前，上海舞台最多的時候，一共有七家。除新舞台、丹桂第一台、新新舞台三家外，還有四家是大舞台、亦舞台、共舞台和開在閘北的春華舞台。

新舞台從十六舖搬到九畝地，沒有改過名字。丹桂第一台建在丹桂茶園原址，沒有搬過家，也沒有改過名字。新新舞台沒有搬過家，可改過不少名字，改名字就是換老板，新新原始老板黃楚九，閉歇後，退居房東地位，專門出租，計改過醒舞台、競舞台、迎仙新新舞台、天蟾舞台。天蟾舞台又分三個階段：一、許少卿獨開；二、實安公司、前台經理顧竹軒、後台經理常雲恒；三、股東們把股子合併給顧竹軒獨開，後台經理謝月奎。

大舞台

地址在漢口路，朝南門面，落成於前清末年，叫文明大舞台，是上海第一家有三層樓的戲院。樓下正座叫作官廳，二樓前排叫花樓，三樓叫月樓。票價月樓最貴，花樓次之，官廳又次之。另外在官廳左右，劃出兩翼，用欄杆隔開，叫邊座。在國外的劇場，三層樓的票價，原比下面貴，所謂欲窮千里目，更上一層樓。不料國內觀衆，對這層樓可上得怨聲載道，既怨高而且遠，又怨多化錢，更怨多受累。結果，人同此心，認爲有得賞「月」，寧可探「花」，以後花樓座客常滿，月樓寥若晨星，於是取消月樓名目，老老實實就叫三層樓，座價一落千丈，比邊座還要便宜。這是大舞台開幕後第一個非常措置。第二個改革是文明兩字用之不久，便取消掉，原因是五個字叫起來，沒有三個字响亮乾脆。

文明大舞台是股份公司，公司名義「協記」，前台經理何瑞福，後台經理朱小義。股東葉琢堂、夏粹芳、童子卿等。葉、夏都是商界名流，何、童都在英租界捕房當過差，可謂財勢俱全。尤其童子卿在福州路平望街口開着羣仙茶園髦兒戲（即全女班）舘，對於何瑞福，借箸運籌，得益不少。

開幕正牌角兒呂月樵，「戲迷傳」、「目蓮救母」（加大轉舞台）兩齣戲，不知賣了多少滿堂。其他角兒是老生白文奎、韋久峰，花旦小萬盞燈（後名趙竹卿）、青衣伍月華、武旦雲中鳳，銅鎚李長勝（李如春之父），架子花臉徐春發、殷春虎，武淨王永利，小丑何金壽、何家聲、范少山、廖連卿等。

協記公司約過幾次北方角兒，都十分叫座：一、楊小樓，是他武功最衡的時期；尤其在民國初年，京滬各地都紛紛談說他供奉清宮的種種野史，上海人慕名已久，一旦賁臨，趨之若鶩。演到半期，適逢二次革命，打製造局，烽火連天，但上座並無多大影响，號召力可說天天滿座。二、賈璧雲，本名小十三旦，從河南到上海，經呂月樵拉攏，客串三天，戲目是：「梵皇宮」、「陰陽河」、「虹霓關」，（呂月樵配花雲、王伯黨；趙如泉配張茂生），回眸巧笑，顚倒衆生。「標致面孔」，膾炙人口，三個滿堂，奠定長班。三、小達子，自帶梆子青衣小金娃，（小達子初到上海，搭丹桂第一台。這是第二次），兼唱「桑園會」、「迴荊州」、「南北和」等梆子戲，但是叫座的畢竟還是「連環套」、「落馬湖」、「鳳凰山」、「請宋靈」、和「風波亭」等黃派武老生戲。

日子多了，各角難免唱疲，遂望排新戲那條路上走去。後台經理朱小義，就將「頭本宏碧緣」排出。演到四本，小達子回天津，另邀楊瑞亭抵坑。

楊瑞亭好的是楊派（小樓）武生戲，偏他最愛演老生戲和黃派武生戲，以「風波亭」打泡，便有不如小達子之論。接着排新戲「六飛南遊」（乾隆下江南）和「千日醉」（老殘遊記），都不大賣錢。

其後，前後台改組，前台出面股東童子卿，任前台經理，不出面股東葉琢堂。新股東顧福齋。後台股東毛韻珂、趙如泉（任後台經理）和姚俊卿。班底除原有人員外，另由杭州邀來于振庭、陳月樓、陳嘉璘、錢化佛、范敏兒等。這一局，就是膾炙人口的「十大股」。

梅蘭芳演「四郎探母」鐵鏡公主雍容華貴

新十大股公司，未開幕前，一再研究，覺得陣容方面雖有毛韻珂、趙如泉、賈璧雲、姚俊卿、應寶蓮、張桂芬、陳月樓、孫慶芬等，但都是熟面孔，萬一不叫座怎麽辦？於是議定賣自有大舞台以來從未有過的三檔廉價，花樓一律五角，官廳一律三角，三層樓和邊座一律一角。

開幕演老戲，毛韻珂生旦兩門抱，頭天「大英傑烈」，二天「戲迷傳」，三天「逍遙津」。趙如泉配皇甫剛、醫生、穆順，都沒有滿。決計排新戲，一時沒有適當題材，輕而易舉，還是重翻「宏碧緣」，由于振庭執筆，演出之後，業務大盛。

其間，由苗勝春介紹武生白玉崑加入，一炮而紅，成爲十大股大舞台的第一個紅人。第二年邀劉鴻聲，滿期北返。繼續排「宏碧緣」，直到結束。白玉崑退出，邀李瑞亭抵坑。李瑞亭死在香港，年輕時是勇猛武生。

接着，排時裝戲「閻瑞生」。風頭過後，再邀小達子，排「狸貓換太子」。旦角出入有金碧豔、黃玉麟、小楊月樓。小達子頭二本飾陳琳，三本起飾包公到底。其間，高慶奎從丹桂第一台過班大舞台，掛雙頭牌。在「狸貓換太子」中飾過范仲禹、智化的角色。這部「狸貓換太子」，浩浩蕩蕩，直排到三十六本小達子脫離爲止。

童子卿無意經營，經大家决定散夥，把大舞台盤給黃金榮。童子卿就此告老，不再搞戲班。趙如泉、毛韻珂另和黃楚九組織在牛莊路的三星舞台。

後期大舞台，邀到過不少京角，最轟動的一期是楊小樓、馬連良、新豔秋和金少山。

最後，邀高慶奎、王虎辰、高雪樵等，由汪優遊排「施公案」，倒是很叫座。忽然房東要翻造，就此散班大吉。

以上三個階段的大舞台，可總稱老大舞台。後來的大舞台，大門由漢口路朝南，換了一個方向，大門統至九江路朝北，該叫新大舞台。自演畢梅蘭芳、馬連良一期，梅、馬此局用人最多，各人自携配角，等於兩個劇團。黃金榮覺得風火太大，就把大舞台盤給沈長賡。不久沈又盤給謝葆生、范恒德、江政卿。角兒蓋叫天、陳鶴峰等。不幸蓋叫天演「獅子樓」傷足，由他的大兒子張翼鵬代父登台，復排「西遊記」。「西遊記」原是蓋叫天傑作，家學淵源，自然愉快勝任。可是蓋叫天的「西遊記」只有兩本，於是由張白雲繼續排下去。張派猴子成爲流派，風靡全國。

張翼鵬脫離，王桂卿接演。不久謝葆生出讓，范恒德死，由其弟范恒成接手，三公司變爲獨資，生意也一蹶不振了。

亦舞台

亦舞台地址在湖北路漢口路南，是春桂茶園的後身。其間改組過中華大戲院（京劇）和中舞台（大富貴紹興大班，民鳴社文明戲），巴拉司（譯音，放電影），經理管海峰。最後，組織京戲，前台經理林孟鳴，林進過報界，演過文明戲，改名亦舞台，後台經理常雲恒。角兒是馮子和、趙醉梅、小如意、常春恒、普佑安、陳筱穆等，上座不振，盤給沈少安。沈少安原在山東路鏡花園紹興大班包茶堂，進亦舞台担任墊本老板，結果變爲正式老板。後台經理劉振庭，角兒注重京角，計邀過白牡丹（荀慧生）、王又宸、馬連良、譚富英、劉漢臣、何月山等。馬連良第一次到上海就在亦舞台演出而大紅，後來房子由惠中旅社租地翻造，亦舞台就此告終。

共舞台

地址在舊法租界鄭家木橋街，卜鄰里原址，最初叫南京勸業場，是以博覽會形式出現。該會結束，會董虞洽卿等改組京戲。頂樑角兒馮子和，後改名鳳舞台，爲上海第一家男女合演戲院。女角王克琴、陸菊芬等。後又改名共舞台，老板黃金榮，後台經理朱榮奎，挑大樑的是男角呂月樵，女角先後有小菊紅、小月紅、小香紅、張文艷、小金鈴、碧雲霞、金少梅、露蘭春、呂美玉、姚玉蘭等，都是在共舞台唱紅的。新戲曾排過「宏碧緣」、「朱洪武出世」、「閻瑞生」、「失足恨」等。後期注重邀京角，王瑤卿、王幼卿、安舒元、余叔岩、程艷秋等都搭過班。待梅蘭芳、王鳳卿、言菊朋、周瑞安一局後，業主要翻建市房，又值黃楚九在其附近大世界底下，沿愛多亞路新蓋齊天舞台，黃金榮恐怕營業受影响，放棄優先承租權，於是共舞台就此結束。

後來的共舞台，原始就是齊天舞台。由於黃楚九和藝名「小活猴」的鄭法祥交非泛泛，所以在翻造大世界時，特地在下面造一家舞台——齊天舞台。請鄭法祥任後台經理兼頭牌角兒，專排新戲「西遊記」。鄭法祥的猴戲，得乃父「賽活猴」鄭長泰的衣鉢眞傳，演猴戲別具一格。不久黃楚九營業失敗，一病去世，齊天舞台由張善琨盤進，又改名爲共舞台，專演機關佈景戲。

春華舞台

地址在閘北蒙古路，房地業主陸葆生。陸出身里甲，他認爲開戲舘賺錢快，所以不惜工本，自當老闆。沒想到蝕本更快，結果盤給孫玉聲，改名更新舞台。孫玉聲是報界前輩，職兼新世界報、大世界報編輯，新新舞台及啓民新劇社（長沙路報本堂寺院前身）前台經理。接手之後，上座沒有起色。於是結束京劇，另組文明戲，由王旡恐領銜，排「范高頭」，反敗爲勝。孫玉聲知足常樂，出盤給顧叔蘋（顧乾麟之尊人），仍演京戲，角兒有趙君玉、小楊月樓、楊瑞亭、小三麻子、陳佩卿、杜文林、韓金奎、鄭法祥、李人俊等。一部「飛龍傳」，唱得如火如荼，大有前途。不想顧叔蘋猝然病故，全班瓦解。之後，沈少安辦過一個月，角兒爲麒麟童、小楊月樓、張銘武、王靈珠等。直到周筱卿接盤，一本「天下第一橋」，一部「白蛇傳」，一部「西遊記」，一個王虎辰，立定脚頭，打成天下。最後盤給顧竹軒，正在裝修，準備秋涼開幕，一把大火，把更新舞台燒得一乾二淨，就此結束了上海閘北京劇史的一頁。

四家新造起來的舞台

一、福州路大新舞台。股東是美華銀行黃和卿、滙通電器公司王永康，他們都可算是上海知名商界，該是鐵桶江山了吧。豈知開門砲李吉瑞，犯了文戲癮，和王芸芳合演「打漁殺家」，出場一句「父女們打漁在河下」，吃着一個磕堂大倒好，上座就此直瀉。老闆打亂錘，脚花大亂，結束三鑫公司，以房東地位，將戲院出租。

有一個徐金聲，忽然要嘗戲舘老闆的味道，開門角兒麒麟童、黃玉麟、白玉崑、王芸芳、小孟七等。排新戲「天雨花」，叫滿座。不幸資本小，週轉不靈，房錢遲付了幾天，就被房東控訴，封門大吉。

徐金聲之後，常玉清承租，角兒梅蘭芳、王鳳卿、李萬春、金少山、藍月春等。

接常玉清的是常雲恒，改名上海舞台，角兒徐碧雲、高慶奎、劉筱衡等。叫座戲是高慶奎的「哭秦庭」、「煤山恨」、「潯陽樓」。另外邀到一位老古董——老鄉親孫菊仙，倒也轟動一時。還有一期武生楊小樓、章遏雲、言菊朋，也就是楊小樓生前最後一次在上海演出。楊小樓演「鐵籠山」，後台人員拚命把帳幕往後拉，唯恐舞台面太小，楊小樓施展不開。常雲恒盤給顧竹軒，改名天聲舞台，兩個月後，九江路天蟾舞台因翻造房屋結束，搬到這裏，仍稱天蟾舞台。

二、舊法租界吉祥街歌舞台，開幕完全京派角色，主角馬德成、朱素雲、王蕙芳等，紅了一個朱素雲。另添武丑楊四立，武生七歲紅，都紅。結束之後，楊四立你搶我奪。武生七歲紅則轉搭大舞台。

歌舞台空閒了一陣，由李春來租下起班，因債務被拘，致歌舞台流產。

以後先後改組開明、民興新劇社，演文明戲，紅出男女兩角——獨脚戲鼻祖王旡能，悲旦林如心。民興結束，歌舞台翻造。

三、牛莊路三星舞台。新戲「水泊梁山」，不很賣錢，倒是天下太平。一部「彭公案」，大賣錢，反而天下不太平，周炳臣和趙如泉涉訟，結果趙如泉退出，由周炳臣獨開。換孟鴻茂飾歐陽德，便不賣錢。周炳臣下台，盤給顧竹軒。次年顧盤給周筱卿，改名更新舞台。其後，又由董兆斌承盤一個時期。吳素秋到上海唱「紡」「劈」大紅，就是在更新舞台，其時經理爲梅花館主鄭子褒。後來再與大來公司合併，改名中國大戲院。

四、八仙橋黃金大戲院，是黃金榮把他原有的上面日新樓茶館，下面的日新池浴室原址翻造。起初放電影，後來改京戲，歷年營業平平。讓盤與金廷蓀接手，前台經理金元聲，後台經理孫蘭亭。是上海第一家廢除按目制的京戲院，紅出不少角兒——張君秋、高盛麟、裘盛戎、袁世海、李玉茹、侯玉蘭、毛世來、葉盛蘭、葉盛章、童芷苓等。抗戰末期，金廷蓀無意經營，專門短期出租，先後有協興公司、和興公司、同興公司出現，最後租給大來公司。大來公司結束，歸顧乾麟承租，不久又轉讓與周信芳。

其他

北四川路橫浜橋，出現過一家廣東大戲院。老闆顧無爲，角兒劉筱衡、白玉崑、蓉麗娟、蓋春來、景艷芳、湯桂芳等，排過「濟公活佛」，排過「啼笑姻緣」。不久結束，換周鳳文領導，排「濟公活佛」，也是曇花一現。

西藏路大上海電影院，短期演過一陣京戲，角兒梅蘭芳、奚嘯伯。

寧波路新光大戲院，原本是電影院，也演過兩次京戲，一次是江南角兒，演新戲「漁夫恨」，角兒有金素琴、金素雯、小三麻子等；一次是京角，爲馬連良、華慧麟、劉奎官等，又請過小翠花參加。

北海路中央大戲院，演過兩次京戲，一次租給沈少安，改名申江大戲院。馬連良、荀慧生、蓋叫天、徐碧雲、貫大元、程繼仙、吳鐵菴、諸如香等都到過；一次和天蟾舞台合作，那年是「一·二八」，天蟾舞台臨時改做難民收容所，全班進中央大戲院，演「共和班」（沒有老板，全體演員以賣錢分賬，都是老班。）角兒有小達子、李少春、高雪樵、滕雪艷、金少寶、粉牡丹、金牡丹、綠牡丹等。

北京路貴州路口金城戲院，演過兩期京戲，角兒有陳鶴峰、雲艷霞、李仲林、王蘭芳、曹慧麟，京角李萬春、魏蓮芳等。

虹口香烟橋，有過一家翔舞台，演過幾年京戲，紅出一個角兒，是李如春。

中華民國三十六年一月八日（星期三）夜戲（六時正開演）

全班合演 天官賜福

—名次以姓氏筆劃—

王富英（神將） 李金鴻（水母） 周瑛鵬（神將） 周菊芳（水母） 班世超（水母） 陳福賚（仙童） 高雪樵（孫悟空） 閻少泉（水母） 劉正忠（神將） 韓雲峯（神將）

大泗洲城

沈翠寶 劉俊舟 施玉新 白元傑 沈金啓 孫智良 王世襲 王元芳 陳世新 王秀卿

全滬武劇優秀同志聯合演出

‖名次以出場先後爲序‖

吳富琴 趙志秋 王吟秋 李寶櫆 趙如泉 李玉茹 袁世海 李少春 閻世善 周信芳 芙蓉草 朱斌仙 蕭長華 譚富英 程硯秋 劉順奎 裘世戎 孫甫亭 張春彥 葉盛蘭 李金鴻 楊寶森 梅蘭芳 魏蓮芳

張少奎 楊桂林 郭慶鵬 陳奎官 劉桐軒 商四亮 張盛利 陳桂秋 趙德勝 沈翠寶 王德崐 陳世新 王子雲 呂樹崐

全部紅鬃烈馬

彩樓配 三擊掌 投軍別窰 誤卯三打 趕三關 武家坡 算軍糧 銀空山 大登殿

民國三十六年上海天蟾舞台盛大義演一張戲單

新聞路卡德路卡德大戲院，一度演過京戲，有李如春、周麟崑、楊寶童等。周麟崑宗唐韻笙，初次到申，隸天蟾舞台，從天蟾到卡德。從卡德北返後，今在台灣主持麒麟國劇院。

西藏路漢口路皇后大戲院，原由張松濤翻造，後由張鏡壽、楊顯林經營，演過幾年京戲。出入角兒有金少山、王玉蓉、童芷苓、言慧珠、林樹森、裘盛戎等。

派克路卡爾登大戲院，原本是外商產業，房地產權屬浙江實業銀行。抗戰初，由昌興公司承盤，與周信芳以前後台分賬制合作演出，經理周翼華；足足演了五年，中間由言菊朋、章逸雲插演一期，是言菊朋最後一次在上海演出。

短局組織

抗戰末期，上海計有黃金、天蟾、卡爾登、皇后、大舞台、共舞台、中國七家京戲院。其中黃金、天蟾兩家戲院，專門出租。吳性栽等曾組織和興、同興公司，承租天蟾、黃金，角兒先後有周信芳、黃桂秋、張淑嫻、馬連良、小翠花、葉盛章、葉盛蘭、袁世海、陳永玲、高盛麟、馬富祿等。租期屆滿，由張善琨會同顧乾麟、孫蘭亭、范恒成、周劍星等組織大來公司，顧乾麟任董事長。邀周信芳，並留下馬連良所同來的原班京角演出，由於人多主意多，弄得前後台人心不安，因此除了馬連良、周信芳合作的「羣英會借東風」，周信芳、小翠花合作的「烏龍院」連賣滿堂外，其餘上座平平，但開支已弄得十分浩大，好角兒一網打盡，難乎爲繼，而且後期角兒無着，乃由顧乾麟拉攏吳性栽、周翼華加入，改組大來公司，包括黃金、天蟾、中國三家戲院。新組織開幕角兒，計黃金童芷苓、紀玉良；天蟾李少春、李玉茹；中國馬連良、張君秋。三院都各滿其滿。吳性栽乘勝收兵，三院劃分——黃金歸顧乾麟，天蟾歸張善琨，中國歸孫蘭亭等。

勝利之後，天蟾舞台歸周劍星經營，其間又拉吳性栽加入，邀過程艷秋、譚富英、李少春、俞振飛、葉盛蘭等，和「中國」梅蘭芳打對台，後來梅蘭芳也在「天蟾」演過，此後就絢爛歸於平淡了。（全文完）

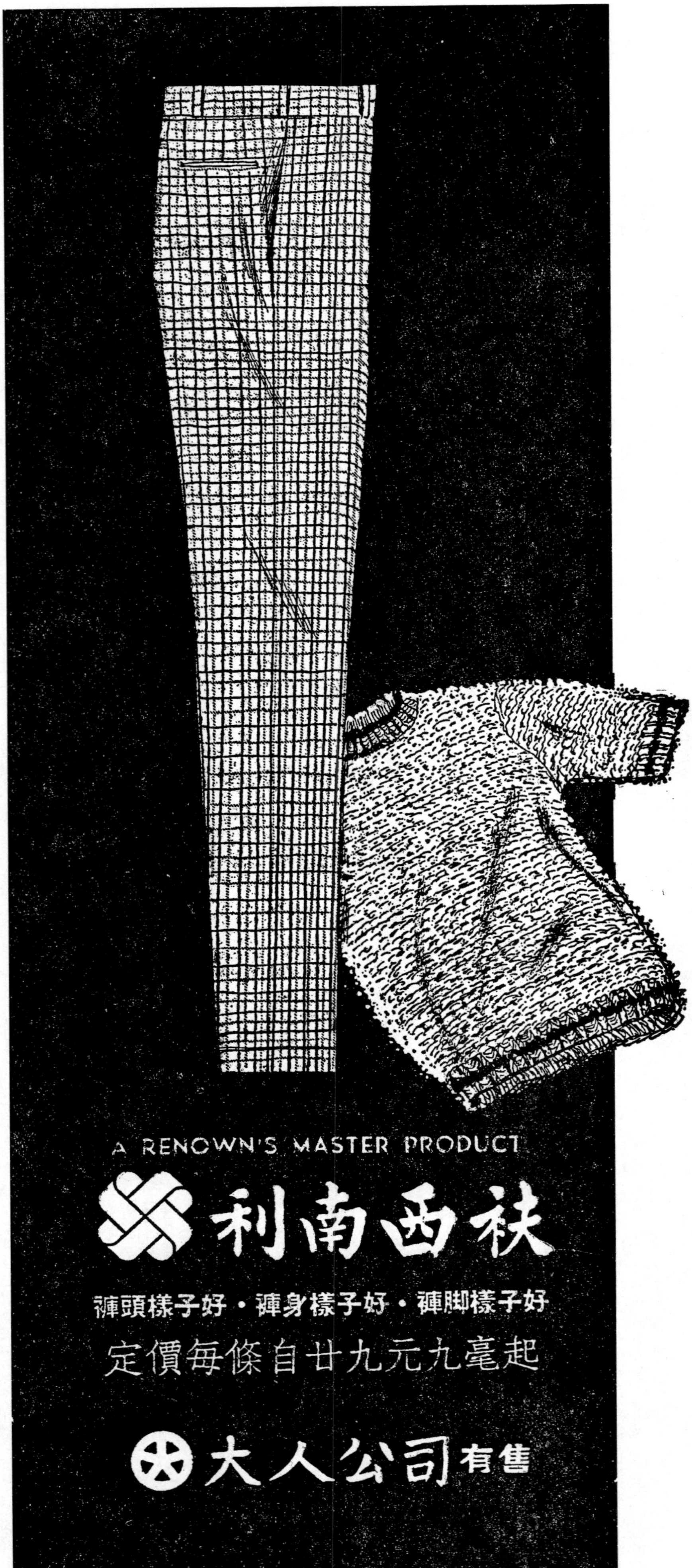
A RENOWN'S MASTER PRODUCT
利南西袂
褲頭樣子好・褲身樣子好・褲脚樣子好
定價每條自廿九元九毫起
大人公司有售

花窠素描

陳蝶衣

避地圖存，南踰丹徼；海角棲遲，居處屢徙；因而有『平生百十遷，飄忽如蓬轉；常笑載屋行，未若蝸牛慣』之詠。到了一九五五年即乙未年的初夏，方始定居於鑽石山之翠華園；由於園中多花木，而我也在手種桃樹之後蒔花成癖，遂爲我之所居題了一個名字，叫作「花窠」。

在翠華園中一住十七載，其間雖曾一度自北舍遷至南樓，但「花窠」之戶外盆栽，案頭縹帙，還是保持如故，所不同者只是換了部位方向而已！

二十年前抵港之初，在廣州兌換的限額港幣，於途次澳門時早已用罄。此後的羈旅生涯，完全是由白手而成家；所有「花窠」中的一桌一椅，一榻一几，都是憑寫劇所得，陸續購置；由於得來之非易，因之每置一物，常多感慨；間或有詩記事，無異於跡留鴻爪；閑來偶一翻閱，倒也不乏自得其樂的情致；爰於編劇經歷追敘終了之後，再濡我筆，把「花窠」的簡畧狀況，從頭描畫一番。

去國流人，了無建豎，因之不能效河陽相國之假手於歐九，作「晝錦堂」一記，而只好步武退隱後的龜堂老人陸放翁，自貌其「書巢」之面目，以午碗辛尊、龍賓虎僕之屬傲於王侯了。

人稱雪櫃　我曰冰厨

「花窠」建立，最重要的一件事，是以分期付欵的方式，買了一個雪櫃。

富豪之家，擁有十個八個雪櫃也不算一回事。但在「煮字療飢」的文人，則要成爲「人有我有」的一份子，便非同小可了！因而在雪櫃購致以後，我的「花窠詩葉」之中，就添多了如下的一首七律：

冰厨

（註）粤人謂之雪櫃，滬人謂之冰箱，皆不如冰厨之名為雅切也。

不慮長安冰價貴，一厨初置鍊珍堂；
難籌的欵分期付，畧備寒羞間榻藏。
勻酒敢誇欄有雪，腴蔬未覺序無霜；
餕餘自祿良堪笑，端藉凌陰竟夜涼。

詩中所提及的長安冰貴，是唐代故事，據「止戈集」載：『長安冰至夏月，價登金璧，白傅詩名重，論筐取之不償價。』看來唐代的賣冰小販，倒不乏身有雅骨之輩，因此能推重白傅，把筐中之冰盡數與之亦不取分文。若在今日，則詩篇縱使做得到字字珠璣，亦未必能在市井之間，求得一個半個知已。詩人想吃一支「雪條」，也要破費兩毫子纔可到手；如不照價付錢，不被小販飽以老拳纔怪，枉論是「論筐取之」了。

至於「鍊珍堂」，乃唐代段文昌的庖所之名；「凌陰」，則是商周時期的藏冰之室。假古喻今，「獺祭」之誚殆屬難免；但總算還能夠「使事而不爲事所使」，或猶不至見哂於方家歟？

十餘年來，舍間之雪櫃已易至再三；分期之欵，也經常在償付之中。除却這個龐然大物，負荷非輕之外，小焉者也的電話，在客廳裏裝就一具，亦是「花窠」一大事。電話入詩，似乎還未之前見，我便以此爲題材，謅成了一首五言律：

試詠電話

不覺邈山河，通辭託電波。百廛消隔閡，一線串經過。寄意乖違少，傳情欵洽多。時時得聲援，搖盪白雲窩。

電話裝就之後，又一次使我大大破費的是電視機之購置。

兩年以前，孩子們就吵着要買電視機，我說：「黑白電視，有什麽好看？且待有了彩色電視之後，再買不遲。」一輪太極耍過，孩子們即不再言。自以爲如此這般的藉詞搪塞，至少總可以拖上個三年五載。不料社會進化，實在太快，眼睛一閃，彩色電視機就上市了。孩子們續提要求，這回可耍不得太極了！只好一諾無辭，買了一架西德出品，效果甚好，但又得「分期付欵」，變成永遠償不清的債務了。不過百戲雜陳，頓現眼前，畢竟也是一種享受，因復搖筆成詩曰：

試詠電視

玭客何由去？揮金買化機。雙扉隨手闢，萬象一時歸。屏上星芒轉，鏡中玉屑霏。娛情多播樂，未覺五聲稀。

吾鄉先賢趙甌北，批評唐代大詩人白居易，說他「易於知足」，說他「所志有限」，我也如此。所以連到寫這些記事詩，亦免不了要像香山居士那樣，時時「露出措大本色」來了。

繡像在圖　還魂離喚

南來之後，在我個人名下，最多「次數」的消費，其實應推買書爲第一。目下架上所列，總數殆已不下千冊。以視清代畢秋帆撫軍的藏書九十五萬卷，隨園老人袁子才的藏書五萬卷，自不免有如小巫之見大巫；但在惟求贏卒之飽的區區下走，則即此所有，已認作是「夠瞧」的了。

二十年來所買的書籍，自經史子集以至小說家言，都兼而有之，當然不可能每置一書即記之以詩；故而這一方面的紀錄多付闕如，僅有兩次例外。

例外之一是：有一天偶然在香港的三益書店裏，發現了一冊「牡丹亭」傳奇，乃是根據冰絲館重刻的「還魂記」版本，由上海商務印書館排印並發行，目錄之前有謔菴居士的「批點牡丹亭凡例」，以及「重刻清暉閣批點牡丹亭叙」，此外更有繡像三十九幅，書雖敝舊而篇帙無缺，購歸後曾寫了一首七絕，題句如次：

讀湯玉茗「牡丹亭」書感

煙絲醉輭漾無痕，肅苑春遊只畫存；
一自冰絃隨夢斷，難憑詞筆喚還魂。

讀了「牡丹亭」所以要「書感」，此中包含着一段往事；只因我的元配朱鬘，（宜興名畫家朱蓉莊先生長女，工山水畫。）生前曾徇胡山源前輩之請，爲了籌募建校經費而登場客串，演出過一次崑劇，地點是上海的金都大戲院，所演者即是「牡丹亭」故事中的「遊園驚夢」，內子飾杜麗娘，崑劇名旦張傳芳陪演春香。不數年，內子即因病下世。是以在展讀「牡丹亭」傳奇時，見到了書中的繡像畫，遂不免爲之黯然神傷，因有「書感」之作耳。

「牡丹亭」第九齣「肅苑」繡像畫

「牡丹亭」的原著，第九齣名「肅苑」，第十齣名「驚夢」。崑劇演出改「肅苑」爲「遊園」，則因「肅苑」的登場人物有陳教授與花郎，而「遊園」則純是貼旦二人之戲；傳奇與崑劇，固自不同也。

「烟絲醉輭」之句見傳奇「驚夢」齣，「要甚春遊」之句見傳奇「肅苑」齣，都是引用「牡丹亭」的原詞。

在此之前，「花窠」藏書中已先了一部玉茗堂的另一著作「紫釵記」傳奇，我也曾引用入詩，茲亦附錄於後：

偶成一首

亂離助我寫相思，常爲蛾眉一騁辭；
淚濕紫釵先例在，人間原不諱情痴。

「紫釵記」的故事採自唐代蔣防的「霍小玉傳」，叙述李十郎背婚約不至，小玉鬻紫玉釵賂遺親知，求通消息，故名。我寫此詩時，正爲歌人撰新詞，因而書此解嘲，初非爲購書而作也。

另一例外是：三年前重展東瀛遊展，曾於名古屋之松本書店，以日幣一千零五十元的代價，（定價一千五百元，七折實收。）購得「萬葉集」一冊，當時有詩記之曰：

題萬葉集

海外葩經字未磨，
詩箋萬葉註家多；
遠來尋譯風人意，
開卷先聽譬喻歌。

「萬葉集」所收錄者，有「雜歌」「相聞」「譬喻歌」「挽歌」四類，而「雜歌」與「相聞」又有分別季節，冠以春、夏、秋、冬字樣者，其中並有不少是歷代天皇的作品，彼邦亦稱爲「御製歌」或「御歌」，大抵也是風、雅、頌三者兼備，相等於我國的詩經。

我所購得的「萬葉集」，是佐野保太郎、藤井寬二氏註釋本，共二十卷，東京福村書店板，目次之前有序及凡例，第一頁另有「意匠」的名字，「意匠」二字既古且雅，大抵即是裝幀設計人的稱謂吧？

香妃畫像　購得插屏

依稀記得，是蒞港以後的第三年，新華影業公司主持人張善琨先生，曾擬將「香妃」故事搬上銀幕，內定由李麗華飾演香妃，全部用彩色攝製。張氏授意我編寫劇本，其後計劃未能實現，但我的劇本却完成了！並因此劇之編寫，使我的「花窠」之中添多了一座香妃畫像的插屏。

這一座插屏，是有一天行經九龍尖沙咀區的加拿芬道之時，偶然在一間古玩舖的橱窗中看到，插屏之一面鑲着玻璃，內嵌郎世寧所畫的香妃戎裝佩劍半身像一幅，下角有署名曰「臣郎世寧恭繪」。

另一面則是藍色鎏金的琺瑯瓷畫，圖中一虬髯老人坐在軟椅中，赤足踏一石匣；另一老人立於其前，左手舉一壺，壺中噴出烟雲，烟雲中有一執弓童子，人首而獸身，兩手四足，有尾，似乎都是神話中的人物。

這一座插屏的底座，是紅木所製，花紋鏤刻甚精，相信當是滿清宮廷中的故物。爲了其時正有「香妃」一劇的寫作，於是以港幣三百元的代價立即將它購下，從此成了舍間的擺設品之一。

遺憾的是插屏另一面的神話故事，不知源出何處？由於平時對於西洋史素乏研究，也就無從查考了。

在香妃畫像的插屏之外，另有一座瓷相屏，則是有一幀我與繼室佩瓊（氏梁）合攝的照片，南來之時曾置於篋中，乃得保存不失；一九六〇年五月間，曾將這一幀照片找了出來，委託一間瓷相公司放大尺寸，製成一屏，安放在玻璃櫃內，留作紀念。

香妃畫像插屏的購入，當時未有文字作記；瓷相屏持歸之後則曾寫了如下的一首五言律詩：

題瓷相屏

人境多遷轉，照形留迹躔。相憐如昨日，回顧是中年。履縱塵拘外，肩駢花發前。餘生仍睨世，不費捋鬚錢。

這一幀照片是攝於上海之麗都花園，影中內子與我並立於花前，為我們攝取此影者是老友秦泰來兄，今亦在港。

郎世寧畫香妃戎裝像插屏

寒雲手蹟　歸我花窠

斥三百金購入一座香妃畫像插屏，也算我生命史上的一次豪舉。

另有一次較小的豪舉，則是以港幣一百二十元的代價，從瑞寶齋古玩舖購得了袁寒雲師叔手書的一副集句對聯，聯語曰：

「結想屬霄漢」，「委懷在琴書。」

上聯集謝，下聯集陶，有上欵名「子峯」，不知是何許人？推想這一副對聯寫就後竟未送出，大抵是寫錯了一個字的關係，因為謝康樂的原詩，乃是「結念屬霄漢」，並非「想」字也。

此聯我是在丁酉年五月二十四日購入，老友吳鐵翼兄識得瑞寶齋主人，購聯亦是由鐵翼兄介紹，當時曾有詩記之曰：

購聯

說劍徵歌卅載前，風流猶及見高賢；瓊樓有恨歸家乘，霄漢無辜落市塵。篋擘雲肪香未滅，書成蠆尾墨仍妍；百城坐擁平生願，不惜傾囊購一聯。

寒雲主人是先師步林屋先生的盟弟，我之購入此聯，意在保存前輩的手蹟。當時店中所懸署名「寒雲」的對聯，多至五六副，其中大部份看得出是我友俞逸芬（寒雲主人入室弟子）代筆，我所買下的則是眞蹟，並能斷定寫就後竟未送出，因為此聯在當時猶完好如新，可以揣知並未入於「敬求墨寶」者之手，故而也沒有懸掛經時的迹象。

據吳鐵翼兄見告：瑞寶齋的女主人即是寒雲主人的女公子，但我在購聯之時雖曾覿面，却未敢問她是師叔的那一位夫人所出。現在，這一間古玩舖已不知去向，更是無從問訊了。

來港後購入的書畫，除了寒雲師叔一聯之外，還有清人張祖翼所書一聯，聯語曰：

「開尊傾北海」，「鑿石通西夷」。

聯有上欵曰「文亮仁兄大人屬集石門頌」，下署「磊堪張祖翼」。鈐二印，一是「張印祖翼」陰篆，一是「逖先海外歸來之書」陽篆。

這位張祖翼，葉昌熾的「緣督廬日記」中有兩條曾述及其人，之一曰：『埃及殘石，美國斐爾士所藏，張祖翼逖先游泰西，主其家，見之，乃古時石槨，僅存殘石二片，文字奇古，尚在希臘以前四千年也。張君欲打本，斐爾士恐損石，初拒不允，告以中國碑版所以流傳甚遠者，皆氈蠟之功，始拓得十餘通以歸。』之二曰：『桐城張逖先，素未通介紹，讀拙著「語石」，心折求見，以埃及古文為贄。』

以上兩條，其一是記於光緒十六年五月二十七日，其二是記於光緒二十八年九月二十四日。由此可以獲知，張祖翼的鈐印「海外歸來」是去過美利堅合衆國。聯語下句曰「鑿石通西夷」，可能那位文亮仁兄還是他的同行旅伴。另一揣想可知之事則是：他既有氈蠟之好，又因得讀葉緣督之「語石」一書而心折求見，足徵亦是有米顛拜石之癖的了。

蘭亭一帖　唐人摹本

對於碑版之學，過去素少研究，但蘭亭刻本倒也藏有一冊，則是海外新知馬叔庸先生（前永華影業公司廠長）所贈。宋代趙與時所撰之「賓退錄」，有一節曾述及蘭亭石刻，原文曰：『蘭亭石刻，惟定武者得其眞，蓋唐太宗以眞蹟刻之學士院，朱梁徙之汴都。石晉亡，耶律德光輦而歸。德光道死，與輜重俱棄之中山之殺虎林。慶曆中，為土人李學究所得，韓魏公索之急，李瘞諸地中，而別刻以獻。李死，其子乃出之。宋景文公始買置公帑。熙寧間，薛師正向爲帥，其子紹彭又刻別本留公帑，攜古刻歸長安。大觀中，詔取置宣和殿。靖康之變，虜襲以紅毡輦歸。今東南諸刻，無能彷彿者。」

以上是有關定武本蘭亭石刻的一段掌故。於是，我就遍考「輟耕錄」「唐法書要錄」等諸家記載，帶着感戴厚愛之情緒，寫成一詩，以誌不忘；茲亦附錄於後：

馬叔庸贈唐人摹本蘭亭帖

蘭亭繭紙入昭陵，世間不復留真迹；
惟有趙宋內府藏，裝褫一百十七刻；
烏金蟬翼墨重輕，轉相傳模技紛出；
建康三米書無恙，定武潤行人盡識；
尤氏手榻壓歸裝，當時且曾重吾邑；
此外新舊兩梅花，玉池璽印皆在列。
我於禊帖昧真賞，購致亦嘗金屢斥；
鵝黃棗木供案頭，晤對昔賢非一日；
太息百年一俛仰，未經舟覆竟縣失；
五字不損水中起，空羨彝齋有故物。
海外新知馬季長，平生讀書兼讀律；
酒邊放言湧妙緒，右軍書法語偶及；
唐人摹本忽見遺，神龍鈐記篆可核；
諸家定鑑誇珍秘，不止先入墨林室；
一卷在手驚且喜，虎賁中郎正彷彿；
向之所欣今重覩，得之初不煩馳驛。
從此墨瀋恣淋漓，臨池復可縱吾筆；
不須遠向殺虎林，物色土人問瘞石。

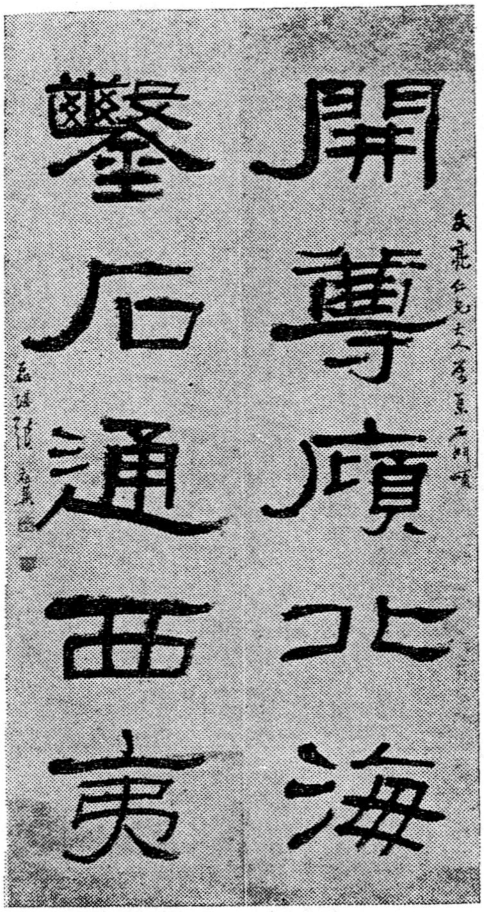

清人張祖翼書聯

呂媞書畫　清新雋逸

「花窠」之中，書畫碑帖之庋藏，只算是聊備一格，數量簡直少得可憐。直到最近，纔終於使我「大喜過望」，因爲我已徵得了女書畫家呂媞的兩幅傑作。

遠在十餘年前，就曾在華僑日報的藝文版上，讀到署名呂媞的畫論；之後又在一九六六年五月的「中國書法研究會年展」，及同年十月的「港日書法聯展」舉行之時（地點皆在大會堂），兩次看到她參與陳列的隸書聯軸及屏條，發覺她的書法，出入於漢之張遷、禮器，晋之爨寶子、爨龍顏，以及唐之褚遂良之間，便驚詫於她的造詣之深，根基之厚，以爲在男子之中，也很少這樣的書家，而今却是出於閨閣中人之手，實在非常難得。

到了一九七一年一月二日，又從報上看到呂媞在大會堂展覽廳舉行書畫個展的記載，因復撥冗往觀。經過了這一次的瀏覽，分外加深了我對於女士的藝事之心折；爲的是這一次又在隸楷之外，看到了她胎息於王羲之李北海二家的行書，以及牡丹與梅蘭菊竹等等的畫幅，這是過去所未見的，由此更使我詫異於她的涉獵之廣，成就之高。能循書畫同源之軌轍，運用書法以入於畫；這本來是傳統的舊方法，但出自呂媞之筆下者，却不但未覺其舊，反見其新；既與其它陳陳相因的國畫有異，復與折衷於東西洋之間的畫法不同。在肆目瞻顧之下，使我感受到別有一種清新之氣，充滿了整個的會場。我在南來以後，參觀過許多書畫展，唯一能動我心魄，予我以不可澹忘的印象者，就是這位呂媞的個展。

這位女書畫家的作品，雖曾使我心折多年，但一直猜想她當是嶺南望族之裔，却不知她畢竟是何許人？直到最近，偶然與睽違多年的李啖生兄相晤於「泉章居」，啖生兄攜其夫人俱至，交談之下纔使我恍然大悟，原來啖生兄的夫人，就是我心儀已久的女書畫家呂媞，當下連聲道着「失敬」，嚷着「幸會」。

啖生兄早年曾自創「硬報」於上海，以敢言著稱。其時我以白袷少年一名，出遊翰墨之場，不免有一些跅弛自喜，因亦常與啖生兄及何二雲、陳靈犀諸君子，在「老豫泰」「言茂源」「馬上侯」幾家酒肆中把盞論文，享受「浮杯樂飲」之佳趣。

最近的「泉章居」之重聚，同座者除了呂媞夫人之外，復有黃天石、刁俊民兩位前輩。屈指算來，與啖生兄別後不相見者，已達三十五年左右，中間經過了八年抗戰，三年河山重光，之後又是歷時二十三年的海外逋亡，昔日的斯文崔魏，而今都垂垂老矣！所幸尊前一晤，不僅滬濱舊夢又得重溫，兼復見到老友的管夫人，豈非仍然是快事一樁？

從飲生兄口中得悉：呂媞夫人還曾於一九六七年前，以「今鳳」的筆名，爲澳門綠村電台寫過唐伯虎、祝枝山、文徵明、鄭板橋諸位名賢故事，以及「醒世姻緣」等廣播劇，集多種才慧於一身，又不能僅以書畫家的稱謂限之了。因之在往還稍頻以後，下走乃假借編劇之「忝屬同道」爲藉口，提出了「敬求墨寶」的不情之請。

夢寐以求的畫軸與楹聯，終得成爲「花窠」之瓌寶。畫的是蘭與石，題詩曰：『並石疎花瘦，臨風細葉長；有情歸隱谷，獨自發幽香。』聯語則是：『甘從千日醉，恥與萬人同。』集的是詩聖之名句；書法之遒勁，聯語之豪邁，堪稱雙璧；與蘭石雙清之圖並懸，更顯得美俱難幷；端的是人間罕覯之逸品，値得每讀一回，即浮一大白。

案頭清供　一石一樹

此外還有一些案頭清供，各據「花窠」之一角，入我詠吟者有二，其一是海花石，詩曰：

海花石

聞道珊瑚鎖骨蟲，浮生出自浪花中；
行藏斷與沉珠異，狀貌將毋化石同？
海氣潛通窗窈窕，波紋輕琢玉玲瓏；
天然堪作扈班用，繩削未須煩駔工。

海花石，「本草」謂之浮石，以其入水不沉也。此物屬於珊瑚蟲類，面有多數淺渦，紋如菊花，灰白色，堅硬如石，模樣十分可愛。內子偶得之於市上，以爲磨垢去污之用，我見到之後大驚失色，認作是暴殄天物，連忙攫取在手，加以洗刷，貯以水盂，置於案頭，使與紫方館爲伴。

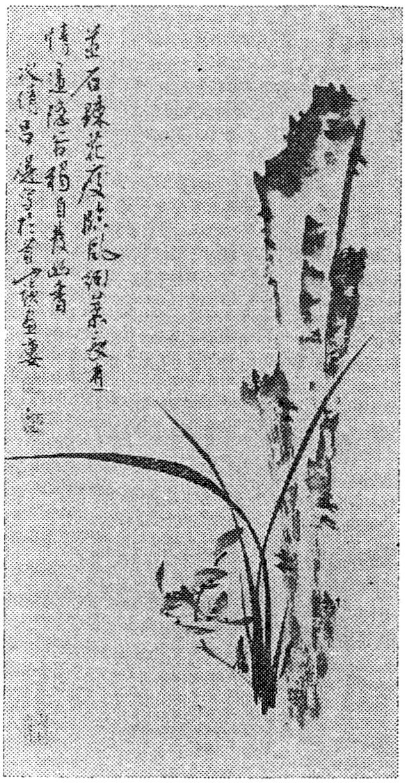
呂媞女士畫蘭石圖

詩中引用的「扈班」，是晉代大書家王羲之的石筆架之名號，見「瑯嬛記」。

其二是鐵樹，我爲它寫了一首五言律詩曰：

巴西鐵樹

顓顓居一水，自愛淡生涯。得氣常抽葉，積年亦綻花。哦松憐吏縛，伐桂笑仙枷。若問東來意，微嗟別路賒。

舍間所養的巴西鐵樹，事實上已經歷兩易，一二兩次都是植之於水盎中的，故有「顓顓居一水」之吟。惜乎兩次都閱時未久，便即痿損。之後有位老友送了我一盆大型鐵樹，着根以泥，大槪是營養較爲豐富，以故發葉甚茂，蒼翠之色經常不變。圖中所見，就是現在所保存的一棵。

巴西鐵樹與中國鐵樹，形質不同，而「鐵樹開花」之難得一見，則中西一例，並無二致。去年曾在同鄉徐宜媛女士的府上，看到開花之鐵樹，見者都指爲祥瑞之徵，這與我國古老的說法，亦是所謂「其揆則一」也。

歌人之貽　有詩爲記

詩聖杜少陵流轉邊徼，築草堂於成都之浣花溪畔，曾一而再，再而三的向人覓桃栽，覓綿竹，覓榿木，覓松樹子，甚至乞大邑瓷盌，其事一一見之於詩篇，可知此老入蜀後的生計之艱。

我之較幸於詩聖的是：器物玩好之屬往往有人持而見惠，得以不匄而獲。「花窠詩葉」之留下紀錄，誌我感篆者，計有下列數事：

蝶標本

凌雲姊氏趙咪咪自星加坡託人攜來者

御風來蛺蝶，不復鬥輕盈。且與杯鐺稔，好袪網罟驚。花窠添勝侶，檀架寄浮生。臆想俱飛樂，永銘遙寄情。

（註）咪咪方嫁，故以俱飛爲言。

竹對聯

陳芬蘭自臺灣寄贈者

分割篔簹竹，桃符得代鐫。節長知歲

巴西鐵樹

久，字大見情虔。汗簡青常曝，涴牆黴盡蠲。珍貽艱一報，惟可夢臺員。

紙皮夾

甄秀儀自日本攜回見貽者

佳人重覿面，遺我烙征騑。疑是韋侯畫，遙從紵嶼歸。
封椿欣有庫，勒口笑無譏。只恐儲錢鈔，夜來子母飛。

玉石砌花屏

屏作扇形，台灣手工藝出品，亦甄秀儀所餽。

蝶標本

屏開花富貴，扇聚玉雕鏤。
垂縷飄鶯燕，盤紋起蟄虬。
珍知同瑗璧，孕願比琳璆。
夜讀文魮賦，御風有夢遊。

杜詩聖多方覓乞，對象都是明府少府之類。下走則平生不從貴游，而命有金星，因之認識了不少歌人，她們知道我這個遜荒下士，家無長物，於是給我捎來一些補壁之品。古人以「玩物喪志」為戒，我則將藉此美人之貽，賞我之心，悅我之目，並視為銜情寫抱的靈感之源，因之也就顧不得「受之有愧」，逕直的拜納而不辭了。

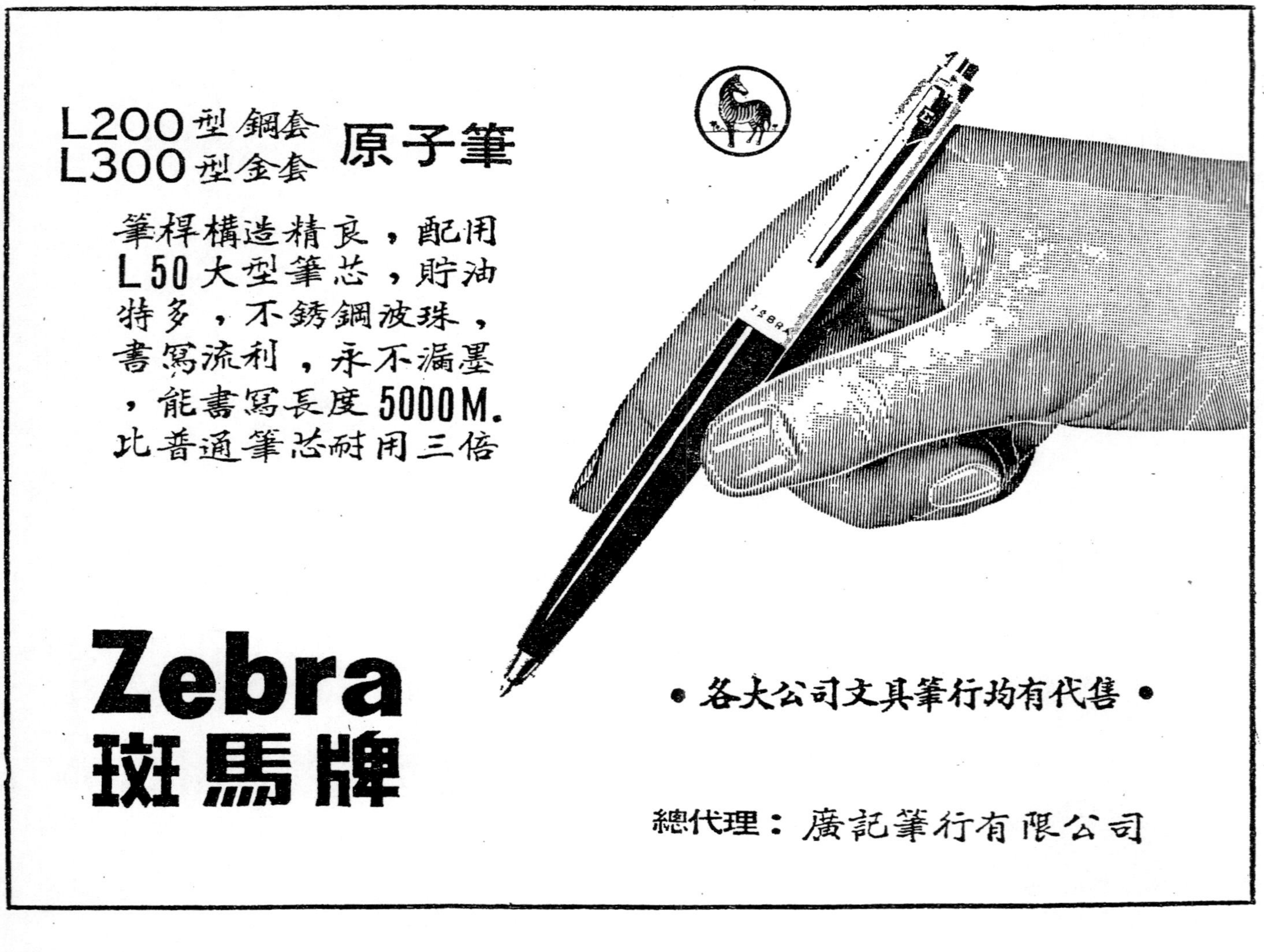
L200型鋼套
L300型金套
原子筆
筆桿構造精良，配用L50大型筆芯，貯油特多，不銹鋼波珠，書寫流利，永不漏墨，能書寫長度5000M.比普通筆芯耐用三倍
Zebra
斑馬牌
•各大公司文具筆行均有代售•
總代理：廣記筆行有限公司

「洋」門女將蓮黛

·呂大呂·

香港發三家，這話已經說了一百多年。三家是所謂「撈家」、「蛋家」和「客家」。爲什麽會發這三家？這可說來話長，反正也是衆所週知的事。近年來，香港又有最盛的三風，便是「食風」、「文風」和「武風」。食風之盛，但看酒樓菜館之多可知。文風之盛，但看報紙、雜誌與書局之多可知。武風之盛，是武館林立，武術團體，各立名目，百家齊鳴，分門別派，此中還有新興，新創和新流入的，前所未有的。武風至此，其盛可知。

這些新流入的有「跆拳道」、「合氣道」，而新創新興的也不少。這裏要說的是「力山派空手道。」創出這一派空手道的是亞力山大何漢邦宗師。他本是華裔子弟，久在美國，就在美國創出這一派空手道來。由于何漢邦的英文名是亞力山大，因之便取名「力山派空手道」。創出後，在美國設館授徒，一時桃李滿門，包括美國人、美籍黑人、華僑子弟。

在這許多門徒中，其中一位美國小姐成爲何漢邦的最得意弟子，她在何漢邦門下是黑帶三段。由徒弟而進陞師傅，但不是另立門戶，而是做了何漢邦的助教。兩年前，何漢邦回港設館，不久這位美國小姐也來香港。何漢邦的門下弟子越來越多，她便又作爲何漢邦這力山派空手道的助教，一如在美國時一樣。

這一位美國小姐，便是這裏要說的一位「洋」門女將蓮黛。

在香港國術界中，以女師傅姿態授徒的不是沒有，數起來也有五六位；但來自美國，而且是美國籍的可就沒有。以美國女性而敎中國人發明的一派武術，這更沒有，也可以說這是香港開埠以來所未見的事。

說香港的武風最盛，從一個在美國創出了一派武術的人，他也要回到香港來發展，一個家住美國的美籍小姐也要走到香港來協助乃師授徒，這就淸楚香港近來武風之盛，非別處所能及，更非過去所能及了。

如此武風丕盛，理應加以表彰？如此一個前所未有，現在又是獨一無二的美國女拳師，就更值得表而彰之了！

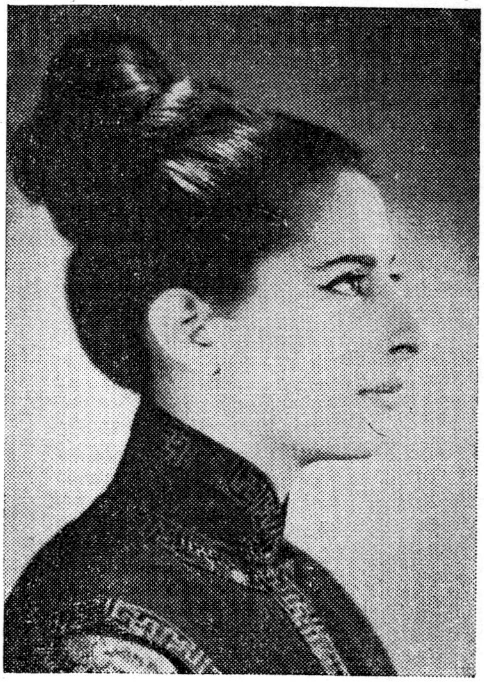

圖爲蓮黛女士近影

古有楊門女將 今有洋門女將

曾有一齣以京戲演出的電影，名「楊門女將」，近有一齣邵氏出品的「十四女英豪」，這些「女英豪」也就是楊門女將。陳寶珠由美回港，演一台大戲，其中一齣叫做「楊門胭脂將」，「楊門胭脂將」者，也就是「楊門女將」也。由此而知「楊門女將」在香港是如何的「婦孺皆知」。蓮黛以一位美國女性而來香港，作爲香港的女拳師，我想，她就該是一位「洋」門女將，洋者洋人，此「洋」不同彼「楊」，但她的武功造詣這樣的深，這簡直是「女將」一名。就替她改上這「洋」門女將的「封號」，看來倒也算得實至名歸。這正是古有楊門女將，今有「洋」門女將，後先輝映，不讓古人專美於前矣。

老影迷都知瑪利蓮夢露有一齣「七年之癢」。何漢邦對蓮黛也是有過七年之「養」的。這是說，何漢邦以七年光陰養成了蓮黛的黑帶三段。大概爲了何漢邦的培養，蓮黛對何老師是既感謝又佩服，因此何漢邦來了香港，她也就千里迢迢來到香港，一面仍執弟子禮，一面做了何漢邦的助教，以分爲師之勞。

出生美國紐約 芳華二十有四

這位「洋」門女將，原名LINDA GREEN。中文名就譯作蓮黛，她在美國紐約市出生，父親是美國一位成功商人。而她卻是紐約市一間電腦公司的高級職員。這間電腦公司名DATA/NAME/，她的工作是負責電腦資料程序和電腦資料系統分析的工作。

蓮黛今年正是花信年華，二十四歲了。八年前，還未入這間電腦公司任職，即投力山派門下，拜力山派宗師何漢邦爲師。由于風雨無間，當了電腦公司這份職後，還是好學不倦，經過了七個年頭，她已經成爲力山派的黑帶三段了，也就是何漢邦對她七年之「養」的成就。由于是黑帶三段，她有資格可以敎授「咖啡帶」的學生，因之有一段時間，她是既要在電腦公司工作，也一面勤于練習，一面又樂于作爲何漢邦的助教。

蓮黛在美國成爲力山派黑帶三段以後，少不免有時在種種場合中表演身手。一次，他在一個場合中，表演一項「鐵膚功」，由着人們拿利刀來砍她。這個表演，獲得掌聲如雷。事後，美國西岸的「黑帶雜誌」，對蓮黛這表演極爲稱道。譽她爲「超人少女」。當時許多人也跟着「黑帶雜誌」來稱她爲 SUPER GIRL。

蓮黛的武技，善用「側身擺踢」和「連環腿」。常常使用飛脚來踢擊對方的頭部，對方每每防不勝防她的脚踢得這樣高。因之在美國的武林中人又譽之爲 TERRIBLE LINDA，意思是說她的可怕，說四邑話的美國華僑，便稱她爲「可怕的蓮黛」。

蓮黛這年輕的少女，爲了何漢邦的七年之「養」，獲得了這驚人的武功，這樣榮譽的稱謂。但她還不自滿，還是風雨無間的從何漢邦苦練，

蓮黛示範西洋拳

這自然是武功更了得了。在她主持力山派紐約市道場的一個時期中，常有一些「不禮貌的訪問者」到來，帶着騷擾的生出不愉快事件。也常常有些半醉佯狂的人到來，無事生非。遇着這樣的人，蓮黛可以無需煩勞何漢邦，不必驚動何漢邦，即由她予以解決。

武功折服黑人　更顯恢宏量度

當蓮黛已爲黑帶三段，又爲何漢邦助教時，她有兩件事，至今還爲何漢邦所稱道。這兩件事都和黑人有關，美國的黑人大都孔武有力，幾屆的拳王都屬于黑人，因之黑人就大都是學習西洋拳的多，滋事打鬥，又是以黑人爲多；却是蓮黛就曾經打倒一個西洋拳手的黑人，和一班黑人阿飛。

一個晚上，蓮黛正在力山派的紐約市分館教學生，何漢邦却在紐約的長島分館，在這館中就只得蓮黛一個人負責了。力山派的道場，一直也是大開門戶，讓人出入參觀。那天晚上，就有一個體格魁梧的黑人站在一旁來看，當蓮黛教完一段休息的時候，黑人却和蓮黛談着，問這樣問那樣，說得好好，突然使出一下西洋拳招的「左直拳」朝着蓮黛的面部打過去。蓮黛不虞有此，她用左手一格，擋着了黑人的「左直拳」，跟着右手就是一拳打在這黑人的心胸，只見這黑人雙手捧着胸膛，曲身向前，顯然是痛苦得很。而當黑人和蓮黛對招的時候，一班學生都磨拳擦掌的準備來對付黑人，爲的他們看到黑人登門打架，以爲是來「踢盤」。那裏曉得這黑人吃了蓮黛這一拳，痛到腰也要彎，更看到這班學生這個樣子，他自然知道是闖禍了，慌忙解釋他所以會這樣的原故，他說，他是學過西洋拳的，他想看看蓮黛怎樣去消解他這「左直拳」，并無他意。至此大家明白，而蓮黛也就不與計較，就讓他彎着身子離開，蹣跚而去。

另外又有一次，蓮黛獨個兒在晚上經過紐約華埠的一處停車場，回道場教學生。遠遠看見一個飛型黑人，蹲在路上，像是綁鞋帶似的。她當然不以爲意，一路行過去，待到行近這黑人跟前，突然給這黑人撲前要想把蓮黛雙脚攬着，使蓮黛摔倒，却是他才把蓮黛的左脚攬緊，還不及攬她的右脚，蓮黛馬上把右脚向後一搖，左手在那黑人頭上一按。黑人的頭給按低，他的一雙手可沒法子發力。而蓮黛却提高了右掌要用「手刀」劈下黑人那裏。却是回心一想，這一「手刀」劈下去，可能置黑人于死地。這黑人只是個十六七歲的阿飛，正是年幼無知，一時轉了念頭，把這「手刀」的姿勢收回，只輕輕在黑人的肩膊上一推，把他推在地上，小懲而不大誡，便離開了這地方，慢步前行。

不想這黑人是有好幾個同黨的，他們都是十五六歲的飛仔，當時是躲在幾部汽車的後邊，這時看見同夥給推倒地上，站不起來，便一衝而上，把蓮黛包圍。這倒使蓮黛氣了，她在平時是戴着個眼鏡的，這時立刻把眼鏡除下，圓睜怒目，看着這幾個黑飛。這幾個黑飛一看，竟然個個着慌，回頭便走，連那個倒在地上的也爬起來，抱頭鼠竄而去。蓮黛也沒有追他們，由着他們走，她自己却輕移蓮步，回返道場去。

這兩件事都是蓮黛在美國所做出來的事，她這小小年紀，便有這樣的武技，更難得她還有這樣恢宏度量，放着人家走。

這是蓮黛在美國時的事情，現在她是來了香港，何漢邦回香港兩年，她却來了香港一年多。在美國，可不能說她是「洋」門女將，爲的美國的「女將」都是「洋門」的，但來到了香港後，她是香港僅有的一員「洋」門女將了，她在香港這一年多怎樣？下面自有交代。

曾教過近千人　多有地位人物

何漢邦宗師是香港人，大家庭住在香港，香港出生，香港受教育。他在留美期間，創出了這「力山派空手道」，在美授徒。兩年前回港省親，眼見此間我武維揚，有意在

香港發展一下，便在香港覓地設館。還未找到館址，蓮黛却從美飛來香港省師。師徒見面，何漢邦爲了助教有人，更積極組織，就此開設成「香港力山派空手道學院」。一開始便以蓮黛爲助教，直到現在，力山派空手學院先後有千多學生，蓮黛也就一手教過近一千人了。

力山派空手道學院，學生們的質素，似乎和過去一些武館有了差別。中國武館有許多高手，他們出身市井，做了師傅，還兼營着什麼「賣魚」，什麼「猪肉」。過去好些武館中人，大都是「三行」、「三欄」的人爲多。所知少數武館中人，他們連自己的姓名也不會筆劃清楚的寫出來，使外界的人對他們以「武牛」相稱，而武林中人，也居然不以爲恥。現在此一時代已經過去了。就以力山派空手道學院來說，不說他在美國怎樣，現在香港這學院所收的學生，是萬不能加以「武牛」此等稱謂，從他這間學院來看，也不單是他這間學院才這樣，顯然現在習武的人，平均質素都提高了。

蓮黛在香港，由她一手教出來而又很傑出的學生，其中很有些是在社會上有了相當地位的。像馮寶根，他是香港華比銀行經理，像李志雄，他是飛力士石油化工香港有限公司經理，韋振基是警司，黎禎祥是衛生幫辦，葉約瑟是高級警官。還有兩位西人，J·T·WATSON，是雀巢香港公司經理，V·D·BOOGOARD，是香港和士美洋行經理。此外，有的是醫生、會計師和各階層人士，知識階級都不少。這都是力山派空手道學院的學生，是由蓮黛這一員「洋」門女將一手教出來的。

申請在港居留 被選爲陪審員

蓮黛由美來港，她的香港居留證就只得六個月期限。她認爲香港很使她留戀，再因爲力山派學院有了成就，何漢邦可不會放下了這間學院前去美國，因之她决定何漢邦留在香港留到幾時，她便留到幾時，因之她要申請在香港永久居留了。

經過了一番手續，她已成功獲得爲香港公民，而且她和她的師傅何漢邦也獲選爲陪審員。這是使香港地方永遠會有一位「洋」門女將來教中國人所發明的武術，使香港的武林中生色而又得成爲佳話。

蓮黛獲得永久居留香港，她很想學中國話，却是何漢邦和她說話是全部「英語對白」的，她的大部學生中也和她用英語交談。這對于學中國話便顯得困難，因而她留在香港這許久，對中國話幷沒有進展。只有在教授初級學生時，她說出來的專門名詞，和其他在教拳時的動作詞句，却懂得用粤語來教授，這可能是何漢邦專心的教她，才有這點成績。

在這一年多，香港已經有不少人知道這位「洋」門女將，原因兩個電視台都訪問過她，也都請她在螢光幕上亮過幾招。她那拿手的「飛雲腿」，「穿天脚」和懸空踢破幾塊一叠木板的武功，許多人都曾在螢光幕上見到。另外何漢邦在定期刊物寫的力山派各種武術，所有圖片，大都是由她演式，因之這位「洋」門女將，香港人不少對她是久仰大名了。

不懂烟酒麻將 却愛自由搏擊

住在香港的人，似乎很難有一個不懂得打麻將，這包括居留香港的外國人，但蓮黛却懂也不懂，她也沒有吸烟飲酒的嗜好，香烟洋酒，如果靠她交易，這可要關門大吉了。不過人不可無嗜好，她也不能例外，她的嗜好是看書，看多方面的書。另外却喜歡「自由搏擊」，有人和她對手「自由搏擊」，她便精神。更喜歡吃中國菜，她拿筷子完全是個道地中國人一樣，一天幾餐，都是師徒兩人到外邊酒樓吃中國菜，估計她們兩師徒的伙食貴，每個月非一兩千元不可。

蓮黛穿中國打武服裝表演單刀

說到了「自由搏擊」，對象自然是什麼人也可以。力山派的自由搏擊練習，「點到即止」，只是研究如何搏擊，從來沒有傷人。因之力山派便常有自由搏擊的練習；但却很妙，蓮黛的自由搏擊，最喜歡不過是和她的師傅對手，有了何漢邦和她一起自由搏擊時，她開心透了。

何漢邦與人自由搏擊，往往是「談笑用兵」似的在輕鬆的情形下進行。但他是手腦並用，老路縱橫，給他打中的人，大都不淸楚那一拳、那一脚的從何處來。而交手的時候，對方可不容易打得到他，他却使到對方無法可以消得他的招。不過他一定是「點到即止」，因而只管利害，從來就絕對不會打傷對方。使凡是和他對打的任何人，無不心悅誠服。蓮黛所以特別喜歡跟何漢邦練習自由搏擊的便是這原故，她覺得，和何漢邦練對打，已變成了一種娛樂了，而且這個娛樂還會使她在武功上得到很大的收獲。

對于自由搏擊，蓮黛有一套理論。當然這一套理論是從何漢邦宗師那裏得來。但她已經心領神會，可以說得出，也做得到了。

蓮黛這一套理論是：如果武術也算是藝術的話，則自由搏擊就是藝術中的最高藝術。劈石、拍磚，或是其他的雜技功夫，只要有恒心，有方法，練上了幾個月便可以有驚人成功。爲的那塊石，那塊磚，或者其他用以演雜技的物體，本身是不會動的，不會反擊的；搏擊可不同，對手是活的，會動，會反擊自己，因之千變萬化，沒有止境的。

一個人如果想精于搏擊，必須具備五個條件，第一說「勇氣，」第二說「健康」，第三說「技術」，第四要有「豐富的經驗」，第五要有「頭腦」；五者之中，有「頭腦」最爲重要。當面對敵人的時候，不特要控制敵人的「技術」與「戰術」，而且要控制敵人的「心理。」一個優秀的搏擊者，應該用「意識」去「感察」對方的一舉一動，而不是用「肉眼」來觀察。當「肉眼」看到對方的一拳或一脚擊來時，那已經太遲了。因之必須有「頭腦」和用「意識」去「感察」對方，去猜度對方。換句話說，在對方未動作之前，自己心理就要「感察」到對方的動作可能是怎樣的一拳，是怎樣的一脚，這是搏擊的訣竅。至于如何才可以達到此程度，如何才可以臻此境地，可以說是半由練習，半由「天授」，由于天份的高低，智愚的不同，便有了分別。

最後，蓮黛引用何漢邦宗師說的話：「搏擊之道，有如奕棋，有如行軍，要手腦並用，制人，而不受制于人。」

就爲了蓮黛有此造詣，她便有資格成爲一個搏擊好手，而她之所以這樣喜歡自由搏擊，特別喜歡和何漢邦自由搏擊，便是這原故。

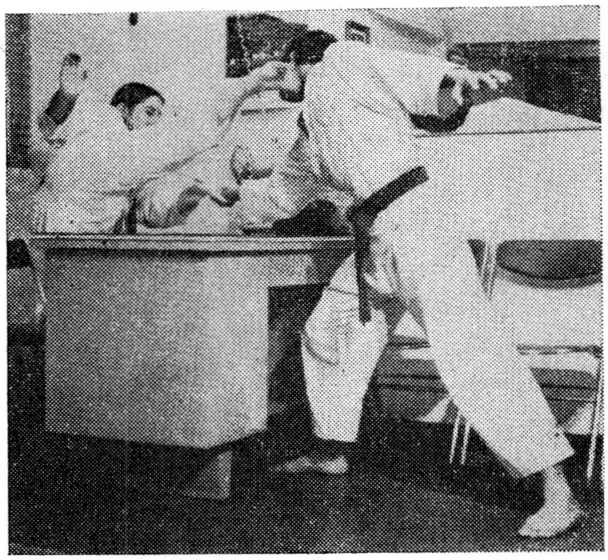

蓮黛示範「突擊防禦」法，側身擺踢，在寫字枱後飛脚橫掃對方的「頸動脈」

莫看她年紀輕 在美已作師婆

宋代「楊門女將」中，年紀有老有小，蓮黛這個「洋」門女將却是年紀輕的。今年她是二十四番花訊的年華，但在美國的幾年前，她才二十歲左右，她已經是個「師婆」身份了。

什麼是「師婆」？這是說輩份。蓮黛在美國，已有許多徒孫，因之論輩份，這些徒孫便該稱她爲「師婆」。原來，蓮黛在美國爲何漢邦助教，由她一手教成的徒弟多的是。這許多徒弟中，有些也都設館授徒了，他們的館裏也有不少徒弟，這些徒弟對蓮黛的尊稱，是師傅的師傅，如果蓮黛不是女性，便是「師公」，她是女性，自然是個「師婆」。至于何漢邦是什麼？他便是個名正言順的「太師公」。

師生情感日增 註册成爲伉儷

蓮黛在美國得到了何漢邦的七年之「養」，一直追隨何漢邦又是學習，又是助教。到了何漢邦回港省親，她也隨後追着來，顯然她是離不開師傅的了。人是感情動物，這樣形影不離的相隨着，雖然是師生的關係，自然而然便會生長着情苗。這情苗幾時種的可不知，苗長起來的顯然是在香港這一段時期中。一個由于是異國來此的少女，什麼也感陌生，可就寸步離不得一向提携她的人。而何漢邦對于她也就照顧週全，沒有一處地方不照料提携她，他和蓮黛一天幾次到外邊去吃喝，她們師生兩人出雙入對，所謂人非太上，孰能忘情，你教這個外剛內柔的蓮黛一顆芳心怎樣，當然對何漢邦是一片柔情，既敬且愛了。

何漢邦是個鐵漢，但他的心腸不是鐵石造的，蓮黛爲他効忠教務，在去年的時候，因爲有人向何漢邦下挑戰書，她自願代表師傅出馬，應付有可能成爲事實的挑戰，也就使他自然而然的對蓮黛生愛。兩個人彼此出以眞誠眞愛，沒有任何阻力，沒有荆棘和礁石，自然很容易便結合成功，他們一同在婚姻註册處辦妥了手續，由于師生而成爲一雙伉儷了。

這件事可說是武林佳話，而這武林佳話并未流傳出去，我這個報導可以說是第一手資料。在此之前，除了何漢邦的大家族，少數親戚，除了蓮黛在美國的父母外，可說沒有一個朋友知道。當然現在報導了出來，便會佳話流傳。人人也會知道這「洋」門女將，可不是個雲英未嫁身，她已經嫁了她一生敬愛的師傅了。

還有一個第一手資料的消息，這得引用那句「靜靜告訴你」的話。這位「洋」門女將婚後，，現在已經荳蔻含胎，可能半年後便初爲人母，生出個將門種子來。聽說她爲人母後，可能回美國一行省親，然後重來香港，一雙賢伉儷的師生，致全力于把力山派空手道發揚光大。

銀色漫談

王羽一年拍片廿部

·馬行空·

七月初，王羽在日本拍完了「冷面虎」與「水手七號」，抽功夫到香港來住幾天，順便料理一些私事，然後匆匆又飛到台北去了。原因是「水手七號」還有幾天的台灣外景，導演羅維已經在那裏等候開工了，所以使得王羽馬不停蹄，席不暇暖，想多玩幾天也辦不到了。

濶別了不少日子的王羽，看上去黑了，瘦了；黑是必然的，在大太陽底下出外景，還能白得了嗎？瘦是因爲工作過於辛勞之故；想王羽在今年一年之中拍了差不多二十部片子，日拍夜拍，連睡覺都採取「遊擊」的方式，化整爲零，「分期付欵」，一個人不是銅燒鐵打的金剛，又怎能不因之而減磅呢？

有人替他担憂：長此的消瘦下去，王羽在銀幕上的英雄形象，恐怕就會漸漸的受點影响了。但王羽自己却達觀得很，他說得好輕鬆：「誰知道我還能拍幾年戲呢？到時再說啦！」

王羽返港 感慨萬端

王羽這次返港，心情與前幾次不同；從前還多少要顧忌「邵氏」找他的麻煩，現在則反正局勢已定，何況他的合約也只有幾個月就滿期了，所以一切問題就沒有過去那麼嚴重。王羽留港的幾日以內，每天與接近的朋友們聊聊天，喝喝酒，倒曾經道出過許多肺腑之言。

這是實在的情形：王羽最近一連有好幾部片子不賣座。理由麼？太簡單了！籌備不足，資金短絀，爭先搶期，匆促趕拍……，種種方面都沒法講究，王羽縱有通天的本領，在這種情況之下，也就無法施展出來了。這是一個必然的現象，連王羽自己也看得很清楚，那麼他爲什麼會走上自毁前途的這條道路呢？千句迸做一句：純粹爲的是錢！

王羽曾經坦白的向朋友們承認：過去的一年，完全是「撈字掛帥」，明明曉得獨立製片拍不出什麼成績來，但也得硬起頭皮試試看。根據朋友們的統計：王家的開廠事業失敗下來，王羽一個人需要償還的債務，就在六十萬到七十萬之間！假如王羽沒有脫離「邵氏」，假如他碰不上像在去年中這種可以大撈而特撈的機會，那麼這筆債務可以說永遠也沒法清償的，所以每一個人的命運，都是老天預先安排好的；陰錯陽差的把王羽給擠到了台灣去，然後又歪打正着的交上了一步鴻運，獨立製片家們，爭先恐後的把現金與支票捧到王羽的台北忠孝路寓所裏去，王羽暗叫慚愧，來它一個照單全收，就此平平穩穩的渡過了他一生之中最大的難關！

現在，王羽一撥算盤，大小債務已經都差不多清理出一個頭緒來了，使他能夠深深的透過一口氣來。除此之外，王夫人林翠的銀行戶口裏，也多出來幾筆整數，陽明山買下萬餘方呎的地皮，豪華別墅即將開工興建……從種種跡象看來，他的下半輩子絕對是無憂無慮，快樂幸福的了，比起剛剛脫離「邵氏」時的惶惶不可終日情形來，眞個有如天淵之別。王羽談起這一兩年以內的遭遇時，不禁感慨萬端的說道：「講出來可能你們都不相信；我在走投無路的階段之中，的確還曾經想到過自殺哩！」誰能料得到只有短短的一兩年功夫，扭轉乾坤，一切改觀，這不是命裏註定的又是什麼？

王羽初到台灣之時，還沒有什麼遠大的打算，無非一心一意的與「嘉禾」合作，希望能夠多拍點好片子出來而已。自從「獨臂刀大戰盲俠」之後，他的威望又比以前增强了不少，自然有許多製片家動起他的腦筋來。那時的王羽，就以一半玩笑的口吻對外說道：「誰要請我拍戲，可以呀，我的片酬是台幣一百萬元！」

王羽講過這句話之後，頭一位上門的是導演李溯，取出一張台幣一百萬元面額的現金支票，放在桌子上，一句話也不用說，鈔票就能代表了一切。李溯敢作敢爲，乾脆明瞭，倒把個王羽給呆住了，正待推辭之時，一旁伸出林翠的玉手，取過支票，說道：「巧極啦，我正想買一所房子

王羽說：誰知道我還能拍幾年戲呢？到時再說啦！

呢。」形勢如此，使王羽啞口無言，李瀚滿心歡喜，這就是最初的一個開端。

談起李瀚那檔子事來，王羽時常會得失笑說道：「我好比一名老和尙偸葷吃，偸一次也是偸，偸十次也是偸……」既然破了例，看在花花綠綠的鈔票份上，再多破幾次例也就不當一回事了。再說：王羽想到在香港的那些債務，心裏總是一個疙瘩，如果要完全倚靠賺片酬，打硬仗，則不知何年何月才可以償淸？王羽在「嘉禾」裏的片酬是每部港幣六萬元，一年拍兩部，平均每月支薪水港幣一萬元，現在既然有人肯出高價，倒不妨「趁我三年運，有錢快些撈」，至少把那些牽腸掛肚的債務給早日解決了，亦人生之一大樂事也。

此念一起，王羽的門禁大開，幾乎成了有求必應的黃大仙，說他自毀前途也好，但說他是深

王羽和他的合作者鄒文懷（中）羅維（右）

明事理，當機立斷也沒有錯。製片人賠本，那是他們自找晦氣，王羽却理會不得那麼許多，幾千萬元台幣裝進口袋裏是眞的，說一句笑話：今日之王羽，所以能夠挺直了腰板做人，倒還是虧了夫人林翠的毅然決然，獨斷獨行，由此可知婦人之見，有時亦能勝過鬚眉也。

現在，所有的問題都已經不成問題了，使王羽不能不靜靜的坐下來想上一想：是繼續「撈」下去，「撈」到不能再「撈」爲止，還是懸崖勒馬，及早回頭，或者還可以挽回昔日的聲譽？王羽在香港時對朋友們表示：他決定採取後一個辦法，從此不接獨立製片，他要緊密的與「嘉禾」携手，爲他自己的「正明」開闢出一條康莊大道來！

重振雄風 將在明年

王羽由香港回到台灣去了，「水手七號」只剩下三四個工作天，很快的就可以結束，但他的重振雄風計劃，則要到明年春天才能開始，原因是他手上還有黃卓漢的三部，與劍龍一部的片債亟待償還也。

「第一」黃卓漢，是獨立製片家裏最有魄力的一位，他與王羽簽約，一簽就是六部，而且王羽早已收過他的定洋，所以履行合約，義不容辭。導演劍龍的一部「唐人鏢客」，在今年四月裏拍過四天戲，此後就爲了王羽需要趕掉其他的獨立製片，以便騰出功夫來，在五月間到日本去爲「嘉禾」拍攝「冷面虎」與「水手七號」，所以把「唐人鏢客」給躭誤了下來。爲了此事，王羽對劍龍也表示十分抱歉，曾經打算把定洋退還給劍龍，日後慢慢再作商議。劍龍亦是一條硬漢，既定的方針，永無更改，他滿不在乎的對王羽說道：「你自顧到日本去拍片好了，我等你，沒關係！」劍龍如此的「夠意思」，王羽自然也得抱義氣一番，所以「唐人鏢客」又是他非拍不可的一部戲。

四部獨立製片拍下來，怎麼快也要過了今年，到得明春，王羽擺脫一切片約，發奮圖强，重新幹起。報上的宣傳，說他將要到西班牙去拍攝一部「中國人」，可能就是他的偉大計劃之開始，但根據一般人的觀察：以歐洲國家爲背景的片子，並不是很容易就拍得起來的，像李小龍的「猛龍過江」，亦只不過在歐洲拍點極小部份的外景而已，所以王羽的揚威於異域，恐怕還要再過一個時期，等他投下全部精力，爲「嘉禾」和「正明」拍成一兩部驚世之作，然後再向國際市場進軍，也還不遲。

明年春天，也就是王羽與「邵氏」合約期滿之日，到那時，一了百了，完全恢復自由身，王羽似乎可以回到「老根據地」香港來拍片了吧？但王羽此次返港，口氣與以前又有了轉變，他表示情願仍舊留在台灣工作，因爲經過兩年之後，「强龍」已經變成「地頭蛇」了，王羽在台灣組成一股「新的力量」，要棚有棚，要人有人，工作起來十分方便之故也。

王羽在台灣，要借用任何一家的影棚都沒有問題，單單這一點，已經是他在香港所辦不到的了。再者在過去的兩年之中，台灣的影業不景氣，新片開拍者日見稀少，只有王羽一枝獨秀，拍之不已，所以他手中就自然而然的聚集了各方面的人才，諸如副導、劇務、廠務、服裝、道具、佈景、攝影等，應有盡有，至於配演的龍虎武師，更是不在話下，因爲在這一個圈子裏，全體把他奉若領導人物，只消他登高一呼，自然聞風來歸，像這許多的有利條件，都是促成他捨香港而就台灣的主要原因。

還有一個傳說，就是王羽爲了維持這一個「無形的小組」，暗中所花下去的精神與金錢，亦不在少數。假如他回到香港來製片的話，等於要另起爐灶，重作安排，那麼他在台灣好不容易才能搞成的一個局面，就要整個的加以放棄，那豈不是太可惜了乎？

王羽與黃卓漢合作了幾部片子之後，對於黃

卓漢的魄力與才能都很欣賞。黃卓漢雖然是香港的製片人，但他在台灣早已打下了自己的「鐵桶江山」，是用不着再回香港發展的了。最近，黃卓漢又取得了「嘉禾」的台灣代理發行之權，所以與王羽的關係又好像更深了一層，據說王羽的決定留台，也有一部份是間接受到了黃卓漢的影響力量而造成的。

「嘉禾」在成立之初，其出品之台灣代理權，是交付給一家叫做「永聯」的，而「永聯」中的主腦人物，如原順伯、黃銘等人，也就是「嘉禾」的股東，雙方的關係，拉得非常之緊密。最近，這個情勢有了很大的改變，據說是先由「永聯」提出中止合作要求的，而「嘉禾」也無可無不可的表示了同意了。冷眼旁觀的黃卓漢看準了這是一個絕好的機會，於是自告奮勇的向鄒文懷拍胸承當，鄒文懷也曉得黃卓漢在台灣確有辦法，因此雙方一拍即合，造成此一新的合作局面。

「永聯」爲什麼會「退牌」的？據說原順伯等對於發行「嘉禾」影片感覺十分吃力，何況也沒有什麼太好的利潤，所以就意興闌珊起來了。所謂「沒有太好的利潤」者，是指「嘉禾」初期的「鬼怒川」、「天龍八將」而言，但原順伯等萬萬沒有想到後來有「唐山大兄」與「精武門」的出現，如此一來，白白的便宜了黃卓漢，套一句北方的俗語，眞叫做「有福之人不在忙」了。

其實，「嘉禾」對於「永聯」的工作表現，也早就在暗中畧有不滿了。最主要的原因，就是爲了一部「獨臂刀大戰盲俠」的遲遲未能開禁，「嘉禾」認爲「永聯」未能盡到設法疏通的責任，使他們損失了數百萬台幣的收入；「獨」片如能在台上映，售座絕無問題，而且原順伯年事已高，似在半退休狀態之中，而黃銘又是一個大忙人，他個人的業務範圍極廣，也無法兼顧到「永聯」的事務，所以既然「永聯」不想合作下去了，「嘉禾」也樂得另選賢能，如此這般，分道揚鑣，「嘉禾」代理，便由黃卓漢的「第一」起而代之。

王羽與黃卓漢甚爲投機，黃卓漢與「嘉禾」又成爲「親密的戰友」，這個「鐵三角」的組成，使王羽更不想回到香港來進行工作了。

日本拍片 捨死忘生

王羽說：「今後的拍片，不拚命就站不住脚了。」此話有點道理，因爲强敵太多，使王羽已經漸漸的失去了唯我獨尊的優勢，除了加倍努力，出奇制勝之外，實無他法可想。

王羽的這句話，不是說說就算了，在「冷面虎」與「水手七號」裏，他使出了捨死忘生的精神，經過了好幾次驚人的冒險，事後回想起來，自己還會毛髮直豎哩。

第一次是從百丈懸崖上跳入海中。王羽在學校讀書的時候，本來是一名游泳健將，只可惜不彈此調已久，難免生疏。再說：這個懸崖跳海的技術，與游泳池裏的高台跳水，其實大有分別。游泳池裏的設備好，水面平靜，水深的程度亦可以保障安全，所以高台跳水的危險性並不太大，只要精通水性，勤加練習，差不多的游泳運動員都能夠勝任愉快，至於這個懸崖跳海，那就要另作別論了。

荒山上沒有什麼設備，光脚踩着禿石往下跳，下面呢？波濤洶湧，礁石隱現，關於海水的深淺，根本就無從曉得，所以這個盲目的往下跳，帶有絕大的危險性。萬一不巧，碰上隱藏在水面以下的暗礁，那就是人命關天，了不起的一件大新聞了！

然而，這一個鏡頭是無可避免，非拍不可的。爲了此事，導演羅維頭一個主張用替身，可惜重賞之下，「並無」勇夫，誰也不願意拿性命來搏那個替身費。結果，還是男主角王羽挺身而出：「算了，讓我自己來跳吧。」使羅維發了半天的呆，只是不敢下這個決定。

羅維做事，向來四平八穩，不大肯冒險的，現在聽說王羽要跳海，就忍不住要問清楚了：「你眞的有這個把握？」王羽的性格，偏偏與羅維相反，容易衝動，喜歡冒險，再經過羅維這麼一問，他更是非跳不可了。王羽當時裝做沒事似的，微微一笑，說道：「導演放心吧，我絕不會糟塌底片。」羅維大搖其頭，嘴裏咕噥道：「這不是底片的問題……這不是底片的問題……」

就這樣猶豫了半天，羅維看看情形，也就等於是箭在弦上，不得不發了，這才勉强的點頭答應。王羽說道：「不過我還有一個條件。」羅維一楞，不曉得王羽又要提出什麼難題來了，點頭道：「你說吧。」王羽笑道：「將來要觀衆在銀幕上看得出來的是我，不是替身。」羅維說道：「那是自然，不用你吩咐，我早就打定主意啦，你放心好了。」

羅維的事先佈置，非常嚴密，因爲這個鏡頭只能拍一次，不能說是因爲沒拍好而重來的。攝影機對準角度之後，導演對山上的王羽搖手示意，那時的王羽，就好像飛馬一般的從數十丈以上墮下崖來！羅維閉起雙眼，不敢觀看。

數秒鐘之後，羅維睜眼，問攝影師道：「OK了？」攝影師高興的指指海面，只見王羽，正在用蛙式游水過來，羅維心裏的那塊大石頭，這才撲通一响的落了地。

所有的工作人員，後來都看過這一個鏡頭的毛片了，據說望遠鏡頭使用得非常成功，眞正的是一個鏡頭到底，當中絕無借重剪接之處。而且王羽在浮出水面之時，更用推鏡頭給他拍了一個近景的特寫，叫觀衆可以驗明正身，確屬王羽本人，絕無頂替等情。倒好像西片「大賊」裏的尙保羅貝蒙多似的，不用替身之外，還要給觀衆們看得清清楚楚，此即粵語中所謂的「威水之作」是也。

事後，導演羅維說道：以後我再也不拍這種鏡頭了，情願改劇本的。」可謂居安思危，猶有餘悸。至於那位「拚命三郎」王羽，倒顯得滿不在乎似的，笑道：「沒有什麼，因爲我反正是豁出去了，所以一點也不害怕。」此人之無法無天，由此可見一斑矣。

王羽跳海的一場驚險總算平安渡過了，到得日本外景快要結束之時，又鬧出一幕纜車打鬥的武戲，可比前次的跳海還要危險得多！

那是「水手七號」裏的一場戲：王羽追踪匪徒，一直追到吊在半空的纜車裏，自然打鬥一番，本來已經夠驚險的了。但王羽一面在拍戲，一面仍感覺意猶未盡，不知怎的，忽然觸動靈機，就此把一名武師叫到無人之處，與他開起秘密談判來。

王羽與李小龍，有一個完全相似的毛病，就是仗着自已有武功，時常在導演的要求之外，自作決定，另出奇招。羅維嘗過這兩位的滋味，有時也就眼開眼閉，由得他們鬧去。

「水手七號」的纜車打鬥部份，拍到中午的時候，導演命令休息，各人分頭去進餐。那時間，王羽偷偷把一名最年輕、最有胆量的武師叫到一邊，小聲說道：「跟我來。」

王羽把那武師帶到山邊，指着在半空中懸吊着的纜車說道：「我想拍一場吊在纜車外面的打鬥，你可有這個胆子嗎？」逢上那名武師也是個楞頭青，拍胸說道：「老大，你吩咐好了，我什麽都敢拍！」王羽道：「好極了，我們馬上去和纜車站管理員商量。」武師問道：「要不要問過導演？」王羽噓道：「不能讓導演知道，他有心臟病，見到了非暈過去不可！」

纜車管理員聽到王羽的要求時，把個腦袋搖成博浪鼓的一般，說道：「以前有一部日本片拍過這個鏡頭，但他們事先在下面張起了安全網，而主演的演員身上則繫上了保險鋼絲，所以才能拍得下來。現在你們什麽都沒有，那太危險了，我不同意。」後來經過王羽好說歹說，苦苦的懇求，管理員無奈，只好勉强答應。

那纜車距離海面約有八十公呎之高，打開車門之後，才發現海風猛烈，為勢可怕，連王羽也都皺起了眉毛，那名武師也頗有臨陣退縮之意。到後來王羽大聲喝道：「不管啦，吊下去吧！」

羅維（中）失之小龍（右）收之王羽（左）

纜車旁邊有一條濶約半呎的鋁質踏板，王羽與那名武師戰戰兢兢的攀着鋁板，兩脚騰空的吊了下去！那時纜車站上已經擠滿了看熱鬧的遊客，男的提心吊胆，女的更尖聲喊叫起來，情形非常之緊張。

攝影機就在對面而來的另一架纜車上，當兩架纜車正要交义而過的時候，王羽大喝一聲：「開始！」兩個人在半空中飛脚踢鬥起來，胆小的觀衆掩上雙眼，纜車管理員嚇得面如土色。

這一個驚險鏡頭拍成之後，王羽才發現那個兩車交义之處，下面不是海水，而是怪石突兀的陸地！假如萬一失手的話，粉身碎骨是毫無問題的！王羽擦擦汗，對那武師說道：「咱們總算檢回了兩條命……」

分久必合 其理甚明

總而言之：此次王羽在日本拍戲，非但出盡了一切的可能，而且與導演羅維合作得十分愉快，使外界人士，莫不為之大感意外。

大概也就是兩年以前吧？王羽與羅維等於是一對活寃家、死對頭。還記得在九龍醉瓊樓的那一幕，王羽喝多了幾杯，借着醉意就要尋劉亮華的晦氣，跑到他們的一桌之前，非要劉亮華乾杯不可；其實，劉亮華是向來不會飲酒的，羅維不過勸了一句，王羽差一點就要飽之以老拳，怨仇之深，好像已經深到了極點。

電影圈裏本來沒有恩怨，永遠搬演着一幕一幕的「合久必分，分久必合」的活劇，但像王羽與羅維這樣的「合」得突如其來，却是在以前很少見的。

其實呢，如果我們加以冷靜的分析一下，就可以發現他二人的化敵為友，是有着很顯明的理由的。

話說「嘉禾」之中崛起了一位李小龍，睥睨一切，橫掃千軍，非但在香港創下了空前未有的輝煌售座紀錄，就是在電影事業非常不景氣的台灣，也居然能夠達到首輪淨收七百萬元驕人成績，直追「梁祝」之後，遠遠的超過了「龍門客棧」！對於「嘉禾」的另外兩股力量——王羽與羅維——可以說是一個很大的威脅。因此之故，王羅二位就不能不仔細的想上一想了。

「團結」是王羽與羅維的唯一利器；「二百萬小生」與「四百萬大導」的結合，始能與銳不可當的李小龍抵抗一陣，話雖不錯，但問題又來了，誰能負起這個穿針引線的重責呢？數來數去只有劉亮華是最合適的人選。

王羽羅維兩家之間的關係，說來非常之微妙：王羽與羅維夫婦不共戴天，而王夫人林翠與羅維夫人劉亮華則一直維持着親密閨友的交情。羅維與李小龍交惡之後，急需要尋找另外一張手中的「王牌」，而這一張「王牌」的人選，除了王羽之外是沒有再理想的了。於是就在今年的三月裏，劉亮華隻身悄悄的去到台灣，登門拜訪林翠，自然說出一番長篇大論的道理來，林翠答應等王羽回來，盡力加以婉轉的規勸。

使林翠絕對沒有想到的是：她並沒有費太多的說服力量，王羽很爽快的就答應與羅維盡棄前嫌了。王羽說：「我和羅維，本來沒有什麼過節，所以失和的起因，完全在於劉亮華一個人的身上，現在既然劉亮華親自來修訂城下之盟，那麼我也就不究已往，過去的讓它過去吧。」

提起王羅反目的起因，又不能不倒叙到他們都在「邵氏」的時期裏去。那時王羽與導演張徹已經發生感情上的裂痕了，而程剛還只是一名可憐兮兮的小導演而已。程剛計劃開拍一部「神刀」，看準了機會就去邀請王羽幫忙，王羽方面呢，爲了向張徹示威起見，毫不考慮的把「神刀」男主角給接受下來。此事會使張徹大不高興，而與王羽的正式分手，也就是自「神刀」以後才開始的。

「神刀」的製片，不是旁人，正是導演羅維的太座劉亮華。「神刀」拍過一天，不知爲了何事？男主角與製片發生爭論，鬧得很僵，導演程剛當然惹不起王羽，於是只好稟明老板，把劉亮華的製片頭銜輕輕的摘掉了，另換旁人。羅維也是一時沉不住氣，竟然跑到王羽家去大興問罪之師，試想王羽焉能受得了那個？當場就與羅維劃地絕交！所以當劉亮華親自到台灣負荊請罪之時，王羽就說出他與羅維「根本沒有過節」的那一番話了。

王羽的爲人，外表粗獷，其實內心非常精細。他看得很清楚：李小龍的來勢，過於兇猛，如果以個人的力量去抵抗，恐怕終非他人之對手，現在既然有羅維前來「求援」，他也樂得故作「君子坦蕩蕩」之狀，因爲羅維的一個「四百萬大導」頭銜，多少也還有點借重上的價值也。

王羽與羅維此次的「結盟」，雖說是劉亮華的第一功臣，但「嘉禾」鄒文懷的幕後策動，確也功不可沒。

鄒文懷的「善於用兵」，在圈內是大大有名的；劉亮華前次到台灣去担任「渡江蔣幹」的角色，臨上飛機之前，鄒文懷授以一道錦囊妙計，吩咐她按計而行。各位不要小看了這一道小小的錦囊妙計，好似細仙索一般，到後來把王羽與羅維都給死心貼地的給綑得緊緊的，甘心情願爲「嘉禾」賣命而口無怨言！

什麼錦囊如此之厲害，說穿了也很簡單，就是鄒文懷一路下來使慣了的「有飯大家吃」政策。這是一個絕對可靠的內幕消息：王羽羅維的一組，到日本去拍片兩部，第一部是「冷面虎」，由鄒文懷指定「嘉禾」的出品，王羽支片酬，羅維支導演費，都屬於打工性質。第二部「水手七號」，則由「嘉禾」墊付攝製成本，而所得利潤則分爲三股分攤：「嘉禾」、王羽與羅維各得一股。如此條件，可謂優待已極，叫王羅二位除了唯唯應諾之外，還有什麼話好說呢？

羅維的導演費是多少？雖然無人得知，但相信也不會太高，至多不過三四萬元而已，而王羽的片酬則是每部六萬元，前文已經提起過了。表面看來，好像待遇很普通，並不十分過癮似的，但王羽與羅維肚裏明白：鄒文懷深明「有福同享，有馬同騎」之道，只要「冷面虎」賣座，能夠賺大錢的話，將來鄒文懷對於他倆自然另有一番「意思」，作爲獎勵與花紅之用，那是明人不必細說的了。

至於「水手七號」，則給予王羽與羅維莫大的希望，因爲像這樣的陣容，只要拍得像模像樣，賣上個一百萬港元並不希奇。一百萬的三分之一，等於就是三十三萬餘元，對於王羽與羅維說來，可算過癮之至，因爲普通的獨立製片，吃辛吃苦的拍成一部片子，所得的也往往不到此數呢；當然所得還要除去製作成本。

有人說，像鄒文懷這樣的作風，豈不是「嘉禾」太吃虧了，而王羽、羅維等太佔便宜了嗎？此話表面上是對的，其實不然。要曉得「嘉禾」所得到的分潤，並不僅止於「冷面虎」與「水手七號」而已，還有已經拍得的李小龍的「猛龍過江」、黃楓的「合氣道」，以及將來許許多多的片子。小數就怕長計，鄒文懷的眼光放得比較我們要遠的多，明中吃虧可是暗裏劃算，他的確可以稱爲個中之高手也。

還有一個妙處，就是如此的安排，能使王羽羅維等永爲「嘉禾」的「不貳之臣」，他們也自有一把算盤：如果撇開「嘉禾」，自組公司拍片成的話，慢說先要墊出一筆很大的資金，就算片成之後，他們缺乏像「嘉禾」那樣的東南亞發行網（「嘉禾」現在香港的院線，不在「邵氏」之下，星馬方面，還有「國泰」院線。）所能到手的盈餘，亦在未定之天，倒不如分給「嘉禾」一部份；憑良心說，這個部份也不算太大，公道得很，樂得個乾手淨脚，坐享其成。

最近有人傳說李小龍要跳出「嘉禾」，另謀發展，將來的合作對象，有說是「邵氏」的，有說是歐美片商的。但根據行家們的看法，這種傳說不見得一定可以成爲事實。因爲無論「邵氏」也好，歐美的片商也好，都不可能做効「嘉禾」的作風，而且越是有組織的大公司，越是難以辦得到，因爲他們都要受按步就班的公司法所束縛，無法對於屬下的導演或演員施予額外的優待，是否能對李小龍特別破例，誰也不敢說。

王羽明年自己製片，所製的出品，可以斷言仍舊脫離不了與「嘉禾」的關係，蓋既無損於自己，而又有益於他人，王羽絕頂聰明，他又何樂而不爲哉？

亞米茄防水表
是你的忠實良伴

參加吉納斯演習之潛水員於阿加西奧海灣之海床工作時都配備了亞米茄海霸600型專業性潛水表，並且在海床逗留了八天。高斯多司令於試驗人類在海底一千五百呎工作能力時亦佩戴亞米茄海霸600型潛水表。目前，亞米茄爲各專業人士而創製不同欵型手表，並非始於今日，就以亞米茄速霸型表而言，從一九六五年起美國太空總署指定爲太空人正式計時裝備，隨同人類登陸月球之唯一手表。

亞米茄所產之防水表，欵式齊備，不論係潛水表或普通之防水表，均須經過廠方專門技師，嚴格試驗後，証明合乎標準，始供之於世。亞米茄廠設置有一種特別之壓力器，以供試驗，藉此可將手表所受之壓力由水深八百呎至水平線上五萬五千呎之間，在短時間內不停變動而連續試驗達十多小時之久。亞米茄海霸600型表之潛水性能優越，潛水深度達二千呎，能達到此深度而正常運行之手表，非特別設計，不能臻此。亞米茄海霸600型潛水表之表壳係由整件精鍊之鋼塊鑿嵌而成，旋鈕部份附有雙重防水設備並嵌有礦石玻璃，在一個氦氣之試驗中，証明如果在海霸600型潛水表內造成眞空狀態，要經過一千年始會被空氣侵入，因爲其保密度較之太陽神太空船還要高出一百倍，擁有如此可靠之性能及超時代之特殊用途，足可滿足閣下之需求。

亞米茄另備有多欵防水表，請到港九各亞米茄特約零售商參觀選購。

ST166.077欵式 亞米茄海霸600型專業性潛水表保証防水深度達2,000呎，不銹鋼整體表壳、自動、日曆、加鎖旋轉圈、配不銹鋼帶或軟膠表帶。

港幣880元

Ω
OMEGA

銀元時代生活史

——六十年來的物價追想——

陳存仁

轉戰

這次「一二八」的戰事，中國方面大傷元氣，閘北的繁盛地區幾乎炸成一片平地，所謂「淞滬協定」，就是中國軍隊永久不准駐防淞滬一帶地區，而且協定裏面規定駐在閘北一帶的警察，也由北方調派前來，在日本方面的意思，北方人比較老實而有服從心，不會反抗日本人，上海市長吳鐵城在情勢比人弱的情形之下，也只好完全接受。

人人損失　我亦難免

「一二八」之戰，由開戰到結束，一共是三十四天，老實說，住在租界上的居民最便宜，幾乎一些也沒有損失，反而因爲四鄉的難民湧到，空餘的房子都住到滿坑滿谷，許多空屋的業主都翻了身，茶館家家都座上客常滿，做日用品生意和五金材料的人，都發了戰爭財。但是從一般而論，物價高升，多數生意都停頓下來，所以許多人在無形之中，受到損失，我也並不例外。

第一種損失是：我在一二八戰爭開始的那一天，受到一個非常大的打擊。先時，我常常到棋盤街商務印書館去借書，本來這個門市部只有售書，而從來沒有人借書的，可是我因爲認識一位「鄒伯伯」，他是門市部的一個老職員，做過黑龍江分館館長，初時他說：「借書是犯規的，不過有一個辦法，就是你一次拿十幾部書，簽一張單子，你看到近一月時，來還掉幾種，只買二三種，這是可以的。」我一想這個辦法，對我很是有利，倒也使得，因此我就常常利用這個「借多還少」的方法去麻煩他。

上海警察改用東北警察，到滬時上海市長揮淚演說時之情形

鄒伯伯很喜歡飲酒，我常在他下班以後，拉他到四馬路言茂源酒店去飲酒，他有一次告訴我：「小世兄，你如有錢，可以買些商務印書館股票，這種股票，面額是十元，暗市已漲到十七元，你買了這種股票，不但能取到官利一分二，而且暗市隨時還會漲價。」我聽了他的話便說：「好極了，我還有買兩千股的資格。」從前這種股票沒有證券市場的，都是私相買賣，他好容易爲我收買了兩千股。

一二八戰事一起，第二天早晨，我起身出去買報，只見大風中飄着成張的紙灰，我仔細的看一下，都是商務印書館印成的教科書的單頁，初時還不知道是什麼原因，後來才知道閘北商務印書館的印刷廠已全部被炸燬，所以這種紙灰飛到了租界上，後來再和鄒伯伯一談，他說：「完了完了，我們的商務印書館股票，大概至少要跌去一半以上。」

經過了三個月之後，商務印書館的股票恢復了一些價值，因爲商務印書館在全國的產業多得很，而該館在上海負有一個鉅額的支出，就是五千個印刷工人，常常罷工，常常要求加薪，經理弄得一些沒有辦法。這次大火之後，工人全部遣散，但書還是照常出版，經理想出一個計劃，借出一些錢給老工人，讓他們自行組織小型排字房、印刷所、裝訂作，專門承印商務印書館的印件，這樣一來，反而排工、印工、和裝訂工的工資，與市上的印刷所相同。當時商務印書館喊出一個口號，叫作「爲文化而努力，爲事業而奮鬥」

，實行每日出版一種新書的計劃。法幣使用的時期，紙價仍舊不變，足見法幣對外滙的比率，還相當穩定。

第二種損失，因爲我向來有收集資料的癖好，自從「中國藥學大辭典」出版之後，在愛文義路卡德路附近，有一座黃石大廈，叫作「巴斯德研究院」，院長是伊博恩博士，該院中有一個部門是研究中國藥物的。伊博士向來在北京協和醫院，以研究中國藥物著稱，曾經把「本草綱目」中的「鳥部」、「獸部」譯成英文，自從他做了巴斯德研究院院長之後，要繼續他未完成的工作，翻譯「草部」、「木部」，請來做這件工作的人，都是世界聞名的植物學家、藥物學家、化學家，中國的專家也有幾人，都是西醫，伊博士認爲另外要請一位中醫來担任顧問的工作，否則，有許多中文名辭會搞不清楚，因此他們就想到，要請我來參加這個部門工作。

最初他們請我去參觀談話，我才知道他們的經費來源，是由煤油大王洛克菲勒捐助的，裏面一切化學儀器和設備，完備得很，我看見了很是高興。

在我和他們一度談話之後，西醫莊德告訴我說：「要是你來任職的話，我們將致送一千二百元作爲你的薪水。」這個數目相當大，他們院中各部門的主任，不論中國人外國人，都和這個數目相彷彿。我當時眞覺得受寵若驚，但是我說出我的苦衷：「我每天爲診務所羈，每月的收入還要超過一千二百元，所以我雖然有意參加，但捨不得放棄我多年經營的診所。」於是就由我另外推薦四人，這四人都是從前幫我編纂藥學大辭典的同道，這四位的名單，是吳善慶、李懷玖、顧哲民、尤學周。他們每天担任實際工作，我每星期只到兩次，負責指導和答覆一切問題，院方另外送我車馬費每月四百銀元。

待一二八戰事一起，好多外國專家，認爲一二八的戰事，是全國戰事的序幕，日後還是不能永久太平的，所以紛紛辭職回國，這個研究中國藥物的部門，就停頓下來，連我也每月損失了四百元的收入。

第三件事：還有一個研究所，在法租界祁齊路，有一座日本人辨的「自然科學研究所」，所長名字叫做中尾萬三，中國方面的主任是李端璜博士（繼李任職的是著名西醫曾方廣博士），李博士特地來邀我參加這個研究所，担任研究漢藥的工作。他的意思也只要我當他們的顧問，每星期到兩次，每月車馬費爲六百元。我說：「讓我先來參觀一下再說。」等我到他們那裏去一參觀之後，原來這個研究所，比巴斯德還要大，佔地數十畝。進去第一個部門，是專門試驗製造中國紹興黃酒的，酒罎堆得像幾座小山那麽高，不知道的人還以爲他們是一個造酒廠，他們知道中國人最喜歡飲的就是紹興酒，日本人也喜歡飲這種酒，這個部門就是研究如何大量生產這種酒？

在這個部門中，有一個地窖非常大，可是造酒的工作部門，却杳無一人，李端璜在言詞中透露，起初他們是從紹興請來許多工人來造酒，但是這些工人後來發覺，這個工場一成功，紹興的製酒事業將大受打擊，所以在一夜之間，這些工人全數走避一空；現在所有工作只能由日本人來負担，可是造出來的酒，總是沒有紹興酒那種味道，我心想這些紹興造酒工人的愛國心，眞值得欽佩。

我又問李端璜博士，這麽大的機構，經費從何而來？他說：「實不相瞞，經費是由庚子賠欵對日項下撥出來的。」我一想就想到庚子賠欵，各國均已退回，惟有日本人堅持不肯退還，將這筆欵項，來辦同文書院一類的文化機構，作爲文化侵畧的根據地，所以我當面不說穿，只有婉言謝絕了他們的邀請。

正在我們談話之間，忽然來了兩個中國籍傳達員，我一看他們的面相，便像日本憲兵隊中的中國翻譯一般，心裏當然更不自在，他們開出口來，對中國人完全採取命令式的口吻，口頭連一個「請」字也沒有，叫李博士帶陳某人去見所長，李博士惶惶然的拖着我就走，當時我就說：「我不想去，因爲這種工作對我是不適宜的。」李博士聽了我的話，面有難色道：「既來之，見一見也無所謂，也讓我有個交代。」在這般情形之下，被他連拉帶扯的進了所長室。

所長中尾萬三，看樣子倒像一個老年學者，他拿出一張名刺出來，上面有四個銜頭都是博士。口操純粹的北京話，穿的却是標準的中國長袍馬褂，斯斯文文的對我說：「本所有一個專門研究中國藥物的部門，想請陳先生來幫忙。」我就答覆他：「我是一個開業的中醫生，一則沒有時間，二則學識和資格也不夠。」他說：「我們的研究部門，向來以『本草綱目』和先生所編的『中國藥學大辭典』爲根據，况且先生又編過『皇漢醫學叢書』，你的資格，正是我們所久仰，眞可以堪當日支漢方醫學的橋樑，除了你再也找不到適當的人材了。」我聽了「日支」兩字，已經心頭冒起火來，就想借機告辭，免得我也捲入這種漩渦。

正在這個時候，中尾萬三忽然站起身來整整衣衫，領我到他們研究漢藥的部門去參觀，這個部門是另外一座極華麗的洋房，裏面工作的人有二十多名，桌子上放着全國各地收來的「黃連」標本，全是日本人出動各地領事館中文化參贊收集來的，我一看這一百多種黃連標本，已嚇了一跳，又見到他們抽屜中的標本照片和解剖圖譜，看到我矯舌不下。至於其他藥物標本，和戶外的種植試驗場，令到我的意志動搖，發生了另外一種想法。

參觀完畢之後，中尾萬三誠誠懇懇的對我說：「我們這裏的工作，眞是需要一位顧問，許多難題，非中國醫家來指導是解決不了的。」我再三推辭，他却再三的堅請。我忽然一想，我說：「我每星期只能來兩個小時，有問題儘管問，我答不出的話，可以請教別人，隔一個星期再來答覆；不過有三個條件，第一我不居名義，第二我不受薪給，第三你們有的資料，我有時要帶回去研究。如果你能答應的話，我就每星期來一次。」這番話原想難他們一難，如果難他們不到，我亦能把他們的資料帶出來，全部攝成照片，存入我的研究資料檔案中，便大有裨益了。

誰知道中尾萬三，一口答應，要我就從下星期起，開始工作。

回家之後，我心裏很是不安，認爲這雖是學術工作，但是兩國彼此正在交惡之時，我担任這個工作，將來我的聲名也許會蒙上一重暗影。誰知道到了次日，李端璜博士已坐了車子來接我，我深悔當時不應該答應他們，遭到這種麻煩，打算不去，又說不出理由來。李博士看我的神色便說：「你到研究所去是不居名義的，並不是吃他們的飯，而且一切隨你自由，老實說，我在這個機構中也很看不順眼，爲他們做一份工作，我要用他們很多的資料，等我把一篇博士論文『防己之化學研究』寫好之後，我就要和他們分手的；你要是到這研究所去，早已聲明在先，所有資料可以隨意帶回來研究，所內製作的標本解剖圖多得很，你正可借此機會，拿出來拍成照片，充實你自己的資料室。」我經他這樣一說，心又活動了，於是我跟他到研究所去，開始做一些學術方面的工作。

日本人做事，認眞得很，原來準下午五時放工，但是爲了我去辦公那天的時間是五點到六點，也把那天的放工時間延遲了一小時，那時已有十幾位研究員等候在會議室中，我抵達時恰巧是五點鐘，全體起立迎迓，大家寒喧一下，只見桌上放着八張質詢紙，我拿起來一看，有四張是當場可以解答的，還有四張要查考資料才能答覆，我答覆他們時，有翻譯員傳譯。等我答覆完四張紙後，已經到了六點鍾，大家便道別而散。

散班之後，有一個人陪我，說：「你要什麼資料，只要你簽個字，就可以拿走。」這次我拿了十張植物標本圖，帶回來之後，我就向附近一家照相館接洽，把它一一拍下來，拍一張的代價是一元八角，我想一想，這樣把他們的資料帶出來，對我將來著書方面很有用途。

第二個星期，是由我自己坐車前去，桌上放有質詢紙二張，內容比較扼要，我詳詳細細的解答清楚，其中有一張是問我「中國有什麼美容藥物？」一時令我難以置答，我便舉了一個例子說：「名演員梅蘭芳常吃一種飲料，叫作石斛，這種石斛是新鮮的，乃四川的品種，一株一株種在盆裏，臨吃之前剪取幾莖，煎茶代飲。這種石斛有濃厚的膠汁，一則養顏，一則可以潤喉，令到講話的發音都會得柔和清潤。」這個答案發表之後，他們大爲高興，後來自然科學研究所還曾經出版了兩本「石斛之研究」。書末結論，說石斛非但是滋潤藥，還是營養劑、美容劑和長壽藥。

這一次講罷之後，我到資料室把第一次帶去的植物標本歸還檔案，但是我看到檔案中動物荷爾蒙部份，有七八十份研究報告，講的都是猪、牛、羊的睪丸和生殖器，雄牛的生殖器叫作「牛鞭」，雄鹿的生殖器叫作「鹿鞭」，還有羚羊的生殖器，和犀牛的生殖器，爲本草綱目所不詳的。我一併簽了字，帶回家去，那天回到家中，我暗暗好笑，替他們做了一分工作，竟然取到九分的資料。

如是者工作了一個多月，就在龍華機場齋藤事件發生的那一天，我到中尾萬三所長的辦公室去對他說：「中日兩國本來是兄弟之邦，現在敵我界限越來越深，閣下愛閣下的國家，我愛我的國家，從今以後，恕我不能再到貴所來了。」中尾萬三謙恭有禮的說：「你的話是對的，我也諒解你的苦衷，但是只要事變解決之後，我還是要登門恭請的。」這件事就是這樣的擺脫了。但是我回家之後，心裏沉痛之極，爲了國家，我應該辭職，爲了學術研究，那就是一種損失。每次翻閱攝得的各種資料，總有無限的感慨，這也是我在一二八時期中受到的許多損失之一。

突接電話　棄家出走

從前的上海人提到高麗人，就覺得頭痛，因爲戰亂時期，日本軍人的翻譯必然是高麗人，他們常常仗着日本的勢力，爲非作歹，欺壓華人。打起架來，中國人不敢回手，他們走私販毒，連租界上的警察當局都不敢過問，好多次破獲的嗎啡案、紅丸案，捉到了高麗人，第二天就由日本領事館出面担保出去，所以高麗人給當時上海市民的印象很壞。

但是高麗人並不是個個壞的，特別是居留在高麗本土的人，還崇尚中國漢唐遺風，有謙謙君子的風度與和藹可親的民族性，但是這種良好的高麗人，日本人反不讓他們進入上海，他們帶來的都是一些面目猙獰十惡不赦的壞人。

可是其中有一班人，是在日本併吞高麗之時，大批流亡到山東，再在山東經商，學會了中國話、中國文，面貌活像中國人，其中有一個核心組織叫作「復國黨」，黨魁就是我前文提過的李承晚，那時這班人都聚集在上海法租界，而且還有一個黨本部，聚了許多韓國志士，幹着韓國的復國工作，我因爲和李承晚見過幾面，相談甚歡，因此和他手下的許多革命份子，也常常因看病的關係，比較相熟，但是有一點，他們的面相都有些和山東商人相彷彿，我只知道他們的姓，總是姓金、姓李、姓朴、姓尹的，名字實在叫不出，不過碰到了面，彼此總是含笑握手。

這個復國黨的組織，照我想來，核心份子不過四五十人左右。有一次我因爲看病，到過他們的黨本部，他們正在開會，大家席地而坐，李承晚坐在中央，後面懸着一面中央是一個太極圖四面是八卦字的旗，這就是現在韓國的國旗，所以李承晚在復國運動中，是有過極大功績的。

那天他們開會，門前站着一個法租界警務處

的包打聽程子卿，我坐車挾着皮包直到門口，程子卿見了我就問：「陳先生你來幹什麽？」言下大有阻止我進入去的模樣，我說：「我是來看病的。」程子卿說：「不行，不行，裏面沒有人生病，你進去作甚？」我說：「我昨天來看過，一個小孩子出痧子，今天爲什麽不許我進去。」程子卿派夥計進去一問，果然不差，才放我進去，後來我知道，這批韓國革命份子，能在法租界活動，全靠程子卿在包庇着他們。只要這個黨部機關給日本人知道之後，日本領事館派人到法租界會同捕房緝捕的話，程子卿會即時通知他們，走得一個人都沒有。所以他們這個黨本部，常常搬遷無定的。

一二八戰事結束之後，日本人認爲大勝利，就在北四川路底虹口公園舉行一個慶祝勝利大會，當時主持這個大會的人，就是日本的白川大將、植田司令和重光葵外交大使等。

開會的早一天，已經在虹口公園佈置好一個司令台，劃定區域，左邊是日本的空軍、陸軍、海軍，右邊是日本居留民團，後面才輪到台灣人和韓國人。他們佈置得很嚴密，所有日籍居民都發給一條白色綢織的簽條，上面寫明姓名，由居留民團蓋印。韓國人、台灣人由日本領事館發給簽條，是藍色的，上面也寫出各人的姓名。並且規定由正門東邊門進，西邊門出。

韓國志士尹奉吉，在勝利大會之前，決心投彈，雙手各持着手榴彈一枚，胸前懸掛宣言牌一件，其後爲韓國國旗，預先攝影，分發各報。

重光葵大使

植田中將

到了開會的當天，高空中放出一個很大的汽球，球的尾巴上拖着「慶祝大捷」的字樣，當時住在虹口的中國人，個個垂頭喪氣，黯然神傷，遠而避之。

開會時的情形怎樣，恕我不知道，可是開會到了下午六時，「時報」特別發出一張號外新聞，大家搶着購買，原來在大會中，檢閱台被炸，白川大將重傷，有一個日本中將身亡，重光葵足部也受重傷。這個號外一出，市民們奔走相告，欣然有喜色，大家說：「白川，白川，一塌白串而已。」當時大美晚報的號外也陸續出版了。晚上，上海各中國報紙都接到一封信，裏面放着一張照片，這照片就是當時在會場上丟炸彈的那位革命志士，名字叫尹奉吉，他預先拍好這張照片，兩手中拿了二顆手榴彈，胸前掛了一塊牌，上面寫着爲革命而犧牲的字樣，背面牆上還掛着一面韓國的太極圖八卦字樣的國旗，他是有計劃的，利用韓國人身份混入司令台，一連丟上兩個手榴彈，然後坦坦然束手就擒，這種壯舉，令人肅然起敬。

次日一清早，我買到報紙看得清清楚楚，感到非常高興，特地泡了一杯龍井茶，坐在沙發上，要想把各報再細細的看上一遍。

不料電話鈴聲大响，本來我懶得去聽，但是鈴聲不斷，只好起立去聽，只聽到一個山東口音的人，操着韓國人的語氣對我說：「你是不是陳

「八一三」之役，十九路軍退出上海後，日方在虹口公園舉行慶祝勝利大會，圖中前立者白川大將，其後爲植田中將及重光葵大使。

存仁先生？」我說：「是，」他又很匆忙的告訴我：「程子卿先生有病，要請你立刻出診，而且你要準備幾天不回來，這是性命進出的事，你不用考慮，立刻就走。」這句話的收尾來了一句韓國話，叫「肯啥很意大，」這是韓國話「謝謝」的意思。

我接聽了這個電話，覺得很突兀，再一想，情形不對了，因爲收尾是韓國話，又提到程子卿的名字，分明這是保護韓國革命組織中人的密語，再一想可能與虹口公園炸傷白川事件有關，也可能有我的一張名片在尹奉吉袋中被搜查到，想到這裏，立刻驚駭起來，兩手也顫抖不已，只覺得腹部有一股氣朝下邊一沉，好像要大便瀉出來的樣子。

正在躊躇之時，第二個電話又來了，說：「陳先生，你還不走，當心三套頭。」說罷對方就收線。（按：所謂三套頭，是捉到憲兵隊，先要來三套刑罰，都是殘忍無比的。）這樣一來，我格外着急了，穿上了衣服，便對家人說：「我要到青浦朱家角去看一個急診，幾時回來，沒有一定。」說罷，從抽屜中取了一百元鈔票就走。

走到門口，見到我的掛號先生，他是蘇州人，我問他：「搭船到蘇州去，在什麼碼頭坐船？」他說：「往蘇州的小船，停泊在天妃宮橋堍蘇州河邊，九點鐘就要開船的。」我說：「知道了，」順便告訴他，我要離開上海幾天，請我的門人張卿雲代診，說完，我就揚長而去。

我叫一輛黃包車，過天妃宮橋，一路在想，尹奉吉的事件，連認識都不認識，更未參與其事，照理不會牽涉到我身上。不過，朝鮮人姓金、姓朴、姓尹、姓李的人，我都交換過名片，要是日本人在他家中搜到一張我的名片，便會濫捕無辜，寧枉無縱，也有可能；一旦被捕，就要飽嘗「三套頭」的苦刑。所謂三套頭，一套是用老虎鉗拔指甲，一套是灌自來水，另一套是坐老虎櫈。想到這裏，就毅然決然登上了到蘇州去的內河篷船，因爲那時節，火車路軌已炸斷，交通還未恢復。

在踏上船之前，我說要買官艙票，或頭等票，船上人說：「大少爺，這裏是不分官艙和頭等的，一律睡地舖，不過現在火車沒有開，票價要加一倍。」正在談話之間，只見到遠遠的開來一輛軍車，車上兩個日本軍人，中間有一個老人穿上了老棉褲，褲脚管紮上兩條帶，我仔細一看下身，完全像我診所中的掛號先生裝束，心想他們已追踪而來，不禁頭部一昏，搖搖欲墜，也沒有心去看這人是不是我的掛號先生，也可能掛號先生走漏了我的消息，被他們押着來領捉我。

幸虧這輛軍車，一到了天妃宮橋堍轉了一個彎，沒有撲向我身邊來，這才胸前放下一塊石頭，畧爲清醒了些，原來五六十歲的老人都是這般裝束，並不是我的掛號先生一人爲然。驚魂甫定，就向船篷中一鑽，揀了一個靠邊的地方，倒下來便睡在船板上，自己想想也覺得好笑，何以向來鎮定自若，如今亂到這般光景？

原來這種船的設備，簡陋到極，全部是統艙，大家好像沙甸魚般的一排一排睡在地上，多數是蘇州人趕着回鄉，一切旅行設備簡單之至，船上不但沒有枕頭被頭，連茶杯熱水瓶都要自己帶的，好容易等到開船，心才定了下來。

旅途寂寞　邂逅麗人

船一開之後，由於心定關係，遊目四顧，才知道船上一共有五十多個人，分成兩排，擠擠迫迫的軋在一起，多數是勞工階層中人，對面二人，睡定之後，除了襪，大擦脚趾丫，臭不可當，全船的人視若無覩，若無其事。而睡在我旁邊的一人，又是一個穿得破破爛爛的泥水木匠般的工人，赤了脚，也揉起脚趾丫來，我覺得這般環境，眞不好受。

忽然間，有一個妙齡女郎，捏着鼻頭，吵了起來，而且操着吳儂軟語罵這些毫無禮貌的乘客，她一眼望到了我，竟然叫我「陳大少，你怎麼大少爺落難，也會搭這種齷齪船？」我抬起頭來對她看了一眼，似曾相識，但想不起她是誰，因爲病人多，他們認識我，我却記不清她是誰？正在詫異之間，那妙齡女郎竟然走了過來，說：「我的睡位旁邊，臭是臭得來，連隔夜飯都要嘔出來。陳大少！儂這裏阿好讓我軋一軋。」說時她就一屁股坐下來，但是船上已擠得很，實在無插足之地，我就和鄰座的那位泥水匠工人說：「你可不可以和這位小姐換一個位子？」那個工人初時面有難色，我就立刻拿出兩隻橘子出來說：「老伯伯，這是送給你吃的，可不可以行個方便？」那老年工人，見到這般模樣，就拿了包袱，和這個女郎換了位置，她連聲稱謝。便橫了下來，鑽在我身旁，我就和她攀談起來，問她：「儂姓啥？」

那女郎對我說：「我是雲南路會樂里巧雲篤格小阿媛，我到你診所看過好多次病，儂那能忘記哉？」同時她對我身傍看了一眼，問我爲什麼不帶行李？說：「儂哪能瞓下去？」我說：「我因爲要到蘇州去看病，匆匆忙忙一樣都沒有帶，也想不到船上樣樣沒有的。」她說：「現在冷得很，過關的時候，檢查起來，可能要五六個鐘頭。本來今晚可到蘇州，但是要查關麻煩的話，要在船上過一夜也說不定。」我一聽到查關二字，就問她，「蘇州河中哪裏有關？」她說：「打仗之後，蘿蔔頭（指日人）在洋澄湖口設了一個關口，進進出出的人，都要查，現在火車不通，小船有幾百隻，所以查起來，時間就擱很長。」我聽了她這番話，不覺心裏一塞，想起來還要過一個關口，不免有些驚惶起來。

幸虧那個姑娘一路上有說有笑，許多寂寞煩惱，都給她冲淡了，那小船行得好慢，只見別的小船，都有小汽船拖着走，所以都快得很，這樣更覺得自己的船慢，心裏非常着急，那小姑娘竟然能夠鑑貌辨色，問我：「陳大少，儂有啥親眷在蘇州生病？使你這樣心神不定。」我說：「我到蘇州，實在另有要事，你到蘇州，又爲了何事呢？」她說：「自從東洋人打仗以來，我家糧食已斷，日夜盼望我帶些錢回去。」我就問她：「到了蘇州碼頭，上護龍街是否有車子可搭，我是走不動的。」她聽了我的話說：「好極了！碼頭上可能有馬車等着，我陪儂一道去，我家就住在護龍街附近，我要馬車彎一彎，請儂送我進去，能在我家中坐一坐，可以讓我紮些面子，風光一下。」我說：「好的，一言爲定。」

一路談天，船已到了洋澄湖的關口，那個地方早已有許多破船，沉在河中，作爲封鎖之用，日軍耀武揚威的走上來，對一個個乘客詳細察看，有一個乘客行動慢了些，日軍就摑了他一個巴掌，大家肅靜無聲的站起來排着長龍聽候檢查，查到我的身邊，見我一無行李，旁邊依着一個姑娘，認爲我是執袴子弟，倒對我不加理會，大喝一聲，便算檢查完了。大家也就重行各歸原位躺了下來，這時我才想到遇見這個姑娘，使我沾光不少。但是閘口上排的小船，相互聯接，大約有一百多隻，等候了三四個鐘頭，還過不得關，果然天色已黑，加上寒風凜冽，我冷得不得了！

這位姑娘說：「今天晚上能不能到蘇州，還不曉得，你還是睡下來吧！」我說：「我只有一件黑紫羔袍子，可以作爲被頭，但是沒有枕頭。」那位姑娘却爽直得很，在行李中抽出一條絲棉被頭來說：「陳大少，你不嫌棄的話，大家就一同瞓吧！」於是我就和她共枕而眠，這旖旎風光的一夜，想想眞是好笑。

困居蘇州　痛苦萬分

到了蘇州碼頭，果然有馬車等着，我就依約定的話送她回家，並且還在她家中坐了一會，飲了一杯茶，封了一個紅封包，歡笑而別，到護龍街再找一間客棧。

我坐在馬車上，要車伕介紹我一家旅店，一連問了三家，都已客滿，原來這個時候，正是十九路軍在蘇州舉行追悼陣亡將士大會的前夕，由南京趕來參加的人很多，後來好容易在一個小巷口找到一家旅館，這個旅館是一個舊家所改造的，名字叫作高陞客棧，老闆領着我去看一間官房，房間既小，設備又簡陋，我在無可奈何的情況之下，也只好住了下來，老闆問我：「你怎麽沒有帶被頭舖蓋？」我說：「匆匆忙忙出來，來不及帶。」他說：「這房間每日租金一元二角，租一條被頭，小洋一角。」我說好的。過了一會被頭拿了來，這被既厚且硬，重達六七斤。我也吃不下東西，倒下去就睡，可是睡在床上，鼻頭接觸到被頭，聞到的味道，眞想嘔出來，這時雖然天氣很冷，但是臭蟲（木虱）依然大肆活動，實在難以入睡，又想到家中是否會受到日本軍人的搜查，又不知道我的母親會不會受到驚嚇。

東想西想，反覆而臥，朦朦朧朧已經天亮了，起身後第一件事就是要洗臉，但他們並不供應毛巾，他們說：「本來我們用日本人的鐵錨牌毛巾，現在因爲抵制日貨，只有青布毛巾，牙刷我們是沒有的。」因此我也就胡亂的洗了一通，我在洗面時，照一下鏡子，只見自己在整日整夜的消耗之下，顯得憔悴不堪。

我走出房門，問老闆那裏可以買到毛巾牙刷？老闆告訴我：「現在爲時尚早，沒有一家店舖開門，你最好上『吳苑』去吃茶，那裏有毛巾可揩，可能連牙刷都買得到。」正在這時，隔房走出一個老頭子，給我一張卡片，上面寫着「吳鐵口」三字，他開口就對我說：「昨天你到旅館來時，我看到你滿面晦氣，今朝一看你的面相，恐有殺身之禍。」我一聽了這話，眞說到我心裏，連心都像要跳了出來，只好强自鎭定的說：「不會有這種事，你不要胡言亂語。」說罷這句話，正想逃避他，不料他一手拉着我說：「我是鐵算盤，算出來的事是不會錯的，我只講一句話，對的你就請我算命；不對的話，一個錢都不要。」我說：「我不喜歡這一套，不必多說。」他說：「你呀，十歲之前已經喪父。」這句話我聽了，倒有些心亂起來，因爲我早年喪父，在上海的人都不知道，何以他會知道，再一想這種人碰不得，於是我就拂袖而行，好像逃一般走出旅店。

走到太監弄「吳苑」，這是一個大茶館，裏面一連有幾間連貫相通廳堂模樣的茶廳，吃客大半是蘇州的老鄉紳，還有小半是古董商人和地皮掮客等等，他們的座位無形中都有規定的，我隨便揀了一個位置坐了下去，四週的茶客都以奇異的目光看着我，原來我坐的這一個位子，是一位老客人天天來的，茶房問我要些什麽？我說：「要一條毛巾和一支牙刷。」他說：「都有。」不到一會兒，他就把毛巾牙刷拿來，並且帶了一盒無敵牌牙粉，我就舒舒服服的洗了一個臉，刷了牙，然後叫了一碗小肉麵進食。

我察看四週的茶客，人頭很整齊，他們都有自備的面盆手巾牙刷，寄留在茶房那邊，每個茶客都是悠悠閒閒的相互招呼，我叫的一碗小肉麵，不過動了一筷，就覺得吃不下去，因爲心頭好像有塊石頭壓着，推來推去推不開。一忽兒，有一個身材細細瘦瘦的人走過我身邊，大聲向我招呼說：「陳師兄，你怎會獨自到蘇州來？」我抬頭一看，正是老同學王愼軒，他是蘇州有名的婦科醫生，於是我就拉他坐下來，我也不便說到蘇州來的原因，只說來蘇州想休息十天八天，倒是一個人覺得寂寞得很。王愼軒說：「在我門診時間，實在無暇陪伴你，讓我的學生來陪你到蘇州各處去走一趟。」我說：「那好極了。」吃罷之後，就跟到他的診所，診所中已經有七八個病人等着，我就在他醫室中看看報。那時節上海到蘇州的火車還未通，報上滿版登載着白川大將被刺的新聞，說目前正在搜捕餘黨。我看了，心裏又是一陣不舒服。王愼軒說：「我的學生姓李，他可以整天的陪着你玩，晚間請你到我家中來吃便飯。」我說：「好極好極。」

出了門口，那姓李的問我，要不要到虎丘去玩一下？我說：「虎丘我早已去過。」他又說出好多地方，我都回說：「沒有興緻。」最後他說：「那末我們走得遠些到靈岩山去玩吧，那邊風景絕美，你一定要去一次。」我說：「這個地方倒沒有去過，」於是我們就坐上馬車到楓橋，再換船到天平山下埠頭，而且坐女人抬的轎子，上山向靈岩而去。

靈岩的風景，眞是既秀麗又雄偉，是蘇州最幽靜的名勝。我們就在那邊找到一家館子，吃了午飯，點了四個菜，可以說每一個菜，都非常可口，但我仍是食不下咽，那姓李的說：「陳先生，你是否小病初愈，何以胃口那麽差？」我說：「是的，是的。」姓李的說：「那末我不客氣了，所有的菜，我可以照單全收。」不一會兒，只見他狼吞虎嚥，風捲殘雲的一下子就吃光了。我

蘇州名勝靈岩山遠眺景色

心中暗暗佩服，畢竟心中無事，食慾才能旺盛，老古話是一句也不會錯的。

靈岩山歸來，已近傍晚，再到王愼軒家中，見到濟濟一堂，全是當地的同道，我雖尙能應付自如，但是人人都看得出我疲乏不堪，好像有病一般。

吃罷之後，回到旅館，又撞到那個吳鐵口，他一定要爲我算命，並且口口聲聲說不要我錢。我心想樣樣都可以送，「命」是送不得的，我只好掏出小洋八角，對他說：「今天晚上我想好好睡一覺，這八角錢，就作爲你今天早晨的相金吧！」料不到這位吳鐵口又講了一句話，說是「你印堂之中，晦氣籠罩，我一定要替你算一個命，來報答你。」

我憤憤然的轉身就把房門閉上了，埋頭便睡，可是這天晚上仍然轉輾翻側，千愁萬慮，總是睡不着，房間的一隻鐘又舊得很，滴答滴答聲音極大，等到鐘鳴四响，我還睡不着。本來我是反對迷信的，但是到了這時我的「下意識」一衝動，就走下床來，去拍吳鐵口的房門，吳鐵口朦朦朧朧的起身說：「貴人來訪，有何見教？」我說：「現在我來，你算命也好，測字也好，我要請你占卜一下，最近幾天之中，我和我的家中，會不會弄出大事體來。」那吳鐵口披起衣衫，慢條斯理的應付我，而且燒了一枝香，詳詳細細問我的時辰八字，還細細的看了相，最後他來了一句結語說：「你這幾天中，運道壞得很，不但你自己會大禍臨頭，而且你家也會弄到家翻宅亂。」他這幾句說來，我回到房中更是心煩意亂，坐立不安，這是我一生中最難忘最痛苦的一宵。

參加悼亡　忽獲喜訊

我正在百般無聊的時候，知道這一天是蘇州十九路軍舉行追悼陣亡將士大會，忽然我的勇氣油然而生，匆匆忙忙整理一下衣服，還特地去剃了鬍子，去參加這個追悼大會，要向陣亡將士鞠躬致敬。

這個會場大得很，在王廢基的大廣場中，右面站着的都是軍人，中間站着許多長官，左邊都是民衆。開會時儀式十分莊重，軍樂齊奏，大家已經流淚如注。最後有蔡廷鍇、翁照垣等十幾個名將，魚貫而入，一時掌聲如雷，歷十多分鐘不息，待到哀樂一奏，情緒更是激動，無數人暗暗飲泣，無數人失聲痛哭，當地的政府官員和社團人士舉行公祭。大家想到這一次戰爭的死酷和慘烈，都是心酸欲絕。最後由蔡廷鍇演說，他說的是廣東國語，大家雖聽不大懂，但是他講來慷慨激昂，令人熱血沸騰，我看到這一幕，感動得自身的危險都忘記了。

在這個大場面中，大家肅靜的站立着，只有若干攝影記者，鑽來鑽去在場中亂竄。我一眼看見我的老友（上海攝影畫報社長）林澤蒼也在其內，揹了一個相機拍個不停，我乘機和他招呼了一下，他忙得很，說：「你不要走開，等一下我和你一同走。」等到散會的時節，名將們先走，一羣攝影記者和林澤蒼等追隨其後，林澤蒼施一個眼色，暗示要我和他同走，我匆匆忙忙走近他，己有十幾輛汽車等着，我也混在記者羣中登車，一起到十九路軍的軍部臨時辦事處。

蔡廷鍇坐定之後，隨便請各記者飲茶，林澤蒼對我說他即刻要坐船回上海，以便沖晒了底片即刻刊登報紙，忽然間他想出一句話來：「我動身時到過你家，想約你同來，誰知你已逃之夭夭。」我問他：「究竟日本軍人有沒有到我家去搜索過？」他說：「根本沒有。」我又問他：「是

不是在尹奉吉身上抄到我的名片。」他說：「也不是的，尹奉吉做事，乾乾淨淨，不牽涉任何一個人，他身上掛着一塊牌子，寫着一人做事一人當，完全是英雄氣慨，但是日本人一定要抄韓國復國黨革命軍機關總部，法租界派了程子卿去會同搜查，結果空無一人，空無一物，只是電話機旁邊有一張電話號碼表，十分之九已撕掉，只剩十分之一，上面有三個醫生的名字，第一個是留學日本的西醫汪企張，第二個是西醫陸露沙，也是留日的，兼是戲劇家；第三個是老兄的名字。日本軍人把這紙角撕下來，程子卿怕你受累，所以叫一個韓國人打電話給你，叫你快逃。後來日軍到過汪企張家，凋這個所在一共請你出過幾次診，搬過幾次場，汪企張據實相告，也沒有事，後來連陸露沙家都沒有去過，所以你家也沒有事。」我聽了這一番話，心中一塊石頭就放了下來，那相面先生的話，就此烟消雲散，當時我就拖着他到一家小菜館吃飯，頓時胃口大開，連添了兩碗飯，幾隻菜也吃得津津有味。林澤蒼說：「兩點半，有一隻新聞界合租的小船，要繞道嘉興回滬，你順便搭這船回上海也就算了。」那隻小船是由馬達小輪拖行的，所以很快就到上海，一場虛驚，也就隨着林澤蒼傳來的喜訊而消散了。

在蘇州王廢基廣場舉行追悼陣亡將士大會

由蘇返滬　日人來訪

由蘇州悄悄地返回上海，又到理髮舖理了髮，然後回家，別人看到我容光煥發，以爲我由外埠出診回來，一些也看不出我已經過一場虛驚了。

不料，在我回到診所時，看見我的掛號桌前，懸上了一幅日本「明治天皇像」，而且利用一隻舊的絲絨襯潤邊的鏡框裝上，看上去很是古樸而瑰麗，爲我代診的學生偷偷的告訴我：自從你走了之後，對面木行的老闆告訴他：「成都路捕房約同一個日本警察，在你家門口窺伺了兩三天，想來陳醫生有些問題。」（按公共租界的董事會，本來日本人也有份，各警察局中都有日本警官三五人。）他就問我：「究竟是不是眞的？」我不說是，也不答否，他說：「向來日本人捉人，動輒就打，其勢洶洶，所以我尋出從前你由日本帶回來的一張明治天皇像懸掛出來，作爲擋箭牌，因爲你從前講過，日本軍人看見明治天皇像都會鞠躬致敬，不會亂來了。」（按此像係昔年在日本花日幣五分買來，因爲明治天皇是對漢醫有歷史的關係，所以我買來作爲資料的。）我問：「究竟後來有什麽事？」他說：「根本沒有發生過什麽事。」

後來過了一個月，淞滬戰爭結束，商業及社會繁榮完全恢復。有一天，門口來了一輛大汽車，車中走出四個便裝日本人，開口就說：「要見

十九路軍在蘇州舉行追悼陣亡將士大會之日蔡廷鍇（左），與翁照垣（右）步入會場。

上海銀錢同業秘密商討金融問題的所在內園

陳醫生。」他們抬頭見到明治天皇像，即刻立正作九十度鞠躬禮，而且鞠躬完畢退後三步，又再鞠躬，然後進入客廳，家人見了他們，驚慌不已，我一看他們的卡片，原來來者是「自然科學研究所」所長中尾萬三博士等，才放下心來，整衣下樓，親自欵接。

他們見到我，又是深深的鞠了一個躬，坐談之時，中尾博士說：「現在中日之戰已和解了，我希望你仍然到本所來，繼續幫我們的研究工作，軍閥好戰，我們學術界是反對的，請你也不要介意。」我說：「這一場戰爭，中國損失得太厲害了。」這時恰巧我手頭有一份報紙，列出東方圖書館的損失，給中尾博士看。這張報紙說：「這一次燒燬閘北東方圖書館三十多萬冊的書本和五千多種的圖表照片，如宋元明善本的各省府廳州縣志二千一百多種，公元十五世紀前所印的西洋古籍，遠東唯一孤本德國李比希化學雜誌初版全套，香港久已絕版的中國彙報，羅馬教皇梵底岡宮所藏明末唐王的太后王后王太子及其司禮監太監皈依天主教上教皇書的影片等，完全在犧牲之中。」又說林琴南生平所翻譯，未刊的東西洋小說，據調查所知，燒掉的有「金縷衣」、「情幻記」、「軍前瑣話」、「洞冥續記」、「五丁開山記」、「孝女履霜記」、「雨血風毛錄」、「黃金鑄美錄」、「神窩」、「奴星叙傳」等，共一百五十九種，尚有不知道書名的，當然更多云云。

中尾萬三博士看了這段新聞，呆了好久，說不出話來，他知道這一次協和的工作不能成功，於是他說：「我在三個月之後再來拜訪你，」所謂「協和工作」，即是後來的新名詞所謂「統戰工作」。

這次戰事終了，淞滬協定簽字之後，申明上海四週不得駐防中國軍隊，一切軍事設備完全撤離，改用東北籍警察來維持滬市治安，報紙也登載市長吳鐵城對這批警察訓話時的攝影，我看了之後，認爲以後的日子恐怕更不好過了。

這次一二八戰事，銀行錢莊都不敢開業，銀錢業中要人，天天在城隍廟「內園」開會。他們也發覺銀元制度有絕大的漏洞，自從政府發表廢兩改元，廢元改幣之後，銀錢兩業，盡力協助，市面上的銀元，果然絕跡，有銀元的人，都存入銀行，由銀行掉換鈔票。

我常常到戈登路底一家華洋染織廠去看病，看罷之後，總喜歡在那邊附近徘徊，因爲那處就是中央造幣廠所在。我以爲該廠從此以後不會再開工了，豈知他們放工時，還是有成千工人放出來，而且烟卣中還冒着濃烟，一望而知，廠方仍未停工。最感到奇怪的是，我和工人們談話，他們都顧左右而言他，不願和我多講話。

有一次，我就向華洋染織廠中人問道：「現在銀元已廢除，何以造幣廠還要開工？」他們說：「現在造幣廠，不是在做鑄幣的工作，而是將銀元熔化成爲銀條，工作繁重，工人反而加添了不少，據說這種銀條，有一定的規格，每天成箱成車的不知運往何處？」於是我才知道，廢除銀元的政策很成功，報紙上正在登載白銀問題，在記憶中，記得那時節，黃金大跌，白銀漲價，所以研究白銀問題的論文越來越多。

白銀政策　漸漸形成

國民政府收回了那麼多的銀元，國家庫存之數字，可說打破紀錄。

從前中國外交政策，孟心史說過：『清代以來，外交方面可以分爲四個時期：第一個時期是「輕外時期」，對自己國家自尊自大，對外國人一切估計得很低，外國人來朝，都要向皇帝叩頭，英國大員來朝，聲明朝見之時決不叩頭，但是自有許多官員及太監等，硬手硬脚的要他們叩了頭爲止，這是說明中國高高在上，萬國的使臣來朝，都要屈膝叩頭，否則，即是對堂堂的中國大不敬。第二個時期叫作「懼外時期」，中國受了各國的炮艦政策的威脅，屢戰屢北，自信心消失，對外國人怕到不成體統，什麼不平等條約都會簽下來。第三個時期叫作「畏外時期」，從前中國的官員，都抱定一個宗旨，「千里做官只爲財」，由小官升到大官，一層層的只求無過，不求有功，而對人民百般壓搾，勒索錢財，有辦法的能撈到一批大財，就算是幹才，在上的眼開眼閉，只求逢時逢節，或是逢到壽辰，能受到一份豐富的禮物，更是認爲此人了不起，縣官要孝敬府道，府道要孝敬京官和巡按，如西太后做壽，全體文武百官都有名貴禮物呈貢，他們只怕一件事，就是最怕和外國人交涉，逢到華洋糾葛，就不敢問誰是誰非，總認爲外國人總是對的，因爲事情一鬧大了，革職有份，至於喪失主權，在所不問，這是「畏外時期」的外交上一般情況。第四個時期叫作「媚外時期」，舉凡上下官員以及一般人民，都認外國人的事，樣樣是對的，連月亮都是外國的圓，這一個時期維持了三四十年。』

中國的外交官員，是一種論年資升級制度，先做領事的隨員，做了幾年，不生什麽事端，就升爲領事，領事做了幾年，要是能博得洋人的歡心，然後升爲公使，公使能做到循規蹈矩，面面討好，就有資格升爲大使。

在外交官員工作時期內，一種因爲「弱國無外交」，也沒有什麽作爲。還有一種就怕在任內發生事端，能力爭主權的話，只能在自己國人面上，做些紙上功夫，說得婉轉，寫得圓滑，就算是能員，要是動輒和外國人據理力爭，一些不肯放鬆的話，反爲朝廷所不喜；當然也有幾個傑出的外交官，做出一些好事來，但多數是庸庸碌碌，垂拱而治，一切唯洋人之命是聽。

中國經過一二八戰爭之後，勵精圖治，要想和日本決一死戰，最要緊的問題，就是要拉攏外交關係，才會掌握勝利。

中國人從前有一個心理，認爲美國人對中國最是親切，在凡爾賽條約、九國公約等等，都對中國有利，所以一切人等都想美國是中國最好的朋友，將來開戰時，一定對中國大有幫助。

但是事實上洩氣得很，美國議員常常作出許多謬論，你講一段，我講一段，教中國人看來眞是垂頭喪氣。還有一點，美國人專講做生意，不斷的把美國的廢鐵幾萬噸、幾十萬噸，賣給日本人，這種消息一而再，再而三的登在報紙上，這種廢鐵運到了日本，一經鍛鍊就成爲製造武器的鋼鐵，中國人反而得不到實際上的援助。

這又要說中國的駐美外交官員，只懂得儀表和酬酢，商務參贊也只知道一些商業常識，對中國的抗戰大事，實在起不了什麽作用。

在這時節，國民政府就向民間經濟專家逐一諮詢，上海的一班大商家，對做生意都是一等好手，但是對國家大事還是沒有遠見，互相推諉，推出一位陳光甫先生出來。

陳光甫氏　雄才偉畧

陳光甫先生本來是一位國學根底很好的讀書人，留學美國，畢業於本夕浮尼亞大學，待到他創辦「上海商業儲蓄銀行」之後，一切措施都採用科學管理，從前銀行對存戶，像官吏對付鄉下人一般。惟有上海商業儲蓄銀行，連一塊錢都可以開戶，而且職員對客戶，客氣得非常，大大的發揮了爲客戶服務的精神。

陳光甫先生九十歲留影

上海商業儲蓄銀行成立不久，存欵直線上升，漸漸成爲民間銀行的首腦，銀行界中人，事無大小，必然要請教他，他一句話力量大得很。

我還記得上海商業儲蓄銀行初創時期，是開設在北京路寧波路鄧脫摩西菜館後面一條弄堂裏，門面是由石庫門改裝的，裏面的地板，走起來軋軋有聲，但是不上幾年，就自建大厦，就一變而成爲一家大銀行，又隔幾年，成爲上海獨一無二的民營銀行。陳先生的精神與毅力，實在是値得欽佩的。

陳先生對銀元與銀両，早有認識，打破銀錢業的慣例，銀元與銀両在錢莊中都可以開戶口，自從銀元收歸國有之後，白銀都在政府手中。

從前上海的銀行，很少與外國銀行有直接關係，惟有上海商業儲蓄銀行，早已與倫敦經營白銀的巨擘 "Mocatta & Goldmid Co." 有聯絡。又在倫敦、紐約、舊金山設有代理銀行，行中還特闢一個國外滙兌部門，先後與倫敦 "National Provincial Bank" 訂立英金十萬鎊的透支契約。又和紐約 "Chemical Bank" 訂立美金七十五萬元透支契約。又和舊金山 "Wells Fargo Bank" 訂立 "Acceptance Credit 及 Mail Credit" 辦法，即是一面航寄出口滙票，一面以電報通知，即可用美金二十五萬元之信用貸欵。這種方式，不但上海各銀行所沒有，連政府都認爲是奇蹟。

政府當局鑒於駐美公使館的商務參贊完全不懂這種商業上的情況，認爲中國政府要對美國方面打交道，惟有請陳光甫出馬。

這是在民國廿四年一月五日駐美公使施肇基電告南京，說是宋子文到華盛頓政府商談白銀問題，美國政府答覆無可貢獻，國府調集了許多人材，如孔祥熙、王正廷等不斷商討，毫無結果。到了二月廿七日，美國駐上海總領事高斯(Gauss）忽然透露消息說：「美國財政部長毛根韜需要邀請陳光甫商談」，中國政府立刻同意，但是陳光甫在政府中並無任何名義，結果以財政部高等顧問名義赴美，財政部次長郭秉文等隨行，一切會談由陳光甫全權處理。

從前美國政府，對外援吝嗇得很，惟有在商言商，以商業的利益來打動他們，最是有效。所以陳光甫一出場，談判就節節合拍，完成了一個重大的任務，這個任務包括了七項事宜：

（一）中國保持幣制獨立，不與世界任何貨幣集團聯鎖。（二）中國除外滙黃金以外，保持百分之二十五白銀爲發行法幣之準備。（三）取消關於藝術及工業用銀之限制。（四）鼓鑄五角及一元銀輔幣。（五）美國承購中國白銀七千五百萬盎司，另接受五千萬盎司，作爲二千萬美元貸欵之担保。（六）是項白銀，自民國二十五年（一九三六）六月起，至民國二十六年（一九三七）一月止，八個月內分批運美。（七）白銀價格按墨西哥加拿大方式，分批決定，遇銀價上漲時，中國得向市場公開出售。

這個談判，並沒有簽約，只是以備忘錄及雙方換文方式，完成了實際的任務。

那時節，日本人拚命的反對，認爲這是用白銀來購買軍械的軍事協定，對他們不利，但是也找不到確切的証據，反對儘管反對，而我們的基本工作，却由此而奠定了。

這次的換文成功之後，中國的存銀，分批運往美國，由美國政府予以收購，數量達二億餘盎司，中國初期抗戰，財政上的支持，完全靠這筆鉅欵。

待到戰爭打到相當時期之後，各國的援助陸續來了，這件事情知道的人很少。現在台灣出版的「民國百人傳」中，對這件事寫得很詳細。所以我說一個「大國民」的個人貢獻，往往超過了許許多多外交大員的工作。

抗戰開始時，陳先生在莫干山養病，大家簡直不知道白銀政策的內幕。

陳光甫的儀表是怎樣的呢？我存有照片一張，完全是一個忠厚長者的模樣，爲人和藹可親，在他身上，一些也找不出什麼架子。

一九六〇年，我在香港開業，陳先生的家人來請我出診，我到半山寶雲道陳宅，第一次見到陳先生本人，謙謙和和，藹然仁者，等診罷了病之後，他和我談話，他說：「你的名字我知道了很久，總以爲你年紀很大，而且還知道我的朋友沈熙瑞（香港滙豐銀行聯合經理）是你的外甥，所以你一進門之後，我才發覺我想像中的儀表完全錯誤。」我說：「是的，熙瑞是我的大外甥，我是他的小娘舅，所以論輩份，忝長了一輩，論年紀，我却比他小幾歲。」他又對我說：「你歷年提倡的心理衛生的文章，我看得不少。」

過了幾年，他身體上也有些小毛病，常到我九龍診所來就診，總是戴了一頂銅盆帽，手上握着一根司的克，誰也不知道他就是大名鼎鼎的陳光甫先生。

又有一次，他來邀我到旺角上海銀行分行向該行職員演講，這是利用同人午餐時間向他們作一小時的身心修養演講，我就以「含笑迎人」四字爲題，講足一小時。講畢之後，他備了豐盛的飯菜留我吃飯，並說：「你的寓意很好，對他們的影响力極大。」我對他的印象是深刻難忘的。

一二八後　畸形繁榮

一二八戰爭之後，上海的繁榮，簡直是直線上升，因爲人口一多，房租漲價了，各遊樂場所，滿坑滿谷，各種商業無不門庭若市，有幾個特點，是戰前所沒有的。

一、從前上海的無線電台只有少數幾家，無線電收音機也銷數不大，都是一些學生們自己裝置一些小型礦石機，用着一副耳套聽聽音樂而已。到了戰事停止之後，大家紛紛購買收音機，那時的收音機都是用眞空管的，普通的是三個眞空管，較貴的機都是五個，以飛歌和飛利浦出品銷行最廣。商店就利用電台來作爲商品宣傳，最有名而電力較大的電台是「亞美電台」，後來就有許多電台繼起，如「華東電台」等。當時有一家綢緞店，叫作老九和，是第一家在電台播送彈詞節目，轟動得很，本來彈詞家的範圍不出幾家茶樓書場，從這個時候起身價就不同了，走紅的彈詞家，每月的收入要達到數百元至近千元。

二、外埠逃難來的人，工餘之暇，就是遊覽大世界、新世界等遊樂場，後來什麼場所都擠滿了人。同時更興起了幾種新事業，除了彈詞家沈儉安、薛筱卿、朱耀祥、趙稼秋、周玉泉，他們一時成爲聽衆的偶像外，申曲界也出了施春軒、筱文濱、筱月珍、邵濱孫等。其中最突出的就是越劇，如袁雪芬、馬樟花等，本來這些角色是在宋家弄一間小型戲舘唱的，後來竟風靡一時，出了十多位名角。

我對於這種地方性戲劇，向來不甚重視，但是我對越劇中人接觸得多了，他們的生活狀況，知道得比較詳細，現在我來談談：

越劇產生在紹興嵊縣，班主被稱爲班長，多數擁有一隻船，他就吸收當地的小姑娘，訂了一種類似賣身契的條約，第一次付一百元至三百元，以後這些女孩子就歸班長所有，戲班船到處飄泊，吃的東西苦得很，早晨就教她們唱越劇，劇詞主要的只有四句成調，女孩子一唸之後，就會喃喃上口，但是她們却是一字不識的，到了一個小碼頭就演戲，由熟練的做主角，從前沒有什麼佈景燈光，就是一味的唱，而劇情和唱詞以及對白，都淺近得很，所以家庭婦女們都非常愛好。唱了若干時日，又換一個碼頭，就在浙江一帶賣戲，船隻行來行去。

班長對這班女孩子，苛刻得很，拳打脚踢是常事，動不動還要用板子來打，年齡長大了些，班長就佔有了她們，令到她們死心塌地的爲他賺錢，要唱滿三年之後，才有一些微薄的薪水，大約每登台一次，才給她們小洋四角至六角。

一二八事件以後，大家提倡國貨，三友實業社經理陳萬運一天對我說：『我們辦的是毛巾和棉織品，剛巧可以頂住日貨鐵錨牌，這是日本人最痛恨的。（按當時國產商品叫作國貨業，凡是在中國暢銷的日本貨，由國貨業一樣樣仿製出來去代替，三友實業社的三角嘜毛巾，就頂住日本貨的鐵錨牌，無敵牌牙粉則頂住日本貨的金剛石牙粉；天廚味精頂住日本貨的味之素，橘花牌蚊香頂住日本貨的野猪牌蚊香，諸如此類，各方面努力推行，日貨大受打擊。）現在一二八之戰，經過淞滬協定之後，上海籠罩在日本人勢力之下，所以三友實業社遲早是要被他們燒成一片白地的，但是三友實業社工人有二千人，我們總要想一個辦法，開闢一個國藥部，出售國產成藥，這個部門要你來負担設計之職，因爲你是我們的常年醫藥顧問，想來你也無法推辭的。』

我自從這次談話之後，先想出一種眞馬寶，因爲每一隻馬寶重達數斤，藥店裏出售三分馬寶，就要三角錢，如果把馬寶磨成粉，每五分裝成一小鐵盒，售價一元，表面上雅觀得很，實際上利益甚豐，對本對利，陳萬運就依照我的計劃，開始登報發售。初時祗出馬寶一種，就賺了二三萬元，陳萬運非常得意，認爲馬寶銷路較狹，還要製造一種對大衆有益的補品，於是由我處方，又製成了一種三友補丸，和方便丸兩種，三友補丸每盒售二元，方便丸每盒祗賣三角錢。方便丸的原料祗是一味大黃，不過將大黃經過水蒸熟，再用電烘乾，吃起來既能通便，又無腹痛，一時銷路極廣。

三友補丸，因定價二元，初時不易推銷，陳萬運利用大幅的廣告牌，遍佈全上海，於是銷數便漸漸的大起來。在那時節，電台上的節目，號召力很大，但是彈詞節目都已給老九和綢緞局獨佔。陳萬運思想很敏捷，他向二千多工人發出一張調查表，表中開明了申曲、越劇、彈詞、滑稽戲等七八個項目，叫他們填寫喜聽的節目，三天之後，工人都把表填好交來。統計下來，喜聽越劇的最多，因此，三友實業社自己創辦了兩個電台，專門播唱越劇，把越劇人材都拉攏得來，簽訂合約，其中以馬樟花、袁雪芬、范瑞娟最紅，本來這幾個人都受賣身契的約束，陳萬運運用一種手腕，把賣身契都一一以高價贖了出來，於是越劇的演員格外的努力爲三友實業社服務。

這種越劇演員，全是女的，向來生活惡劣，營養不良，差不多個個都有病的，陳萬運特地在我家旁邊設立一個三友醫室，由我專門爲她們和三友實業社同人診斷治療。

我因爲診得她們的肺部都不健全，所以就要她們到虹橋療養院去照X光，一照下來，馬樟花已是肺病第三期，袁雪芬已是肺病第二期、那時節肺病還沒有特效藥，馬樟花首先病倒，不能演出。這種女演員，有許多太太團及越劇迷將她們收爲『過房囡』（即是此間所謂契女）。有一位太太，堅决不信馬樟花患病重篤，並且一定要她的兒子和馬樟花結婚，經我們反對無效，但是結婚後三個月，馬樟花就香消玉殞。

同時，陳萬運對一班越劇女演員，除了在電台演唱之外，並不限制她們登台演唱，不料一登台之後，更轟動得不可名狀。

有一個女演員叫作筱丹桂，容貌既美，又有細緻的表演，這種演員意志是比較薄弱的，被一個戲院老板張春帆引誘，發生了某種關係。這個張春帆是個惡霸，管得她很嚴，一切行動都要受他控制。有一個話劇演員，藝名冷山，是專爲舞台設計燈光道具和編劇的，不免和筱丹桂常有接觸。有一次，二人正在喁喁私語，被張春帆看到了，就打了筱丹桂兩記耳光，冷山一看形勢不對，避之則吉。當晚筱丹桂就留下了「人難做、做人難、難做人」九個字的遺書，服毒自殺，消息傳出來之後，全上海轟動起來，成爲一時的大新聞。在出殯的那天，那家殯儀館門口，湧滿了戲迷數萬人，秩序大亂，連窗格門戶都被毀壞，比當年阮玲玉自殺後的出殯，還要熱鬧幾倍。足見一二八事件之後，上海市面更是興旺。（十五）

越劇十大紅伶合影自右至左前排：吳筱樓　范瑞娟　竺水招　袁雪芬　傅全香　徐天紅　後排：尹桂芳　徐玉蘭　筱丹桂　張桂鳳

大人合訂本　第四集

總目錄

第二十四期 一九七二年四月十五日出版

第二十五期 一九七二年五月十五日出版

第二十六期 一九七二年六月十五日出版

狗仔嘜皮鞋

BOBY®

Casual Shoes

（註册商標）

猄皮男鞋
軟皮男鞋
童庄皮鞋
軟皮凉鞋
對對保証
好着耐用

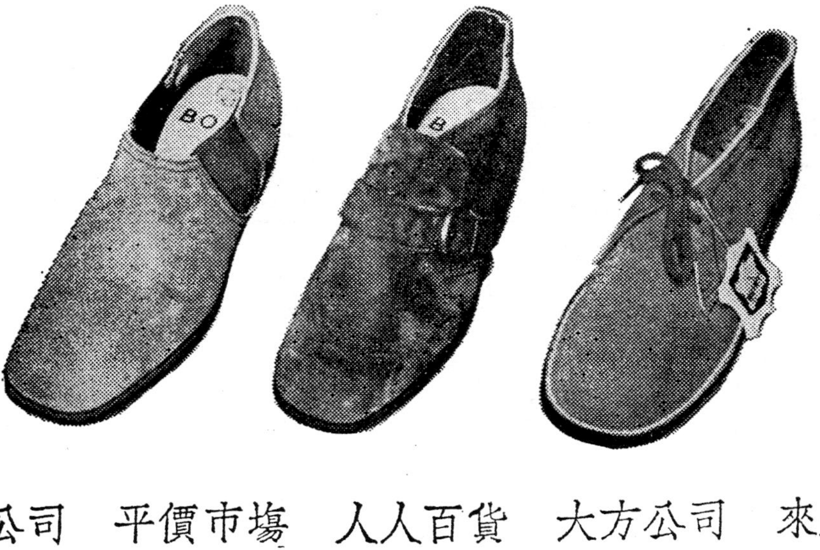

大人公司　平價市場　人人百貨　大方公司　來路鞋公司有售

樓開七層

（面積逾五萬方呎）

地室（海岸廳）西餐茶點
地下（龍宮廳）游水海鮮
二樓（湖光廳）粵式飲茶
三樓（山色廳）粵式飲茶
四樓（多子廳）喜慶酒席
五樓（多寶廳）喜慶酒席
六樓（多珍廳）貴賓宴客

珍寶大酒樓

九龍奶路臣街十一號・電話 K 三〇一二二一（十線）

大人

論天下大事
談古今人物

第廿九期

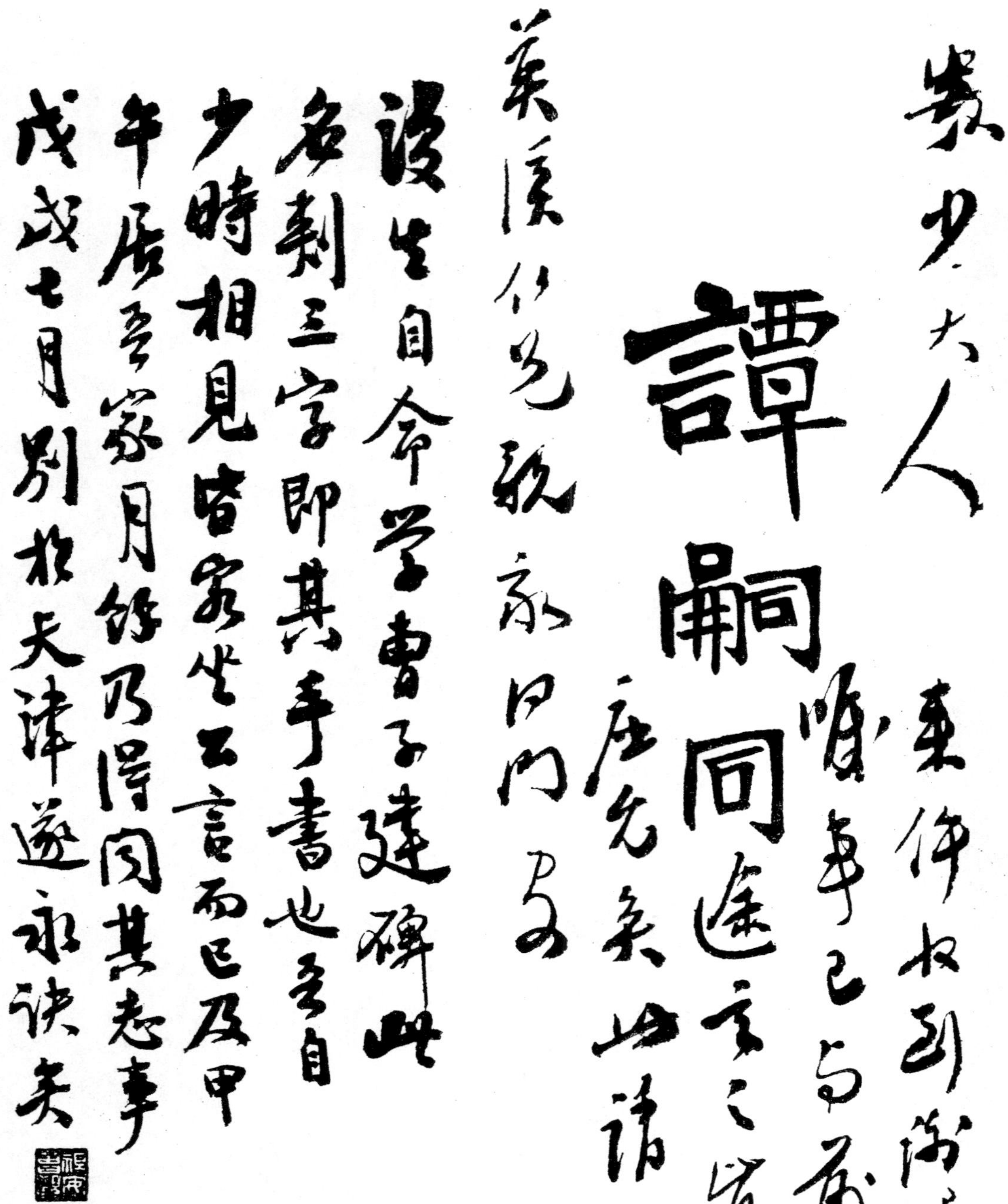

譚嗣同名片

譚延闓題識

復生（嗣同號）自命學曹子建碑，此名刺三字，即其手書也。吾自少時相見，皆客坐公言而已。及甲午居吾家月餘，乃得聞其志事。戊戌七月別於天津，遂永訣矣。

祖安曾觀（印）

封面：齊白石畫鷄雛　封面內頁：譚嗣同名片譚延闓題識

插頁：精印譚組庵先生臨唐人書法冊頁　（定齋藏）

大人　每逢月之十五日出版

The Chancellor Publishing Company Ltd.

出版及發行者：大人出版社有限公司
督印人：王朝平
編輯者：大人雜誌編輯委員會
總編輯：沈葦窗
社址：九龍西洋菜街三號A 即彌敦道六一〇號後座
電話：K八五五七三〇
印刷者：立信印刷公司 九龍新蒲崗伍芳街緯綸大廈十一樓
總代理：吳興記書報社 香港租庇利街十一號二樓 電話：H四五〇五六一 H四五〇七六六
星馬代理：遠東文化事業有限公司 新加坡廈門街十九號 檳城奇田仔街一七一號
泰國代理：曼谷青年文化服務社
越南代理：聯興書報社 越南堤岸新行街二十二號

其他地區代理：
澳門：可大文具店　漢城：汎亞書籍公司
亞庇：利民公司　寮國：永珍圖書公司
千里達：中華公司　斗湖：光明書店
菲律賓：華安書局　菲律賓：玲瓏書局
倫敦：東寶公司　紐約：友聯圖書公司
芝加哥：杏林春公司　紐約：大方圖書公司
波士頓：中西公司　洛杉磯：永安堂
三藩市：新生圖書公司　檀香山：大元公司
三藩市：益智圖書公司　三藩市：文化商店
加拿大：香港商店　加拿大：新國華公司

吳可讀先生罔極編拜觀記

・賈訥夫・

陳三立先生題罔極編

堂堂尸諫大名垂死所微憐
遂厥私當日死忠仍死孝請
看萬恨寫膚留 引柩蒼
黃出國門痛兼兵禍翠華
奔衹今海市同燕市遺像
防污濺血痕
虞琴先生屬題句
乙丑閏四月陳三立

吳可讀（柳堂）先生為有清三百年振奇之士，咸同間內外多事，先生位居言官，不避權貴，劾成祿案與請免外使行跪拜疏，直聲敢言，轟動朝野。其後以同治立儲事，冒死力爭不獲，卒以尸諫，孤臣忠藎，視死如歸，舉世為之震仰。咸豐十年，英法聯軍攻北京之役，柳堂先生侍母疾七十日於圍城中，成「罔極編」，歷敘母病醫藥治喪經過，兼述兩宮北狩，廷議不定，民心悲憤，將士潰敗之狀，忠孝之忱，溢於言表。凡此事蹟，或載於清史，或見諸前賢筆記，展讀之下，每不禁斂容嗟歎，肅然起敬。客歲因公訪澳洲，道出美爾本 MELBORNE 探視兒孫。一夕，小兒設宴邀同業友好於酒家樓頭相晤，席間獲識一少年氣象學專家吳祐康君，器宇不凡，談吐儒雅。舉詢之下，始知為名賢之裔，自言：「家藏先高祖遺墨，頗多題跋，南來後，不輕以示人，以世丈喜觀書畫，故擬以奉閱」，余聞之，詢以是否即為令先高祖柳堂公之遺編？吳君頷應，但謂是卷乃家傳之寶，為慎重計，已珍藏於保險庫中。於是乃約期再晤，俾遂拜觀之願。

數日後，承吳君邀宴於其寓所，於是欣然率兒媳輩，驅車出郊里許作訪。

至則笑談甚洽，晚膳後果出錦軸一卷陳案上，兒媳見余凝神端坐肅穆莊敬之狀，似感不解，但亦屏息旁立。於是舒錦囊，解玉籤，赫然現於目前者，為一手卷，外題「吳柳堂先生罔極編」八字，為四明趙叔孺作篆。引首亦八字附以題跋：為名人蒿叟馮煦題識，註甲子大寒，稱後學馮煦時年八十有二，以其時計之，距咸豐庚申，已越六十年。跋後有先生遺象，面貌清癯，雙目炯炯有神，為張祖翼題篆，自此起即為原編手蹟，採日記體，自咸豐十年庚申七月初一日起，至是年九月初六日止。排日記述慈母起病醫療，易簀及治喪經過，並夾敘英美聯軍圍城，海甸圓明園被焚，古玩盡行擄掠一空，聯軍藉口誘為殘兵亂民放火，威脅和議，以至帝后倉皇北巡，至議和賠欵止。六十餘日中，國事家事，不遺鉅細。字作行書，集王趙於一家，行氣貫串，遒勁有力。憂患迷亂中，而能有此完整紀事，非具過人堅忍，臨變不驚，臨危不亂之學養，恐難成之，是可貴也。

自古忠臣多出孝子之門，柳堂先生罔極編之首，即記母病得腹泄之症，延醫診治，終告不起，乃自咎為人子不知醫之罪，以致禍延慈親，謂為百身莫贖。如記母病加劇，中心焦灼，即請假十日侍疾，每日在親前勸慰安心靜養，時海口消息日緊，都人一日遷徙出京紛紛不止，母病越重，不能稍動，於是親侍湯藥之餘，復為慈親後事張羅，時局日形嚴重，人皆倉皇他去，彼獨留盡飾終之禮。日記中述及此情，有云：「慈親逝後，一切安排停妥；是時家家閉戶，並無相好一人到宅者。」可見危城景象淒涼，柳堂先生屹立不稍動，從容處事，方寸不亂。

罔極篇所載，雖偏重侍疾治喪經過，但從字裏行間，直可窺見英法聯軍攻入北京前之戰況，如七月廿七日所記一節云：

「是日我軍拿到夷目巴夏哩等九人，禁刑部監。於是京中鼎沸，聖駕有出巡之說，朝內大臣具摺奏留，俱留中不發。凡在京旗漢大小官員眷口及財物，無一不移出京城者。」由此可想當時朝議未決。同治帝出走與否，亦彷徨莫決。但先一日京中盛傳外兵到達通州，直至八月初七日記述：「我軍與夷兵戰於齊化門外，馬隊均係蒙古兵馬，並未見過打仗，一聞夷人槍炮，一齊跑回，將步隊冲散，自相踐踏，我兵遂潰，夷人逼兵城邊。」由此足徵當時朝政腐敗，所謂中興氣象，不外粉飾昇平之語，以蒙古騎兵素有剽悍能戰之譽，一旦有事，甫經交鋒，竟招潰敗，清廷初猶恃此以為可禦外侮，至此遂不得不倉皇出走。

另一節記先生於城破後，猶出入於烟硝彈雨中，守護慈親寄厝靈柩，復將危城兵燹情況據實寫出，如八月廿三日記云：

「出門見街上三五人一堆，俱作耳語，街道慌亂之至。至午後，忽西北火光燭天而起，聞傳夷人已撲海甸圓明園一帶矣。我兵數十萬，竟無一人敢當者，夷兵不過三百馬隊耳，如入無人之境，眞是怪事。僧邸勝帥（按即科爾沁僧親王、勝保二大臣）兵已退德勝門外，以慈柩在城外，倘城門一閉，土匪倘或乘此而起，慈柩將有不堪設想之處，維時心胆俱碎，急於夜間收拾衣物等件，於廿四日五更後出城」。

咸同所謂中興之業，徒擁虛名自娛，軍事脆弱，不堪一擊，僧王、勝保二將，素稱驍勇善戰，試想統率數十萬精銳部隊，拱衛京畿，一旦事起，竟無戰意，敵人僅以三百馬隊即可長驅直入，無怪經此一役後，老大荏弱之大清帝國內部眞相全盤暴露，遂啓外人覬覦之心。

全編最後一記爲九月初六日，全文皆紀英人與恭王議和經過，不涉私語。但於英人索賠，俄人乘機插手欲沾便宜，則有詳細評語。如：「英夷來照會云：我國太無禮，致將伊國人虐死五名，索賠銀五十萬兩，適俄夷亦來照會云：聞得英人索賠五十萬金，伊願說合，令我們少賠，恭邸以此事即使說合，亦不過少十萬八萬兩，我們又承俄國一大人情矣。隨託言已許，不能復改謝之。俄夷又來照會云：旣已許賠五十萬，自不必說，惟英國焚燒園亭，伊亦願賠一百萬兩，前索二百萬，減去一百萬，只需一百萬便了事矣。恭邸答應，於初九日送去銀五十萬兩。是時夷人所添十六條，無一不從者，當事者唯求其退兵，無一敢駁回，於是夷人大笑中國太無人矣，嗚呼，尙忍言哉，尙忍言哉。」箚記至此，全編已完，柳堂先生憂時傷國，悲憤塡膺，對國家軍事外交政策之懦弱無能，當朝大老顢頇胡塗怕事辱國之行徑，早已洞悉無遺，所以其後仰藥自盡以尸諫求爲穆宗立嗣者，實有鑒於朝政紊亂，國柄倒持之危，故求一死以振當世人心，故論者以爲此種效死守節之行，實由我數千年儒家經義感格所致。

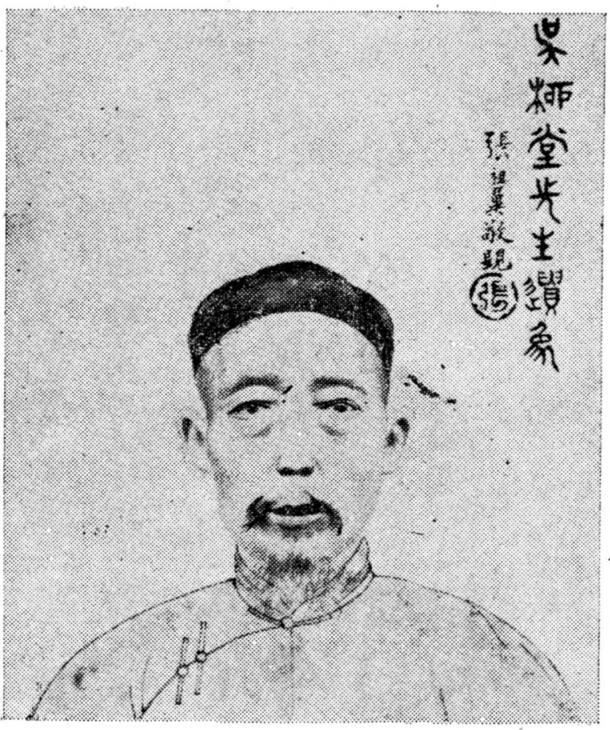

吳柳堂先生遺像張祖翼敬題

考柳堂先生死事甚烈，綜合諸家筆記，皆云先生劾滿人成祿案觸穆宗怒，必欲處以斬立決極刑，成祿爲烏魯木齊提督，專權蔑法，誣民爲逆，擊殺多人，爲左宗棠參劾。柳堂亦繼劾其罪，成祿得宮庭之援，故爲曲護，柳堂憤而力爭，同治大怒，降旨斬諫者，嗣改流放不死。

桐城張祖翼跋罔極編有云：「先生官御史時，以劾成祿獲咎，改吏部主事。光緖己卯春，穆宗毅皇帝（即同治）永遠奉安，先生奉派隨班行禮，（一說爲柳堂先生自請襄禮）寓薊州之三義廟，閉戶書遺疏，並絕命詩一律，遂於三月廿六日仰藥以殉（一說爲是年閏三月），是日午時，京師霏雪數十百片，黃貽揖太史挽聯云：『天意憫孤忠，三月長安忽飛雪。臣心完夙願，五更蕭寺尙吟詩。』蓋紀實也」。

先生遺詩一時無可徵考，茶陵譚澤闓題是篇跋有：「……廡衣幻作寒空雪，蕭寺猶傳死去詩」句。但鄭孝胥跋則祇云：「……嘗讀絕命詞，俯仰四十年。」是所謂詩者必至少亦有一律，而詞則爲先生臨命時之訣兒書，全文約千言，情意稠密，自言「束身自愛，入官後不敢妄爲，每覽史書忠孝節義，輒不禁感嘆羨慕。」又云：「於先皇賓天時，即擬就一摺，欲由都察院呈進，彼時已以此身置之度外，嗣因密友勸其不必以被罪之臣，又復冒昧。且摺中援引近時情事，未盡確實，故留以有待，今不及待矣，甘心以死，自踐前日心中所言，以全畢生忠愛之忱……」。考所言「援引近時情事」當爲穆宗立嗣事，那拉氏爲咸豐懿貴妃，弄權專擅，朝野側目，英法聯軍入京後，咸豐帝出奔熱河，那拉氏伴駕益得寵幸，恭王留京議和，凡有章奏，悉經那拉氏手，而下旨傳詔之任，亦爲居間播弄。議和未定，熱河行宮尙有旨擬殺英使，廷臣覩此矛盾亂命，皆不知所措，柳堂先生所云「近時情事」，蓋即指此。

吳氏尸諫立嗣，朝野震驚，士林欽服，但亦有持異議者，如王闓運湘綺樓日記，光緖五年己卯五月十日，亦記此事云：

「十日晴，鈔經半葉，出爲羅子求舘往鹽、緜兩道作無謂之談，鹽云：吳御史可讀自殺以明國統，欲廢光緖而嗣毅帝，可謂孤忠矣。余云：於禮弟可爲兄後，今帝立無過而廢之可乎？詔云：俟生子而爲穆後，尤不知其何據。如以長子爲穆後，則長子必立，是廢世宗已來家法擇賢之典也。如以立者爲後，則將稱今帝爲皇叔，名則後矣，實亦

沈曾植先生題罔極編

侍御叢鑿諍啓殫興氣苞情事拉雜輕
唐才亂不知遍月如日點細字揃馬絲安得此
閒暇指無有異恩親沒子何向魂上身若
尸他年入戶諫此紙畢先發櫂鏡戲嗟
若我若見公時 余嘗會心勸載公宅上之文字家
為公祠公學守一徑愧我為文辭人生至
有志得叔又所遲
虞琴先生題
宣統辛酉三月孝
長水嬴叟

何分？但令王大臣條列爲後與不爲後之殊，則其說自破，既同爲後，何必又云生子而後後，若必如過繼者然後爲後，則彼可分家，此爲一統，何能分別某後同治，某後光緒乎？柳堂以死爭之，殆有鬼迷，而通飭會議莫正其謬，尤可歎也。」

王湘綺素以奇行鳴於時，所論往往出乎常軌，對立嗣見解，竟以弟可爲兄後而於禮無悖，此怪論之流，亦標奇立異之說，考咸豐出奔熱河行宮，立載淳爲太子，崩後，即以繼位爲同治。那拉氏晉爲西太后，與東后慈安垂簾聽政，同治崩，甲戌立醇親王奕譞之子光緒爲嗣皇帝，承繼文宗（咸豐），即所謂以弟爲兄後，柳堂先生力爭爲穆宗（同治）立後者，乃大觸西太后之忌，那拉后殘忍陰狠，諸惡皆備，屢謀廢立，雖未得逞，但先酖慈安，其後復操縱折磨光緒至死，王湘綺既稱柳堂先生爲孤忠，而又贊成弟繼兄業，故其說甚怪也。

罔極編全文未有一語道及西太后爲懿貴妃時弄權之處，一說謂原本與慈禧外記重譯者，有詳畧之不同。意即原本應更詳及，但以余在澳洲所見原本，則確無涉及西后者，故所謂後來删去者，亦不盡然。

此編原爲吳氏家藏之寶。而其間曾一度散失，據長洲章鈺所題金鏤曲一闋，於前序云：「罔極編爲吳柳堂侍御咸豐庚申遭母喪時日記。時值文宗有木蘭之狩，家國巨變，均詳其中。爲第三孫亦汾郭齡所藏，亦汾余僚婿也，試令鄂中，於宣統辛亥兵變失之，今歸浙東姚氏。」姚氏即名畫家姚景瀛虞琴，故題跋中多有虞琴正句或屬題等字。其後海寧張宗祥題詩一闋，並附以一序云：

「題句後越十日、柳堂先生曾孫肖汾兄自港至申，得見此卷，悲喜交集，而虞琴兄來寓，亦欲踐貞壯兄跋語，以此卷歸之吳氏，以全孝子順孫之志，此盛舉也。因爲之介，以美鈔二百金歸肖汾兄，世亂方殷，願肖汾兄守之勿失。」

拜觀先生遺編後，不勝欽敬，並詢祐康兄有無影本或其他重刊，據云：「影本存香港家嚴處」，遂亦興辭而別。

事隔多月，每念此忠臣孝子遺墨，固不祗爲吳氏家藏珍物，抑亦人間正氣，文壇瑰寶，潛德幽光，必須表而出之，使後人能因而教忠教孝，將大有益於世道人心，於是挽朱忠道博士爲之先容，向先生之令曾孫肖汾先生借得影本一集，歸而細讀，月夜風簷，星河皎皎，前賢典範，彌足珍也。

一疏驚天地千秋正氣存哀辭
留孝思尸諫答君恩畫福擬
著古紙間血淚痕有清三百
載風教賴公敦
姚景瀛敬題

曾經收藏罔極編姚虞琴先生題詩

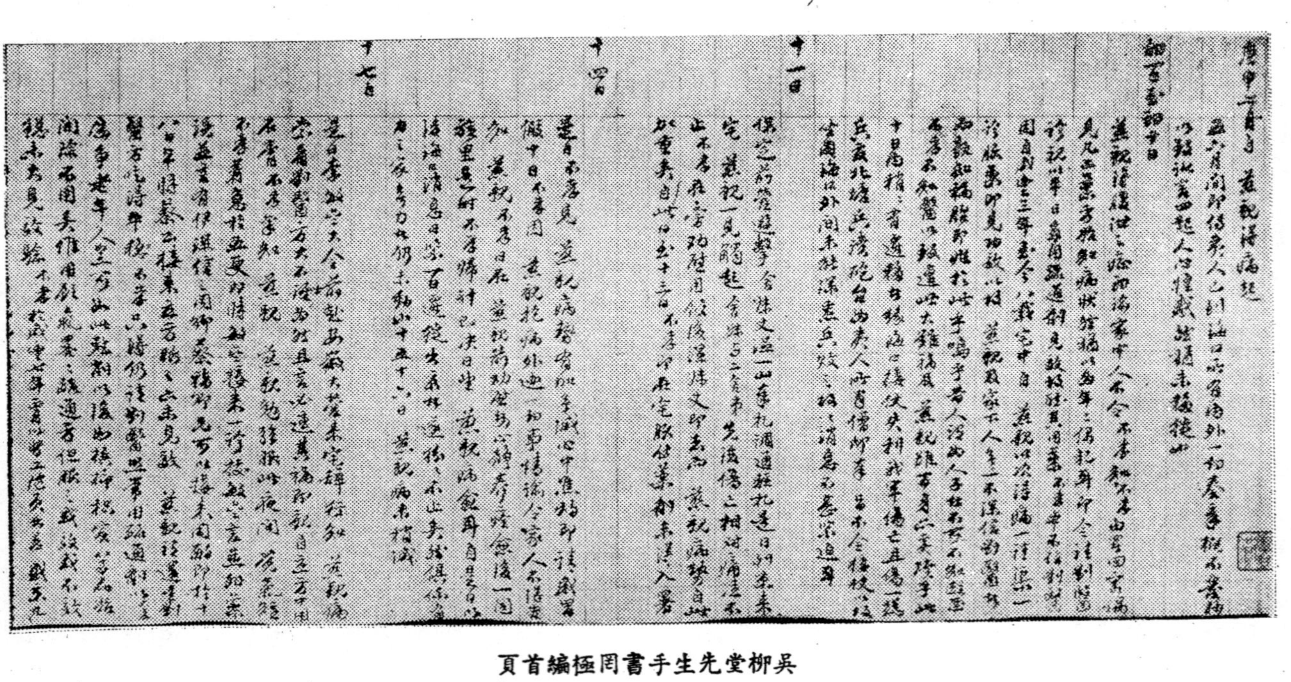
吳柳堂先生手書罔極編首頁

大人小語

機場變屠場

有人担心，奧運牽入政治，會變成「聯合國」第二。

也有人想到阿游殺人，慕尼黑機場會變成屠場？

鷄蛋與鴨蛋

世運村中華民國選手，接連有幾天沒有拿到早餐餐券。

與香港選手同病相憐，只能暫以鷄蛋鴨蛋充饑。

今年中秋

本刊本期出版後一星期，節逢中秋。

你知我知，今年的月亮和去年差不多，今年的月餅，要比去年貴百分之二十。

心照不宣

一九三一年九月十八，日軍侵署我東北，瀋陽一帶，一夕間失地千里。

今年此時，日首相田中訪問大陸，大家心照不宣，免談往事。

先知何去？

南美一「先知」，在港時曾預言越戰將於九月八日停火。

事實証明，越戰並未於九月八日停火，而該南美「先知」，則不知已何處去矣！

你去我來

九月底時，越南美軍再撤一萬五千；泰國、日本、冲繩、南韓美軍，共撤兩萬。

尼克遜準備大選前後結束越戰，周恩來準備在越南戰場再打四年。

葡萄牙國慶

十月五日爲葡萄牙國慶，當地有一「十月初五街」，即因此而命名。

十月五日這日子，介乎十月一日和十月十日之間，甚妙甚妙！

搶刦兩次

人生不過百年，紐約有人犯罪多起，共判監禁一百二十五年，寫欠條亦屬徒然。

有人犯案一宗而罪大滔天，槍斃兩次實不爲多。

此乃美國

美國某地監獄發行獎券，每週開獎一次。

中頭獎者可以提早出獄，每月並可以外宿一宵。

全港無垃圾

「清潔運動」尚有一個半月正式開始，罰欵「五十」「一百」之聲、却已不絕於耳。

我在想，會不會一個半月之後，全香港找不到一點垃圾，而於公共場所發現垃圾的人，可以到「清潔運動」總部領取獎金？

三字經

環境衛生之外，亦應注重口腔衛生。

同樣是「三字經」，把「×××」改作爲「唔敢你！」豈不甚佳？

未來香港

交通部助理處長預言，十五年後地底鐵道建成，電車將遭淘汰。

一九七九年新界租約滿期，地底火車過界限街可能改名「國際列車」。

各有千秋

向政府機關辦交涉，其方便程度，一爲英語，二爲粵語，三爲國語。

在利源東西街購物，最便宜是講粵語，次爲國語，最不便宜爲英語。

政府獎券

爲紀念舉辦政府獎券十週年，一項特別紀念政府獎券即將發行。

十年來假使你沒有買過政府獎券，那等於你已經中了一條小獎。

比例增加

香港女警，始於一九五一年，近年來女警數目大增。

大惑不解的是：女警增加，女扒手的人數亦比例增加。

家鄉小菜

丁倩穿民族服裝，由民族音樂伴奏唱中國民歌，唱出了中國人的感情與心聲。

這是我近來所聽見的最心折的音樂晚會，使我們耳朵有機會飽餐了一頓家鄉小菜而嗅不到一點洋葱味道。

舊夢重溫

聽「藍色的多瑙河」似去維也納，聽貝多芬交响曲似去波恩……

「中國民歌之夜」的背景包括關外、華北、四川、雲南和廣西，兩小時的聆聽，幫我重温了若干已經褪了色的舊夢。

・上官大夫・

貂裘換酒

陳定山

觀美國傳眞電視，李德言訪問大千，僅十五分鐘。而大千數稱定山，故人情重，至性可感，率寫此曲，還寄八兄。

老至尤相慕，是七十年來肺腑交情深處。我處東南君西海，魂夢經常來去。似皓月當頭十五，各把相思都付與。更通明朗澈無纖霧。太空船，誰能阻。

真情潭水深如許，記西門年少，萬種豪情風趣。共擘蠻牋橫六丈，督促阿兄（善孖）畫虎。有多少美人爲侶。把臂清湘題醉墨，却贏得秉燭雙鬟語。千載事，我和汝。

大風堂即事詩

張大千

鵬飛兄索觀環蓽庵近詩，漫錄數首請　正。
定山賦「貂裘換酒」見貽，走筆奉答。

貂裘換酒氣仍豪，更欲煩君賦楚騷，
各據一隅同一笑，海山高峙兩孤標。

定山二歲長於我，老益縱橫我不如。
頭上花枝盃裡酒，不辭爛醉有人扶。

定山求志不求名，託命花叢萬戶輕，
好在十雲情不妬，從君廣列女門生。
十雲女士定山夫人也。

爲人題　君璧所畫非洲大瀑布。

夷蔡蠻荒詫陸離，如椽大筆出淋漓，
要知故國河山壯，歸寫龍門砥柱奇。

新買濱石村，將葺環蓽庵，　丁仲英翁以多金見餽，因以買梅，賦二詩爲謝。

故人遠寄草堂資，客況蕭條久見知，
好與放翁添一樹，月明嗅蕊撚吟髭。

合喚梅花字仲英，要看老幹競崢嶸，
千秋勝侶吾能說，不讓孤山獨擅名。
庵中種梅百本，皆以贈者命名。

看梅雜詩

老耽花竹復耽書，如此心情孰解予？
明月在天霜在地，看梅把卷立階除。

雪後風吹特地寒，攀枝嗅蕊倚闌干，
新來頗覺羈情苦，得似梅心一點酸。

獨繞梅花樹下行，捋髭吟苦若爲情，
明朝恐有嚴霜落，月在南簷特地明。

小園昨夜有嚴霜，敗葉零星衆木降，
祇有梅花開正好，一枝橫影入吟窗。

黃山文殊院舊有迎客松一株，頃見　沅恒所攝黃山近影，又有所謂送客松者，感賦一絕。

已斷塵緣絕俗情，結根巖岫自崢嶸，
如何一世錚錚氣，去受卑官管送迎。

李海天贈垂枝櫻

粉汗盈盈似露垂，柔腰轉側逐人宜，
蓬萊弱水三千里，笑我游仙夢已遲。

海棠二首

我家香國爲隣國，
海棠無香獨四川榮昌有香，蜀志稱榮昌為海棠香國，榮昌與予內江接壤。
想到花時意便消，
可是少陵無逸興，一生不解海棠嬌。

綠章乞得春陰護，紫雪能令醉魄銷，
我是髯坡偏愛汝，夜深相伴燭高燒。

大千居士治療目疾經過

・陶鵬飛・

大千居士的左眼是在今年三月十七日施行的手術，到現在已經五個多月，進步的程序完全和事前醫生估計的一樣，一天比一天進步。最近配了第二副眼鏡，再不久配一副，一共有了遠近中三副，就可以看風景、繪畫、看書，也可以說，比想像中的情形還要好。莫怪大千居士近幾個月精神旺健，常說：「就是現在這樣，再不進步，也滿意了！」其實他的視力，確是一天比一天好，特別是對於顏色的深淺，分得清楚，這點當然更是好現象。

大千居士右眼睛的視力，不如沒有施手術以前，所以也可以說，第一次的手術沒把眼睛治好，反而弄壞，當然事已過去，也無需計較，應當不應當施手術，或者手術對不對。所怕的是如果左眼看不見，只用右眼，右眼又不如以前，如果繼續下去，用的太多，可能更壞。因此才有「大千居士雙目已失明，早已封筆」的傳說。現在左眼復明，兩個眼睛同時看，對於每個眼睛的「壓力」都能減輕，所以右眼也就不致再壞了。

七月間給大千居士施行手術的曾醫生，又把大千先生的右眼徹底檢查一遍，看看應否再施手術，檢查結果，只要好好保養，現在兩眼並用，不會見壞，再行手術可能稍增視力，但不會有特殊的進步，因此醫生和大千居士自己，都認爲再行手術，又要費很多精力，需要幾個月的休養，結果又沒有準確把握，所以決定不動手術。特別值得一提的，是這位曾醫生，她是華裔，本名曾春愛，其夫名張承。曾醫生不但醫術好，醫德尤好，對於大千居士的熱誠和關心，無微不至，眞是令人感動。說也奇怪，大千居士本來是好吃、好說、好熱鬧，如果在這三方面，「加以限制」，實是難而又難；可是他對於曾醫生，確是意外的「言聽計從」——任何油脂多的不吃，任何甜的不吃，除了到醫院和看醫生外，幾乎從不出門，這也是這次眼睛復明、復原迅速的主要原因。近來很多遠近朋友來信，擬向曾醫生求醫，因此順便將她的地址，和這一次担任助手的另一位眼科醫生的姓名地址附在下面：

Dr. Emma 0 Dong, 535 E. Romie Lane, Salinas, Calif. 93901

Dr. Crowell Bend, 240 Meridian Ave. San Jose, Calif. 95126

就目前的情形來說，大千居士的視力，已經可以算是相當好，粗筆畫和大字不用說，就是細筆的花卉和小字，也無困難，在休養期間，「不准」作畫，但作了很多好詩，我每次去看他的時候，總是先問他有沒有新作？最近，大千居士更親筆抄了十幾首新詩給我，這眞是難得極了！

至於大千居士現在能畫細筆和寫小字，也有證明：七月十四日，內子和我去看他——那天正趕上金山區奇熱，打破一百多年的記錄，超過一百十多度，他特地畫了一柄扇子送給內子，畫是七筆蘭，字是錄二十年前他在印度大吉嶺作的詩，大者四分之三方吋，小者半方吋，附記於此，以爲各方關心者告。（自美國寄）

爲你子女健康着想

穿著不舒適的鞋，常會發生扭傷等意外。大人尚且如此，何況是活躍好動的兒童？此外，在發育中的兒童，普通的皮鞋，皮質硬，易變形，防碍足部發育。因此，爲你子女健康着想，用料及製作嚴格，舒適耐用的英國名廠「**其樂**」鞋就最合理想。「**其樂**」鞋由於價錢公道，所以你會發現在學兒童最多是穿著「**其樂**」鞋。

Clarks

HARRY WICKING & CO. LTD.
域景洋行

干諾道中於仁大厦716室　電話：H-220001

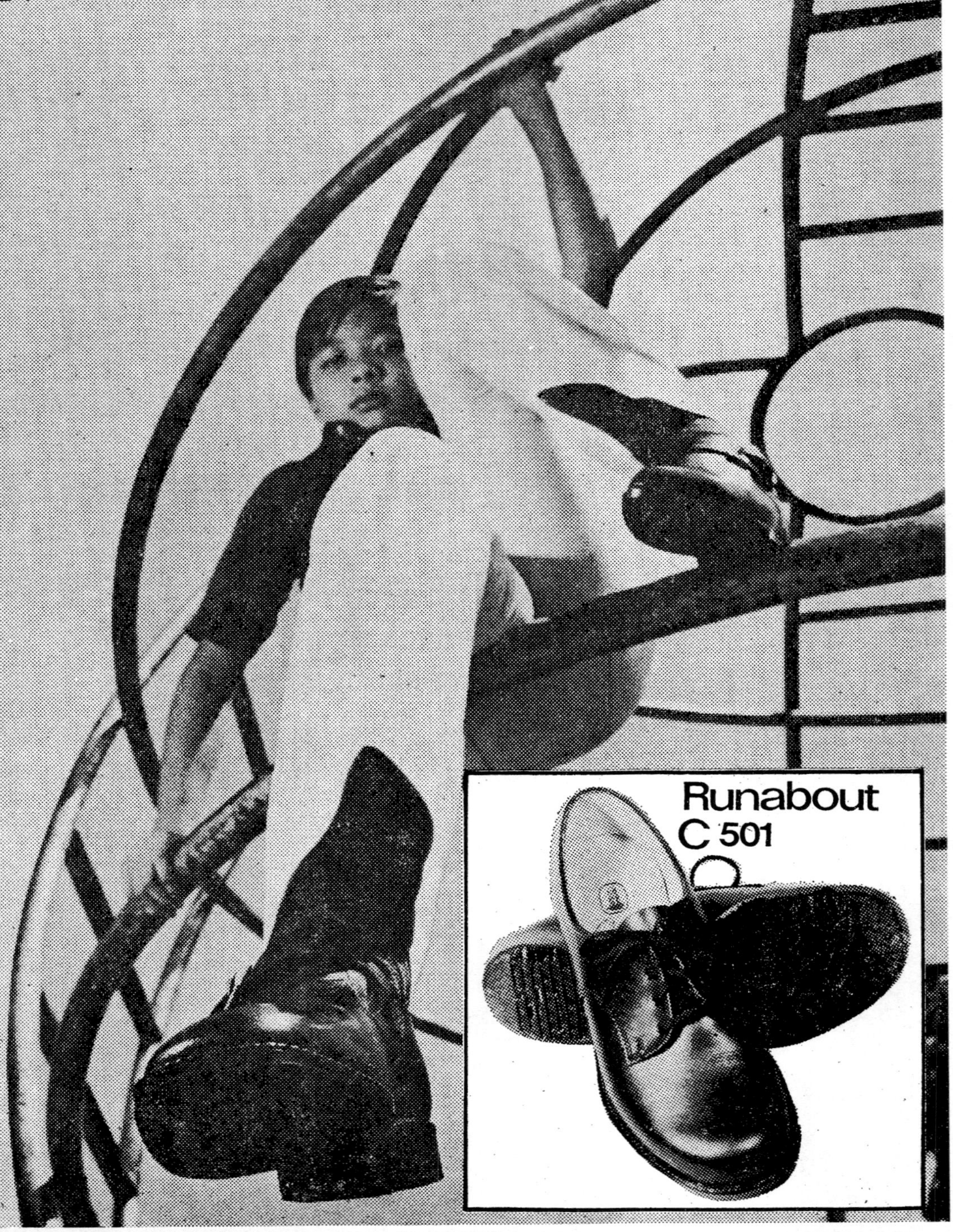

太炎先生是吾師

曹聚仁 遺作

……章大炎師的文章頗近顧炎武，魯迅則遠追王充，知堂則抗衡顏之推，師徒三人各有所長，自成一家言。……

……章師的講演自有他的卓見，値得我欽佩，只有冷嘲白話詩這段話，激起了我的反感。當時我曾在「覺悟」上發表了「新詩管見」，還發表了一封公開信，表示我對章師詩觀點的反詰。……

四十多年前，那時，我只有二十多歲，在上海鹽商吳懷琛先生家中教書。那時，上海職業教育社邀請章太炎師公開講演「國學概論」，每週講演一回，共十二回。社方聘請的記錄員，以及上海各報在場的記者，都沒法把章師的講稿記下來，只有我所記這份講稿，在邵力子先生主編的「覺悟」（民國日報附刊）連載，為章師所稱許。（見日譯本「國學概論」題詞），這是讓我成為他的弟子的因由之一。其後三年，章師入室弟子錢玄同先生他的長嫂單氏，乃是我的單師不庵的大姊，錢氏乃轉告單師，要我到章師處去拜門，所以「太炎先生是吾師」，乃是實事，並非「出賣野人頭」，借章師以自重的。

上一代學人之中，對我影響最大的，乃是梁啓超、胡適和錢玄同諸先生；周氏兄弟之中，和我交誼較深的是魯迅，但在文藝觀點上，我和知堂老人最接近，所以我對太炎師也不必謬托知己。章師弟子之中，黃季剛（侃）有顏淵之稱，我卻最看不起季剛，不僅是做人，而是連及做學問。季剛的文章，衆許為得章師的眞傳，但在我心目中，寫駢文，要推重汪東；至於寫散文魯迅才算得升堂入室。論文如論人，我的話只能與知者言的。（章師晚年久居蘇州，也有那一時期的弟子，他們列敍章門弟子，曾有一張名單，卻沒有周氏兄弟，其孤陋寡聞，可想而知。）中年以來，我在治學寫文上，慢慢受了章師的影響，覺得章師治學嚴謹，自非梁任公所能及的。我對胡適先生的愛好，也轉到馮友蘭先生方面去了，這也可以說是我中年以後的進境。

有一回，我從杭州趁輪船到桐廬去，跟兩位餘杭客人同坐在房艙中；他們大談章太炎師的文章。（章師浙江餘杭人，梁任公說他是餘姚人，一字之誤。）一位說：『我們餘杭有位章太炎先生，他的文章彷彿唐代的韓退之韓文公，韓文公文起八代之衰：：』我當時年輕，不知道幽默，冷觀靜聽，不禁哈哈大笑，他們給我這個土老兒笑樂了！他們呆呆看了我一回，問我笑什麼？我就把手中的「國故論衡」給他們看，『你們看！這段話說得眞有趣！』那是章師「論式」中的話：

『魏晉之文，大體皆埤於漢，獨持論彷彿晚周，氣體雖異，要其守已有度，伐人有序，和理在中，孚尹旁達，可以為百世師矣。……今法六代者下視唐宋，慕唐宋者亦以六代為靡。夫李翺韓愈局促儒言之間，未能自遂。權德輿、呂温及宋司馬光輩，略能推論成敗而已。歐陽修曾鞏好為大言，汗漫無以應敵，斯持論最短者也。若乃蘇軾父子則佞人之戔戔者。凡立論欲其本名家，不欲其本縱橫。儒言不勝而取給于氣矜，遊犢怒特，蹂稼踐蔬，卒之數篇之中，自為錯牾，古之人無有也。……夫雅而不核，近於誦數，漢人之短也。廉而不節，近於彊鉗，肆而不制，近于流蕩，清而不根，近于草野，唐宋之過也。有其利而無其病者莫如魏晉。

效唐宋之持論者利其齒牙，效漢之持論者多其記誦，斯已給矣，效魏晉之持論者，上不徒守文，下不可禦人以口，必先豫之以學。』

那兩位餘杭客，還看不懂章師的文章。我先把章師所引述禮記中的話：『君子比德於玉焉，孚尹旁達，信也』，這二句文義，說給他們聽。再告訴他們：『所謂「文起八代之衰」的八代，包括魏晋六朝在內。章師卻認爲魏晋文章最高，六朝次之，唐宋文章便很差了。至於韓愈、歐陽修、曾鞏、蘇氏父子的古文，那就差得多。你們說章太炎文章跟韓退之一樣，豈不他自己罵了自己？』給我這麽一說，他們都呆住了。

章師的文章頗近顧炎武（亭林），魯迅則遠追王充，知堂則抗衡顏之推，師徒三人，各有所長，自成一家言；今之作者，可以與之比並的實在太少了！

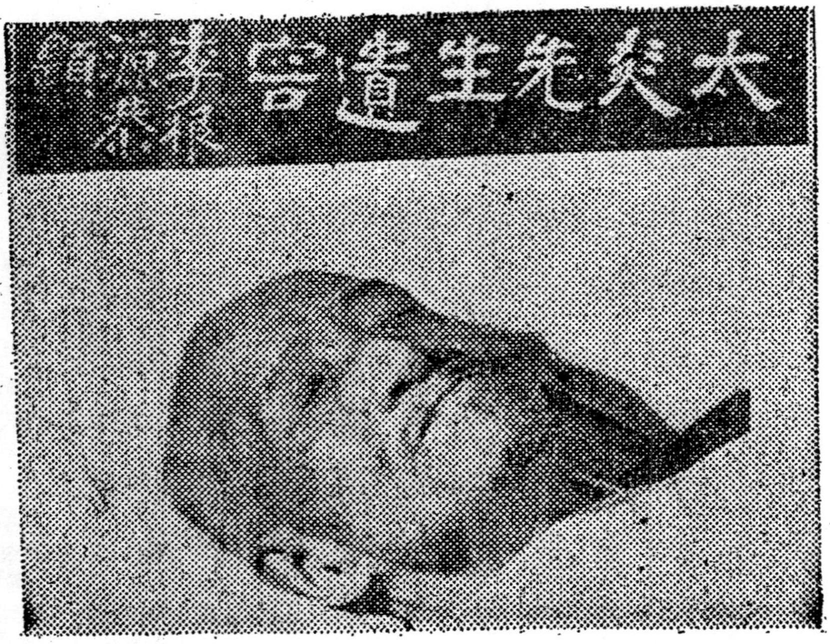

太炎先生遺容　李根源題　曹聚仁藏

章太炎在上海講演「國學概論」，那是一九二二年的事，那時五四運動以後不久；新文學運動提倡白話文、白話詩。我的老師，如劉大白、朱自清諸師，都是寫白話詩的，還有沈玄廬、劉延陵諸先生，也是寫白話詩健將。朱師在杭州一師教書，提倡新詩，幾位年輕詩人：汪靜之、馮雪峯、張維琪、陳乃棠、應修等組織了「湖畔社」，朱師便是他們的導師。朱師的名作「蹤跡」，便是那一時期的作品，我們也跟着大寫白話詩。可是，章師談及中國文學的派別，加意嘲諷了白話詩一番。他說：『詩至清末，窮極矣，窮極矣，窮則變，變則通，我們在此若不向上努力，便要向下墮落。所謂向上努力就是直追漢晋，（這便是章師的詩歌風格。）所謂向下墮落，就是現代的白話詩，諸君將何取何從？提倡白話詩的人自以爲從西洋傳來；我以爲中國古代也曾有過。他們如要訪祖，我可請出來。唐代史思明的兒子史朝義稱了懷王，有一天他高興起來，也詠了一首櫻桃詩：

「櫻桃一籃子，一半青，一半黃；一半與懷王，一半與周贄。」

那時有人勸他，把末兩句上下對掉，作爲「一半與周贄，一半與懷王」；便與「一半青，一半黃」押韻；他佛然道：「周贄是我的臣，怎能在懷王之上呢？」如在今日，照白話詩的主張，他也何妨說「何必用韻」呢！這也可算白話詩的始祖罷！一笑！』章師的講演，自有他的卓見，值得我欽佩；只有冷嘲白話詩這段話，激起了我的反感，當時我在「覺悟」上發表了「新詩管見」，還發表了一封公開信，表示我對章師詩觀點的反詰。我說：「太炎先生他先確定了「有韻爲詩，白話詩沒有韻，便不是詩。」的論點，這是不必爭辯的。他承認百家姓、千字文、急就篇是詩，也不必爭辯的。（他說：「世繫可誦，宜如急就篇，道姓名，次爲韻語，亦詩之流也。」他主張「詩只問體裁，不必問形式」的。）但他說白話詩是向下墮落，既沒有客觀的証說，用他自己的話來証明他自己的話，又有些矛盾，這是應該商榷的。

首先，我就指出他所說「白話詩全是無韻的」這句話，並不合乎事實。即以當時流傳很廣，那首康白情的「草兒」詩：

「草兒在前，鞭兒在後。那喘吁吁的耕牛，
正擔着犂鳶，聒着白眼，帶水拖泥，在那裏「一東二冬」地
走着。』

「牛」、「後」便是同韻的韻脚，至於胡適「嘗試集」，俞平伯「冬夜集」中的白話詩，大半都是有韻的，而且是舊詩人常用的韻目，何以說新詩是無韻的，算不得是詩呢？這是我向章師

質問的第一點。

接着，我從章師所講古詩流變中，找到一些重要的意見：

①語云：「在心爲志，發言爲詩。」詩是發於眞性情的；古詩全從眞性情中流出，所以「民無得而稱焉」。

②陶淵明描摹風景自然有風致；小謝的詩，也是如此，那大謝和顏延之的詩，稍有雕琢及生硬的毛病，便不能及了。

③隋詩習南北朝遺風，愛用典故，注目在三句好處；揚素不染，這種習氣所以能高出人上。

④元、白詩說幾句民情，隨便下筆，毫無拘牽，所以還能得人的同情。

⑤宋詩愛對仗，崇典故，雜考據，中病已深，所以便愈趨愈下。

⑥自然的風度愈消失，詩的品格便愈低下，後世的詩篇，矯揉造作愈甚，所以不能望古人項背。

⑦婦人的天然美，不必借重於脂粉，正惟天然不美，才借重於脂粉。

這些話，正和我們提倡白話詩的說法完全相同，何以要說白話詩是向下墮落的呢？這是我提出來討論的第二點。

章師在講演中，引用了滄浪詩話中的話：「詩有別才，不關學也，詩有別趣，不關理也。」我說：「下面還可以續上一句：詩有別妙，不關韵也。」我又引用了章實齋：「陳東浦方伯詩序」中的話：

『古詩去其音節鏗鏘，律詩去其聲病對偶，且並去其謀篇用筆琢句鍊字，一切六藝之法，而令翻譯者流，但取詩之意義爲通俗語言，此中果有卓然其不可及，迥然其不同於人者，斯可以入五家之推者。苟去是數者，而枵然無所有，是工藝而非詩。』

這位章師所最推重的史學家章實齋的話，更和新文學運動的路向相合了。我對章師所說：「有韵爲詩，無韵爲文」的界說，作進一步推究。我說：「詩文雖同出於人類的表達作用，但表達每含智、情、意三種作用，詩文所以殊途，即在於此。情意作用强烈時，就寫詩，理智作用切要時，就寫散文，所以散文有着解釋申述的意味，而詩歌則長言詠嘆，有着誘導的意味。古今詩人，詩才愈高，情意愈激揚，他的詩也就更感動人，這就是章師要詩人走魏晉路子的本意，這是我提出來討論的第三點。」

後來，章師爲了討論白話詩寫信復我，他的主張跟他所講的差不多。不過，那一時期，我們的白話文狂已經過去了，連朱自清師也不寫白話詩了；他着筆於小品散文，一種詩與散文的中間體，成爲三十年代的主要作品。而我呢，也慢慢回復到寫詩最好用韵律的路子上去，因爲抒情之作，得用音樂性詩篇來表達，才顯得完整些，又和章師的主張更相接近了。

寫于一九七〇年五月

編者按：「大人」籌備期間，朱省齋兄向編者提議，請曹聚仁兄寫「太炎先生是吾師」，陳存仁兄寫「記章太炎老師」，作爲創刊號的雙璧。聚仁兄此稿分兩次給我，且曾親自校對，因故未刊，深以爲憾，茲特檢出遺稿，刊載如上，並誌悼念。

讀者胡士方君惠寄曹聚仁輓梅蘭芳聯語：

合崑亂成一家，前繼德音，後開來者，

以舞歌證八覺，朝爲穆帥，夜作春香。

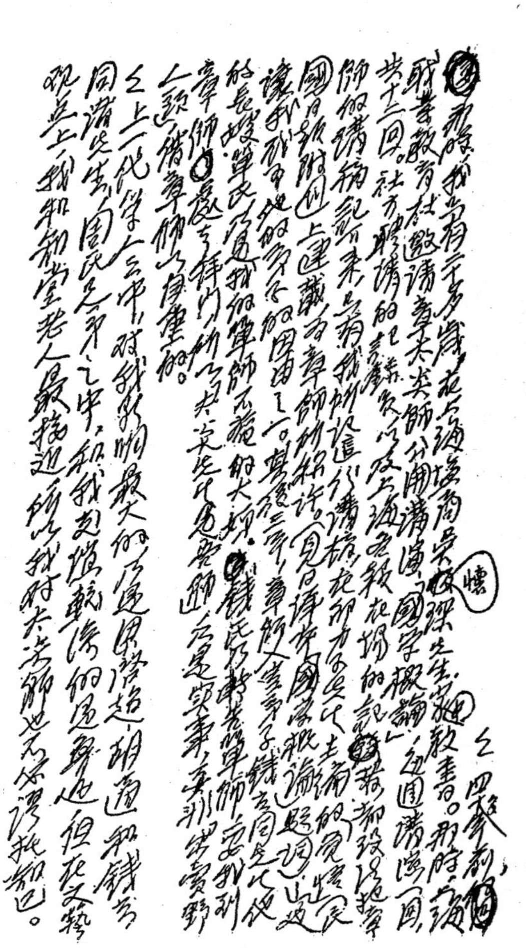

曹聚仁撰寫本文原稿

東戰場回憶錄

我與曹聚仁

圖慧

在戰場上是朋友，服務於報紙時貌合神離。好像都沒有「思想」，但又似給自由主義蒙了心。我知道他的太多，他不能不用「你是誇張」作爲掩護。期於二十年後，才真正是寫曹聚仁的時候。

曹聚仁死了，一個人撒手塵寰，了了了了，還有什麽可說？

在他死前兩個月，大坑道見最後一面時，沒「準備他會死的」，也在他身上找不出什麽「必死的內幕」，所以連他將去澳門的地址都不問，很自信，再會見面的。然而，現在還說什麽？一點不像「誇張」，他眞的離開了人間。

同在戰場出入，又會共事，那條思想的「總路線」又似方向無甚偏差，又怎麽可不結一結「我眼中的曹聚仁」的賬？

用得上可憐得很，除了有他贈我的幾本書外，關於他的資料，早已一腦子空白，旣不會「太白醉寫」，又不能了了變成「的嗎了呢」。還有，中國人死後，恕的精神却於未死人中活着，說他好或說他不好，先得看看橫在面前這把尺如何？這也屬於仰人鼻息，於是又須侍候那枝筆，蔣幹說的：「曹營中的事難辦得很哪！」

寫，最後決定是這個字，拋開一切因素，只因我與他是老朋友！

年齡上他大我十多歲，幾十年友情，分三個階段，一：「九一八」之後，他的文章在申報自由談上出現，我不過二十歲左右，而他已在暨大教書，那時魯迅、徐懋庸之外，曹聚仁是第三個偶象，這階段是以讀者與作者間的片面朋友。二：八年抗戰與勝利後的四年，朋友是單線行進的，大部時間他屬於被控制；但職務工作以外，無損我們的友誼。三：居港的二十年，他的文章越寫越無靈氣，生活方式越來越商業性，加上思想先患了「骨癌」，形成「互不見眞即是眞」，看似簡單不簡單的朋友了。

第一個階段無可奉告，抗戰第二年在屯溪相值，我只廿七八歲，他是中年全盛期，但多多少少在我面前有些老氣。他看到我好寫短文雜感，在行篋中找出商務本的「文筆散策」，稱兄道弟式的簽了名送我。

這書的確使我感謝，主要是他不留最後一本（勝利後才再版），若非特別看得起我，這位「引得先生」怎會給我「一得之助」？

公平的說，魯迅的歷史小說僅「出關」是好的，其他就不及曹聚仁收集在文筆散策中的寓意更深。受此書影响，我第一次也是最後一次寫了個歷史短篇小說「陳東之死」，針對汪精衛發的那個「艷電」，打擊投降主義的。此後沒有寫歷史小說的主要原因是藏拙，自知古爲今用的學問有限，不深入淺出，那等於不加工的翻譯工作。

在屯溪相處的時間較多，上次提到過的與曹聚仁同訪上官雲相於五十二師師部，獲知女兵唐桂林從軍的故事，這是兩人在戰地合作的巔峯狀態表現，其後，他先去了贛東，在撫河前線逗留，有兩年失了聯繫。

三戰區長官部製發一種特別採訪証，註明可以在第一線活動，而責成軍警憲保護記者安全，那証件上我與曹聚仁編第一、二號，中央社駐三戰區記者歐化羣三號，餘下來的根本就不發，這証件用綠綢做封面，規定貼不帶帽的本人照片。戰時我很少拍照，拍的也都是軍裝，幸而在皖贛途中拍過一張不帶帽的便裝照片，穿的還是有淺綠條子的襯衫，在當時根本沒有這個「飛」字，更談不到新潮，但確確實實我在衣着上有「大胆」的「設計」。這採訪証很有古色古香味道，同時也因爲是一號，所以勝利後還保存到上海，直至中共統治大陸，離滬來港前夕，燒毀一應有關軍事的文件，檢到這採訪証時，看了看十年前年輕的影子，投入一團火中前，扯下了那張值得紀念的照片，稍稍留有騎縫的三戰區關防，想無大問題，就將此相帶來香港。上兩期寫「成家與毁家」刋的那張照片，就眞正爲我作了紀念三十年前的「鴻爪」了。

司令長官部遷至上饒，最初，很少發現曹聚仁有興趣作逗留，城內有家春江旅館，是他下榻之所；可是不知如何扯到他「寓於此」是有關桃色新聞，我見過春江旅館的老板娘，怎麽也合不上曹的，好得這謠言僅於少數人間傳開，未損及他的令譽。

勝利前半年，我由馬樹禮官鄉介紹，担任了駐華美軍對日心戰機構的華人主管，負責向東戰場日軍作心理戰，再度到屯溪，（美軍部在五十里外的徽州），下車前，我穿的是藍布長衫，正好是曹聚仁在戰前常穿，成爲標誌似的。

　跨下車時，下意識的一卜此來任務是否順利，以第一個遇到的熟人作判斷，巧得很，這位老朋友曹聚仁就在這停車曠地上徘徊，喜見故人，話是談不斷的了；但爲了任務，就不能說重來屯溪的原因，他奇怪我沒有穿軍裝，一時語塞，用「回頭告訴你吧！」敷衍過去，終因實在沒有更好的理由騙得過他，拖了兩天，他也「雲遊」他處，未曾再見。

　事實怎樣？「我來他往」正式他担任前線日報工作，回贛東上任去了。屯溪的匆匆一面，寫出了兩人「感情的虛僞」，不過我自「亡家」以後，很重一個恕字，爲人着想的多，可能那是二三天內的變化，到決定作爲三戰區一個屬員想告訴我時已找不到我，何況他之亟亟走馬上任；前線日報爲了一篇社論正與青年團水火不能容，評論組有人被迫下台，曹聚仁之去，有緩和雙方激烈派不走極端作用。

　勝利後，前線日報在上海出版，距日本投降不到半月即與滬人見面，那是利用了這個心戰機構派在上海作地下工作原是前線日報採訪主任沈可人的接收敵僞報紙的成功。

　不到兩年，宦鄉的總編輯位置坐不住了，一是他的思想行動越來越左，報紙是國防部代表軍方的，容不得他；二是他已在文滙報寫文章，擺明了兩條陣線，於是社長馬樹禮迫得和他攤牌。

　決策地點在南洋醫院，因爲馬樹禮檢查身體住在那裏，宦鄉曹聚仁和我三人同去醫院看他，事實上這個人事更動先已個別談妥了的。表面上宦鄉辭職，曹聚仁接任，我本來是編輯主任，等於副總編輯，見馬時，只强調更多協助曹的工作，因爲他對內勤業務完全不知，即是編輯上的技術問題，也所知有限。

　出病房，在醫院走廊上，宦鄉語重心長的對我說：「前線的重担，是你挑上了。」曹聚仁很機警的接嘴：「我答應樹禮兄掛個名，一切實際工作要××兄負的。」他指的是我，在此針鋒相對情形下，我不說話比說話更好。

　有一點必須指出：宦鄉始終對曹聚仁無好感，前線日報的創辦人，宦鄉也是一個（其實他在出版一月後始加入），今天他離開這個崗位，接班的又是他認爲非同路人的曹聚仁，不無感慨；雖然曹標榜自由主義，走中間偏左，但在上海這個環境裏，沒有成見就眼光看不遠，他坐上前線日報總編輯的位置，很可憐，什麼路線也沒有，有，也是跟着我的路線走，他何嘗不知道，我比他更不溫和，不是中間偏左，而是左了以後照顧着中間。

　編輯部內他沒有安插一個人，却把他的岳丈大人介紹在經理部担任一職，其後一年來，日報改爲晚報，他的工作是和南京通長途電話，寫分析時事的專電，這是很叫座的，報紙銷路日增，曹的專電居功最大，打罷電話寫好獨有的軍事政治消息，他沒事了。但這張報紙還是被人目爲「左得很」，都冤枉了是曹聚仁負責的關係，在上海他無法置辯，也事實俱在，報紙每天有個「今世危言」專欄，是我寫的，左得旣天眞又激烈；舉例言之，警備部槍斃了破壞電力廠的共黨分子王世和，所有左報都噤若寒蟬，我却在危言中主張安慰撫卹王世和的家屬，暗示對死者同情，在他立場，怎麼也不好意思干涉，於是他在寫給香港星島日報的特約通訊中，說了如下的話（手頭找不到他的原文，記其大意）：我在前線日報。負責寫些南京通訊，大權獨攬的是××兄（指我），南京的前途，他比我看得清楚，自然他寫的也較我不含蓄了。

　特地他將這篇文章在付郵前給我過目，清清楚楚記得這大權獨攬四字，以他與我過往的關係說，一點沒怪他「見了和尚罵賊禿」，我是過份了些，大抵那時偏左思想的幼稚病作祟，不滿他的假前進。

　在前線日報的四樓，辦有一所前進中學，曹兼校長，屬於報社的一部份，無巧不巧的，校中教員有一半也是左傾分子，顯然曹聚仁並不發覺（所以我一直笑他有自由，無主義，走中間，左不來）。徐蚌會戰的前哨戰黃伯韜的廿五軍未被「吃光」時，上海南京同時出發兩個記者訪問團，本來是曹聚仁去的，又婆婆媽媽不想去了。我已久不彈此調，他問我有無興趣看看老朋友？（黃伯韜曾任顧祝同參謀長）

　「終究前線的仗怎麼打的？」我與他私人授受，訪問團的名單上連名字也來不及改，匆匆飛往徐州，也幾乎回不了上海，這次他倒說了肺腑之言：「要是你有三長兩短，是我的替死鬼，那我活着一天也難過一天，人最好沒有人欠欠人的，這幾年來，我們看似互不相欠，實際都欠了一點。」

　由此可見，他對我如何，也正是我對他怎樣，可以交換過來檢討的。

　上海戰爭大出於軍事專家的預測，半月左右即結束，四月中，馬樹禮最後一班機飛香港時還問我：你走不走？我對重大問題，已經決定了的很少改變；但他還是說：「報紙籌備得差不多時，我想法拉你出上海。」

　曹聚仁那裏去了？

　至少我與馬樹禮握別時（不在機場）都不知他去了那裏，在上海的可能性最大，因爲前線日報前進中學提前解散，他還幫同料理後事，拿了遣散費後可不見他公開露面了，台灣是不去的，即使有人念舊情找他，以那時的政治行情說，他怎會「移樽就教」？同時台灣對我與曹聚仁也一明二白，當前線日報開了一張赴台名單向台申請入境時，全體通過，僅兩人擋駕，所以不歡迎我與曹聚仁，是兩人「互受其惠」，前線日報上應由我負的文責，也算在這位總編輯頭上。

　變化最大的是上海「解放」的第一個月，邀功與表功，都不是我這種人幹的，爲我的抱負舉杯，是「退讓」時候了。所以從解放第四天起，約了三位朋友，一是上海報界排字房領班與工務的老前輩何鵬飛，二是辦九三學社的姚士彥，三是現在可能在大陸做事的只能「姑隱其名」了。

在天翻地覆浮沉與生死都於剎那間決定的時候，我家這桌馬將，每天準時開局，二十或廿四圈，玩得恰到好處，興盡而散，投問路石上門來的，每天約十起，看到我好整以暇，還有情緒打牌，可想而知不會是共黨同路人了，一個月類似「減灶添兵」的方式，無異揭了眞面目，以後不但無人上門，反而提到了我都有「遇人不淑」之嘆。

這位曹聚仁怎樣呢？一絲一毫不誇張，奇怪他有這樣的耐性，天天上我家吃飯，不懂牌還能看上幾副。要說明的，我這個人不喜歡「串門子」，朋友與同事家很少去，曹與我同住在狄司威路，步行五分鐘距離，四年來從未彼此過訪，而他竟病急亂投醫，也相信我是地下分子，還連續半個月與我們共吃這頓戰飯（每天添菜一元，非常豐富），他的毅力與精神，在戰時共在戰地，也未發現他有這專長。

姚士彥是貧嘴薄舌之輩，命運註定，似乎長期是失意小政客，當然討厭曹每天來「做功課」，有一次在飯桌上姚故意問我：「你看我們還能打幾天牌？」

「這是三不管的時候，人家不來管，難道你想去管人家？」我不想使不打牌的坐在這裏不安，擋開了姚士彥的話。

但姚却引了我的話强調着：「大家在這裏做劉備，天天種菜，種到那一天才完？」

曹聚仁很適應我們：「種完菜，誰又不想走呢？」這是第一次他表明了「去志」，自然也弄清楚我與姚士彥眞的無大志可言，以後他就絕跡我家。路，他比我有更多的選擇，從這半月行徑判斷，他還是熱衷於政治的活動；但絕非主義的信徒，只是接收上海的共幹屬於中級身份，而共黨對知識分子還不知如何收拾，同時上海像曹聚仁那樣典型的人物代表又不知有多少，暫時被勝利者冷淡或視作有知識的軟體動物又豈止曹聚仁一人，所以他在恐懼受無知的人凌辱，在得不到一根細線的攀援時，採取自下向上打關係的緊急措施中，不幸他把我當作最下的墊脚石了。

第一次陪他回到前線日報與前進中學這幢日式舊洋房時，冷眼看他（又須說明一次，决不是誇張形容），有會不會被扣留問話的緊張，因爲門口有解放軍站崗，接收而未派人坐鎭，共軍是允許原來機構的人進出的。無論如何，他是這洋房的前任主管，解放軍可不知你曹聚仁是何方神聖，加上這報社的疏散最澈底，一點東西沒留下，他怎麼不怕秀才遇着兵；可是不去也不成，接收的在門前貼出通知，要負責者前來登記聯絡。

以後，他眞的不需要我了，共黨在不到六個月的摸索中逐漸上了軌道，大原則是未全國解放前「寬容一切反動分子」，由他們自生自滅，於是曹聚仁的政治方向，也跟着停頓不進，至少在未威脅個人生活行動前，爲什麼不多看看再作抉擇？

已經由變色的大熱天轉入肅殺的深秋了，國軍飛機經常來炸上海，一位漫畫家樂小英自香港做單幫生意回上海來找我，他說在香港六國飯店電梯內遇到馬樹禮，再三叮囑，無論如何要我去香港。

這五個月我的確變了另一個人，基於人類同情弱者才是眞正自由的那份愛已經喪失，人是盲目主義的產物，共產黨則是沒有人性的盲目主義執行者，留在上海，以我的信仰測前途，將是寸步難行，甚至會死於「劃地爲牢」式的思想控制下的。這期間，一位中級共幹來訪問過我，好奇地問一句話：「爲什麼你不出來爲人民服務？」我並不認爲此事感到嚴重，說明他們已在僅有的資料中知道我這麼一個人而已，所以我的答覆不着邊際：「需要休息，看看再說。」終究還不是眞須了解或改造任何人的統治時刻，那共幹也不太認眞的談下去，吊兒郎當的告辭走了。

離上海已經主意打定，如何去香港，一條路是樂小英來說的，走剛剛全線通車，經滬杭、浙贛、粵漢、廣九、四條鐵路直達尖沙咀，由於沿線共幹對過往客人的注意，有嚴密有馬虎，保証不了安全，越向南行，越見其亂，如果沒有通行証，又不知在廣州歇息時麻煩如何？樂小英是正式商人了，當然通行無阻，但我是遠走高飛，出行逃不脫「避之則吉」的不友好態度，說不定一上北站，就會被勸你回頭。另一條路是一位體育記者馬友于告訴我的，他的親戚已幾次「載人走私」，用漁船出黃浦江，一週航海，可抵浙東的舟山羣島，那裏還是自由區，然後從定海等船，航向台灣，這是漁家秘密走私捷徑，出黃浦江時躲藏艙底吃些苦，沿海南航時，除非遇大風巨浪，安全感有九分。這兩條路都有顧慮，從水道走，我有小船重儎心理，這七週夜，恐不易渡得過，但在無路可走時也只有選擇它了。於是馬友于給了我一個聯絡地址，那是他親戚的通訊處，還很嚴重地說：不能隨便告訴人，開不得玩笑。

不知怎麼約的，忘了是曹聚仁主動，還是在路上碰到約了另一個日子見面，總之，那一天是傍晚，國軍飛機下午炸了發電廠，南京路上沒有燈，我們在國際飯店附近的西青會相見。

在上海前前後後躭了十幾年，從未遇見過「斷電」，對國機的轟炸，也說不出什麼心理。有過一次投下傳單，五彩繽紛的飄在四馬路外灘一帶，我正是趕向黃浦江邊準備看對岸廠房中彈以後的燃燒，人在某種心理企求下不是視而不見，就是飢不擇食，那飄下來的東西不知給人多少跳躍的力量，非常天眞，我與路人比跳高，比手長，比內心需要，一路搶到了外灘。

有這種「再解放」思想的表現，我自信是已經改造了自己，因此坐在西青會欣賞桌上那燭光時，特別有詩意，領悟到人對着原始的光，才會有超脫的感應。

匆匆而來的曹聚仁並非不準時，或者是我先到，所以腦子裏還留着那時的情景。奇怪，他就對燭光一無反應，但也說明他的謹愼，試問從現實環境中，怎麽表示對上海有半個熱鬧區停電的感觸呢？

當他哲人看待吧！我不想談出些名堂來了。然而他又像什麽都不知，一個夏天悶在「珠羅帳內」一般，從我那裏問了許多新奇的消息去。哲人又不哲了，問出了友誼的軌道，突然一句「神來之筆」：你沒有馬樹禮消息嗎？

「有的。」我知道這樣回答，滿足不了他現在的求知慾。

「那一定是找你去了。」一口金華腔，說話時的神情，使我印象深刻，而且這話像下圍棋，伏線伸展得很遠很長。

用不到像他那樣躲躲閃閃，我將樂小英的口訊告訴了他。

「幾時走？」這都是新聞記者的口語，造成既成事實的氣氛，有助於採訪的收穫。

「快了，」我說：「在此，對理想的想像距離很遠，現在明白，我不適宜留下來。」

停頓了很久，「人前不說眞心話」，半年新歷史，似已教育了這位史學家，他始終不表示「自己又怎樣」。

或許曹聚仁以政治丑角在看待我，至少他與中共上層人物有了「綫」的縱的關係，但又不能表現出他內心的矛盾。

談話沒有主題，我吃虧的不知這幾個月他如何應變，而他已抓住了我「尾巴」，將是新政權之下不太可惡也不太合作的逃兵，主客之勢很清楚，友誼已淡薄到像一碗清湯，高興他就問些到了香港又作何打算，爲不顯痕跡，一下子又會跟我談新民主主義了。

戲劇化的結果出現，是在分手時，又得强調一次：老老實實的交代，用不到一分誇張。

他很表關切的問：「到香港你怎麽走法？」說出水陸兩條路，一時不知走那條路好。關心是眞的，他說：「走鐵路沿線，關節多，未弄清楚形勢，有點冒險。」

「你贊成我到沈家門？」他提到了舟山羣島的情形，我才如此問。

「沿海坐漁船，有什麽危險！」他是浙東人，語氣之間在笑我見了海就可怕。

「要是你上船，當然不同了。」這是我第一句從逆勢中掙扎出來的話。

「我會去香港嗎？」他像挨了一記悶棍，自大的，看不到我與他是在洋燭之下的西餐室內，剛吃完了一湯一菜。

「爲什麽你不能去？」

一個大轉彎彷彿還有煞車的聲音，於是他的話有些虎頭蛇尾：「我要去的，但不是現在。」

以後怎麽問他，又問不出所以，是他付的賬，不與他搶會鈔，是此時我的經濟情形不佳，去香港的路費還不知在那裏。就在站起身來時，承上啓下，他說他要走的，所以好心的問：「那漁家的地址你要不要？」

有些矜持，但難掩其意外之得的喜悅，兩人因此又坐下，侍者那時還有「洋場餘孽」的面色，尤其西青會，一向是顧客侍候侍者的。我們雖坐下，那侍者却不能留住脚步，依然過來收拾桌子上的東西。

不聲不響中，我將馬友于抄給我的地址又抄給了曹聚仁，遞給他時還補充一句：「你要說你是馬友于的朋友，做體育記者的。」

看他袋好那紙條，爲了這是「一個人的信仰出賣」，誰也不能傷自尊心，無言的再從座位站起，出了大門，原可以坐一輛三輪車同回虹口；但我告訴他：「現在我住在滬光大戲院對面的一位醫生家裏，上那裏找我，準見得到。」

又經過一月準備，我直入虎穴領了單程通行証，經陸路來了香港，距上海解放已六個月，沿途還未實施管制，沒碰到一些麻煩，早知如此，行前燒了那一大叠文件照片，可惜之至，如果帶了出來，擱到現在，「舊聞新寫」，在價値論眼中，當時無異燒毁了一大叠港幣。

西青會聚談之後，沒再見過曹聚仁，用不到向他辭行增加彼此的不安全，但我以新聞記者頭腦來判斷，除非他有宦鄉那樣的「殊寵」，否則被擱在上海虹口一角，絕對使他「不安於室」，不談他思想路線，一個弱點已在我面前暴露，他有眞信仰，可以遷就他的自由主義，爲什麽在我手上拿去海上走私的一個通訊處呢？

見了馬樹禮夫婦後，把我安頓在加連威老道邢頌文夫婦的家裏。

這層樓沒第二家，邢頌文是前線日報六個創辦人之一，談起曹聚仁，我分析了他有內心矛盾。這位邢頌文是好好先生，拿起筆就寫信，勸曹聚仁早日拿定主意來香港。

回信來了，古色而不古香的一個中間印一長條紅的商人習用信封，講他「爲什麽要我來香港」和他不屑來香港的大道理，提到了我，大意是：他的話，全部誇張，不能聽。

我已在香港益世報担任副總編輯，生活方式完全改變過來，對曹聚仁的「指責」，懶得答辯，但我向邢頌文要了那封信，作爲自我警惕，也非對友道可怕，相信有一天會証明這封信上說的不是那回事。

信仍在我處，找了一個早晨，白費氣力，老友已歸道山，學他的語氣：我爲什麽對已經無言的還曉曉不休？或是有人會笑我，說是不說可已說了那麽多，這是友道嗎？我也非常矛盾，對他沒一點不可以不接近的，這裏所說的全是忠實的記載，雖未褒一字，也不見得對他有所汚辱，結一筆賬，假如藏頭露尾，加油添醬，不但人格文格沒有，誰還要來讀你「損友」的文章？

終於，曹聚仁來了香港，我們與過去一樣，不談別後種種，最初三四年還在同一張報上賣文，偶爾也在比二流舞廳萬國還低一級的場所相遇，這是他陷於苦悶的開始。

明顯的，逐漸在劃清界線，我是不反共的變成比反共的還反共，他則越來越神化自己，每次要談到他的思想他的工作對象時，敬謝不敏，不是借故走開，就再說一遍我的立場：反，反，反，不能不反！連你在內。

好多人把他來香港作「專題研究」，知他之深，莫如我了，他的自由主義就容不得在毛澤東思想之下苟活，文史哲即是反共經典，他的學問是反共學問，他的資料保藏得越豐富，無異說他在資料堆中埋置了反共的信管，一引觸他腦子裏的火藥，毀了的又豈止是他這型的知識分子。

來是他自己驅策來的，一來之後，他的利用身價提高，中共才「來者可追」的給了他先天優越感的滿足，因此他的文章也越寫越是毛澤東的好了！本來不能倒置，中共把他先統戰統了過去，兩皆有得以後，這位來了香港才變的曹聚仁這才自作聰明的表示：負此任務而來，我是「打毛主席的工」！

從數月一見變作一二年一見，路雖兩條，私交仍是傳統的一條線，彼此很關注生活情況。

其間，他和洪波為演雷雨，打了一場熱鬧的筆戰，曹批評了洪波演的魯貴，根本不知曹禺給他心理的設計形象是應該怎樣的，洪波的歪才第一，利用了他的舞台經驗，用實際的心得，反駁了曹聚仁的無知，而文字風格以及「思想所結的人緣」，咄咄逼人的洪波佔了優勢。

曹禺筆下的魯貴，看得多了，勝利後在上海的辣斐看過石揮演這角色，就想糾正這種丑的表演，而洪波與石揮的台下形象也使人憎惡，因此在他們「文鬥」中助了曹聚仁一陣，我說：演魯貴的使台下一出笑聲，就是失敗，石揮不用提了，洪波又怎樣？這丑的魯貴不是魯貴，是洪波。

雖不敢說一針見血，但筆戰是這樣不了了之的。曹聚仁後來承認了一點：我的文章太長，引得又多，這裏的人不習慣看。此後我不是開他玩笑叫他引得先生，就稱他曹仁兄，這是阿瞞手下一員大將，而仁兄之上加姓亦有調侃之意，何況還隱藏了不常聚首的意思。

他像賽跑到了終點，「觸線」以後的那條思想路線成了「中斷的喜悅」，不由自主的去過幾次大陸，也見過毛澤東周恩來，任務是人家給他的，然而這不是他所長，是他自己命令自己了，回到香港如何去執行，能報答「三次見毛主席十次吃周總理飯」的，仍然是筆上出了一點力。

不想深入談他在香港的「第二或第三副作用」，他悄然的來，熱熱鬧鬧的幹，又不能悄然的去，更熱熱鬧鬧的鬧其「文化大革命」，他的存在價值如何？我們看他如何？共產黨又看他如何？不必畫蛇添足，諸色人等，對他都有個「了然於胸」的概念。

可是人是要老的，老了的思路有時會閉塞，以二十年為一結的話，他在居港的「一結之半」時，寫文章已經開始婆婆媽媽，而且連幾百字的短文在完篇後也不看一遍，這一不自知的「老人文筆」對青年學習很有影響，他沒有可談的人，寂寞中走進了自己文化的一圈，再哺育似的，越寫越不對了勁。

體力的退化，大約在五六年前已很明顯，我們見面（仍是一二年或二三月見一次）的第一句話，他總是問：你為什麼不結婚？這刻板的「起語詞」會引致我好奇，何以發此問？下文又何以必戛然而止？一而再後，發覺與他後期的文章類似，可形容為語無倫次了。

香港大動亂時，他的講話更可發一笑，但你能說他真是如此「誇張」嗎？那又未必。

有一次見面，除了「招牌例湯」問為什麼不結婚外，他提到了「菠蘿滿地」的香港——不是前途而是近景。他說：「共產黨一定要收回香港，而且第一任香港市長已經派定。」

他不說下去了，那神情就像是來嚴加管束我似的，這種賣關子式的欲語還休，我看得他多了異，但他始終不了解我的「牛脾氣」，偏不表示驚居於下風時，而他也演多了這樣的下場，每在自問自答的告訴了我。可是千萬不要以為我欺君子之方，捉弄這位至今我承認他是最知我知他內心秘密的好朋友。這種見面表演手法，實在最真也沒有，朋友到了互知這是一種發洩，真真假假間，見一次反而增一次不見面而來的感情，有次他就這樣讚了我（請注意，這讚就是戲中戲。）：「你是出家人管不出家的，一個超級和尚。」

在菠蘿陣中我這遊方僧，了不關心他那口中的第一任香港市長是誰，他看看又等候不出所以然，才慢條斯理補說了一句：「這市長，你我都認得。」並非自慚形穢，中共政權中我認得的，較高地位是宦鄉（那時還任駐英代辦）其他的文化經濟人，都是中共接收過去的，沒實權，報上寫寫學術性文章而已。在東戰場八年中所有高級將領都有往還；但很少在中共政權內足有資格，被內定為香港市長。當時我連看他一眼也沒有，絕對認為這是荒謬的假定。

然而分手後，我又重複一遍他表演這個節目，有個小關節，他漏了演出，為什麼不再深一層設法代我問：這未來的「老友記」市長終究是誰呢？

這個謎，我不想打破它，也從未跟人談起過，因為別人不了解我們的「舞台藝術」已進入了化境。

時光推近到四年之前，見面的機會多了，平均一二月有一次，苦茶沒有，冷咖啡不喝，打坐還在餐室裏，歸納起來，他告訴我的是：（一）太太來了，住在澳門，每星期他去那裏兩三天，（二）女兒嫁了，孩子大得真快（這話的意思是追不上他們了），（三）患了風濕症，有時骨頭痛，不過這是老來病，不必重視。還有一次見面時，他告訴我宦鄉卸任駐英代辦職務，回北京時經過這裏，問起我的情況，他就約略說一點，宦沒有再問了。

病病見見，見見病病，實在他不能在老朋友前演戲，到了七〇年左右，乾脆在馬路邊立談，只一次我問得有背「戲劇原理」，這個風濕病爲什麼不回大陸去治呢？破壞了見面也像神交的友情，他不大高興的用一句「爲什麼」三字打頭的話堵住了我，曹聚仁很喜歡爲什麼爲什麼的講，語調變化多端；但這次立談以後，大概使他很痛苦，再也見不到了。——他的處理很容易，避免走那條最易撞見的路，一半也是那個病要他不能勤力的走或走時再也不能遊目四顧，一點不假，二十年來至少有十次在路上視若無覩，多半是他的「環境影响」出此心理脆弱一策，而十次中的一半，却在他眞正病倒之前。

沉寂了一年多，直至今年五月，一個宴會上徐訏說：他去看過曹聚仁，病情似乎很麻煩，因爲風濕痛已不能下床，跟徐訏要了他的地址，第二天我就帶了半打鷄精摸上那座白塔底下的大坑道。

不若想像的嚴重，而且他精神也很好，有個老太太照顧，講國語的，後來才知是他妹妹，怎麽來香港的不清楚，她很懂主客心理，我們談了一小時多，她沒進來一次，也未提醒病人不能多說話，這兩點證明：她了解病人接觸的人物背景，也知病情不深，所謂風濕症，老人的骨頭痛而已。

這一小時多全是他的「病榻閒話」，許多在他立場不能說在我環境不能聽的內幕的內幕，他講了，我聽了，講的人不會在說第二遍時有錯誤，聽的人，雖非耳邊風，留得住或濾清了他的話，給以三分的可信；現在幾個月過去了，「風雨侵蝕」，這可信的三分，也已模糊，希望我習慣了散淡的看人看事起一點作用，把這一小時餘談話仍用「語無倫次」來總結。

若非他的治風濕醫生來按摩，相信我要看「大坑道夕照」了，但病人意猶未盡，問我幾時再來？由於他住的房子已在拆卸，不到一星期被「迫遷」澳門，這二度踵訪就約在第三天，是他指定的星期六。

以不知爲知的態度去他那裏，這次沒第一次「精采」，至少聽了他兩遍「見過毛主席三次，周總理請我吃過十次飯」，我看出他的病只是累贅，未影响腦子，所以每天還睡着寫兩篇短文。正在有言無語之間，突然有兩人來訪，我想乘機告辭，他却再留我下來，無可奈何下，跑出他的屋（建在四層樓的天台上），站在天台邊緣，視線與大坑道白塔勉强可平行，利用這構圖，看看還有多少出世之想的資本可動用？

站了約一小時，最有忍耐，也沒有這修養不發作，我走回那老太太身邊，隨便講着，使房內的人知道我等候得不耐煩，如果那兩人再不走出來，唯有不告而辭了。

好容易望着那兩人的背影離去，再坐到他床前，我的情緒已無法好轉過來，再見的日子是他約的，這兩人分明不是突然而至，那何以要選探病人最多的一天呢？

不安定情緒下，我衝動地問他一個問題：「前天你把你來踪去跡告訴我，不代我考慮能消受你的盛意多少？」

沒有答，我却直截了當的說：「再二十年，我記憶還好的話，這事大概可大白於天下！」

「你還想得那麽遠，睜開眼，這就是今天的事。」隨手他在床上遞一本書給我：「這上面提到了你，你帶去吧！」

「那我不來送你了。」我指的是他在二三天內搬澳門去。

實在不懷疑他的病會嚴重，而且相信他會回香港，同時證明我不完全相信他的「天堂藍圖」，所以在澳門的地址都不問，就這樣爲了那兩個人浪費了我許多時間，很懊惱的離去這幢已破爛的房子。

非常不幸，他到了澳門，不久又住進鏡湖醫院，醫生不把他當風濕症治，檢查之下，發現了他的病源，是骨癌，已經遲了，如果是初期癌症，當然還可急救。

這五年的病情診斷錯誤，在他自己，也在醫生，眞用得着「爲什麽」三字，何以不進醫院檢查，死心塌地以爲是風濕呢？

病情變化的因果，是他在醫院裏知道患了癌症才加速他的死亡，還是搬到澳門後發現病勢突增不得不住醫院，實在無法清楚這過程了。

後二十年我不敢想，不知到那時候的局勢是否如我這位朋友說的，是天翻地覆式的渾成一體。前二十年甚至再推前些，我想到了抗戰初期，有一天我們在屯溪的黃山旅館，對着新安江上游的這條率水，看對岸縴夫正在收縴的情景，他默然久之，然後取過紙筆，寫了一首五言詩贈我，如今只記住末一句：長纜取次收。那時我有的是一往直前的蠻幹作風，他已進入中年的暮境，看結局了。由於看這個世界的看法不同，我沒保存這詩，所以能記住末五字，因爲我當時說笑了他：「人的終點是一起抵達的，放下纜走先一步的會把精神交給了接纜的那人。」（原意是這樣，不過當時沒有現在這樣寫得委婉。）

結交近四十載，我們這條生活的纜，一直掌握在縴夫手中，「縴夫思想」早沒有了，做一條纜（也即是海瑞背縴的縴）不是被人收收放放，便是越收越短，他的一條已經收盡，長的形象告終。我這個「次」又如何？天地有仁，會給我二十年後的機會修正曹聚仁的思想形象嗎？

從庸醫以風濕症治他開始，有一個莫大損失已無可挽救，文人有兩種心理都很寶貴，一是知道自己將死時，會寫出最好的文章作爲遺產給繼承者，一是更有勇氣對歷史作交代，無隱瞞的寫他的懺悔史。曹聚仁的偉大抱負，到了抱恨以終時，可能這兩種文章都會寫，然而誤上風濕病賊船，一了百了，此時我恍若獨望率水，人船兩茫茫，何所之？

大人

合訂本 精裝每冊十二元

第一集（第一期至第八期）
第二集（第九期至十四期）
第三集（十五期至二十期）
第四集（廿一期至廿六期）

九龍旺角彌敦道六一〇號 二樓
香港銅鑼灣怡和街一號 地下
大人公司文具部

香港租庇利街十一號二樓
吳興記書報社

均有出售

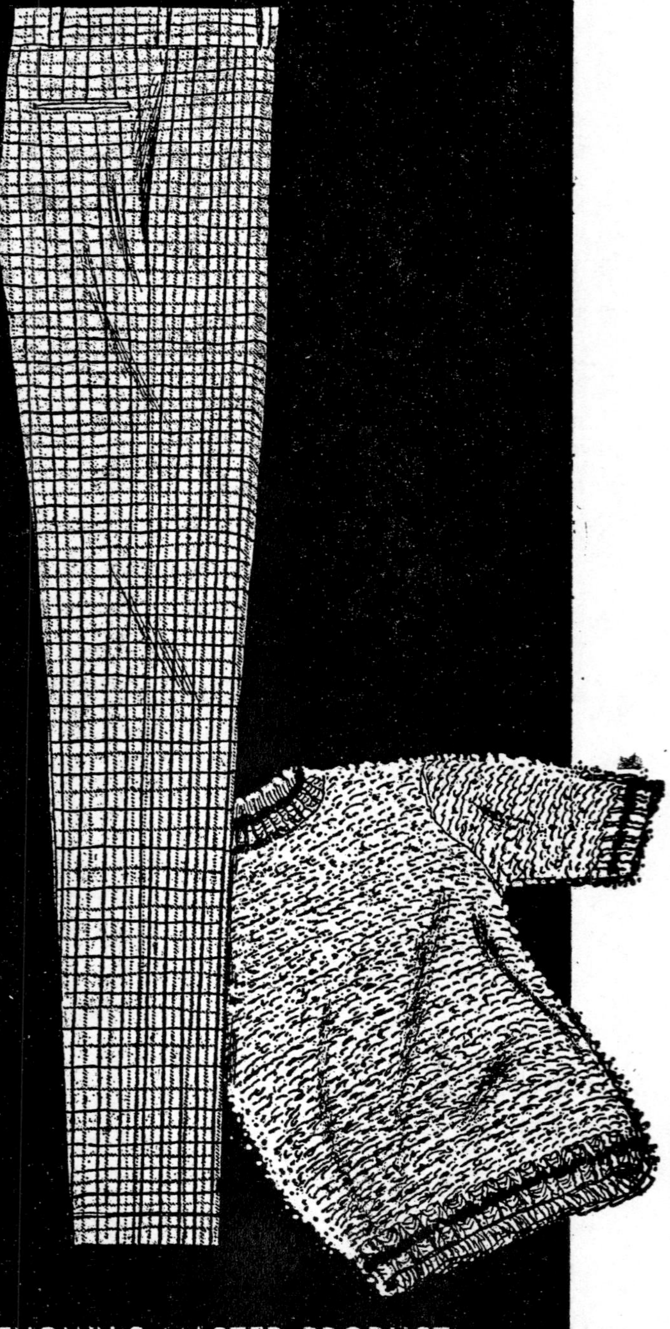

A RENOWN'S MASTER PRODUCT

利南西裤

褲頭樣子好・褲身樣子好・褲脚樣子好

定價每條自廿九元九毫起

大人公司有售

四百年來的澳門

·司馬小·

世人談及澳門，每將其與香港相提並論，這主要是爲了它的地理位置十分接近之故，至於其他方面，如葡人東來的時代背景，葡英侵佔和清廷交涉的經過，以及土地主權的割讓與承認等等，都完全不同。更有一點値得一提的是，葡萄牙侵佔澳門雖已歷四百餘年，但是第一任澳督，係於一百五十年以後，始行上任，其時大部行政及一般司法權仍在華人手中。葡人使用澳門仍需繳納相當地價和各種稅項，直到香港開埠後七年的一八四九年，葡萄牙才取消中國稅關，正式宣佈澳門爲獨立港口。

一般咸知，澳門是歐洲人與亞洲通商的第一個港口，是西方傳教士在遠東所建立的第一個傳教站，西方國家在東方開拓的第一個殖民地，也是我國歷史上明代王朝受到夷人勢力侵入的第一個口岸……這幾點都是事實，但是單憑上述諸點來概括澳門是不夠翔實的，因爲澳門之入於葡人之手，不若香港之於英國係由滿清與之一戰而定，訂約割讓，而是由長時期的侵佔，再經過各種變化而造成的殖民地事實。

葡航海家初抵澳門 係在四七五年以前

最早到澳門的葡萄牙人是葡國航海家伐斯哥·加瑪，時在一四九七年，至今澳門有着他的銅像，那時我國人稱葡人爲「佛朗機」人，而他們則自稱爲「大西洋」國。

葡人東來與亞洲通商，始於一五一六年，距今爲四百五十六年。那時還是使用「海盜式」帆船的交通時期，但他們的商人常與武裝部隊同來，動輒用武，因之明朝官民，對他們印象極壞。

至於他們之所以能在澳門立足，則說法不一。其中之一說華夷通商以後，明代廣東官吏之薪俸，大部份取自華夷貿易所抽之商稅，所以華夷貿易如不發達，廣東便發生公私皆窘的情形，這一點使官吏在心理上已有擴大華夷貿易的要求。葡人來華，一度在嘉靖元年被逐，但以後一直沒有停止過對中國沿海的滋擾，其中以浙江的雙嶼、大茅、寧波，福建的漳州、日港、梧嶼，廣東的汕頭、新會、香山等地受害最多。而當時的明廷官吏，又產生了大力制裁與特別放寬的兩種極端政策，彼此相持不下，造成了葡萄牙人坐以自大的機會，當葡人侵佔澳門以後，明廷官吏又不加干涉，反而建議加設關閘，把葡人拒於關閘之外，這樣一來，無異於容許其劃地而治，對葡人之佔有澳門，無形中有加以承認之勢。

借助葡人剿匪平亂 許以有權在澳居住

然而眞正的原因並不這樣簡單，造成此一事實的當然還有其它因素，主要是澳門本是海盜出沒巢穴所在，廣東的地方長官不能敉平，其時葡人貿易於赤溪縣屬的上川島者甚衆，乃求助葡人往勦，許於事成後葡人可久居澳門，以爲酬謝。據日人籐田豐八考證，葡人佔據澳門，始於柘林海兵發生叛亂時，起因在當局不能發餉，遂犯廣東省城，後由葡人出兵，予以勦滅，並搗其巢穴，才平了柘林之亂。由於勦匪與平亂兩事有功，明廷乃准許葡人在澳門居住，這是「蠻夷用强硬法，蓄屋成村」之始，必須加以注意的，這只是准許葡人在澳門居住，而並非把澳門割讓。

十六世紀時，葡人雖然在澳門自行闢埠，但是明廷仍視其爲借居之地，並不正式承認其爲朝貢國，所以澳門當地的貿易，法律上仍視爲私通性質。可是商人因利之所在，趨之若鶩，到一五七八年後（明萬曆六年間），成爲公開秘密。其時中國海禁未開，但廣東方面，當局認爲與其任其秘密通商，不若逕許其公開貿易，藉增稅收，於是澳門貿易乃得進行無阻，葡國商人並得特別優待，所納稅項比其他各國商人約輕三分之二，因此而造成葡人在澳門的獨佔優勢。當時由葡人經澳門入口運到東方的商品，有印度的嗶嘰呢絨、珊瑚、琥珀、象牙、明珠、玻璃及銀塊，安南的胡椒、錫、臘、檳榔等。運出的商品爲絲、茶、磁器、砂糖和黃金，其中絲絹一項，每年由葡商輸出者約有五千三百箱之多（每箱裝綾緞百卷，薄織物一百五十卷），黃金二千二百枚（每枚十兩），麝香八百斤。總之葡人在廣東貿易所得的特殊利益，實際上已遠遠超過了朝廷所允許通商的其他國家。所以此一時期，葡人在澳門，不僅獨霸了中國與歐洲間的貿易，並且把握着中國與日本、菲律賓的貿易權威。他們在澳門，將歐洲及印度的酒、軍火、藥品、棉布織品和在中國廉價收買的黃金絲絹織物等，運交日本，又從日本交換小麥、漆器、船舶材料等而歸，一轉手間，即獲鉅利。從一六一一年至一六四〇年間，由日本運回歐洲的白銀不下三百萬磅，黃金至少四百餘萬兩，由此可見當時貿易之繁盛。

第一任澳門總督 一六八〇年到任

但是此種貿易究係私通性質，爲法令所不許，是以糾紛不斷發生。一六四〇年時（明崇禎十三年），中國政府頒禁止葡人在廣東貿易之令，澳門商務大受影響。同年，葡萄牙脫離西班牙而獨立，葡人在菲律賓的貿易，爲西班牙所停止，早此一年，葡人在澳門與日本的貿易，亦爲日本所禁止，澳門商業從此衰落。

一六八〇年是澳門歷史上重要的一年，第一批西方傳教士是一六八〇年到澳門的，第一任澳門總督也是一六八〇年到澳門上任的。其時澳門葡人不多，治理管轄之權大部份仍在華人手中，清廷駐在澳門的負責官員是一位同知，葡萄牙政府每年仍向中國政府納租白銀五百兩，直到一八三九年（道光十九年）時，清廷還派欽差大臣林則徐到澳門巡視禁烟實況。

一八四〇年（清道光二十年），中英發生鴉片戰爭，翌二年訂立南京條約，割讓香港與英，開放廣州、厦門、福州、寧波、上海五埠爲通商口岸，從此澳門的地位與貿易情況，一落千丈。

商港建於一五五七　四百週年紀念未成

澳門商港係於一五五七年建立，其時在葡人入侵澳門四十一年後，但葡萄牙當局則以一五五五年爲正式佔領澳門之時，不知何所依據。一九五五年七月，里斯本當局宣佈澳門改爲葡萄牙之「海外省」，澳門當局同時並擬盛大慶祝。十月下旬，慶祝澳門四百週年的籌備工作大致完成，乃宣佈準備於十一月舉行澳門關埠四百週年紀念。大陸中共電台忽於此時發表廣播，指斥澳門當局準備慶祝四百週年紀念乃係有意挑釁，並宣佈要求收回澳門。此事立即引起國際注意，澳門當局爲恐引起事端，立將原定計劃取消，其所公佈的表面上的理由則爲「經費問題」。

澳門名勝大三巴牌坊

就地理環境而言，澳門是我國南海沿岸的一個地方島，原名濠鏡澳，居珠江入口，距香港四十哩，距廣州六十五哩，是船舶停泊之所。明朝時代，蕃舶出入之所曰「澳」，以其地屬香山（即今中山縣），亦稱「香山澳」。全部面積，連同氹仔、路環在內，約六平方哩，較直布羅陀大一倍，較整個香港九龍新界小六十倍，本來是一個小島，後來有條七百呎寬的陸地與香山縣境相通，乃成半島。

外國人（不一定是英國人）稱澳門爲馬交（MACAO），有兩種說法：其一是澳門南端有天后廟，爲福建漁民所建，閩人稱爲「阿媽閣」，亦即今之「媽祖閣」，外人聞之，音譯爲AMACAO轉輾訛爲MACAO；其二是澳門北部海角有「馬蛟石」，葡萄牙人常聽土人說「馬蛟」「馬蛟」，便把它叫作MACAO。

香港發展壓倒澳門　抗戰期間貿易躍進

一八四九年葡萄牙爲欲與香港對抗，宣佈澳門爲自由港，停止向清廷繳納租金並取消中國關稅，並宣佈澳門一地不再與中國有行政上的關係。但清廷正式與葡國政府訂立協議，承認葡萄牙對於澳門的治權乃在三十八年之後的一八八七年時，距今不過八十五年而已。從那時開始，清廷與葡澳當局合營鴉片買賣，一直到太平洋戰爭以前。

香港的迅速發展，顯然已將澳門完全壓倒。澳門在自然條件方面，有許多的地方不及香港，其一是海港太淺。自一九二〇年起，澳門進行一項改良海港的計劃，以四年的時間與一千萬美元的費用，完成了一項長達四哩的濬深工程，獲得了一百三十英畝的塡海工程。但在此塡海工程完成的時候，澳門仍然只是一個白米、魚類、木材、絲、布匹與汽油等等的轉口站，它們的性質遠不及鴉片買賣與合法賭博爲重要。

一九三九年，廣州於抗戰中陷於日軍之手，一部份居民遷居澳門，更重要的是澳門因此而成爲華南對外貿易孔道。在一九三八年與一九三九年之間，澳門的對外貿易由原來相當於美金二百三十萬元的數目，一躍而到相當於美金五百六十萬元。

黃金時代共有四年　日軍不犯內有文章

一九四一年太平洋戰爭爆發後，香港淪陷，澳門益見繁榮。人口增加到四十萬，由於無法遠走天涯的人羣趨澳門，造成了澳門歷史上的黃金時代。其時日軍席捲東南亞，對於奪取澳門，原屬不費吹灰之力、輕而易與之事，但在三年零八個月的時間之內，日軍對於澳門始終秋毫無犯，此事看來似有奇數，實際上此中另有曲折複雜的內幕，因爲這與日本在巴西之有大量移民有關。

巴西是南美第一大國，曾為葡萄牙所侵，大舉移民，所以巴西人民，多有葡萄牙血統，而南美各國，也僅有巴西一國獨操葡語。巴西地大物博，人口稀少，為了亟需人力開發，所以歷來一向歡迎外國移民，發展農礦兩業。十九世紀中葉，巴西曾特派專員，前來澳門，就近與清廷官員商談中國移民至巴西事宜。當時巴西所提條件凡五，其中兩條是移民華人一律須入巴西籍，二為移民必須携帶眷屬，單身男女不得入境。此項與清廷之談判卒告失敗，巴西乃轉移目標於日本。日本向有對外發展野心，當然一拍即合，每年派有相當人數，移民巴西，加上當地土生新血日裔後人，至一九四〇年時，巴西全國已有日人三百萬之多，成為世界上日本「僑」民最多的國家。香港淪陷後，葡萄牙深怕日人染指澳門，乃託巴西照會日本當局，如果日軍侵澳，巴西將把三百萬日人悉數遣回日本，日本對於此一威脅無法抗拒，不得不同意澳門中立，使澳門在一九四五年八月以前的三年多時間內，得以保持歷史上空前的繁榮，而一部份由華南與香港逃往的華人，也得以暫時安居。

澳門為葡國一省
富庶列各省之首

第二次大戰結束後，澳門好景不再，葡萄牙圖將其重建為一遊樂勝地。近年以來，各種娛樂公司應運而生，豪華的酒店新建甚多，聲色犬馬等玩意，吸引了不少外地遊客，使冷清的市容因而得以重呈生氣。賭博在澳門，是當地最大的企業，也是政府最大的稅收。澳門在戰前早就有了「東方蒙地卡羅」的美名，但這美名直到最近才名符其實，因為像「廿一點」「百家樂」等玩意，都是戰前所無而在近年添設的。跑狗場的設備與規模，似乎也有與香港馬場爭取一日短長之勢，而據去過蒙地卡羅與拉斯維加的人說：澳門的賭，的確也比世界任何地方更「硬」與更「公道」。舉例來說，輪盤賭中，澳門只有一門「統喫」，而蒙地卡羅跟拉斯維加都有兩門「統喫」，光從這一點說來，澳門的輪盤已比其他地方公道一倍。而自葡京酒店及其附屬之娛樂公司開設以來，對當地旅遊事業的展開，尤有莫大作用。

澳門總督府

葡萄牙在歐洲國家中，窮的程度，名列第一，他們的法律規定人民不得赤足，就是為了許多窮人窮到穿不起鞋襪，以致政府非用法律來遮掩窮困和維持體面不可。在葡萄牙統治之下，澳門是最富庶的一「省」，葡萄牙人只要到澳門小住數年，無論經商做官，無不滿載而歸，是確確實實的一條生財捷徑。賭是沒有烟囪的工業，以賭養國，若能順順利利的幹下去，葡萄牙政府固然有百利而無一弊，對於若干個人說起來，亦有大把油水可撈，簡單說來，對當地經濟確屬大有裨益。

中央酒店歷史悠久
儼然賭國神經中樞

由於賭博是澳門財政主要來源，所以講到澳門風光，特別值得一談的也就是這方面。

澳門的賭由當地政府判與商人承包，戰前如此，現在亦如此。筆者第一次到澳門係在一九三七之秋，這時候澳門最大的酒店是中央酒店。中央酒店名義上為旅店，實際業務範圍甚廣，到澳門去遊覽的人，一經置身於中央酒店之內，即可足不出戶，享受除了天然風景之外的所有一切。我和朋友到了澳門，祇有第一天以一小時的時間乘坐汽車瀏覽全市一週，其後第二三天的生活簡直未越雷池一步，全部都在中央酒店之內渡過。

中央酒店落成於一九二七年，最早原名「總統」酒店，由澳門商人鄭祥、黎登等集資興建，樓凡六層，為當年澳門最高建築物之一。二樓至四樓是旅業部，五樓為酒家，設有「項城」、「黃陂」、「中山」等大廳，佈置極為豪華，供達官貴人富商巨賈飲宴作樂之用，飛箋召妓，夜夜笙歌，熱鬧非凡。不過儘管那時澳門已遍設攤館，設有各種賭博遊戲，但總統酒店之內，尚未被侵入。

一九三〇年，總統酒店由外地來的富商范潔明接辦，易名「中央」，並予擴充與改建。在六樓之上加建了三層樓宇，但每層只佔酒店之半，騰出一半空位作為天台遊樂場，供演戲和雜耍之用。同時，中央酒店六樓闢為賭場。當時的博彩是用籌碼下注，中獎後以籌碼換取金飾。

不久，中央酒店又由另一商人畢侶儉盤入，以「濠興公司」名義正式經營賭業，並獲准以現金下注，每年向澳門政府納稅銀元一百二十萬元，嚴格說來，這是澳門賭業之始。

一九三六年粵省革新政治，決心禁賭，傅老榕在深圳開設的「又生公司」隨之結束，即挾巨資赴澳，圖謀在澳另起灶爐，重張旗鼓。傅老榕是雄心勃勃，志在必得，畢侶儉以利之所在，力求保持，雙方各逞奇謀全力爭取，結果傅老榕手面濶綽，以年餉一百八十萬元之數壓倒了畢侶儉濠興公司的一百四十五萬元，自其手中取得特權，坐上了澳門賭國的王位。

傅老榕投得賭權後，即將中央酒店全座購下，作爲他所經營的泰興公司總部，將七八九樓加以擴大，增設賭枱，吸引廣州香港兩地遊客。

一九三七年筆者初次前往，所見規模已屬不小，一九四一年底香港淪陷，日軍並未進澳門，於是澳門一地，龍蛇混雜，畸形發展，賭場與旅館兩業，尤見繁榮，中央酒店繼續擴充業務，以十八天的時間，加高建築至十一層，於樓下加設「高慶坊」；「金門餐室」、「中央美容室」也先後開業。

這時期，賭場分設二樓五樓七樓，樓下闊仔設吊籠，可以向二樓賭枱下注，「不夜天」的光管照牌，通宵不熄，成爲了東方蒙地卡羅的標誌。

除了賭場之外，傅老榕並出其餘力，投資興建澳門最大的十六號碼頭，並在南灣住宅區興建洋樓十五座，同時對發展港澳及內河交通也有重大貢獻，如戰後行駛於港澳的「濠江」、「交通」，戰後的「香港」以及「大來」等輪，都是傅氏物業，使澳門當局對於他之繁榮地方有功，不能不加以承認，而對賭場熟客之贈送免費船票，也是他所首創的玩意之一，由於此一政策之對繁榮有效，所以他繼任人也一直如法泡製，奉行至今。

一九六二王位易主

一九六二年，澳門賭業重新開投，泰興公司以年餉少於數十萬元而敗於澳門娛樂公司之手而失去專利權，賭國王位乃告易人。新的經營者資力雄厚，頭腦較新，經營得法，十年來獲利可觀。

葡京酒店近年崛起

目前澳門賭館主要有五，兩間分設於葡京酒店二樓共三樓，一間設於新花園愛都酒店地下，一間以畫舫形式設於港澳碼頭旁海面，名曰「澳門皇宮」，全部佈置裝飾，畫棟雕樑，金碧輝煌，富於東方色彩，下層有粵式酒家，酒家內附設舞台，上演粵劇，品茗進餐之際，同時可以欣賞男女紅伶演唱名劇，是這家海上賭館的一大特色，可惜的是這座「澳門皇宮」經常停泊岸旁海上，並不流動行駛，和香港仔的「水上酒家」一樣。這四間賭館裏的「博彩遊戲」包括西式的「輪盤」，「廿一點」，「吃角子老虎」，「鄧普拉」式的對號博彩，中式的「番攤」，「骰寶」，「天九」以至新興的不中不西的「百家樂」，無不應有盡有，在舖着厚地氈的具有空氣調節設備的廳堂之內，顧客似雲，從穿着襯衣便服的以至華服盛裝的男男女女無不興高采烈，聚精會神的或者是在運用他們的智慧，或者是在測驗他們的財運，目的則不外求其一勝。由於下注額大小隨意，所以對於一般人的經濟能力都能適合，而特級貴客，下注巨大之輩，則樓上另有密室，隆重招待，氣派豪華，與樓下又有不同。

上面所述四間賭館之外的第五間，由於規模較小，佈置簡陋，僅有中式賭博，缺乏吸引力，不值一談，至於附設有兩間最現代化賭館「葡京酒店」卻不能不特別一提，因爲事實上，它在澳門娛樂界所居的地位，固然早已取當年的中央酒店而代之，而在設備方面，服務方面，以及它對遊客所供應的觀感與享受，更遠在黃金時代的中央酒店之上。所以有人說，住進葡京酒店等於佔領了整個澳門，而不進葡京酒店則等於根本未到澳門。

澳門孫中山先生故居

葡京酒店擁有四百個居住單位，自單人房至特別套房，房租自每日葡幣六十元起至四二〇元不等，酒店設備豪華，與香港「文華」，「希爾頓」相較，不遑稍讓。而入門口處的氣派堂皇，則僅有「半島」酒店差堪比擬，大廳所懸的玻璃巨燈，豪華富麗，號稱「世界第四」。主要的夜總會設於三樓，每晚都有表演節目，其中必有一場是富於葡萄牙民族色彩的特別表演，正如它正門口的司閽者身穿葡萄牙民族服裝用以作爲葡國文化標誌一樣，酒店內共有中西餐室酒吧六七個之多，其中一個廿四小時不停服務的咖啡室叫作「不夜天」，顯然是毫不猶豫的襲用了中央酒店當年的舊名。此外尚有游泳池，健身房，土耳其浴室，保齡球場以及商場兩層，出售中西百貨和葡萄牙風味或者澳門當地製造的紀念品。至於新花園愛都酒店附設的賭場，設備雖亦應有盡有，洋派十足，但與葡京相較，則又不能不覺其具體而微了。

今年暑期內，往來港澳游客特多，僅八月份一個月內，即達四十萬人次，破歷年來最高紀錄。

澳門娛樂公司葡京酒店門前

大小船隻行駛港澳 直昇飛機在申請中

澳門的地理位置，位於香港西南四十哩，以前客輪航行三小時方達，為因啓航時間關係，由港赴澳，往往須留宿一宵，因此可使它成為了香港前往渡週末蜜月的去處。如今水翼船七十分鐘可到，一日往返兩次，亦無不便，這情形對一部份意不在酒的醉翁說來，實亦有妙有不妙。但自世界各地來到香港的遊客，却因往來方便，費用經濟，無不以能順道一遊，看看這葡萄牙的海外一省為快。至於直升機來往港澳，傳聞已有多時。香港國際航空公司，已向港府空運牌照局申請開辦香港至澳門的直昇機服務，若獲批准，即將代表該公司向有關方面磋商澳門方面之降落權和其他問題，但關於何時可以開辦，收費數目以及班機時間，則尚不能估計。

目前平均每天有兩三千人來回港澳，假日則有五六千人，信德船務公司現有客輪水翼船各五艘，往返兩地，香港居民無論其為華人西人，前往澳門，一律無需簽證。巴西、葡萄牙、比利時、意大利人之護照需要簽證，但概不收費；來自其他各國之外國遊客，則均需簽証並酌收費用。

澳門繁榮依賴旅遊 生活廉宜適於住家

以今日澳門而言，其性質實不外為一旅遊區，十年來澳門當局，亦以發展旅遊事業為要務。澳門對外交通，限於兩地，陸路上為出關閘，入中國大陸，經中山石岐而自廣州，水路則必需先抵香港，方能前往世界各地。當地生產事業，屈指可數，漁業而外僅製造爆竹等小型工廠。一九六七年後，香港禁止燃放及儲藏爆竹，澳門爆竹業，一落千丈，迄今尚無復甦之象。

當地人口約二十五萬，通貨使用葡幣，幣值與港幣不相上下，外幣可自由兌換，一若香港，日常飲食起居生活費用，低於香港，因無稅關係，烟酒亦廉。由於人工廉宜，一部份香港商人及家庭工業，在澳門設置工場，進行加工，運回香港；另有一部份居民則家居澳門而在香港工作，藉此博取較高薪酬。

澳門以葡語為官方語言，從事公職者必須通曉葡語，但大體上通行粵語，宗教方面，葡人多崇奉天主教，華人多信奉佛教，天主教在當地社會佔有崇高地位，佛教廟宇則香火鼎盛，所以主教府和媽祖廟，都成了當地名勝。學校教育程度，以中學為最高，大學教育必須向香港、台灣等地外求，報紙中英文均有出版，但規模甚小，銷數僅以千百計，事實上澳門居民所閱讀的報紙，無論中英文，百分之九十五以上去自香港。

離島氹仔準備造橋 三千萬元建設樂園

澳門由於陸地上有一路與中國大陸相通，所以實際上是一個半島，本土之外，還有氹仔和路環兩個離島，由澳門搭小輪前往，十五分鐘抵氹仔，再十分鐘便到路環。氹仔有巴士行走，有海灘也有公園，風景不惡，市集規模甚小。屋宇都很古舊，却別有風味。路環則有一十分現代化建築，名曰別墅，實乃酒店。專供遊客租賃小住，目前氹仔與路環之間已有橋可通。

一項由澳門紡織廠有限公司出面，申請在氹仔興建一狄士尼式樂園的計劃已提交澳門政府審核，該項計劃，所需資本將在二千七百萬元與三千萬元之間。由於計劃中的遊樂場，包括有人工湖在內，所以必須在平地建築。按照計劃，遊樂場將劃分為三個部份：（一）風景區——包括一個植物園，園內有人工湖，小橋流水野餐草坪和餐室；（二）遊樂區——設在該園中部，裏面有摩天輪，飛碟，人造衛星，騎馬場，旋轉輪，隧道，小火車，劇場及木偶戲，並設有飲食部和各種遊戲攤位；（三）休息區，包括可以直接駕車到達的美國式汽車旅館及公寓。

據有關方面透露，該計劃批准後，初步工程可於十八月內完成，第二期工程需時約一年，遊樂場將先行開幕，更多的汽車旅店及酒店公寓，則將列於第三期工程之內陸續完成。

目前澳門至氹仔，仍須坐船，準備工作早已完成的氹仔大橋不久即將開工，大約不出兩年，澳門與氹仔之間，即將由澳氹大橋連接起來。

名勝古蹟多於香港

東西望洋風景優美

由於澳門擁有四百餘年的歷史，當地名勝古蹟，遠較香港爲多。銅像紀念碑之類，無論郊區市區，到處均有，多數是紀念對於澳門有功的葡國要人名流。對於中國人特別有興趣的地方，則有孫中山先生故居、觀音廟、媽祖閣、蓮峯古廟等等。

在許多名勝古蹟中，最爲突出者應推大三巴牌坊，它的豎立所在是澳門市區中心大三巴街的一塊高阜之上，氣象十分雄偉。該處本爲聖保羅大教堂原址，其後教堂被燬於火，只剩下了正門前面，宛若一座牌坊。壁上有雕刻出來的金鷹和神像，栩栩似生。牌坊樹立在六十級石級之上，三百年來屹立無損，實在是建築上的一個奇蹟，遊客到此，多數要攝影留念。事實上它已成爲澳門風景線的一個特出標誌，相傳畫家四王吳惲之吳歷、吳漁山即在此堂皈依天主。

白鴿巢花園是文人雅士必到之所，其地古木參天，奇花遍地，小山環繞，景色幽絕，岩石奇峭，有五金石、讀書洞等古蹟，園中有葡詩人賈梅士博物院與紀念像，遊人至此，對此遠戍此地之葡萄牙詩人景仰之心，不禁油然而生。

另一名稱富於詩意的「海角遊魂」，實際上是一個悲慘壯烈的古戰場。遠在三百年前，荷蘭水師進犯澳門，葡軍與之在此展開海陸大戰，歷時凡十餘日，結果荷軍全部被殲。相傳多年以前，每逢風雨之夜，常有幽靈悲鳴，悽惻異常。其地現有葡人戰勝荷人紀念碑，追述此事。

此外最能吸引遊人前往瀏覽的名勝，尙有大炮台、主教府、螺絲山花園、望厦山等處。但我認爲澳門風景之處却是東望洋與西望洋兩山。

東望洋山位於澳門東南，因山上遍植松樹，又名松山。此山雄踞海濱，與西望洋遙相對峙，山頂有燈塔，據說這也是東方最早的燈塔。山上有環山馬路及涼亭多個，可供小憩和眺望風景。

西望洋與東望洋之不同是，東望洋以林木深翳見稱，而西望洋則以建築物豪華取勝。當地的天主教堂和主教大厦部在西

港澳客輪

望洋山上，所以亦稱主教山，這裏也是天主教的夏令行台，建於一六二六年，至今已有將近三百五十年之歷史，最後一次於一九三五年重加改建，形成今日所見的莊叢雄偉的氣派。教堂前有聖母洞，每年有不少虔誠的教徒在此朝聖，附近又有許多別墅洋樓，把整個山頭點綴得十分美麗。

澳門的許多建築物，在形式上，風格上，色彩上，都富於地中海的氣氛，目前的市政廳被認爲此中代表。該建築物建於一八七六年，形式上極似一葡萄牙貴族地主的宅第，本來是想作爲總督府，後來作爲市政廳。一九三九年曾經大修，但仍保持其原有風格，葡人對之有「蘇彝士運河之東最美麗最和諧的建築物」之譽。其中附有遠東歷史最悠久的「歐洲公共圖書館」，藏書三萬卷，有許多是十六世紀和十七世紀的珍本。這也是澳門所擁有的最有價値的文物寶藏。

港澳水翼船

中澳關係尚未肯定

邊境衝突曾有多次

至於澳門與中國的關係，以現階段形勢觀之，也不可以說是已經肯定。大陸變色後，中共即對香港澳門，另眼相看，不與南洋各地，相提並論，故稱南洋各地華人爲「僑胞」，港澳兩地華人爲「同胞」，其中一字之差，出入重大，意味港澳兩地，主權仍在，中國可以隨時要求歸還。最近中共出版之世界地圖冊，它在香港項下，注上英佔兩字，澳門項下，注上葡佔兩字，無形中已將港澳兩地等量齊觀了。

自一九五二年起，中共與澳門因爲邊境接壤關係，雙方發生衝突事件，曾有多起，均由何賢等代表澳門前往共區談判，達成協議。

一九五二年衝突四次，一九五八年衝突一次，一九六〇年衝突一次，其中風波最大的一次發生於一九六六年十二月三日，事情起因於澳門警察當局以未經合法批准爲理由，武力阻止氹仔民衆修葺屬於左派組織的勞工學校房舍，引起不滿，由當地左派人士派出人員示威請願，而澳門當局應付無方，陸軍司令與警察廳長實行鐵腕政策，出動坦克機槍武力鎮壓，事態因而擴大，幾釀鉅變，結果由澳門政府賠欵道歉，一波三折，直到一九六七年一月底方告平息。

怪力亂神的經驗之談

馬五先生

書言「子不語怪力亂神」，又謂「未知生，焉知死」，「命與天道不可得而知也。」這可見兩千年前的孔聖人的思想即是科學化的。但鬼怪神奇以及人生命運休咎無可逃避的種種事實傳說，依然爲人們津津樂道；越是涉世頗久、閱歷較多的人，儘管他在青年和壯年時期，思想新顯，摒除迷信，認爲「人定可以勝天」，既不相信神話，亦復否定命理；然到了晚年，回溯自己一生的際遇，證以身經目擊的各項事象，舊有那套新顯的思想，乃爲存在的現實情況所支配，覺得鬼怪神奇和命運注定之說，未可漠視而一概歸於迷信之列了。筆者便是其中的一個，特將我所經歷的關於神怪與命理諸事實，逐一縷述，聊供讀者茶餘酒後的談助，我憑良心聲明，沒有半句話是虛構的！

一九二〇年（民國九年）春間，我在家鄉担任小學校長，校址是在鄉間的市集旁（粵人稱爲墟）。一日，有游方之士來到市集中爲男女言命休咎，論人事吉凶，轟動一時，我年少氣盛，惡其左道惑人，將他招至學校，加以究詰。他自稱姓王，名綏亭，零陵人氏，家距吾邑二百里以上，是初次游方至此的。他瞧着我表情很不愉快，爲要減少我對他不滿的心情，乃向我面上端詳一下後，說道：「校長，你今年夏季要帶孝，但不是親生父母，而係嫡親的長輩有人去世，不信，我秋初再來，如無此事，甘願受罰。」我姑妄聽之，除勸他早日離開此地外，亦未跟他再說什麽了。迨是年陰曆七月間，我的嫡親二叔父果然以微恙逝世，心裏對老王的觀感畧有改變。八月下旬他居然如約而來，學校正在暑假中，我留他在校小住，稱許他的相法不錯，他要我在早起尚未洗臉時給他再看看面上的氣色，我仍以游戲的心情應之，他却很莊重地警告我：「校長今年冬月間恐有危險事情發生，千萬注意。」我笑謂：「有生命危險嗎？」他說：「那却不會，但情形很危急而已。」我還是姑妄聽之，無所用心。次日正午，我和老王在學校大門外的樹下乘涼，他熟視市集半响後說道：「三天之內，市集的居民，將有婦女自縊而死。」我問何所見而云然？他說適才見一自縊去世的女鬼魂，走進了市內。我笑道：「你住在學校到三天以後才走，如不驗，我就不再接待你了。」實際就認爲這是荒誕不經的神話，決不可信的。過了兩天，市集裏的一個婦人，因與丈夫口角，果然上吊而死了！從此我對老王的觀感，乃由輕蔑而轉爲信服，誠心願意跟他結交。他又說能覘出住宅的吉凶，我即邀他到吾家去盤桓了兩天。這時我已結婚，跟祖父住在一所四合房的左邊，右邊住的是六叔與嬸母。老王於晚飯後，站在沒有燈光的廳堂中，以手加額，默默張望了一陣，次日臨別時告訴我道：「這房屋的左邊沒有什麽，右邊的房裏陰森，有凶象，很不好。」過了幾個月，我的六嬸母忽以小產發狂，狀類瘋顚而死去。我將老王的話報告祖父，祖父說：「當年建造此屋時，因地皮不夠，右手邊的屋基，是購買鄰人的一椽住宅，其妻是以狂疾死於宅內的。」老王的預言不虛。迨祖父逝世後，我早已出國，髮妻亦大歸了，六叔父另搬住宅，這棟四合房即借給村中沒有住所的貧窮人家無償居住。我於一九四一年（民國三十年）曾回鄉一次，乃見該屋曠無人煙，母親說：進住該屋的人家皆不吉利，每每家敗人亡，村中人誰也不敢入住，實際係一座凶宅，荒廢多年了。我想到當年老王的話，暗自驚奇。

老王又能醫治疑難雜症的疾病。民國九年初秋，我有一位嬸娘右手忽患腫痛，從手指到肩部，逐日紅腫如巨杵，亦由老王以毫不合於科學的方法將此病治愈，家裏人同聲稱讚他的醫術高明，贈給他一份厚禮，計毫洋一百元（我家鄉接近粵境，民間皆使用毫洋），而老王的聲名亦遍傳遐邇了。我要求他教給我幾項他所擅長的神秘法術，他拒却，說這不是我所能學習的。

到了是年冬月間，我以年少好事，兼任本鄉的民團團總之故，爲着鄰邑的稅收吏越境擾民，曾予懲處。鄰邑的民團團總要報復我，某日傍晚，派來大隊鎗兵，包圍學校搜捕我，準備置我於死地，適我不在校，未遭毒手，乃將一切校具搗毁而去。這又應驗了老王先前對我所作的預言，眞是有驚無險。此事鬧到了長沙省政府，經省長譚延闓派員下縣查辦解决的。訟案了結後，先君不許我再逗留家鄉闖禍，命我趕快遠赴日本求學，我函約老王來話別，他依依不捨地說道：「我今年三十四歲，曾經用鏡子仔細看過自己的相，最多只能活到三十八歲而已。等到校長從外洋回來得意時，我已是塚中枯骨，不能叨你的光了！」我說未必其然吧？他笑笑。越民國十六年秋，我受任安徽省府委員兼教育廳長時，一夕忽然想起了老王，認爲憑着他那套本領，若到外面來闖江湖，一定可以發達。即函稟先君，轉囑老王來皖一游，附寄旅費大洋百元。嗣奉父諭，老王已下世將近兩年了，核計年齡，恰是三十八歲那年死的，你說奇怪不奇怪？

老王在吾家跟我話別時，替我批註了一本流年八字，我對此道一竅不通，殊少閱覽的興趣，丟在書箱裏並未攜行。迨一九二三年（民國十二年）八月，日本東京發生大地震，中國僑民死了不少。地震後，海陸交通斷絕了數月，先君以久未接得我的家書，又閱及上海報載留日學生死亡甚多，心裏焦急不安。此時先君正担任湖南永明縣長，特派人馳至家中，把老王爲我批註的流年八字取去查看，內中註明我二十六歲（即民十二年）的運行爲「馬走獨木之象」。先君對於子平術是懂得的，他見着這則批註，即說「完了！兒子諒是凶多吉少，沒有生望了。」蓋以馬走獨木，未有不躓蹶的。永明距零陵頗近，先君急約老王來談，老王謂他批註的重點在「之象」二字，是形容這年我的命運殊危險，並非肯定之詞，盼先君稍安毋躁，以待消息。到是年十二月才接獲我的家書，先君復諭謂「如獲至寶」，並將上述情節詳細告知我，對老王甚加讚許。

一九二五年（民十四年）夏，我在日本早稻田大學畢業了，先回到北京小住，即受「民國大學」校長雷殷先生（立法委員現住台灣）聘任爲該校講師兼專修科主任，教務長是已故我國駐土耳其大使保君建。我住在民大教職員宿舍中，跟一位國文老師江西人彭先生比鄰而居，彭氏對易經很有研究，每以易學爲同事占休咎。某晨我在他的房裏聊天，閽人送來一件農商部的公文，封套上註明「右給本部參議彭××」，他接過來瞧了一眼，並不啓視即棄入字紙簍中，我說：「正式公文怎麼不看就丟掉呢？」他謂：「不必看，那是免職的命令，不信，你檢出來查驗一下吧。」我以好奇心，即檢出拆閱之，果然是農商部裁撤所有參諮議人員的通令，部長係李根源。我問彭老師何以未曾看內容即知道是這回事呢？他答言「我早就卜算過今年的運氣殊不佳，所以肯定係免職令啊！」因而我就請他給我的運行占卜一下，他詢明生庚八字，取出一厚冊他自己手寫的抄本，參詳了一會，再用三枚有孔的銅錢，在桌上擲了幾次後，笑謂：「老兄在三個月內，一定要離開北京，還要經過若干危難的天羅地網生活，然後在政治上可以潤一下。」我說決無此事，自己立定了主意，至少要教書一二年，瞭解國內的政治形勢後，再作從政之計。他答言：「命裏註定的運行，是不由自主的。」但我還是一笑置之，毫不介意。

迨是歲十二月中旬，學校正放寒假，我很清閒。某日下午，有一位福建籍姓陳名德修的軍人，到民大來投刺見我，名片上註明是「西北邊防督辦署」中校參謀，從張家口來的。我懷疑他弄錯了對象——或許是訪問雷校長的——姑試接見，陳君即交給我一張李烈鈞將軍的名片，說是奉李將軍之命，特來邀我赴西直門外火車站李氏的專車上一談。李將軍去年在日本時，我見過的，即如命前去一晤，李對我說，此行係應直隸軍務督辦老友孫禹行（岳）之約，赴天津協助國民軍而奉軍張宗昌、李景林的戰役，囑我跟他到天津去，幫他辦文牘，我礙於情面，只好遵命了。我們到達天津後，住在督署內，我的職務是秘書，每天替孫、李二公草擬文電稿，忙碌異常。戰事持續到民十五年陽曆三月下旬，國民軍敗績，由天津撤退到北京，我亦回到了民國大學。未幾，駐在北京的西北軍鹿鍾麟部，掃數撤往居庸關外的南口一帶，張作霖、吳佩孚的聯軍進佔京畿，查緝國民黨人甚急，指爲「赤化分子」。民大的同事們以我曾在天津督署作秘書，又係國民黨人，認爲很危險，非走不可，我猶豫不決。既而果有政府治安人員到民大探詢我是否回來了？這才知道事急矣！匆忙提携行李往西直門車站搭乘軍車前往張家口找李將軍。當我正走過車站的天橋中，奉軍一架飛機前來投彈，炸彈即落在天橋前的路軌上，我被震撼得失去知覺，提着一只小皮箱癡立於天橋中不動，站上一位朋友大聲叫我的名字，我才醒過來，急急走下車站，登上了專車。幸而奉軍投下的炸彈尚小——十五磅重量——否則我已沒命了！

到達張家口後，馮玉祥聘任我爲西北邊防督辦署參議，實際仍係爲李協和將軍司記室之役，國民第三軍軍長孫岳，率領師長徐永昌（次辰）等暨其部隊，亦到了張垣。一九二六年（民十五年）五月，南口方面的戰事對西北軍不利，山西亦增兵大同鎮，有切斷馮軍退路之虞。李、孫二公以與閻錫山在日本士官同學兼同盟會同志的關係，派我代表他二人赴太原疏通閻百川，希望不要乘人之危，助紂爲虐。我坐京綏路火車到大同時，當地鎮守使署派一輛騾車到站上接我，南方沒有騾車，我未曾乘坐過，上車後即靠坐在最後面的座位上，車子經過火車站旁的重重鐵軌，顚簸甚烈，再又走一節城內的小石子路，依然左右震盪，我感覺後腦部很痛楚。等到進入鎮守使署時，背後的西裝上全是血漬，後腦被震破一大窟窿，流血不止，主人急爲我敷藥，說明騾車是要坐在車位的最前方，才得免於震盪之苦，是夕在鎮署休息，竟爾發高燒，經軍醫注射消炎劑，才告無事，若不是年紀輕，勢非病倒不可呢！

是年八月中，西北軍全軍從南口、張家口撤往綏遠，準備進入甘肅，我和安徽張秋白、直隸郭增愷、內蒙金悅卿（國會議員）諸人，不願隨軍西行，乃由綏遠乘卡車前往庫倫，再由西比利亞鐵路轉赴海參威。此行經歷的艱險困苦情形，眞是一言難盡，沒齒難忘。如某夕在內外蒙古交界處歇宿中，我睡在卡車上的靠邊，睡夢中被响聲驚醒，有一頭野狼的前足抓住我的鋪蓋要爬上來咬我，幸而車身很高，牠不容易爬到車上，掙扎中驚醒了我，急起拔槍射擊，才把野狼趕跑，否則還有命嗎？即此一端，可概其餘了。往後由海參威回上海，轉赴廣州，再由廣州折回上海前往武漢，又遇着共黨的工人糾查隊來住所查緝我，夤夜逃赴江西南昌投奔李協和先生處；繼而南昌共黨作亂，我被滇軍扣押一夜，幾遭不測，嗣以冒充左傾分子得釋，即隨李協和先生循浙贛路赴杭州，於民十六年四月到達了南京，才告安定。綜計自民十五年八月至十六年四月的八個月之內，從北到南，奔走不歇，經常過着逃難生活，險阻艱難，備嘗之矣，這不是彭老師所預言的「天羅地網」境況嗎？民十六年八月間，我在南京患瘧疾甚劇，臥床累月未能起，一日閱報載國府改組安徽省府消息，省委名單中有我的名字，心知這是李協和先生提拔的，但又應驗了彭老師當年說我經過天羅地網的生活後，要在政治上潤一下的命理評斷。這些都是事實，決不能以迷信的眼光予以否定的，即此足以證明命運注定之說，何嘗是迷信呢？民十六年下季，我于役安徽省政府，曾託江西朋友打聽彭老師的下落，旋知他在鄱陽縣作縣長，即致書問候，並稱謝他當年指點我的未來命運之允屬正確，他復函謂「談言微中，不足道也。」

一九二九年（民國十八年）秋間，我供職國府內政部，部址剛從城北搬到城南夫子廟舊布政使署——即藩台衙門——我住家城北，每日往來公廨甚不便。適見夫子廟附近「大夫第」正街的一座西式樓房門前，貼有招租字條，問明每月租金爲二十四元，極便宜，即於第三日遷入居住。樓下一座客廳，另附餐廳，後苑有古井一口，井旁一株古樹甚高大而葱籠，前苑有曠地約十餘丈，樓上共計三間房屋，尚有一長方形的書房，我很滿意。然自從搬進新居後，爲我作炊事的堂弟，住在樓下一小房間，即常常鬧病，堅要回家去，說此屋不吉利，深夜每有鬼怪來捉弄他，我斥其無稽，並謂「鬼怪怎麽不來捉弄我呢？」一日，我在本街理髮店修容，理髮師已認識我了，他一面工作，一面跟我聊天，笑謂：「你先生住在這屋子裏，沒有什麽吧？」我聽其言頗有疑點，答以「是否有鬼祟？我不怕鬼的，儘可對我說吧。」那理髮師說道：「這棟房子原來是江蘇省民政廳長茅祖權租住的，某天下午茅廳長辦公去了，茅太太在樓上午睡，忽然間，茅太太臉色慘白地走出門外，大呼有鬼，請鄰人跟她上樓去打鬼，說她在午睡中，有一生面孔的男人在床邊推醒她，她驚起後，那男人却不見了。當時幾個鄰居隨着茅太太上樓去查看，什麽亦沒有，第二天茅家就搬走了。房子空着許久沒人租，你先生搬來居住一個多月了，所以問問你有無別的情形。」我說茅太太恐怕是把夢境當作眞事吧？但證以堂弟所述情形，心裏却不免有些芥蔕。

是歲冬臘某星期六夕，天大雪，內政部政務次長山西人樊象離約我和部裏兩位同事到他家玩牌，我每出門，即把一支曲尺小手鎗藏入口袋中。是夕在樊家玩牌到深宵兩點鐘才回來，亦未帶電筒，因爲上下樓的路徑已很熟悉，沒有燈光亦行動自如，早就習慣了。但是夕我走進樓下客廳內，一片烏黑，什麽亦看不見，始終摸索不着樓梯口，經過了十幾分鐘，團團轉轉，還是茫昧無着落。這時心中有些害怕了，掏出手鎗朝上開放一響後，眼前忽現光明，我竟是站在後苑的古井旁，若再向前走一步，即墮下井裏了。從客廳到後苑，距離不短，還須越過一個門檻，我怎麽會摸到後苑去的呢？實在莫名其妙，或許是被鬼怪捉弄吧？

維時南京新刊行一家「京報」，吾友林振鏞（閩人，現住台灣女詩人林寄華之弟）在該報作編輯，約我撰寫專欄的政論文字。一夕，天陰雨而有寒意，我在樓上書房內燃起煤爐寫稿，房門裝有洋鎖，很結實。我關着門寫到十二句鐘以後，家裏的人早已睡眠，忽聞房門砰然一聲自開了，我認爲風吹所致，起身將門關上，又用力扭好洋鎖，再以小方凳置於門邊，相信雖有大風亦不會吹開的。詎料未逾一刻鐘，那門又「陣狂」一聲而開啓了，其聲響且更沉重，使我嚇一跳，急忙走出房門外，查看是否刮大風，却未聞有風聲。書房門的對面是臥室，中隔不及兩尺寬的走廊，兩邊房內的窗戶緊閉着，縱有大風亦刮不到樓上來，且能夠衝開裝置洋鎖而有小方凳阻攔着的書房門啊！想到這裏，心中爲之一怔，未必這屋裏眞有鬼怪不成麽？順手掩着那扇門，進入臥室滅燈坐在床上約半小時，室外再無聲響了。此事我始終未曾告知同住的親戚唐君和家裏人，意在靜觀尚有其他的怪事發生否。迨陰曆十二月二十四日，俗稱過小年，這天下午，我未去內政部上班，正在樓下吩咐作炊事的堂弟準備年夜飯，同住的親戚唐君從外面進來即問我：「剛才出去的那個客人，是誰？」我說並無訪客來臨，唐謂我進門時跟那客人迎面而過，怎說沒有人來過呢？於是，我參證上述理髮師所說茅太太的情況，認定此屋確有鬼怪，決定搬家，未等到過舊年，即移居城北高樓門了。

我遷居後，這座洋房空廢了半年多亦沒有人租用，直至民國十九年夏中原大戰時，奉軍駐京代表秦華租賃此屋作辦事處，他自己和職員並未進住，只有十幾個士兵下榻於其間。我告訴秦君，那房屋有鬼怪，秦說：十餘名大兵寄居着，就是有鬼也會嚇跑的！

一九三二年（民國二十一年）秋，我在鄂西作地方行政官，友人黃新——即係民國三十七年在徐埠跟共軍大戰殉職的兵團司令黃伯韜——担任陸軍第四十八師的旅長，亦駐防鄂西，常常跟我打網球。某日他從武漢回來對我說，漢口有個著名的星相家胡紹陶（即本刊二十七期載曾爲胡筆江看相之人），給他看過相，肯定他要在最近期間作戰中受傷云。未幾，黃氏奉命赴「洪湖」進勦賀龍的大股共軍，他怯於胡紹陶的預言，乃教副旅長率衆趨前指揮戰鬥，自己騎着馬殿後督導，且與部隊相距一華里以上，相信安全無虞了。是役尚有陸軍第四十一師長張振漢協同作戰，張在左翼，黃在右翼，共軍不支而突圍，大部向右翼逃竄，張以軍用電話教黃氏注意堵截，勿使漏網，黃馳馬趨前督戰，半途中，忽一流彈飛來，擊中他的右踝骨，負傷墮馬不能起，衛兵揹起他走到後方，臥床月餘才痊癒的。從此黃氏對胡紹陶極爲信仰，慫恿我赴武漢時，必須向胡氏請敎一番。既而我因公赴漢，某日晨間，布衣布履作商人狀，往晤胡氏一談，胡迎面諦視我兩分鐘，詢問幹何職業？答言經商，他嗤然道：「你不但決非商人，而且一輩子亦與商業無緣，別人作得好好的生意，你一揷手，就非垮不可的。」然後對我的身世和前程，指點了許多。我辭別時，他鄭重叮嚀道：「老弟，千萬要記住，一輩子亦莫想經商！」但我心裏總認爲作生意未必亦是命運注定的？頗不相信，有機會我一定要嘗試一下作生意的滋味。

對日抗戰末期，中央政府向美國貸得黃金五億盎士，分期由飛機運到重慶。財政部以「黃金儲蓄」名義，敎人民依官定價格，向中央銀行繳欵預購黃金，準於三個月內兌現。初期我怕政府失信，不敢購買，但三個月到期後，絲毫不少地如數發給黃金，信用昭著，重慶我的外家親戚中，即有人藉着「黃金儲蓄」而發了財呢！我乃見獵心喜，決計做做黃金生意，是時星相家胡紹陶亦住在重慶，彼此常見面，我却不告訴他要作黃金生意這回事，預定成功後再跟他說，表示我也能夠經商漁利，看他作何解釋。於是，把家裏所有稍爲值錢的物品如首飾之類，一概變賣，另又向大同銀行董事長蕭振瀛、和成銀行總經理吳晉航兩位老友，各借二十萬元，盡以從事「黃金儲蓄」，不惜孤注一擲，共計購買五百兩，認爲穩可賺錢，萬無一失。詎料這次的黃金儲蓄，經過了半年亦未見兌現，市面法幣價格逐日低落，而銀行貸欵的利息，三個月就是對本。我借貸兩家銀行的錢，六個月亦未付利息，本利合計已近百萬元了，我爲取信於友人，乃將黃金儲蓄收據，交與蕭、吳二位共同保存作抵押品，將來取兌現貨亦由他們經手。經過半年以後，黃金是運到重慶了，這時日本已宣告投降，而財政部長俞鴻鈞指稱人民購儲黃金的利潤過厚，硬性規定要扣發二成，等於刧掠民財，輿論羣聲指摘政府不能失信於民，且抗戰已勝利結束，更不應有此病民之舉，然財部竟以「戰後建設需財」爲理由，悍然扣發不理。我呢，領得的四百兩黃金，除還兩家銀行的本利外，僅僅餘下約爲當時的「關金券」四百元之數，只夠全家五口人一個月的生活費用。從此一貧如洗，困在重慶，久久無法還鄉，果不出星相家胡紹陶的判斷，不亦怪哉！

湖南人原有「不信邪」的倔强性格，我也不例外，黃金生意雖然做垮了，還是不服氣。戰前我在北平東四八條購置了一所房產，對日抗戰發生後，當地的漢奸政權以「逆產」名義，予以沒收了。戰後用了很大的力量才把房產收回來，眼見共黨又在華北釀亂日亟，自忖不能遷居北平，這祇有將那棟房子賣掉，共得法幣四百餘萬元。這是僅有的一點家當，萬不能隨便消耗，準備做點生意，但又怕蝕本。這時是民國三十六年春間，我已回到南京，于役「和平日報」，適有上海中央電工器材廠總務科長沈志行——我的親戚——來南京看我，跟他談到經營商業問題，他主張我把這筆欵向中央電工器材廠訂購一批電燈泡，由他出名定貨，法定可打八折，先就賺得了二成，而法幣變作貨品，亦可免幣值低落的影响。電燈泡照例到了八月後，用戶激增，必然漲價無疑，這樣的生意經，有賺無蝕，甚爲穩妥。我認爲他的意見很不錯，即將欵項掃數交給他辦理。

是年秋初，我由中央提名爲國大代表候選人，必須回湘從事競選，然電燈泡尚未漲價，不敢拋售，要待善價而沽。關於競選費，臨時向親友告貸應用，等到電器材料的生意賺了錢即奉還，不致沒有着落的。不料我於三十七年二月遄返南京時，爲期將近一年了，存貨的市價不但是沒有絲毫增漲，且因上海方面私家製造的電燈泡廉價傾銷之故，根本就沒人願意購用中央的產品。迨國大代表第一次大會閉幕後，我爲競選而向各方親友借貸的債務，非償還不可了，手中別無餘財，爲要顧全信用，只好自認晦氣，照原價將購存的電料讓給別人承受。可是，我把存貨廉價轉讓後不到兩個月，中央電工廠出產的電燈泡市價即大漲而特漲，利潤倍蓰了！我急赴上海查究原因，才知道戰後初期，日本人將製造燈泡的鎢絲向津滬一帶大量走私進口，比較中央電工廠用美國鎢絲的燈泡價格便宜多多，所以民間皆喜用私家出品。後來政府洞悉其情，命令主管機構嚴厲緝私，斷絕了日本的鎢絲進口，私貨乃告絕迹，中央電工廠的電燈泡當然暢銷，售價亦即隨之不斷上升了。

經過了這次的教訓，我才相信星相家胡紹陶過去說我一輩子亦與經商無緣的斷語，確係金科玉律，不能不信邪了。事實歷歷如繪，這能說是迷信嗎？在我這一生的體驗中，像這類的所謂「迷信」事情還不少呢！

對日抗戰中期，我住家成都市，生活很安定，常與文教界人士交往。當時疏散在成都的金陵大學裏，有位姓蕭的教授，是湖南人，精研易經，在應酬塲合中，每以易理預測時事多驗應，人皆稱之爲「蕭神仙」。我想請他談談命理之學，怕他不高興，乃將上述一九二五年在北平民國大學向那位彭老師請教命理的經過情形，和盤托出，盛讚易經義理之高超奧妙，決非西方文化所能企及。他聞之頗爲愉悅，問我行年幾何？生在何月何日何時？却未再說什麽了，這是民國三十年初秋的事。過了半個月後，他遇着當時供職成都中央通訊社的老友浙江人宋崇實，亦係我的朋友，取出一張紙條交宋君轉給我，上面只有兩句話：「今年謹防失財，最近官星暗秀。」我想：失財的可能，不外是被竊盜光顧，謹愼門戶就得了。至於官星暗秀云云，此時我絕意仕進，又不作政治活動，那官兒決不會從天空掉到我身上來，唯有付之一笑而已。

是年秋陰曆十月，我以日寇飛機久未進襲巴

蜀了，決計移居重慶，所有行李衣飾，連同一切用品和器具，雇用一隻運鹽的大木船，由川江運往重慶，時值水枯的季節，諒甚安全。全家大小人等，另包一架汽車先赴渝市。不料木船航行到距渝市不遠的江中，於駛下一個灘頭時，竟觸礁拆破成爲兩節，船上裝載的全部衣箱和用具，盡隨流水滾滾而去，衣箱在水中載沉載浮，亦有被岸上居民檢去的，船老闆泅水逃命，自然無法照顧我的什物。於是，全家人除却身上穿的衣服外，一無所有了，損失實在不貲。最可惜的是在抗戰之前，連年陸續購存的平劇名伶唱片，共計一百幾十張，再也買不到了。經此傾家蕩產的打擊後，心情很頹喪，乃住在渝市南岸「沙溪」親戚家休憩，很少進城。到了陽曆十二月三十日，城裏的岳家派人來通知我趕快進城去，說報載消息，行政院已任命我爲重慶市教育局長，許多客人來找我。迨與朋友接洽，才明白是教育部長陳立夫先生保舉我的，他事前並未跟我見過面，只告知我的老友方希孔，名治，時任重慶市黨部主委，現任台灣大陸救災總會秘書長，方治兄以尋不着我，亦就無從轉告，眞可謂「官到人不知」，然成都那位蕭教授的命理推斷之說，完全實現了。相反的情形，我混迹政界垂四十年，亦曾對某項自己感到興趣的官職，多方設法營謀，乞取顯貴人物說項，却沒有一次成功的。我作過的幾次行政官，都是別人自動給我安排的，而且所用多非所學，我學的並非教育，却幹過兩次地方教育行政首長，心裏很蹩扭，若謂與命運之說無關，實在想不通啦！

一九四八年春間，國大代表第一次大會時，孫科、李宗仁、程潛、于右任等競選副總統甚力，且釀出罷選風波，湖南人自然希望程潛獲雋。在罷選中，我和衡陽李况松世丈，持着程潛的生辰八字，偕往夫子廟一家旅館內，找著名的命理家葉眞儒，請他推究程的命運能否當選？葉沉吟半晌，搖首說「不成」，又提筆在他的手掌中，寫出「方面之任」四字給我們看。我問方面之任是文職？抑爲武職？葉謂「那就不得而知了。」後來程果告落選，旋被任爲湖南省主席兼長沙綏靖主任，適如葉眞儒的判斷。因此，我頗傾服葉的子平術，不久再去找他談命理，他告訴我：這天大早有一西裝青年拿了三張生庚八字來請教，男的女的皆有，其中一張男的生庚，一望即知其爲非常人物，問是幹什麽職業的？那青年答說是他們公司的總經理，葉謂貴總經理這步運行欠佳，不妨勸他把生意收縮一些。那青年臨走時，對葉氏耳語道：「我們的總經理就是宋子文先生」云，原來這位西裝客是宋氏的秘書。於是葉氏對我說，宋先生最近要垮台，我謂宋氏現任廣州行營主任兼粵省主席，紅極一時，又係皇親國戚，爲有垮台之理呢？葉言「我只就命理推究其運行如此，其他非所知。」未過三個月，宋子文果然辭職下野了！

一九四九年夏，南京已撤守，中央政府遷移廣州，我亦從上海南走粵，家小寄居重慶外家。迨湖南局勢變化，白崇禧率部回桂後，我的家鄉一帶幾個毗鄰粵桂的縣份，僅有政府的交警總隊一大隊駐在着，別無其他的武力。乃有我的族人雷孟炎此時作臨武縣長，竟糾合幾縣的民團數百人，自稱「人民解放軍湘南軍區司令員」；這消息當時香港大公報亦曾登載過，實行造反，搜刮民財，擅委官吏，眞正的共軍才入長沙，鞭長莫及，交警總隊的軍心渙散，僅由副總隊長帶領着，坐視不問。我家鄉的士紳和縣長商洽，來函請我回去跟交警總隊合作，保衛地方治安，餉項由附近幾縣供應，交警亦同意，我乃決計回鄉一行。忽接西康省主席兼警備司令賀元靖（國光）暨其參謀長王夢熊來電，堅約我前往西昌幫忙，說胡宗南將軍亦在西昌，必可守住相當的時日，必要時退入滇邊夷民區域打游擊，亦甚安全。我以家小在重慶，必須照顧，他們復電要我先到渝市，即派飛機來一併接去，於是我又改變原計劃，準備赴西昌了。既而中央宣傳部派員到香港創刊「香港時報」，主持人懇邀我担任總主筆，我也有意於此。上述三種去路，究竟那一種較妥，自己亦拿不定主意，眼見廣州亦沒法守得住，心煩意亂，莫知所從。友人國大代表賴少魂（粵人）勸我到「河南」（廣州對岸）一所著名的乩壇問計於神仙。人在煩困疑難時，有若久病之際，不惜醫藥亂投，即偕賴君前去叩問乩仙，究竟以到何處爲宜？乩筆寫出「東行爲佳」四字，最後即决意違難香港了。假使回到家鄉去，結果必遭共黨清算殺害無疑；如赴西昌，且拖着家小，縱或徼倖能夠逃出，一定遭遇許多危難，等於死裏逃生。聽從了迷信的神話，乃得倖免於難，雖欲不信，不可得也。

鄉人朱君，別號太虛居士，現居香港，過去久作公職人員，原係高級知識份子，平日喜歡研究命理之學，曾在南昌工作時，得到名師傳授。去年夏間，我請他推究命運，他警告我在立春以前，不特不宜作遠足旅行，即在香港出門時亦須格外小心，否則將有意外的災難，我漫應之；第二次晤面時，他又鄭重叮嚀我，說是若干年來替朋友推究這類的運氣，都係準確的，盼我注意爲上，但我內心還是滿不在乎。到了八月下旬某天下午六時，我赴九龍塘「華僑書院」講授中國近代外交史兩小時後，擬過海到香港大會堂聽平劇名角劉復雯演出的「樊江關」。九龍塘的馬路很敞寬我、在走過馬路時，只見左邊遙遠處有汽車的燈光、認爲不礙事，即拔步前行，詎該汽車的司機以路廣人稀，儘量開足馬力急速駛來，即跟我撞過正着，腰部受創甚重，倒臥地下，手腿亦負傷，旁一華僑書院學生，急扶起我坐在路旁石凳上休息，當時尚不覺得怎樣難過，回到家中即劇痛不支了。急延跌打醫師診治，第二天由警察局派救護車送往瑪麗醫院檢驗，背脊骨已撞得彎彎曲曲，臥床醫治四個月才能夠下地，再休養兩月幸告康復。我僑居香港已逾二十年，對於本港的交通情况甚熟悉，從未遇過車禍，這次乃有此無妄之災，憶及朱君的預言，絲毫不爽，事實勝於雄辯，這能說是迷信之談嗎？

最後且述一樁「怪力」的事。吾友浙江鄭曼青，現住台灣，以醫家兼畫家，亦擅技擊，尤精諳太極拳術。對日抗戰時，曼青住在重慶市內，儕輩多稱道他的武藝非凡，適有一美國的大力士在渝，聞曼青名，願作友誼比武一次，且邀約重慶市長吳國楨到場作證。某日即在鄭宅門前的橫巷中較量，該大力士體格魁梧，握拳奮臂向曼青猛撲而來，曼青身材矮小，俟其近身，略爲閃避而順應來勢加以反擊，即見大力士仆身於丈外之地，爬起來向曼青握手道：「頂好！」吳市長和我們這些旁觀的人，亦羣聲歡呼「頂好！」前幾年，曼青在美國以太極拳授徒，桃李滿門，頗著聲譽，殆係導源於此役也歟？

回溯區區在政治社會中混跡數十年的際遇情形，其機緣之奇特巧合，不可思議，除却歸諉於命運外，亦很難得到正確的解釋。我自從離開學校，涉足政壇以來，共計謬蒙三位顯貴人物另眼看待，親信有加，而且事前沒人推薦，亦復素昧生平，盡係萍水相逢的。然結果這三位要人不是中道失勢，便是壯年殂落，而我亦就連帶偃蹇，不合時宜了。

三位對我有知遇之感的政治要人，即李烈鈞（協和）、楊永泰（暢卿）、陳誠（辭修）是也。李將軍於民國十二年以孫大元帥特使赴日本公幹時，我只在公共場合跟他初識晤面兩次而已；即在國民黨東京支部和中國留學生總會的歡迎會中，並無私人交往，事極平常。民國十四年夏，他到張家口參預西北軍的戎幕後，曾致函筆者，囑畢業歸國時，往張垣一游。是年冬月我在北京民國大學教書，他强邀我同赴天津于役的經過情形，已如前述，嗣是即未離開過他，往後他在南京國府作常務委員時，對我格外提拔，且向國府主席譚組安先生再三爲我說項。詎未及兩年，他跟當道因意見不投洽，被擯下野，即未再起。當時政治上盛行派系小組織，我以李協公的關係，對任何小組織皆未參加，李既失意，我當然沒有發展的機會了。越民國二十一年夏，我應湖北省保安處長老友范熙績（紹陔）邀約，由南京赴武漢襄助范兄起草民團組織法規。某夕，我倆在漢口「民生公司」的茶室中品茗納涼，忽遇豫鄂皖三省勦總秘書長楊永泰先生，彼此原不熟識，經范處長介紹後，共座閒談，楊先生談到地方自治與民團問題，我隨便表示一些意見，而楊氏深爲激賞，即留我在總部服務，另簽請蔣總司令電達內政部，調我到武漢工作，不以告假論；此時我方担任內政部參事，按月照領薪俸，而武漢總部又照規定發給我以秘書的俸給，兩邊得錢，待遇優厚。從此楊先生對我言聽計從，毫不見外，曾經向蔣公保薦我再任皖省教育廳長，蔣公召見時，我表示對教育事業素無研究，恐負厚望，遜謝之。楊又慫恿我出任新創置的各省行政督察專員，且讓我選擇某省某區，我答以不必選擇，只願赴最艱苦的地區去試試自己的能力，他更讚許我有胆量，即派充鄂西第四區專員，任職三年中，楊以我整理民團與地方財政有成績，曾由蔣委員長兩次通令嘉獎，並增加月俸一倍。民國二十四年春，楊隨蔣公入川統一巴蜀軍民兩政，我堅請辭去行政專員職務，楊即向川主席劉湘爲我揄揚備至，並電促入川工作，劉氏因楊先生對我優禮有加，聘爲省府高等顧問，俸給甚厚。迨楊氏奉命主持湖北省政之初，曾託人帶私信給我，囑勿作回鄂之計，說是在巴蜀將有很好的發展機會，這時候，一般政治人物皆肯定我是「政學系」的嫡派分子，我也不辯解。不料楊先生忽然遇刺殞命，我這被指目爲「政學系」的人；實際却是冒牌，當然在政治上沒有活動餘地，連那內政部的參事職務，亦被免掉，甚至於間接對我抱有好感的川主席劉湘，未幾亦去世了。已故副總統兼行政院長陳辭修先生，我在大陸時期，從未見過他一面，我識譚畏公時，他尚未做譚門嬌客，他之娶譚二小姐，係在譚畏公逝世後的事，不特毫無私交，且對他的觀感並不佳。及民國四十年我在香港時報主持筆政時，他託人傳話，說他在對日抗戰時期担任湖北省政府主席之際，省府遷移鄂西，常聽得地方人士稱道我當年在鄂西做行政專員的政績，因而很想跟我見見面。我對他的盛意，自表感慰，不久即赴台北晉謁，他一見如故，無話不談。後來我在香港獨力創刊「自由報」，他將行政院長的特別費項下，每年撥助我不少的經費。當他抱病的前半年，我到台北謁見時，因係晚間在私邸密談，他堅決要我回台幫忙，且說：「你放心，我不會教你磨桌子的。」我深感其懇摯之忱，答應將自由報結束後即回來效勞，他欣然認可，詎知我尚未結束報業，他即患病臥床，終於委化了！

李協和先生之失意是五十多歲，楊暢卿先生之被刺是五十零歲，陳辭公之去世亦係六旬零，都屬壯年時期，我乃偏偏於無意之中，謬承三公青睞，而他們皆不永年，可謂巧合也矣。此外的當代要人們，有些我亦曾親近或侍候過，然不是他瞧不起我，就是我不大佩服他，終至無法投契信任有如李、楊、陳三公者，這不是命運註定的事嗎？

人生無論是幹那一行職業的，要想事業有所成就，自應努力奮鬥，而不宜聽天由命，罔事振作。筆者在少壯時期，對於怪力亂神與命運休咎之說，亦視爲荒誕不經，嗤之以鼻，遇事不信邪，有如北方人所謂「不相信羊上樹」的氣概。可是，經過五十年來的奮鬥結果，乃證明神奇怪誕的情形，確存在於兩大之間，尤其是命運問題，註定有然，始終扨不過它。凡是自己理想中的業務，雖竭智殫慮以追求，亦不可得；然若干夢想不到的事情，却無端地逼人而來，沒法逃避。俗言「各有因緣莫羨人」，這便是撰寫本文的意旨，若謂提倡玄學，則吾豈敢！

SPRINGMAID

Bedspreads Bed-Sheets Pillow-Cases & Towels

SPRINGMAID FABRICS

SPRINGMAID

床單・床冚
枕袋・毛巾

大人公司有售

張競生的晚年及其遺作

·唐寧·

少的長，長的老，老的死，海外讀「大人」，才知道張競生先生去世了。世事烟雲，「春與秋代其序」，身居異地，不免懷念故人！

我認識張競生先生是在他晚年的時候了。我和他的長子張超是中學同班同學，同就讀於華南師院附中，因此常有機會過訪其家。那時，他們住在廣州法政路四十五號二樓，門前有一株大樹，婆娑的枝葉穿窗入戶，夏日一片陰涼。這座房子，這株樹，他都會在所作「浮生漫談」中提及。大約在一九六一年七月左右，大陸勵行「節約勞動力」運動，動員城市剩餘勞動力下農村。張競生格於形勢，主動要求回鄉。自一九五七年夏或更早至六一年夏這階段，他便是住在廣州的，我們時有見面。留廣州期間，他在廣東省文史館作掛名館員，月薪約一百至一百廿元人民幣左右，生活還過得去。這是中共收容舊一輩文化人士的機構，沒有實際工作。張競生幾乎每天都到越秀山（俗稱觀音山）散步。在他所作的一篇「長壽法」中，他主張人們學太極拳，並認爲最好內外兼修，太極拳重於外，練氣打坐重於內，他稱之爲「無極拳」。我笑說：這有另一個名詞「氣功」，不必再另創新名詞了。晚年的張競生，身體仍很健壯，個子不高，畧顯清瘦，高興時談話很多。

一九五七年夏某日，我和另一位同學鍾君、張的兒子張超同過其家，當時張先生及其小兒子在家。街外頗熱，室內却濃蔭如水。我們上天下地的談，後來話題竟轉到青年人的理想、志願去了，這在當時是一個熱門題目，我們那時唸高中一，畢業後下農村？入工廠？升大學？又入那一科系呢？張先生問：

「你們選擇志願根據什麼？」

我們那時正是「熱血青年」之輩，飽受了「共產主義教育」，在思想意識的主流上是中共「教科書式」的。我毫不遲疑地囘答：

「首先，當然根據國家的需要，其次，才是結合個人的興趣。」

張先生微笑了，說：

「最主要的根據是個人的興趣。」

由於大家熟了，沒那麼多顧忌，張先生也居然這麼直率了。當時我是很不以爲然的，認爲這眞是典型的「個人主義」了。我便提出這種反問，張先生靜靜地聽了，給我們解釋，「國家需要」是一個空泛的口號，很容易流爲「集團需要」。國家之大，需要各方面的人才。一個人如能以自己的興趣爲志願、職業，他的生活是愉快的，精神是充實的，因而創造力和成績也相應更大，那不是有益於國家社會，而自己也眞正的體會、享受了人生。他還引用了蕭伯納在「賣花女」裏的一句話：

「一個人能以興趣爲職業，這人幸福了。」

理論上頭頭是道，但感受上，我們仍未眞切了解其意義。張競生微笑着告訴我們說：

「你們現在很難眞正理解，日後你們會體會到的。」

自此之後，這番話經常盤旋於我腦際，特別是於我的生活道路作較大抉擇的時候。眞的，如今我體會到了，終日勞碌，爲誰辛苦？天地造人，就爲了鑽在名利圈裏？特別在這「物質富裕、精神貧乏」的美國，營營役役，一日之餘，囘味張先生這短短的幾句話，不禁感慨萬千！

前述的同學鍾君，文學素養甚好，新舊文學，以及「五四」以來的創作及譯作，都曾涉獵。他曾在一件小事上幫助過張先生。大約一九五七年末，香港出版了張先生的「浮生漫談」，但張自己却不知道，時鍾君在港，便通知在廣州的張先生，並爲之奔走交涉，終於取囘一點版權費。爲此，張先生很感激鍾君，其後過從更密。

張的長子超，身材魁梧、雄偉，可稱美男子，且聰穎過人。在同學中，成績特出，數理化均優，文學尤著。大抵受乃父薰陶，不無關係。我們自初中一同校鄰班，高中更同在一班。張超是共青團員，數度任全校團委會宣傳部長及其他團幹部、學生會幹部各職。一九五八年夏，我們在高中二年級，當時學校展開一個「反七害運動」，掃除資產階級歪風邪氣。張超當時與班中一女同學葉女士戀愛，被指爲小資產階級作風。班中開大會集中對他批評鬥爭。連續兩天之後，大抵他已被學校當局內定爲典型鬥爭對象，第三天開會，氣氛轉化得非常嚴肅。幾個團員發言後，同學趙某霍然起立，指着張超說：

「張超是反黨分子。」

本來，張超與趙某及另一同學鄧某，三人均屬共青團員，半年來如影隨形，可稱密友。在鬥爭會開始的第一天、第二天，趙、鄧亦只講些不着邊際的小問題。第二天晚上，他們三人在大運動場上足足談了幾點鐘，直至深夜，次日會上，趙、鄧二人便發動了對張超的總攻擊，趙某拿出一本記事本，像讀日記一樣慷慨陳詞：

「某月某日某時某地，你說『向黨交心一百幾十條，一人只有一條心，既然有一百幾十條心，就是不專一於黨了，還說交心愈多愈好？』這是什麼怪話？這是反對黨的路線！」

「某時某地你說……」

我們暗地裏都吃驚，繼而不寒而慄。若非全部揑造，則是半年來趙鄧二人已像特派員一樣，隨時紀錄張超的一言一行，否則怎能準確地讀出時間地點。由於趙、鄧的「充分証據」，張超被指爲反黨分子，在全校開了一個公開批判大會，由各種人物登台發言，然後由校團委書記宣佈開除其團籍，校方又宣佈已由公安機關取得決議，判勞教三年，立即送往勞教場。其女友葉某則僅開除學籍了事。這事曾震動全校，我那時少年氣盛，還塡了闋「天仙子」，借「夜雨」寓其事：

『擁枕扶床方夢好，風雨忽來朝夢掃，床頭屋漏被無乾，風疾號，雷狂怒，百十同窗驚欲倒。　起坐床前疑海嘯，驀地轟隆樓塌了，鬼神失色急收兵，聲漸杳，人漸少，雨過天青東漸曉。』

張競生先生爲此飽受打擊，他本來對此子寄望甚殷，此事一出，一生的前程可說毀了。一個中學生初露鋒芒，歷史檔案上已留下這麼的紀錄，以大陸的政權說，還能希冀什麼呢？

當這個鬥爭會結束後，我們的班主任譚某曾向張競生作家庭訪問，道貌岸然的發表了一番教條演說，最後指責張身爲家長，要對兒子的教育後果負責任，不應該拿自己寫的「黃色書籍毒害下一代」，張競生至此勃然大怒，拍枱指譚某說：

「我寫的是黃色書籍？你看過多少本？你讀過多少書？」

隨而從書架上拿出幾本他的著作，指着譚某說：

「你拿幾本回去，仔細看看，再發你的議論，怎樣黃色？可以拿去文化部、教育部鑑定，如何黃色？你們從事教育事業的人，看看對教育理解多少！」

他在怒氣稍息之餘，又補充說：

「兒子是我生的，受教育却在你們學校，縱使他眞有錯誤，這責任應該歸誰！」

譚某語塞，意氣風發而來，垂頭喪氣而去，當然，桌子上的「浮生漫談」、靄理士譯作等「黃色書籍」，一本也沒有帶走。幾天後，鍾君往訪張先生，談起此事時，他仍憤憤然有餘慍。

很久之後，我們又去拜訪張競生先生，談起他的兒子在勞教場裏的重勞動及管制，辛酸難以盡言。前些時患上急性盲腸炎，幾乎死掉。場裏沒有西醫，用中醫針灸，結果竟然治好了。我說或者是其他腹痛吧？急性盲腸炎是要開刀的。張先生黯然無語，不置一詞。一會兒又提及葉女士曾多次登門到訪，向他要錢，初時說要買東西去探他兒子，又訴說他兒子誤了她，使她沒臉見人。至此，我們不得不以實情相告：葉女士已早與他人往來。他聽了頻頻搖頭，一言不發，與往時諧趣，判若兩人。

自此，內地風雲變幻，「運動」瀕催，各人遭際不同，來往日稀。一九六一年秋，再度往訪張先生，知他已「響應政府號召」，主動全家遷回故鄉去了。而葉女士側聞已在廣州郊區某公社與一計分員結婚。張超在三年期滿後釋放，聽說准他重入「附中」完成了中學學業，也曾準備投考大學，後果如何，已不可聞。當年人事，滄海桑田，而一代奇才張競生先生，忽傳永別了。

——寫於紐約——

按：一九五九年八月，張競生曾經寄了一篇「美的生活法」到香港來，給他的同鄉友人。所謂「言爲心聲」，行文婉而多諷。鄉友收到稿件後，即滙了點錢給張，但此稿始終未發表。今因見紐約唐寧先生此文，特從張競生先生鄉友處覓得原稿，配合刊載如後：

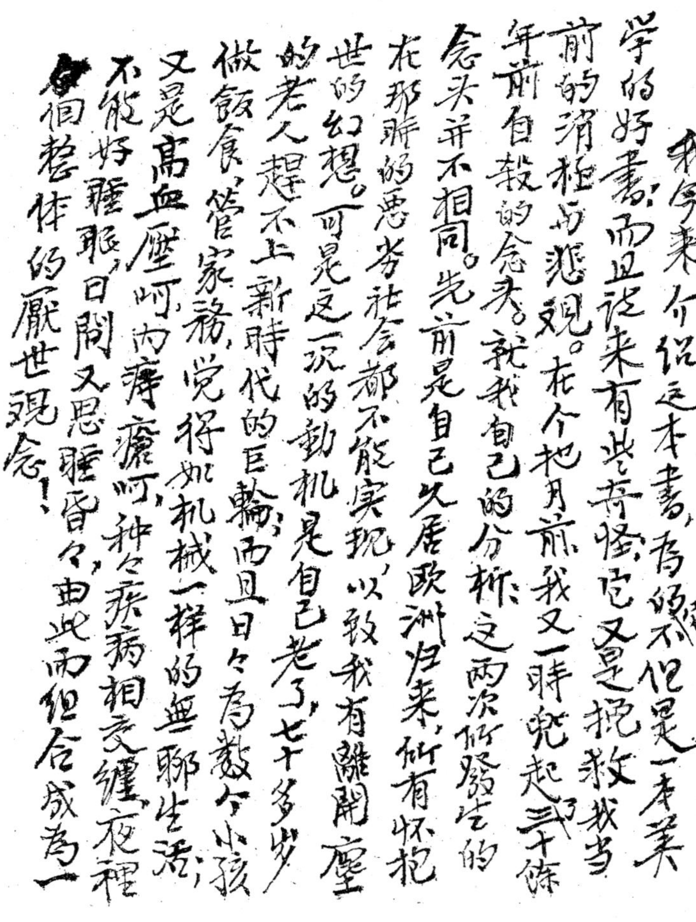
我今来介绍这本书，为的不但是一本美学的好书，而且说来有些奇怪，它又是挽救我当前的消极与悲观。在个把月前，我又一时兴起了十余年前自杀的念头。就我自己的分析，这两次所发生的念头并不相同。先前是自己久居欧洲归来，所有怀抱在那时的恶劣社会都不能实现，以致我有离开尘世的幻想。可是这一次的动机是自己老了，七十多岁的老人赶不上新时代的巨轮，而且日々为数个小孩做饭食，管家务，觉得如机械一样的无聊生活；又是高血压呵，肉痔瘻呵，种々疾病相交缠，夜里不能好睡眠，日间又思睡昏々，由此而组合成为一個整体的厭世观念！

張競生手書遺作原稿一節

浮生新集

美的生活——美是更好的生活

・張競生・

個把月來，無聊賴中，讀熟了一本『生活與美學』，是帝俄時代的車爾尼舍夫斯基所著的。這本書原名爲『藝術與現實之美學的關係』，由英譯人改名爲『生活與美學』，經周揚譯成爲中文，是海洋書屋於一九四九年刊行的。

我今來介紹這本書，爲的它不但是一本美學的好書；而且說來有些奇怪，它又是挽救我當前的消極與悲觀。在個把月前，我又一時兜起了三十餘年前自殺的念頭。就我自己的分析：這兩次所發生的念頭幷不相同。先前是自己久居歐洲歸來，所有懷抱在那時的惡劣社會都不能實現，以致我有離開塵世的幻想。可是這一次的動機是自己老了，七十多歲的老人趕不上新時代的巨輪；而且日日爲數個小孩做伙食，管家務，覺得如機械一樣的無聊生活；又是高血壓呵，內痔瘡呵，種種疾病相交纏，夜裏不能好睡眠，日間又思睡昏昏，由此而組合成爲一個整體的厭世觀念！

可是有意識的自殺實現，幷不是一件容易事。我前次的自殺念頭，被到『北大』任教時的自由生活所解脫了，這一次的念頭竟爲這本『生活與美學』所解脫呵！

車爾尼舍夫斯基在這本書提出與先前統治的美學概念一個對立的定義。他反對『美是觀念與形象的一致』的舊觀點，而主張『美的生活』的新概念。他說：「在人所寶貴的一切東西中，他所最寶貴的是生活：第一寶貴的是如他所願意過的，如他所愛的那樣一種生活；其次是一切的生活，因爲生活總比不生活好；但凡活的東西在本性上就恐懼死亡，恐懼不存在，而愛戀生活。『美是生活』，『任何東西，我們在那裏面看得見依照我們的概念應當如此的生活，那就是美的；任何東西，凡是獨自表現生活或使人憶起生活的，那就是美的。』」（周揚譯文第十五頁）

車氏所提出的『美是生活有二種意義：第一是生活要有豐富的「生命力」。他說：『在簡單的人民看來「良好的生活」，「應當如此生活」，就是「飽食，安居和睡眠充足」。但是在農民，生活這個概念同時包括工作在內。生活而不工作是不行的，而且這會叫人慵倦。』他舉出農村男女有足食有工作，所以都有玫瑰紅的面色與結實的身體，這就是美的必要條件。

第二，『美是生活』是從唯物觀點去認識美的。車氏說：『反之，從「美是生活」這個定義，可以推斷眞實的最高的美，是人在現實世界中找到的，而不是由藝術所創造。根據這樣一種對現實的美的概念，藝術的起源就被完全不同地給解釋了；這樣對於藝術的重要性，也被用一種完全不同的眼睛去看了。』

他又說：『從「美是生活」這個定義，就可以明白：爲什麽美的領域不包含抽象的思想，而只有個別的事物——生活，只能從現實的，活生生的事物中看到，而抽象的，一般的思想並不是生活領域的一部份。』

因爲眞實的美只有在現實事物中顯現出來。所有藝術，如建築、彫塑、繪畫、音樂、戲劇、詩歌、文學等都不過是『再現現實』。這些藝術充其量只是表現了現實事物美的一部份，片面的，外表的，暗淡的，不確切的。總之，一切藝術和生活美及自然美比較起來是無力的，貧血的。例如一幅海景的畫與一首詠海景的詩，任它們怎樣逼肖與動人，但怎樣能夠匹敵眞的海景與人們親身面對海景所鑒賞的激動情懷呢？

所以從生活與自然中的一切現實事物去鑒賞美，才是眞的領受與享用。至於一切藝術不過是生活與自然美的一種『備忘錄』、回想物。即是藝術僅僅是在現實事物不在時被借助爲事物的回憶吧了。這就是車氏對於生活美與藝術美比較上，也即是對自然美與人爲美比較上的結論。雖則是車氏也承認藝術有『再現現實』，尤其是『說明生活』，與爲『生活教科書』的各種作用。

可是要生活就要鬥爭：向社會鬥爭與向自然的鬥爭。平常人的生活不過是一種普通的無鬥爭的生活，所享受的也不過是普通的美感。但凡愈有鬥爭的人，就愈有特別生活的意義——愈能得到特別的美感。

今就以車爾尼舍夫斯基自己爲例証。他從三十四歲起就被帝俄野蠻政府所監禁與放逐到西伯利亞做苦工，一共有二十一年之久。在被獨身監禁二年之後，還被執行『假死刑』的威嚇。事情是這樣的：在一八六四年五月的一天，車氏被帶到絞台，一個執行人於宣讀判决後，一個執行人在他胸前掛上一個黑牌，上面寫着『國事犯』。一個執行人拉車氏到竪架前，把他的兩手透入鍊圈裏，這樣約有一刻鐘之久。最後，執行人鬆開鍊圈子，把他拿到絞台中央，粗暴地取下他的帽子，强迫他跪下，於是拿起一把刀在他的頭頂上折斷。經過這樣的死刑威嚇後，又把車氏拿上馬車去監禁。

這是古今中外所未有的一種極大的侮辱，以死刑來侮辱這位偉大的作家。但是無論如何威嚇，總不能使車氏屈服。野蠻政府以死相威脅，車氏也以死相抵抗。他雖在二十一年久的監禁放逐中，仍然寫出他許多優秀的反抗文章，與抱革命的精神及在鬥爭中保存戰勝惡勢力的樂觀。他不想在放逐中脫逃，也不想向沙皇求情。

這就是我讀車氏的傳記及讀他這本『生活與美學』之後，使我深深感動，使我更加了解今後怎樣地好好去生活！

自達爾文提出『物競天擇，優勝劣敗』的鬥爭原則之後，科學家們見到這個原則不過是一面的事實；此外，尚有『和平共處』一方面的原則，於是有克魯泡特金的『互助論』的提出。

實則，生物界有鬥爭也有互助。大概在同類中是互助，對異類時是鬥爭；在食物充足時就互助，在食物缺乏時就鬥爭。鬥爭與互助是『對立的統一』，至於人類的生活與思想中，鬥爭與和平是集合在一起的。

安靜的生活是普通人所喜歡的，但非我們所要求。可是，太過鬥爭式的生活也是苦惱的，悲劇的。美的生活是有安靜又有奮鬥；應安靜時就安靜，應奮鬥時就奮鬥。說到此，我近來覺得無聊賴，就因爲生活太過安靜。試問日日一樣爲小孩們做三餐飯菜，夜夜按時按刻睡覺，朝朝照時刻起床，於我好動的個性怎樣能夠相合呢？

幸而遇到天氣靜和，當小孩們上學後，我常常獨自一人上越秀山散步。雖則時間不長，但我深深領受了大自然的風光；時不時極快樂地聽到鳥聲與蛙聲，嗅到玉蘭的香味。說到鳥聲比先前少得幾乎絕迹了。這因人們爲打殺有害的麻雀而連累到別的鳥類了。至於蛙聲，也因整理池塘而使蛙類也幾乎絕種了。記得廿餘年前我在越秀山最怡情是聽到稚蛙與老蛤一氣合唱得如音樂的節奏一樣。我當時曾寫一短文，以爲葬在這山的周圍那班文藝家的『幽靈』寄託在這些蛙的聲音上，始能有這樣和諧的聲調。因爲我在鄉間所聽到的蛙聲單調無味；怎樣越秀山的蛙聲別有一種音調呢？

越秀山經過整理後，越加顯現了多采多姿。除古迹的五層樓與中山紀念塔之外；新建的有體育廣場，北秀湖游艇，溜冰場與各處茶室，及臨時各種美術展覽會，花卉展覽會。可是我對這些已司空見慣了，並不覺得有什麽趣味。我每次上山不過爲散步而散步。有一個時期、我在路旁與樹林中拾起了一些殘枝歸家引火。友人們爲我引取笑元稹悼亡的詩句是『落葉添薪仰古槐』！

我對山是具有無窮興趣的。我生長於山村，極愛上多嬌多媚的山光風景。假使我無家累，能夠長期在越秀山徘徊留戀，鑒賞它的晨曦，夕陽與月色星辰，雖則在無聊中，慰情也聊勝於無。可是我因小孩們的伙食，每次只能在這山中散步一點多鐘，就須回家做『爐邊鬥爭』了。這又是一種苦惱而無意義的鬥爭呵！入市排隊了許多時間買得一點菜蔬，歸家起了極艱難的煤爐，一飯一菜動須二三點鐘始能就食。這樣的『爐邊鬥爭』，在我又有什麽意義呢！

在這樣無聊的生活中，我當然時常在想變動，在尋求一種美的生活法，——更好的生活法。

就具體說：生活組成的部份是工作，休息，娛樂與睡眠及思想。車爾尼舍夫斯基說得好；他說：『生活這個概念在農民說來是包括工作在內。工作繁多却不致精疲力竭那樣一種豐富的生活的結果，使年青農民和農家少女都有鮮嫩的玫瑰紅的面色——這就是美的第一個標準。』實則，一切工作，都能使人得到康健愉快；不過農村生活比較別的工作更加衛生吧了。我近來見到許多相識的下放到農場的工作的幹部，都是精神奕奕與比先前得到一個着實的身體呢。

可是工作就個人說要適合個人的才能與興趣，不適當的工作埋沒了人才，而且也損害健康。要使人盡其才，在有些國家已設有科學檢定標準，即是經過心理、生理、智能等等的測驗，從而定出一個適當的工作單位。孫中山先生的考試制度大綱上是對的。先前上級對下級的分配工作是依據資歷的，但這樣機械式是有許多不合理的。現時的分配工作仍然有許多不合理的。我在數年時也曾條陳政府施行考試制度的。

總之工作最好的標準是身心並用；即體力與腦力同時鍛鍊。先前一班讀書人只知在書本上用功，以致『四體不勤，五谷不分』，遂成一個衰弱的身體，而精神上也萎靡不振。現在政府實行『幹部下放』的政策，這是極好的；但只要勿太久的下放就好了。

實則工作爲生活，但生活並不是全爲工作。因爲生活除工作之外，尚要有休息、娛樂、睡眠，與思想。在現在的社會有些人工作太過度了，以致筋疲力竭，不能好好地休息與睡眠，而最傷害是不能有時間去好好運用思想，殊不知人類的生活最要是思想呢！

檢點起來，覺得我個人對生活作用的錯誤，起了極大的懊悔。在解放前約近廿年的長久時間，我因對政治腐敗的不滿，遂決定歸回山村作『隱居』的生活。除從事果園種植外，我尚且被迫做起『大紳士』了！處在那時的半封建社會裏，鄉里間，姓氏界的糾紛以至於打官司及械鬥，我都用調解方法使之消除。他如個人因賭博欠債，我也爲他們豁免。而此中最突出是一些無丈夫的婦人要改嫁而爲家庭所阻撓，我都做主聽她們的志願，因此，我隱然爲一縣的婦女改嫁者的法官了。這樣無聊的紳士態度，雖則不是爲個人利益，但究之於社會也無能起大作用，只有把我有用的光陰消磨於無謂的應酬吧了。在此十餘年間的工作，比較上算稍有價值的是開辦一條公路，管理點苗圃林場，與一間農校。可是這些對我思想上都無上進的啓發。我先前在『北大』及在上海開『美的書店』時的思想何等勃發！而今在這山村間孤陋寡聞，除却偶然在報上發表一點點短文之外，不必說我個人固有的思想全行消沉，連普通的譯述也懶於執筆了。

由今想起，追悔無及。我在這一段長久的『隱居』生活，可說是一具缺乏思想的死屍吧了！但自一九五〇年到廣州至於今日，我又太過於思想而缺少體力的活動與社會事業的實踐，這又是別一種無意義的生活哪！

長·壽·法

張競生

一個人的長命，一方面靠父母的遺傳體格；一方面更重要的，是靠自己的修養。

就我們現在的中國人說，受了父母先天的影響甚大，尤其是舊時母親受纏足與不大勞動的遺傳，以致子女的根基薄弱。又因家庭及公共衛生不講求，以致小孩時常有許多疾病，但個人到現在如能活到三四十歲以上的，已經證明了有一切抵抗性，如能自己修養得法，那就能長命或可能活到一百歲了。

就我個人說，我小孩時就有輕微的大腸病，又牽連到有盲腸炎。在德國一個時期這盲腸炎極厲害，就到醫院割去了。但大腸固結，大便乾澀的病症，至今仍然存在。因爲我對於飲食及行動，極力調攝，遂使二十餘年來的大便病不致嚴重。又自從我曉得自然派衛生法後，我極悔先前剪去盲腸那種手續，因爲照這派衛生法去調養，盲腸炎是可以自然消除的。若用人力去剪割，有些人在施手術時可致死亡的危險。

總之，我們每個人都不免有一種病。但如能用衛生法去對付，這個病是不能使人早死；有時且因這個輕微的病犯，而使身內起了警惕性，從而更加有抵抗外患與能夠長命。例如我因有大腸病而形成大便乾澀的表現，我就常時用手按摩腹部，又在大便時用手摩擦腹部、腰部及會陰，而助速便糞的排洩。這樣我不但解除大腸固結病，而且使腹部會陰部以及大腸，得到好好的運動，從而得到消化系增强的好結果了。

說到個人的修養，更是決定長壽的主要根源。首先最要是樂觀——精神上的快樂修養法。我們這班老人物，每每未免對舊時保存顧戀的念頭，我有一班熟人就犯了這樣毛病。所以我常勸他們「向前看勿向後顧」的格言。此中有些熟人已有這個格言的修養，他們就極怡然自得，身心愉快了。

其次，對於飲食起居都須嚴守衛生。例如老年人要多食菜蔬，因爲魚肉更使老人的組織硬固化；菜蔬可以加强少壯的回復，尤須多食糖類，老年人如小孩一樣，糖食比任何物品爲有益，但機器製的白糖，甚刺激，不宜多食。最好是黃糖，尤其是麥芽糖，每日能食用多少，是極有滋養料的。老年人的組織日見硬化以至於死亡，而抵抗硬化的方法在多運動，無手工作之人，每日要有二點鐘的散步。又此中最重要的如打太極拳、八段錦或柔軟體操之類。有一友人年已六十餘，看去好似四十歲人，我問他養生的方法？他說有一個在坐椅中的鍛鍊法。我想這個可名之爲「內極拳」，即是身坐在椅中，用深長的呼吸，使五臟及四肢得到一種周轉的內部力量，如道家所說的「丹田」力運用一樣。又抵抗硬化，當多洗澡，蘇聯人介紹用蘇打水浴身，我近已採用此法，覺得皮膚極柔滑，聞長久用此法後，可使身體組織上得到極好的新陳代謝。

蘇聯的第六個五年計劃，在求國民長壽法中，對於兒童的痲疹與百日咳等病，特別注意；而對成年的，是爲風濕病及高血壓等的療治。

就我們「自然派療治法」說，我們對這些病，不用藥品，而只用衛生、手術及鍛鍊就可治好，而且能從根本上治好的。

就大人的風濕病說，我已死去的愛人是長期犯此病的。她或許是由遺傳而來，病來時全身如針刺一樣不能睡眠，尤其是在兩腿間，要用大力去壓伏或用力捻揉搥打，始見稍安。她是不聽我的自然派療治方法的，有時打了針，在短時間比較輕鬆，但終不能根本治好，她當然因這病的影響，而極受刺激。我自己也曾有一時在左手腕上犯了風濕病，刺激到不能睡，我就用力把手腕扭轉運動，不但當時即覺輕微，而且這樣長期做去，把這個病根本肅清了。

說到高血壓一病，在先前有錢的老人中相當普遍。我眼前所知的熟人，尚有數人在犯這病。這個病的原因，是他們多食而少運動，到了老年，自然肢體不免硬化起來，而使病症嚴重。根治的方法，就是少食——尤須食菜蔬水果，而少食魚肉，尤須要多運動，做各種體操，多散步與多洗澡，使「硬化」的現象，變成爲易於新陳代謝的「硬化」，這樣便不會有高血壓與別的病了。

「長壽有什麽好處」？我近有一老年朋友曾來信向我疑問此事。不錯，如果長命而多病，又於社會無什麽益處。我常主張不論長命短命，總要有生一日，就得到一日的康健與精神的痛快。

怎樣能在壯年或老年而享受痛快的生活法呢？我個人的經驗，是要遵守「自然派」的規則，則在衣、食、住、娛樂，性慾及精神各方面，依照自然的規律。我個人曾有一個長期在法國「自然派」所辦理的大島上，享受自然的生活法，覺得身心都極愉快，例如不食腥羶的魚與肉，而食菜蔬與水果，飲的不是酒，而是葡萄汁與蘋果霜，這是飲食上的痛快。各人就其身體而練習各種體操，這是身體强健上的痛快。精神注重樂觀，不作無謂的顧慮，這是思想上的痛快。集合這些種種愉快的生活法，自然能夠永久無病，即先前有病的，甚且如犯了第二三期肺病，痼症的風濕病及嚴重高血壓，也能逐漸克服它，而把它治愈，這些都是我親身所經驗，與親眼所看見的。自然派的衛生生活，不用一切藥品，都由個人依照自然的規律，而生出抵抗病毒的力量。這樣才是根本的健康法，也是確切能達到長壽的方法哪。

當然。這只是我個人的經歷，不一定人人合適的。

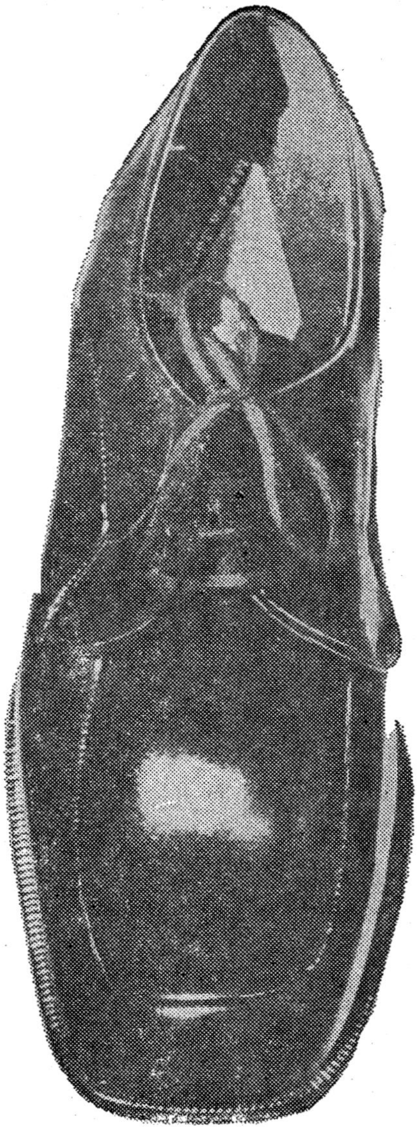

MANZ
MADE IN W. GERMANY.
sitzt wie nach Maß

MEN'S SHOES

大人公司 平價市場 人人百貨 大方公司 來路鞋公司有售

多子大王王曉籟

裘澤人

上海商界聞人王曉籟先生，歷任市商會會長有年，他是浙江嵊縣人，早歲即赴上海就業，曾經在家鄉進過學，中文甚好，在上海商場中不失爲一位通品，生平軼事不少，擇其雋永者記之。

敬兄如敬父

王曉籟的一輩以「孝」字排行，他原名孝賚，曉籟二字是諧音。少年喪父，賴長兄持家，他的大哥孝檢，字邈達，是一位儒醫，久在杭州歡樂巷行醫。長兄大他八歲，曉籟對老兄最敬重，滬人都稱曉籟爲王二哥，因爲他家裏還有一位王大哥在也。曉籟事兄至誠，抗戰時，本人赴重慶，就接他的老兄到上海，在他的環龍別業住宅居住。勝利後，回上海，每有邀宴而並請賢昆仲列席者，他必定將所有酬酢，一一出席，最後到此家陪老兄吃飯，習以爲常。自言：當年若無大老爺在家鄉看守老家，經之營之，我如何能在外邊赤手空拳打天下呢！乃兄常勸他做點自己的事，他總報以機會未至，甚至被日本人譏爲「沒有職業的商會會長」，他晚年在上海的職業項下是「胡慶餘堂國藥號董事長」，仍與乃兄有關。

王曉籟的老兄，鄉人尊之爲「大店王」，除了醫道之外，還善於看風水，據說他們王家的後嗣昌盛，多子多孫，都與先人坟塋有關，這些祖塋都曾經這位大老爺勘察遷葬的。

治國先齊家

王曉籟有許多妻妾，那是大家都知道的，究竟有幾位太太，談者均不詳。某次，交際花王吉；她本來名王潔，這吉字還是王曉籟爲其所改，忽在稠人廣座間對王二哥說：「你已經有了六位太太，難道教我做你的七太太嗎？輪班都不知輪到幾時？」於是王吉就尊王曉籟爲二哥，改以兄妹相稱。大家才知道此時他已經有六位太太了！王吉無錫人，別號雪浪山人，能唱崑曲，初嫁秦通理，名秦王潔，後從潘三省，則名潘王吉。崑劇保存社在上海籌欵，演「游園驚夢」，梅蘭芳演杜麗娘，俞振飛演柳夢梅，王吉演春香，王曉籟演花神，爲一時盛會。

王曉籟他的原配鄉居早逝，住在環龍別業的太太便成爲正式的王太太。三太太出身北里，住蒲石路，稱新太太；四太太是坤伶小金鈴，纖纖小足，在共舞台以與曹毛包合演「陰陽河」馳譽，不必踩蹺，天然就是小脚，稱新新太太；五太太張瑤卿是在大世界乾坤大劇場唱小生兼青衣的，其姊嫁南方名武生楊瑞亭，都住在福煦路念吾新村，所以楊瑞亭和王曉籟還是襟兄弟；六太太是一位舞女。他雖然擁有如許妻妾，但從無爭夕之事發生，每天上午，例必在環龍別業見客，別的公館是不接待賓客的，下午則赴市商會辦公。有一天，王的弟子葛福田忽然頭上貼着橡皮膠布來見，他問爲了何事？葛說：家中一妻一妾，爭風打架所致。他哈哈大笑，並說：「齊家治國，古有明訓，你連家裏的事都無法安排，如何可以在社會上做事！」說罷面有得色，聞者都說：王二哥眞有辦法，弟子輩望塵莫及！

十子從空軍

王曉籟既多妻，隨之亦多子，大家稱他爲多子大王，象徵子孫昌盛。記得凡有結婚，都要請他証婚，即以特請王曉籟先生福證有一家大來集團結婚，作爲號召，成爲上海許多集團結婚組織中生意最好的一家。他共有子女三十餘人，題名悉如己意

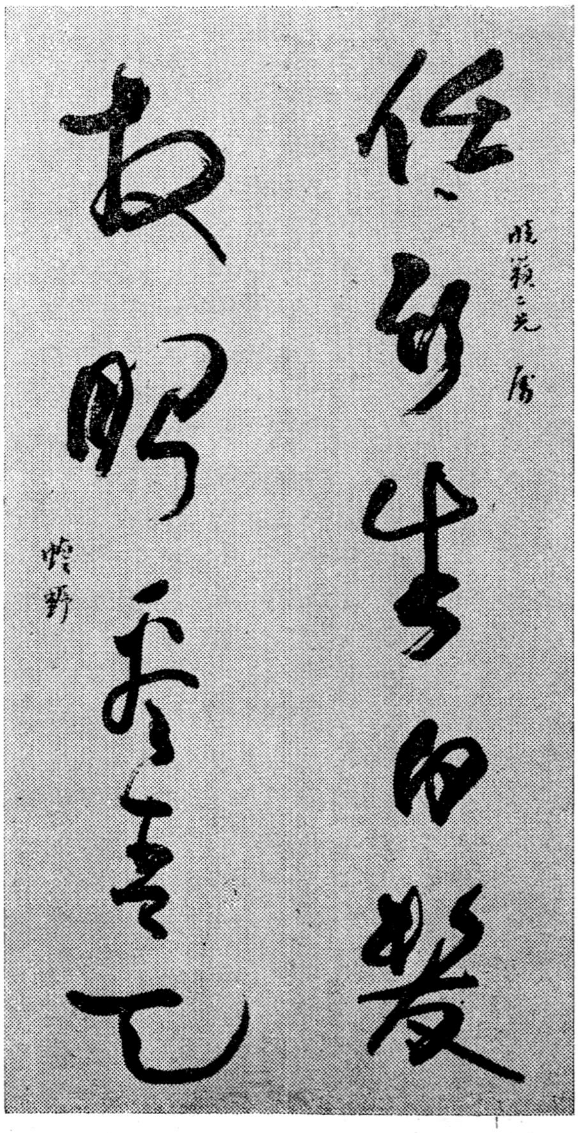

王曉籟集句　陳蝶野（定山）草書對聯　定齋藏

王曉籟於一九四一年為香港鶴鳴鞋帽商店揭幕自右至左：白燕、黃曼梨、林康侯、張一麐、葉蘭泉、王曉籟、路明、徐琴芳

，試舉數例，行三者名守理，諧音英語Three，行十二者名達仁，諧音英語Dozen，行十五者名碩吾，則是中文的諧音十五了。抗戰期間，他的兒子長大了，很多在內地便加入空軍服務，十子從軍，傳為一時佳話。他還特別强調說：多生兒子要儲為國用，我家的十子從空軍，應傳為千秋盛事，至今他的兒女在國外者甚多，且已孫曾繁衍了。

殺進空城去

王在上海愛好票戲，且以捧角關係，與劉豁公合編戲劇月刊，由大東書局出版，署名王得天，表示他的得天獨厚，唱花臉戲，亦不求甚解。陳定山春申舊聞有記其演戲一節云：『票界怪傑沈田莘每一登台，輒笑話百出，所難能可貴者，只是他自己不笑；但他也有個好處，便是逢戲必票，逢票必賑，義務演出，從不後人。那時候的票友，腦門兒都自己花錢，千兒八百不算稀奇。此公平日一錢如命，惟有逢到票戲，則場面配角，無不自帶。一齣空城計，除了司馬懿鐵定王曉籟票演之外，馬謖王平，都用內行，而探子老軍則定是孫蘭亭和龐京周。有一次演空城，「我正在城樓：：」一段二六，正唱到「來、來、來！」他一方羽扇輕招，王阿二忽然領着大隊人馬，殺進了城去，將沈田莘嚇得在城樓上掉了下來。事後，田莘埋怨王阿二惡作劇，阿二却說得好：「你不是明明貼着空城計麽？我這個紹興司馬懿，怎麽會上你湖州諸葛亮的當呀！」』陳夔龍八十大壽，他和程君謀合唱「取滎陽」，演項羽，詞句甚多，背誦如流，並說：「少年時背書成了習慣，現在背戲詞還不太吃力。」

王曉籟對票戲興趣極濃厚，其時上海有中華公票房，他每天必到。張嘯林六十歲生日，在大滬花園唱堂會，王和袁履登合唱開鑼戲「八百八年」，亦即「渭水河」。那次張的堂會中，有三個居士，王曉籟的得天居士是大家都知道的。褚民誼唱崑劇「訓子」的關公，號稱樂天居士。杜月笙唱「黃鶴樓」的趙雲和「探母」的坐宮，則稱悅聲居士。王曉籟向杜月笙說笑：「任何事情你一參加，市面就弄大了！」因為杜對後台配角場面，無不加倍賞賜之故。

王曉籟和杜月笙在上海時本來都穿長衫，興到之時，亦時臨舞廳婆娑起舞，徵歌選色。王曉籟如厠一次，例給厠所侍役小洋二角，成為常事，杜月笙則至少給一元，王又笑杜曰：「是不是？連舞場厠所的市面都給你弄大了！」

愛好弄筆墨

王曉籟腹有詩書，好舞文弄墨，鄉諺稱為「弄筆頭」，他對聯語文學興趣也很濃厚。他的故里吼山，有一烟蘿洞，風景幽美，民國廿三年，他有意在烟蘿洞內建造一所別墅，以為避暑之所。因為上海的七八月，天氣炎熱，常常熱至華氏一百度左右，有錢富家多喜往莫干山、廬山避暑。他的別墅尚未造成，而已經自擬一下聯徵對，能對出上聯者，將來別墅落成，即請其作座上客。其下聯云：「客來皆洞賓。」當時以此聯揭諸新聞報徵對，洞賓二字，有二解，一為呂純陽之號，一為洞中之賓客，意義雙關，其後有諸斗星者，以「君去為巢父」應徵，亦未見佳。後來時局不靖，烟蘿洞始終未能開工，祗留下這付對聯，供人作談笑資料而已！他留香港時，黃國樑開四五六菜館，王贈以自書鏡屏曰：「四時五味六調和」，嵌「四五六」三字，渾成自然。附刊對聯「任頭生白髮，放眼看青光！」也是由他自己撰句，而請陳定山（蝶野）先生大筆一揮的，寫得龍蛇飛舞，不知如何又從國內流來香港，落入舊友手中，真個感慨不盡！

瑞麟與潮州魚翅

·林熙·

一九七〇年香港大會堂的博物館有個「百年前之香港」的相片展覽，其中有一幅清朝兩廣總督瑞麟的照片，附說明云：「攝於一八七〇年，時年六十五歲。」

瑞麟任兩廣總督始於同治四年乙丑（公元一八六五年），是以廣州將軍兼任的，其任廣州將軍則始於同治二年，同治五年實授兩廣總督，一直做到同治十三年九月死，在廣東十二年，成為清末總督羣中最富有的一個。因為做兩廣總督一年，安安份份的入息就有數十萬，如果法外聚斂，則有百萬可致，當時的人為他作最保守的估計，他死在廣州時的家產，至少在一千萬両以上，因此有貪官之稱。他攝此肖像時在一八七〇年，為同治九年庚午，亦即是瑞麟在廣州的黃金時期，當時潮州、瓊崖一帶的反清民間武裝隊伍都被他肅清，他的兩名部將方耀、鄭紹忠，俱為潮州人，驍勇善戰，瑞麟則運籌帷幄，故方、鄭皆能奏功。從此他在廣東做太平總督，安心聚斂，也無人敢過問了。一八七〇年正是西洋攝影術發明未久之時，這幅相也許是他到香港拜會港督麥當奴時所攝，否則就是請香港的洋人到廣州給他拍攝的。

瑞麟這張照片穿便服，左手握鼻烟壺，右手的拇指戴有一隻班指，態度頗為閒適。同治九年的瑞麟，尚未拜相，但下一年授文淵閣大學士，十一年晉文華殿大學士，仍留粵督任，首輔也，同時亦為使相。他死後，文華殿大學士一缺，由李鴻章補授，亦留直隸總督任上，這個首輔一直做了二十七年李鴻章死於任上為止。

瑞麟在兩廣總督任上時，同香港官方的交情拉得頗為緊密，對洋人十分籠絡，因為他曾經吃過洋人的虧，已有幾分怕洋人，由怕而生自卑感，就事事向洋人遷就了。原來第二次鴉片戰爭時，英法聯軍合力侵略中國，攻打天津，咸豐帝派他帶一萬官兵防守通州，僧格林沁屢戰失利，侵略軍進展至通州，瑞麟與勝保在八里橋拒敵失利，侵略軍進迫京師，瑞麟在安定門外抗敵，一敗塗地，後來被革去文淵閣大學士之職。雖然跟隨皇帝逃到熱河，和議成功，授侍郎銜，但與大學士名銜，相去不可以道里計了！

一八七〇年四月九日，香港東華醫院行奠基禮，由港督主持，瑞麟也派代表參加，到一八七二年二月十四日落成，開始為民衆服務，行禮之日，觀者人山人海，熱鬧非常，當時瑞麟送有一件禮物，是一張雕刻極精緻的酸枝大椅。據說這張椅子本是廣州富豪潘正煒的遺物；潘為十三行行商同孚行東主，因鹽務虧空，拖欠公欵，而致破產，事在道光中葉。潘氏在當時是廣東一個大富豪，這張椅子以主人破敗，流出市面，為廣州府知府所得，據說是一個商人買了獻給一個滿洲籍知府的，怎知不二年，這個知府因為貪贓枉法，被革職查辦，此椅又流出，為一個滿洲人做南海知縣者所得。這個南海縣算是清官，生平不貪財，這張椅子雖非價值連城，但也非三五十両銀子可買，他的門生買來送他做壽禮的。說也奇怪，自從這椅入門後，南海縣就愛財若渴，由清官而變成貪官，他在南海任上做了六七年，刮了不少民膏民脂，正想辭官歸里，忽然被人奏參得實，查抄家產，並把他充軍到口外，從此這張名貴的酸枝大椅「失踪」者又二十年。到瑞麟來做兩廣總督，某年瑞麟生日，他的一個下屬竭力巴結他，蒐羅廣州最名貴的家具，送他做壽堂的點綴品，此椅亦在其中。

瑞麟一見此椅，很是欣賞，特地放在他的簽押房裏，日夕厮守。自此之後，瑞麟也貪財起來，只要有人貢獻，大小不拘，多多益善，如是者伴瑞麟五六年，也不知道此椅有此「特性」。有一次他在督署宴請一班廣州大紳士，其中有一人是瑞麟生平所敬重的正人君子，酒後，瑞麟請他入簽押房談天，簽押房是辦公地方、機密要地，沒有相當交情的朋友是沒有資格入內的。某紳士一見那張酸枝大椅，好像似曾相識，看個不停，瑞麟以為他喜歡此物，便說可以奉贈。某紳士大驚失色道：「將軍心愛的東西，我怎敢有非份之想。不過這張椅子是廣東著名不祥之物，潘家買了它，不久就破產，以後兩個滿洲官員，因為有了它也革職查抄，從此官場中人，見之皆退避三舍，將軍最好不要它吧。」

瑞麟是個迷信的人，立即命人把椅子移出，暫時存放在花廳裏，以便發落，一放經年，瑞麟對此事也忘記了。某年江蘇巡撫丁日昌（廣東豐順人）請假回鄉後，同方耀一起到廣州，丁將取道香港趁海輪往上海回任，瑞麟在禮貌上要歡迎這位方面大員的，就在督轅設讌演劇招待，丁日昌不是瑞麟的屬官，故此可和主人隨便閒談，方耀就不同了，要拘禮一些。談話間，丁日昌說在花廳見到一張精工雕刻的酸枝大椅，非常可愛，不知在廣州什麽地方買到。瑞麟貴人事忙，已經記不起有這件傢具了，客人一經提及，他才想起，原來此物仍在督署，連忙對丁日昌說：「雨生兄，你喜歡它嗎？可以送給你，不過，我得聲明在先，這是不祥之物，做官的人得到它，往往會後果不好，尤其是不利我們在旗的人，已經有二個人因此椅而破家了。」丁日昌說他不迷信運命之說，他剛說完，就知道自己口快說錯了話，明知瑞將軍迷信，而在他面前說自已不迷信，豈非使人難堪，於是馬上補救，說道：「兄弟是做官的人，那有不迷信之理，剛才說不迷信，漏了幾句，應該補充，因爲省城就快要起造潮州八邑會館，如果會館得到老兄贈以用過的一枱一櫈，都是無上光榮，八邑百姓，將會感激。」瑞麟說：「我已經說過，這張椅子是不祥之物，難道你們潮州人不怕嗎？」丁日昌笑道：「會館是公衆之產，八邑人民數百萬，它怎能選擇那一個來作祟呢？況且此物一經來到我們潮州人手裏，老兄已做了一件好事了，它對老兄必能反禍爲福，老兄將指日入閣，秉政中樞，可以預卜。」

瑞麟大喜，原來他在咸豐八年（公元一八五八年）十二月由戶部尙書授大學士，已是入閣拜相了，當時未決定給他那一個殿閣的銜，到九年才定名爲文淵閣大學士，不幸於咸豐十年七月在通州吃了洋兵的虧，大敗而歸，得革職處分，在此後十一年中，並沒有恢復舊職的機會，如果丁日昌善頌善禱的話眞個實現，豈不是到了暮年還得到一次光榮嗎？便馬上答應交給方耀，因爲方耀是主持籌建八邑會館的人，由他保管這張椅子，等候會館落成才搬進去。

一百年前的兩廣總督瑞麟

椅子出了「帥府」後，方耀便交給在香港做生意的一位潮籍富翁，存放在廣州舊豆欄他的店裏，這個富翁在南洋有很多生意，廣州汕頭亦有分號，籌建八邑會館，他不單是發起人之一，而且是負責進行的人。椅子到了他的商店後，大約兩三個月，就是十二月二十四日了，潮州人在這一天不止是送灶君上天，而且還拜祭衆神，報答一年到晚保佑平安。就在拜神那一晚失火，把正廳和後座的貨倉統統燒光了，老板親自督率店夥救火，首先把帳房的帳簿銀両搬出，又想起「方大人」（當時的潮州人皆如此稱方耀的）交給他的椅子，不可讓它有絲毫損傷，便又重賞救火的人，誰敢入內搬出椅子，賞以白銀二十両。重賞之下，必有勇夫，果然有兩個夥計冒生命危險，合力把椅子抬到街上，幸無傷毁。

事後，富翁的親友都埋怨他不該把這張不祥的椅子搬到店裏，方耀也連忙去慰問他，自怪不好，連累了他受損失。富翁淡然若無其事的說：「我從來就不信這些事的，『塞翁失馬，安知非福』？」過了不久，丁日昌同瑞麟談及此事，瑞麟也覺得有些不安，便授意粵海關監督，對某富翁辦入口的暹羅米、燕窩及其他珍貴物品，給予半年的特別通融。這半年的優待，使富翁大獲厚利，不僅補償火災損失有餘，而且生意日旺，發了百多萬橫財。

這件事傳開後差不多有一年，潮州八邑人士都認爲這張椅子擺在八邑會舘裏，對一般潮州人沒有好處，大家開會討論後，施壓力請方耀取消此議。「方大人」見衆怒難犯，答應把此椅搬到香港，「投之四夷」，以絕後患。其時香港有個潮州商人某甲聽說某富翁發了百萬橫財，是椅子與瑞麟的關係，便託人向方耀請求，把椅子交給他，讓它放在洋行裏擺設，洋行中洋氣衝天，可破迷信。

從此這張椅子就來了香港，某甲發財抑破產

，不見有人提及，只知此椅在一八七〇年東華醫院開幕之日，由一家洋行的東主借出來擺在禮堂中心，引得很多人圍攏上前觀看，搞到更練（當時香港的警察很少，街坊各設更練，維持安寧）無法維持秩序。當時的英文報紙曾有報導此事，並提到此椅的來歷，但它怎樣爲瑞麟所得，怎樣到了香港，則語焉不詳，只說舊爲潘家之物。

一八七〇年香港東華醫院開成立大會，一八七一年，是爲同治十年辛未，七月四日，清廷授瑞麟大學士，丁日昌之言竟然應驗了。北京的明令發表是七月初四日，數日後，瑞麟才接得喜訊，這時候，他正在督署看戲，加官跳完，拜相之命就傳到了。瑞麟最愛聽戲，時時藉故派人到北京邀請名班到廣東，同治十一年，國家有大慶典，九月十五日皇帝大婚，瑞麟更是抓到了大題目在手，還不唱戲三月，官民同樂嗎？七月初旬某日，瑞麟正在看戲，照例先要跳加官，跳後，看戲的人要賞錢，官場跳加官，大抵是加官跳後，手拿紅色字條，上書「一品當朝」，向着某一官員，這位大官就要給予重賞，討吉利也。瑞麟是總督，跳加官時，當然先向他跳。當加官正在跳來跳去作拜舞狀時，冠上兩翅，忽然鬆弛欲墜，如果掉落地上，很不吉利。正在千鈞一髮之際，上場門內有個扮太監的伶人，連忙捧着黃綢紅綾闖出舞台，跪在加官前高聲說：「奉上諭，太師冠上加冠。」加官亦跪在地上，於是太監就把黃紅綾束於兩翅，使之不墜脫。加官謝恩，起身就跳，朝着瑞麟高舉「一品當朝」紅條，跳完，將紅條掛在台座中間。瑞麟初時見加官的冠翅欲墜，亦揑了一把汗，後來有太監出來「救駕」，這才大喜，厚賞此兩伶人，不數日，授大學士的喜訊傳到，大約半個月後就接到諭旨了。（當時廣東與北京之間尙未有電報，但洋商所得的消息較早。官吏委任，要見到諭旨才算證實。）

瑞麟是葉赫那拉氏，滿洲正藍旗人，初充太常寺讀祝官，補贊禮郎。道光二十七年（一八四七年）道光帝祭太廟，瑞麟贊禮聲音洪亮，大爲皇帝賞識，賜五品頂戴、花翎，下一年竟然升他爲太常寺少卿四品官了。道光三十年又升禮部侍郎。咸豐七年調戶部侍郎，命在軍機大臣上行走。這時候，他雖無宰相之名，而有宰相之權了，計其自道光二十七年受知，至咸豐三年十月入值軍機處，前後不過六年，由一微不足道的贊禮郎（太常寺是冷署，其長官太常寺卿尙且爲冷官，何況其屬下），一躍而爲軍機大臣。五年免軍機大臣之職，出爲西安將軍，不久，又內召爲禮部尙書，調戶部尙書，拜文淵閣大學士。可惜，此時他有相之名，而無相之權了。他是同治十三年死在兩廣總督任上的，贈太保，謚文莊。瑞麟一生事蹟大抵如此。「清史稿」瑞麟本傳只叙其宦歷、功業，其爲人如何是看不出的。今人沃丘仲子「近代名人小傳」，則把他說成是個胡塗虫，則又太過份了，今錄其文如左：

清制，凡明代奄人所司事，如關榷織造之類，皆以內務府官任之。內務府者，帝室奴籍也，故俗稱「家裏官」，宮廷度支，舉以司之，歲侵年蝕不可紀，而銀庫值堂爲其最。瑞麟以筆帖式躋銀庫郎中，致鉅富，歷副都統、侍郎，外簡封彊，由廣州將軍移兩廣總督，晉大學士，歿謚文莊，贈太保。孝欽外家固貧，麟時貸以資，及後聽政，倚畀益隆，然麟渾穆無所知，左右用事，公牘至唯判行而已。嘗以米價貴諮屬官，對以「市儈居奇。」麟亟詢「四怪」何人？又讀笞爲台，同知宓彥恒投謁，問曰：「爾姓僻，吾弗知爲何家也。」人皆掩口。而慷慨重友誼，元和陸世澄宿舘其家，後官閩，虧官帑萬金，將察抄，世澄求貸五千金，適方支總督養廉，竟以萬金假之。貧時衣商余某贈以一裘，後余瞽，麟養之終身，且爲其子納粟爲縣丞。精飲饌，今粵酒肆潮州魚翅，即其家廚所遺也。

所叙官歷，亦有錯誤，瑞麟未做過銀庫郎中，亦未做過內務府的官，謂其慷慨重友誼則爲事實。至於說西太后家貧云云，似有誤，她的父親惠徵在道光末年已在安徽做寧池太廣道，是一個四品的大員，咸豐二年，太平軍攻安徽，惠徵逃往別處，得革職處分，其時西太后入宮已二年（她是咸豐元年被選入宮的），其父死於何年，今不可考，總之她未入宮前，家境不能算是貧困的。世傳吳棠誤送賻儀，西太后很感激吳，亦同屬無稽。瑞麟從低微官職出身，做過侍郎、尙書、大學士、軍機大臣才出任兩廣總督，說他全不懂行政，只是見公事就判行，也未可盡信，至於讀錯字音，容或有之。從他的事蹟看來，不失爲一個能辦事的官吏。

沃丘仲子說他講究飲食，廣東酒家的潮州魚翅製法，就是瑞麟的廚子所創製云云，這倒是事實。潮州魚翅怎樣燒法，我一向沒有考究，只知它熬得很爛，魚翅熬到爛的程度，就把所有的鷄汁盡量吸入，而且膠質也特別濃厚，入口幾乎不必多費咀嚼之力，停在口齒之間，慢慢欣賞，然後畧加咀嚼一下，便可嚥下去。據傳瑞麟家中的一個大厨子，是北京人，跟隨主人到廣東已有兩年了，瑞麟親自指點他怎樣熬魚翅，每兩魚翅要用多少兩鷄和火腿、猪肉熬湯，要多少火候，都有一定規矩，多些少些都會影响。瑞麟也和他的「食家」後輩譚延闓一樣，每日都要吃一碗魚翅（一九二九年，譚延闓做行政院長時，至牛首山祭清道人墓，一席之微即二百金，單是魚翅一品，就要佔去一百二十元云），謂可「養顏」，結果瑞麟是多吃此物而中風死去的。（譚亦然，卒年才五十二歲耳。）

同治七八年間，潮州一帶土匪極多，他們勾結劣紳，狼狽爲奸，貽禍人民，瑞麟派方耀往剿辦。方耀創爲選舉清鄉法，多所殺戮，土匪遂平，其時方耀已官總兵，瑞麟將他的治績奏上清廷，賞以黃馬褂（方耀死於光緒十七年，官至水師提督，也是大員了。）潮州事平，瑞麟親往視察，勾留十日，始回省城。當瑞麟在潮州府城時，地方官要辦差，他們知道總督講究飲食，當然在這方面竭力巴結，知府花了一百兩銀子請教瑞麟的大厨子制軍歡喜吃的是什麼菜？大司務諸多刁難，不肯道出眞相。後來知府添到五百兩，他才說什麼什麼菜是將軍所喜歡，什麼東西是將軍所忌諱。知府回去後，即吩咐辦差的人照辦。怎知第一頓飯菜就碰了釘子，制軍大發脾氣，叫統統把看饌退回厨房，仍由他自己帶來的厨房伺候伙食。

這麼一來把個潮州府嚇到面無人色，潮州府是廣東著名好缺，做上一年，起碼可以撈十多萬的，怎好不巴結這個「衣食父母」的總督？於是帶了一千兩銀子求教於大司務，請他設法挽救。大司務說：「我們的大人只有吃小的所做的菜才過癮，大老爺既然辦差，爲什麼不先打聽打聽一下呢？」知府此時才恍然大悟，立刻請大司務主持辦差的大厨房。大司務也馬上「就職」，開出一張「職員表」，計二司務二人，三司務五人，買辦六人，伙伕若干人，差不多二十個。這還不至於把知府老爺嚇壞，最令他嚇到面如土色的是大司務發下來的一張買物單，光是魚翅一項就五千多兩銀子，其他鷄豚海參之類，不過二三百兩而已。

知府接過購物單後，又走去同大司務商量，他說買魚翅要五千兩銀子，本來不多，但潮州府城是個小地方，汕頭雖然是商埠，但要一日之間買到這許多魚翅，恐怕不容易；汕頭的酒家亦未必肯讓出來，這個問題如何解決，請大司務賜教。其實知府早已知道其中大有文章，故意這樣請教，無非彼此心照，要大司務先「賜教」出來吧了。大司務認爲「孺子可教」，便說：「總督衙門裏的大厨房，魚翅堆積如山，少說也值時價二三萬兩，都是三挑四選的上等貨色，大老爺如果買不到，我們的大厨房可以讓出一些，那不就解決了嗎？」知府當然不敢駁一句，連聲「是是」，還千多萬謝指教，回到府衙，立刻命人將六千兩銀票送到大司務手上。

大司務在辦差的厨房工作，不許外人混進，以免洩漏他的烹調秘術，但有一個在知府衙門當小斷的揭陽人，年方十四五，非常伶俐，很會伺候人，又能裝鴉片烟，是個打烟泡能手，他在辦差處伺候衆老爺，把個大司務巴結得很週到，大司務見他年紀小，人又精乖，便契他做兒子，帶他入厨房，他親眼看見大司務怎樣熬魚翅，便留心學習。後來瑞麟回廣州，大司務也把契仔帶了去。瑞麟死後，大司務不想回北方去，因見潮汕地方富庶，將來必定繁榮，便投資在潮州府城及汕頭二處，開設酒樓，父子二人同心合力，經營致富。潮州魚翅之名著一時，這瑞麟的厨子父子二人，與有功焉。

這個揭陽厨師有個最小的女婿，名叫元春，是澄海人。元春能傳外父之法，尤精製魚翅，一九一七年在香港的裕德盛行做首席厨子，該行的經理是我的表兄陳殿臣，是一位研究飲食的公子哥兒，後來他的父親死了，他便繼承父親做元發行的經理，裕德盛行由他的長子做經理，故此元春便隨着「事頭」過元發行。有一次陳殿臣表兄請我吃飯，談到元春製魚翅方法，係傳自瑞麟，後來我問元春，他講得更爲詳盡，現在事隔四十餘年，元春所講的我只能記得十之五六而已。

清末的兩廣總督，最貪財的自以瑞麟爲最，因爲他貪墨，以致賄賂公行，吏治日壞，葉昌熾的日記記他在廣州的一件趣事，可見一斑。光緒十二年（公元一八八六年），他隨廣東學政汪鳴鑾到廣東，在幕中幫忙看試卷，日記中記瑞麟死後十餘年「猶有土人懷舊德」之事。文云：

署中市玉，其賈愿者也，與之言，作而吁曰：「今非昔比矣！自瑞中堂督粵，時苞苴盛行，業此者利市三倍。今自督撫以下，皆不收禮，雖有珠璣翡翠，安所用之？今安得有瑞中堂哉！」言此若甚戚者。余聞業伽楠者柯紹基亦爲瑞中堂而設，今亦閉歇矣。口碑鑿鑿，亮非無因。今貪人之骨已朽，囊橐則依然也。鄧京卿之說若行，則庶足快人心耳。

瑞麟死後，子三人承繼其遺產，長子懷塔布最富厚，光緒戊戌變法時，因阻撓新政，被革去禮部尚書之職，不一月，西太后再出「訓政」，授左都御史。二十六年八月，授理藩院尚書，數月後即死去。原來八國聯軍攻入北京，懷塔布以多財未及走避，德軍佔其府第，懷塔布被毆打幾乎死去，避居其舘師廉南湖（泉，字惠卿，無錫人）家中。事稍定趕回家中，財物已被掠一空，家道從此中落。清亡後，他的子孫因爲沒有一技之長，生活窮困不堪，有些甚至淪爲乞丐，北京人士常以瑞麟後人爲談話資料，謂貪官之子孫不可爲，乃天道循環之理云。

葉昌熾日記所說「鄧京卿之說若行，則庶足快人心耳」，這個鄧京卿，是指鴻臚寺卿鄧承修。他是廣東歸善人，字鐵香，咸豐十一年舉人，工書法，爲光緒朝著名諫官之一，光緒十一年以御史授鴻臚寺卿，故稱京卿。當他做諫官時，敢言稱於時，他在光緒九年十一月旨責令貪吏罰捐巨欵，以濟需要一摺，上諭派彭玉麟查明覆奏，其時彭以欽差大臣駐廣州，與粵督張之洞籌劃抵抗法國侵畧越南藩屬，下一年二月十四日，彭玉麟覆奏，頗爲瑞麟洗刷。

清末的名御史皆敢言，但政府則對大臣「政尚寬大」，被參貪污的大臣多置不問，瑞麟是一例證，彭玉麟覆奏明言其「未能峻拒餽遺」，則其人可知，而清廷發上諭時連這一筆都不提到，顯然有意迴護。因爲清廷不嚴譴已死的瑞麟，不能大快人心，故光緒末年人心已去，辛亥革命軍起，不費吹灰之力，就把清朝推倒了。吏治不修，國法不講之影响如此之大，爲政者豈可見不及此哉。

譚畏公的書法與書學

王壯爲

民國開國元勛中，書法造詣高深，並非假借於其政治地位而得盛名，只單純就其藝術性質即可不朽者，頗有幾位。若孫中山先生，若譚祖安先生，若胡展堂先生，若于右任先生，若吳稚暉先生者皆是。數公者，作書面貌不同，風度不同，而各有其性格，可以說恰如其人。使人望見其筆墨，儼然如見其性行。雖不能謂其書法能震鑠人心，絲毫不受其功業之影响；然其書法本身，確自有其不朽價值，試以與歷代名書並列觀審，即可知其在書法歷史上自有地位，不容置疑也。

譚延闓木刻畫像

譚畏公（晚年人稱祖安爲畏公）是位科班出身的書家，但是極推崇孫先生的字。其實道理也也是顯而易見的：孫先生的字，如以一般書法規格來衡量，實在是很難說。但人人可以見到，他的字有一種氣度，有一種無所不包的涵概勢態。他寫「博愛」二字，字的本身便充滿了博愛的氣息。他寫「養天地正氣」，字的本身便發散出天地正氣來。此種情形，雖淺學的人，也能體會。其所以致此，相信絕非從「八法」「十二意」之類教條得來，乃是從其自然人格中自然表現，但却符合書法道理書法藝術之最高境界，譚畏公之所以推崇孫先生的書法，也正是這種道理。

譚畏公的書法，有某些地方近似孫先生，但畏公則是地道的科班出身。（此語出自于右老。據筆者所知，右老會對兩個人的字說是科班出身，一是畏公，一是沈尹默。）事實上譚畏公是清末翰林，且爲會試會元。清代取士，寫作並重，士子爲應科舉，從小練字，最後目的在於殿試朝考，而最重要的是博取皇帝的喜歡。所謂科班，便是指這一段不只十年的苦功。應試的字，完全講究規矩。所謂顏底歐面、顏底趙面種種，求的是又整齊，又漂亮。到了京試，又要粗大光圓，穩重厚潤，要能象徵其將來足以當大員，担重任。但這些條件，就書法藝術言之，實在並非一種高級標準。這猶之乎平劇演員，科班出身的人不少，好角兒却不多。一位名演員，科班功夫固不可少，但後來的探討造詣，却視乎這人的天賦、環境種種條件了。而其藝事之大成，却總在其具有基本功夫之後。基本功夫固不可少，但如果止於基本功夫，其不能成爲一個大藝術家，是無可懷疑的。但具有基本功夫的藝術家，其成就總是更大的。

譚延闓，字祖安，爲清末茶陵譚文勤鍾麟晚年所生，生時文勤已五十八歲，方自陝西巡撫調浙江巡撫，生於杭州節署。其後文勤又任陝甘總督七年，以目疾請假。七十一歲又任閩浙總督，七十四歲到粵任兩廣總督五年，畏公皆隨侍。八十四歲時，畏公年二十六，應甲辰科會試成會元，殿試後以翰林庶吉士用，請假南歸侍親。以上是畏公的出身。我們試就其殿試以前的環境稍加觀察，不難發覺其處境之優，見識之廣。關於讀書作文，氣局學業，此處且不談；單就學書而言，也自可知其功夫鍛鍊，不會不深。據年譜所載：十三歲時，已「常拜翁丈（同龢）於廳事。」又說：「翁常熟常常騎馬來燒酒胡同寓宅，或文勤公不在，則在廳中就案懸腕大書。」可見其當時之學業環境，如何助長其器識，與屈首窗前苦讀的寒士也大大有別。同時還可瞭解，畏公早年，雖用功於制藝，但以他的名士公子的素質，在書法的領悟上，絕非白摺小楷所能範圍。相傳畏公已中會元，文章當然作得好，但是朝考的大卷子注重寫，而畏公的顏字寫的是錢南園體，因之便沒有被點爲狀元，這說法大約可信。因知畏公的字雖是科班出身，但在書法造詣的觀念上，在未中會元以前，久已超出了館閣體。錢南園體的字當然高出應制體以上多多，但却有礙於點狀元，這也可以說是科舉的笑話了。

清代的書家，尤其是高科人士，無不在會試以後，解脫了館閣桎梏，才漸漸發揮自己的性靈，有了自己的成就。如劉石菴、翁覃溪等無不皆然。譚畏公雖生於清末，但其書法造就的過程，也大致不外乎此。我們沒有見過他殿試以前的應考字體，只知其對於翁常熟耳濡目染，其所受影响必多。又知其朝考大卷，字體已近錢南園。翁錢書法皆出自顏魯公，畏公的字之自然近於魯公，是理所當然的事。年譜載：民國三年，歐戰起後，還居上海，作書爲日課之一，這一年臨顏魯公麻姑仙壇記凡二十通。以後多臨顏書各碑帖，

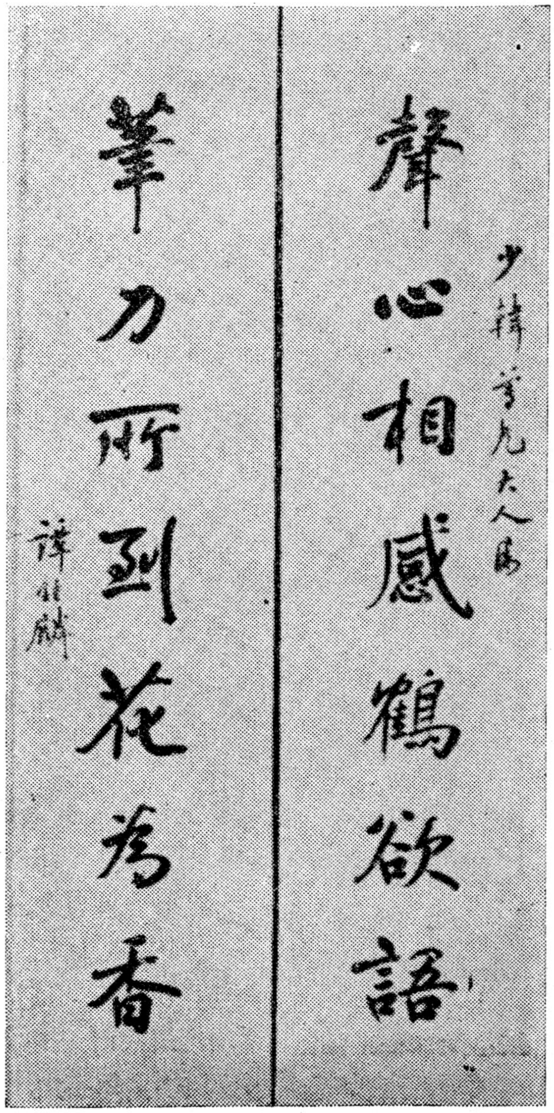

譚延闓尊翁譚鍾麟書聯

如李元靖碑，元次山碑，自書告身等，而仍以對麻姑仙壇記致力最多。據有題記的臨本，止於二百〇三通，這是中風病歿前一年，在行政院院長任上，五十一歲所書。

顏體楷書，在後代而言，為楷書中的主要風格，有其劃時代的地位。唐以後寫顏者，宋之蔡君謨，明之李東陽、邵二泉，俱足千古。但實不如清代書家習顏之盛。錢南園、何子貞、翁松禪為三大家，其書法俱足象徵其為人。錢為骨鯁之士，其顏書愈寫愈硬勁，愈寫愈倔强。何的為人比較奇肆，他的顏楷變化特多，誇張了顏書的某些特點，或者說將顏的行草筆法運入顏的楷書，晚年更攙入篆隸成份。翁是相國，他的顏字，雍容恢廓中仍含謹嚴，儼然是一種操持國柄的宰相風度。

譚畏公的勳業地位大畧和常熟差不多，俱為大員之子，俱登宰相秩位。這些情形，也許是使譚字更近於翁字的原因，但譚字顯然更為瀟脫恢廓，也或可說翁書較多謹嚴，譚書更富才調。聽說畏公為人淵落不羈，頗富於新思潮，大約時代變遷，也會多少影响及於書風吧。

以楷書而言，棗栗大的字，如民七所書蔣肅菴先生墓誌，民十所書孫先生祭蔣母文，十七年所臨麻姑仙壇記，均極精工華美。顏體固是顏體，但又都極富於才華。與錢南園之骨鯁固然不同；較翁書之大方，似乎增加了某些風韻。寸以上以至聯對正楷大字，則南園的成份較多，亦即端嚴的成份更多。

但筆者更為欣賞的則為畏公的楷帶行筆以及行書，大約這都是在一種自然放鬆的情形下命筆的。這種字尤其聯對大字，社會上流傳的很多，又雍容，又倜儻，又華美。據我的看法，他的大行書，還是從錢南園變化而來，錢的行書，本有米海岳的成份，但錢字總不免過於矜持，雖作行草亦然。畏公的行書，自然仍是顏書成份居多，也加以米書之縱恣，却沒有錢書的矜持，更有一種華貴舒腴之氣。我將這種情形，認為是由於高官巨閥天生的優越環境所致。葦窗兄寓書徵稿以為：「畏公之書，代表一種太平盛世，譬之唱戲，乃是唱正宮調之時代也，」不佞深具同感。

畏公的小行書同樣佳妙，其尺牘題跋，世間流傳亦甚多，而筆者特別欣賞其手寫詩集及若干題跋。詩集為民十二年畏公在粵任大元帥府內務部長後所書，字大如黃豆，以行書隨手寫錄，自然揮運，不甚結束。有時稍工，有時草草。而無不天眞爛漫，從容而兼躍動。又嘗見其若干書畫題跋，有時字小如綠豆，也作行書帶草，運筆跳擲，伸拳踢脚，儼然大把式。所謂寬綽有餘，作小字如大字，可以展之尋丈者，正是如此。而依然華美敷腴，一片雍容氣象，此於同輩書家，確無第二。

畏公之書之所以能有如此造就，其另一原因，相信為其對於書學之深邃研究。茲錄其題覆本太清樓帖長詩，以見一斑：

題覆本太清樓帖

淳化匆匆鐫棗木，侍書鶻突嗟無目，銜題先已誤張華，楷字居然署程邈。既認陽冰作李斯，又將智永羼羲之，處分耳短安足責，子敬那得充張芝？（淳化題銜多誤，張華作晉丞相，其一也。知汝殊愁帖處字分為不可，大觀耳字減短二分，羼智永帖於大王書中，大觀皆已改正。惟程邈書作後世楷字，以少溫裴公功德頌字為李斯書，又張芝帖有寇軍鄱陽虎丘諸語，實子敬書也，則皆大觀所未正者。）道君幹蠱思糾正，大出秘藏資考證，貞珉重勒太清樓，絳潭鼎帖成優孟。國破樓空石亦移，榷場淚灑紹興時，內臣訪購同宗器，秘殿收藏記睿思。（睿思殿印，高宗時事。）開禧拓本來淮上，帖字鑱磨諱金亮，鳳堅搜尋竟未知，（榷場本庾亮字，避海陵諱磨去。曾宏父石刻鋪叙成於淳祐中，當云大觀淪於敵境，不可復得，知開禧以後始有榷場本也。）象先乍得誇神王。（汪象先藏第一至第四四卷。）後來眞本幾人收，五卷曾屬王弇州，公瑕題簽百穀跋，已嗟全本今難求。（王弇州藏卷二四五八十凡五卷，弇州兄弟及周天球王穉登跋汪象先本，皆云全本難得。）蘇齋老人眼如電，十冊嘗從嶺南見，晚年始悟寶賢堂，欲借枝山定眞贋。（覃溪云：在粵曾見十冊本，後乃知爲寶賢堂帖舊拓，估人刪其餘帖存十卷，以僞大觀。其子一丑二諸字，則以祝枝山陰文名印蓋之。）石旁細字刻工名，辨眞券欲弭紛爭，誰知詒長記翻本，黎邱之幻嗟尤精。（原石帖邊小字刻石工姓名，覃溪以爲翻本所無，足爲辨眞之券。及見徐詒長記，始知揚州翻本已有之。）宋老家中鶻等帖，何由得入宣和牒？明人好事添足蛇，翻被鑒家尋間隙。（覃溪云：鶻等不佳帖，米老所藏，無由刻於大觀。今僞本王羲之書第二卷末有之，乃從寶賢重摹，或即寶賢舊拓。）晉觀堂物久塵埋，（覃溪藏第六卷，名其堂爲晉觀。）靜娛室本從風埃，（李春湖藏第二四五三卷，今已散出。）華亭舊聞收退谷，（孫退谷本歸王儼齋。）常熟時復思觀齋。（祁文端得大觀殘本，名其齋曰觀齋，屢見常熟筆記。）我今生又百年後，錦贉璇題何處有，眼明見此吉祥雲，未敢隨人爲可否。（此本有僞覃溪跋云，在在有吉祥雲護之。）漢陽足本歸伯恭，（陳伯恭藏漢隨張樸園十冊本，覃溪定爲寶賢舊拓。）氈蠟濃淡將毋同，何當更覓余深本，（退谷記大觀黃紙本，徽宗賜余深者，）併入筠清帖鏡中。（荷屋帖鏡，今無刻本。）

觀乎譚畏公所撰題太清樓帖長詩，簡直可以作爲一部帖史讀。此詩作於民十五年丙寅四十八歲，時畏公任軍委會委員，國民革命軍第二軍軍長，兼軍政部長，中央執行委員會常委，政治委員會主席等要職，而有餘力作此講究帖刻版本專門深入的長詩，不得不謂之奇跡。也可見其於書法書學愛好之深、用力之勤，也正因爲其書學之深，才能使其書法更爲寬博，這是必然之理。

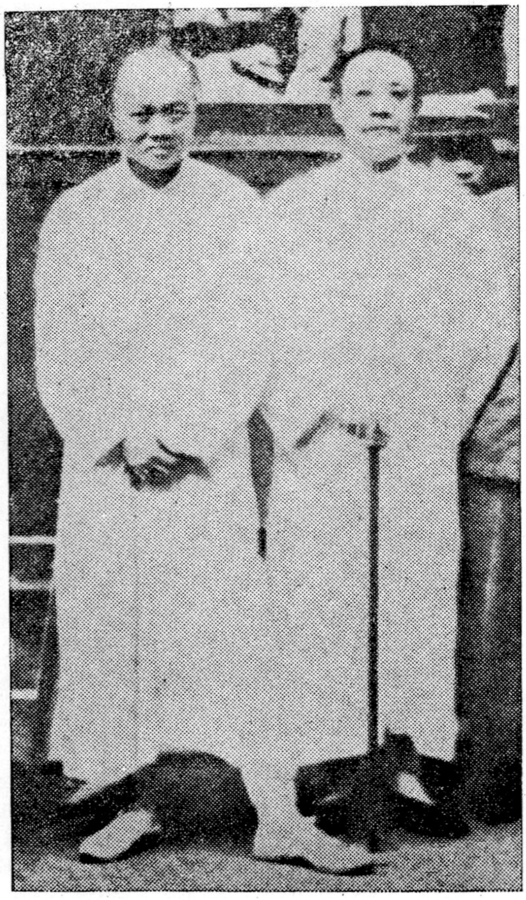
北伐時期的譚延闓（右）與吳稚暉（左）

友人朱久瑩先生，當時在廣州担任畏公的秘書，時常看畏公寫字，以對聯爲多。據說每當公務得暇，便在廳中作字，案頭置有蘇東坡集之類，翻閱佳句，左手執卷，右手揮毫。大廳柱間，橫闌長繩，寫好的對聯即搭在繩上，俾其可以快乾，如是者頃刻多副。求書之紙，常成巨捆，畏公先翻看乞欵紅箋，擇其較有交誼者先書之。或有索寫治家格言或何種指定詞句時，便道：點菜吃，可惡！唯最後仍常償其所願云。（近閱何子貞日記，每記其在家或在友人處寫大字，其最多一次，半日間寫對聯至八十副，實在可驚。湘賢作字，豪放如此，畏公的作書情景，想亦大畧相同。）

久瑩又言：畏公常謂，楷書以顏魯公爲第一，而以麻姑仙壇記爲最好，故平生臨寫最多。家廟碑是魯公具衣冠就石上所書，故較爲拘束。用筆要隨時使筆毫能伸，執筆要指實掌虛，手死腕活。篆書要自說文部首入手，進而寫嶧山碑。隸書應學孔廟諸碑，勿學張遷，因張遷碑恐非書家所書，殆是工匠所爲，云云。

祖安及瓶齋（名澤闓），兄弟兩人，皆李太夫人所生，好收名書及自己作字，習性相同。當時廣求清代四家法書，不下數百件。這四家是：劉石菴、錢南園、何子貞、翁松禪。其中以對聯爲最多，幀軸卷冊次之。筆者曾寓目其大部份，無非精品。兩兄弟於這四家的法書，最爲賞重，瓶齋嘗畫四賢小像，裝爲屏幅，可見其敬愛之深。細察畏公之書，表面上雖無劉石菴的筆意，但神態間實亦有若干成份，即在雍容富厚中寓有精靈生動之意，所謂在神不在貌，正可於此等處見之，也可說是相國神態也。

畏公所用的印章，不甚考究。大抵隨時隨地，遇到印人，便刻若干。我曾見到幾乎是他的全部用印，有如下諸家：陳師曾，趙叔孺，鍾剛中，丁二仲，黎薇蓀，黎德公，黎爾穀，李尹桑，王福厂，馮康侯，唐醉石，及齊白石。其中黎爾穀（字戩齋），李尹桑（字茗柯）最多，馮康侯次之。戩齋為譚府世交，茗柯為黃牧甫弟子，當時有名於廣州。康侯為胡漢民秘書，即為胡氏寫不匱室詩鈔者，今尚居港。最有趣的莫過於齊白石為畏公弟兄所刻的印章，與後來此翁治印面貌，大不相同，這些印都是白石早年在長沙為這兩位公子所刻，據白石老人自述說：

「宣統二年，黎薇蓀從四川辭官歸來，在嶽麓山下，新造了一所別墅，取名聽葉菴，叫我去玩。……我刻印的刀法，有了變化，把漢印的格局，融會趙撝叔一體之內，薇蓀說我古樸耐人尋味。茶陵州的譚氏兄弟，十年前聽了丁拔貢的話，把我刻的印章磨平了，現在把從前要刻的收藏印記，又請我去補刻了。」

譚院長紀念郵票

按齊白石為譚氏弟兄刻過兩次印，據說第一次在湘潭刻了十多方，但因為一位丁拔貢說壞話，所刻的印都被磨平。這次在長沙又重新再刻，其時白石四十八歲，畏公三十二歲。據畏公長公子伯羽說，這次白石到長沙荷花池宅中，乃是由於黎薇蓀之介為文勤公畫像。（這幅像筆者曾見其影本，工細無比，紗巾中掩映髮絲，縷縷清晰，眞不信其為齊白石的作品。）而這次所刻的印章，大約還不止十餘方。其中長文的有：「譚祖安考藏金石文字之印」，「生為南人，性不能乘船食稻，而喜餐麥跨鞍」。體派皆與齊氏晚年之作大不相同。前者考藏印篆法畧近趙撝叔，刀法並不相似，後者則為細字方筆方體，殆即齊老所謂漢印格局，與晚作相距尤遠。

後一印的印文，不知出自何書，當是南北史列傳中文句，頗足以道出畏公的性向。據說畏公好馬，也好騎馬，他另有一印曰「馬癖」，為馮康侯所刻。集中也常有關於馬的詩作，而其致命的腦溢血疾發時，也是在出觀盤馬之際。這些都可見畏公的性格，因而可知其性格影响及於其書風之間的消息了。

拉雜寫來，不覺辭費。最後想借別人的幾段文字來幫助印證我們對譚書的欣賞與瞭解。

謝菴憶舊云：

「譚組菴出身科第，而無科第驕人之習；身為貴公子，而無裘馬輕肥之狂；是名士而無白眼看人之習；是六朝人而無稽阮之疏放；有謝安救世之懷，而不狎東山之妓；有曾左匡濟之心，而不學其硬幹。然則組菴果為何等人乎？則答之曰：組菴為一個詩書涵養之雅人。為一個審時度勢之政治家。總而言之，可以稱之為一個絕頂聰明人。」

夏敬觀評譚詩云：

「抒寫懷抱，出以自然，迴翔古今，意態自廣。建安五言，直造辭達，施之近體，異趣同歸。」

汪貽書評譚詩云：

「看似尋常，而自有一種旁薄噴溢不可一世之概，讀君詩者，可以知君之為人。」

這些話是論人評詩的，但都可以引用來評譚氏的書學，所以轉錄於此，結束本文。

譚氏後人合影：自右至左陳冠澄夫人譚韻、譚伯羽、袁思彥夫人譚淑、陳誠夫人譚祥、譚季甫姊弟。

大人公司
綢繆未雨
日本遮
美國遮
意國遮
德國遮
● 日本NYLON女裝長柄遮 9.90
● 日本TETORON 女裝長柄遮 16.90
● 日本男裝尼龍自開遮 15.90
● 美國淨身尼龍遮 15.90
● 日本女裝長柄自開遮 18.90
● 日本男裝尼龍縮骨遮 15.90
● 日本女裝彈弓縮骨遮 15.90
● 意大利女裝長柄遮 24.90
● 日本女裝縮骨自開遮 25.90
● 日本8吋手袋縮骨遮 23.90
● 意大利女裝淨身縮骨遮 39.90
● 日本尼龍沙灘遮 15.90
● 日本女裝三疊式縮骨遮 19.90
● 日本男裝尼龍遮 19.90
● 意大利男裝尼龍遮 31.90
● 日本TETORON三摺縮骨遮 27.90
● 德國NYLON女裝長柄遮 24.90
● 德國NYLON男裝自開遮 41.90
● 德國NYLON男裝士的遮 57.90

與君細說齊白石

右「齊白石」三字，係白石老人之親筆簽名式

蕭慧山

當世的人士，大概無不知有齊白石這個名字。對於他的藝術作品，平時誰都容易看到，而向來又議論紛紜不一。無論如何，誰也不能抹煞其一生勇猛精進、努力不懈的奮鬥精神，從一個平凡的木匠而蛻變成爲一個傑出的大藝術家。

齊白石的一生，（一八六三——一九五七）活了幾乎近一個世紀。他平生所作的繪畫與刻印，眞是多得數不淸。其間不斷地求變，不斷地創新，有如朝雲旭日一樣，愈昇愈高。終於由鄉土趣味而攀登上了第一流的藝術高峯，不能不說是奇蹟的創造。我對他本人既聆教多次，多少年來，且有機會飽覽了他大部份代表性的作品，又何能不眞知灼見，來一番細說呢？

泥土氣中出來

若問齊白石藝術的要素，其所以與衆不同之點，究竟在於什麽？據我看來，是在於他既有湖南人「不信邪」的那股「挺經」，又兼出身爲牧牛童與木匠的一種濃重泥土氣息。

他的自傳是口述了由張次溪筆錄，寫得很眞實。從小他家裏窮得很哪！一畝水田，幾間破屋。白石到了十歲，還過着一邊牧牛、一邊讀書的日子，經常把書本掛在牛角上，自己脖子上且繫了一個小銅鈴。直到他年老時還憑這記憶寫了一幀動人的圖畫。

人所共知，白石少年時還做過粗工的木匠，整天拿斧頭劈着木頭，練成好大腕力。因一氣之下，改學小器作，雕刻桌椅花紋。偶然間獲得了一部殘缺不全的芥子園畫譜，便捧住了當作範本，又苦苦依樣描花描了十多年之久。直到二十七歲，才遇到胡沁園教他唐詩三百首。晚間無錢買燈油，便點了松火津津有味地讀下去，一直到深夜不寐。他晚年作「往事示兒輩」詩有「廿七年華始有師」、「自燒松火讀唐詩」之句。

而他的藝術生命却植基於此。他所畫的題材，無論是一株荷葉，一窠小雞，一條魚或一條蟲，無一不是鄉下習見的事物，在在給他親切的感受。「爲萬蟲寫照，爲百鳥傳神」，正因爲他確實從泥土氣中出來。

說實話，白石早期的作品，看來多數近乎粗俗。那時候，他在湘潭一面做木匠，一面曾替人畫肖像，畫帳簷，甚至鞋頭花樣，最拿手的是畫人像，能在紗衣裏透視袍褂上的團龍花紋，被人稱爲絕技。但由於他祇是一個木匠，大家願意出錢買畫，却以不落下欵爲條件。他氣得擲下筆來：「你們看不起我，怕題上我的名字辱沒了你們，那麽何必要我的畫」？

本來氣之爲物，有時可殺身辱國，有時却是發憤爲雄、功成名就的唯一動機。齊白石就因當年受不了氣，而後決心發憤讀萬卷書，行萬里路，識萬般人，他曾五次遠遊南北各地，幾乎走遍了半個中國，看盡名山大川，果然豐富了他的藝術境界。同時，還用心研究了許多古人作品，如徐青藤、八大山人、石濤、金冬心。他初到北平，祇是學着八大冷逸的一路，賣畫生涯甚爲寥落。直到認識了陳師曾——吳昌碩的弟子，勸他自出新意，變通畫法，專寫紅花墨葉的一派——其實也就是吳昌碩一派。而林琴南見了他的作品，便大爲讚賞：「此北方第一人也！」又指爲「南吳北齊，可以媲美」，於是他才有了名氣。

齊白石畫牧牛聞鈴圖

這時白石快六十歲了。因爲他企圖更進一步，對畫藝探討深入，被稱爲「衰年變法，」而終於開拓了自己的面目。他在日記上寫道：「余作畫數十年，未稱己意，從此決定大變，不欲人知；即餓死京華，公等勿憐，乃余或可自問快心時也。」這一段過程，可以說正是湖南人的一股「挺經」，確乎用盡苦心，也就是他藝術造詣所以能有傑出造就的關鍵所在。他有詩云：

掃除凡格總難能，十載關門始變更。
老把精神苦拋擲，功夫深淺心自明。
山外樓台雲外峯，匠家千古此雷同；
卅年删盡雷同法，贏得同儕罵此翁！

事實上，白石這樣竭力「掃除凡格」「删盡同法」，其間也不知看盡了人們多少白眼。當時在北平的畫家王夢白，仿新羅有相當造詣，而很瞧不起齊白石，常在稠人廣座間面斥其非，白石輒畏避他，同時，連金拱北、胡佩衡等，也常隨聲諷嘲之。但到了後來，胡佩衡却放棄了四王畫派，反而跟白石一鼻孔出氣了；而王夢白四十七歲即已病逝，想不到白石的聲名，竟後來居上而終於蓋過了王夢白。

當時白石本人，雖處境甚窘，却也頗有自信。即以寫意花鳥而論，他之所以變法，乃廣泛吸收成功的經驗，長期寫生之所得，苦下功夫再進行創造。本來，他模仿吳昌碩的梅花菊花，祇依照畫稿原封不動一般，但漸漸地也就自成氣象，有了他自己的一套。他老人家又引用昌碩口吻說：「小技拾人者則易，創造者則難。欲自立成家，至少辛苦半世，拾人者至多半年可得皮毛也。」這眞是「如魚飲水，冷暖自知」之言！

有次，白石畫了一幀紫葡萄，掛在玉池山房壁上。著元史的柯劭忞見了，大不以爲然，形容它「像一串糖葫蘆」。這話被白石輾轉聽到了，不但不以爲忤，且認爲批評得很有道理，便把畫**收回去**重畫了幾次，一直到柯氏點頭稱善爲止。

所以，存世的白石畫迹，其間優劣差得很多。他在六十歲以前的作品，還是格調不高，技巧較差勁；但七十以後，居然脫胎換骨，超凡入聖，作品愈來愈出色。一個畫家的壽命如果能活得長一些，而本人又肯韌性地長期奮鬥的話，相信縱使飯桶也會變成了天才。反之，倘「不幸而短命死矣」，或活着懶惰得永遠不求進步，其結果縱使天才也變了飯桶！

跨車胡同訪問

我與齊白石會見那一年(一九四六)，他高壽已八十六歲。老人家高高的個子，身穿棗色大袍，銀髯飄拂，撐着那枝龍頭拐杖，在北平中央公園牡丹與紫藤叢中走來，望之儼如神仙中人。經同伴介紹，一同在春明軒茶座坐下，他連吃了肉末蔴餅、豌豆黃之類。他告訴我，每餐仍能進飯兩碗。作畫習慣是在早上，可以一口氣畫七八張而無倦意。但又嘆息着說：「究竟老了，假如像您這年齡，我還可以一口氣畫幾十張而不累啦！」言下頗有髀肉橫生之概。

第二次見面，是去西城跨車胡同十號訪問。穿過院落，到了那著名的鐵柵屋，他親自應門，從腰間摸出一串銅鑰匙，欵客入內。那串鑰匙據說有半斤重，所有畫櫥銀箱以及米庫，都非他親自開關不可。他的桌子堆滿了畫紙，我看他正在揮筆畫一隻紡織娘，雖屬簡筆，但很生動，它的觸鬚是兩筆細線，却颼颼地一下子畫好了。他擱了筆問我最喜歡他畫的什麽？我囁嚅說：「最喜歡水墨的，不要着色」。他楞了一下，接着又點頭微笑，欣然揮筆畫出了兩隻青蛙，俯視着水中幾頭蝌蚪。他畫蝌蚪都作大圓點後拖出尾巴，只**一**筆寫成，那姿勢眞有趣極了。

接着他很快落欵：「慧子先生法正」。我忙說「不敢當」，立刻袖呈筆資表示了敬意，老人當即哂納。這幀畫掛在蘇州寓所，見到的人都認爲是**一時神來之筆**，可惜而今已不知去向了！

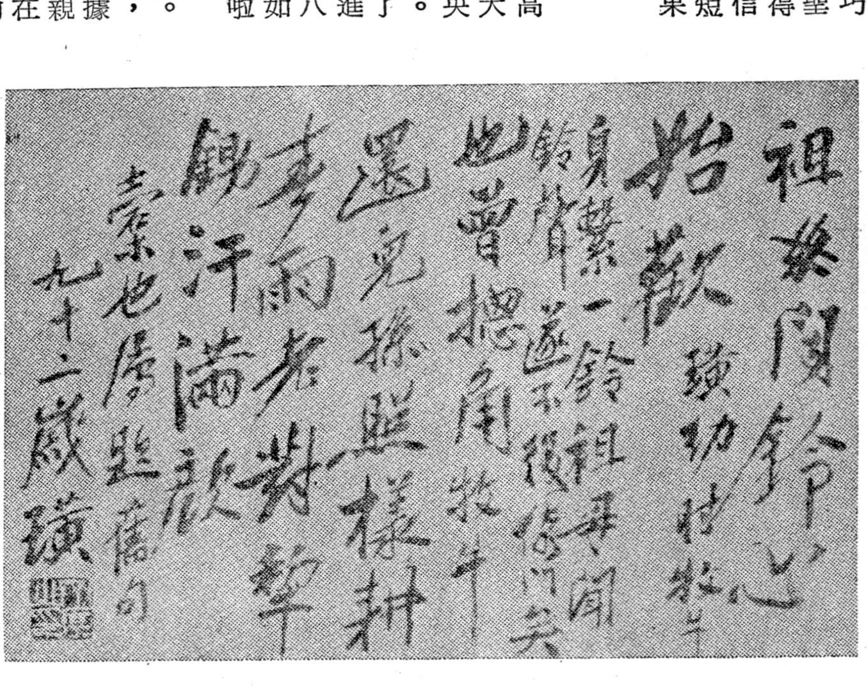

齊白石題牧牛聞鈴圖

其後跟老人又在茶座碰見幾囘。他逢人便告訴說：「……這位老弟很懂得欣賞我的水墨畫」。又問過我喜歡那一家詩，我正在讀杜甫全集，便如實奉告，但他一定要索我作的詩給他看，那就無以爲應了。最後在來今雨軒徐悲鴻茶會上，他還招招手說：「不久我想到你們南邊去一趟」，大概就是借溥心畬聯袂南下那一次罷。

他給我的印象是誠懇、厚道，像一個鄉下的老前輩一樣有份親切感。厥後在心畬面前提到白石，我强調其「人畫俱拙」「長於用墨」，心畬頗引以爲然。

白石與心畬的畫路不同，但兩人都曾長期作生物的研究，在畫面上的表現却各有千秋，我的看法是心畬得於筆，而白石得於墨。

中國的水墨畫，所謂墨分五彩，實在是世界繪畫藝術最高的造詣。而白石到了晚年尤擅此道，他揮霍水墨，勝過他的着色，他可以用墨畫出物體的明暗面，他可以用墨畫出物體的厚薄軟硬的質感。到了八十以後，已達精煉之境。他的筆頭愈來愈大，往往大胆刪減，重點突出，而概括力非常之强。曾經看到他畫了一條題作「大年」的大鮎魚，除去眼睛和兩條鬚外，連頭帶腮，通身到尾只有五筆，就把那條又肥又活的大鮎魚在水裏直冲的神氣呼之欲出，那不是發揮了中國水墨畫的極致嗎？

以後我不斷地收藏過白石的畫，大概有近百幀罷，其中一冊十二頁工筆草蟲，似是五十歲左右所作，蓋了不少「木人」「魯班門下」等印章，表示不諱言其出身。那些畫的技巧還不夠水準，愈看愈覺得其俗不可耐，便毫不珍惜地隨手送了人。還有，別人送我的「官上加官」、「富貴壽考」之類，一直連掛出來的勇氣也沒有。

看遍白石作品，還是墨蟹墨蝦最了不起。他的墨蟹，與那些僞作的極容易分辨，他畫的蟹腿飽滿而表面扁平，僞作的往往是滾圓的；他畫的蟹是橫行的，尤能寫出蟹的特性。而況白石眞蹟，筆筆是書法，在畫面上可以看得出他用筆一頓一挫，是那麽富於節奏感，而獲得書法趣味與形象的一致性，這該是他的得意之作。

白石所畫的花鳥蟲魚，平生見過何止千幀，其題材不外乎牡丹、紫籐、雞冠、牽牛、葫蘆、石榴、蟠桃、枇杷、柿子、菊、梅、芭蕉、荷花、魚、蝦、雞、鷹、松鼠、青蛙、蜻蜓、蟋蟀、蜂、蝶之類。他那支筆好像擁有一套點鐵成金的魔法，往往把最平凡的東西，畫得生趣盎然，耐人尋味。例如兩頭小鷄同時咬着一條蚯蚓，黃色葫蘆上躲着一隻小甲蟲，枯了的蓮蓬上立着一個紅蜻蜓，老母鷄的背上站着一個小鷄，幾條不知利害的小魚圍着釣鈎，不安份的小鼠正在仰窺着油燈，這些畫意，我常懷疑他老人家是以一雙嬰孩的眼睛來看世界，可不是一片天眞爛漫又是什麽？

在徐悲鴻的目中，最推崇白石畫的枯荷。他的枯荷的長梗與殘葉，其用筆也無非是蒼勁潑辣的書法，沒有軟弱、板滯、浮滑的缺點，而構圖又能變化多端，所謂在矛盾中求統一。

他畫的蔬菜，自稱「有蔬筍氣」，這當然又是他來自田間獨有的心得。寫大芋葉，葉子上也彷彿帶有雨露的感覺，是他運用高度的水墨之妙。有時在扇面上畫幾隻柿子，朱色斑爛，古艷可掬，置之宋人牧谿作品中，幾不可辨。

「客論作畫法，工粗孰難？予曰筆墨重大，形神兼工，不易也」。唯白石有此寶貴的創作經驗之談。

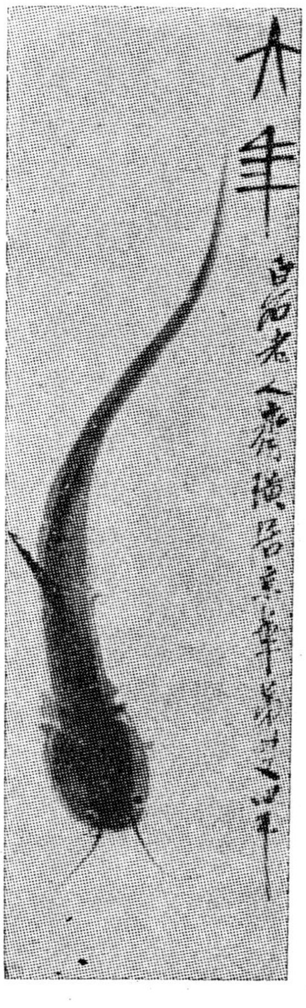

白石老人畫大年圖

畫蝦變了幾次

白石有六言詩曰：

衣上黃沙萬斛，塚中破筆千枝，
至死無聞人世，只因不買胭脂。

這是他的一時牢騷語。其實他到了晚年，所用水墨已到了從心所欲的地步，尤其是畫墨蝦爲其拿手的一絕。

長期的不斷鑽研，長期的堅忍苦練，終於提煉到若干抽象化。

我拳拳服膺他那幾句話：「……作畫妙在似與不似之間；太似爲媚俗，不似爲欺世」。

就拿墨蝦來說，前後他就變了好多次，最初是不似，其次是太似，最後才變成似與不似之間的神似。正由於他觀察愈深刻之後，抓住了其中特徵，予以特別强調，而删除了些不必要的枝節，其創作的主題因此愈覺鮮明而突出。

看到白石六十歲以前畫的蝦，簡直刻板得像死蝦一樣。等到他在畫案上水碗裏，長期蓄養了幾隻蝦之後，每天加以仔細留意，才慢慢畫得生動些。六十歲後，畫蝦外形很像，但蝦腹畫了十隻小腿，長鬚平擺六條，作放射狀，而仍看不出遊動之態。直到七十歲，才把蝦身畫得有透明感，頭胸硬壳顯出，腹部節與節中間拱起，底下的腿節減畧若干，好像能蠕動了，而長臂鉗也挺拔有力，長鬚更有了彎曲開合的變化。他自題云：「余之畫蝦已經數變，初只畧變，一變逼眞，再變色分深沉，此三變也。」這樣的變，所追求的不是形似，而是抽象的神似，結果他筆底畫蝦就像活在水裏一樣了。

他畫蝦先從畫頭胸入手，用一枝羊毫提筆筆尖部份蘸淡墨，在筆頭根部灌水數滴，然後橫斜着中鋒一筆，上尖下粗，用力一頓，成爲圓柱形，再加一筆完成頭胸，兩邊偏鋒各半筆，畫出頭部兩片成戟狀的薄硬殼。再畫有彈性的腹部，加一尖筆尾巴，又用偏鋒畫兩邊的薄硬殼。落筆時，必須頓、挫、遲、速，一氣呵成。至於蝦鉗與鬚，有的游動，有的靜止，姿式各有不同，而又須互相呼應。此時他換了一支兎毫，筆筆靈活，用的是鐵線篆法，像連貫在一起。由於他運用熟練了，從來不再加以修改。

題句常是「白石老人乘興一揮」。但莫小覷了這麽一揮，就非費盡幾十年千錘百鍊辛勤的功夫不辦。所謂「破筆成塚」「池水爲黑」，決非誇張語。因此你儘可以批評白石畫的種種缺點，但對於他的墨蝦高度的成就很難予以一筆抹煞。

在日常生活裏，他老人家也童心未泯，喜愛與自然呼吸在一起。當他寓居北平張園時，和次溪兄弟一起在玩樂的囘憶說：「……他們撲蝴蝶，捉蜻蜓，撲捉到了，都給我做繪畫的標本。清晨和傍晚，又同他們觀察草叢裏蟲豸跳躍，池塘裏魚蝦游動，種種姿態，也都成筆下資料……。」「……當時還畫過一幅多蝦圖，掛在山居的牆壁上面，這是我生平最得意的一幅」。以前，我從張次溪手中，曾看過白石替他畫的寫意草蟲冊頁，幾乎每幀都是世所罕見的無上精品。

「凡大家作畫，要胸中先有所見之物，然後下筆有神」，白石肯定了這點。他爲于非厂畫蝦題云：「余小時，嘗以棉花爲餌釣大蝦，蝦足鉗其餌，釣絲起，蝦隨釣絲出水，鉗猶不解，忘其登彼岸矣」。又題畫蟹云：「余寄萍堂後，右側有井，井有餘地，平舖茵苔，蒼綠錯雜，嘗有蟹橫行其上，余細視之，蟹行其足一舉一踐，其足雖多，不亂規矩，世之畫此者不能知」。其平日觀察力之精微，不能不令人拜服。

據我的了解，白石對平常不大見到的事物，却不敢輕易下筆。有次，金石家曾紹杰去拜訪他，座上有湖南同鄉，堅請他畫一猿猴，由於他很少畫這畜牲，便自己先抱手抱脚做了幾個姿式，并問紹杰究竟做得對不對，然後才揮筆作畫，果然神態活現。

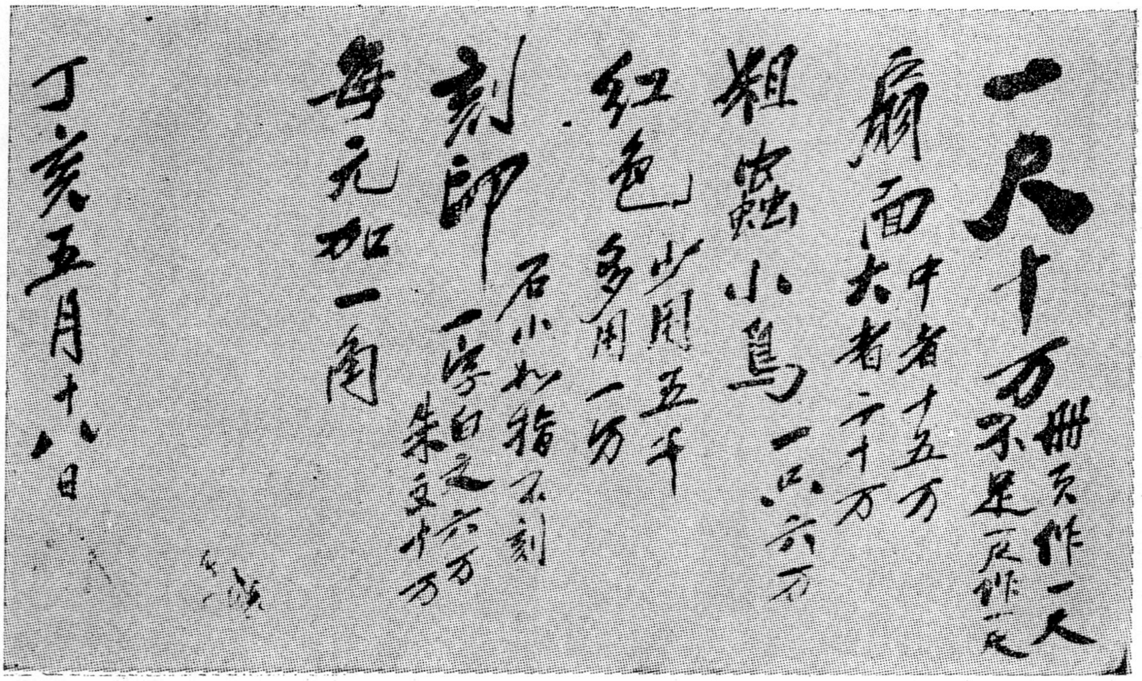

一九四七年白石老人自書潤例其時已删去山水一項

一九四六年十月，白石從北平到南京。有次，文疊山陪他看跑馬，爲時甚久。白石的女看護，催他回去午睡，他却坐着不肯走，兩眼緊看着面前一匹匹奔馬的雄姿，并對疊山說：「她們婦道人家那裏知道，我一生愛馬而未能有機會多看馬、多畫馬爲遺憾」！

山水自成一格

在記憶中，白石作品中，山水并不太多。晚年尤很少作，有一幀曾自題：「余已十餘年未畫山水矣」。若問何故？答案有二：一是晚年生意鼎盛，人們都向他索蝦蟹，索花鳥，他已忙得透不過氣來；二是平日沒有人肯買他的山水畫。

他的潤格中，山水畫要比花鳥畫加潤二倍，因爲他對自己的山水畫自許甚高，但時人似乎并不太欣賞它。這些山水畫大多大筆淋漓，橫塗豎抹，再加上色彩鮮艷，自成一格，與一般流行的「淺絳山水」作風大異，因此大家看不慣，其實也就是他那濃重的泥土氣表現之一端。他在六十九歲所作畫冊中，有這樣的題句：「吾畫山水，時流誹之，故余幾絕筆，今有寅齋弟强余畫此；寅齋曰：此冊遠勝死於石濤畫冊堆中一流也！即乞余記之。」當時北平的畫家，亦即所謂「時流」，無非皆骸骨迷戀之流，不是標榜「四王」，即是襲取石濤一些皮毛，而不知創作爲何事。白石本是崇拜石濤的，但他同時却又反對任何宗派，反對公式化臨摹，堅持自己創作的見解，要寫一味的「自家山水」，而這些題材，又全是他親身經歷體味得出來的。他題山水畫云：

十年種樹成林易，畫樹成林一輩難！
直到髮枯瞳欲瞎，賞心誰看雨後山？
逢人恥聽說荊關，宗派能誇却汗顏。
自有心胸甲天下，老夫看慣桂林山。

白石四十歲到四十七歲，曾旅行西安、北平、桂林、廣州、上海、蘇州等地，「五出五歸，身行半天下」，從此眼界大開。一九〇九年，他還到過香港，在太平戲院觀粵劇，又看過日本電影，幷赴兵頭花園看小猩猩，有其日記爲證。在這次旅行中，他最喜桂林山水之清奇，以至長江、洞庭、衡山、太湖，是給了他多麽深刻的感受。此時他已開始試用自己獨特的技法，來表現他作山水畫獨特的意境。

　初期的「石門廿四景」和「借山圖」，即已結構大胆，作法簡樸，着色用石青石綠，有的更塗上紅色的晚霞，或一片藍天皎月，其中幷有滿紙烟雲，在雲上露出幾筆濃墨的山峯，這些山峯就像土饅頭一樣。厥後畫「海上旭日」，天上一輪紅太陽，下面一片海水，分明是民間藝術的特色，那麽自由活潑地歌頌大自然。

　七十歲作「松坪竹馬」，回憶兒時情景，以後又畫了「聞鈴圖」，寫自己在十歲時牽牛繫鈴的一幕，都說明他生長在農村，垂老不忘其故鄉風物，親切可喜。此外，「春水泛舟」，畫的是江南太湖的景色，兩艘帆船在風中行駛，周圍水色澄碧。「雨耕圖」是一幅農村小景，畫農人戴着雨笠，披着簑衣，正吆喝着一條大水牛在耕田。「萬竹山居」畫上茂密的竹林，有人靜居讀書。「曲沿荷風圖」畫出夏風吹着青柳紅荷。至於「魚鷹圖」尤其是他的傑作，畫着一羣魚鷹在沙汀上聚合活躍的場面。

　土頭土腦，樸樸實實，這不脫鄉下人泥土氣的本色，也就是最標準的齊白石山水畫！

　但當年北平的士大夫們，喜歡的祇是四王或石濤，齊白石的山水畫掛在琉璃廠竟無人問津。直到他身後，才有人替他大翻陳案，重新給予相當的評價。

　白石對自己的山水畫技巧，也頗有其獨得之見。他曾有詩云：「一笑前朝諸巨手，平鋪細抹即功夫」。他反對那些四平八穩的平鋪細抹功夫，而極其講求有變化的筆墨，與清新的格調。有幾句話道破了此中的奧秘：

　「山水要無人人所想得到處，故章法位置，總要靈氣往來，非前清名人苦心造作。」

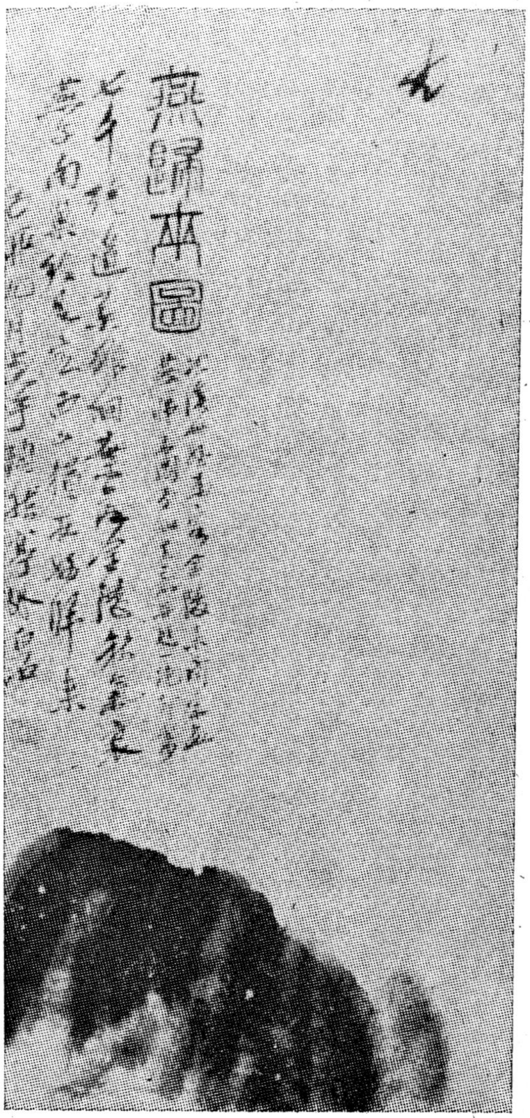

白石老人爲張次溪畫燕歸來圖

「山水筆要巧拙互用，巧則靈變，拙則渾古，合乎天。天之造物，自無輕佻溷濁之病」。

　白石己卯年爲張次溪畫「燕歸來圖」，即是一例。他在上角畫了一隻燕子，下角用大筆祇塗一塊石頭，這樣的山水構想，何等出奇地大胆，那不是「靈氣往來」「巧拙互用」又是什麽？

　據說白石賣畫潤例中，人物取價最高。但是許多人也不很接受他的人物畫。於是有人就說白石畫不好人物，故意把潤例提高。其實白石早年在人物畫上着實用過苦功，晚年粗筆麤墨，也別有風味。我在星洲見到一幀鍾馗圖，寫鍾進士一付怒髮衝冠之狀，活現紙上，那潑辣的筆觸，誰也畫不出來。又畫鍾馗搔背圖，一小鬼爲鍾馗進士搔背而搔不着癢處，其神情絕妙。而題句更妙：「不在下，偏搔下；不在上，偏搔上，搔在皮毛外，焉能知我痛癢」。此老幽默風趣，能不令人爲之啞然！

靈感俯拾卽是

　白石作畫，除以實物觀摩外，有時也往往得之於靈感。有次他在法源寺與人閒談，忽見地下磨刻印石流下來的水漿，像隻白鴿，他便畫了下來，自認爲「得天然之趣。」這眞可說是：別人東找西尋，而他可以俯拾即是。

　他敢於「由小見大」和「以少勝多」，敢於減筆，敢於創造新格，敢於打破一般舊有的框框。請看那幀「蛙聲十里出山泉」罷，這是老舍引用查初白詩所出的畫題。於是白石以絕妙的構思解決了這一難題：在長滿青苔的亂石中，山泉直瀉，幾隻蝌蚪被流水衝激着，活潑跳躍。畫面上雖沒有半隻青蛙，但讀者自能想像得出，蛙聲正和泉聲奏出了交響樂。這就是藝術上「含蓄」之妙。

　他學八大幷沒有到家，由於他用筆龍蛇飛舞過於刻露了些，沒有八大那麽含蓄的韻味。但早年畫過一隻胡蜂啜着一個梨，寥寥數筆，妙到秋毫，他在晚年自題「白石與雪個共肝胆」，頗沾沾爲自鳴得意。

便是他所常畫的蜜蜂，塗上一圈濕淋淋的淡墨，令人看來，就恍如聽到蜜蜂嗡嗡飛鳴的聲音，是他自我創意之筆。但有時在大寫意的花葉之下，偏又畫了一隻工筆的蟲，這樣的刻意作畫，反而弄巧成拙。替他編訂「年譜」的胡適之，平日很少論畫，當他逝世前三年，我去南港訪問胡的時候，便曾笑着指出：「白石這樣的畫法，不通，不通之至！」

白石到晚年不再作工筆畫了，但寫意畫着色的不少，一片大紅大綠，未免過火。而且畫來畫去，相同的畫稿太多，想來或因平日索畫者多，故不得不如此率爾應酬，其實這正是藝術家之大忌，殊不能爲之諱飾。因此，他着色時，往往爲了趕時間，先把大塊洋紅煮熟在一小鍋裏；畫時用筆飽蘸了，一張又一張的塗抹下去，一個早上可以重複畫出十張八張牡丹，就像印刷機出品那樣，未免有粗製濫造之嫌。

但白石着色的作品，也有頗爲傑出的幾幀。以前我買到一幀紅葉中堂，滿幅畫一枝紅葉，數十瓣葉形，竟無一瓣相同，紅色中且雜橙黃，斑斑駁駁，大堪玩味。他畫的一幀櫻桃更妙，照例櫻桃形色極少變化，但在他筆下，那紅艷的飽含液汁的顆粒，及錯綜變化的枝梗，加上裝飾的果盤所形成的效果，不由不令人拍案嘆賞。

白石畫的牽牛花，花大如碗，鮮紅奪目，據說是在梅蘭芳家中曾看到的異種。直到他九十二歲時，畫了一幀攀藤的牽牛花，老筆紛披，如同草篆，其複印祇售一元港幣，我懸之於柏園畫室。有天剛巧張大千來訪，瞥見此畫不禁歡喜贊嘆，認爲是他平生所見白石畫第一。

但我所見到的白石妙品，却是在張碧寒家看到白石畫的一隻龐大的鶴，紅的冠，黑白的長羽，兩脚挺直兀立，作向前瞻望狀，四週一無補景，但其一種遺世獨立傲視一切之狀，極能攝人心魄。這眞夠得上稱「筆墨重大，形神兼備」八個字，相信前人未有這等佳作，迄今猶念念不忘。

嚴格說來，白石所有的畫，祇是若干抒情的小品畫而已，很遺憾地，沒有產生出什麼天馬行空氣象萬千的大作品。終其一生，連大幅的通景也沒畫過。但日本人對於他，是頗爲傾心的。武者小路實篤說：「白石的畫，自由自在，生氣勃勃。直到九十五歲逝世之前，他一直在作畫，比富岡鐵齋還要長生五年」。一九六五年我在東京見到實篤，他也快九十歲了，毫無疑義地，實篤的畫多少受了白石的影響，而更顯得爲小品化所局限。

另一位是活到九十歲的須磨彌吉郎，以前是日本駐華外交官，著名的美術收藏家。那年，我在東京霞關舉行畫展，承他曳杖來觀。他說：「齊白石在北平第一次開畫展，只有我一人捧場。一次，我與日本名畫家竹內棲鳳論白石的畫，妙處全在神似，而竹內僅求形似，高下自判。今齊氏已成爲現代世界三大畫家，而日本無與焉。」

接着，又老氣橫秋對我說：「我不贊成你畫那麼多的題材，齊白石的特色也祇幾樣而已」。但又說：「齊氏到六十歲後才不平常；薛樣，你還年輕，你前程無量……」。但一忽又蹉跎多年，思之能毋慚愧！

白石老人九十一歲為老舍畫查初白句「蛙聲十里出山泉」

平生全仗「挺經」

在此，要把白石的詩文與刻印畧談一下。當年湖南大名士王湘綺，曾識白石於微時。據說，有天在湘潭黎宅轎廳上，看到一個雕花匠正在讀着他的湘綺樓詩集，他便用手一拉，叫他陪着吃飯。當時白石受寵若驚，湘綺在席上摸着鬍子，喜氣盎然地說：「你給我磕頭，拜我爲師，我替你改詩」，這是一段傳奇性的遇合。

但湘綺後來在日記上曾評白石詩文，有兩句非常滑稽的話說：「文尙成章，詩却如薛蟠體」。但實際上白石的詩雖似浮淺，却率眞而清新可喜，决非如王氏所說的那種體裁。

還是樊樊山持論較爲平允，題白石詩集云：「凡此等詩看似尋常，皆從劌心鉥肝而出，意中有意，味外有味，斷非冠進賢冠、騎金絡馬、食中書省新着餘頭者所能知……」。不錯，白石早期的文化水準較低一些，但他的詩文却有着眞性眞情，誰也不能抹煞其好處。胡適之雖批評他畫寫意花葉，伴以工筆蟲豸爲不當，但對他文中「蛙生於灶」四字却大爲激賞，認爲是篇妙文。其實，在白石筆記中，往往可以發現此等妙文，堪以一誦。如他曾寫紫荆山下避兵亂的痛苦：

「時值炎熱，赤膚汗流，綠蟻蒼蠅共食，野狐穴鼠爲鄰。如是一年，骨與枯柴同瘦，所有勝枯柴者，尚多兩目，驚怖四顧，目睛瑩然而能動也。」

又記他北上避難時的心情：

「臨行時之愁苦，家人外，爲予垂淚者尚有春雨梨花。過黃河時乃幻想曰：安得有嬴氏趕山鞭，將一家草木同過此橋耶」！

這些文字有詩意也有畫境，以誠摯的心情，寫亂離的情景，那能使人不感動？

齊白石爲譚延闓所刻印譜

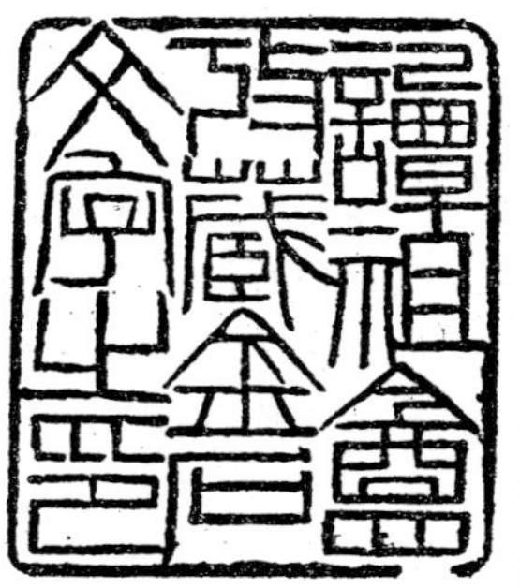

譚祖安考藏金石文字之印

生爲南人性不能乘船食稻而喜飧麥跨鞍

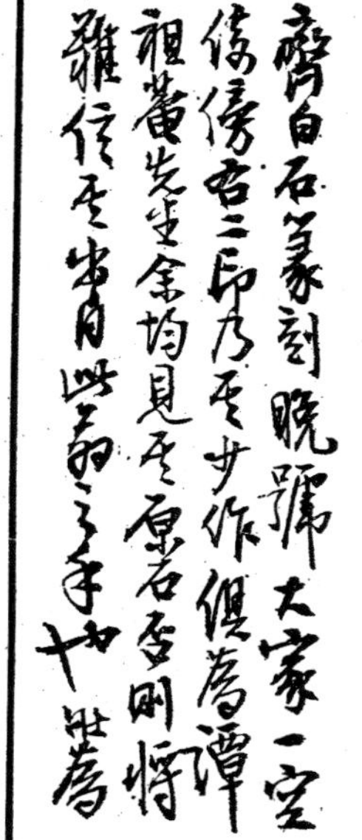

至於「白石老人自傳」，除由張次溪執筆外，最後一部份還是白石親自寫成的。羅家倫讀後認爲：「很好的理由是樸實無華，而且充滿了作者的鄉土氣味」。這樣看來，白石的畫固以有泥土氣爲佳，且在詩文中也因此佔了優勢。

但不能諱言的，白石有時在畫上的題句似通非通，到了晚年仍犯這毛病，例子不勝枚舉。我曾看到朱省齋收藏過白石的一紙手札，讀了半天，竟茫然不知其所云。

至於他的書法與篆刻，自有可取之處。書法篆中參隸，是吸取了三公山碑的精華，筆力雖尚雄健，但還不能與昌碩的石鼓文比擬。行書的筆鋒是扁平的，如李復堂，只可說是畫家之書而已。他自稱篆刻「胆敢獨創」，一刀刻下去，決不再修一下，不爲「摹，作，削」三字所害，而以「天趣勝人」。但我看他的篆刻比起吳昌碩來，似乎雄健有餘，而渾樸不足。昌碩的石鼓文與篆刻，眞如千年木石，皴礫剝蝕，撫觸生畏，這是他的不可及處。白石因爲是木匠出身，慣於大刀濶斧，未免力多於韻，但在當世也已是難能。

談到白石學習篆刻，有兩段令人啼笑皆非的故事。

那年他三十二歲，一次遇到一位長沙來的篆刻名家，白石拿了一塊石頭去求他刻印。過幾天，對方推說：「石頭不平，磨磨平再來刻」！如此推諉了幾次之後，白石一氣之下，便在當晚找了一把修脚刀，自己刻了個印章，別人見了，都說比那個長沙名家刻的更好，從此他也有了刻印的興趣。隔年遇見黎鯨庵，他想跟黎學篆刻，但鯨庵却對他說：「芝木匠，你如果能喝我這水烟壺裏的烟水，我就指點你刻印」。結果白石不怕烟水臭辣，竟拿起來一口喝乾，鯨庵才爲他眞誠所感動，便悉心教他。

又一次，他向另一位黎鐵庵請教篆刻之道。鐵安告訴他：「南泉坤的楚石，有的是你挑一担回家去，隨刻隨磨，全部都成了石漿，就會刻好了。」這雖是一句開玩笑的話，但忠厚老實的白石，却認爲不錯，從此打定主意，多刻多磨，結果刻得滿屋子都是石漿，還不肯罷休。一分天才九分苦練，這股子「挺經」又何等可佩！

其間，白石曾爲譚延闓三兄弟刻了十多方印章，他自認還過得去。却有人在背後說他的壞話，并聽說譚氏兄弟便把他刻的字磨掉了。因之白石在自傳中提起這事，猶不免耿耿於心。但後來白石仍爲譚延闓刻了十多方極精的印章，蒙金石家王壯爲先生說明如上。

林語堂「與大千先生無所不談」一文中有云：「……年青的白石在法庭上罰打二百下屁股。以前他做木匠雕花，至此乃改用鐵筆，刻圖章以爲活計，因是成名」。這一段我從來沒有聽大千談過，但或事出有因。在此可作定論：白石的一生雖受過很多苦痛的折磨，但靠他自己的智慧和一雙苦幹的手，不斷努力，窮不怕也打不倒。孟子所謂：「天之將降大任於斯人也，必須苦其心志，勞其筋骨，餓其體膚，益增其所不能」。這纔不愧爲一個「不信邪」的湖南人！

生活儉樸可風

白石一生的逸事太多了，而最膾炙人口的是他對金錢的過份節儉與吝嗇。

平日他賣畫賣印，從來不肯送人的，誰去請他畫刻，都得按潤例要錢。其潤例且有兩點特別的規定，一是凡學生去請他畫刻者按原定價格，反而每元要加一毫，據說是防止學生拿交情去麻煩他；二是寫明不收任何禮品，意思就是專要現金。有人認爲他做得過份，可是以他那麼大的歲數還幹那些勞什子，究竟是應該原諒的。

他的居所，走廊安上一層鐵柵，把所有的石印都放在櫥裏面，身上一共有二十多個銅鑰匙，走起路來叮噹作響。據說他怕他的子女竊去印章造假畫，故又貼上「請君莫再偷」的封條。他的印章中，有一方刻的是他自己右手拇指指紋，很是別致，此外還有一方鋼印，必要時也蓋上以辨眞贋。

有次他老人家半夜在鐵柵上拌了跌一交，弄得腿骨脫了骱，原來他聽到犬吠聲防有賊來。

即使他在晚年已成「富翁」之後，仍無法忘記早年挨餓的日子。從小他用牛糞煨芋頭吃，到老還認爲厥味最美。家裏的柴米油鹽，一概由他親自掌管，按時按刻撥發給傭人們去做飯。他的子女們很不容易從他手中要到零用錢。每當有人送食物給他，總是時時是收藏起來，等到他想起找出來吃的時候，往往已經腐爛不能吃了，只能心痛地說「怪可惜，怪可惜！」有時至親好友蒞臨，他鄭重其事，在櫥裏拿出餅乾花生來敬客，多數已是發霉變味，他還捨不得丟掉。

老人家請客吃飯，更屬異數。偶而到西黔陽叫了幾隻菜，等到吃剩了，必關照伙計，把殘肴包了起來，親自帶回家去再享受一番。

他畫過一籃絲瓜與小魚，題云：「小魚羹絲瓜，只有農家能諳此風味。」一幅白菜蝦米圖，他題：「曾文正公謂鷄鴨湯羹蘿卜白菜，遠勝滿漢筵席，余謂蝦乾湯羹白菜，不亞鷄鴨湯也」。平日他常在自己門口，親自與油鹽小販打交道，眞的做到了銖錙必較。傳說他也曾把自己的畫拿出來付賬。

據李可染說：「記得有一次我買了一點菜食送他，菜是一塊白菜包着的。老師叫人把菜拿到廚房後，自己把那一片菜葉用布擦得乾乾淨淨，他說這塊菜葉切碎用醬油調了可以下一餐飯。」又：「平時他常把一些有棉性的包紙理平收藏起來，并且很喜歡在這樣的紙上作畫。我就見過他在老式鞋店包鞋的皮紙上作畫，畫上還隱約可見朱印的鞋的號碼。他作畫後，常常把筆上餘色用清水冲下，留作下次用。……」其愛惜物力，儉樸成性，居然到達如此地步。

另一位學生婁師白回憶說：「老人幾次指着一床舊藍布褥子說：這條褥子還是我早年五出五歸的一肩行李，至今捨不得丟掉它」。更妙的是：「有一次，老人給上海朱某刻了幾方圖章，叫我替他到郵局寄去。當時老人從他的床底下拿出了一套木匠工具，笑着對我說：『這套家具是你老師的看家本領，你今天也可以學學。』老人拿了一塊薄木板，就在院子裏鋸了起來，一會兒就釘成了一個小木盒，把他刻好的圖章用紙包好，擺進去，然後把匣蓋釘好，又把這套工具收拾起來，放到床底下」。看來白石到老還不脫做木匠的勤勞習慣，眞也值得我們學學。

齊白石晚年看吳作人所畫的齊白石畫像

白石的長女齊良憐，女婿易恕孜現在台北。據回憶，老人最愛的是錢，有了些小錢就換成銀子，攢了散碎銀子換大塊銀子，然後一堆堆地埋在地下。又據張道藩告訴我，白石南下時，有天突感不適，乃從懷中出其北平住宅之埋藏金銀清單一紙，意思是彼若一病不起，對其財產所有權請代作證。看來他把金錢看得比自己的生命還重要得多。

再看白石自傳的結尾，即有這麽一段：「……囤積倒把的人，他們異想天開，把我的畫，也當作貨物一樣，囤積起來。拿着一堆廢紙似的「金圓券」，訂成的畫件，一訂就是幾百張。我案頭積紙如山，朋友跟我開玩笑說：「看這樣子，眞是『生意興隆通四海，財源茂盛達三江』了。」實在我所換得的，有時一張畫還買不到幾個燒餅。……」

直到最後，大陸變色，他又在一幅「麻雀」上題字云「家雀家雀，鶴糧汝喝。粮盡鶴飛，汝曹何著」？署名是「餓叟」。

一九五三年，老人還轉輾寫信給他在台北的女兒齊良憐說：「餘年安得享清平」！一九五七年九月六日在北平病逝。人生朝露，而藝術千秋，到底他已可以不朽！

中國畫苑至今人才寥落，除齊白石外，很少有人能破空而出，能跳出了自己的牢籠束縛，而眞正做到求變創新。但所謂創新，決非受「外國影响」，臣服於西洋抽象畫之下，而要不忘中國人的本。試問：有誰具有齊白石勇猛精進的長期韌性奮鬥精神呢？試問：有誰肯從歷史的遠處或高處看看自己有沒有份量呢？

原稿
缺頁

原稿
缺頁

原稿
缺頁

原稿
缺頁

原稿
缺頁

原稿缺頁

原稿
缺頁

原稿
缺頁

原稿
缺頁

原稿
缺頁

原稿
缺頁

原稿
缺頁

原稿
缺頁

原稿
缺頁

原稿
缺頁

原稿
缺頁

原稿
缺頁

原稿
缺頁

譚延闓先生教我寫字

·雷嘯岑·

一九一三年（民國二年）筆者在長沙讀中學時，有習字課程，喜歡臨摹何紹基的字帖。繼見都督譚延闓（別號畏公）為先叔父秉之（時任省議員）所寫的屏條四張，純係劉石庵體，我很愛好，乃改習劉帖垂四、五年，然貌似而神不似，蓋無名師指點之故。越民國七年，譚畏公以湖南護法軍總司令駐節吾邑附近郴州；時我在家鄉辦小學，常給文武將吏寫各式的屏聯匾額，却完全是錢南園體了，嗣後即未曾改過，因而我又改習錢字。據內行的書法家說：畏公於民國八、九年間，在上海給「五洲大藥房」所寫的「使君壽考」橫匾大字楷書，氣魄雄渾，筆力遒勁，雖顏魯公、錢南園亦不過如是耳。畏公的令弟譚瓶齋（澤闓），亦以善寫錢字著稱，久居滬上鬻書營生，驟視之，賢昆仲二人字體不相伯仲。但若與畏公所寫的比較觀察，瓶齋的字屬于秀麗一路；最主要的區別不在字形，而在其書法中的精神迥異，乃兄所書富麗堂皇，卓具福澤，而老弟則不然，此中義理只可意會，而不能言傳的。古人每從一個人的文章與字跡中，即可推斷其人的前程如何，確有至理。

一九二七年夏，譚畏公由武漢到南京接任國府主席，筆者適担任國府秘書職務。當時由於寧、漢分裂的舊痕，畏公對政事皆鮮過問，而由常委李協和（烈鈞）先生全權處理。畏公乘暇親寫扇子數十把，贈予國府秘書處人員各一柄，我將此扇什襲藏之，不肯常用，迨大陸變色時未曾携出，當然無存了。這時候，畏公與李協和先生每天中午在國府進餐，或中肴，或西菜，我奉命敬陪，同席惟吾等三人而已。一日飯後，畏公詢問我的學歷？又問我是否習過劉石庵的字帖？因我奉命草擬文書呈核，畏公觀之已屢。我據實對答，且謂不獲名家指教，毫無足觀，不過塗鴉而已。於是，他乃娓娓然指示我以學書的基本方法：

一是要多看古人的名家碑帖，各式各樣的都得看，體察其筆法與格局，擇其所喜愛的一種而習學之，且以正楷為主。

二是習字時須將碑帖放置在眼前較遠處，先行審視其神韻與筆法，經過思考融滙，然後垂首書寫成字，再寫他字。切忌寫一筆又抬頭看一次，那就有如木匠製作框架然，神韻完全沒有了。

三是寫肥體字要用硬毫筆，如習顏魯公、錢南園、劉石庵的字，便非用紫毫不可。寫瘦體字卽須用羊毫，而於臨摹碑帖尤然；

四是習字要有恆，不宜一曝十寒，否則永遠不會有成就。

筆者就是犯了第四項的毛病，所以沒有一點成就啊！

畏公又談出若干寫字的故事，他說何紹基的字，幷非用普通狼毫或羊毫筆寫的，而係使用自己特製的鷄毛筆，用這種鷄毛作書，腕力不强的，根本就無法成字也。又謂無論學寫那一種字體，總須有自己的個性潛存着。某年，畏公與曾農髯（熙）、清道人李梅庵三人，在上海「小有天」餐館進餐，彼此談到字學，李梅庵很自負地言道：「若論寫魏碑，區區所寫的相信無一筆不像古人了。」曾熙即笑謂：「所以無一筆是你的啦！」蓋認為寫字應該含有自己的個性表現，方為上乘。畏公亦談到毛筆問題，他憑着若干年來的經驗，認為本國製的毛筆，遠不及日本產品之性能優良，如日製的寸楷紫毫，既耐用，又結實，使用數年亦不脫落云。當時筆者聽從畏公之言，即託朋友在東京買了幾枝寸楷紫毫試用，果然不錯。迨戰後我自己到日旅游時，市面上未見有同樣的產品了，選購了幾枝小楷紫毫帶回來，殊不合用，以之繪畫尚可，以之作書，即有指揮不如意的毛病。

筆者見過的譚畏公書法，除却民國初元所寫的劉石庵體外，就祇有錢南園的一類了。民國十二年他在廣州大元帥府任秘書長時，跟當時領兵駐屯潮汕一帶的李烈鈞將軍，通信甚多，盡係親筆行書，李將軍後來把所積存的畏公信札，裝裱成冊，我亦再三看過，殊堪寶貴，於今却不知落到那個收藏家的手中去了。

現代人講求科學化，學生時代即使用鋼筆，學校更沒有習字功課，沒人願意以毛筆作書，有些大學畢業生，甚至不能用毛筆寫字，更不必談碑帖之說了。中國書法具有高度的藝術價值，日本人曾說，將來中國人若要復興書道，非到日本學習不可，其然，豈其然歟？吾為此懼！吾為此憂！

胡儀尊先生對近代書家，多曾親炙，其於譚畏公尤所敬仰，嘗有文記譚氏書道云：

『自茶陵兄弟（組庵先生，及其弟瓶齋），崇尚錢南園書，一時幾成為風氣。按南園書，在當時不如其畫馬為人所重，蓋雍乾時舉世習趙董，自翁常熟始篤好錢書，其書室四壁皆懸南園書，與張蔭桓牋，屢稱道求索之。茶陵與常熟有世誼，其先德文勤公（譚父鍾麟謚）每得常熟手訊，輒付與觀摩。有一牋云：

三令郎偉器也。其筆力殆可扛鼎。比聞入泮，行卽騰驤。

足證其瓣香南園之有自矣。

譚畏公論書不喜南北碑帖之說。滇將李素庵，曾以賤值得南園所書蕪城賦，或有疑其爲贋鼎者，李以質之先生，先生大嗟賞，爲之作長跋且千言。并有詩云，「北魏稱善書，皆言學羲之。（自注見北魏書北齊書）。亦如魏（收）祖（孝徵）流，仍工江左辭。南朔雖殊方，風尚每相師。後人執碑帖，强爲分澠淄。且如焦巖石，（按謂瘞鶴銘。）豈謝中岳碑。（按謂華山碑）南朝少石刻，北無簡札遺。我言但孤證，聞者宜然疑。」又云：「魯公天人姿，頹風振末造。變化出新奇，獨奏非古調。受法雖長史，智過術乃妙。盡發不傳秘，萬古仰光照。徐柳固非倫，杜韓倘并耀。巍如唐文皇，名宗實祖廟。迢迢千載人，誰其得道要！」又云：「南園年不永，天實縱其書。直節照人寰，固與常流殊。淩跨宋元來，直與顏爲徒。冥會當時心，目若無君謨。晚年更險絕，骨立筋盤紆。豪傑信非偶，豈爲時代拘！哀哉世上人，戢戢事墨豬。」（此詩據其手寫本訒庵集，與題筆字句小有不同。）又題張靜江書軸云：「南北紛紛騰口辨，誰識書家原一貫。滎陽未必祧山陰，（按謂鄭文公碑）筆塚墨池功自見。納碑於帖誰能賢？多君此軸來眼前。湖州書學自有種，頗憶吳興具義淵。」觀此兩詩，其宗旨可見。

余於十七年秋，以地方修志事，謁見先生於京中石板橋寓居，時先生方爲主席。余曾以諸城南園造詣之深淺質之。先生謂：「諸城自過南園，然南園年不永，仕宦又不達，其不能變化光大而有我在，蓋環境囿之，且學平原於舉世不爲之時，亦其清剛介特之操，有默契冥通者，故不可相提並論。」其偏嗜如此。

先生晚年在京中應人之求，幾於日不暇給。其筆法一以南園爲歸，而其早歲之作，於褚河南趙吳興亦實有深功。其手寫慈衛室詩、非庵詩、粵行詩、訒庵詩集，小眞書有秀逸精絕者。（卷末有瓶齋代書數首，亦古雅絕倫。）孫哲生先生曾得高麗佳紙一巨幅乞書，先生爲作小行書，徧臨各家，費十日之力始盡之，殆爲生平之力作。亦嘗爲余書屏幅四，臨米老，筆意亦逼肖，固知名手無不能也。

大抵書法，虞褚顏柳，無不從二王。入虞褚書若離紙一寸，顏柳則透紙背，惟能透，始能離。學者若窺見顏柳胎息二王處，便不迷於所向。余見南園臨褚枯樹賦，及翁文恭早歲作率更體書，皆酷似，與晚年之作，實殊途同歸，故知先生不主南北碑帖之說，實爲不刋之論。

先生晚歲臨池猶勤，雖不主一體，然尤致力於平原麻姑仙壇記。呂蘧孫先生曾以印本見贈，字較大，用墨亦較重，而筆意謹嚴，無懈可擊。於典則之中，饒俊秀之氣。自記云「辛酉十一月既望，臨第一百二十五通畢，時寓上海塘山路東頭，小雨乍晴，曉寒猶重，萊歡姻世講夫婦方肆書，以此啓之。」瓶齋先生跋云：「先三兄臨麻姑仙壇記，蓋始於甲寅余兄弟奉母居青島時。其後乙卯在滬，戊午在郴，書課尤勤。至辛酉買宅塘山，頗有賓從文燕之樂。偶朝臨寫數紙，盡數十通。此則臨以貽叔平夫婦者，筆意充悅，蓋其力作也。自壬戌于役海南，還都白下，政事日繁，遂無復日課，惟最後爲過翁書屏八幅第二百二十通，生平臨此碑殆止於是矣。」書家往往有眼高手生之病，豈眞腕底有鬼？（老米語）良由於成名後，不復日近筆硯，實力漸差，遂多成惡札。董華亭王夢樓皆不免此弊，惟諸城不然，故七十後，猶自變化日新。茶陵兄弟書與年進，夫豈偶然？莊生有言，「巧者不過習者之門，」信夫！

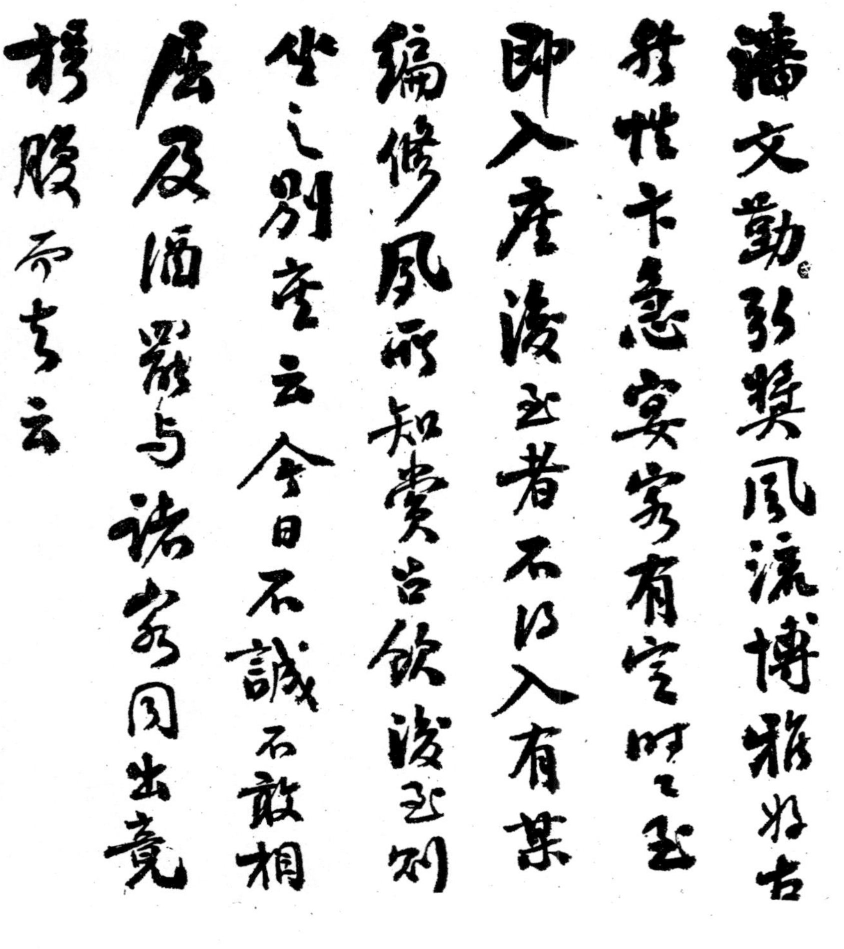

譚延闓書舊京紀聞：潘文勤弘奬風流，博雅好古，然性卞急，宴客有定時，時至即入座，後至者不得入，有某編修夙所知賞，召飲後至，則坐之別座云：今日不誠不敢相屈，及酒罷，與諸客同出，竟枵腹而去云。

雪夜燈光格

（來鴻去雁）

韋千里

光緒五年十二月十四日卯時

己卯	六歲	丙子	
丁丑	十六	乙亥	
癸丑	廿六	甲戌	
乙卯	卅六	癸酉	
	四六	壬申	
	五六	辛未	
	六六	庚午	

譚公延闓，政績、書法、文章，皆可傳諸不朽。余嘗展視其命造，無甚傑出之處，不過「淸秀」而已。已故前輩徐樂吾先生，嘗寫譚造於「造化元鑰」書中，別具高見，節錄如後，以揚其學力之精湛，爲後學所不及也。

丑宮己癸同透，見丁火，大寒時節，日出辰初，生於卯時，天未明也，作夜生論，爲「雪夜燈光格」，年月夾戊寅，日時夾甲寅，至申運暗冲寅丙，位極三台。

（覆吉隆坡黃任廣先生）台造：壬午，庚戌，甲辰，辛未。秋木喜水，癸丑十年大運，必好無疑。雖然二十八歲以來，未見突出，但三十一、三十二、三十三、三十四等年，必有良機，絢爛之極。或謂丑運四庫逢冲，所幸丑爲北方之土，絕不傷壬。蓋辰戌丑未爲「冲動」，而非「戰鬥」，毋庸過慮。

× × ×

（覆九龍陳錫麟先生）台造：壬辰，庚戌，庚戌，己卯。三魁罡，將來妻與子，皆不美滿。行運無一不佳，赤手空拳，竟成大富，可謂得天獨厚矣；經營木火商業尤妙。二十五歲丙辰一年，災來不測，禍至非常，幸在癸水運中，有驚無險，可以毋慮。

× × ×

（覆柴灣張文舫先生）台造：癸丑，辛酉，辛酉，癸巳。「從革」格，不應一寒至此。殆二十年火運之故歟（從革忌火）。今年壬子，明年癸丑，安如泰山。某星相家謂將橫死，不知其何所據而云然？余却以爲六一癸丑，六二甲寅兩年，可發一筆不大不小之財，從此生活安定矣。

× × ×

（覆九龍卓文成先生）台造：乙酉，辛巳，丙午，壬辰。已答覆於本刊第二十六期。今再下問「憂喜參半」及「動則尤妙」之意義，蓋今年壬子，天尅地冲，應有變動，甚或失業。然命局多火，喜壬喜子，即使工作有變，可以因禍得福，而有其美滿之枝棲，此所以憂喜參半，抑又動則尤妙也。

× × ×

（覆九龍張展鴻先生）台造：戊子，乙卯，丙午，己丑。論命，小聰明而已。論運，在於四十五歲之後，二十年發達，厚利大名。早歲辛苦，三十五歲至四十五歲，已未十載，還是患得患失。今明兩年，大有「冠蓋滿京華，斯人獨憔悴」之概。酷愛女色，爲一生「盛德之累」。

× × ×

（覆柴灣彭萍女士）台造：戊午，癸亥，己丑，甲子。干支多合，妙在合財合官，賢妻良母之典型也。甲己爲中正之合，自然宅心慈厚，際茲「叔季」之世，不免吃虧。今明年有病。五十七歲旺夫益子。五十八歲防爲小人所乘。五十九歲至六十二歲，蔗境回甘，榮華到老。越過六十六歲，難逃六十七歲。

（覆西貢鄭貴升先生）台造：丙子，丙申，丙戌，乙未。丙生初秋，仍如夏日之可畏。三十三歲行來庚運，三丙尅庚，縱有機緣，遇而不遇。但今年壬子，明年癸丑，必有奇跡，好自爲之。四十三歲戊午年，有病必沉重，無病亦呻吟。四十五歲庚申年起，一路康莊，成功非尠。妻子皆不得力，兄弟絕無臂助。

× × ×

（覆吉隆坡黃氏昆仲）兄造：乙酉，戊寅，乙丑，丙戌。乙木用丙，以驅料峭之春寒。丙丁運，行得太早。此後運程，大都平淡無奇。退而論流年，則三十二、三十三、三十四、三十五、四十二、四十三、四十四、四十五諸年，其爲庸中之佼佼者歟。絕對宜於南方熱帶，大忌近水之鄉。女人必多，雞犬不寧。今年意外打擊，明年門內干戈。

弟造：丁亥，庚戌，乙酉，辛巳。秋木怕金威脅。妙哉，二十九歲起，一路木火運程，連亘三十五年之久，名必大成，利非小就。文化，科技，藝事，既得深造，自有展布。但查今明兩年，幹東東不着，幹西西無成。

× × ×

（覆沙巴納閩許敬枝先生）台造：癸亥，甲寅，己酉，辛未。先生謂涉世以來，兀兀窮年，迄未得意。按火不透天，又無火運，命運皆屬平常。過去僅三十七歲至四十二歲之戌運，畧有機緣。未來五十五歲至五十八歲，四載火土流年，日新月盛，把握時機，毋失交臂。

× × ×

（覆山打根 Mr. Cheng Hin Siong）先生注意「橫財」，查台造：己巳，戊辰，庚子，戊寅。梟印重重，只時下寅木爲可喜。有生活資料之錢，無呼盧喝雉之財。四十八、四十九兩年，事業有奇跡，因而獲得鉅富；絕非屬於賭博性者，勿走歧途，好自爲之。

× × ×

（覆香港黎義山先生）來書未寫所生之時辰，只有年月日，無法推算，請再賜函。

× × ×

（覆九龍周梓揚先生）台造：甲申，辛未，己丑，乙亥。精華在於申亥兩字，蓋夏土喜水滋潤也。惜哉，壬申癸酉四運，經已過去。三十一歲至三十六歲之戌運，馮唐不遇，李廣難封，尤多「莫須有」之災難。中年乙亥兩運，大展經綸，盛極一時。居處及辦公地點，均須近水，注意注意。

× × ×

（覆荃灣何海晏先生）台造：己卯，癸酉，乙卯，乙酉。秋木，兩卯爲根，却被酉冲，雖有癸滋，奈無火暄。所好者，二十八歲至四十三歲，午己巳三運，忙來有成。（雖非年年發達，大抵益多損少）妻尅，子艱。本人肝臟及肺臟之健康欠佳。大利東南亞熱帶地區。

× × ×

（覆香港林小姐）台造：甲午，壬申，癸亥，丙辰。秋水通源，妙在甲丙並透，有好丈夫，好兒女。二十五歲起，一路好運，如致力於事業，亦必有大成。否則旺夫益子，足享榮華。事業以屬木屬火，最爲相宜。二十三歲丙辰年，締結良緣，婚事諧矣。

× × ×

（覆荃灣李佩瓊小姐）台造：庚辰，丙戌，丙申，戊寅。財星較旺，日主較弱，幸爲女命，夫子兩佳。今明年，大病小病都是病。二十五歲甲寅年，行船跑馬三分險。二十六歲乙卯年起，婚姻盡善盡美，事業多釆多姿，十年好景，令人羨煞。

× × ×

（覆官塘景毓先生）開來生庚，謂係三十四歲九月二十九日夜子時，但又附下八字，爲己卯，甲戌，壬子，庚子。乃生庚與八字不同，（應爲己卯，乙亥，辛亥，庚子）究竟如何依據，希再明示爲荷。

× × ×

（覆紐約Mr. J. Huang）台造：壬申，辛亥，丁丑，庚子。金水雖多，反喜金水，蓋作「從官」而論也。所以二十九歲以來，皆行木運，並未得意，凡事不符理想遠矣。今明年兎起，四十三、四十四兩年鶻落，前兩載之得意，正爲後兩載失意之原因，錯綜複雜，一言難盡。四十七歲戊午年，又有軒然大波。四十九歲後，漸入佳境，名利兩享。妻非一氏，子必克家。

× × ×

（覆九龍容宗裕先生）台造：甲申，庚午，戊午，戊午。火炎土燥，竟無壬癸亥子，乃偏枯之命。奔波栗六，所不免耳。今年壬子，原屬可喜，所憾一子冲三午，家庭多事。明年應有良機。三十一歲至三十六歲，連逢不利流年，漫漫長夜，何以爲遣。三十七歲之後，小有利而已。

× × ×

（覆三藩市程民先生）台造：癸巳，丙辰，甲午，乙亥。春深木老，喜有火以吐秀，有水以潤燥。二十四歲起，一路北方運程，小名小利。婚姻不美滿，鶯鶯燕燕多。商不如工，工不如醫，醫莫妙於外科，命中喜金之故也。

× × ×

（覆香港林先生）台造：丁亥，壬寅，壬午，乙巳。木火猖獗，金水不夠。行運忽起忽落，富是假富，窮是眞窮。如此命運，最傷腦筋，恕余直言。命中有賢淑之妻，配豬配龍尤妙。二十八歲至三十三歲，依人作嫁，不過庸庸碌碌，自己經營，定遭慘敗，可畏哉！

× × ×

（覆九龍李雪蘭小姐）台造：壬辰，戊申，丁酉，辛丑。八字無印。二十三歲起，木年木運，一切有着落矣。所謂着落，即婚姻如意，財業得手也。今年小人環伺，啼笑皆非，冬令，還有一大病。

× × ×

（覆亞庇王務本先生）台造：辛亥，庚寅，癸亥，癸丑。金水太重，今年壬子，填實拱祿，一事無成。六十四歲至六十九歲，方有起色。但尊意擬開設酒店，酒店屬水而不宜，不如經營其他木火工商事業。

× × ×

（覆九龍曹泉先生）台造：癸亥，甲寅，戊午，癸亥。旺木無金，亦即七殺無制，一生所遇，壓力太重。今明後三年，動輒得咎，最妙打消轉業之念。五十五歲起，方有四年發達。斯時應自營一業，乃風發泉湧，名利取之如寄。

× × ×

（覆斗湖方亞蕾小姐）台造：己卯，壬申，壬辰，辛亥。官星乏力，而又無財，所以婚姻遲遲，然而遲亦不妨。蓋三十六歲行丙運，百年好合，天賜良緣，勝過早婚多矣。函問將來夫爲何許人，此誠難言，大抵姻緣在於遠方，夫配虎屬犬肖，情愛既深，抑又多子。

× × ×

（覆香港梁大偉先生）代問貴友譚喜君之命造：丁亥，己丑，戊午，乙卯。寒土喜火，冬火喜木，妙哉，乙丁兩透，決非池中之物也。變化飛騰，乃在於丙戌兩運（三十一歲至四十一歲）。今年多事多故，明年亦欠寧靖。二十八歲曇花一現，二十九歲又歸平淡。妻雖賢淑，但恐河東獅吼。

韋千里先生業已返港讀者函問命運
請詳細開列性別出生地點年月日時
附上列印花寄大人出版社依序奉覆

名人婚變記徐蔣

·弼士·

曾任北京大學校長暨國民政府教育部長蔣夢麟（孟鄰），於一九四九年（民國卅八年）秋，由大陸來到香港作寓公時，閉門謝客，不預外事。是年十月十日國慶紀念節前，前上海同濟大學校長丁文淵，曾邀約當時違難海隅的廣州中山大學校長張雲、前長春大學校長黃如今，以及曾在大陸各大專學校担任教授的人士如筆者等，聯名發表擁護中華民國的宣言，由政論家馬五先生起草，大家決定請北大蔣校長領銜，而爲其拒却，宣言遂告流產。未幾，美國第七艦隊東來協防台灣海峽，蔣夢麟迅即馳赴台灣，出任中華民國政府所屬「農復會」主任委員了。農復會係由中、美兩國合作的農業機構，職員待遇皆以美金計給，生活自比一般的行政人員優裕多多。

蔣氏的第二任太太陶曾穀女士，原係蔣的老友兼同事高仁山的未亡人，高氏在南京教育部任職時病逝後，再醮蔣氏的，當時蔣聲言他娶陶女士是恪盡其朋友的義務，一時傳爲笑談。蔣陶雙雙進入台灣後，生活安定和諧，蔣氏原配所生女兒蔣燕華亦隨同來到台灣。過了幾年後，陶女士抱病去世了，蔣燕華乃替老父料理一切家務事，和她的夫壻沈君一同住在老父家裏，直到民國五十年一月，蔣孟隣與江蘇籍名女人徐賢樂宣佈正式結婚，燕華夫婦纔遷出蔣公館的。後來蔣、徐鬧婚變糾紛之際，蔣燕華亦捲入了漩渦，她和徐賢樂二人皆發佈談話或文字，互相訟駁，成爲台灣各報紙上的花邊新聞，洋洋大觀，歎爲觀止。

當蔣夢麟與徐賢樂來往密切、擬訂鴛盟時，中央研究院院長胡適之以老友關係，致函蔣氏表示異議，勸他審慎爲佳。理由是徐女士在對日抗戰時曾與軍界聞人楊杰成婚，繼因銀錢問題，終告仳離了。（見本刊二十七期政海人物面面觀）楊杰原係叱咤風雲，統兵出入戰場的將領，且沒法駕馭徐賢樂而不得不讓其下堂別去，孟隣一介書生，年華老大，殊不宜與此曾經滄海的名女人結爲伴侶。胡函又云：據聞徐女士要求孟隣付以廿萬元之訂婚費（徐則謂幷無其事），無異買賣式婚姻，更爲吾輩所不取，希望蔣氏愼思明辨，好自爲之。然蔣其時正在熱愛時期，決不接受胡適的勸告，且吩咐自己的秘書，如再得胡院長來函，即付丙丁，不要送閱，以免徒亂人意，態度堅決若斯，別人自不便有所置喙了。

蔣夢麟徐賢樂合攝于台中鐵路飯店

蔣、徐婚禮於民國五十年（一九六一年）七月十八日在台北舉行，証婚人係名律師端木愷，當然具備了法定的婚姻手續。禮成後，新人雙雙赴台中日月潭作蜜月旅行，下榻當地新建築的「教師會館」，不日即有蜚語流傳，謂蔣徐新婚之夜，徐要求蔣須將其存儲國內和海外的私人欵項開列清單交給她，方允合巹，確否不可知，然後來蔣徐婚變的導火線，即爲銀錢問題，却屬事實。新婚經過了一年多的光陰，蔣氏於民國五十一年冬間，不愼跌斷了腿，入台北榮民總醫院施手術，徐女士亦在院服侍，幷無異狀。迨是年陰曆臘月廿四日，徐氏託言回去作年餚，同時即將自己原在蔣家的戶口遷出，行李亦搬出蔣家，置於中央信託局她的舊有宿舍裏；徐係中信局職員，而蔣孟隣亦於徐賢樂未回醫院時，遷出病房，不知去向了。過了陰曆年後，即民國五十二年一月廿三日，蔣氏乃寫信一封，託由原証婚人端木愷律師交給徐女士，內容如次：

「我與徐賢樂女士自民國五十年七月結婚以來，由於兩人的生活習慣思想志趣無一相同，相處逾久，隔閡逾深，此次折骨就醫，彼此意見更多不合。我爲求寧靜的養息，深深地感覺不能再和她相處，經過很多天的考慮，決定分居，不再和她見面，這樣對雙方都比較有利。她在中央信託局的工作，始終沒法辭去，她的收入本來可以維持生活，但是我仍願盡我的責任，每月給她新台幣三千元。信託局配給她的宿舍，她沒有交還，當然可以搬回去住。我健康恢復以後，願以餘年全心全力的從事於農村工作及著述，我的飲食起居，我自己會得安排，我的財產我也會另行考慮適宜的處理，她都不必担心。我請求當日參加我們婚禮的朋友們，將我這不可動搖的決定，鄭重轉告她。我很抱歉，在新年裏以家庭瑣事煩朋友，希望大家原諒我的苦衷，完成我的心願。

蔣夢麟　一月廿三日」

蔣夢麟徐賢樂婚變成為報章花邊新聞

徐女士接到此信後，因尋不到蔣氏的住所，無從面談，也沒法復信，正在彷徨籌策之中，而蔣氏於二月八日又託端木律師，將他寫給端木愷的原函交與徐氏，原函云：

「鑄秋先生大鑒：敬啓者，一月廿三日暨昨日函，想均已達覽，屢以家事相託，甚感不安。頃悉弟在大同製鋼公司之存欵，其中A六三七二號新台幣五萬元；A七五〇二號新台幣四萬五千元；A八二二五號新台幣四萬元；A八九七〇號新台幣四萬元四筆（係徐女士擅自以徐賢樂名義存入），連同利息共一十九萬一千八百五十四元八角，於本月五日由徐女士强行領去（有大同公司交通銀行CA一八四三二八號支票乙紙，及經辦會計人員可資查詢。）查上述欵項係弟與徐女士結婚以後所陸續親交者（包括本人之薪給廿八萬六千元，見附表及大同、嘉新、裕豐之存欵一年半以來之利息，及大同之股息。）幷非徐女士私人所有，何得擅自提出？弟於每次交欵時，屢囑開列帳目清單，但徐女士均支吾以答，幷言必不欺我。至今想來，徐女士實早有所企圖，用特即函台端，請代告徐女士五點：

一、請徐女士速將由大同領去之十九萬餘元，以本人名義存入大同。

二、大同、嘉新、裕豐之存欵，一年半以來，利息若干，請其詳列清單。

三、大同之股票一年半以來股息若干，請其詳列清單。

四、所有存欵之利息及股票之股息，連同本人交與之薪給共若干，其餘欵何在？

五、限徐女士最短期內，將弟所託吾兄向其提出各問題逐一答復。費神謝謝。

弟蔣夢麟敬啓　五十二年二月八日」

綜觀蔣氏這兩封信的內容，鬧分居的眞正原因，幷非如第一次所謂生活習慣與思想志趣無一相同之故。蔣徐二人在婚前過從匪伊朝夕，乃必然的事，蔣是久經世故的老年人，既要找女人結婚，決不會毫不偵查對方的生活習慣和其品性的大概情形如何，即盲目結合的。何況老友胡適之曾經致書勸阻，而蔣氏置之不顧，非與徐賢樂結褵不可呢！果如蔣氏第一函所云，雖青年小伙子亦不致輕率幼稚如此，把婚姻當作兒戲吧？第二次函述各節，纔是使他跟徐氏感情破裂的基本因素。徐氏以四十零歲的人，下嫁七十多歲的老翁，唯物主義的成分最大，毫無疑問。所以，她一入蔣氏門中，即要掌握着蔣氏的財權，在蔣氏尚未折腿以前，早已密作佈署，如上述私將蔣記存欵與股票過戶之事，蔣氏諒已查覺，頗為寒心了，然猶忍隱未發，迨徐氏乘蔣臥病醫院時，潛將戶口遷出，幷把行李搬回舊有的宿舍去，蔣乃認爲恩斷義絕，無可再忍，經過至親好友的策劃，纔毅然決然由原証婚人端木愷律師轉交徐氏兩件信札，但求分居而收回財權罷了。在徐氏方面，眼見蔣的病情不輕，唯恐望八之年的老夫，一旦撒手人間，她在蔣家的處境將更困難，爲保持退路計，乃急急於爭取中信局宿舍，將行李搬回去，戶口亦從蔣家遷出，反正蔣的存欵已轉入自己名下，萬一蔣病惡化，終於不起，她亦游刃自如，無所牽掛了。俗言「柴米夫妻」，蔣徐的情形，確屬如此，其他的說法，都是遁詞而已。

徐賢樂堅不答應分居，要求與蔣面談，曾以長函復蔣，聲明決不當面哭鬧。且承認曾在大同公司領了一筆存欵，說是「農曆年底以前（按係指蔣跌斷腿入醫院這年）包圍你的人，利用你的名義，將保管箱暨各行號的存欵一概凍結，并將股票登報聲明遺失，二個月來未給我分文生活費，并令農復會不許借車，使我不得不舉債度日，如我不將自己的存欵提出，豈不是賠了夫人又折兵嗎？」這不啻是不打是招，証明蔣氏第二次函述存欵被徐私自過戶一事，千眞萬確，而徐氏何以願意下嫁七旬老翁的用心，亦昭然若揭了。

蔣孟隣以徐賢樂拒絕分居之議，深慮夜長夢多，後患無窮，一不做，二不休，乃向法院正式訴請離婚，并聘任與端木愷律師合夥營業的王善祥律師爲辯護人，離婚的理由是「不堪徐氏虐待之苦」。繼又舉行新聞記者招待會，發表書面談話，記者問他以受徐氏虐待的事實怎樣？他答謂須到法院去說。他訂期招待記者的地點，亦臨時變換了三次，爲的是害怕徐賢樂前來吵鬧，張皇幽渺，殊堪發噱。徐賢樂亦以「我與蔣夢麟」的題目，在報上發佈文字，否認她與蔣氏構成了離婚的條件，她認爲蔣徐除却依照法定要件，正式結婚外，又將結婚証書向區公所登記戶口，相處了一年零七個月，并未發生口角是非。如果提起確認婚姻無效之訴，蔣孟隣便要觸犯刑法第二百十四條和二百廿九條的罪嫌，表示着不怕吃官司的態度。但她依然認定蔣氏對她採取决絕的作法，并非出自本意，而是受着旁人的包圍與挑撥。她所說的「旁人」，就是蔣氏女兒蔣燕華，因爲徐氏曾將蔣燕華名義所買的股票和土地，皆過戶到徐賢樂名下了。據徐說，這是蔣孟隣教她這樣做的，而據蔣燕華對外聲明，那些股票和土地，原係她的繼母陶曾穀在世時，替她購買的。彼此各執一詞，不知孰是，蔣孟隣對此亦不作聲辯。於是乎蔣燕華亦向新聞記者發表談話，說她對於股票和土地的事，從來未過問，完全交給父親管理的。至於說她包圍、挑撥老父一節，更屬訛言，今天的社會，父母且管不了已成年的兒女之事了，作兒女的更不能、亦不便過問父親的私事啊！

雙方關係如此爭論訟駁，累月不休，蔣氏向法院訴請離婚案，法院始終未有受理的行動，大概按照純法律的觀點，蔣氏要求離婚的條件的似乎尙未具備，萬一女方依法反訴，勢將騎虎難下。蔣氏的本意但求與徐脫離關係，消除後患，銀錢上犧牲一些，并不在乎。仍由蔣方律師王善祥從中奔走，對徐氏硬軟兼施，聲言若不就範，即將蔣氏手中保存着對徐氏大不利的証據，一齊公開出來，看誰吃虧？倘依協議方法，和平解決，則蔣氏前函所指大同、嘉新、裕豐各公司存欵與股票的本利，皆可免予追究，一了百了，這樁因財失義的家庭糾紛，亦就藉着阿堵傳神之力，漫漫的消沉下去了。

當蔣徐婚變事件鬧得最熱烈的時候，筆者曾在香港「自由報」上，刊出過一首打油詩；台北聯合報亦加轉載，對蔣孟老不無鍼貶之意，詩云：

聞道先生負舊盟，金錢爲重美人輕，
徐娘解得夫妻味，從此蕭然抱獨身！

既而我到台北旅游，婚變案尙在僵持爭執之中，一日晤及若干文化人，談到此案，大家對徐賢樂頗不同情，認爲我那首打油詩，立意失之偏頗，他們擬製了一則下聯語句，罰我對出上聯，那下聯是：

徐娘半老，賢者亦樂此乎？

把徐賢樂女士的姓名皆嵌入，而又不露痕迹，亦甚幽默，我一時實在沒法交卷。次日告訴了老友梁寒操與最近在台逝世的詩人李漁叔，他二人的才思敏捷，立即作出上聯云：

蔣徑全荒，孟母難隣之矣！

按漢代名賢蔣詡，清譽遍聞遐邇，時人號其居處爲「蔣徑」，示欽崇之意；三字經有「昔孟母，擇隣處」二語，蔣徑既告全荒，孟母當然不願擇爲鄰居了。聯語亦嵌入孟鄰姓名，允稱佳構。

台灣社會人士，對於徐女士多有貶詞，說她過去跟楊杰將軍鬧翻，亦係爲的金錢事件，於今蔣徐婚變的眞正原因，又是同樣問題，未免太那個了。當蔣孟鄰於民國五十年表示要續絃之際，除徐女士常出入蔣家或其辦公處外，另有若干時髦的女士小姐們亦相率與蔣接近，有人譆言她們都是志在「謀財害命」。蓋以蔣氏担任農復會主任委員，月薪在美金千元以上，收入甚可觀，積蓄自不少，而其年齡已在七十以上了，老夫少妻朝夕相處，生命力自然相應降低，女方準可得到一筆遺產也。胡適之力勸蔣氏勿納狼虎之年的女人作繼配，用意即基於此。蔣氏當時不以胡的意見爲然，後來鬧婚變時，乃對新聞記者說是「我對不起老朋友」，深表懺悔，果爾，婚變後不久，蔣氏就去世了！蔣既捐館，徐女士仍回中央信託局工作，就該局不表歡迎，予以停職，徐再三抗議亦無效果，但她在蔣氏門中亦已大有所獲，可謂收之桑榆了。

Wearing Levi's is better than wearing pants!
Levi's
®

望平街憶舊

申報與史量才

胡憨珠

史量才對於黃炎培、陳彬龢言聽計從，先由他們介紹李公樸來辦理量才補習學校、量才流通圖書館，接着在大陸商場四樓又興辦了申報月刊社、申報年鑑社、申報叢書出版社等機構。仍由陳彬龢在暗中主持，廣攬人才，包括若干思想左傾的作家。此後的申報，從社論至通訊、小品，無不含有攻擊當局意味，使申報再度蒙受嚴重的打擊。

李公樸最早是國民革命北伐軍東路前敵總指揮部政治部宣傳處的科長，當時任担政治部主任的爲陳羣（人鶴），及至民十八年陳羣解職以後，李公樸雖隨之而失業，但恰巧有去美國讀書的機會，於是便去美國兜了一轉，歷時三年，此時方回上海，而他的思想已起了極大變化了。只因李公樸由陳彬龢汲引進入申報的衛星機構，主辦社會教育事業的一事，對於史量才招來災禍，惹人嫉妒，不無有或多或少的關係。因此，便覺得李公樸其人的身世畧歷，實有記述之必要。他的原籍爲常州，生長在鎭江，於十三歲時就在鎭江一家京廣洋貨店舖去「學生意」做學徒，一學就學了三年半，除了最後的一年，每月有一個銀元的薪給收入以外，其餘時日，每月只得到所謂「月規錢」的兩角小銀毫。他於十六歲滿師，但是他學徒滿師剛剛升做起碼的小夥計開始便不安於位。在這個時期正是五四運動的風潮掀起，他就在這怒潮狂流中發起組織愛國團體，參加愛國運動，結果却被店主開除停職。幸虧他長兄公愚的幫助，寫信招他去漢口，考入武昌文華大學附中，繼續求學。只讀了一年的書，又因該校校醫虐待學生，釀成學潮，校方開除全校中的學生一百餘人。他是附中學生代表之一，也被開除，於是他既做了被開除的學徒，又做了被開除的學生。

李公樸至此，只得轉學，最後轉到上海滬江大學的附中，總算讀到畢業。但是在滬大一年級的課程剛剛讀完，他又離開校門，加入國民黨，參加革命行列，專做政治工作。從廣東隨北伐軍出發，由福建、浙江而到上海，竟給他混到一個中校科長的名堂來，我與他相識，即是由天天跑楓林橋政治部的新聞而締交的。當時的李公樸在我眼中，覺得其人有血性，富幹勁，有胆量，不怕難等種種優點，認爲確屬是革命時代的人物。到了民國十八年，在一次政海浮動裏，他亦因陳羣的解職而隨之失業了。恰巧其時，美國僕特冷（Portland）地方某大學，有給予中國學生奬學金的機會，他便毅然決然地就遠赴美國留學。後來據鄒韜奮告訴我，他說李公樸在赴美動身的前幾天，他的盤川之費，還未籌足。可是他並不意冷心灰，志消氣餒，還是極力設法，四出張羅，終於得到朋友們的協助，達到他的目的；其實韜奮在那時期尙未與他相識，原來李公樸到美國以後，很熱心地替韜奮所主編的「生活」週刊，撰寫旅美通訊文稿。他們二人交成情投意合的知心朋友，就在這個時候開始。如所衆知鄒韜奮對這本「生活」週刊的選稿，向來是很認眞的，也是很嚴格的。所以當時韜奮曾對我說：「公樸起初投稿寄來，我總覺得他對思想方面還沒有像現在的正確成熟，寫作能力也沒有像現在的清脫流暢，因此，對他來稿不是篇篇採用，但是他投稿的毅力和精神着實可佩，你若刊登了固然要寫寄，你不刊登仍然要寫寄，我和他的感情距離，遂被他投稿關係越拉越近，而友誼也愈加鞏固了。」

基於鄒韜奮前邊所說這番的話，所以猜想李公樸與陳彬龢相識，居間的介紹人可能是韜奮。但不過李公樸正有他的美好機運，於回國以後的不久，就發生史量才斥資辦社會教育事業之事。在一方因急於就事，另一方渴求人才，是以一經陳彬龢把他介見於史量才以後，便這樣的兩相情願而結成賓主關係了。可是李公樸的才能卓越，幹勁高强，確屬令人驚嘆備至；尤其是他對於民衆教育一事，辦理得特別努力，分外見功，就以整個成績來作舉說辯証，由於他主持興辦的僅僅四個年度以來，在上海所辦「量才補習學校」的數量，從一個學校增設到八個學校之多，而學生的人數也由二三百人增加到四千六百人之數。對於「量才流通圖書館」的工作發展，亦極盡其迅疾快速之能事。館中所備中外書籍由兩千冊擴充到三萬多冊，登記讀書的人數亦由兩三百人發展到兩萬多人。關於經費來說，所記得的補習學校的全部經費支出，每年不過五萬元，圖書館的全部經費支出，不過一萬五千元。所以一般的人說當年史量才所興辦的社會教育事業，所費經濟不大，而所收實效最宏，莫如辦理這補習學校與圖書館兩事了。

在中國也可算是破天荒的創舉，就是「量才流通圖書館」裏還任用幾個受有高深教育的青年館員，專門担任爲讀者們當場解釋所借書本中疑難不懂的文字意義，以及其他的各種問題工作；美其名爲「讀者指導部」。此外，同時出版一種刊物，叫做「讀書生活」，其中有一位主任編輯，負責該刊物的全部編務事宜，此人自稱姓李名崇基，原爲留學日本的歸國學生，所攻讀的是化學工科，而其爲人却不大喜歡說話，但待人則又和靄可親之極，尤其對於工作非常負責而努力，陳彬龢對他相當尊視而親密，但呼之爲「李先生」而不名。並且由黃炎培介紹他爲陳彬龢數次代寫申報有關於日本問題的社論，一直要到他眞實的離開申報擺脫與史量才的關係以後，方始對極至交友人吐說出這任担編輯「讀書生活」的李崇基，就是共產黨中極負文名的理論家艾思奇。

對量才補習學校與量才流通圖書館，這兩門社會教育事業的成功，確實全仗李公樸一人之力。他曾不斷地作着極大的努力，每月的經費雖可以向史量才支取，但有時亦要出現支絀時候，非他奔走經營妥爲調度不可。此外該兩門事業的發展地方，雖同在號稱「法治」的租界地區之中，但黑暗勢力也時有壓迫之事發生。他亦必須挺身而出，艱苦支撐，據理力爭，謀取和平解決。倘若他不是有勇氣、不怕難之人，這個責任是很不容易担負起來的。可是他就是有此胆量，富於幹勁，對黑暗勢力壓迫的各種難關，都能安之若素的應付過去。世諺有「一分耕耘、一分收穫」的那兩句話，証之於李公樸所經辦的社教事業，一些不差。因爲由於他的努力經營、不斷奮鬥，遂有發揚光大的成績出現。其盛名的所享與榮譽所佔，且不亞於史量才，蓋社會上多數的看法，認爲出錢出力，必須相輔相成，方能相得益彰的。

俞頌華主編申報月刊

黃炎培在民國二十一年起，就一切退居幕後，認爲編輯部同人對他杯葛政策，表示意懶心灰。其實這是他在運用以退爲進的方畧，對編輯部仍不放棄奪權鬥爭，不過假陳彬龢作爲革新運動的出面人，他自己在名義上專門主理申報六十週年紀念之事，每天到館只株守在申報二樓的總管理處，履行其總理主任的職權。這所謂籌備六十週年紀念事件，祇有印行中國地圖爲他唯一的工作任務。但是這兩種地圖原爲「北平地質調查所」勘測的藍本，而經由兩位著名地質學家丁文江、翁文灝審閱鑒定，再邀請來與地學專家曾世英繪圖，合三人之力，編製成「中國新地圖」與「中國分省新地圖」兩種。乃以色彩所印的濃淡，顯露地形的起伏，向所未見，前所未有。時至今日未見有完美的中國地圖印行，故該兩種實可稱爲中國最佳的地圖本子。不過當時該新地圖編製完成，上海一地所有中外彩色印製廠，苦無一家備置機器能夠承印此項地圖。因此，最後結果，這批印件乃由日本東京一家最大印製廠承印，此爲民國二十年間事。雙方訂定合約，約明於來歲印就裝訂成冊，運來上海交貨，以便申報於六十週年紀念日發行，(按：申報創刊號誕生於一八七二年四月三十日)以申慶祝之意，當其時該新地圖還在日本印製中，是以黃炎培空閒得坐在辦公室，又要爲申報另動新的腦筋了。

黃炎培既然有此動機，他的目標就落在史量才身上，在他們二人閒坐聊天的時候，他便慫恿史量才出版「申報月刊」，同時且詳加說明這刊物的出版，因與申報有同氣連枝關係，已佔得發行上和宣傳上的各種便宜。好在當時史量才對於主辦文化事業，正在興緻蓬勃高張的時候，並且他又以提倡新文化運動者自承。是以黃炎培和他一說即成，一拍便合，他又是個事業心重，賦性躁急之人，說做就做。因此，時不匝月，這申報月刊就告出版，與世人見面，那是一種綜合政治、經濟、文藝爲主體的定期刊物，其內容的充實美好，開本的大小厚薄，編排的清新明目等等。總而言之，它一切的一切，都足以與「東方雜誌」、「新中華雜誌」相比美。至於該申報月刊的主編人原定聘請胡愈之担任，(按：胡愈之爲申報編輯胡仲持之兄)大概胡愈之與開明書局的關係太深，無法擺脫，故對於申報月刊的主編職務，力辭不就。反而轉薦了由香港回去的俞頌華承担。此君才高心細，工作負責，最好的一點就是沒有脾氣，他於嚴守崗位，重視工作以外，對榮辱不縈於心，對得失無動於衷，正可以說是個今之君子人。

可能是申報月刊的銷數不差，享譽甚盛的關係，史量才的出版慾被誘引得大爲高張。於是，他就決定繼續出版另一種刊物「申報年鑑」，並將主編人一職，原屬之於由俞頌華兼任。俞頌華是個淡於名利思想之人，不願徒擁虛名，便又推荐了其友好張梓生。史量才有鑒於俞頌華是個端人，更信於「端人也，其取友亦必端矣」的那句古聖人之話，所以對張梓生非常的重視和重用。但張梓生也確屬才華清茂，編撰雙絕，尤其是他勤苦耐勞處固不遜於俞頌華。筆者當年偶在望平街頭，延佇立聽同業朋友們閒話「申報年鑑」出版情況，所聽見一般的評判之語，却是一片叫好讚美之聲。從而可以測知張梓生這份編撰工作，其担負辛勞如何的沉重了。不過這樣一本叫好書的「申報年鑑」，它的生命力却生得非常短促，僅僅出版了三年，那就是民國二十一、二、三的三個年份，對於二十四年份所要出版的「申報年鑑」的資料，正向全國各省、縣、市的各有關方面的調查報告，文字記述，尚在張羅徵集中。終因申報館主史量才氏於民國二十三年（一九三四年）十一月十四日之死，而立即宣佈停止進行。從此不再出版。非僅此也，即皇皇巨帙的「申報月刊」於不久之後，也縮小減薄，改爲週刊，但總算出到四卷十二期始止。只不過觀於這兩件出版的事，眞使人有不勝「人在政存、人亡政息」之感的。

在「申報月刊」開始發行的數期以後，該月刊社同時還有出版單行本書籍的發行之擧。而該種單行本書籍，總名之爲「申報月刊社叢書」，大約共出有十多種之數。至於叢書的種類名稱，現今就我所記憶得起的：如翁照垣所著的「淞滬血戰回憶錄」、瞿兌之所著的「杶廬所聞錄」等，都是有相當份量的單行本。

記得某一年間，申報每日於廣告版中，拼入一篇五六百字左右的短文。式樣排成長方形，四周加以花鉛線作圍框，以示不同於一般廣告的獨立性，總篇名爲「尊聞閣舊鈔」，每文鈔記一則數十年前申報刊登過本外埠的新聞故事。要皆在當年當時，以該新聞故事的新奇有趣、惹人一笑，從而所採取發表爲主體對象的民間實事與社會新聞。該一新措施的實行以後，却使申報增加不少的廣告客戶與讀報定戶，而以前者的廣告客戶被吸引增多的爲最。如所衆知報紙上的廣告版多被讀者們所忽視，相率擯棄不顧。自從申報於廣告版中，登刊這篇「尊聞閣舊鈔」以後，這廣告版頓成爲熱門的突出文物，爭相閱讀，從而乘便看看版上的廣告，此爲一般人的心理作用。傳說中這一策畧，那是張竹坪所動出來的腦筋，便也引起了史量才要興辦出版「尊聞閣叢書」的計劃。但是最後結果據說申報館中的陳景韓與張竹坪一直相處，對感情上並不十分融洽和諧。他們二人把經（理）編（輯）兩部的職權界限，劃分清楚、絲毫不讓，明爭暗鬥，交相傾軋。幸而史量才機警能幹，總有辦法會說服他倆之間釋怨修好，得以暫告平靜一時。這次爲了廣告版中排入舊文，認爲廣告部侵佔了編輯部的職權，二人又發生不愉快的齟齬之爭。

史量才爲使陳景韓心平氣和，就把出版「尊聞閣叢書」之事，自動取消，改弦易轍，至於後來出版「申報月刊社叢書」所有新書的內容性質，便大異其趣，大都屬於國際情勢以及世界知識之類，又從申報的兒童週刊所載的文字，彙印成爲「兒童之友」的單行本，共出三期。其他出版物，計有「申報評論選」，還有秦瘦鷗的「御香縹緲錄」、「瀛臺泣血記」等。要知申報館的兼營出版書籍事業，這倒不是史量才首開其端，可說由來久矣，於今爲烈。蓋遠在創辦申報的英人美查當權時代，已經發行「聚珍版叢書」。這所謂「聚珍版」，那是當時某西人曾仿照清乾隆用木刻特殊字體的活字排版，稱爲「聚珍版」，而該西人則仿其字體改用鉛製活字排版印行的就是。但印數不多，每一種書祇印一兩千本，隨印隨拆，不能再印。所以時至今日，這種「聚珍版叢書」已很稀珍不易得見了。其書以筆記雜錄爲最多，究竟出版有多少種類的書目，也無從詳考。但有一點可以肯定的，即爲所出版的各書而言，十之七八與史料有關。大都是供研究清代嘉（慶）道（光）咸（豐）同（治）四朝之軍事政治，與社會狀況。不過尚有一事值得一記的，那是當時申報主筆蔡爾康（字紫黻）所編著的「記聞類編」一書，即係輯錄申報所刊的奏摺、議論、時事、雜聞、詩歌等等，分爲十四門類而成的綜合文物，當爲新聞紀載編印單行本的開始第一個人與第一種書。除了前邊所述的「聚珍版叢書」外，申報館又曾經營上海圖書集成局，把一千六百二十八冊「古今圖書集成」，用聚珍活字版印行，當時僑的滬各國西人們稱之爲「康熙百科全書」，又因申報是英人美查創辦的，書業中人便稱這個版本爲「美查版」。

陳彬龢真實脫離申報

史量才當時把他斥資興辦的幾種文化事業，集中一起，統一管理，以得收分工合作、互相照顧的效率便利。於是，如申報月刊社、申報年鑑社、申報叢書出版社，都進入大陸商場四樓，與量才補習學校、量才流通圖書館等都作了不擇鄰的安居。好在整層的一所樓宇，地方既然寬敞，房間又是衆多，所以對房間的要多要少，對門戶的面南面北，皆可使入居者從心所欲。由於申報範圍的視前擴大，人事的交往繁複，正使陳彬龢這「地下主婦」的任務也爲之越發沉重而紛忙。他爲了深防貽誤工作任務起見，所延邀來的得力助手，竟達有六人之多，於無形中令人見之，感覺其聲勢的浩大，機構的龐雜，終因他的接觸人多，免不得消息外漏。以故他雖退藏於密，深隱地下之身，但仍難逃政府方面的有關機關人員的偵察耳目。於是，對他所施第二步的壓力又來了，可是這一回的壓力可不輕鬆，使他感受到遠遠比之第一次壓力所加，尤較重大，而有「吃弗消」之感。當然的，更帶給申報巨大無比的損害，同時，也給予史量才更重大的煩惱。

原來這次政府方面對申報所採取的，那是一種嚴密封鎖政策。把每天出版的申報，祇能行銷於上海英法兩租界地區之內，休想踏出租界之外一步去行銷一份申報。因爲申報的銷量數額，一向以來，外埠多於本埠，而外埠所銷申報早已達於無遠勿屆的地步，這是有歷史上的關係。此次申報遭受到政府所施的封鎖政策以後，所有外銷報紙，不問郵遞自運，概予截阻。甚至居住南市或閘北的華界地區之人，若是對申報係忠實讀者，在租界購得一份携帶歸去，只要跨出租界，即有華界警察迎前攔阻，以婉言勸令弗將申報携入華界。這種堅壁清野式的嚴密封鎖政策，雖然申報館的大門仍舊洞啓敞開，但申報的報紙生命却被箍頸扼殺了。史量才到此境地，實在感覺無法招架，只有宣告屈服。於是就把陳彬龢眞眞實實的解除職務，此爲民國二十二年（一九三三年）的冬季時際之事。當他於民國十九年的冬季時際、由黃炎培帶引他往見史量才，史氏便延邀他參加申報「養媳婦」式的低頭服小工作，就從他倆初次接觸開始計算起，及至他眞實的離開申報，恰恰三年，此爲陳彬龢與申報第一次所結的進退離合關係。後來到了民國三十一年（一九四二年）的秋天，他重到申報館來作前度劉郎，已屬史量才死後多年時代的申報了。

這一封鎖申報政策所施，確屬凌厲之極。雖然，陳彬龢已被辭歇職務，脫離報館，每天所刊左傾思想的一篇長社論，亦永不再見，但政府對封鎖申報之令，仍未立即取消。直到六個月以後，方始解禁，恢復原狀，但申報在發行這方面所受打擊，的確重大無比。可是究其災源禍根，還在於史量才本人的太迷信於黃炎培，同時也太寵任陳彬龢，黃炎培舉荐陳彬龢以自代作爲出面人，他自己則退居幕後，旨在逃避責任，至於史量才對陳彬龢何以會寵任至此，此亦佛說所謂因緣關係了。當第一步的壓力所受，此時若是史量才早辭去了陳彬龢，這一班他的代筆人即欲不去而自去，所謂皮之不存，毛將焉附，或不至於招致後來所遭遇六個月封鎖外埠發行的不幸之事。

要知陳彬龢因發表了一篇「勦匪與造匪」連刊三天的長篇大論，却帶給申報遭受政府封鎖對策的大禍。雖然，一直以來，是他爲申報所撰寫的社論，篇不論長短，字不計多少。實實在在竟沒有一篇一字出自他自己的手筆，全部由他幕後的一班代筆人所寫作，他只不過是文章的出面人而已。例如關於教育方面的社論，就由陶行知等人承担執筆。關於經濟方面的社論，便請章乃器等人偏勞代寫。關於政治性的社論，當以湖南人楊幸之寫得最多，他始終祇爲陳彬龢個人的地下捉刀人，其行藏同靜修坐關的和尚一般，怪異到令人難於猜想。及陳彬龢被申報辭歇，大約楊幸之認爲功德圓滿，道場散了，便即飄然離去，不知所踪。直到「八一三」對日全面抗戰的局面展開以後，陳彬龢方始接到他從前寄來一信，說他已經投筆從戎，軍籍隸屬於羅卓英部下。再過了一個時期，後來得消息，他已死於非命。所以說陳彬龢的幕後代筆人中以楊幸之死得最早，大有「出師未捷身先死」之概。名固「幸之」，實是個最不幸之人。

陳彬龢離去後的申報社論、由誰來担承呢？據說當時史量才對於這個主理筆政的人選問題，也使他費盡心機，傷透腦筋。橫考慮，竪思量，總是選擇不出適合理想的人選來。因爲他對左傾思想的人物，恐怕惹災闖禍，固然不敢延聘；對右傾思想的人物、文章平凡，少有生趣，亦無什麽好感可言。所以在主筆人選未決定以前，只得以館外人員王顯廷所撰的社論，作爲應付每天刊登之策。原來這位王顯廷也是江蘇常州人，爲一個留美學生，當他學成歸國，找不到一條出路。在民國二十二年，經人介紹得與陳彬龢相識交友，於是，由陳彬龢透過了黃炎培的關係，舉薦給史量才作爲特約撰寫社論的館外人員。所謂館外人員即爲不列名於申報館的同人之列，都是在報館外邊撰就文章，送來報館應用。這種撰寫社論文章的特約名家，概稱之爲「館外人員」，而他們的待遇却是按篇計酬，不是按月給薪的。若論待遇數値的對比，館外人員遠較館內人員爲優厚。現在可以舉出一個最眞確、最現實的例子來，作爲當年文章有價的辯証。蓋以往年代陳景韓當時在狄楚青（平子）所主辦的時報館裏，一直以來，任當總主筆職務有年。其按月的薪給待遇，祇不過由月薪一百二十元增加到他要離開時報館時爲止，亦僅僅加到最高薪額一百五十元而已。

及史量才接辦申報時，他就出了增加一倍之數的每月三百元最高數額的薪給，才把陳景韓從時報館挖了出來。轉到申報館裏任做總主筆的職務，雖說他每天所撰寫「陳冷血式」的短評文章，撰寫得「不傷老鼠不傷貓」的通體無爲之地步，但他主理筆政凡十七年之久，終使申報平平穩穩，無驚無險，直到他光榮離職爲止。可是他的薪給所支，每月三百元仍是三百元而已，既不增長，也不減縮。如果例之於楊燕新等館外人員特約所撰的社論，每篇稿費就要三十元了，這不是待遇比之館內人員優厚得多的明証麽？只不過陳彬龢對當時館外人員王顯廷的社論稿費所定，據說每篇祇有二十元。並且規定祇要月撰二十篇的社論，惟一優厚的待遇辦法，就是用與不用，概致稿費。換句話說，王顯廷自由自在的安居在家裏，每個月却有四百元的固定收入。說實話，以一個新從外國留學回來的留學生，如果沒有大力奧援，要尋這樣高薪待遇的職位，實在是件非輕容易之事。

但後來結果，王顯廷還是蛻變成爲申報館的館內人員，終於爬升到副經理的高位置。其漸次的進入申報館，與不次的擢升高位，雖然說：「微陳彬龢之力不及此。」可是王顯廷亦自有他的成功之道，除了精通中英文字的基本才能以外，就是安於其本位，勤於其職守。及至民國三十年十二月八日，日本海軍方面着意於向南進窺的侵略政策，發動太平洋戰爭。於是，株守在上海虹口地區的日本海軍，隨亦進入英法兩租界，作桴鼓相應之謀。更於是，接收兩租界治安機構的所有警務處外，並將英美各國的男女老少僑民，一概驅入集中營，予以嚴加幽禁羈囚。與此同時，日本海軍報導部長橫山，與日本武官府文化思想部的顧問吉田東祐，支持陳彬龢接收申報。因此，陳彬龢對申報館，竟又捲土重來，以一身任當申報的社長、兼任申報的總主筆。並派遣申報舊員王堯欽出任經理，再派王顯廷與唐世昌二人分任副經理，這就是陳彬龢第二次重返申報的大概情形。當時申報內部的事務工作，仍由馬蔭良作主，會計主任單先生和庶務主任王先生，都是由當年史量才手上用進來的老職員。

陶行知高語罕與申報

史量才對陳彬龢搬演了「諸葛亮揮淚斬馬謖」式的那齣假戲眞做，却是這一次眞眞實實的請陳彬龢離職。只不過如此一來，非但二年多時日辛辛苦苦地種種全面革新運動的工作成績，却於一旦間完完全全的付之東流。而且對申報編輯部的奪權鬥爭，勝利在望的形勢局面，也都成泡影。就因爲陳彬龢正式脫離申報以後，頓告粉碎燬滅無存。原來當時申報館編輯部的當前局勢情形足以影响左右國人的思想宣傳中，最佔重要輿論力量的一篇社論文章。其每天自由發排的權力，早已由陳彬龢運用柔和的漸進政策，在張蘊和手上奪取過來。而位居次要、且具有在宣傳上與社論同等級的作用力量，以及效率功能的副刊，這主編人一席也落在他們同路人之手，所有社論的捉刀人與副刊的執筆人，盡是那些深紅兼淺紅的份子了。

非僅此也，就在本外各埠電訊要聞的各版之中，除掉報導新聞，詳載消息以外，也都安排好一篇特寫的專欄文字，拼排安插其間。此項，專文的內容詞句，自然的不是對現政府的冷譏，即是對現當局的熱嘲。總而言之，在申報各版中，凡屬特寫幾乎無一文無一語，無不極盡其挖苦諷刺之能事。但不過話得說回來，塵世間人們對於報章刊物上的嬉笑怒駡之文字，比之一般的歌功頌德之文章，自有人要看，而且愛看，因爲申報各版都刊載此一類的特殊作品，是以成爲版版可看，篇篇可讀。這就是推廣銷數，增多廣告的營業計劃。也是申報在當年當時吸引讀者的一種導致方策。例如專刊教育新聞的教育版，這爲一般閱讀報紙的人士，所不很喜歡閱讀的冷門版子。可是在陳彬龢的設計之下，每天於教育版裏，刊登一篇「古廟敲鐘錄」的連載特寫長稿。雖然，就中取材，却以教育界的人與事，爲文章內容的取材對象。但是對於人那是上自教育部長、大學校長，以迄於小學教員爲止。對於事都是從教育行政不善的錯誤之處，毫不留情地評騭說起，直到小學教員教法不良的誤人子弟爲止。有的以昔証今，有的以今引昔，非但指名道姓的直舉其人，而且根據事實情形的歷訴其事，凡遭挨駡的對象，總被駡得啼笑皆非，只有自認晦氣而已。

這篇「古廟敲鐘錄」的連載長文，出之於南京曉莊師範學校校長陶行知的手筆。而此篇名拈取，蓋基於世諺「做一天和尚撞一天鐘」的那句口語，因他向以古廟裏的和尚自況，深冀藉敲晨鐘，警醒痴頑。原來這位陶行知爲清末民初年間以來，江蘇省中頗有聲譽的著名教育家，只是脾氣生得孤傲，行爲有一些乖僻，可說他實是個滿肚皮不合時宜者。也就因此，與現代社會一般人的世風習尚，大相徑庭，對芸芸衆生，不但看不順眼，而且深惡痛嫉。一時是他對人對事，到東到西，總是形成格格不入的情勢。襟懷落寂，離羣索居，大有幽谷春蘭、南籬秋菊，只作孤芳自賞而已。雖然他是個著名的教育家，但終因與人落落寡合，難於相處，以致教職聘請無人。最後結果，只得在他故鄉南京堯化門外的鄉間，自己創辦一所曉莊師範學校，專收農家子弟，教之誨之，循循善誘實踐其耕讀生活，却辦理得非常出色。於是陶行知與曉莊師範這兩者的名氣，在大江南北各地區的鄉村間爲之大爲顯著，農民人家，無不遣使其子弟，負笈前來從學，爲數不少。傳說中的曉莊功課，並不低淺於通都大邑所設立一般的師範學校，不過陶行知於謹嚴督教基本的師範課程以外，就是要學生們從事於學農與學圃的耕種工作，俾資實踐農民生活，而陶行知本人竟亦以校長之身，科頭跣足，雜在學生羣裏。力事担糞挑水，掘地拔草，做着帶頭作用。是以他受學生們的愛戴崇敬在此，被學生家長的頌揚讚美亦在此，而爲世人稱譽弗絕的更在此。只是因此，他的思想越發前進，他的言論愈加過激。從此不管對人對事，弗予仔細審察，口沒遮攔，任意詆譭，一切概以反調出之。例如孫中山先生有「知難行易」之說，他則獨持異議，立反其意。並倡導他的「知易行難」之語，作爲抗辯駁斥的立論中心。對孫氏學說縱有一得之見，一語之善，亦不予以容納並存，其荒謬狂悖如此。就爲此故的最後結果，陶行知對於曉莊師範的校長一職，自覺難安其位，便來上海租界中作安謐的鷦棲之所。只因江蘇省教育會的關係，他與黃炎培相識成友，黃遂介紹他給陳彬龢作爲有關教育方面論文的捉刀人。後來陳彬龢有鑒於陶行知的才氣過剩，發表慾强，於難得代做教育問題的社論之外，遂再請他撰寫「古廟敲鐘錄」的連載特稿，排日在教育版裏發表。他對這一個申報革新運動的措施大爲成功，蓋經有此特稿安排，的確使枯澀無味的教育版，爲之生色增趣不少。及該版主編人馬崇淦辭職他去，據說就由陳彬龢汲引陶行知入繼馬氏的職位，成爲申報的館內人員。至於陶行知脫離申報，却後於陳彬龢，亦即是在史量才死後，而他與黃炎培相偕辭職而去的。

且說其次陳彬龢對申報革新運動，另一個奪權鬥爭的勝利成績。那是他把原有「讀者通訊」的一欄，改易名稱爲「讀者顧問」，安排在各地通訊版裏。這一個改革的新措施，同在教育版裏插排特稿一樣，亦屬化冷版子爲熱版子的精心之作。蓋使平凡無奇、簡單瑣屑的各地零星簡報版中，綴以一欄解答清楚、詞鋒如劍的「讀者顧問」，成爲人人愛看的文藝作品。原來這一欄的內容，那是關於讀者來函提出任何疑難問題，均負解答義務，主持其事者即爲高語罕。高語罕是中國最早期的共產黨員，與陳獨秀、李大釗爲同時代的人物。屬於所謂托派，其時正被政府通緝，匿居在上海租界地區，無日無刻，不在胆戰心驚之中。據說當時黃炎培把他介紹給陳彬龢，原是要他做社論的捉刀人，只因遭到其他捉刀人的反對而作罷。不過陳彬龢還是震於他洋溢的文名，知道他曾撰著過「白話書簡」一書，交由上海亞東圖書館出版，頗爲青年們所愛戴，連銷十餘版之多。認爲如此學識淵博、下筆千言的多才之士，任其放手離去，未免可惜。於是他就通過史量才的許可，特別因人置宜，想出增刊在各地通訊版中的「讀者問答」一欄，就請他負責主理其事。所以說高語罕與申報所發生的關係，知道的只有陳彬龢與史量才兩人而已。

據說讀者來信每天總有三、四百封之多。對來信所提問題，除了關於醫藥、法律，以及科學等專門性者以外，統由高語罕作詳情解答。所有每天取件收件之事，概由高夫人個人經手，以資縝密而策安全。不過高語罕的性情生得過於固執，也實在忠於信仰，在答覆讀者問題中。他定必轉灣抹角的總要盡其可能把「托派」的理論，滲入文中。即使涉及經學和宗教等問題，亦不平白輕予放過，據他自讚這是解答文章的最重要與最精采處。只因陳彬龢爲了報館的立場，亦盡其可能總把他托派理論文字，全部剔除刪去。以致高語罕對此，感覺大大不愉快，常常擲筆發他「老子不幹了」的書生脾氣。幸而他的太太頗懂世故人情，總是婉言勸阻方止，這樣吵吵鬧鬧的賣文局面，直維持到陳彬龢去職爲止。後來到了「八一三」的中日事變發生，政府宣佈聯合全國的各黨各派，作中華全民族對日抗戰。在那時期，高語罕遂出面從香港前赴武漢，參加抗戰行列。據說他還未忘記陳彬龢對他文章的刪改的恥辱，曾在武漢的某刊物上，刊登了痛罵陳彬龢的一篇文章。其實他未曾瞭解陳彬龢對他維護之力，一片苦心，這也是當年申報容納左派作家一支有趣的插曲。

史量才貽禍以身殉報

史量才遇害在民國二十三年（一九三四年）的十一月十四日，此事談者已多，而史氏致死的原因，傳者尤多。在去今三十八年前出事的當時，人多在道左路側，嗟語其事，大有「身後是非誰管得，無人不道史量才」之概。論社會新聞轟動的熱鬧，毋待贅言，這裏話說史氏死因的爲陳彬龢還休，他與黃金時代的史量才一度相交，誼屬賓主，情寄心腹。而且曾有三年共處，每日接觸的親密關係，則他所交固非泛泛可比，所言當然鑿鑿可據的了。現在把他的閒話，錄如下說：「史先生有了一家獨資的申報，又買進新聞報百分之七十以上股權，手握兩大宣傳機構，而又不肯聽話，這便註定了他的命運。何況黃任之（即黃炎培）先生還想借他還魂，大打主意，因而東找路線，西拉關係。既將他抬上了上海市地方協會會長的交椅，又將他捧登了上海臨時參議會議長的寶座，此外還爲他『暗』修棧道搭上了反內戰運動與抗日陣線。讓他高踞火爐頂上，在下益以煽動烈火，自更促其死亡。」陳彬龢指說出這一番史量才的死因之話，可說最最眞實，最最正確沒有了。吾人只要細細體味陳彬龢指說黃炎培之話，他說出黃任之對史量才大打主意，因而東找路線，西拉關係等等以及：「此外，還爲他暗修棧道，搭上了**反內**戰運動與抗日陣線。」凡此寥寥數語，皆足以證實黃炎培貽禍史氏的鑿鑿可據之罪證，尤其是搭上了反內戰運動與抗日陣線兩事，更足證實史量才之死的確確由黃炎培一手所導演，而斷送性命的，他不但是長君之惡，且也是逢君之惡。孟老夫子有言『長君之惡其罪小，逢君之惡其罪大，長君逢君，其罪一也』。怎爲犯有雙重罪惡的黃炎培，竟能逍遙法外，自由自在呢？據筆者所知當申報被受封鎖政策以後，是他懍知政府當局已動震怒，遂秘密由黃郛代爲向當局疏解，早告妥協。故其去職就成爲一無關係，可能他會把自己所作所爲的罪行，一古腦兒推諉在史量才身上也說不定，因爲黃炎培一向做人行爲就是這樣無耻不義之極的。

陳彬龢當時就因爲聽社會間紛紛的風傳人語，對於罪魁禍首的黃炎培，置身事外無人齒及。反而他自己倒成爲代罪的羔羊，人們都說陳彬龢累害了史量才一條老命，全因他天天在申報上所刊登罵東罵西，大罵小罵的罵人社論，罵出來的後果。所以他心中大不服氣，對人談起總要說出一篇道理來作自我辯護。他的辯稱說：「外間不察，以爲史先生遇害，我亦有關，這未免大家太看重我了。三年之中我處身在申報館裏，僅僅助理報館以內的事，從不與聞報館外的事。並且力勸史先生全心全意辦好自己的報紙，少管外事，我這種勉勸之話的意虔心誠，皇天后土當共鑒之。惟有黃任之先生倒是乾坤滿腹，經綸羅胸，常赴南京應政府之召，僕僕於滬寧路上，做他的政治活動，而我則於史先生遇難的前一年，完全脫離申報，所謂『君處北海，寡人處南海，唯是風馬牛不相及也』。話說至此，不盡低徊。自問資歷學力、均不如人，史先生采及葑菲，謬加青眼。信任頗專，待遇復厚，知遇之感，情何能已，是我生平所不能忘懷的。」陳彬龢這番自辯之話，說得怨而不怒，哀而不傷，頗像沾有詩人說話藝術的三昧。即對黃炎培的攻訐抨擊，極盡其含蓄溫厚之能事，但字裏行間，却已黃將出賣史量才的醜惡罪行，一覽無遺了。

陳彬龢對於史量才之死因，除了他在前邊眞實地提供出爲黃炎培一手所造成，藉以爲他自己作强力申辯以外。但是他還聲說史量才授權給他革新申報運動的工，並不會放胆任意，讓他大大的幹做一番認爲遺憾呢。所以他對人有這樣的一片話說：「史先生向以穩紮穩打的政策辦報，就商業觀點而言，申報是給他辦理成功的了。試想他現今擁有喏大財富，即從申報掙賺而來，是爲眞實明證，毋可置辯。但不過就申報的報紙格調而論，則與申報的報齡，恰恰成爲正比，那即爲老而頑固，暮氣深沉，儘管時代變化，環境轉移，可是史先生對於辦報唯一的着眼之處，只作着怎樣的賺錢打算，還想插手政治，那就貽禍而不自覺了。」（二十九，下期續完）

薄遊記趣

……新浮生六記之四……

·大方·

筆者一生的遭遇，以少年時較多波折，試加統計，從弱冠到二十四歲，可說是流浪時代。二十四歲起，困於烟霞，變爲沈溺時代。直到二十九歲時，毅然戒毒，從事新聞事業，才可算進入了正常生活的時代。從此爲一個職業縛束住了，無法再像少年時代的到處浪遊，只能坐困在上海一角，這樣一困又拿我困了十餘載，不知不覺已進入中年。這時適在抗戰勝利後不久，我辦了一張日報因虧折過鉅，迫得停刊，想起行年半百而一事無成，內心說不出的悵惘，我生平是最喜愛旅遊的，但過去行踪所及，常以北未獲過黃河，南未能抵香港爲恨！自顧無報一身輕，恰有一個朋友他經常往來香港，向我提議，何不作一次香港之遊，他可以做我們的識途老馬，我自然表示歡迎。

初到五羊城車塵勞頓．薄遊三步曲夢影迷離

那時候從上海來香港，有三條路線可通，飛機、輪船、火車，但飛機票很貴，並且需買黑市票，不是普通階級負担得起，輪船又怕暈浪，只有坐火車比較合適，也比較便宜。不過那時候浙贛線還沒有通車，旅客需乘滬杭車越錢江大橋，經金華、蘭谿、江山、玉山等處，抵江西省會南昌，轉乘公共汽車，至湖南的長沙，然後再乘粵漢車赴穗轉港，行程比較辛苦，我認爲走陸路既可省錢，又可瀏覽沿途風景，便決定乘火車出發。

那次我們同行的伙伴共五六人，在南昌車站寄宿一夜，又從老單幫口中，探聽到一些旅行經驗。天未破曉即起身，畧用早點後，即爭先恐後赴公共汽車站搶取車位，位置以車的前段及靠窗者爲適宜，前段可以減少顛簸，靠窗則可以瀏覽沿途風景，我很僥倖，居然搶得了前端靠窗坐位，未幾，公共車在曉色朦朧中前進，經過一處村莊，聽到遠處雞聲喔喔，不覺想起閩人林庚白有這樣兩句詩云：「此樹不花緣繫馬，一程已過始聞雞」，寫旅人曉發情形，歷歷如繪。

公路車漸出江西而進入湖南，經過瀏陽、萬載等地，這兩處，筆者對之早有印象，瀏陽、萬載，是以產鞭炮和夏布出名的所在，尤其少年間，筆者嘗讀平江不肖生所著的「江湖奇俠傳」，其間有兩幫豪俠，在瀏陽地方爭奪水陸碼頭的故事，情節非常熱鬧，今日自己能親歷其地，頓時感到興趣頗濃。

中午便在瀏陽進餐，同行五六人，即在飯店門首的街上解決，那飯店是兼營旅館的，因公路車有兩小時的休息，我們飯後，便到後邊旅館部參觀，其間有單人房、雙人房、公衆房三種，房內床上，張着青花白底的夏布蚊帳，地下鋪着蚊烟，（按蚊烟是用一種紙捲，藏着木屑，是古老的辟蚊藥物，和目前的蚊香不同）帳子的外面掛着一對白銅帳鈎，這在上海人眼內，已是很古老的設備，更檢視衾枕，覺得非常骯髒，據說是因爲肥皂缺乏之故，在被褥以下，鋪上一大叠稻草，足爲匿藏蟻虱的大本營，嚇得我們不敢再留，趕緊離去，故就一般生活水準來說，上海人的享受，是遠勝於內地人的。

午飯後，公路車沿公路繼續前進，離開鬧市，漸見一片荒涼，那條公路全是泥路，泥土盡作赤色，遠遠望去，那公路像一條赤色的長虹，蜿蜒達於天際，蔚爲奇觀。不久，經過一處山邊的小村落，我們在那裏稍事休息，發現林泉幽美，雞犬相聞，眞有些世外桃源的意味，私念自己若非有家室之累，頗想在這種清靜所在，度此餘生；接着我看到另一架公路車，爲了趕路，錯過市集，便在村裏埋鍋造飯，向鄉人買了些雞肉蔬菜，更借了村人的餐具，由車內幾個女客，自己燒製，燒好了，大家席地而坐，嘻嘻哈哈的亂成一團，吃得比我們在菜館那頓飯更爲高興，這種情調，當是乘飛機的旅客所不能領畧得到的。

非爲遷客去長沙．問柳尋花不見佳

萬家燈火時，抵達了湖南省會長沙。這是一個名氣很大而含有詩意的古老區域，它縈洄着湘江之勝，詩人筆下以湘江爲題的作品頗多，如「覺來淚滴湘江水」、「君向瀟湘我向秦」等，莫不膾炙人口。筆者自幼讀慣了上述那些詩句，對湖南的省會長沙，遂也產生深刻印象。根據書籍記載，長沙之所以稱爲長沙，因湘江在冬令水淺季節，江邊露出一大片晴沙，綿延數里，沙細潔如粉，而其白如雪，人行其上，覺得鬆軟可愛，是爲長沙得名之由來，是否如此，也乏準確考證。

從屈原作楚詞開始，湘江便一向被描繪成一個美麗而又富於神話性的區域，女性尤其美麗而爽朗，世人遂有湘女多情之號，近代的作曲家黎錦暉，甚至稱湖南的桃花江爲美人窩。

但我詢諸湘人，桃花江是鄉村地段，是否多產美人，他們也弄不清，也許只是黎錦暉的誇張說法而已。

筆者少年日，曾一度經過長沙，這次雖屬舊地重遊，但因經過大火以後，一切都已改觀，腦海中絕無舊時印象，我們那天抵城已晚，高等旅社，均告客滿，只找到一家商號歇息，那家商號兼營旅館和飯館業，可謂一種三合一的商店，住宿和膳食的代價很廉，比了上海幾乎便宜一半光景，

我們便在那裏草草歇了一宵。

第二天一早，我們到達長沙車站，想買票去廣州，但見萬頭攢動，一片人潮，不要說買不到票，連車站大門也擠不進去，沒有辦法，只能在車站附近先找着一所比較清潔的旅館安置好行李，再託旅館方面設法，他替我們找到在車站服務的紅帽子，許以厚利，爲我們設法幾張車票，紅帽子表示保證可以辦到，但要在城內住上一兩天，等待機會。無可奈何，我們只能再在長沙躭擱兩夜。

在這兩日的時間內，我發現長沙有兩樁趣事，其一是馬路上的人力車，那些車伕，跑路慢得像蝸牛一樣，你催他，他絕對置之不理，有人談起，如遇天雨，他們的態度更加斯文，脚下穿着長統皮靴，左手撐着雨傘，走路時，有寧可濕衣不可亂步之概，看了眞是使人發笑。又一事則是長沙旅館都無衞生設備，出口問題，全用溺器，而那種溺器，製造得又很怪，桶口用一個蓋子蓋上，在蓋子中間，挖一個小孔，蓋上一個小蓋子，旅客大便時，揭去大蓋，整個屁股會陷入桶內，但如僅用小蓋，則顧了前面顧不了後面，顧了後面，又脫空了前面，眞叫人啼笑皆非。這種便桶，實在使人太不方便，設計此溺器者，該重責屁股三百以儆。

當天晚上，我們曾去參觀了一家題名小瀛洲的妓院，那是一所二層樓的寬大房屋，有數十間房間，百來名妓女，是當地的中級妓院，規例畧和上海的么鳳院相同，可用點秋香的方式招來陪坐，如果有意，當晚即可滅燭留髡，我們環顧一週，所見都是庸脂俗粉，興辭而退，憑此更可證實，所謂「桃花江是美人窩」者，初非事實，只是文人筆下的渲染而已。第三天早晨，紅帽子果然不辱使命，領我們進入最後一節的郵件車中，早晚兩餐，有蛋炒飯果腹，我們便在車身搖搖晃晃之下前進，翌日上午，即抵達廣州。

初次到達了歷史上所謂的五羊城，免不了有些新奇之感，但我們因急於赴港，只在新亞酒店躭擱一天，翌晚即由旅館方面指點，可以乘利航輪赴港，港穗間雖相隔頗近，但也有海陸空三路可走，我在新亞酒店遇見了杭州市長周象賢，和律師王培源兩位老友，周氏有一位女兒在香港某銀行任事，他要我替他帶一封信給他那位小姐，並對我說，你今後來往港穗，儘可能乘飛機和水道，千萬不要乘火車，因爲廣九鐵路的檢查行李很嚴格，他會帶給你好多麻煩，我聽了也並不在意。我在上海時，久慕廣州荔支灣風景很美，常想有機會前去瀏覽，惟因那次時間匆促未能如願，翌晨午夜，即由周王二友，送我登上利航輪，叮嚀後會而別。在那個時候，香港居民，可能只有七八十萬，但因物價波動很大，從內地赴港做單幫的人很多，港穗市面，均非常熱鬧，小小一艘利航輪，行程只有一宿，但輪上不僅有咖啡廳外，更有舞廳，羅致舞女七八位，供旅客中途消遣之用，我們那次也在舞廳小坐，但沒有起舞，當曉色朦朧時，始倦極入睡。

當筆者此際執筆追述往事，距今已隔二十五年，不僅周王二友早歸道山，即利航輪亦因遇風而告拆毀，筆者雖仍健在，但亦垂垂將老，想起桓司馬「物猶如此，人何以堪」之句，不僅感慨萬千。

利航輪一早即停泊於西環的船埗，我們下榻地點是灣仔的如雲酒店，那個時候香港還有三輪車，我們去灣仔，車伕索價十元，我們還價八元，即欣然報可，後來經朋友談起，碼頭到灣仔，的士不過二元餘，我們甫抵老港即做了老襯，使我對香港留下第一個惡劣印象。

那次我們赴香港，一半是旅遊性質，一半也是單幫性質，志在省去一些旅費，七八天後，同遊人都陸續歸去。我因老友金子青，留我在他家小住幾天，弄得只剩一個人回去，那時由港返滬的機票，不僅價貴，並且難買，惟有到了廣州再行設法，我想起周象賢氏的話，乘廣九鐵路最麻煩，不知究竟麻煩到什麽程度，想去見識見識，好得我只是一肩行李，便決定返穗乘廣九車，到達尖沙咀車站，見鐵路旁堆滿了箱籠，有些箱籠已打開，衣物凌亂，那些箱籠無法再行闖上，弄得旅客啼笑皆非，後來聽人談起，這裏面有一個秘密，懂得這個秘密的，即可順利解决，絕不麻煩，我那時只有一隻小箱子，因此也沒有什麽阻難。不想車行不久，到達一個小站，忽有檢查人員上車，檢查箱內別無他物，一個檢查人員對我說：身上有沒有黃金美鈔？我說眞笑話，我有黃金美鈔，早已乘了飛機，何必乘火車受罪。他聽了我這幾句話，可能引起反感，竟然帶我進了厠所，先除上裝，繼脫皮鞋，再剝下袴子，直到詳細檢查絕無夾帶，才放我出來。這對旅客眞是一種侮辱，但他表示奉行職務，使人敢怒而不敢言，這是我對香港又一個惡劣印象。因是平心而論，別人以爲香港是東方之珠，但我對它是一向缺乏好感的，所恨世事無常，一切往往出乎意料，當我第三次來香港，其先原不過以爲聊避風雨而已，誰又想到這一避竟然避了二十餘年，今後還要繼續避下去，還鄉之夢眞屬渺茫，人生遭遇的變幻無常，說起來也正不盡低徊！

海上三山不可即·居然有幸到蓬瀛

古人有言，一飲一啄，莫非前定，這句話，並不只包括飲啄方面，即其他一切也是如此。筆者性好旅遊，少年時足迹半天下，三十歲以後，困於業務，竟無法離開上海一步，又誰想到抗戰雖然勝利，我們反爾失業，無報一身輕，轉因此而得到暢遊港台及江西南昌的機會，這三次遊程，都能在我生平的經歷上留下一種深刻的紀念。

少年嘗讀舊籍，指稱海上有三神山，名「瀛洲」、「蓬萊」、「方丈」，其地有「四時不謝之花」、「八節長春之草」，那是世外神山，係神仙所居，俗人無法到達，及後漸漸明瞭，所謂海上蓬瀛，實即是目前的台灣島，氣候炎熱，因之花木常春，實在也沒有什麽了不起，不過我們江南人士，對他遠隔萬里，沒有到那裏一遊的機會而已。國共和談決裂後，政府為防患未然計，在台灣設行都，由魏道明氏主持省政，一九四七年，部署初定，曾招待滬市新聞記者團赴台遊覽，第一批去的是大報館的嚴獨鶴和嚴諤聲諸君，筆者則參加了第二次行列，同行者，時事新報一人，時報一人，華東通訊社一人，戲劇報一人，小型日報則為我和現居台北的李浮生兄兩人，浮生兄年事較高，便做了我們的領隊。

那時我們所乘的還是古老的運輸機，許多人面對面的橫坐着，我們似乎並不感到不舒服，到達台北機場，市府已派新聞處的楊科長駕車抵場接待，不想在汽車中鑽出來的迎賓大員，除楊科長，更有一位女作家王蘭小姐，也即是目前港九自由影劇公會主席黃也白的夫人。

汽車自機場到達市區，大約要走半小時，一路都是荒蕪地帶，看不見一些房屋，不久，接待員送我們到新公園對面的三葉莊下榻，目前看來那只是一所三等旅館，但在當時已屬於第一流，足以延納外來賓客。

三葉莊，是一個日式旅舍，睡的是榻榻米，沒有電鈴設備，王蘭小姐告訴我，要喚下女，需拍掌為號，接着她拍了一陣手掌，果然有侍女前來侍候，不過這情形我們終覺不習慣，覺得台灣建設要比上海落後好多。

不想到晚上入睡時，有一種情形更使我們不習慣，台灣有蚊子，不能不懸蚊帳，使人感到氣悶，同時館中所用的棉被，非常堅硬，其重可達十餘斤之多，蓋在身上不啻壓了一塊石板，台灣人何以對一條棉被竟做得如此之不合用，眞使人有些莫名其妙。最討厭的是台灣旅舍，那時全無衛生設備，大便需要蹲着解決，使上海朋友均感不便，這種情形，都是近年來遊台灣住觀光旅館的人士，所無從想像到的。

外省人大量入台後，為了解決生活，有好多坐寫字間的人員，都去踏三輪車，待到計程車普遍發現，政府為取銷三輪車執照，曾費了許多手續，可是在筆者初次蒞台的時候，還沒有三輪車而只有人力車，台灣的人力車，其特徵是輪子特別巨大，車身遂也顯得更高，人坐其上，有一種顧盼自雄之概。筆者為了好奇心所驅使，特地和幾位朋友，坐了一次人力車，從新公園開始，大約坐到西門町為止，所化的代價似乎很低。初蒞寶島，有一樁最傷腦筋的事，是食品不合口味，幸虧新公園週圍一帶，全是食物攤，大部出售外省食品，同於香港的大牌檔，政府機關招宴的有時用的是台灣菜，我們吃不飽，便再去大牌檔裏腹。

那次政府招待我們，主要是參觀工業建築，如發電廠、造酒廠、樟腦廠等處，次要才是風景區域，可是我們的目標，則只側重於風景區域，限於時間，有些人急於歸去，因是我們只是遊了台中的日月潭，和高雄大貝湖兩處，其他預定節目，如關子嶺探水火同源，阿里山看萬年神木等等，均因道遠，只能割愛。

金枝玉葉住茅茨土階．蕉雨椰風聽蠻歌夷舞

今日遊台灣者，一年間多至數百萬人，寫台灣遊記，已無人再加注意。可是在二十五年前，中原人士是很少有遊台機會的，以是筆者對第一次遊日月潭，至今猶有深刻印象，那次我們所住，即是日月潭第一家旅舍涵碧樓，那時還是一幢二層樓的建築，房內盡是榻榻米地鋪，只有二樓一號特別室內，置有兩張銅床，據傳係供蔣宋兩氏遊湖休憩之用，我們的住所分配在樓下兩個大房，房內懸着一張巨大的帳子，帳子內可供七八人睡眠之用，許多朋友都坐在帳子內打十三張，獨我一人偷進了特別間內，在銅床上躺了半夜，醒來已是天色微明，自己啞然失笑，我那時的身份，竟然同於台灣當局的第一流要人。

遊日月潭，共分七條路線，需三四日，才能遊畢全程，都是乘小汽艇出發，我們只有一日之留，便選擇了化蕃社一線。所謂化蕃社，也就是高山族的所在地，民衆向由一個姓毛的酋長統治，他雖仍擁有毛王爺之號，事實上已是平民，並且生活很苦，他有三個女兒，大的已嫁，小的尙在髫齡，他的妻子也即是所謂高山族皇后，居然學會了攝影技術，遊客光臨，他便使二公主陪同旅客攝影留念，博取微利，這一個落後國家的貴族，靠此些微收入，以資生存。當筆者到達化蕃社時，發現那裏只有一條泥土的長街，皇宮建築在街上的尾部，筆者曾進去參觀，見二宮主的綉闥，長僅十尺，靠壁用木板做了一張床，此外一無長物，參觀間皇后駕到，跟隨着她的有兩隻小豬，叫喊不已，皇后的臥室和二公主的大小布置差不多，所不同者，皇后的床底下，即作為豬的臥室，在我們想來，這氣味實在不大好受。

那次我們不但和二公主合攝了許多照片，還參觀了她們的土風舞，皇后一聲令下，召來了四鄰男女，她帶我們到達一所曠場，場心有一塊巨石，半塊埋在泥內，半塊露在土面，四鄰男女手裏都持着木棍，用木棍向石面撞擊，發出淙淙之聲，同時更有一個人，在較遠以手掌擊着一個長圓形的皮鼓，鼓聲鼕鼕，作為節拍，所有男女都隨着節拍載舞載歌，雖然相當熱鬧，但這種歌舞，也同於非洲人的慶祝節目，我們在電影內見得多，看了只是付諸一笑。

第一次的台灣行脚，為期約有七日，相隔既久，一切舊事已感到模糊，但記得回到台北時，適逢黃也白、朱庭筠兩兄，正在籌備發行華報，還未出版，二兄要我寫幾篇稿子聊壯聲勢，並勸我說：中原已見戰亂，不可久居，何不也留台灣，另謀發展呢？可是在那個時候，我看到港地粵人志

切排外，而台灣一切筆路襤褸，覺得港台兩地，都不是理想的發展所在，同時上海還有許多未了手續，何能一走了事，終於在遊倦之餘，喊出歸去來兮的口號，重回滬瀆，做了一年有餘紅朝統治下的順民。

夢想百花洲遺踪難覓·別矣滕王閣後會無期

由台灣回到上海，不及兩年，大陸風雲變色，猶幸那時共黨還未暴露它的眞面目，待人民似頗寬厚，我們尚不急於另作別圖，只是無法找到職業，適於那時東南五省有一個商品展覽會，在江西的南昌舉行，一個開藥廠的朋友也去參加出品，問我肯不肯去做他的廠方代表，我聽了大爲高興，由於任何文人，大都對南昌有着深刻的印象，那是受了王勃滕王閣序的影响，王勃寫南昌的風景實在太好了，諸如「落霞與孤鶩齊飛，秋水共長天一色」，又如「漁舟唱晚，响窮彭蠡之濱，雁陣驚寒，聲斷衡陽之浦」等，使人讀了臥寐難忘，常想如有機會，務必一遊爲快，此際貴爲廠方代表，川資食宿不費分文，又何樂而不爲，立即應允束裝就道。

筆者那次的下榻地點，係在城內最著名的洪都招待所，不想一到南昌，便發現兩件小事，使人印象惡劣，其一，人力車伕特別的欺詐和驕橫，蠻不講理，我們步出車站，雇車到洪都招待所，車伕索價十元，我們還價五元，即欣然願往，但到達旅館，車伕指天誓日，堅稱事前講明十元，我的一個同伴少年氣盛，便同他們爭吵起來，我去商請旅館經理，要他主持公道，但他搖搖頭，只說：出門人以和氣爲先，給他十元算了，何必多事，我們只有忍氣吞聲，如數照付。其二，虛偽禮節太多，我在南昌受了當地人士的招待，少不得要回請一下，便設了兩席答席的酒，請簡寫明六時，不想等到七點，絕無一客上門，使我感到驚異，忙向菜館執事詢問究竟，執事說：你有沒有去過催客帖子？我說沒有，執事說一定爲了這個緣故，於是再趕寫催客帖子，專差飛送，直到八點後，這班貴客才姍姍而來，原來他們早已整裝待發，但要接到催客帖子，才肯啓程，使我空自焦急一陣，可發一笑，憑這一件事，令我覺得江西老表的脾氣太做作，遠不及北平人的爽朗。

由於滕王閣是筆者南昌之行、惟一遊覽的目標，公餘之暇，便向人打聽去滕王閣的路線，據別人告我，閣在南昌的南門，但傾圮已久，遜清時改爲水上巡檢所，現在也已廢除，那地方已是一片荒園，不去也吧，可是筆者乃屬慕名而來，不肯放棄，終於尋到了那個夢想已久的所在，覺得除了少許斷碑殘碣之外，更無遺迹可尋，只得廢然而返。

筆者初意，滕王閣一定位於贛江之上，其實不然，南昌城外，還有一條撫河，而贛江則更在撫河之外。贛江大橋也是南昌巨大建築，事變以後，改名爲八一大橋，筆者既來到這個古郡，自然要去一遊，藉以領畧王勃序中描寫的風景。一天旁晚，筆者一個人踏上這一座八一大橋，那是一座極大的木質建築，其長不知若干里，我走不到十分之一，便告回頭，引頜遠處，只見濁浪滔天，一望無際，既無漁舟唱晚之聲，也無雁陣驚寒之景，惟餘一片蒼涼，使人產生感慨！更在西北方面，却看到所謂「珠簾暮掩西山雨」的西山，黑沉沉的，像一條尋丈巨蟒，橫臥在暮靄之中，絕無什麼幽奇景色，使我對王勃筆下的妙景，感到失望。

在南昌，我認識了一位當地的商會會長，因我是文人，送了我一部類乎南昌郡志的書，以爲紀念，是厚厚十二冊的木版本，閒時展讀，發現裏面關於西山仙迹的紀載很不少，有一則許旌陽斬蛇的故事，寫得更爲神奇，書內畧稱：古有蛇妖爲患，這蛇不但吞噬人畜，且能翻沉舟楫，民不聊生，許眞人成道後，便蓄意除之。蛇的巢穴在西山，眞人獨自上山尋蛇，爲民除害，甫及半山，發現那蛇頭如山嶽，其長不可以道里計，首生獨角，口中噴出火焰，但見了眞人，現出恐懼之狀，轉身欲逃，眞人即祭出飛劍，這劍不是橫斬蛇頭，而是直劈蛇腹，大蛇自頷至尾，出現一條裂紋，不久死去，但突然在大蛇腹內鑽出一條小蛇，長達二十餘丈，背生雙翼，凌空飛去，眞君也未加以追殺。讀者試想，小蛇既有二十餘丈，則母蛇之巨，概可想見。這一段描寫，近於西遊記一類的神話，精彩處勝於呂純陽飛劍斬黃龍，奇怪的是，凡屬府志縣志等紀錄，必需眞實情事，而上述記載全屬幻想，不圖竟在郡志中見之，只有所謂姑妄言之姑妄聽之而已。

筆者對南昌第二個遊覽目標，是聞名已久的百花洲，初以爲地點必在郊外，探訪才知即在市區，這也難怪，星移物換，一千餘年，自多滄海桑田之變，經過筆者好不容易的尋覓，始抵達目的所在。

那地方名義上是百花洲，但爲許多市樓所掩，不要說百花，甚至看不見一花一木，考證之下，舊百花洲是習公臨池處，那裏有一個墨池，筆者在一所荒園內，找到了習公池的遺迹，那池早已乾涸，池旁僅一斷碑，刻上習公臨池處五字，百花洲印象，如此而已。

在筆者剛將離去之際，發現園內有一間房子，我們入內稍作休息，見廳前掛着一副對聯，係集唐人詩句而成，上聯是白居易的「楓葉荻花秋颯颯」，下聯是王勃的「閒雲潭影日悠悠」，用的都是江西的本地風光，相當不俗，不知出自何人手筆。

筆者自那次南昌返滬後，不久藥廠宣告歇業，筆者感到無事可爲，便動了南下投荒之意，一爲遷客，至今倏已二十餘年，而滕王閣與百花洲之遊，亦已成爲二十餘年前的舊事，縱然眼前生活還勉强可以過得去，但放眼所及，此身還需在異域他鄉，一天天的蹉跎下去，不要說和滕王閣百花洲後會無期，即是生平的第二故鄉上海，也很難有重返的一日，如此人生，眞將從那裏說起呢？

欵式新穎　　經久耐用

wing
star SHOES

「飛星」來路童裝皮鞋

大人公司　平價市場　人人百貨　大方公司　來路鞋公司有售

穗港澳鬥狗史

・呂大呂・

出生後數月的沙皮小狗

動物的打鬥，本來是動物的事，與人無關。但偏偏就與人有關得很。由鬥蟋蟀一路數到鬥雀，鬥鷄，鬥魚和鬥狗，都是和人有關。鬥牛是人和牛鬥，更不在話下。

這些蟀、雀、鷄、魚和狗，沒一樣不是有主人飼養，人們養了這些善鬥的東西，要牠來做什麽？還不是要利用牠的好鬥天性，讓牠們去打鬥一番，讓自己欣賞一番麽？何況說起來，還不只是欣賞一番便算！

不只欣賞，還有什麽？凡是打鬥作戰，必有戰果，也就是必有勝和負。畜生的打鬥有勝負之分，這就可以拿牠們的勝負來賭錢了。因之無論是打蟀也好，打什麽也好，打的是牠們，賭的却是人們。

由于可以利用牠們的打鬥來賭錢，人們有興趣去養這些動物了。如何的收集，搜購，如何的飼養，訓練，固然用來欣賞牠們的打，也用來作爲下注賭博，甚至用來爭取榮譽。如果自己的畜生最打得，一方稱雄，被稱爲蟀王、雀王、鷄王、狗王，諸如此類，這便身爲主人與有榮焉。而說動物的打鬥與人有關，便是這個道理。

打蟀打雀，要有時候，一年的打蟀打雀季節并不怎麽長。打魚是泰國才有，打鷄以菲律賓、印尼爲多，剩下來的打狗，可以長年累月的打，只要主人找到了對象，約好了賭注、日期，當即會師大戰了。因此打狗這玩意，在穗、港、澳三次地方最爲時尚。

穗市的打狗，并不是近事。打狗之風最盛的是在戰前。抗戰軍興，那裏還有這些閒情逸緻？大家不打狗而打「蘿蔔頭」了。香港在戰前，勝利以後，此風很盛，尤以六七、六八年爲最。澳門就大都港澳會師的多，澳門養打狗的人，好像是用以對外的，很少打內戰。

現在就不管穗市的打狗是如何的已成過去，有理由相信港澳打狗之風是由廣州傳得來的，因之可不能數典忘祖，還得先從穗市說起。

穗市鬥狗公開戰場海珠公園

至少在四十年以前，穗市就公開設了個打狗場，讓狗主們拖了他的狗去比賽決鬥。在此之前，穗市的人已經喜歡養打得的狗，要以打通幾條街爲榮。但他們的打狗，只是由着狗去街頭來打，他們以打狗爲「爭名」，不是「奪利」。很少拿來賭錢，但不能完全說沒有；這種鬥狗法，倒是鬥得并不如何認眞的。

到了打狗場設立，打狗才上軌道。當時的海珠有小島，中有程璧光銅像，爲海軍的一個機關所在。四面皆水，市民不能去。後來填地築路，把這小島塡到和陸地相連，改爲公園，稱「海珠公園」，供市民遊樂。

就在這時候，一切公園的設備還未齊全。便有人利用這空地，搭了個棚，供作打狗之用。主持的是一個有武功的伶人，名周少保，以「打死下山虎」、「石鬼仔出世」兩齣戲馳譽。他一向住在河南，河南是福軍的永久防地，軍長李福林，他看中了周少保，認他爲誼子，委他爲全河南番攤賭舘總巡場，就此成爲當地的特殊人物。

周少保喜歡玩鎗，能左右手開鎗，經常佩鎗，例必左右兩枝，李福林常常把這「契仔」稱爲「雙鎗將」。他除了喜歡玩鎗之外，又喜歡養狗。大狼狗固然多，大瀝種的沙皮狗更多。沙皮狗是中國最著名的打狗，如果沙皮狗和狼狗混種，更是打得。因之周少保的狗就打通了河南。河南所有的狗，都是周少保所養狗的敗兵之將，周少保就常常感到他的狗沒有對手。

海珠公園建而未成的一個時期中，周少保却在這地方搭棚建了一個打狗場，目的志在他的狗在這打狗場來大會天下羣狗。他自稱爲場主，任何人帶了狗來和他的狗打，無不歡迎。他以他的狗爲擂台躉，但不一定要和他的狗打，甲的狗和乙的狗，只要雙方狗主同意，便可以牽來打狗場決戰。

無論是什麽狗，在打狗場作戰，周少保都充任公証人。在戰場裏站着走着，主持評判。他穿上輕便的衣服，左右一對「鎗枝」，好不威風。

打狗場設有許多例，何者爲勝，何者爲負，寫得分明，固然是給狗主看，也給觀衆看，好得明白一切。當時入場參觀打狗，只收入場劵一角，經常由下午二時開始，到晚上九時，一天打上一二十場狗是慣常的事。

打狗往往會由打狗變而爲打人，爲的是常有爭論，由爭論而打起來並不奇。但由于周少保是李福林軍長的「契仔」，身上又有一對鎗，因之祇有他鎮壓得來，他那間打狗場從來沒有發生過什麽糾紛，只有打狗，沒有打人。

這打狗場只辦了幾個月，由于公園興築的工程加緊，不得不取銷，但已經掀起了穗市人的打狗熱了。懂得以打狗來賭錢，擇地來作戰場，設公證人等等有規模的鬥狗了。

這種打狗風氣，到了抗戰時候才停止了一個時期，但到了淪陷時期，由于「大天二」多養狗，便又一時復興。除了「大天二」們有好幾隻猛狗外，所知光復路一間葯行養了一隻混血的狼狗，和長壽路堅記一隻沙皮狗是當時稱王稱霸，打通了附近一帶的。

香港不准打狗 暗地此風甚盛

我們都是住在香港的人，本文說的打狗史，是以香港爲主，穗澳只是「陪祭」，約畧一說而已。但不可不知，香港凡是一個「鬥」字都懸爲例禁的。鬥蟀本來是昆虫的打鬥，但也觸犯虐畜條例，多年前就有過一件「蟀乾案」，一雙蟀，被檢獲作證，由于審訊日期的延宕，這兩隻蟀死了，死了許久也要保留着，直至兩隻死蟀變爲蟀乾，可知案情的重大，蟀猶如此，狗何以堪？自然鬥狗犯的虐畜罪就更大了。

香港有個「防止虐畜會」，如果鬥狗給這個會知道，它會馬上知會警察去拉人。這和穗市四十年前的公開設塲鬥狗就差得遠。但很奇怪，香港鬥狗的風氣最盛的時候，還要比之穗市瘋狂，主要是他們的狂賭。

既犯虐畜條例，又犯聚賭罪名，因此香港的打狗，可以說是「地下打狗」。此風之盛，一切都是暗地裏進行的。

賭狗注知多少 怎樣來决勝負

打一塲狗，通常是狗主與狗主之間先下注。大約是由二千至五千之間，其餘却由旁觀的下注，他們各阿所好，有賭甲方的狗勝，有賭乙方的狗勝。稱爲「幫狗」。彼此各「幫」其狗，他們的賭注，可能會達到三四千元。因此一塲大排塲的鬥狗，常常會賭注共達萬元之鉅，自然便做成了緊張的局面。

這些大塲面的鬥狗，很有秩序，由公証人來主持。也有帆布圍帳，用鐵枝插在地上作一大圓形，即以帆布帳圍着四週。觀戰的人，通通在帆布帳外，由于帆布帳幷非高與人齊，他們可以俯着身子望下去而不會防礙着帆布帳內這作戰的狗。這些佈置都不需要狗主操心，自有人料理，爲的這帆布圍帳是租用的。

一切佈置好，即由狗主牽狗進入帆布圍帳內，公証人也走進去。雙方狗主都緊扯着他們的戰將，然後鬆帶，解下牠的頸箍，在公証人一聲號令下，雙方放手，讓兩隻狗接觸。主人一放手，牠們便上前衝，碰頭便打，便埋牙。中國的沙皮狗，大都在開始接觸時，彼此人立站起來，靠後脚站着，前脚互相糾纏，彼此向頭部展開攻勢。這叫做「起人字」。爲的兩狗的形狀，就像一個「人」字一樣，牠們的作戰都是「起人字」的。

英國種的布爹利打狗就很少「起人字」的，牠們大都四脚站在地上來打。還有一樣最大的分別，便是中國的沙皮狗大都打上路，英國的布爹利狗却喜歡打下路。上路的作戰是咬耳，咬眼，鎖喉。下路的作戰是咬對方的前足。又或者打「夾口」？是你咬牠的口，牠咬你的口，兩口互相咬着。因此中國沙皮狗和英國布爹利狗的打法是不同戰術的，但都各有千秋，各有各的打法。

兩雄相遇，彼此作生死戰，有打幾分鐘即勝負判然的，也有打上二十分鐘的，能夠打到半個鐘頭，這是一塲很難得的大戰了。狗的勝負，憑什麽來判斷？這有下面的幾種：

「响口」——一隻狗在作戰時，牠給對方死口咬着，善戰的能忍得痛，明明給咬着動彈不得，牠也極力的忍耐着，伺機掙脫反攻。因之不能由于牠給對方咬着不能動便判牠輸。但有些狗抵受不住痛，發出一種似吠非吠的聲音，這便得馬上判牠輸了。這種鳴聲，內行人稱爲「响口」，一响了口，便是敗，要來分開牠們了。

「嗒尾」——這裏的一個「嗒」字，是廣東話，「登笠切」。「嗒尾」即垂尾之意，一隻狗在表示牠的驚慌、懼怯，牠的尾便自然垂下來，而且垂得很異相，像是斷了條尾似的，一經「嗒尾」，即無作戰能力，敗象已呈了。公証人在這時候，馬上即宣佈「嗒尾狗」輸，把牠們分開，停止牠們再鬥下去。

「鬆身」——當一雙狗在决鬥的時候，其中一隻狗，如果牠忽然全身的毛都豎起，作毛骨悚然狀。這是表示牠已經怯戰，而且同時這隻「鬆身」的狗，有例已經全身無力，全無招架之功了。作爲公證人和狗主也都知道牠不可能戰，是戰敗的表現，這只有「認賭服輸」。

「走頭」——當雙方正在决戰時，忽然其中一隻狗掉轉了身走，或是掉轉了身，以屁股向着對方的狗，使對方的狗無從和牠作戰，這又是打敗的表現。勝的一方，立刻由狗主抱着牠，讓牠「窮寇莫追」。敗的一方也把牠加頸箍扣上了帶，把牠牽開，又是「認賭服輸」。

上面這些「响口」、「嗒尾」、「鬆身」和「走頭」，有一于此，即便徹頭徹尾的打敗，任何狗主也毋得異言。

勝負之勢分明 狗主可以講數

既爲鬥狗的公証人，有時倒像頗爲仁慈似的。他常常會在兩隻狗打得難分難解、戰情慘烈的時候，細心研究兩隻狗誰處優勢，誰處劣勢。假如他發現甲狗顯然處在下風，牠給乙狗咬着不放，動彈不得，反攻無力。但牠還沒有「响口」，沒有「嗒尾」和「鬆身」，這雖然不可能判牠輸，却是勝負之勢已分明，打下去，必然是敗在乙狗身上，這位公証人便會對甲狗主提出一個辦法來。

他指出甲狗的如何處在劣勢，指出打下去，必然會輸給乙狗。倒不如就在這時候認了輸，這時候可以認輸五成，或六成，七成。又和乙狗主商量，爲了保存狗的實力，不可贏盡；贏到盡，也可能不見得有什麽益處，便又提出了贏五成，六成或七成這個辦法。

這樣的提議，往往爲雙方狗主所接納，說妥了成數，便來把兩隻狗分開。賭注即以所說的成數成交，譬如打的是五千元，輸五成，便是以二千五百元輸給勝方。

狗主們都是愛惜他們的寵物的，在勝負之勢分明而未能即判決勝負時，公証人所提出的辦法，他們往往會答應，但主要還是在敗的一方。他們常常不同意，爲的他們可能相信他的狗會反敗爲勝，與其輸幾成，倒不如贏十足。因之他們會不接納公証人的提議，對公証人說出一句「打到盡」！這便是讓牠們打下去之意。這樣一來和議不成，兩隻狗便打個你死我活了。

香港打什麽狗 布爹利與沙皮

從前穗市打狗，打來打去也不外是中國狗。一般中國狗，無論是什麽種，牠們都打。要是大瀝種的沙皮狗，這更是善于作戰。可以說是中國的打狗。如果養着隻沙皮狗，往往就可以稱雄一方。香港的打狗，打的却是兩種狗，除了沙皮狗外，還有布爹利，近年以來，還是以打布爹利爲多。

布爹利是英國狗，牠原名BULL—TERRIER。在英國，牠是有名的打狗，正如沙皮狗在中國一樣。這種狗很妙，妙在牠見了狗便打，而且打

布爹利狗王堪布與阿財一場大戰

得很兇。却是牠除了打鬥外，毫無用處，牠不可能作爲守門，爲的牠似乎對任何人也和對牠的主人一樣，生張熟魏，一律搖頭擺尾。如果有賊，這等如認賊作父，完全無用。因之以香港人而論，養布爹利就只有用之于鬥狗一途，絕不會使牠作爲看更之用。你見到有人養的是布爹利，你可以決定這人是立心做一個打狗的主人了。

沙皮狗却不然，牠除了善戰外，還有性靈。牠可以守門，牠對主人很親熱而不會逢人熱，剛好和布爹利相反，這是牠的長處。

由于布爹利是「天性涼薄」的關係，因之牠在作戰中就頭腦簡單，只知作戰時其他不知。牠打起來，正是「將在外，君命有所不受。」不打則已，一打就死纏爛打，打到尾，并不知道什麽勝負，死而後已，這是牠的長處。

沙皮狗比布爹利有頭腦，在戰鬥正酣之時，牠會審情度勢，如果牠感到對方比牠强，牠便會罷戰，走頭。甚至牠會在作戰，想到雙方的主人，往往游目四顧，看看自己的主人在不在，如果有主人在，或是主人喝牠一聲打氣，牠便放心打，勇氣百倍。要是看不見主人在，牠有時會怯戰。據熟識沙皮狗性子的人說：沙皮狗在作戰時爲什麽有主人在才會放心。爲的牠一腦子聰明，牠會想到對方的狗主可能幫他的狗來對付牠。這樣顧慮多多，有時便少不免作戰不力，這是沙皮狗的短處。

但沙皮狗也有許多長處，牠的戰術靈活，有勇有謀，常以戰術勝，牠會打「起車頭」，布爹利就完全不懂得這個戰術。什麽叫做「起車頭」？咬着對方的狗不放口，而把對方的狗左右上下的搖擺着，一是加深對方被咬地方的痛苦，二是搖到對方暈眩，這比起了布爹利的死咬着不放口，高明得多了。

另外，沙皮狗又懂得迴避，一隻沙皮狗和布爹利鬥，牠知道布爹利專打下路，咬牠的前足，牠往往會把前足雙雙縮起，使布爹利的下路戰術

，無所施其技而向布爹利的上路進攻，可見沙皮狗就確比布爹利聰明得多。

這樣說，沙皮狗和布爹利作戰，沙皮狗可不是勝多于敗麽？這又不然，牠有許多致敗之道。一是太有靈性，一認爲形勢不佳，牠走頭了。一是牠的體重不及布爹利，這是最吃虧的地方。另外，布爹利打起來，一味勇往直前，不知有主人，也不知死活，拼了死來打。因之以沙皮狗來對布爹利，勝利一方，還是屬布爹利的多。

但香港的打狗就不外三種打，一是沙皮狗對沙皮狗，一是布爹利對布爹利，一是沙皮狗對布爹利的中英大戰。

沙皮狗特徵多、布爹利貌不揚

中國的沙皮狗，出於南海佛山大瀝。顧名思義，不必說，牠的所謂沙皮，便是特徵。中國人吃狗肉，所有中國狗可以吃，獨沙皮狗不能吃。原因沙皮狗這層皮，你便把它煑上三日三夜也不會咬得它開。由于牠的皮是這樣的又韌又實，因之牠作爲打狗，有此得天獨厚的一層皮，不容易咬得痛牠，而且還可以說，不容易咬到牠的肉。原來，沙皮狗的皮不只又厚又韌，牠生來好像是皮肉分離，皮還皮，肉還肉的。一隻沙皮狗，你可以抓着牠的皮來揪起牠，你便會發覺牠的皮像是離開了肉，像是皮肉不相連。這樣子，打起來，便算是對方怎樣咬牠，也不過咬着皮毛，咬不到肉，沒有咬到肉，自然是不會怎樣覺得痛而操勝算容易。

沙皮狗不只皮有特徵，毛也很特別。此中分箭毛、馬毛、竹毛。箭毛和竹毛都很硬，如果對方張口咬着牠，可能會給牠的毛刺着鼻孔而感到又痛又癢，逼得放口。馬毛却是滑不溜口，不容易咬得牢。另外有一種毛，稱爲「綿裏藏針」，一口咬下去容易，一用力，便會給牠內層的毛刺着口腔了。這又是沙皮狗之所以爲打狗之處，也就是沙皮狗的特徵。

說到了布爹利，牠的特徵是白色的多，其次黃色或虎斑紋。最特別的是牠的面形，像一個鵝蛋，嘴筒特長，張開口咬對方，比任何狗的寸度更深。可以說，沙皮狗有「瓦筒嘴」和「蛤乸咀」，前者是深度夠，後者是濶度夠。布爹利就只有「瓦筒咀」，沒有「蛤乸咀」。不過沙皮狗的「瓦筒咀」怎也比不上布爹利的深度。

一隻沙皮狗，由于特徵多，從頭看到落尾，你都覺得牠簡直是一名怪傑，看相極佳。却是布爹利這個樣就眞的可以說是其貌不揚。牠的一張臉，長長的橢圓形，眞的像一隻大鵝蛋。

這兩種狗便是香港唯一的打狗。沙皮狗已經很少由大瀝來貨，大都是在香港配種生的多。目下的價錢，大約是二百元可以買到一隻兩三個月大的小狗。如果養上了兩年大，打得不打得，有相可看，貴的可以貴到八九百不足一千，平的也可以賣到三四百。

布爹利狗本地配種生的，小狗值二三百元，大狗也看牠的戰績而定。但布爹利有原裝由英國來的，這些原裝貨就非二三千一隻不可了。有個傳說，英國禁止布爹利狗運來香港，這是徇防止虐畜會的請求，但這個傳說拼不可靠，不過來貨少却是事實。

數年前此風盛、堪稱名將如雲

香港打狗之風，一向都是不絕如縷，有時是兩三月也沒有一塲，有時一個月會有一兩塲。此風最盛的還是以六七、六八兩年。一個月必有幾塲「大塲狗」。所謂「大塲狗」是有名氣的狗對有名氣的狗，好比有名氣的球隊比賽稱「大塲波」一樣。另外沒有什麽名氣的狗，幾乎隔天便有作戰。而由于打狗之風盛，養沙皮或是布爹利的人多，他們要訓練牠們從戰鬥上獲得經驗，也就雙方狗主約定打一次友誼賽，彼此拼不賭錢，而又不會讓他們的狗「打到尾」。內行的人叫這個爲「較口」。有了「大塲狗」，「小塲狗」，也有沙皮和布爹利的友誼賽「較口」，這做成了這幾年來的打狗之風，一時稱盛。

就在這幾年間，名將迭出，有已成名的，有雖未成名而實際上十分打得的。此中有沙皮，有布爹利，如要登壇點將，倒也熱鬧。

此中如堪布、大番薯、基寶、金寶、阿花、阿財、波比、合皮，這些狗是善戰善鬥的狗名。牠們如果出賽，這塲打，便是「大塲狗」了。其中，有稱王的超級份子，身經百戰，拼沒有過輸的紀錄。其中也有打勝的次數，多過打輸的紀錄的。也有是名將之後的，不一而足。當年雄風，似乎拼非今日所存的狗所可及。今日的狗雖然不少將門之後，但拼無跨灶之兒，因之近幾年來打狗之風，便較衰落。

衰落的原因，固然爲了「好手」少，來源稀。沙皮只有「土生狗」，沒有正式由大瀝運到的。布爹利也是土生的多，由英國運來的也少。據所知，現存的沙皮狗，港九合計，連大小雌雄計算在內，無非百隻左右，可知兵源之缺乏了。

布爹利王堪布、沙皮王大番薯

香港打狗中，布爹利和沙皮也出過一隻給人稱牠爲狗王的，原因是牠們從來沒有打輸過。無論是少時的「較口」，長大的正式作戰，打的是幾大的賭注，從來沒有一次敗績。他們的戰績是打遍了港澳，這樣拼未打輸過，自然便得稱王了。

堪布的出生，是在英國，牠是布爹利和英國的狼狗潘打混種的狗，在香港，牠以打得著名，重七十磅，口和頸都白色，頸部那裏，像是披着一條披肩，牠眞的是身經百戰，對布爹利，對沙皮，從來狗是要對方打到輸盡的，而牠却一直也有餘未盡。後來老了，死了，牠的下一代也是名將，金寶便是其中表表者。

大番薯是中國的沙皮狗。沙皮狗很少有四十斤重的，却是大番薯就重達四十五斤。爲什麽牠會有這樣體重？原來在牠祖父的一代是布爹利種，多少有些混血，便會有這樣體重。而牠具有沙皮狗的靈活頭腦和戰術，有布爹利的兇悍，因此便成爲身經數十戰，幷未打敗過的狗。

牠和堪布幷不是同時，堪布比牠先一輩，因此兩雄幷未相遇過。但堪布的兒子金寶却就領教過牠了。那次以香港北角賽西湖爲戰場，賭注連同「幫狗」的計算，相當大。結果堪布的下一代金寶却輸給大番薯。是役打得極其精彩，彼此死纏，大番薯大概知道金寶是勁敵，因此牠對金寶悉力以赴。牠咬着金寶怎也不放口，金寶敗仗已呈，雙方狗主要把兩狗分開，結束這場爭鬥，却是大番薯在主人喝着牠，動手扯牠，牠也不肯放口。金寶的狗主怕給牠把金寶咬死，卒之出到用水淋。照理，如果一淋水，兩狗便無有不分開的，却是大番薯還不放口。後來出到在牠們跟前燒了一串鞭炮，這是最後一着了，一陣炮竹聲响，總會把狗嚇到放口，偏偏這法子依然使不得。如此紛擾了許久，大番薯大概已經知道牠的敵對再也不會有作爲，這才放口，這樣一場狗戰，使看的人無不大嘆觀止。

大番薯的戰績彪炳，不幸在四歲的時候，正當盛年，却死了。死因不明不白，有人說，牠給人下了毒，有人說，牠給車撞傷，以後一說爲較可靠。那天，牽牠到公園散步，牠極力扯帶，使到牽狗的人出盡了九牛二虎之力，還是沒法子拖得穩，只好放了牠。牠四下裏竄，找不到牠，一會見到了牠，牠的脚已經跛了，屢醫不愈，一代英雄，就此身亡。

到如今，人們說起了堪布，都說牠是布爹利狗王，說起大番薯，都說是沙皮狗王。

青山道之虎兇
基寶稱脫牙王

在打狗全盛時期，有兩隻狗也是很利害的，一隻名「青山道之虎」，一隻名基寶，牠們都是布爹利狗。青山道之虎之所以兇悍善戰，和牠的混合種有關。牠是一種重百多磅的狗合配的，這種狗，

中國沙皮狗王大番薯之雄姿

英文名是BLUE MASTIFF，香港人叫牠做「火種」。也是善鬥的狗，但由于牠的體重過大，因而香港鬥狗可沒有出到牠，但却常常拿來配布爹利狗。這青山道之虎便是火種和布爹利狗交配的，便成爲善戰的狗了，所知這青山道之虎，現在還養在青山，可能也成爲老將黃忠了。

當年除了這青山道之虎外，還有一隻善戰的布爹利純種狗，牠名喚基寶，也是戰無不勝的一隻狗。牠有一個渾號，名「脫牙王」，這和牠作戰時的戰術有關。

上面說過，布爹利善打「夾口」，這便是口對口互相緊咬着。往往爲了牙咬牙的關係，會因而脫掉了牙，但多數是使對方脫掉一兩隻牙而已。基寶在打「夾口」時，他最擅長這個，一打夾口，脫牙的不是牠而是敵方。牠不同別的狗之處是使對方脫掉三四隻牙，少了三四隻牙，不只當時沒有作戰能力，以後也失了作戰能力了，就爲了這個，基寶就以善脫牙而得爲長勝將軍。

試過一次，牠運用「脫牙戰術」，竟把對方全口的牙脫下，經過這一次，牠便給人稱爲「脫牙王」，名噪一時。

這「脫牙王」曾經和青山道之虎作戰，這一役，是基寶第一次嘗到敗績，他輸了給青山道之虎。現在是基寶也死了，青山道之虎却在青山，依然由他的主人養着。

黃飛鴻伏三煞
大番薯上鏡頭

香港這許多善戰的狗，不少已經死了。只留下了名聲，爲打狗人士所稱道。但這有沙皮狗王之稱的大番薯，大家還可以在電視中常常見到牠，而且還可以見到其他幾隻猛狗，如波比、合皮等一共五隻。

爲什麽在電視裏還會見到這些已死的狗英雄。原來，在打狗全盛時期，關德興拍的黃飛鴻片集，其中一套名「黃飛鴻伏三煞」的，他需要幾隻惡犬上鏡頭，結果商得了五隻當時有名氣的打狗，大番薯也「御駕」親征，而電視台是常常放映粵語舊片的。「黃飛鴻伏三煞」就常有放映，因而這幾隻猛狗得以在電視出現，不過看過電視的人也許不知道其中那隻龐然大物的沙皮狗是沙皮狗王大番薯。

沙皮仍有得買
澳門仍多好狗

目前要買沙皮狗和布爹利，還是有得買的。沙皮狗沒有原裝由大瀝來的，可能大瀝已經沒有人養沙皮狗了。但也只得元朗高行近古洞村那裏一間叫做名園狗場有售。

沙皮狗的好種，以澳門爲多，而且都落在有地位人士的手上。馬萬祺養了幾隻，何賢的太太養了一隻雌沙皮狗，是極好的種。祗是它們都不打內戰，因之好看的鬥狗現在也難得見到了！

馬場三十年

老吉

上期將當年的大馬主孫麟方君，在香港養馬的一切，以至於後來因養馬而開設了香港麵粉廠和再發展到馬來亞一帶，開設馬來亞麵粉廠，再進而在那邊被封為「拿督」的過程，直到孫君因做了拿督，去年回香港時，受到香港餅乾麵飽糖菓同業公會全人盛大設宴恭賀，却不料他因心情歡喜而緊張過度，在盛宴中心臟病猝發而逝世。蓋棺定論，孫君的幸運，可說好極，事業心可算盛極，而辦事的魄力也可算雄極，祇可惜他在事業中天之時與世長辭，如果他在事業成功之後，能優悠自在不太緊張過份，那麼他的舊病，決不為發得這麼快，我對這位老友之死，至今尚覺惋惜！

在二十年前，香港馬場，騎師人材輩出，四小將蔡克文、陳杰、莊洪康和洪燮康，先後畢業，有一段時期，他們四位在馬場中，可說是威盡一時，我上期已將蔡君由紅牌生升為大師傅的過程，寫了出來，現在續寫下文。

一九五二年十二月十三日，香港馬會當年的第六次賽馬日第二天第三場，舉行「香港秋季冠軍賽」，路程一哩二五，蔡克文與「博落」，（Knock-Down）當然在這場報名爭標。這一場賽事，八駒報名，七匹上陣，當年的三王，除了「博落」之外，阿圖茂騎「螢火」，藺飛騎「空中霸王」，皆有上陣。「空中霸王」是四十九年馬，在這時候已有八歲多，長途似乎已覺得體力不夠一些；但「螢火」是五十一年馬，此時正當盛年，剛剛六歲。「博落」呢，牠是五十二年馬，七歲也在盛年；而且出賽至今，從未跑過第二，所以在此是第一大熱門。照現在馬會獨贏票以銀碼來算，牠有十四萬元投注，「螢火」第二熱，不到十二萬元，「空中霸王」十一萬餘元，其餘四駒，加起來也不夠三萬元。

競賽的結果（一律平磅一四七），「螢火」跑了第一，「博落」落後三乘得第二，第三是保亨的「快的盧」，「空中霸王」「梗頸四」，這是「博落」第一次失敗，時間是快地二分十秒三，在當年已算好到不得了的時速了。

隔了三個多月，在一九五三年四月四日復活節賽馬的第二天第六場，「博落」又報名爭「沙宣挑戰杯」，這一次「螢火」與「空中霸王」皆不上陣，「博落」要負一五九頂磅，但仍是第一熱門，可能少了其他兩王，「博落」的獨贏票，竟有十六萬元之多，這一回蔡克文拼命了，結果以二分十一秒的時間，輕易贏了二馬「金章」（郭子猷）三乘而得到了「沙宣杯」，但當時的頭馬獎金，祇有港幣三千元耳。

又隔一個月，到五月廿五日「聖靈降臨節」賽馬的第二天第六場，小蔡與「博落」再爭「加冕杯」一哩一七一碼，仍負一五九磅，因為「螢火」與「空中霸王」仍不參加，牠們早已提前休息了，大約「博落」拼搏得太多了，加上了負磅太重，因而敗於裴谷（他現在的譯名是鮑愛克，現任馬房經理）所騎輕到一三五磅的「露明山」五乘而得第二，此後牠在五三、五四年度中，祇上陣一次，落第之後，便完全休息了這一季，直到五四至五五年度再度上陣，重顯威風。

東尼蘇沙眞正夠運，他在一九五三至五四年中，執籌又執到了一匹好馬，取名「再博」，（Knock-Again）騎師當然仍是蔡克文了。

這一年便是「金谷鈴」揚威的一年，但在新馬初期，「金谷鈴」不上陣，於是乎「再博」便先出風頭。

「再博」的名字，是跟着「博落」而來的，牠的號衣，當然與「博落」一樣，騎師胸前與背後，皆有一個「釘鎚」，好像在替他的拍賣行做招牌，事實上東尼蘇沙根本是蘇沙拍賣行的「事頭」也。

「再博」初出新馬一哩（一九五四年一月廿三週年大賽第一天），即以大熱門姿態贏了二馬「錦雲」一條街，比第二組新馬一哩的時間，快了幾乎三秒鐘，不過第二組跑時，已經下過一場雨而場地軟了一些，巧得很，第二組的頭馬「戰士」（Bengal Lancer），騎師原來也是蔡克文，「戰士」馬主黎君，是馬會的老會員，現在每逢賽馬，在會員席中，還時時可以看見他在餐廳中午餐一度，不過現在已不再申請養馬，當時他的「戰士」，替他管理的是退休騎師趙連璧兄。

蔡克文在那一年有了兩匹高班新馬在手，可以說威盡一時了。

且說小蔡為新馬「再博」與「戰士」各勝了一場新馬一哩「希望」賽之後，隔了一個星期，也即是一月卅日週年大賽第三天，兩駒皆報名「皮亞士杯」一哩二五的大搖彩賽，因為當年的「皮亞士杯」是用新馬來做運財童子，不像現在，時常用第五班或以上的馬匹來競賽，因為當年的「打比」賽，要在週年大賽後四個月，再舉行，不像後來改在週年大賽的最後一天舉行，（但從今屆起，取銷週年大賽名義，改爲在新馬初次登場後，過兩個月再跑「打比」賽），時間祗隔三個星期也。

蔡克文一個人不能騎兩匹馬，爲了馬主交情，或者也爲了在當時蔡君以爲「再博」可能比「戰士」好一些，因此他選了「再博」上陣而婉辭了騎「戰士」。

「戰士」的馬主與管理人，雄心勃勃，於是便請了與蔡君同樣有小將盛名的陳杰騎「戰士」出爭。

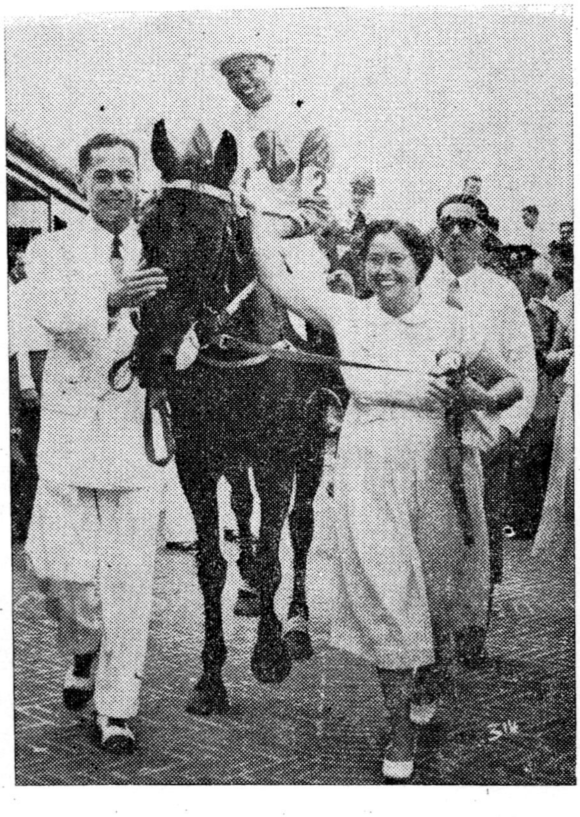

一九五二年贏「打比」「博落」，由蔡克文君策騎，圖為得勝後進大門之影，引馬者愛廸蘇沙夫人及東尼蘇沙（馬主），右後戴黑眼鏡者為練馬師王筱紅君。

這一場新馬競爭長途賽和運大財童子，跑出了馬會有史以來「空前」，也可以說「絕後」的結果來了。

原來，「再博」與「戰士」，竟然雙雙同達終點，連電眼都分不出高低，一場馬於是有了兩匹頭馬，也產生了兩個頭彩，你話是不是「空前絕後」呢。

當時，兩駒同負一四七磅，「再博」是大熱門，六匹上陣牠佔了五萬多張獨贏票中的三萬多張，「戰士」祇有六千多張，派彩乏味了，「戰士」七元而「再博」祇有五元四角而已。

而且還有一件難得之事，原來兩駒皆隸屬於現已退休的王筱紅君馬房中，可謂今後更不易發生的了。

大搖彩票與現在一樣，每張兩元正，此次共售出一百五十三萬八千張，得三百〇七萬六千元正，政府與馬會先扣了一百四十一萬四千九百六十元，（其中政府博彩稅七十萬九千元，馬會佣金六十四萬五千九百六十元），餘下來的一百六十六萬一千〇四十元中，先除去七十五個入圍獎（每個八千八百五十八元八角八仙），再剩下來的九十九萬六千六百廿四元，本來是頭馬佔七成，二馬佔二成，現在雙冠軍，變成各佔四成半，兩個頭獎票的持有人，各得四十四萬八千四百八十一元，第三馬「錦雲」（騎師是已故的布林利君）得一成，是九萬九千六百六十二元正。

一場馬跑出了兩個頭彩，我相信當年的兩位少壯派小將，認了第二就無人認第一了。

當年這一哩二五的時間，是「好地」二分十九秒四，比現在的第八班馬都不如，於此可見現在香港馬會的馬匹質素，一步一步的提高了。

蔡克文這一回放棄了「戰士」而就「再博」，是明智之舉，因爲後來的成就也是「再博」高出於「戰士」，因爲小蔡人緣好，做事八面圓通，此後的「戰士」，也要小蔡不能騎，然後由陳杰代勞，否則這匹「戰士」仍是他的胯下坐騎。

在一九五四年的五月八日，五四年新馬跑「打比」大賽了，「再博」與「戰士」雙雙報名上陣，「再博」小蔡而「戰士」陳杰，這一場賽事，因有了孫麟方由莊洪康騎的「金谷鈴」，大熱門當然是牠，可是第二熱的不是「再博」，卻是「戰士」，賽跑結果，「金谷鈴」以無敵姿態贏了全部五駒一條街，第二是布林利（已故）的「雪蹄仙」，第三才是「再博」，敗於「雪蹄仙」大半馬位，「戰士」跑了個「梗頸四」。

「再博」出了此一仗之後，休息渡暑假，但「戰士」出了此仗之後，黎君無意養馬，便由小蔡介紹，出讓與星洲華僑陸榕樂夫人。

當年養馬，不像現在規矩多，新馬在跑過「打比」賽之後，（也即是這一季終了，並不是一定須要出打比賽），便可以自由買賣，不比現在，非要超過一年以上，（除非有特種情形，得到董事會批准者例外），方可申請拍賣，馬匹更不能隨便在新馬的一年中換馬房，因爲現在的馬匹價格高，在拍賣之時，除非這一匹馬有內幕情形，可以無人競爭，否則馬價一定抬得極高，好像前屆的「有利」，在馬主梁傳華兄逝世之後，他的公子們（梁嫂早已逝世）不願再養馬，這匹會經被毒的好馬，在拍賣之時，竟以十萬元高價售出，但至今未爲新馬主跑過一次第三，已由第三班降到了第六班，且看本屆如何。照計牠以前成績不錯，不應該如此不濟，但新馬主化了十萬大洋買牠，眞覺得有些肉痛了。

回頭再講「金谷鈴」、「再博」與「戰士」三雄出「打比」之時，也是當年三小將會戰之日，因爲四小將之一的洪燮康這小毛頭（他在上海時家中親屬長輩和熟人都這樣叫他的），當時還在見習生時期，馬會規例，重要賽事，見習生是不能出賽的，小洪來港較遲，申請做紅牌生的時間也最晚，不及蔡、莊、陳三位早，後來再過了一季，小洪畢業，「少壯派四小將」的名字，在馬會便無人不知了。

蔡克文、莊洪康與陳杰三位，都是在一九五

○年向馬會當局申請做紅牌生的，到一九五一年，大家畢業，小蔡最早，是五一年五月十二，小莊遲了一星期，是五月十九，陳杰還要遲五個月，是十月廿七。

一九五四年「皮亞士杯」「大搖彩賽」，「再博」與「戰士」同到終點，連電眼都無法分出軒輊，因而列爲雙冠軍，這可以稱得香港賽馬史上的佳話。圖左爲「戰士」（騎師陳杰君），引馬者，左爲趙連壁君，右爲馬主蔡君）。右爲「再博」（騎師蔡克文君，引馬者，左爲蘇沙小姐，右爲愛廸蘇沙夫人），兩駒皆隸屬王筱紅馬房，可謂難得之舉。

小蔡的畢業馬是「寶娜蓮納」，我在上文也曾提過，他畢業後的第一次贏馬，是在隔一個星期的五月十九日（也即是小莊畢業的那一天），騎的是「長槍」，路程一哩二五，又是第九班馬，二熱門打倒了大熱門吳祥輝兄（早已掛起馬靴營商了）的「國光」，獨彩派二十元一角，至於「寶娜蓮納」，也是第九班馬，贏後便未能出賽，在是年十一月卅日被毀滅。

小莊的畢業馬是「狄安堡」，第八班馬，是賽大爛地，跑一哩，這是冷門馬，此賽戰勝了老將陳春生兄（也早已掛馬靴執業保險，是此行中的老前輩）的二熱門「沙漠金」，（馬主是李世華兄），獨彩派了八十五元八角，他畢業之後，一直沒有馬贏，直到暑假後的十一月十日，方能策第四班馬「聯合勝利」贏半哩一七〇碼頭馬，二熱門打倒了大熱門奧利華（已離港）的「半月灣」，獨彩派廿三元四角。

陳杰的畢業馬是「人望」，第六班馬，在當日第三場跑一哩二五，是二熱門馬，打倒了大熱門馬繆六順兄（與陳春生兄一樣現在仍是會員席常客）的「海倫后」，獨彩派廿一元半，畢業後祇隔了五場馬，到第九場，立即再贏出第二班馬「摩阿士山」的半哩一七〇碼頭馬，冷門馬，派獨彩四十三元六角。

三人中，畢業後贏馬最早的當推陳杰，因爲祇隔得五場賽事，時間上不到三個鐘頭也。

蔡克文騎「博落」，頭兩年從未假手他人，在五二年上半年上陣四次連「打比」在內，共爲馬主得獎金一萬五千二百十二元，得了四次頭馬。到五二年下半年至五三年上半年，又得獎金一萬四千元，（其中是上陣五次，得三個頭馬、兩個二馬），共得二萬九千二百十二元。五三至五四年，全季祇上陣一次，當然拼搏得太多，非要長期休息，否則體健會無法恢復的。

五四至五五年度，「博落」雖然上陣了六次，却只得了一次頭馬，路程是半哩一七〇碼，此馬在第一班中，因沉了一季，馬迷們是現實的，當然不是熱門而是冷門了。這一場賽事的大熱門是郭子猷騎的「愛萍」，結果小蔡與「博落」竟然在爛地上贏了頭馬，獨贏派彩多至六十九元四角，可惜，此後此馬狀態又見下降，以致再出四次，完全落第，而且小蔡有時也放棄不騎，無他，同場他另有機會較好的馬匹可騎也。

五五至五六年度，「博落」又得了一次頭馬一次三馬，到五六至五七年，已降到了第二班，但在全季中迴光反照了一次，那次小蔡不騎了，因爲是年度之前，馬主東尼蘇沙已將「博落」與「再博」雙雙售出，「博落」的新馬主，變了已故的張華倫兄，（張兄性躁急，好友而重情義，是前東華三院主席張鎮漢兄的介弟，有「地震倫」花名，可惜十年前在遊美返港的翌晚，自駕跑車在現在金鐘道的大灣角覆車身亡，眞是不幸之至），張兄的騎師是已故布林利，故在一九五七年二月十六日「博落」在第二次最後一次贏馬，路程是一哩，「博落」變成大冷門，結果贏出來的獨彩，派出一百廿六元八角巨獎，這也是「博落」最後一次贏馬的紀念，因爲牠再跑一季無功，到一九五八年六月七日死亡，共得獎金四萬一千九百六十二元，這個獎金數目，在當年可說是僅次於「螢火」，且比「金谷鈴」爲多了。

至於小蔡一直騎的「再博」，質素當然不及「博落」，在出售時，新馬主是曾紹學君與一班老友，可是購入之後，却從未再贏過頭馬，而且小蔡也早已不騎。「博落」死時是十三歲，而「再博」祇有八歲便死，所獲獎金也祇得「博落」的一半而已！（二十八）

六十年前聽戲之憶

馬壽華

馬壽華先生為台灣書畫界耆宿，今年八十，壯健逾恒，回憶舊京聽戲，令人神往。

平劇這個名詞，是從北京改稱北平以後才有的，在北京未改稱以前，通稱京劇，其腔調則稱京調，雖以皮黃即二黃爲主，可是和徽調漢調的皮黃不同，因其兼收西皮南梆子等調，加以變化改進，已自成一格了。舊京既是平劇發育的基地，所以平劇在舊京最風行，尤其自遜清末葉迄民國初年，名角輩出，可算是平劇極盛時代。當光緒卅二年到卅四年間，我適在舊京皖省中學即皖學堂讀書，那時各省京官和旅京人士，均創辦一本省中學，以培養本省子弟，皖學堂是設在前門外後孫公園安徽會館的西院，和孫相國家鼐的住宅毗鄰，孫相國亦爲該堂主持人之一。呂佩芬先生字筱初任監督，王蘭亭先生字畹香任齋務長，呂、王二位均爲翰林出身，徐謙先生字季龍任教務長，同學每以雙料進士呼之；因他中進士後，又留學再得洋進士。王、徐均兼課，其他任教員的亦均一時知名之士，從學者受教益非淺。該堂地址後孫公園離大柵欄一帶鬧市不遠，各大戲園均設在這一鬧市區內，星期日和例假日前往聽戲頗便，我有時隨長輩或同學往聽，起初也不過看看熱鬧而已，後來漸漸發生興趣，久而久之，幾乎成爲嗜好了。那時戲價京錢兩吊，實只二十個子（即當十銅元二十枚），每周一次用此數目作爲娛樂之需，所費尙不太鉅，故當時各大戲園常有我的蹤跡，這是童年經歷的事，印象較深，每一回念，恍如目前。我現在即就記憶所及，將那個時期（光緒卅二年至卅四年）各大戲園的重要名角，和零零碎碎的見聞，拉雜的約畧談一談。

談起舊京戲園，我於光緒卅二年春間到舊京的時候，有六大園之稱，即中和園、三慶園、慶樂園、天樂園、廣德樓、廣和樓是也，後來又開一個文明園，實已七個大戲園了；此外尙有同樂園較小，中和設在糧食店，三慶慶樂廣德設在大柵欄，天樂設在鮮魚市內，廣和設在內市，文明設在騾馬市大街，各園的設備除文明園外都是一樣，即聽戲客座皆係長木板櫈，兩櫈之間，置一長木板桌，客人面對面坐，而耳向戲台，意在便利於聽，故居舊京者，均曰聽戲，不若南方之曰看戲。又排戲次序，各園亦皆一樣，即壓軸戲（倒數第二齣）必以老生爲主角，無以青衣或其他角色獨任壓軸者，最後一齣大軸戲則必爲武戲，且以武生爲主角，每日所演之戲目必於先一日晚貼出，用長條紅紙，以泥金書明某角演某戲，貼於通衢，名曰戲報。那時各園角色的充實，眞可說人才濟濟，中和園的名角，老生有譚鑫培即小叫天，賈洪林即賈狗，青衣有王瑤卿、陳德霖，老旦有龔雲甫即龔處，小生有德珺如即德處，大面有金秀山，小丑有王長林，武生有瑞德寶，架子花面有麻穆子。大家都知道譚叫天是老生的泰斗，談老生者無不以譚派爲正宗，他所常貼的戲，爲洪羊洞、瓊林宴、汾河灣、桑園寄子、武家坡、御碑亭、空城計、捉放曹以及賣馬、罵曹、坐樓、斷臂等戲。如兩狼山、定軍山、奇寃報，均其拿手傑作，然不常演，蓋以年齡體氣關係，不願多賣力也。舊京習慣，年終封箱以前，各名角必演數日好戲，老譚也不例外，有時貼出兩狼山即碰碑，由金秀山飾七郎，譚小培飾六郎，確屬珠聯璧合，中和園門旁，則有一人高踞一椅上，大聲喊道：每年只碰一次等語，以事宣傳招徠。奇寃報的數段反二簧，定軍山的下場姿勢，和數段二六快板流水，老譚演來實令人叫絕，惟其學譚者雖多，而能此二劇且夠味者則甚少，後之孫譚富英或堪繼之。王瑤卿爲老譚演戲的青衣主角，賈狗則係其裏子老生，陳德霖龔處和王長林等，均屬一流角色，可見當時中和盛況。三慶園的名角，老生有貴俊卿、王鳳卿，青衣有姜妙香、花衫有路三寶、楊小朵，小生有朱素雲，武生有俞振庭、畢永霞。大面有黃潤甫即黃三，人稱活曹操，因他飾曹操能將曹之奸詐神情表達無遺也，黃年事已高，在後台至出場門帘口，每有人扶持，迨一挑帘，自客座觀之，精神煥發，無不使你滿意，他牙齒雖然脫落，而唱的韻味殊佳，後來郝壽臣之名重一時，識者謂是因其能得到黃三些許沒有牙的味道呢。俞振庭係三慶老闆，道白聲洪氣壯，惜不能唱，喜演金錢豹，由畢永霞飾孫悟空，數塲飛叉，甚見精熟驚險。路、楊均當時花衫翹楚，扮相極富麗華貴。朱之小生，唱稍遜於德處，餘均過之。王鳳卿學汪桂芬即汪大頭，亦能演紅生，相貌堂皇，取成都、戰長沙均其叫座之戲。貴俊卿無嗓子，只能看其做工。姜妙香後來改演小生。慶樂園的名角，梆子老生有郭寶臣，花衫青衣有崔靈芝、五月仙，二黃老生

六十年前北平戲園的舞台座位圖

有劉景然，大面有郎德山，那時慶樂以演梆子戲爲主，梆子即秦腔，故名西梆子。郭寶臣即元元紅，有秦腔叫天之稱，崔靈芝亦秦腔花衫青衣中第一位，故他二人叫座之力甚强，五月仙則以演悲劇見長。劉景然人稱之爲叫街老生，因其腔調類似沿街用磚自打之叫化子的聲音也。郎德山之大面聲譽頗高，所演牧虎關一齣尤有獨到之處。天樂園的名角都是童伶，二黃梆子合演，二黃老生有陳葵香，武生有田雨農，老旦有小劉七，梆子青衣有羅小寶，老生有金林，花衫有小十三旦。陳葵香爲童伶老生中學譚派的冠軍，當時名在余叔岩之上，因余年較稚，名小小余三勝，在東城東安市塲出演，尚未加入前門外之戲園。田雨農是田際雲即響九霄之子，亦天樂園少主，演武生戲扮相英俊。小劉七學龔處，羅小寶演梆子青衣，爲後起之秀，叫座力量不亞於崔靈芝、五月仙，和小十三旦均爲天樂台柱；蓋往天樂聽戲的分捧羅捧小十三旦兩派，都有經常顧客也。金林係羅之老生配角，羅後改習二黃老生深得老譚意味，其二黃老生之名，高出梆子青衣之名多多，可惜早逝，不然必爲二黃老生中之一强將，而可與余叔岩分傳老譚之技藝也。至廣德樓廣和樓兩園，亦都是童伶出演，廣德的名角老生爲金絲紅，武生爲康喜壽，老旦爲康喜祿，青衣爲梅蘭芳，梅之戲排在倒第三四，雖已有名不甚籍籍。廣和的名角，梆子青衣花衫爲紫金盒，老生爲小馬五，均有鐵嗓子之稱，小馬五後改演二黃花衫，名噪一時，紡棉花一齣，尤膾炙人口。上述六大戲園角色不常變動，幾乎數年一樣，惟廣德廣和兩園，記得曾經換班換角，廣德由楊小樓張毓庭龔雲甫諸角出演，廣和由三麻子李連仲尙和玉諸角出演，楊小樓在武生中，龔雲甫在老旦中，均首屈一指，是大家都知道的。張毓庭在那時爲學譚派老生之最出名者，唱工確是不壞，故甚受聽衆歡迎，有時老譚在中和貼某戲，張亦貼某戲，幾有對壘爭勝之勢。三麻子以演紅生戲馳譽南北，每由南方到舊京，即在廣和演唱，他的水淹七軍、土山說降和古城會、華容道等齣，均極爲人稱道，李連仲常爲他配張飛一角。尙和玉是武生之傑出者，晉陽宮、戰滁州等戲爲其拿手。

現在要談到後開的文明園了，大約是光緒卅三年夏間，文明園建築完成開鑼，其設備比上列六園，已加改良，客座均是每人一椅，面向戲台，開鑼日的壓軸戲爲劉鴻昇的失空斬，是日我亦在坐，劉原演大面，後改習老生，在文明園出演，爲他改習老生後第一次登台，他的嗓子原有本錢，又是初演，甚爲賣力，故博得聽衆一致誇贊。其他名角有武生王益芳，小丑趙仙舫，老旦陳文啓，大面梅榮齋等。王益芳不能唱，亦不能白，戲報載眞啞吧王益芳，以啞吧而從事唱戲不能說不是奇聞，然其武工極有根底，開打起來，勇猛而不失規矩，故其吸引力亦甚大。趙仙舫即趙大鼻子，爲文丑前輩，據說他頗喜讀書，在台上有時滿口文詞，且能即景生事，出口成章，有非他人所能及者，尤其演連陞三級等戲，詼諧百出，能使你笑的肚子疼；至陳文啓、梅榮齋，則是老旦大面中較遜的角色了。

以上是述說我與舊京七大戲園平劇接觸期間的見聞，根據我在舊京與平劇的接觸，及以後數十年在外省或到舊京有時與平劇的接觸，我對平劇的感想甚多，今茲提出兩點談談：

（一）平劇有較强的感化力　戲劇原爲社會教育一種，教育重在感化，故以德育居首，此所謂感化力，當然是指善的感化力而言，即能勸善懲惡發揮德育的意思。勸善懲惡一語，字句雖舊，意義常新，果眞達到勸戒目的，在社會盡成善良份子，在國家盡成善良公民，豈不是完成了教育功效。一切好的戲劇，固均有其感化力，但不若平劇之强，平劇的感化力所以較强的原因，要在劇的取材好，和演的技術高。試觀平劇各戲的取材，大都是褒揚忠孝節義，貶懲奸逆淫邪，依此善惡分明的事跡，再以高度的技術演出之，故能使人有深刻的印象，而感化力自然較强了。

再者平劇一般指爲大戲，通行於南北各省，通都大邑，既多名角演唱，各縣市鎭，亦有所謂跑碼頭的流動戲班出演，與各種地方戲只流行於某一地區者迥異，雖不能說全國各地皆有平劇，而在我國固有的戲劇中，總算是最普遍的了，以此之故，我們更可以知道平劇的感化力，不惟較强，而且極廣呢。

（二）平劇有較高的藝術性　戲劇本是藝術，惟平劇的藝術性，實比較爲高。蓋平劇的各種動作，多以寫意行之，若無較高的藝術，實不能將動作的含意描摹至恰到好處也、即以劇中門的開關進出言之，并非眞設有門，全憑演者手勢身段，以表達開關進出之意，若演者爲名角，則能形容極似。再舉其他實例，如御碑亭王有道之妻，雨後急歸時，路濕脚滑，以致前俯後仰。慶頂珠蕭恩等上船時，船重動搖，以致水似有聲。名角演來，均極神妙，即在眞雨中眞船上，恐亦無那樣美的姿態。平劇所有此等空靈的表情，猶如美術中繪畫的寫意畫，名手寫出，神采煥然，謂之較高的藝術性，誠非過譽。

上面所說的寫意，是屬於做工的，至平劇的唱工，則更有較高的藝術性了，大家知道平劇的腔調頗多，而唱法的派別亦繁，就老生論，即有汪孫譚余諸派，各有精到專美之處，譚派後來居上，風靡劇壇，學各派者，非下苦工即有多年學力，并有天賦即具嗓子本錢，殊難成爲眞正名角，無論科班票友，均無例外。如此難於成功的藝術，自較其他易成速成的藝術爲高。又平劇的各戲詞句，在一派中，大都相同，幾乎一字不差，唱詞說白皆然。譬如老譚的碰碑一齣唱白，學譚者均一樣，但由名角演出，雖係一樣的唱白，而百聽不厭，亦猶我們常讀的古文，雖仍同是一篇，而百讀不厭，以此與影戲比擬；縱係極佳的片子，恐亦難以超過三顧的價値，是更可見平劇唱工的藝術性，確屬較高，絕不容否認的了。

向癌症挑戰

蔣桂琴

一位廿一歲的花旦女演員蔣桂琴，患了骨癌，其右腿已被鋸去，但她仍堅强地挺起胸膛，裝上義腿，在八月十一日的台北國軍文藝活動中心舞台上，與徐露、郭小莊等合演「紅樓二尤」中的尤二姐。她說：「一個忠於藝術的國劇從業員不能登台，就等於失去了生命。」她又說：「我的演出對國劇不見得有什麼貢獻，却可以鼓舞許多因受到命運折磨的殘廢者。」這次演出，大鵬校友會爲了表揚蔣桂琴的奮鬥毅力和忠於藝術，特別把演出所得一半新臺幣六萬餘元，捐給防癌中心。本文爲蔣桂琴的自述，已被兩家電視台改編作電視劇，成爲本年度台灣著名的新聞人物。

富蘭克林曾經說過：「我是生下來就不快樂。」而我，雖然是哭着來到這世界上，但我可以說：「我是自從母親去世後就不快樂。」

在十歲母親未去世前，我像所有得寵的女兒一樣，是父母親的掌上明珠，我永遠不會忘記美麗、溫柔的母親，她用所有的生命來愛我，直到她患了子宮癌臨走前，還依依不捨的拉着我和父親的手說：「我眞不甘心走，這是命，沒有法子的事，我走了之後，要好好照顧小寶（我的小名）。」從此之後，我又有了一個媽媽，從此我就不會大笑過，我只想平凡的過完一生。

到媽媽去世的那年，我還在復興小學讀三年級，那段日子，喪妻的打擊使得爸爸消瘦的臉上見不到一絲笑意，白天，爸爸上班，我上學，我們各自在外面吃飯，晚上，爸爸帶着我到館子去吃。

有一次，爸爸因爲公事躭擱，一直到天黑還沒有回來，我肚子好餓，但是爲了跟爸爸一齊吃飯，我不理肚子的咕咕叫聲，獨自坐在台階前等爸爸，不知道等了多久，才見到爸爸急急的從一輛車子上跳下來，摟住我，問我吃過飯沒有？我搖搖頭，說要等爸爸一塊吃，爸爸又是難過，又是感動的流下淚來。

從那次後，爸爸就請了一位專門照顧我的人，這個人，在不久後，變成我的媽媽，那年，我才十四歲。

我不大喜歡講話，有什麼委屈和不如意，我都會獨自到三張犂媽媽的墳地去傾訴，理着媽媽墳前的亂草，我會喃喃地講了好多好多，說完了，我會舒悅地好像跟媽媽一塊欣賞天上變幻莫測的白雲，看那遠處的飛鳥，聽那陣陣的蟲鳴，這時刻，是我最快樂的一刻。

十四歲，我進入了大鵬劇校，在所有的姐妹中，我是最特殊的一個，她們都是從五、六歲就開始學功夫，只有我，是半路出家。

我把全付精力都放在學功夫、吊嗓子、練嗓子，即使是在晚間休息時，我還一個人在大禮堂練拿頂、踩蹻的功夫，一次一次的跌倒，摸着發青的傷處，我一次一次的爬起來，是媽媽在冥冥中給我的勇氣，媽媽！看吧！您的女兒絕對不會比別人差。

進入大鵬劇校後，我對平劇以及文學、藝術的愛好，隨着我年齡的增長而一天天加强，買書、看書、學戲、唱戲，佔去了我一天的時間，我漸漸地覺得生命充實了起來。

爸爸常常來看我，無情的歲月，在他臉上所刻劃的縐紋一次比一次深，我已經有一個弟弟，爸爸的担子更重了，有時望着爸爸佝僂離去的背影，我常懷疑爸爸是否眞的快樂？

一個人住校，剛開始眞想回家，好在住久了也就慢慢習慣，眞奇怪，我從來不會生過病，哪怕是一點小感冒，我只有去照顧得了小傷風的姐妹們，自己，却從來不需要別人在這方面費心；現在想想，倒眞希望那時能多生幾場病，來換得我現在的症狀。命運之神，何其不公平，用癌症奪走了我的母親，如今，又用同樣的方法想侵襲我，不會的，我會用所有的毅力去與他搏鬥。

世界上有沒有奇蹟？奇蹟會不會降臨到我身上？自小，好運就從未眷顧着我，殘忍的命運難道竟也忍心連我的生命也加以剝奪嗎？

像所有愛做夢的女孩子一樣，我也曾有過綺麗的夢，經常，我會拿着詩詞，半知半解的吟着：「林花謝了春紅，太匆匆，無奈朝來寒雨晚來風，胭脂淚，相留醉，幾時重，自是人生長恨水長東。」

多值得懷念的十八歲，其實，十八歲到現在，只有幾年而已，我對那段日子的回憶，像是有幾世紀那麽長，是病魔的纏身使我的心已蒼老？還是過去的日子太值得珍惜？當然不會是前者，自始至終，我就從來沒有向它低頭過。

在綺麗的夢幻中，也包括我對日後戲劇生涯的憧憬，我夢想有一天，我會在平劇界嶄露頭角，我的花旦戲每次都得到滿堂喝彩，那種對戲劇的瘋狂喜愛，融和進夢幻裏，常會使我情不自禁的發出笑聲。

雖然，我不太愛講話，可是我却有那種別人所說的豪放不羈的個性，我愛靜，但也不討厭動，我愛在下雨的天氣，凝視窗外淅瀝的雨聲，望着淋濕的鳥兒急急地飛囘牠們溫暖的窩巢，我也愛在晴朗的天氣去打球、游泳，累得精疲力盡、一身是汗的囘來，然後在水龍頭下冲個痛快。

醫生在我病發後，不斷地探討生病的原因，他們獲得了二個結論：一個是太憂鬱，一個是冷、熱不定的打擊身體。難道說，我的癌症，是跟我衝撞的極端個性有關？

去年六月，那個將永遠封入我記憶裏的六月，老實說，我眞不願意去囘憶、想起它。

五月底，我正爲我的工筆仕女圖畫受到啓蒙老師曾后希先生讚賞而高興萬分，我計劃在六月好好地再畫幾幅，並且向馬逑賢老師學好「紅樓二尤」那齣戲，我最喜歡尤三姐，尤三姐活潑、俏皮，做工又多，我唱的是花旦戲，自然喜歡這種可以盡量發揮的角色。

可是六月，從來不生病的我，居然覺得右腿漸漸不舒服起來，起先，我以爲天氣陰涼不定，又時常淋冷水浴，所以也沒有太在意，只是開始改洗熱水澡而已。

這時的我，已經從大鵬劇校畢業，在中廣公司主持一個節目，對於我的能夠自立，我好高興，我憧憬慢慢地我會出人頭地，並且接過滿頭白霜爸爸的沉重担子，我不但奉養爸爸，並且扶養三個年幼的弟弟，每當想起我的心願即將會達成時，我會禁不住地笑了出聲。

好熱的七月，我的右腿疼痛過二、三次，大概是風濕病吧？以後游過泳後，要小心的擦乾才是，別被同學笑話這麽年輕輕的就有風濕病。

七月，儘管烈陽當天，却有傾盆大雨的日子，每在陰濕的天氣，我的右腿就感到痲痺似的痠軟無力，已經看過好幾家醫院，吃了不知多少帖中藥，可是那種不易覺察到的痠和痛，却怎麽也揮之不去。

去年八月二十四日，也是每當我囘憶起來，就令我微笑的日子，因爲，那天正好是我二十歲生日，我是農曆七月初四日生，二十歲那天，正好是陽曆八月二十四日。

那時，我的腿時好時壞，我不但看了中醫，也跑遍了台北市每家醫院，用風濕症的治法，使我的腿有時止住痛，但是在早晚陰涼的天氣，就會覺得舉步困難。

二十歲生日那天，感謝我的腿，並沒有帶來令我不快的痛楚，因爲是二十歲，雙十年華，人生會有幾個雙十年華的日子？所以爸爸特別送了我一個好大的生日蛋糕，馬壽華、曾后希、李漢儀……等十幾位伯伯，汪靈、張安平、邵佩瑜、崔復芝等幾位好同學都到我家來，那天，我好高興，可以說是我腿病以來，笑得最開心的日子。

我那時還是長髮披肩，我適合長髮，也喜歡長髮，如果不是現在每天要吃抗癌藥、打抗癌針，頭髮掉得必須剪短的話，我是永遠不會捨得丟棄自己所喜愛的一頭烏黑柔軟的長髮。

那天的菜，好幾樣是我自己做的，拌沙拉、炸猪排、紅燒牛肉、羅宋湯，另外的幾樣大菜，就由外面叫來，我的手藝不壞，我常愛自己弄點可口的小菜招待好友，在同學之中，我還有點小名氣呢！

一口氣吹熄蠟燭，在衆人的掌聲中，我開心的笑着，拿菜、遞菜，忙得我不亦樂乎。

飯後，馬伯伯興緻勃勃的要當衆揮毫作畫送給我，這下，我樂得跳起來，三步二步跑到房間拿筆研墨，大家圍着馬伯伯，在馬伯伯灑脫的勁筆下，一幅山水畫半個小時就完成啦，這幅畫我已經裱起掛在我的房間裏。

隨着氣候的轉涼，我的腿似乎愈來愈不舒服了，生日後，我曾又到空軍總醫院照過X光，做過切片檢查，承蒙空總周玉麟主任、黃惠誠院長的關注，他們對我右腿的惡化，已經開始發生懷疑，不過，他們並沒有對我表示什麽。

每當我受不住家裏的煩燥氣壓壓迫時，我會逃出家裏，沒有時間到媽媽的墳上訴苦，我就到家裏附近的游泳池游泳，和保齡球館打球，用過度的疲勞來壓制我痛苦的心情和神經，這是我多年來使用的積極方法。

十月，記得那天的冷風，刺得我臉頰發痛，我穿了一條長褲，套一件毛衣，不顧冷風刺面，直奔仁愛保齡球館。

本文作者蔣桂琴畫工筆仕女

保齡球館的人相當多，也許是晚上七八點黃金時間的緣故，我等到一個球道，換上保齡球鞋，開始打球，我盡量把全神貫注在打球上，壓抑從家裏帶出隱藏在內心深處的氣忿。

稍後不久，又舉起保齡球要打時，右腿突然一陣痠軟，一跤跌在球道上，咬着牙，我用力想站起來，旁邊的人跑過來伸出手，我搖搖頭，狠命地，慢慢地站了起來，還沒站穩，一跤又跌在球道上。

那次是我最後一次打保齡球，當時，我只以爲風濕痛又發作了，那裏想得到那是右腿對我提出的最後一次警告呢？

自從在保齡球場的蹕跤後，我又開始進進出出每家醫院，最後在空總照×光，發現右腿關節處的右方有白色軟物出現，空總表示要切片檢查，不久，其它醫院的報告也來了，證實空總的診斷：骨癌。

在爸爸的陪同下，我住進空軍總醫院，我很喜歡這間附有浴室的病房，那時，我絕沒有想到這間病房會成爲我的「家」，直到現在，我還是住在這兒。

十二月八日，我所預料的事情終於發生了，下午，主治醫生拿着志願書叫我簽字，表示次日上午便要開刀動手術鋸腿，當時，我的好友都在場，她們看到志願書，都忍不住替我難過得哭了起來，我很想開口講話，但是，我沒有勇氣，因爲我只要一開口，那哽咽的沙啞聲，會立刻牽出我的淚水。

好友一個個離去後，我把臉貼在玻璃窗上，望着天空閃亮的星羣，如果我是其中一顆星，那顆星會不會馬上殞落？

我才二十歲，爲什麽上天要這樣對待我？鋸斷腿，我不能游泳，我無法跑跳，我活着，眞正會有意義嗎？

假如不鋸掉，生命就會受到威脅，我要走的路還很長，就這樣白白犧牲性命，向不公平的命運之神低頭，世上用一條腿做出轟轟烈烈事情的大有人在，我，爲什麽不能呢？

把臉離開玻璃窗，才發現不知何時玻璃窗已變得一片模糊，顧不得擦去臉上縱橫的淚水，爲的是抓住自己一刹那的决心和勇氣，拿起身邊的筆，用抖顫的手在志願書上簽了字，抬起頭，却發現護士小姐不知何時站在床旁，從她一臉的淚水，知道她站了很久，再也忍不住，我哇的一聲哭倒在她的懷裏……

十二月九日，在護士推我進手術房時，我的心急速地跳動，手緊緊地抓住床兩旁的鐵桿，好幾次，都衝動的想大叫手術停止，但是，我還是極其冷靜的被推入手術房。

醒來，右腿一陣痛楚，等發現不對勁時，才知道手術早已成功的結束，那空晃晃的半截腿就是我的？此時，什麽堅强，什麽勇氣，都已逃匿無蹤，我再也無法控制得住自己難過的情緒，抱着枕頭我絕望地哭泣起來？

鋸了腿之後，我成天默默地躺在床上休養，許多朋友都來看我，他們一定會諒解我的沒有歡笑和言語的臉色吧？有時，望着她們健健康康，活潑潑地走路，在心底深處，禁不住會產生嫉妒和怨尤。

在醫院，我看到了形形式式的病人，也有跟我遭遇相同的，原來生、老、病、死，說穿了，是這麼簡單的一件事，我發現這些形形式式的病人，對自己的病症，都有很堅强的抵抗意志，尤其是住在隔鄰的一位老人，半身痲痺，兩腿癱瘓，糾纏了他半個世紀，但是，他却非常樂觀，對「活下去」，也充滿了信心。

羅曼羅蘭曾經說過：「我恨怯懦的理想主義，它把眼睛引到別處去，使他看不見人生的悲苦和缺陷，世界上只有一種英雄精神，那就是照現實來看世界，並且愛它。」

這位老人，他居然有着面對現實的英雄精神，看到他對生命的熱愛，使得我對自己的消極感到慚愧萬分，我的年紀還輕，還未經歷過「老」，爲什麽要懨懨然地活着呢？鋸了腿，可以再裝義腿，有了義腿，不是跟常人無異嗎？

認識了那位堅强的老人，也體會到生命的眞諦後，即時開始，歡笑又逐漸回到我的臉上。

除夕，鞭炮聲不絕於耳，只有我獨自躺在床上望着窗外濛濛的細雨。記得去年除夕，我曾爲了次日一連串的拜年活動而興奮得睡不着覺，弟弟的喧鬧聲更增加過年的氣氛。僅僅一年的時光，我却是一個人孤寂的躺在病床上，聆聽那遠處的爆竹聲，唉！好些日子不准自己嘆氣了，在這種時候，實在忍不住不嘆口氣。

腿上的傷口已逐漸結疤，偶而會抽筋和痠痛，不過，醫生很樂觀的表示，只要再接受一段時間的紅外線治療，就可以去安裝義腿了。

想想馬上就可以裝上義腿，像正常人一樣的走路，心裏因爲過年所感染到的傷感，立刻就烟消雲散。

一大堆的快樂計劃，也隨着裝上義腿的憧憬而湧上心頭，我先要去答謝那些來看我的好友、長輩，我要繼續上班、工作，還清自己因爲生病而積欠下來的債務，包括爸爸的；雖然爸爸不一定在乎我還他，但是爸爸的担子也很重，做長女的我，非但無法賺錢給他，反而還累得他要替我付出醫藥費，於情於理都說不過去。

如果可能，我會在還清債務後，慢慢積蓄點錢，去幫助那些整日在床榻上呻吟的病人，「錢」，只有在生病時，才能看出它的現實和重要。

我知道自己一直在担心一件事，但是，我相信命運之神不會那麽殘酷的，她已經給了我太多的打擊，總不會再賜給我癌細胞蔓延的絕望的打擊吧？

在寂寞和凄楚的心情下過完了年，腿又開始痛了，到榮總及空總做切片檢查，並且拿了些藥，我聽從醫生的每一句話，只希望他們不要告訴我——令我承受不住的打擊。

斷斷續續的切片、吃藥，疼痛了二個多月，中間我曾到過屏東，希望屏東的醫生能帶給我奇跡，我也曾再次做過針灸治療。

五月十六日，懷着忐忑不安的心情到榮民總醫院，孟主任臉色凝重的宣佈了我極不願意聽的消息，癌已轉移到肺部，並且開始擴散。

他們認爲照鈷六十亦無希望，痲木的我回到了空總病房，周主任也表情沉重的告訴我在鋸腿後，又做一次開刀的原因和結果。

悲哀，這種絕望的悲哀，令我難過中帶着對命運的憤怒，要來的，到底來了。

無論如何，我還是要裝義腿，面對現實吧，不面對它，只有自己更痛苦而已。

義肢店的老板好心而小心翼翼的問我：「需要裝義腿嗎？這筆費用很大哩！」

看我堅決的點點頭，老板無可奈何的爲我量尺寸，選取義腿。

義腿送來了，摸着又厚又重的腿，我心裏高興得怦怦地跳，我，又可以走路了。

心中早已牢記義肢店老板教導我使用的方法，拿起腿，我激動得手有些發顫。我小心地先用一塊綢布包好右腿的殘肢，再塞進義腿去，從義腿旁邊的空隙抽出綢布，沒有成功，右腿無法完全塞得進去。

第二次，我重新來過，又沒有成功，第三次，第四次……，都沒有成功，我急得滿身大汗，累得頭有點發昏，躺在床上，我長長地吁了一口氣。

次日，一大早打過針後，我又爬起來練習安裝義腿，也許是早上精神好，力量足的原故，一下子就把腿成功的塞緊，挺直了腰，嘿！這是我半年來，第一次站直，眼眶雖然熱熱的，然而我還是笑了。

蔣桂琴（右）義腿登台張安平（左）大力扶持

原以爲裝了腿，就能夠像常人一樣的走路，可是，才一舉步，却一個跟斗跌在地板上，好疼，想起來，却無法站立。

喊來護士小姐，她們扶起我，教我先用拐杖練習，等差不多了，就可以不要拐杖慢慢地走。

卸下了義腿，我又躺回床上，心中並沒有因爲剛才的跌倒而難過、灰心，因爲剛才全是自己太大意，太疏忽了，小時候，曾經練過武功，相信兩腿平衡的這點功夫，一定還難不倒我。

一個禮拜不到，我就不需要攙扶而能自己慢慢的走，放開兩手，挺直身體，在房間一步一步走着，我感覺又驕傲，又神氣。

迫不及待的，我打了一個電話給好友汪靈，頭一個告訴她這個好消息，並且要他下午陪我出去「走走」，究竟還是剛學會走路，在大庭廣衆之前，我怕會踤跤出醜。

因爲可以自己走出去，我興奮得像個小孩子，汪靈幫我換完衣服，我們就向護士請了假，一塊到西門町去。

想爲新腿選雙新鞋，所以我們先到了鞋店，店員在我左脚試完後，要我脫下右腿的鞋子也試試，我告訴她右腿是假的，她嚇了一跳，然後很不好意思的說：「對不起，我一點也看不出來。」

她這句話使我很開心，她看不出來，就表示我路走得成功，一個星期的練習沒有白廢，不過，還是要感謝我的有武功底子，否則不會有這麼好的成績。

大概是第一次裝上義腿出來走走，所以很容易累，買完鞋子後，身體就感到很疲倦，雖然身體已被判了刑，不過還是要好好保養才是！

愈是要失去生命的人，愈是覺得生命的可貴，在回家時，看到來來往往的行人，生命力是那麽樣的充沛、旺盛，雖說是早已堅定信心要想開點，可是那陣不平和難過，仍然壓也壓不住地在心中慢慢升起，行人也向我投來好奇的眼光，有的索性將眼光停留在我的右腿上，正是看出我行動的不便嗎？

天氣雖然已進入六月天，可是早晚還是非常陰涼，偶而還會飄下陣陣細雨。

那天早上，我六點鐘就醒來，看到外面正在飄着毛毛細雨，我有點失望，心想今天無法到外面散散步，只有坐在輪椅上作畫了。

正待披衣下床，一陣劇烈的咳嗽使我再度倒回床上，最近常咳嗽，難道是病情惡化了不成？

剛想着，又是一陣咳嗽，居然夾着痰，吐入痰盂中，自己嚇了一大跳，是血！天啊，咯了血，原以爲時好時痛的腿和身體，不會那麽快就被侵襲，那知比我想像得還要快。

搖搖頭，儘量搖去心中的陰影，我振作的下床開始漱洗，好接受等下護士的注射，全身幾乎沒有一個地方沒有針孔，有時是這些針孔在發痛。

一天要注射八筒抗癌藥，一筒高蛋白，一筒葡萄糖，這些藥，使得我的長髮在開始慢慢脫落。

看着每天脫落的長髮，好心疼，忍着心，在汪靈的陪伴下，我把這頭伴了我四、五年的長髮給剪了去。

汪靈帶來了一個消息，她說大鵬將成立同學會，會長是徐露姐，並且要舉行一次聯合大公演。

聽到了汪靈帶來的消息，我的心一直無法安靜，這半年來，雖然各種殘酷的打擊幾乎打得我失去了生命，但是，當我看開一切時，我還是拾起我的興趣。

說也奇怪，像我這種半路出家，十多歲才開始學戲的人，竟然對戲是如此的迷愛，裝了義腿之後，我有空就去大鵬吊嗓子，要不就畫畫，如果腿痛不襲擊我，我還會自己在醫院哼上兩句。

大鵬同學會成立以來，一直沒有任何活動，所以任會長的徐露姐想舉行一次聯合大公演，發出同學會成立的第一砲。

裝好義腿，我在病房中來回走了二趟，發覺自己走得很好，抱着這份自信，我趕到大鵬劇團。

果然不出我所料，他們婉言的勸我打消參加演出的念頭，爲的是怕我會在演出時支持不住。

雖然這正是我所預料得到的，但是眞正面臨他們的婉拒時，我還是忍不住難過得淚水在眼眶打轉。

向馬老師學荀派「紅樓二尤」已經三、四年了，把所學演出是我多年來埋藏在心底深處的心願，我自知現在抓住時間的重要，無論如何，我一定要演好。

拗不過我的堅持，劇團負責人勉强的答應了，不過，他們還是叮嚀我要注意身體，如果眞的不能支持，就不要强迫自己。眞是感謝她們對我的愛護！

懷着興奮的心情，我搭車回我的家——空總病房，車經中崙市場，我下車買了幾樣小菜，準備帶回空總廚房，自我烹調，慶祝一番！

我向大鵬劇團表示我想唱「紅樓二尤」中的尤二姐，事實上我比較喜歡尤三姐，因爲她天眞活潑，又有身段做工，可惜，我的腿……不過，能讓我演尤二姐就已經很滿足了。

在團部碰到郭小莊，她聽說我要唱尤二姐，她表示願意演尤三姐，可是尤二姐在前半段還有點身段、做工，需要一個人幫我的忙，演前半段。

「紅樓二尤」中的王熙鳳也一直缺在那兒，不過，無論會不會有人扮演，我一定堅持要演到底。

這只能說是我對於藝術的喜愛，我喜歡一切有關藝術的東西，作畫、彈古箏、練字、聽演奏會、唱平劇，沒有一樣不是用我所有的生命去喜愛，而對平劇尤甚，即使因此犧牲生命，我也在所不惜，爲藝術，爲自己所追求、狂喜的藝術而犧牲，總比較昏昏庸庸的了却要好得多，你說是嗎？

當初我的想唱平劇，完全是本着我對平劇的痴迷，有些人對我產生誤會，認爲我是爲了「名利」，錯了，你們錯了，名利也許在一年前，對我很重要，但是現在，只有時間，才是我眞正需要的伴侶。

我不能說我很富有，我是指金錢，這次的生病花了我所有的積蓄，害得爸爸還得補貼我，我唯一耿耿於懷的，就是此生也許無法盡孝道了，對天意我只能怨尤和抵抗，但却無法扭轉上天的意旨，只有寄望於來生了。

但是，在精神生活上，我自認擁有了一切，我彈琴，我作畫，我唱戲，我還喜歡吟誦一些古典的小詩，儘管下雨天引得我右腿發疼，但是我還是愛把臉貼在玻璃窗上，吟着七言絕句，我認爲自己是世上最富有的人，只要時間再伴着我，我就別無所求了。

記得我的日記本上曾經有這麽一段：「倘若一個人單槍匹馬，不屈不撓地奮鬥下去，這廣大的世界就是他的。」

我把這句話，用紅筆劃了起來，雖然我沒有擁有這個世界的野心，但是我却有充實我自己這個小世界的信心，我的世界很小，讀書、吃藥、打針、練戲、幻想、偷偷的哭泣，與好友相聚，就這麽多了，可是，我一定要不屈不撓的傲立在我的世界裏。

一直到公演前半個月，「紅樓二尤」的人選還未決定，我的心裏多少有點着急，但是，我要演出的信心並未因此而受到動搖，每天，除了大雨傾盆，我還是夾着拐杖或裝上義腿，到學校去吊嗓子。

吊嗓子時，要持續一口中氣，有時眞是無法做到，因爲如果我多用喉嚨，肺部就會有些疼痛，並夾着痰血咯出，好在，我已司空見慣了。

其實我的身上任何一塊地方，只要用手按按就會痛，尤其是肩膀一帶，也許是在醫院天天用拐杖？常常疼痛得我無法入眠。

七月十九日，民族晚報記者孟莉萍姐打了一個電話給我，希望能跟我談談，我很快的考慮了一下，就答應了她。

我答應的主要原因，是讓其他的癌症患者知道，在你們的病友中，還有一個在生命宣判絕望時，仍然是這樣地快樂，這麼樣地對人生充滿了信心的同病者。

七月二十一日，民族晚報刊載了我的事情後，當天下午，中華電視台記者來到空總病房訪問我，我這個樣子要出現在所有眼睛的面前，心裏實在有些不願和害怕，但是，抝不過記者的誠懇，我接受了他的訪問。

我絕沒有想到這件事情會蔓延得那麼快，當晚，護士小姐不斷的來喊我去接電話，都是一些關心我的陌生人打來的，也有人跑到病房來看我，其中有幾位熱心的中醫，帶着祖傳秘方來爲我診脈。

接着聯合報記者、中視、中國時報、自立報記者都先後來到空總，他們的客氣和爲工作而訪問的誠懇，使我無法拒絕見他們。

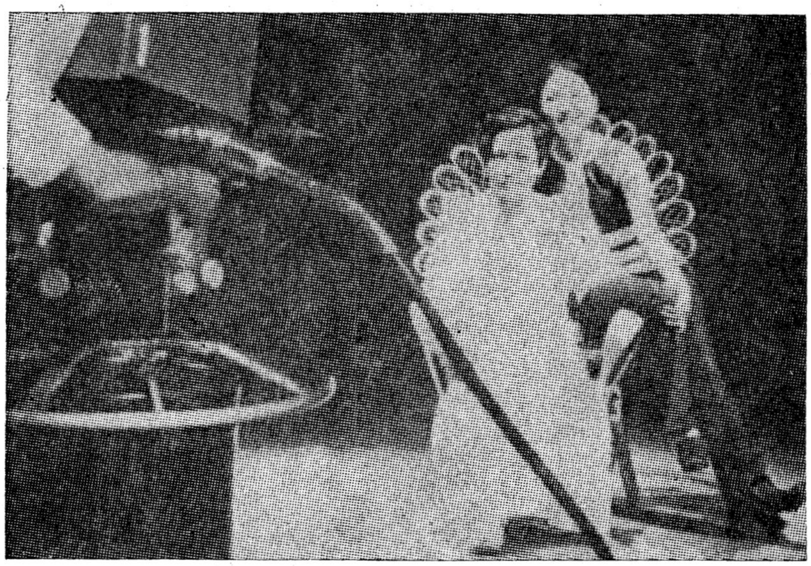

蔣桂琴在電視前介紹她自己的故事，其右為張小燕

大鵬劇校積極爲我的「紅樓二尤」而籌劃人選，徐露姐此時自告奮勇要幫助我，飾王熙鳳一角，徐露姐說：「平常我演一次費用都是五千元，這次全是義務幫妳忙呢！」對徐露姐的能夠在這種情況下拔刀相助，我很感激。

除了感激徐露姐外，這次演出的所有姐妹，拜慈藹、何國英、程燕齡、楊蓮英，以及我最要好的朋友張安平，還有大鵬劇團所有籌劃參加演出的人，我都非常感激他們。

事實上，我要感激的人太多了，我的老師，我的親友，以及許許多多關心我的陌生人。

在八月十一日演出之前的這段時間，我們的公演，成爲各方矚目的對象。

如此一來，我更加惶恐，生怕到時唱得不好，或者無法演出而使所有關心我的人失望，我逗留在團部的時間更長了，不斷的苦練，吊嗓子，使得我咯血次數增加，背部也益發疼痛。

演出前夕，在接受川流不息與陌生人的鼓勵下，我一夜無法合眼，明晚，有數千人看我演出，在衆目睽睽之下，我是否能撐得住呢？心裏越想越担心，越要入睡越睡不着，就這樣睜開眼到天亮。

當天際第一抹亮光射向屋內時，我的心不知爲什麽突然產生一種說不出的滋味，是惶恐？是緊張？是興奮？隨着遠處天際的逐漸發白，我的心越來越無法平靜。

今晚，我就要演出，我會使大家失望嗎？噢！不！無數個晚上的陰影，怎麽樣也揮不掉它，望着桌上母親的遺像，我在心靈裏深處喊着，媽媽！幫助我！幫助您的女兒達成她的心願！幫助她證明一件事，癌症是打不倒她的！

清晨的涼風從窗隙吹來，吹到我喉頭發癢，一陣咳嗽，我吐了一口血，最近，血中夾着血塊，偶而，肺部疼得我氣都喘不過來。

護士小姐拿了葡萄糖進來，也許是看到我臉色發白，担心的問我：「今天覺得怎麽樣？」我無力的對她笑笑，伸出手來讓她打針，心裏却在回答她：「無論怎麽樣，我一定要演出。」

一個早上和下午，都是在親友的鼓勵中渡過，下午，窗外飄着毛毛細雨，腿隱隱約約有點痠痛，在我演出時下雨，難道又是老天在向我挑戰不成？

七點鐘，在汪靈、白玉薇老師以及醫生護士的陪同下，上了空總救護車，望着醫生的急救箱，車後的氧氣筒，我有點緊張，希望我別用到它。自後門進了文藝中心的後台，一進門，就有一陣鼓掌聲，我有些驚惶的扶着拐杖坐到化粧椅上，想盡量鎮靜，可是沒有辦法，我的手竟微微的抖顫起來。

從化粧箱裏拿出我的耳墜和頭飾擺在一旁，這些耳墜和頭飾都是我一顆顆串起來的，我有近視眼，串這些幾乎費了我半個月，可是我喜歡用自己一手一線做起來的東西。

白老師幫我上粧，突然我喉頭有點癢，一陣咳嗽，我吐了口血，白老師看到我這樣，竟然忍不住，哭了出聲，我一時手足無措，不知如何是好，這時，馬老師、張安平，她們也哭了起來，看到她們這樣關心我，再也抑制不住，我自己也哭出了聲。……

在丁[illegible]仁伯伯代表大鵬校友講話時，我已經粧扮妥當，張安平扶着我站在幕簾旁，我強自鎮靜的培養着演出情緒。

台下不絕於耳的鼓掌聲使我眼睛一熱，我按捺住跳得很快的心，由張安平扶着，一步步走出幕簾。

我從來沒有這樣全神貫注過，剛唱兩句，我還感覺台下有觀衆，等到唱多了，我的心也平靜下來，自己完全融進尤二姐這個角色的感情裏，我忘了台下的觀衆，忘了自己身在何處，若不是自己在做工時的不便，張安平扶住我搖搖欲墜的身體，我幾乎已到忘我的境界。

我不能說我唱得好，但是我的確用所有的心力去唱，聽到觀衆如雷的掌聲，我自慰的想：也許我並沒有令觀衆失望？

尤二姐的身世的確夠凄涼的了，我總覺得跟我很相似，所以我唱它、演它，都是發自心底深處的感喟。

唱到「賢姐姐，怎知我心頭悔恨，悔當初，大不該嫁與侯門……」必須要跟王熙鳳下跪，我無法下跪，只好把所有的感情都擺在表情和唱腔上了，這一句，贏得了全場的喝采，直到現在，我還懷着那份被喝采後的欣喜。

每唱完一段落，我就會忍不住小咳一下，有時硬把痰血往肚裏囘吞，唱到最後，眞的有點支持不住了，剛好，尤二姐是以悲慘的場面收場，在唱完她臨死前的那幾句：「後悔當初一念差，不該失足做牆花，今朝一死歸泉下，死無面目見張華，痛！斷！肝腸……染黃沙」後，我向後倒去，這是戲裏的做工，想不到有許多關心我的觀衆都緊張的站了起來，眞以爲我倒了下去，爲了表示我還有氣，在鑼聲收場後，我很快的立起來，觀衆才算放心的坐下去。

在後台，認識我的，不認識我的陌生人，都湧來向我道賀，我一一感動的握住他們的手，在內心，我也很激動的大叫：「我勝了，我終於戰勝了病魔！」

擁着昨晚成功的演出，我甜甜的睡了一覺，直到第二天護士來爲我打針才把我叫醒。

一大早，民族晚報記者阮大正、孟莉萍，攝影記者小朱，帶了一個三層大蛋糕給我。啊，對了！今天是我的生日，我二十一歲的生日，自從去年過完了二十歲生日得了癌症後，原以爲從此我不會再在生日歡笑，那裏想到，今年，我笑得比去年更開心！

中視記者翟軍，以及好多攝影記者也來了，送我一個大花籃，接着汪靈、爸爸、白老師，還有好多病友也來了，他們都送我小禮物，我開心的向每個人道謝。

呼！的一聲，我吹熄了二十一根蠟燭，我爲自己的能幹鼓起掌來，拿起好大的水果刀，我切起蛋糕來，好開心！好開心！好久，沒有這樣開懷暢笑過了。

蔣桂琴最喜歡演花旦戲

中午，朋友都走了，休息了一下，由汪靈陪着我，我們坐車到六張犁公墓。

怎麼又下雨了，是媽媽的眼淚；生病後，就一直沒來過，媽媽墳前的草長得好高好亂，一條腿是假的，沒有辦法去給媽媽跪下，您一定會原諒我吧？媽媽！

爸爸常說我的個性很像媽媽，不知怎麼的，我很信輪迴說法，我相信媽媽的靈魂一定時常附在我的身上；每當我氣餒、頹喪時，我就會喊媽媽，而勇氣立刻就會趕過來驅走它們。

媽媽！也許您已經知道了？我終於在第一回合打敗了癌魔，我成功的演完了「紅樓二尤」，您知道嗎？媽媽！這全是您在冥冥中的保佑和鼓勵我啊！

媽，到現在我還是要怨老天不公平，用癌症奪走您！又想同樣用癌症搶去我，可是，媽！我有您堅强的毅力，從頭到尾，我都咬着牙在跟它奮鬥。

其實，眞的要我跟着您去，我反而高興，我忘不了小時您是怎麼樣的疼我，怎麼樣的愛我，可是，媽，我不服氣，我要跟奪去您、又想搶去我的癌症鬥鬥！

我記得海明威在他臨死前曾經說過：「人，可以被毀滅，但不能被擊敗！」我無法改變上天的意旨，但是，媽！我的意志却不甘也不會被毀滅，保佑您的女兒吧，保佑她用堅强的毅力抵抗癌症病魔……

桂琴號
防癌宣傳車

以堅强意志向癌症挑戰的本文作者蔣桂琴女士，最近因咳嗽轉劇，經空軍總醫院悉心診治，於九月七日開始輸血，以防止肺部之惡化。

現服務於大鵬劇校及藝工大隊蔣桂琴的同學杜稷、朱錦榮、朱陵生、毛台生等，都自動捐血二百五十西西，發揮情逾手足的同學感情。

九月八日，陶聲洋防癌基金會董事嚴慶齡，對大鵬校友及蔣桂琴的熱心公益，極表欽佩，特地在該日捐贈該會一輛定名爲「桂琴號」的防癌宣傳車。

Elizabeth Arden

NEW YORK • LONDON • PARIS

"惠露華養顏霜"

Elizabeth Arden's most famous beauty preparation, Velva Moisture Film. A gentle lasting, transparent lotion that softens and protects the complexion. So light it's barely there. So moist your make-up glides over it, giving a natural healthy gloss. The world's best selling moisturiser. Worn by beautiful women in over 50 countries in the world.

伊莉莎伯 雅頓

紐約 • 倫敦 • 巴黎

銀色漫談

「大軍閥」的內幕新聞

·馬行空·

邵氏的一部「大軍閥」，使許多老行尊跌落眼鏡」，截至九月六日正式「咳畫」，本港售座一共收了三百四十四萬六千餘元，比之早時「唐山大兄」的三百十九萬八千元，總算是小勝，和「精武門」比起來，雖然仍差一截，但已算是「邵氏」近年的威水之作，究竟製作成本，據內行估計不會超過五十萬，也算得本輕利重的好賣買了。

李翰祥之起用許冠文，是一記險着，現在大家佩服李翰祥夠眼光，他是利用許冠文有基本的電視觀衆，至於能賣到超過三百萬，那是連邵逸夫都沒有想到的事！當放映「大軍閥」的荷李活戲院大火，付之一炬的事後，邵逸夫曾嘆息說：「大軍閥」賣不到三百萬了！傳說當時這位六老板坐在麻將枱上，聽了電話以後，全不緊張，只是輕描淡寫的說了這麽一句，其鎭定工夫，着實可驚可佩！

許多人說許冠文是香港仔，他不會說國語，那太容易了，香港電影圈有一樣「特產」，那就是配音。許冠文演大軍閥龐大虎，他的語氣，介乎天津、山東之間，而且輕重疾徐，恰到好處，誰配的音？蘇祥。此公是原籍山東，生長平津，本來是李翰祥帳下一員上將，這次「大軍閥」的成功，他是幕後的有功人物，相應表而出之，不可隨便抹煞的。談起香港的配音事業，着實出了不少人才，例如楊羣當年曾被稱爲配音皇帝，至於配旦角的有葉霖和小金子二大名旦。有人說近年的女明星的國語怎麽全說得一個味兒，那就全是她們的配音之功了！

許冠文拍完「大軍閥」以後，接着便在九月五日和他的女朋友鄭潔英在大會堂結婚，婚禮完畢，飛星歡渡蜜月，結婚那天，邵氏大員朱旭華和李翰祥都親臨道賀，看來許冠文的拍戲工作，還有繼續發展之可能。可憐許冠文被剃掉的頭髮，還沒有長好，便僕僕長途，蜜月去也。

大登科後小登科的許冠文吻新娘

但在「大軍閥」片中，也有拍完了戲而表示厭倦的，那便是在此片中犧牲色相的四姨太狄娜了！狄娜曾經說過，爲了要拍李翰祥導演的戲，不惜一切犧牲，只要劇情需要，何妨脫得一絲不掛，結果，狄娜脫得精光，但拍出來的鏡頭，據狄娜自己說「一些也不美」；同時，「大軍閥」的廣告上，她的排名也太小，不能和許冠文、何莉莉相比，於是她在「名利雙失」的一氣之下，表示身體不好，不適宜於電影工作，把李翰祥再請她拍的兩部戲全給推却了！

「大軍閥」中盜皇陵一幕，其中還有一位演員，甚至於榜上無名，那就是早年的黑眼圈女星被稱爲神秘女郎的談瑛，她在片中演的是什麽角色呢？就演那個在皇陵大棺木中被盜的西太后遺骸，好在她現在是「邵氏」的基本臨記，那就榜上有名無名，全在不計較之列了！

至於爲本刊提供「大軍閥」資料的郝履仁，則演胡錦店裏的一位掌櫃，戲相當多，聽說李翰祥、胡金銓諸位大導所開的新戲裏全有他的脚色，也可以算得是一登龍門，聲價十倍矣！

秋決書家來港亮相

李行的一部「秋決」，既叫座又叫好，大家部很注意這「秋決」兩個字，寫得既具碑帖意味，而又帶一份肅殺之氣，李行也認爲是他的明智選擇，這位書家是李行的好朋友，也是在台灣的標準草書專家李超哉先生。李超哉最近應本港華僑書院院長王淑陶先生的邀請，來港作短期講學，經友好敦請，定於九月廿三日至廿七日假座九龍尖沙咀海防大厦中國文化協會舉行一次展覽，會中有很多的巨幅書畫，此公在台灣還寫了好多種草書法帖，亦將在會場陳列，並特請邵氏鉅星何莉莉小姐爲此一盛大書展剪綵。何莉莉在九龍海運大厦二七一至二七五室自營服裝公司，曾兩次親自赴歐洲採辦時裝，招牌名爲「藝舍」，定於本月二十日開幕，這「藝舍」二字亦出於李超哉的手筆，也可以說是李此次來港的第一宗生意。

李超哉寫的「秋決」，鎔美術與書藝於字裏行間

武俠片多忽走下坡

話說八月份裏的國語打鬥片，一般的情形都未見佳：王羽自編自導自演的「獨臂拳王」，連代理發行的鄒文懷都認爲是穩操勝券的叫座之片，所以聲勢非常浩大，但可惜的是後勁不足，映過兩週，勉强的突破了一百萬，顯得很吃力了。但「獨臂拳王」還算是好的呢；一部「唐山五兄弟」，映過三天不知是四天？就此悄悄收兵，可謂其慘無比。「龍兄虎弟」算是映足一個禮拜的，票房紀錄只得二十一萬元，事先的大吹大擂，可說一點用處也沒有。特地從日本請來一名「假盲俠」，在台灣攝製的一部「殺人者死」，收了十六萬元，就此支持不下去了，也眞夠洩氣的。到了八月下旬，王羽打王羽，結果兩敗俱傷；「一身是胆」賣四十六萬元，已經不夠理想了，沒想到「王羽大盜」更不濟事，「埋單」下來，二十四萬元而已，差一點就向「龍兄虎弟」看齊，實在太不像話了！

話雖如此，但我們也不可以淨挑洩氣的來談，其中就有一個足以使人興奮的例子，像女導演高寶樹的一部「黑吃黑」，隨隨便便的收了一百十八萬元，那就是獨立製片之中出人頭地之作，值得提出來報道一番的了。

高寶樹在「邵氏」裏導過一部「鳳飛飛」，成績不壞，但也沒有什麼特別出奇，售座四十餘萬，在「邵氏」出品裏，算是中中之作。脫離「邵氏」之後，到台灣去獨立製片，講交情賣面子的邀得來王羽，拍成「寶樹」創業第一部的「追命槍」，在香港賣了七十來萬，也可以說是王羽最近主演影片中的中上成績，使得我們這位女導演更加的雄心萬丈起來。

按照高寶樹的原意，本來打算「打鐵趁熱」，再拍一部王羽的，但當她第二次到台灣之時，發現王羽週身都是片債，據說一共有八部在同時進行之中！高寶樹那麼一想：將來的拍期大有問題，大可不必擠在裏頭趁熱鬧了。也是事有湊巧，她在台灣遇上了剛剛閒下來的張翼，兩個人一談就談合適了，於是高導演就以這位男主角爲中心，仔細的替他選擇起「夥伴」來了。

高寶樹時常自嘲道：「我這部『黑吃黑』，乾脆就是大拚盤！」此話怎講呢？只因爲那裏頭有眞拳眞脚眞功夫的張翼，又有以淘氣「刁蠻」而贏得觀衆歡心的甄珍，更有國語武俠片裏第一大反派的陳鴻烈，還有作風大胆的「脫派」紅女星孟莉，再配上兩名童星以及一些「硬裏子」，好了，凡是觀衆們要看的東西，全被她給拚湊在一部片子裏了。高寶樹又曾經以謙遜的口吻說道：「我這個大拚盤，不一定好吃，但是表面上很好看。」現在事實證明：她嘴裏的「什錦大拚盤」，非但外表美觀，而且津津有味，不然的話，怎麼能在八月份的打鬥片裏獨佔鰲頭呢？但平心而論，「黑吃黑」片有倪匡編劇之功，是不可抹煞的。

電影觀衆實在是很不容易捉摸的，尤其是他們有一種「預感」，更是無法解釋。「黑吃黑」還沒有正式公映之前，幾個午夜場都賣了個「滿堂紅」，而且在戲院門口還出現過黃牛黑市票！要曉得「黑吃黑」不是一家大公司出品的一部鉅片，在宣傳廣告上也不見得特別賣力，那麼是什麼原因把大量的觀衆給吸引得來的呢？沒人說得出道理來，反正「黑吃黑」在頭一場上就能叫座，你說這不是觀衆們的預感又是什麼？

事後有人放馬後炮道：「當然賣錢啦，因爲有甄珍啊。」此話可以說完全沒有根據，因爲甄珍雖然走紅，但由她主演的片子也有並不叫座的，例如「淘氣公主」的四十一萬，與「淘氣夫妻」的六十六萬等，成績都不算上佳，可見「黑吃黑」的突破百萬，與甄珍的參加與否，可謂關係不大。又有人說話了：「排期排得好啊，應該賣錢的。」此話更欠通，因爲在暑假佳期以內，「仆街」的片子也有的是，（代表作是一部唐煌導演的「星期天不放假」，連售座紀錄都發表不出來），而只有「黑吃黑」能夠在八月份裏一枝獨秀，（「大軍閥」當然除外）顯然又與排期無關了。

一部影片破百萬，在今日好像已經不算希奇了，但是像「黑吃黑」那樣破得輕鬆的却也少見。「黑吃黑」在映到第七天上，已經收了九十一萬了，所以它的跨入第二週，才眞正能夠當得起「昂然」二字，要不是在最後的幾天上，被「大軍閥」搶去了幾家如「麗華」、「北河」等熱門的戲院的話，根據行家們的估計，大概可以賣到一百五十萬以上的！

提起「黑吃黑」的售座超過一百萬，還有一支滑稽的插曲，傳說那位潮州老闆柏文祺和高寶樹兩口子曾向第一反派小生陳鴻烈許下諾言，答應在「黑吃黑」售座超過一百萬以後，無條件送給陳鴻烈一架價值一萬餘元的什麼牌汽車，恐口無憑，還立了一紙字據，雙方還請了影劇記者翁靈文作爲見證人。對見證人的酬勞，是爲翁靈文的座駕車噴噴油，翁靈文說：「我的老爺車剛噴油不久」，柏文祺接着說：那就爲你的汽車換四個輪胎罷！現在，陳鴻烈的汽車是否有着落，尚不可知，翁靈文的四個輪胎也都沒有消息，柏文祺出身於邵氏會計部，大家都說：此老闆之所以為潮州也！可見得他的潮州算盤也是大大有名的。

「黑吃黑」總算是大獲全勝，那麼高寶樹有沒有乘勝追擊的新計劃呢？這就是女導演目前面臨的一大難題了。每個人爬到了高峯之上，都會發生一種患得患失的心理，高寶樹也不例外。為了保持「寶樹」這塊招牌的榮譽起見，她不知經過了多少個輾轉反側，不能入寐的漫長之夜？總不能照方抓藥，再來一部甄珍與張翼吧？再說：我們這位甄珍小姐要到什麼時候才有空期，也是一個很大的問題。

然而，高寶樹到底還是有辦法的：報上突然發表了一項消息，就是「武后」鄭佩佩的妹妹鄭小佩也要踏入電影圈，正式拍戲了。促成這個計劃的不是旁人，正是一心要想往上爬的「寶樹」公司女導演高寶樹。

鄭小佩沒有拍過戲，多數圈內人連她的面長面短都沒有見過。前些日子，鄭小佩飛到美國去探望家姐，高寶樹自然也在機場上送行，故而引起攝影記者們的注意，拍下幾張照片，刋在報上之後，大家才發現鄭家姊妹是長得那麼相似的。鄭小佩的模樣很甜，看樣子好像比她姐姐還要高出一兩吋的，確是拍戲的好材料，難怪高寶樹認為這是她的得意新發現了。現在鄭小佩已經離開香港，但不久之後就可以返港，高寶樹正在為她籌備起劇本來，準備力捧這名新人，但看小妹能不能繼承大姐的「武后」王位了。

從鄭小佩這一檔子事上，使我們又不能不聯想到遠在美國的鄭佩佩。前兩個月，鄭佩佩離開台灣之時，曾經答應過在九月份裏重來，屆時可以研究再登銀幕的問題。現在已經是九月中了，「武后」的消息還是杳如黃鶴，到底怎麼一回事？她在台灣那一段時期以內的情形又如何？想來也是影迷們都表示關切的，所以我們不妨把聽到的消息，擇要報導如後：眼前，最少有三家以上的公司，打算請鄭佩佩拍戲，好不令人眼紅也。

武后鄭佩佩何去何從？

武后返台 引起騷動

鄭佩佩偕夫婿原文通，返台省親，可謂來得剛剛是時候。

自從李小龍一出，國片界裏又掀起一陣拳脚打鬥的新的熱潮，所有大大小小的製片家們，都在削尖了頭拚命鑽尋對象之中，像台灣的嘉凌（劉復雯）與郭小莊，都是應運而生的例子。鄭佩佩擁有「武后」的榮銜，而且在退隱下嫁之時，也正是她登峯造極，最為走紅的階段，所以假如能夠邀得她重出，則事半而功倍，是很容易造成轟動一時的局面的，試想製片家們又怎能不把她當做天上掉下來的活寶呢？

香港的「兩大」，「邵氏」與「嘉禾」，對於鄭佩佩的返台，表面上都採取了淡然的態度，但實際上却是緊張的不得了。「邵氏」的邵逸夫，「嘉禾」的鄒文懷與何冠昌，都在鄭佩佩抵台之後，匆匆的趕得去過一次，但都是很快的就悄然返港了，可見交涉並沒有什麼結果。「嘉禾」裏傳出來的消息是：鄭佩佩並未拒絕拍片，但主要的是要好劇本，現在「嘉禾」交給她的一個劇本，她已經收下了，但表示要看過之後方可決定，所以目前還談不到何時可以成功云。

至於邵逸夫與鄭佩佩在台灣的確也曾見過一面談過話的，鄭佩佩表示為「邵氏」拍片不成問題，但她有兩個條件。第一：她希望能夠有一個最佳劇本，拍出一部她的永遠的代表作，留給影迷們作為紀念，然後她就正式退休了。第二：她要一名國片界中第一流的高手導演，最少也要有胡金銓的份量！（「武后」如此看得起，小胡臉上飛金也）邵逸夫一聽，馬上知難而退，因為她嘴裏所說的「永遠代表作」，實在問題太嚴重了，還有導演的問題，也使邵逸夫難以解決，因為胡金銓已經脫離了公司，而公司以內的李翰祥、張徹、程剛等，又不知道在鄭佩佩的眼裏算不算是「第一流高手」？總之；此事甚為棘手，這位鄭大姑娘的要求實在太高，為了避免麻煩起見，邵逸夫也祇有乘興而去，敗興而歸了。

書壇見聞錄

·張鴻聲·

本文作者張鴻聲，是一位馳名江南的評話家，擅說「英烈」。本文回憶他自己及他的業師學藝經過，和許多評彈家的故事。

我的老師蔣一飛的父親是一個抬轎子的，他的外祖父、母舅，都是「轎班頭」。老師家裏很清苦，書讀得很少，也可算是一個半文盲吧。在十四歲那年，託了很多人，借債合會的去拜朱振揚爲師，這是前清光緒三十三年的事。

蔣一飛拜了朱振揚，和朱振揚的一個過繼兒子朱幼揚，兩個人同時學「英烈」。我們那位朱振揚太老師就存了一個私心，要自己乾兒子成名，所以拚命的教朱幼揚。而我的老師呢？人比朱幼揚忠厚，擦銅茶壺、擦大烟盤、倒痰盂、掃地抹桌樣樣都要做，沒有得到什麽教益；又因爲少讀書，白天聽書記不牢。晚上總能學一點吧？晚上朱振揚要我老師睡了，然後才在烟舖上教朱幼揚說書，教他說法、架子、角色、書的結構。偏偏這位朱幼揚他學藝不專心，身體也不太好。朱振揚老夫妻曾經賭過一個東道，朱說：阿四（幼揚小名）一定先出道；老太太說：天生（一飛小名）先出道。朱振揚想：都在我手裏。難得朱振揚大烟抽挺，杯酒在手，就叫兩個徒弟大家說書，一飛好而幼揚差；老夫妻賭東道就在這個時候，從此朱振揚更進一步的教朱幼揚。

有一夜，蔣一飛在朦朧好睡的時候，小便很急，起身要小解；走到庭心，聽得老師的聲音，正在起「戰太平」花雲的角色。他就在明瓦窗外小孔中張進去。其時朱振揚拿了大烟槍，作持鎗狀在教幼揚；幼揚呢？兩眼閉上，口中囈語。蔣一飛看得出神，忘記了小便，在窗外空手學習，也作持鎗之狀，响朗的起花云角色的聲音，喊得朱振揚發呆，老太太醒轉，幼揚也驚醒，朱振揚開了長窗，長嘆一聲說：「好孩子！」三個字，聲音激動，回頭對老妻說：「我的目光見識實在不如你！」在這階段，蔣一飛學藝更專心，果然藝術突飛猛進，從一個响擋變成一個名家。

我的學藝經過，說起來也是很辛酸的。

爲了家境貧苦，繳不出學費輟了學，總得要找個出路，後來只好借了五十塊雪白大洋做拜師金，還借債請酒，磕頭拜了蔣一飛先生爲師，學說「英烈」。老師的對我，等于做了媳婦的做婆，也可以說是舊社會的通例。

我小時候有點小聰明，聽磚書（就是在書場窗外墊了磚頭聽）聽得很多。學了三個月，有一次老師紅眼睛很厲害，要我和師叔蔣一麟一起到蘇州都林橋德仙樓去回覆書場，說今天我老師不能來說書了。當時聽衆一致要我代書。我胆子很大，上去就說；說了一小時半，拿了籤子——就是說下來所得的錢——回去交給老師。聽見師叔正在同老師講，說鴻聲代書不靈。我這時血氣方剛，就直截的說：「老師，明天我同師叔一淘到德仙樓去，如果他們不要我代，而要師叔代的話，我書仍舊要學的，可就是不說這部英烈了！」不料我的老師耳軟，幷有他的母親幫着小兒子師叔，老師聽了我的話有氣，從此可以說沒有教過我本事。一年多的時間，只是替他帶領小孩，掃地揩台，等于打雜差一樣。那末我的書藝又是怎樣學的呢？

老師家住蘇州鹽倉巷，是通關坊底的一條小巷，後面是荒地，小高墩墩，過去一些就是清朝時候放午炮的地方。我天沒亮起身，就奔上土墩，喊喉嚨，學「八技」馬叫；兩個月後，那裏的眞馬跟着我一起叫。下午上書場去聽書。聽書回來，老師坐轎子（後來坐包車），我是跑的，路上練手面、痰嗽，起各種角色，——因爲老師家裏是不准許我練習的。

有個小例子是有趣的。我在別條巷裏一路走一路說書，聲音是比較低的，角色呢，也起不足的；可是一到踏進通關坊，我這一聲尖喉嚨「馬來」，又响又長，脚裏加快，算是馬跑馬嘶一起來，這是常遇春；轉彎到鹽倉巷，一聲大喉嚨「趕路啊趕路」叫足，這是蔣忠，——數十日如一天，從無間斷。通關坊、鹽倉巷一帶小人家，白天有時叉「麻將」，他們家裏沒有鐘，總是聽了我一聲「馬來」，他們才歇場。有時有的要先停，有的總是說：「辰光早來，馬叫勿會來個來再來！」有一次我的媽叫我到家裏過節，我家住在閶門外，回去吃夜飯，「馬」沒有到通關坊、鹽倉巷，這些叉麻將人家燒夜飯時間就遲了兩個鐘頭。

我的老師不教我，我主要的是在聽他說的時候，聚精會神，恨不得一句都不讓它逃走，記在心頭。因爲在書場裏老師是不許你寫字的，不能抄，回來要偷偷地記一條書路。賦贊，也是他背的時候，我强記在心，回來默寫出來。在我離別師門的時候，他叫我說一回書。他算想着要指點我了，不料教我的是碼頭上規矩，怎樣借錢做盤川回家；我在說書，他佯裝睡着，我忍無可忍，把醒木在他的一只白漆鏡台上狠命一記——這些年來，恐怕還有一個痕迹在這台上呢！

現在想起來這也不能怪我老師。在舊時代稱爲「教會了徒弟，餓死了師父」，何獨評彈界如此，又何獨我老師；我老師的老師也是如此呢！

英烈共分三派

「英烈傳」的書性很好，內容豐富，角色又多，聽衆稱之爲「小三國」。因此，三四十年前出了很多說「英烈」的評話名家和响檔。這裏說的是「英烈」名家中的三派，這三派，都是從老輩許春祥一枝上傳下來的，乃是葉聲揚、蔣一飛和許繼祥三位先輩。

葉聲揚是許春祥的入室弟子，生得五短身材，面孔黑蒼蒼。評話藝術，在他身上起了一定的變化，因爲他的說功，不同于其他評話藝人，表白特別多，不全用書腔，沒有江湖習氣，一部書說得滾瓜爛熟，達到快而不亂的境界。有時也起角色，而且起出來也很入門，他念賦贊勝人一等，能使聽衆句句入耳。善放噱頭，一回書中總有幾次哄堂大笑，而且口沒遮攔，屬于粗線條，書路行得比一般快，社會生活又豐富，諷刺力很强，很能配合低級觀衆的口味，只有一輩自命風雅的人，才不大歡迎他。

蔣一飛是朱振揚的藝徒，出道很早，因此沒幾年就和葉聲揚齊名了。他說表温文，衷氣充沛，起角色除接受乃師衣鉢外，也吸收了不少崑劇身段，豐富了書中的人物形象。鍾士良老先生非常喜愛他，把一身好本事都傳授給他。鍾是先說「英烈」，後改「岳傳」的。蔣一飛爲了幼年間家境清苦，教育受得少，出道之後，拚命啃書本，所以他說起書來，歡喜引經據典。登台十多年後才到上海，當時大塲子很少，他在老城隍廟柴行廳演出，一部「英烈」，每天說一點三刻鐘，要說滿一年，因此把書情拉長冲淡了。他身材高大而肥胖，頭圓，面色淡黃，聲音洪亮，起蔣忠一角，活龍活現，有「活蔣忠」之稱。曾在平望鎮演出，說到蔣忠扳倒北梁樓，吼叫一聲，滿塲震動。恰巧書塲左面一頂小木橋上立滿聽「磚書」聽衆，聞得梁樓扳倒，橋上人轟然一聲，小橋受震，不支塌倒，橋上的人都落入河中，幸虧水淺，沒有出什麽亂子。但蔣的藝術，却由此傳開，都說他功夫到連小橋也給他喝塌了。

自右至左本文作者張鴻聲、蔣月泉、劉天韻、嚴雪亭、唐耿良及揚振言。

許繼祥雖是許春祥的螟蛉子，但父死時他還年小，後來是隨兩個老師兄葉聲揚、朱振揚學藝的。他身材瘦長，體質較弱，家境關係，學了沒多時候，就登台演出。只因嗓子的基礎沒有打好，故出道沒有多久，就把嗓子倒掉。幸喜他人很聰敏，把他的說功立刻改變，角色起六成，每天閱讀報紙，把時事嵌到書裏，加以形容誇張，說得風趣幽默，聽衆稱之爲「陰噱」。後來到了上海，除在報紙上搜集笑料外，又吸收滑稽藝人比較健康的噱頭，運用到書中，因此格外豐富了。他和滑稽前輩王无能最爲知己，彼此相互研究，無話不談。他二位常常談起放噱頭藝術，互相切磋，惜乎沒有記錄下來，否則倒是後輩學習的好資料。

何一刀鍾一鎗

何雲飛老夫子，擅說「水滸」，他說法好，手勢靈，肚子寬，幷且有「三收三放」的本事。何謂「三收三放」？他當開書塲的待他不好，或者有什麽不稱心，他就隨隨便便，書場裏弄得冷冷清清，等到開書塲的求了他，他才把書緊起來，保險書場滿座，這樣可以連續三次所以叫「三收三放」。這是舊時代有眞價實貨的藝人對于直接剝削他們血汗的書塲老板進行鬥爭的手段，值得欽佩！

他享盛名在動手方面，一把大刀像眞的一樣，他的「刀劈欒廷玉」堪稱一絕，甚至有人專門來看他這一刀的。當時有「鍾一槍、何一刀」幷駕齊驅的名望。

何雲飛老夫子曾經有過一樁小故事。他在蘇州老義和書塲說書，有一個聽客向他說：「你今天能不能讓石秀跳下酒樓去！」何問爲什麽？聽客說：「我明天到上海去有事，要五天後才回來，這關子我聽不着了。」何對他笑笑，說：「你去罷，包你第六天來聽，我仍舊在這地方說下去。」果然在第六天上，他等這聽客回來，才讓石秀跳下樓去。那末他用什麽辦法說這五天書的呢？他仍舊環繞在石秀身上，另外說了五天故事。可想而知，他的腹內之寬，非普通一輩評話藝人所能想得到、學得到的。

鍾一槍就是鍾士亮。他本來也是說「英烈」的。後來說「三笑」的謝少泉同他說：『你說不過葉聲揚的，你就改說了「岳傳」吧！』後來「岳傳」中的關子有很多地方和「英烈」相象，就是他從「英烈」中化過去的。小的不講講大一點的，有「反武塲」、「擺老虎陣」、「种師道大戰烏骨鷄」等等。謝少泉還同他創作了一些東西。謝是說小書的，怎能教大書呢？他確有此本事。說小書的人創作大書，前輩中也有，譬如「英烈」的「武場」，這幾十回書據說還是說「珍珠塔」的馬如飛老先生的傑作呢！

鍾士亮，他的表演是五到。別人大多數是三到：眼到、手到、嘴到；他多兩到，就是心到、脚到。「心到」就是表演時掌握着這個角色的心理，也就是現在所說的「人物個性」，這樣他這條槍就播得特別像，特別好看。「脚到」就是脚裏好看，全身好看；等于樹根生得好，椏枝、花朵或者結出來的果子也要好得多。大部份說評話的動手只有三到，有句老話，就是「半身形」而已。他出名「鍾一槍」有這樣一椿小故事。有一次他在碼頭上說書，當時的碼頭上舊式書場裏，有一只很長的台子頂牢書台，俗稱「狀元台」，上面有一只油盞頭，三根燈草，是預備給聽客吃旱烟用的。鍾老夫子起余化龍回身一槍，槍頭子點下去，「撲」的一下油燈熄了。「鍾一槍」就在這上面傳播開來，留名到後世。

鍾士亮的兒子鍾子亮，藝徒王再良、周亦亮、李漢臣等都享過盛名，的確不錯。我老師蔣一飛得他教的本領也很多。所以後來大家都說蔣一飛有眞本領，他集中了幾個名家的本事，後來比朱振揚要好，也可以我師蔣一飛的成功，與鍾士亮的教導有關的。

葉聲翔 開拳脚

葉聲翔是金耀祥的藝徒，擅說評話「金台傳」。這裏不談他的書藝，且說他的拳脚功夫，的確在說短打書的老輩中，他的拳脚功夫是很難得的。

老前輩說短打書，書中人物都是些江湖俠士，慣打不平，那末一定要有相當的本事，在動刀動槍之前，先要動些手脚，主要是各種拳頭。老師教的拳譜——就是我們在台上念的「拳賦」，如小洪拳、羅漢拳、猴拳、醉八仙等，死用之外還要活用。何謂死用呢？動口不動手，就是光念；活用呢？兩面對打，你來我去，這就要有些眞功夫了。因爲下面聽衆，當時練拳脚的很多，你如果把騙外行的東西拿出來，只要識者散場後一講，明天你的業務就會一落千丈。

葉聲翔的性情很剛强，學藝也很鑽研，練得一樣好腿功。到碼頭上愛交朋友，文的請教秀才、舉人，把得到的拳譜，託他們進一步修飾句子，所以他的拳賦念出來有氣魄，又美化，當然很動聽了。武的他喜結交傷科醫生，因爲做到傷科醫生都會些拳脚的；或者看到有打拳頭跑江湖的，向人討教。自己勤修苦練，經常在外碼頭一早練嗓練拳練腿功。事實上他的「金台傳」，非但勝過王海祥、金小棣師弟兄，而且青出於藍而勝於藍，超過乃師金耀祥。

有些本事的人常常會驕傲，葉聲翔就爲此碰了一次釘子。有一次到一只中型城市碼頭說書，爲了時間匆促，沒有去拜訪當地拳師，也沒有打聽這裏有沒有新來站碼頭的，就急于開書。爲了書場業務好，空下來只管自己練，竟把尋師訪友的事忘記了。有一天日場，他說到「金台打石猴」，特別起勁，把台上桌子自動手拿到台邊上一擺，就口中說，手裏打，念了好幾只拳賦，又打了好幾路拳頭，末後把書台仍舊擺正。爲了得意，言語之中流露出他的拳脚來之非易；這倒還在其次，又說：我們說大書的多少要懂得些拳棒，否則出門就要吃虧，用意是告訴聽衆：碼頭上常有流氓要欺侮說書人，實質上是表現自己是有能耐的。不料下台不久，場東拿了一張帖子走進他的臥室講：「先生，有張帖子，明天請你吃飯（場東是不識字的），千定不能失約。」葉聲翔一看，原來當地一個拳教師約他明日午時在城隍廟比武。他一看之後，想了想，今天在場上太傲慢無禮了，自知理缺，就和場東商量，推托蘇州家中有很重要的事情，當夜剪書，第二天一早動身，此後再也沒有去過這只碼頭。

珍珠塔 馬如飛

「珍珠塔」彈詞，的確是家喻戶曉的一部通俗書，反映了封建時代官場現像以及民間生活。馬如飛老夫子雖不一定就是彈詞鼻祖，不過說他是彈詞「珍珠塔」的老祖宗，則是當得起的。馬如飛集中了他所看到的和聽到的勢利人、忘恩負義者的形象，塑造了書中一個人物。恰巧有一椿故事，經過他的動腦筋，才編成這部「珍珠塔」彈詞。

這故事出於吳江縣同里鎭，鎭上有一條市河，河的南面有一家姓方的，河的北面有一家姓陳的。這兩家是兒女親家，先是陳貧方富，後來方貧陳富，才有賴婚一節事情。馬先生根據這個材料，寫得大，放得遠，編得生動活潑，把清朝的事，搬到明朝去講，並且改頭換面。舉一個例子來說：明朝從來沒有姓方的狀元，只有一個方進士，單名一個卿字。姓方的住在河的南面，他就說成爲河南開封府祥符縣；姓陳的住在河的北面，他就把他們一家搬到湖北襄陽去，再來一個做過波斯國欽差的陳御史，以影射當時的外國欽差撈一票回來享福的人。倘有人扳他的差頭，他說的是明朝事情，人家也沒有辦法去阻止他。

馬如飛有這樣廣的學問，主要是由於他多看書，多向人討教，另外他和各碼頭的文人較量比高低，也鍛鍊出很多學問。所以他的篇子越改越好，越唱越有味道，平仄越唱越調，在實踐中逐步得到發展。起先他也表演起角色，後來因爲充實了篇子，年紀也比較大了，所以他就坐着彈唱，不再立起來做動作了。後來的小輩們認爲彈唱「珍珠塔」的藝人，在台上决不能立起來，這却是誤解，從此倒使這部書的演技方面受到了很大的損失。

馬如飛藝徒中有一位姚文卿，姚有一位得意門生叫魏鈺卿。魏的說法老練，唱腔有發展，氣派大，富有書卷氣，用古典之多，在當時評彈界是首屈一指，藝術上壓倒同時彈唱「珍珠塔」的許多老輩。

魏鈺卿爲了彌補說「珍珠塔」不站起來的冷落局面，他就把眼風和手指的動作加强，眼到、口到、手到之外，還加一個心到；並且把老先生唱「珍珠塔」賽似唱宣卷那樣的老派唱調，來一個抑揚頓挫，最後一個字拉長，稱爲馬調，居然聽衆耳目一新，大受歡迎。

錢幼卿弦子功

擅說「描金鳳」的錢幼卿錢老夫子，說表淸楚，起角色有路，台上有鋒芒，身段「邊式」，這些好處，我不在這兒多談，專講他彈弦子的功夫。他的琵琶功已是很好，因爲他出塲就放單檔，後來拚雙檔做上手，在弦子上更用了很多苦功。左手用食指中指兩只手指頭「拿音」，手法準確美觀之外，右手三指的滾法，輕重緩急和左手的「挪音」配合緊密，能夠幫助自己唱詞美妙動聽，還幫助下手唱詞突出，節奏合拍，換氣裕如。挪後來的「描王」夏荷生，便是錢幼卿的得意弟子。

我曾看到過錢幼卿表演弦子功夫在兩椿事情上。一次在蘇州吳苑深處光裕社的茶會上，有很多小輩要求他和在說書外加送大套琵琶的張步蟾兩人合奏一只「三六」。錢情不可却，很虛心的向張說：「請指教！」彈動三弦，和張步蟾署事梭音，即發動十五只手指——張十錢五，彈得茶會上一二百社員肅靜無嘩，鏘鏘之聲，剛柔並擅。彈畢，兩位老英雄額上已是汗珠連連了。

另一次是在某年，錢幼卿在蘇州閶門外石路上滙泉樓春節說「描金鳳」，和他兒子玉蓀雙檔。從「踏雪」開書，到「贈鳳」那一天，玉蓀有病，他放單檔。聽衆對他的單檔特別歡迎，因爲可以多聽到他的唱。不巧得很，他調好三弦說了不久，就是錢玉翠要問徐蕙蘭你怎樣會到我家來，如何弄到這般地步的那時刻，「喏，姑娘啊！」要唱了，偏偏外弦斷掉。——他有時斷掉外弦就彈中弦和老弦；老夫子還要顯顯身手，把中弦再有意挑斷，照樣全靠一根老弦彈唱。那一天不然，他斷掉了外面這根弦子後，三弦還是横擺在書台上，嘴裏說書，手在接弦，這樣巧妙的動作，又快又好，我還沒見過第二人呢！他左手把横在那裏的三弦外面這根枕子一鬆，不多不少；嘴裏在回答書中的女角錢玉翠「姑娘有所不知」時，右手把弦鼓那裏一捧像「鬚鬚頭」那樣的東西去掉，再用兩指把外弦拖下些，塞到一個本來有的小圈裏面打一個活結，然後把弦子拿起，嘴裏還在說：「待難生一一地講來。」左手旋幾旋，右手「冬冬冬，同同同，蓬蓬蓬；冬同，蓬冬同」，根本沒有用什麼「定音叫子」，音又準，架子又好，彈得又美，唱得又好聽。在這樣的情況下，他能不慌不忙，一些不冲淡書情，仍舊能很好的襯托他的唱，的確是難能而可貴。

朱雪琴（左）薛惠君（左）在書台上的眼風和手勢

尤少台三聲笑

這「三笑」不是彈詞「三笑」，而是「封神榜」中三個角色的笑，非常吃功夫的。這三個角色就是陸壓道人、瞿留孫（咪咪佛）和老壽星。三種笑法分檔，喉嚨音調不同，態度動作不同。能夠符合書情，笑得最出色的就是尤少台。其中最最難的是瞿留孫的笑，他能夠笑得潤、响、圓、長，四字俱全。

尤少台是尤鳳台的侄兒，論理尤鳳台應該把他說「封神榜」的全身藝術傳授給少台了。但是少台學些本領苦頭吃足，比普通學徒都不如，等於是家裏用的一個小僮兒一樣。三十幾年前，他曾經在我家裏住過一晚，他把學藝術的苦楚和藝術鍛鍊的毅力，「三笑」的笑法和起角色時必要的想法，都跟我談了，所以我對他有些了解。

他說「封神榜」，從「賭頭爭榜」起到「黃河陣」一段，比較精彩，「諸仙陣」已經比較差了，而「萬仙陣」更差，他是開口功亦即響口，上台用足精神，單一個獨脚龍鬚虎「鏜……奪而拍！」出來至少三遍。聽「封神榜」的人要細嚼的很少，就是好白相、野氣，聽來笑笑而已；偏偏尤少台把它當眞書這樣講，角色個個起足，開口功要這樣，傷神是必然的，說完下台來眞像上一次戰塲一樣，嘴裏白沫四濺，口邊起了泡沫。他後來爲了一節說不滿，去在外道那裏補一部「封神榜」一部書夠不到，就是春節到端陽，「彭公案」，雖然只得到一些輪廓，但他在裏面也創造了很多角色，內容也有不少充實。他接說「彭公案」，先是褚彪遇高通海，再拜訪花驢賈亮，打聽「溪皇莊」的情況，賈亮不肯講，他女兒在後面叫一聲「爸爸，你們看！」指頭對牆上一指，他「私白」念一句：「牆上一只袋，袋袋裏露一張帖子，斗大一個『花』字。」這個「花」字念出眞有千斤之力。到這裏落回，聽衆明天沒有天大的事情或者病倒，必定要來聽。

惜乎他在出道的時候，走錯了碼頭。因爲初出道的小道衆最好走常熟角碼頭，次者浙江碼頭，或者蘇鄉碼頭，最不好的是無錫鄉下。常熟角碼頭聽書的人比較認眞，照現在的說法是聽衆能多提意見。浙江碼頭也很注意書藝。蘇鄉碼頭則大些的還好，小一些的難免場內有着棋或者賭博的，最最不好的是無錫鄉下，因爲那裏開書場的多以賭博爲主，書場如副業；評彈藝人在台上說書，他們在下面賭博，呼么喝六，請教你台上哪裏說得好書！只要幾只碼頭一做，你的藝術就無形降低，賭博倒染上了，沒有精神就吃鴉片。尤少台就是出道走錯了無錫碼頭，受到這些影响；因爲他從小學藝的時候下過一番苦功，總算沒有前功盡棄。

有一年年底，他從無錫轉到上海，已經吃光用光；到上海恰巧碰着做會書，有人排他到滙泉樓。農曆十二月過了二十六，天寒地凍，他頭髮很長，身穿一件竹布單長衫，上台時嘴裏還銜了一支香烟，形狀難看。下面一般聽衆，在那時的上海所謂「十里洋場」時代，只認衣衫不認人，見他上台，頓時聲音蹧雜，有的還說開書場的人「哪能去請狄牌（這種）鄉下蹩脚說書先生來說會書！」不料一回「封神榜」姜子牙與申公豹賭頭爭榜，聽得下面拍手叫好（那時書場還不大行叫好的）。後來他在上海雖然得到好評，沒有持久立下來；到蘇州也很好，不過沒有達到大紅特紅的地步，三十九歲就死了。尤少台有徒弟徐繼武、陸繼悟、張繼良等，現在張還活着。不過尤少台死去之後，說「封神榜」的人不多了。徐繼武有一個過堂門生虞文伯，他有半部「封神榜」，是私淑尤少台的。

王子和拚瞎子

說「玉蜻蜓」的前輩中有一個王子和，他的特點是重說重噱而不重唱，恰巧和吳西庚（吳玉蓀之父）、吳陞泉兄弟倆不同；二吳是有一些重唱不重說。——不過話要說清爽，所謂「重唱不重說」，不是說他們的說功不堪一聽；說「重說不重唱」，也不是等於不會唱，或者是唱功太不好；這不過是就兩種表演路子比較而言吧了。

王子和說「玉蜻蜓」，擅起「問卜」中的瞎子，可稱一絕。他的噱頭有時特別粗俗，台上不啞於說「英烈」的葉聲揚；有時幽默起來，令人不可思議。他的發聲不太响，因此後面的聽衆問前面的人：你們笑的什麼？及至聽了也笑起來，這樣一排一排地笑，像波浪一樣。

寫到這裏，想起了王子和放過一個噱頭，侮辱了聽衆，引起一場風波。這事情的產生，和他的發聲低有直接關係。有一次他在台上說書，站在窗外和門口聽「磚書」（一說是「轉書」，指不出錢聽書，被趕走之後再轉來聽）的人很多，他們因爲王子和的聲音低，站得遠，聽不出，不免有些反應；王也爲了這些聽「磚書」的吵鬧聲對他說書有妨礙，很不高興，所以在台上講起「玉蜻蜓」裏一回書叫「掘藏請鄉鄰」時，他就說：「兵科府沈君卿三老官潤氣，辦了很多豐盛菜肴，請衆鄉鄰；我們的場東很小氣，我問他這兩天有沒有甲魚？場東回頭我說：『甲魚斷檔，要末有一天井烏龜，阿要吃？』」坐在前幾排的聽衆多是有錢有閒階級，聽了王子和的噱頭很合胃口，又是一排一排的過笑去，傳到後面聽「磚書」的曉得了，大爲不滿，羣起責難，由場東出來鄭重道歉，才算了事。

我在四十多年前的陰曆大年夜，聽過王子和一回書，是和他的胞弟張雲亭搭擋的。（張雲亭原名王子義，因招女婿出門才改的姓名，爲蔣月泉之師。）在「問卜」中他起何瞎子，張雲亭起周青嫂和丫環。他左手托弦子，掮在肩上，右手拿扇子觸在台上做瞎子的「明杖」，兩眼一翻，見白不見黑，這樣一個算命先生活龍活現。從這天起我就沒有機會再聽到他的書，也沒有看到他的人了，相隔四十餘年，我對他起的這個瞎子角色還是印象很深。

書場拚命打架

太倉有兩家書場，一名鹿鳴樓，一名吉慶園。起先這兩家書場是貼隔壁（後來才搬開的）。有一次鹿鳴樓請的是朱友良，說「三國志」，他鼻子有些嗡，「茅草岡收周倉」這回書堪稱一絕。吉慶園請的是朱鳳飛，說「英烈」，人稱「活蔣忠」。兩家書場業務相等，大家日夜雙出百，當時已是很不容易做到的事情。後來朱鳳飛畧勝，而他還不滿足，還要爭勝，在蔣忠扳到北梁樓的時候吼叫一聲，——老前輩有「三頂轎面」之稱，即先低、後响，再低、再响，到後來低了再响，結束。朱鳳飛這一吼叫，聽得朱友良書場裏的聽客，隔壁叫好；朱友良也因此說書只得暫時停口，內行名爲開小差。但朱鳳飛就此爆斷了腦血管，死於書台上，拚掉了一條性命。

錢幼卿有兩個藝徒，一名吳蘭生，另一個就是後來大名鼎鼎的夏荷生。他兩人跟着師父同時學習「描金鳳」。錢幼卿一次在浙江雙林鎭上一家叫永慶樓的書場演出，說到一半日子，因爲家有急事要回蘇州幾天，停場又不可能，那末只好由他兩個藝徒代書了。白天夏荷生代，聽衆十分滿意；晚場吳蘭生代——因爲他是師兄，晚上面子大一些，——說了不滿十五分鐘，聽衆大有意見，仍要夏荷生來代。場東和夏荷生商量，夏荷生說：「師兄要不答應的。」但在當時情況之下，吳蘭生實在說不下去了，只好下台，由夏荷生上台代書，聽衆反應很好。不料到散場後，房間裏師弟兄兩個，大開辯論。吳蘭生理屈詞窮，就此大打出手，夏荷生被他打了一頓，經場方勸解，方才罷手。

亞米茄f300電子天文台表，自動，日曆，不銹鋼表壳。 A ST198.001 配皮表帶，港幣820元
B ST198.003 配不銹鋼帶，港幣895元 C ST198012 配不銹鋼帶，港幣945元

亞米茄電子天文台表
達瑞士總產量之
百分之九十三點七

每一只亞米茄f300電子天文台表，都要經過瑞士官方的嚴格試驗，証明合乎標準始發給官方的証書，一九七一年統計中証明亞米茄電子天文台表佔了瑞士官方發出之証書總數達百分之九十三點七・亞米茄電子天文台表之構造是基於音叉之原理並加以改良，使其準確性更高，更爲滿意。

電子計時之先導

亞米茄f300電子天文台表是亞米茄廠致力於研究天文台表二十年之成果，同時，在電子計時方面也具有悠久之歷史・亞米茄曾多次担任奥林匹克運動會之計時工作，亞米茄之Swim-O-matic 計時器之準確性可達十萬份之一秒・亞米茄在商業上的成就也有其光輝的一頁，因爲亞米茄被指定爲英法合作康確型飛機之電腦計時系統。

信用昭著，精密準確

亞米茄速霸型表之成就，也是舉世矚目的，美國太空總署指定亞米茄表爲所有太空探險之標準計時裝備，亞米茄海霸600型表也是該廠傑出產品之一，防水性能卓越，高斯多司令於海底一千五百呎試驗人類之潛水性能時也佩戴此表，這種種事實都足以增加亞米茄產品之信譽。亞米茄f300電子天文台表是世界電子表中之表表者，是最值得閣下信賴的精密時計。

世界性問答比賽 亞米茄

亞米茄空前壯舉

暢遊世界

另備名貴獎品超過一千份請到就近亞米茄特約零售商索取參加表格。

亞米茄表 馳譽世界 一致推崇

銀元時代生活史

——六十年來的物價追想——

陳存仁

專欄

一二八之役，上海的市面突然繁榮起來，因爲上海四郊的人，都覺得租界比較安全，紛紛到上海租界來避難，一住了下來，就不再搬回去了。所以上海的市面日益發達，也可以說是畸形的繁榮。

但是一般外僑對上海的看法，不過是暫時的太平，中日雙方遲早會有一場大戰的，有好多人把地產賣出去，把業務的範圍縮小。

西僑產業　紛紛轉手

英國人最敏感，這時公共租界的實權，雖然在英國人手中，但是工部局董事會從民國四年因歐戰關係，德籍領事於十月下旬辭職，日籍董事石井明以次多數遞補，到民國十六年，日籍董事，又由一人增至兩人，他們總覺得不安樂，可是表面上還鎮定。有一件事，大家都不大留意，就是上海的電話公司，正在異常發達的時候，忽然以五百七十五萬両銀子轉讓給美國財團，全部變成美商的產業。

從前上海的電話費是按季收費的，每季收費十多元。自從美商接手之後，條約上簽明，以後電話要論打電話的次數計算，每次三分鐘爲大洋三分，基數很低，打得少付費很便宜，打得多付費就不同了。這是美國電話收費計算的方法，好多大商埠都實行這種辦法。

從前上海人對美國人，都有些好感，雖然這電話費以次數計值，一度有人在報紙上反對，不久也就銷聲匿跡。於是各店舖和住宅都把電話鎖了起來，對陌生人打電話一概謝絕。

這件事情，當時我也不知道什麼用意？何以英國人辦的公共事業肯隨便讓給美國人？後來才知道，他們要將各種產業紛紛變賣，免得大戰爆發，遭到重大損失。

上海的地產大王，除了英國籍猶太人哈同之外，還有一個英籍猶太人叫作沙遜，此人是一個獨身者，終身不娶老婆，他挾有鉅資，每年只住在上海八個月，其餘的月份用作週遊世界，他把自己的錢財，很早就在上海買地皮，他的方法是購買一幅鉅大的地皮，隔幾年賣出一半，留一半建樓收租，眼光很夠，他所買進的地皮，後來都變成旺盛地帶，最著名的一幅地，就是他斥資建成的沙遜大厦，就在南京路外灘口上，十分宏偉，每年所收的租金，都在幾十萬以上，他將租金收來，又購地皮。霞飛路上的十三層樓大厦，也是他的產業，他的產業一多之後，銀行都和他發生貸欵關係，所以他要買進地皮的話，欵項可以一呼而集，像這種高樓大厦，他一共有十多處。

英籍猶太商人哈同

沙遜的住宅，在霞飛路善鐘路相近，叫作『沙發花園』，裏面的房屋並不大，空地竟佔到全幅地的十分之九。電車行經霞飛路，走過他的花園，要停兩站，其大可知。

一二八戰爭時期，他避居歐洲，回到上海之後，自稱年事已老，要宣告退休，首先把沙發花園分割出售，直到賣光爲止，其他大厦，也轉讓給各個地產公司，然後挾鉅資遠走高飛，不知所終，他這許多錢都是從中國人手中搜刮而來的。

尖頂的沙遜大厦外貌

上海還有許多洋商股票市場，股票都上市場，但是從前洋商股票市場，中國人參加買賣的人都是鉅富，小康之家是不敢進去的。戰爭之後，房屋奇缺，租金猛漲，地產公司的股票，天天上升，外國人明收暗吐，中國鉅商認爲是好機會，只收不吐，所以好多地產還是套在中國人頭上，但是幸有後來抗戰時期的畸形繁榮，所以吃虧並不太大。最實惠的還是那些外國來的商人，往往空手而來，滿載而歸。

經濟侵畧　言之可怕

外國人在上海，最早發行公司股票公司公債，股票都上市，所以外國人到中國來做生意，只要有第一批本錢，此後，便可以取之於華人。這種股票和公債，利益優厚，而月月漲，年年漲，不過漲的幅度，一年不會超過百分之二十左右，然而已經令到上海的高等華人，大發其財，不上數年，資本又加了幾倍。

外國的股票，雖然是一種專門的投資企業，也含有一種專門的經濟學，但是一到了上海就變質了，有許多外國大滑頭，先先後後來上海，組織保險公司、貿易公司、地產公司，濫發股票，仗着他們的勢力，誰也不去研究他們的內容和實力，其中有名人物很多，積資少者數百萬，多則數千萬，所以後來有一個美國人到上海，看了這種情況，寫了一本書，叫作『冒險家的樂園』，並且有中文譯本，我們看了之後，爲之嘩然。

在我記憶中，有幾個外國大滑頭，一個是開設汽水公司的，當時上海人稱汽水爲『荷蘭水』，說是荷蘭發明的，此人發財之後，衣錦榮歸，成爲鉅富。

一個做雪糕公司的，從前上海人稱雪糕叫『冰淇淋』。這家公司的老板到上海來只帶有美金三十六元，設廠製造雪糕，最初是一桶一桶賣給菜館的，後來改爲紙包塊狀批發，銷路很大，大發其財，接着便開了幾處冷藏庫（此間名爲凍房），後來再從冷藏庫發展到向沿鐵路各省各縣收購雞蛋，不但將雞蛋運出口，而且把雞蛋製成乾蛋和蛋粉，運銷外國，專供做蛋糕之用，此人發的財總以千萬元計。但是他們在中日戰爭前後，一看形勢不對，都把產權轉賣給中國人，他們一些也沒有吃到虧。

然而仍有極大數量的房屋和地產，如浦東的一個石油庫，可以容納石油二十萬噸，這種油庫的設備，賣不掉又搬不動，終於凍結在上海。不過，汽油（此間稱電油）和石油（此間稱火水），銷售於中國已有百年之久，根據統計，一九四八年這一年，汽油銷到四千八百二十六萬美元，利潤的豐厚，不可勝計，所以這種設備的放棄，在他們還是覺得十分可惜！

外國股票，在上一世紀，有過一次風潮，叫作『橡皮股票風潮』。所謂橡皮，此間稱爲橡膠，橡樹園設在南洋，橡膠公司的名目繁多，一種一種橡膠的出品銷到上海，大家視爲珍品，不久，這些股票就在上海上市了，洋商股票經紀兜銷之下，每天有行情，常常幾分錢的股票，隔了半個月，就變一元多，一元多的股票就變百多元，這一下子，就瘋狂了整個上海的金融界，不但有錢的人個個都爭着買，連好多錢莊也買進了許多，不上半年，查出來有無數橡膠廠都是假設的，於是橡膠廠股票就一落千丈，幾乎跌到一文不值，這麽一來，影响到整個上海的市面都受到影响，這就是當年所謂『橡皮股票風潮』。以古喻今，最近的香港股票市塲，也有類似此等現象。

上海人受到了這一次的教訓，後來對外國股票，一般人都不加信賴。然而若干買辦階級及有錢的人，後來都改買美國股票，也有幾家專做美國股票公司，生意雖大，但客戶不多。有一年，美國市塲不普氣，股票大跌，此日被稱爲『黑色星期五』，這一次風潮，中國人也受到牽連，不過範圍不大。

各國的金元外幣在上海，本來也有人收購，因爲從前他們是採取金鎊和金元政策，這都是眞金鑄成的硬幣，後來他們也改爲紙幣，不過上海人因爲受到了兩次教訓：一次是俄國的盧布票，在他們革命時節，不斷的貶值發行，上海人買的很多，後來帝俄政府倒了，盧布票便成爲廢紙。還有一次，是第一次世界大戰時期德國的馬克，也貶值發行，起初大家爭着購賣儲藏，後來德國打敗了仗，馬克也變得一文不值。

從此，一般上海人對外國的紙幣，就再也不敢十分信任，惟有若干進出口商人，一定要結外滙，特別是對美國和英國的業務關係，數量最多，因此美金票和英國鎊紙，大家還是留着很多。後來銀行錢莊爲了保值起見，知道外滙的重要，銀行錢莊的庫存中，也總有相當數量的美鈔鎊紙作爲庫存。

一般上海人，對『外滙』兩字，不甚了了，自從銀元改爲法幣之後，敏感的人，多多少少買些黃金和美鈔，但是最初的一個長時期，法幣對外滙的比率很穩定，我記得大約每一百元法幣，可以兌美鈔三十三元，這是經過好多年，從未改變過的，反而美鈔曾經貶值過一次，令到擁有美鈔的人受到相當損失。這些都是舊話，後來的變化就大了。

婦女風氣　影响全國

我講了許多銀元時代的生活情況，現在要談談當時上海的婦女生活。

上海早年的風氣極守舊，在淸末出生的女孩子，全部都要『纏脚』的，『纏脚』的情形，十分凄慘，用八九尺長的纏脚帶，把脚趾重重裹住，裹得越緊，脚型越小，所謂『三寸金蓮』，才算是大家閨秀，我親眼見到幾個長輩，她們的脚三寸那麽小是沒有的，但是也不會超過五寸，走起路來困難得很，可是在文人雅士筆下偏要把它描寫成『蓮步姍姍』或『蓮步生花』，這眞是慘極了！

到了光緒三十年左右，許多書報都喊出『天足運動』，所謂『天足』，就是要大家放棄纏脚，讓女性的足天然的發展，但是還有許多家長反對，有些人認爲不纏脚的姑娘將來是嫁不掉的，有些說女性不纏脚，一對『尺板脚』在路上走，成何體統？所以在那時雖有不少人提倡天足，纏脚的還是大有人在，直到滿清政府推翻，天足運動漸漸風行，記得我小的時候還做過一篇作文，也是有關『提倡天足』的。

民國之後，天足運動口號喊得震天撼地，老的一代已經纏了幾十年，無法糾正，祇能廢除纏脚帶，任它自然發展，當時就把這些老式婦女的脚樣稱爲『改組派』。到了民國四五年，新的一輩就不再纏脚了，總算把中國摧殘女性生理的酷刑廢止了，但是現在在世的七八十歲老太太，還可以看到纏脚的形態，其實都是成爲『改組派』，與最初的纏足形式已經不同了。

外國人眼中對中國老輩婦女的纏脚，認爲是全世界稀見的怪現象，所以他們一旦來華觀光，必然要利用他們的攝影機，拍攝當時男人的辮子和女人的小脚，還有一樣就是中國癮君子，一榻橫陳的在那裏吸鴉片，回國後，就把這些照片刊入書報。侮辱國人，莫此爲甚！

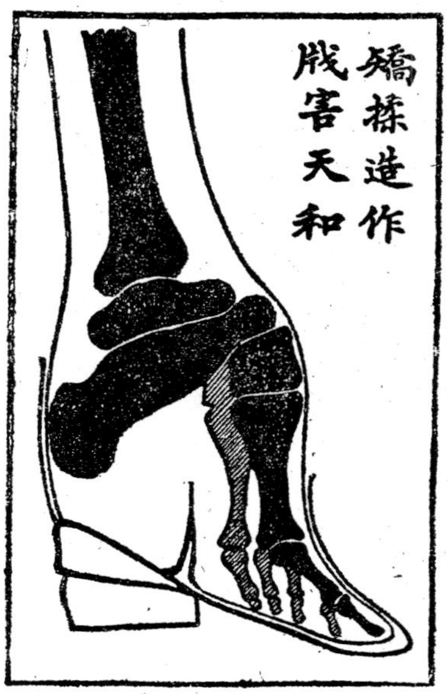

X光下的三寸金蓮

纏脚的風氣，在上海絕跡很早，但是在我二十五六歲時，胡慶餘堂總經理陳楚湘忽然娶了一個小老婆，年齡只十八歲，面目姣好，竟然是纏脚的，後來才知道上海四馬路神州旅館有一層樓全部是『寧波堂子』，這裏面的姑娘，都是由寧波鄉下出來的，個個纏脚，偏偏有許多男性對這種小脚有特別的嗜好，若干文人似乎更有此癖好（按天津文士姚靈犀，專寫歌頌小脚的詩詞歌賦，前後共出了若干册，名爲「采菲錄」，一時傳誦全國。接着又出版「采菲新編」一種，「采菲精華錄」一種，都是宣揚纏脚的作品。）那時已在民國十七年，還有稱頌纏脚的無聊文人，陸續寫出文章和小說，要是這種書沒有人看的話，是不會出了一本又出一本的。

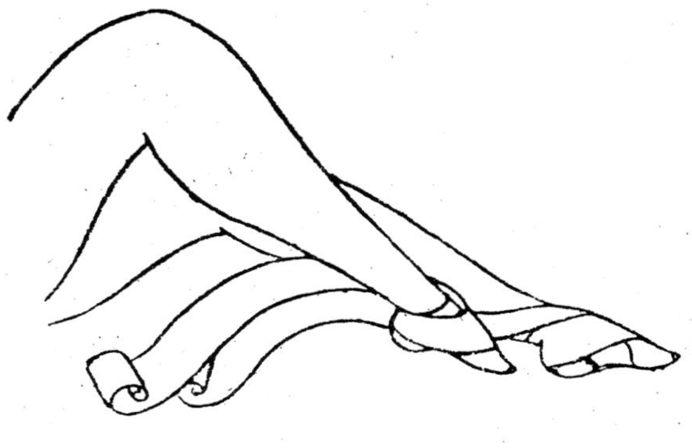
名畫家曹涵美筆下的纏足圖

我看過姚靈犀編著的『采菲錄』等書，全書四册，字數達四十五萬言以上。其中考証出『纏足』開始於五代時期的李後主。

六朝時代，樂府，雙行纏有云：『新羅綉行纏，足趺如春妍，他人不言好，獨我知可憐。』

唐代有少數婦女崇尚此風，杜牧詩云：『細尺裁量減四分，纖纖玉筍裹輕雲。』

宋代蘇子瞻詠足詞云：『塗香莫惜蓮承步，長愁羅襪凌波去。只見無廻風，都無行處蹤，偷穿宮樣穩，並立雙趺困，纖妙說應難，須從掌上看。』從這些詩詞，就可以看得出一部份纏足的女性，都把足纏到如蓮瓣一般的細小。

到了清代，此風大盛，幾乎大戶人家的女性，沒有一個不纏脚，板橋雜記中就有：『纏雙彎步步生妍』之說。這都是歷代以來玩弄女性的把戲，到了這一個時代，女孩子在五歲開始纏脚的風氣已經一掃而空，但能見到的都是一些上了年紀的女性。

再說胡慶餘堂的老板陳楚湘有天發來一張請柬，還親自打了一個電話給我，要我早一些出席他的宴會，問他有什麽事？他祇是笑而不答，到了那時，我才知道是他『納寵』之喜，到的人都是藥材商和士紳之流，醫界中祇有我一人，我與幾位藥商相識，才知道他這次娶的小老婆，有一個特點，她是一個十八歲的纏脚少女，所以大家都覺得很新鮮。這少女是那裏來的呢？原來寧波幫在上海有很大的勢力，他們公餘之暇，都喜歡到『神州大旅社』去玩，這家旅館，裏面一層二十多間全是『寧波堂子』，寧波同鄉們因爲言語方便，不嫖蘇州人的妓院，而專門到這裏去尋歡作樂。

這個少女，剛從寧波鄉間被人帶到上海墮入火坑的，因爲寧波鄉間那時還有纏足的風氣，認爲女子不纏足是嫁不掉的，但是這時上海見到纏足已是絕無僅有，陳楚湘雖已六十高齡，他對這個少女特別欣賞，於是就付清了她的身價，把她藏諸金屋。這天到的客人，都以小脚爲話題，妙趣橫生，滿座生春，其實所說的話都是粗俗不堪，不登大雅之堂的。

那時節的上海，凡是正式結婚的，在吃罷喜酒之後，必有一幕鬧新房的趣劇，主人家認爲越鬧越發，不鬧不發，所以對鬧新房的一幕不表示反對。

習慣上對鬧新房人的言行舉止是沒有限制的，所謂「三日無大小，阿公阿婆都好鬧」，有些喜歡惡作劇的，早已在新房中佈下了陷阱，總要鬧到深更半夜或是天明才肯散去。這個情形，我見得多了，要寫起來也寫不盡，不過最近二十年來，鬧新房的習俗已經成爲一種點綴，大家都適可而止。

這一晚，主人娶的是雛妓，而且又是纏脚的，因此鬧新房的資料就特別多。大衆的意見，要求新娘解開纏脚帶，讓大家欣賞一下三寸金蓮的眞面目。從前新娘旁邊，必有兩個伴娘（又稱喜娘），這晚伴娘就用婉轉的話來排難解紛，說是穿了鞋的三寸金蓮是可以給大家看的，要她赤了脚給大家看，那就太不好意思了，鬧的人那裏肯罷休，說：『我們不看不散』，新娘面上羞得通紅，幾乎要哭出來，但伴娘再三叮囑新娘，洞房之夜哭不得的，鬧到最後，陳楚湘也沒有辦法，親口對伴娘說：『解開來，讓大家看看罷。』伴娘就把新娘的綉鞋脫了，看起來不過三寸有餘，大家先傳觀鞋子，接着伴娘就把纏脚帶放開，纏脚帶通常都是布的，那天因爲是新婚之夜，她的纏脚帶是用羅綢裁成的，我看了這種情況，爲之黯然。

全國婦女時裝中心——當年上海的時裝

等全部纏脚帶放開了，就露出了眞像含苞的蓮瓣一般，一般鬧新房的人爲之轟然，我也見到了一對小脚的眞相，深深的印在腦海中，常常想到這般玩弄女性，弄到女性的足趾，除了一個大姆趾之外，其餘四個足趾都屈抑在脚底下，走路全靠一個大脚趾用力。正是傷天害理的行徑，也是中國古代以來的壞風氣，違背生理的自然發展，騰笑世界，成爲中國人的一個汚點。

在我少年時代，上海已看不到少女們纏脚，但是我們的前輩，可以說十個女性是有九個纏脚的。現在這種情況早已消滅，我找到幾幅纏脚的圖片，可以作爲一種陳跡看。

在香港的蠟像館中，也有一個纏脚女子的蠟像，但是脚趾骨做得還不夠逼眞，我認爲這種展覽完全是獻媚洋人，侮辱自己中國的女性。可做蠟像的材料很多，何以一定要自暴其短呢！

在我撰述本文的上一年，我到過英國，參觀他們的醫史博物館，在他們的庫房中也見到許多中國纏脚女性所穿的綉花鞋子，長度不過四英吋，領導我看的人知道我不樂意，對我說：『這種古老的中國舊東西，我們還有收藏，但並不公開展覽。』接着他還介紹我說：『這

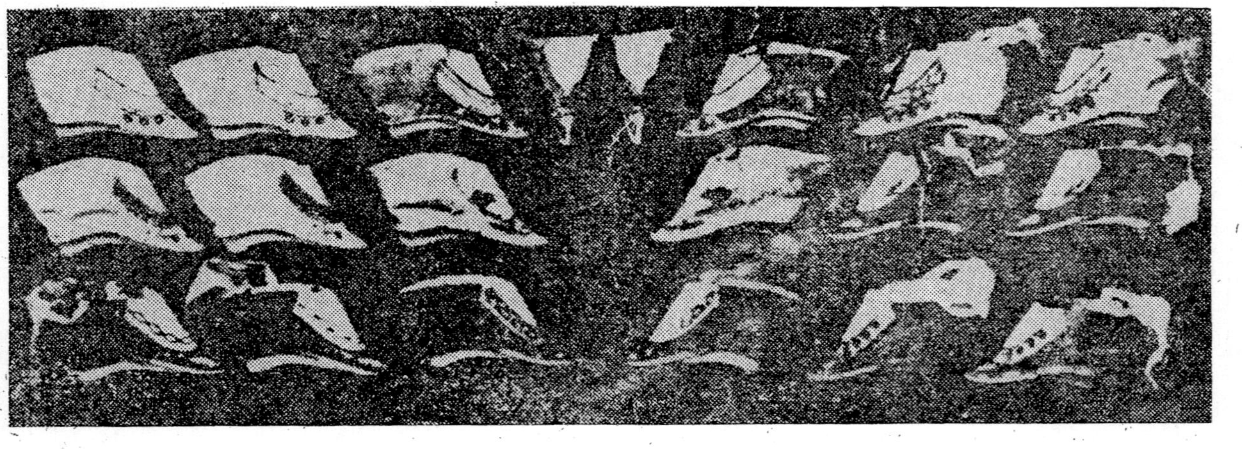

采菲錄中的纏足綉鞋展

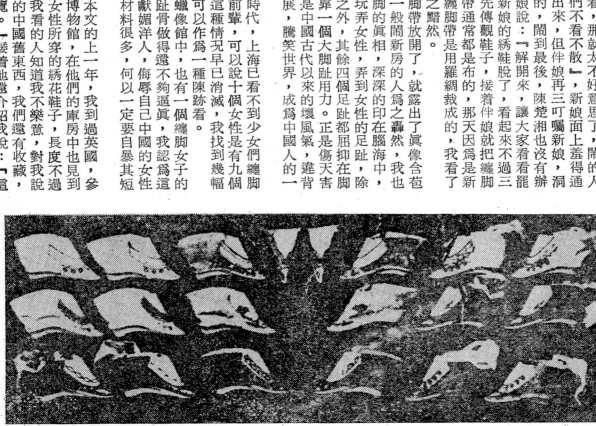

種惡習慣和英國十六七世紀女子纏腰的惡習相彷，當時女性纏腰的精緻綁帶，我們也保存着，好多高貴家庭的女性爲了纏腰，使腰部的生理發展，都受到障礙，甚至發生許多腰病，影响到腎部引起腎臟炎，以及腎萎縮等腎病，後來引起醫學界大聲疾呼的反對，才把這個惡習慣廢除了。

上海女性，算是中國最開通的女性，天足運動最先影响到的就是上海，而且上海女性的衣着也是最時髦的，可以說是全國婦女時裝的中心，但是也可分成兩類，一類是大家閨秀的裝束，一類是娼門中人的奇裝異服。這兩類不同身價的裝束，雖同樣是欵式新頴，可是在上海人眼中看來，大家閨秀和娼門中人是一望而知的，畢竟後者是跡近妖艷的。

上海第一次舉行選舉上海小姐，是在民國十八年左右，怎樣選法，我已記不清楚了，只記得第一屆的上海小姐，是虞洽卿的女兒虞澹涵，得三萬多票，亞軍是永安公司郭家的小姐，名字我已忘了，得兩萬多票。

總之，上海樣樣事情，都是開全國風氣之先河，尤其是婦女服裝，爲全國各地所倣尤，特別是『旗袍』風行得最早，連當時美國電影皇后曼麗披克馥到上海時，也做了許多件旗袍回去。

上海錢莊 寧波帮多

這時候上海人的財富，漸漸從錢莊移到銀行，我有一個民立中學時代的同學嚴仲文，他的祖父嚴味蓮，是錢莊幫的中堅份子。仲文在中學畢業之後，他的祖父就叫他到錢莊裏去做事，但是他晚間仍在青年會夜校讀英文會話，雖是富家子弟，可是一些沒有秇袴習氣，我們很談得來，每一個星期總有一次聚餐，他談的都是生意經，我雖不愛聽，但聽多了之後，也得到不少關於這方面的知識，現在按照日記，還可以寫得出。

上海的錢莊，大抵有二三百家，可是股東合久必分，分久必合，開來開去，總是幾個極大家庭集團，大致說來是如此的：

（一）鎮海李家：是由寧波鎮海李也亭開始的，他從一八八二年到上海，是做漕坊的，漕坊也是一種大工業，設在南市大碼頭，因爲與碼頭上沙船幫相熟，後來就轉到沙船上去工作，他唯一的能力，就是善於理財和販買商品，沙船上就請他當營業經理，從此他就發了大財。一九一二年他就在南市開起『立餘錢莊』來，同時還在夷場上開了『崇餘錢莊』和『愼餘錢莊』，不幾年，財富越來越多，可是年老多病，臨死時，囑兒子們都以錢莊爲業。到了辛亥革命時期，他家已經開了五家錢莊，民國成立以後，他的後人又繼續開了三家錢莊，都是有一個『餘』字。接着又辦天豐、地豐、元豐、黃豐四個地產公司，大量購進夷場上的地產，有若干條馬路，如地豐路等，都是李家取的名字。有一條路叫作『李誦清堂路』，就是李家的私家路，後來租界當局把它擴展成爲『戈登路』。

李家大房有三個兒子，二房有七個兒子，著名有李雲書、李如山、李薇莊、李徵五等，其中以李薇莊的後人，在社會上更有地位，如李祖韓、李祖夔、李祖模、李祖萊，其他還有李祖法、李祖永等，我已查不清楚他們的世系了。

（二）鎮海方家：也是一個大家庭，以辦糧食與雜貨起家，後來到上海開設同裕、爾康、安康等十四家錢莊，當然其中有幾家是和人合股開設的。在杭州、漢口、寧波還有七家錢莊。我家所認識的就是他家的七房孫子蕊嶠，他們的曾孫就是方椒伯（積藩），後來當過中國通商銀行經理，上海總商會副會長。二十年前他還在上海，年已七十六歲，至今是否健在，無法知悉。

（三）蘇州程家：程家在上海開的錢莊也有不少家，最大的兩家是『福源』、『福康』錢莊，聘任的經理是秦潤卿，後來也成爲上海錢業界第一流名人。

（四）慈谿董家：也是一個錢業界的大家庭，開設的錢莊有十三家。

（五）鎮海葉家：是由一個清貧出身的撐船人葉澄衷開始的，最初的時節，他是船上搭載一個洋商老板，這個洋人粗心大意，上了岸忘記了一個重要的公事包，葉澄衷就追着去送還他，終於找不到失主，他就把船停舶在原處，等候失主來領，那洋人果然回來探望，一見之下，葉澄衷恭恭敬敬的把原物交還，那洋人認爲葉氏忠實可靠，問他要不要做生意，你當經理，我當老闆，於是那洋人斥資爲葉澄衷開了一家『老順記五金號』，業務發達，接着又辦繅絲廠、火柴廠，都發了大財，最後葉澄衷就開了四家錢莊，他的第四個兒子叫葉子衡，當台灣銀行的買辦，只有一個孫兒最胡鬧，即是有名的『小抖亂』葉仲芳。

（六）洞庭山嚴家：也有很大手面，在上海開了六家錢莊，在蘇州、常熟也各開了一家。

（七）洞庭山萬家：在上海開了八家錢莊。

統計上面所說的七個系統，以寧波籍最多，洞庭山人次之，眞正上海人開錢莊的，以我所知，只有嚴味蓮一人，他們家世居南市王家碼頭一個舊宅子，我經常去的，他家中內部佈置陳舊得很，足見從前的人即使多了錢，也是不喜歡舖張的。

買辦階級 不可一世

嚴仲文和我談了許多錢莊的源流，接着他嘆了一口氣說：『自從廢兩改元之後，錢莊衰落，看來已近式微狀態了，我幸虧會說幾句英語，常常和洋商銀行接觸，因此轉到麥加利銀行當「殺老虎」（從前上海洋商銀行以滙豐爲第一，麥加利銀行爲第二，麥加利銀行屬於香港渣打銀行），所謂「殺老虎」，是近似跑街的職務。』他後來和我傾談，就常時談起洋行中買辦階級的情況。現在的人提起買辦階級，就痛恨得很。究竟買辦階級的情形怎樣的，想來知道的人不多，我不妨再把它詳細的說一下：

我最早認識的一個買辦，就是王一亭老伯，他是當時第一流畫家，他的畫日本人最爲賞識，日本人到上海，如買不到王一亭的畫，等於入寶山而空手囘。所以名重一時。日本人辦的『日華汽船會社』就請他做買辦，買辦的職務是管理華人職員，同時又辦理對外事務（今稱公共關係），那時王一亭還在中年，辦事很賣力，這家汽船會社日益發達，船隻越來越多，改稱『日清公司』，他仍然是買辦，而且三井洋行在上海辦的一家『絹絲製造社』，也請他當買辦，他每天六點鐘起身在家作畫，畫到十點鐘便上寫字間辦公，他對日本人表面上很客氣，內心則很痛恨，所以後來日軍侵華，他偸偸的逃來過香港，在一九三八年因病逝世，享壽七十三歲。

日本的大企業，除三井之外，三菱洋行也聘有華人買辦，橫濱正金銀行也有華人買辦，這些買辦，既非總經理、經理，又不是協理、襄理，而是一個獨立性質的華人總管，因爲洋商僱用中國人，從不登報招請，都是由買辦世襲，或向親友之間找來的，不過他要負保證人之責，而且兼理庶務，一切裝修、文具和雜物，都由他去辦，所以稱作買辦。

在日本洋行中，日本高級職員到行辦公，一定要室內的華籍女職員，深深的對他們鞠躬，還要奉上一杯香茗，但是對買辦就沒有這種禮遇，可是做了幾年買辦之後，必然會買汽車，住洋房，聲勢浩大，稱爲買辦階級。

在英國銀行或洋行中，也都要請買辦，若干大商家，爲了要引起華人對他們忠心耿耿辦事起見，往往世襲其職，父位子繼，特別是滙豐銀行的買辦，更是不可一世，汽車坐得最大，住宅也最豪華。最先當滙豐買辦的是洞庭山人席正甫，他逝世之後，由他的兒子席立功、席聚星繼任此職，歷時甚久，積資豐厚，凡是開設錢莊的富商，都要他們入股，以資借重。所以後來席氏昆仲二人，成爲協昇、久源、正大、裕祥、愼益等五家錢莊的大股東，合夥的人都是數一數二的大富商，如龐萊臣等。

麥加利銀行的買辦是王憲臣，住宅在靜安寺路，手面濶極了，與地產大王程霖生等合夥開鼎元錢莊，又與孫直齋，宋春舫等開設榮康錢莊，宋春舫是一位有名的戲劇家，亦即是本港中文大學秘書主任宋淇兄的尊人。

買辦的制度在上海，差不多佔了很漫長的時期。當買辦的人，因爲接觸的人多，對華洋知識豐富，他們知道一切商業，地產爲第一，因爲地產的價錢漲得最快，一當了買辦之後，總是設法收購地產，因此上海所有中心地帶的地產，除了洋行購買之外，都落在這些買辦的手中。地產購入時的價格最初是很便宜的，後來跟着市面的繁榮，漲起一千倍，甚至三五千倍都不足爲奇的。

前清的官員，只是在官場中打交道，最多在天津、北京買些地產。惟有盛宣懷（杏蓀）目光最遠大，認爲上海的前途無限，所以他在上海買進不少地產，這些地產，都在靜安寺路、成都路、新閘路、白克路一帶，也可以稱爲上海夷場的地王。

法租界形勢特殊，大部份的地產由法國人組織的地產公司購買，中國人之中，以陸伯鴻買到的地皮最多，其次是朱孔嘉（按朱孔嘉上海有同名二人，一爲保險業鉅子，一即地產界的鉅子）；陸伯鴻與朱孔嘉，都是天主教徒，所以他們買到的地皮，都在法租界新區，如勞神父路、西愛咸斯路、貝當路等，差不多整條馬路要佔到十分之六七，在他們收買的時候都是田，他們不問地價高低，只望成交。

從前法租界新區的地皮，都是耕田，業主是鄉下人，他們以高價收購，鄉下人也不得不把祖業賣給他們。一、二十年後，這些地方都成爲井然有序的花園洋房，地價甚至於有高漲到一二千倍以上的。

這許多上海的財閥，唯一的目標，就是送子弟入英文學校，後來才流行把兒女送往海外去深造。從前上海人有後人到外國去留學，是一件了不起的事，稱爲『鍍金』；不過從前的子弟出國，娶外國人爲老婆，或是嫁給外國人，就此不再囘上海的是很少見的。

從前上海富商治家，拘謹得很，不准子弟狂嫖濫賭，所以多數富紳巨賈的後代，都是爭爭氣氣的繼承前人的事業，只有極少數不爭氣的後代，不是嫖便是賭，或是吸上鴉片烟。然而我和嚴仲文估計過，這些買辦和富商的後裔，還是好的多而壞的少。

銀元絶跡　鎳幣出世

羅斯勞滋爵士整套幣制改革計劃中，連銀鑄的角子，俗稱『小洋』，以及所有銅元，俗稱『銅板』，是兩種輔幣，以銀角子全國最紊亂，幾乎各地有各地的銀角子，名稱却完全不同，上海叫『角子』，廣東稱『毫子』，四川叫『毫洋』，湖南湖北都有造幣廠，除了鑄銀元之外，也鑄造角子，成色各地相差極大，這是各省財政當局的陋規和收入，在我的記憶之中，廣東的雙毫價值最賤。上海的小洋，可以兌到小洋十一角和銅元數枚。諸如此類，足見不但銀元的成色各省有異，角子的成色也一樣有差別的。

在民國二十五年（即一九三六年）一月二十一日公佈輔幣條例，預先由中央造幣廠製造一種十進制的全國統一性的輔幣，輔幣是什麼呢？就是一元兌十角，一角兌十分，完全沒有一些銀子的成分，其成分如下：

一、二十分輔幣：重六公分，成色純鎳。

二、十分輔幣：重四・五公分，成色純鎳。

三、五分輔幣：重三公分，成色純鎳。

四、一分輔幣：重六・五公分，成色銅百分之九十五，鋅、錫共佔百分之五。

五、半分輔幣：重三・五公分，成色銅百分之九十五，鋅、錫百分之五。

這些輔幣，預先大量製造，連續造了一兩年之久，分別運到各省省會，一個命令下來，便全國通用，這種輔幣，叫作『大洋』，從此輔幣就開始用十進制，小洋的制度也隨之取消了。

小洋雖然成色紊亂，但究竟是有銀質的，而且在全國發行數量很大，能夠吸收白銀的數字也極高。這一次發行鎳幣和銅幣，計劃得十分週詳，凡是銀行錢莊要領取輔幣，必需自己搜羅了銀角子來兌換，最小的單位，只能兌二十元，銀行錢莊爲了要應用活躍起見，不得不儘量搜羅銀角子，民間對毫無銀質的輔幣，並無不良反應，而且從此兌出兌進，認爲十分便利，更不用天天上烟紙店去看兌換行情，既無漲，又無跌，而且鎳幣做得比銀角子還要精細，分幣銅色好，邊緣還大一些，所以一下子大家搶着兌換。

實際上市面上應用的幣制，用銀元的機會比較少，用輔幣的機會比較多，所以這一次搜集白銀，全國收到的數量，多到出乎意料。

當時奸商們開的小錢莊，只是注重替日本人搜集銀元，不會注意到銀角子，所以這着棋子，也是日本人始料不及的。

銀元已經廢除，只以一張紙幣來替代，是一些沒有銀子的，輔幣全是銅、鎳、鋅，也沒有白銀成分。這樣一來，全國收集的白銀，除了上海，數字已在前文畧畧講過外，現在我又查到民國二十三年中國銀行出版是『中外金融彙報』上說：民國二十三年度各銀行收集的銀元數字如後：

中央銀行	八千五百餘萬元
中國銀行	一億三千六百餘萬元
交通銀行	五千七百餘萬元
中國實業銀行	三千三百餘萬元
浙江興業銀行	九百餘萬元
中國通商銀行	三千四百餘萬元

其他如中南銀行、四明銀行、中國墾業銀行的數字都較少，不盡錄。

又有一點，外國銀行如英商銀行有四家在民國二十三年底用銀元來兌換紙幣及輔幣的，共有一千二百餘萬元。

日商銀行表面上亦來兌換一千六百餘萬元紙幣及輔幣，上海還有許多美商、德商、比商、意商等十家銀行，也有銀元來兌換紙幣，數字達兩千五百餘萬元。

一下子，國家所存的白銀數字，日益龐大。

又料不到，各省交到中央的銀元數字，源源不絕，我現在用最簡單的方法來敘述一下：

浙江省：杭州、温州、寧波、嘉興、海門，收到銀幣數字，達二三千萬元。

江蘇省：南京、鎮江、無錫、蘇州、通州、徐州、揚州，收到的銀元數字，達六七千萬元。

湖北省：漢口、宜昌、靖江，財富特豐，收到的銀元，單是漢口一地，已達二千萬元，其他各地也不必說了。

將白銀交到中央去的還有江西、河南、湖南、四川、福建、廣東、山東、山西、東三省等，可見這時中央已近乎統一全國，這是抗戰之前的一件盛事。

幣制改革　物價穩定

自從一二八之戰停止之後，直到八一三中日大戰開始，這些時候，各方面都在進步，軍事政治我不知道，上海的市況已有長足的進展，特別是幣制上了軌道，物價一些也沒有波動。

本文以前寫的，重心都在民國十七八年，到了民國二十三、四年左右，論物價當然要比前幾年高些，但是並不高到離譜，這是大家肯定的一種觀念。至於究竟那時物價多少，現在要查閱書報，都有困難。

一位熱心讀者，專誠借給我一本民國二十四年出版的『申報年鑑』，裏面刊有全部的物價，可惜的都是以每一百斤爲單位，這當然是根據當時市場批發價格而記載的，但是讀者可以把一百斤來均分，再加一些零售的利潤，也可以計算出當時物價的一般情況。我現在轉錄部份重要商品的價格，（按每一項商品都有最高和最低的價格，但是我只爲平民消耗的程度而言，所以錄出的都是低價，不取高價。）

白米：民國二十年每一石分爲十八元九角、十七元八角、十七元三角和十一元四級；米質較差的只十二元二角、十一元六角、十一元和十元八角四級。民國二十一年相差無幾。民國二十三年米價反爲便宜，高價的只有十一元六角，低價的八元八角，這是那一年陽曆一月份，青黃不接時的價格。一過了四月，高價的只八元九角半，最低價的只有六元八角。民國二十三年，上半年米價還便宜，是九元、八元、七元，到了下半年度變爲十一元、十元、九元，這裏面的差別，與新斛舊斛有關。總之米價始終沒有貴過。

祁門紅茶，民國二十年和二十一年每百斤二十三元，二十二年每百斤三十元，二十三年每百斤三十六元，這是有季節性的，和世界市價都有關的。

糖：糖是以袋論價的，每袋多少不詳，國產的糖有惠州糖、黃岡糖、海南糖，每袋價格總在十七元、十八元上下。到民國二十三年一月，竟然賣到十二元，洋糖價格相差無幾，荷蘭糖很高，每袋十六元，太古糖是跟市情走的，最高十七元二角，最低十四元九角。

棉花：以公担論，民國二十年，每担八十四元二角三；民國二十一年每担七十元五角，二十二年每担六十八元二角三，民國二十三年六十七元二角八。如此看來，棉花的價格，反而一年比一年便宜。

猪肉：也是講担的，民國二十年每担六十二元，民國二十一年，每担五十一元，民國二十二年五十二元，民國二十三年四十一元九角。

雞蛋：是以每一千個論價的，民國二十年每千隻是二十七元三角，民國二十一年是二十五元五角四，民國二十二年是二十二元七角，民國二十三年是十五元九角。

這許多物品的價格，其中所記的米價糖價，都是絕對準確的。但是從雞蛋一項來看，四年之中，年年下降，要是如二十三年每千隻蛋只有十五元九角的話，那末一百個雞蛋只有一元五角九分，十個雞蛋只是一角五分，這雖然是批發價，即使零售加上一倍的利潤，每十隻也不過三角，這都是民國二十四年出版申報年鑑J三十四頁所記載的，但在我的記憶中，好像從來沒有吃到過這樣便宜的雞蛋。

有人說：這個表格是不錯的，也許這種雞蛋是由洋行從江北、山東一帶收購的價格也不一定，但是我總不相信會便宜到這個地步，所以要追憶舊時的物價，也很難求其準確性。

俗語說：『盡信書不如無書』。我來講講我那時的實際生活，記得上海里弄間，一到晚上，有人叫賣五香茶葉蛋，香味濃郁，十分可口，每隻的售價是一角兩隻，連吃兩隻，就可以吃飽，很多人打夜牌的人，都以此品爲宵夜點心。

從前上海還有一種野味店，專門出售野雞、野鴨、燻兎子、燻雞、燻蛋，以及燻魚、醬肉等，以常熟人開的馬詠齋爲最有名，此外，尙有浦五房、老大房、陸稿薦等字號，靜安寺附近有一家雲記，專賣高級野味，一隻很大的燻野鷄只賣大洋一元，燻魚燻肉，一角兩角都有交易，燻蛋也只售大洋四五分一隻，這些都是我親自經歷的物價回憶。

照上面的表格來說：一百斤米，最低價格也不過八元上下，最貴的不過十三元，這個價格從正月到十二月，月月有變化，相差最多時，可以達到二三元，這是因爲來源供應的關係，政府沒有規定統制的法例，隨着來源多少而形成市價高下。

中國出產的米，在當地或運到上海時，也都烘過，軋過，揀過，經過一番加工手續，然而放置上不多久，仍然會出米蛀虫的，惟有來自暹羅的洋暹米，因爲那邊地氣關係，可以久藏不壞，但是上海人擇飲擇食，多數一定要吃又滑又糯的國產杜米，暹米又硬又粗，入口極不滑潤，所以富有之家是不吃的。經濟能力較差的，則吃暹米，認爲同樣一斤米，燒出來的飯份量較多，又耐飢，所以暹米在上海的銷路也不錯。（按暹米除了暹羅來的洋暹米之外，中國靖江也出暹米，名爲客暹，價格比杜米便宜一成。）

從前一般階層中人的消耗，樣樣可省，惟有米是省不了的，所以米價不能漲，稍爲漲了一些，大家就要搖頭太息，說是活不下去了。

市面繁榮　製葯者衆

自從四鄉及各地難民麕集上海之後，最容易看到的繁榮景象，就是遊樂場，大世界生意好不必說，連很古舊的新世界也天天人山人海，還有先施、永安、新新等大公司頂樓的遊樂場，也是遊客滿坑滿谷。

至於戲院如天蟾舞台、大舞台、共舞台、黃金大戲院、中國大戲院等，都演出京劇，或請名角表演，或排連台本戲，日夜客滿，一改舊時冷落氣象。

電影院本來就很發達，看電影是我唯一的嗜好，當時的首輪電影院，有大光明、南京大戲院、美琪大戲院、光陸大戲院、國泰大戲院等六七家，都紛紛映演第一流新片，票價樓下收六角，樓上爲一元。至於二輪的電影院，如北京大戲院、巴黎大戲院等八九家，因爲票價便宜，大致分四角六角，所以也是場場爆滿。

另外有一個系統，如中央、新中央、恩派亞等戲院，專映國產電影，老實說，當時國產電影，聲勢遠不及西片，但是因爲擁有一批老觀衆，所以生意也還不錯。

近年在港，久未露面的當年中國旅行劇團台柱唐若菁

話劇就是這個時候興起來的，最初只有唐槐秋領導的『中國旅行劇團』，在卡爾登演出，以唐的女兒唐若青爲女主角，因爲團員出衆，也是要在幾天前預買座劵的，演出的戲最有名的是曹禺的「日出」、「雷雨」、「原野」，被稱爲曹禺三部曲，開話劇界的先河，不過，初時沒有固定的戲院，後來話劇組織越來越多，演出的場子，有辣斐大戲院、卡爾登戲院、蘭心大戲院、麗華大戲院等五家之多，不斷有新戲演出，許多有名的話劇劇本，如「金小玉」、「秋海棠」、「大馬戲團」等，都是在這個時候產生的。

再說越劇（紹興戲），也造成一種很大的潛勢力，看的人都是一些太太、小姐，全上海有六

徐玉蘭（右）呂瑞英（中）袁雪芬（左）合演越劇「西廂記」

個劇場演出，如明星、九星、同孚、國泰、同樂、龍門等，更是風靡一時。

還有上海地方戲申曲（又稱滬劇）也很熱鬧。此外有幾家書場，專唱彈詞，各佔一個固定場所，如滄洲書場、東方書場等，也是常常高懸客滿牌的。

再說跳舞場，在一二八之後，更是風起雲湧，第一流舞廳有百樂門、大都會、麗都、仙樂、米高梅等，舞票規定是一元三跳，但是客人的付出，往往超出這個數字，所以當時一流舞廳的舞女，每月的收入，數字之大，殊堪驚人。二流舞廳，如逍遙、爵祿、遠東、大中華等更是屈指難數，生意也都很好。

有若干上海人，閒着沒有事做，認爲淞滬戰爭之後，兵災之後必有大疫，大家紛紛爭先恐後的製造成藥，每天打開報紙，封面廣告必然是新出的成藥，名目繁多，不計其數，各報館的廣告部門弄得無法應付，只得把這些廣告編排日期輪流刊登，有許多新藥要等到三個月之後，才能登出一幅大廣告，凡是新藥上市不能不登大廣告。但是新藥雖多，有些竟然能暢銷各地，也有些一些也銷不出去，結果寂寂無聞而偃旗息鼓的。

在這許多成藥中，只有一種叫作『生殖靈』的新藥，廣告措詞光怪陸離，生意一枝獨秀。

太虛法師　受人利用

一二八之後，我爲三友實業社創製三友補丸等，除了藥房藥舖皆有出售之外，連烟紙店都有得代售，所以銷路很廣，把三友實業社經濟困難的局勢扭轉過來，（按那時香港也有三友實業社，是獨立性的，兩不相關。）

成藥的成本，在原料上不會超過百分之十，裝璜不會超過百分之三，倒是廣告方面花的錢是無限的，計算起來，總有對本對利的利益，許多朋友見我辛辛苦苦的爲人作嫁，都勸我自己製造成藥銷行，何必捨己耘人，他們願意拿出浩大的資本來，我說：『我一生行醫爲業，不善經商。我爲三友實業社設計製造成藥，完全是爲了當了好多年的醫學顧問，雙方交誼很深，一二八之後，三友實業社受到日本人壓迫，二千多工人勢將無以爲生，所以我才赤胆忠心的爲他們經之營之，我自己是絕對不願意做的。』

一天，太虛法師叫他的門徒志靜來找我，志靜本來也是學醫的，常常和我傾談，那天他要我到覺林去拜會太虛，太虛法師是當時佛教的一代宗師，學問淵博得很，可稱爲佛學界的權威，本來我和太虛法師只是頷首之交，但是有一次，志靜宣講佛經，拿來一篇講詞，我說：『佛經中的佛學名詞太多，令人難解。』他要我修改成爲一篇通俗的白話文，這篇文字，後來登在太虛法師辦的『海潮音』雜誌上。

太虛法師見了志靜的這篇文字，知道是經我修改重寫的，他對志靜說：『此人有些智慧，不妨請他到玉佛寺來聽經。』因此我也去聽過兩次太虛法師講經，覺得他講得是有條有理，層次井然，與普通的法師講經大不相同。

太虛法師爲人極風趣，也有經營商業的興致，法租界霞飛路嵩山路口的一家『覺林蔬食處』（按館址即是名伶毛韻珂的故居），他也有股本在內的。

我到了覺林，只見太虛法師已正襟危坐着等我，他對我說：『中國藥要在自己家裏煎，是將來中醫中藥失敗的大原因，最好把所有的藥物提煉成藥水，配方時，就可以像西藥一樣便利。』我說：『大師這個計劃，從前有一家粹華製藥廠創行過，但是後來是失敗的。』他說：『我有一個韓國信徒，名金國川，擁有鉅資，願意辦理這件事情，取名「佛慈大藥廠」，一方面宣揚國藥，一方面弘揚佛教，可是缺少一個專門人才來幫助他，我想來想去，只有你是可以指導推行這件事的。』正在說話間，那位韓國人金國川也來了，太虛法師便爲我二人介紹相識。那天，我便在覺林和太虛法師合攝一影。

金國川能說一口流利動聽的國語，他的卡片上的銜頭是『三德洋行經理』，我一看到三德洋行四字，便問他：『你們是不是出一種生殖靈藥品的，報紙上的廣告大得很。』他說：『是的。』（按生殖靈是日本的荷爾蒙製劑，他們登的廣告竟然宣傳可以返老還童，而且有男變女、女變男等荒謬字句。雖然讀報的人疑信參半，但生意已經大好。）我知道他已發了大財，人家說他已是百萬富翁。我看此人面相不善，雖然和他說了好多話，我仍舊把這件事推却了，不過我附帶說：『從前粹華製藥廠，有一位設計者包識生先生（按即此間醫家詩人包天白之尊人），你如有意聘請的話，我願意介紹給你。』金國川起勁得很說：『再好沒有。』我們談了好久，金國川先走，我便同太虛法師說：『這位金先生做生殖靈，名譽並不太好，大師要留神一二。』太虛亦深以我言爲是。

本文作者陳存仁先生（右）與太虛法師（左）合影

過了好久，『佛慈大藥廠』開幕了，太虛當了該廠董事長，做了很多成藥，所謂提煉中藥的事還沒有辦。開幕前夕，他們在大西洋西餐社宴請上海醫藥界知名人士二三百人，太虛要我做總招待，我也答應了。那晚的宴會熱鬧得很，散席後，我替金君料理當天的賬目，金君付了欵就走，我正在上邊空房間中稍事休息，突然間聽見下面砰然一聲，急急忙忙向窗口望出去，這位金君已經倒在地上，原來他被人用手鎗擊中要害，一時馬路呈現了極度緊張和混亂狀態，救護車來了，搬金君上車去了，可是他在送院途中已經斃命。我對這件事情，眞驚惶得不知所措，匆匆忙忙的要趕回家去，覺得這幕戲，實在太驚險了。

從前上海暗殺的案子很少，這樣突如其來，一下子就打死一個人，我的心靈上感觸很大，但是急救車一開走，馬路上看熱鬧的人，也三三五五的散開了，除了地下遺留着一堆血跡之外，就沒有什麽其他的現象留下了。

牽入兇案　飽受虛驚

次晨，很早我就買了新聞報、申報、時報、時事新報四份報紙，看他們的記載，對死者的名字有好幾個，新聞內容透露大致說：『金國川是韓國復國黨的黨員，掌理財務，後來到日本去買製藥的機器，搭上了日本特務關係，爲了要獻功於日方，曾經出賣了復國黨的組織情況，因此遭到殺身之禍。』我看了這段新聞，就打電話給太虛法師的徒弟志靜，志靜說：『大師昨天晚上已經離開上海，不知到何方去雲遊了。』

那天上午，我正在門診時間，突然來了兩個包打聽，要我即刻到四馬路總巡捕房去問話，我心裏很煩惱，但是一想我沒有和金國川合作過什麽生意，因此心中坦然，跟了他們就走。

到了四馬路總巡捕房，一看情形，就覺不對，問話的人是一個西捕頭，旁邊站着一個日本警官，這人雖然操着北京話，但是一聽而知仍帶着日本口音，傳去詢問的人已經有十二三位，都坐在一張長板櫈上，一個一個依次問話，問的時候，態度極不客氣，有些人答話稍稍慢些，就被他摑了兩個巴掌，有兩個人還扣上了手銬，打得很厲害。我想這樣審訊下去，一個上午似乎還不夠，誰知道問到第三個人時，就抽出我的名字，於是先問我，我照實侃侃而談，答得很快，所以他對我一些沒有疑心，就揮手叫我『回去好了。』我走出捕房，心情輕鬆，如釋重負。

到了中午，捕房的包打聽又來了，目的要我去認屍，門口停着一輛鐵籠車，裏面坐滿了十多個證人，風馳電掣直開虹口西華德路驗屍所，坐在這車中，我覺得滋味眞不好受，心想這樣被牽連下去，不知要弄到幾時。

到了驗屍所，日本警官要每一個證人去認一認，金國川本來身材偉岸，可是經過鎗擊之後，體內水份劇減，面色慘白，看來很可怕。我察看這個情況，原來日本警官借金國川的屍體來測驗各證人認屍時的神情，作爲逮捕兇犯的參考。我看了一看，視若無睹，但是心中怕得很。（按所以後來有朋友去世，依照習俗，必須瞻仰遺容，我自此再不敢參加。）認屍完畢之後，鐵籠車仍然把各證人載返中區，我就在外邊自己叫車，免得到了鬧市中，給人家見到我由鐵籠車裏走下來，實在不大好看。

我自從受過這次教訓，以後對任何朋友邀我做什麽生意，都深具戒心，不敢輕易允諾，特別是約我做成藥的人，更有杯弓蛇影之感。這件案子後來是否捉到兇手，我也不知道了！（十六）

狗仔嘜皮鞋

BOBY®

Casual Shoes

（註册商標）

猄皮男鞋
軟皮男鞋
童庄皮鞋
軟皮凉鞋
對對保証
好着耐用

大人公司　平價市場　人人百貨　大方公司　來路鞋公司有售

大人飯店與珍寶大酒樓有限公司合併後，自本月十五日起，大人飯店遷入珍寶大酒樓有限公司地室營業。

今後珍寶大酒樓有限公司除一二三四五六各樓，供應正宗粵菜外，地室則供應高級滬菜，可謂兩美齊備。

新闢滬菜部份，設貴賓室多間，裝飾華麗，座位舒適。如蒙賜顧，請先定座。定座電話K八八七七七七。

大人

論天下大事
談古今人物

第三十期

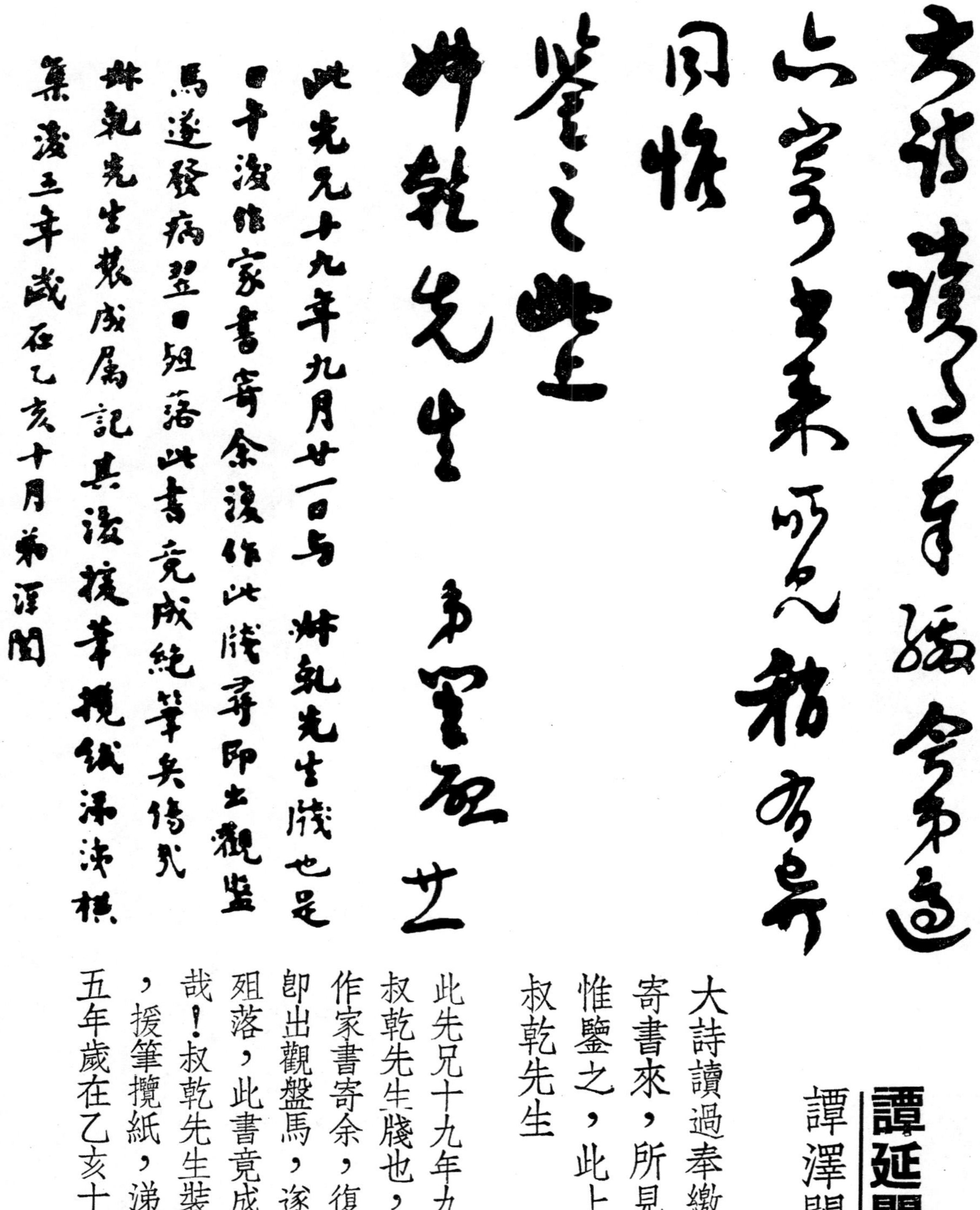

譚延闓遺墨

譚澤闓題識

大詩讀過奉繳，舍弟適亦寄書來，所見稍有異同，惟鑒之，此上
叔乾先生　　弟闓啓廿一

此先兄十九年九月廿一日與叔乾先生牋也，是日午後，作家書寄余，復作此箋，尋即出觀盤馬，遂發病，翌日殂落，此書竟成絕筆矣，傷哉！叔乾先生裝成屬記其後，援筆攬紙，涕洟橫集，後五年歲在乙亥十月弟澤闓。

大人　每逢月之十五日出版
The Chancellor Publishing Company Ltd.
出版及發行者：大人出版社有限公司
督印人：王朝平
編輯者：大人雜誌編輯委員會
總編輯：沈葦窗
社址：九龍西洋菜街三號A　即彌敦道六一〇號後座
電話：K八五五七三〇
印刷者：立信印刷公司　九龍新蒲崗伍芳街緯綸大厦十一樓
總代理：吳興記書報社　香港租庇利街十一號二樓　電話：H四五五六一　H四五〇七六六
星馬代理：遠東文化事業有限公司　新加坡廈門街十九號　檳城沓田仔街一七一號
泰國代理：曼谷青年文化服務社
越南代理：聯興書報社　越南堤岸新行街二十二號
其他地區代理：
澳門：可大文具店　漢城：汎亞書籍公司
亞庇：利民公司　寮國：永珍圖書公司
千里達：中華公司　斗湖：光明書店
菲律賓：華安書局　菲律賓：玲瓏書局
倫敦：東寶公司　紐約：友聯圖書公司
芝加哥：杏林春　紐約：大方圖書公司
波士頓：中西公司　洛杉磯：永安堂
三藩市：新生圖書公司　檀香山：大元公司
三藩市：益智圖書公司　三藩市：文化商店
加拿大：香港商店　加拿大：新國華公司

一九六八年共和黨全國大會一片緊張熱烈情形

美國大選台前幕後

·萬念健·

第四十七屆總統選舉

今年十一月七日，美國歷史上第四十七次舉行總統大選，選舉全國最高行政首腦。大選是一個複雜的政治過程中的頂峯，但是它以一個簡單的原則為基本：政府是人民的，人民選他們的行政官員。這是美國政府制度的基礎。這種代表民主政治的基本大綱，開源於一百八十五年前的憲法。

今年參加選舉未來四年中領導美國的人物的美國人民，將超過八千五百萬人。他們同時要選定副總統，按美國制度，正副總統是在同一選票上的，投票時兩人有如一體。

美國是聯邦政體，因此決定它的選舉總統方式，五十個州各有若干自主權力，但在聯邦中它們需要一個强有力的中央政府。

總統候選人們在全國進行競選時，事實上是在五十州中進行一連串的競爭，這種競爭的總和決定大選的結果。

美國各州有自己的州議院和州院長為主的州政府，各州不論人數多少，各選兩位參議員。另按人口比例，各選或多或少的衆議員。

各州通過選舉人票參加選舉總統，各州的選舉人票和它們在參衆兩院的議員人數相同。

在一州中得到選民票最多的總統候選人，取得該州全部選舉人票，最後勝利屬於在全部五百三十八選舉人票中獲得簡單多數（二七〇票）的候選人。

有希望的競選者配合這種選舉人票制度來作競選計劃，一般集中努力於像加利福尼亞（四十五選舉人票）、紐約（四十一選舉人票）、賓夕法尼亞（二十七選舉人票）、德克薩斯（二十六選舉人票）、伊利諾斯（二十六選舉人票）和密西根（二十一選舉人票）那樣的大州，因為這幾個州票數最多。

十一月中，美國人民除了選正副總統外，還要選出下列人員：

一、衆院全部四百三十五位議員（兩年期）

二、一百位參議員中的三十三位（六年期）

三、五十位州長中的十八位（任期二年或四年）。

四、數以千計的州、郡、城市及其他地方官員（任期不一）。

美國的選舉程序是通過政黨機構進行的，政黨在憲法中並無根據，其機能不受聯邦或州立法的限制。

政黨係在美國歷史初期中發展而成，因為當時人民覺得對政府的行為及方針的種種歧見，有集中之必要。政黨能代表人民廣大利益，提供表達意見的，有組織的途徑。

現在美國政治主要控制於民主及共和兩大政黨，每屆選出總統必屬兩黨候選人之一，「第三黨」雖然有提出候選人，但都難望獲勝。

從今年三月二十一日起至十月七日為止的州初選中，人民已直接提出國會，州及地方政府的大多數候選人。總統及副總統候選人提名，係於兩黨全國大會中選出。

總統候選人提名雖然是政黨本身的事情，但政黨領袖們對一般投票人的思想感情，十分注意。政黨的主要目標在贏得所有選舉，它要選出最受人民歡迎的人物。因此，政黨領袖們對總統預選和全國公衆輿論調查中所反映的投票人們的希望，十分重視。

大選那天，人們將到投票處去，投代表他要選的候選人的選舉人票，每州選舉人中勝利者於十二月十八日在州都中聚會，投他們的選舉人票以使大選正式完成。

美國人民由於有迅速的全國新聞報導和計票系統之助，一般在選舉次日就能知道正副總統人選。在自由社會中，思想見解和性格上的衝突是由來已久之事，這種衝突在大選期中更加熱烈。但是選舉之後，便告冰釋。因為美國政府的第一項原則是「自治」，第二項便是「服從多數」。

大選過程十月最高潮

美國大選，有一段複雜漫長的過程，其時間足足橫跨一年，而於十月進入高潮。一九七二年度大選的日程如下：

一月：競選人正式宣佈競選，組織推行競選運動的人員及籌措競選費用，該月也是參加最早幾州初選最後的報名期限。

二月：在舉行初選的各州內，進行廣泛的競選運動。

三月：最先舉行初選的三個州：新罕布什爾州、佛羅里達州及伊利諾州，分別於七日、十四日及二十一日舉行初選。

四月：續有三州舉行初選，另有多州舉行預備會議，加緊進行籌備競選費用，四月份也是參加多州國會選舉的最後報名期限。

五月：十二州舉行初選，最受注意的是二十三日的俄勒岡州初選。

六月：最後初選於本月內全部完成。

七月：民主黨全國大會（由十日開始）在佛羅里達州邁亞美海灘舉行，選舉總統及副總統候選人及草擬該黨政策宣言。

八月：共和黨全國大會（由二十一日開始）在加利福尼亞州聖地牙哥舉行，選出總統及副總統候選人及草擬該黨政策宣言。

九月：根據傳統，競選運動將從勞工日（每年九月第一個星期一，今年爲九月四日）那天展開。兩黨候選人在全國展開廣泛的旅行，並且利用廣告牌、無綫電、電視進行大量宣傳。同時在各地選拔工人，加入特別組織，爭取少數種族及職業團體的支持。

十月：競選運動進入高潮。候選人每天要公開露面十多次，定期的電視節目時間也撥給競選人作演說之用，另外他們還要募捐競選費用。

十一月：大選日（七日）選出十九個州長、三十三個美國參議員，四百三十五個衆議員，及總統和副總統。大選後，所有競選人開始渡假。

十二月：所有選舉人在十八日會合，總統宣布內閣職員及其他主要職位的名單，草擬未來四年的備忘錄。

一九七三年一月：國會恢復會議，選舉領袖，並在六日計算總統選舉人票數，參議院開始表決總統指派的內閣職員，總統在二十日就職。

本屆選舉的七個特點

美國總統選舉程序，歷年來雖然沒有多大變動，但今年却有多項現象值得注意，它們可能影響今次大選的結果。最重要的是「青年選票」通過一項憲法修正案，全國十八歲的青年均有投票權。另外一項重要現象是投票人越來越趨向於將票數分散在不同政黨的競選人身上。例如，他們投票支持某一主要政黨的總統競選人，又投票支持另一政黨的美國參議員。以下是今年競選程序中一些特出的現象：

一、全國性最低投票年齡由二十一歲減至十八歲。

二、更多的州舉行初選——所有主要競選人同時參加的初選，亦有增加。

三、重新分配總統選舉人票數，以求符合六十年代人口變化情況。加利福尼亞和佛羅里達州得選票最多。

四、女性，黑人及有墨西哥血統的美國人成爲全國大會代表的，比前爲多。

五、限制競選經費，每位競選人競選費用不超過一千四百萬元。

六、副總統提名的競選運動比前積極。

七、對一個政黨的忠誠程度比前減少，選票分散的程度，遠比預料中爲大。

投票機外有幕布遮圍

十一月七日清晨，全美五十多萬投票場所前，投票者開始排成行列。投票男女，符憲法規定，必須是一個美國公民，年齡至少十八歲。每一個投票人，要在當地選舉區登記，查明他們是到了投票年齡的公民，而且是該區的正式居民。

今年，大多數投票者會在一座裏面有投票機，有幕布圍着的小室的保密情形中，作他們的總統選舉。這種投票機，於一八九〇年時開始採用。投票人按下他選舉的候選人姓名的槓杆，便會自動記錄下他的選舉。有些投票人住在沒有投票機設備的農村地區，可用印就的投票紙投票，投票紙上列舉一切候選人的姓名和隸屬政黨。

投票時間最後結束（大多數地點最遲爲下午九時），每一個候選人的選票會計算清楚，交給地方選舉委員會紀錄下來。如果本區所有登記的投票人都已經投票，結果便可以立刻宣佈。交給選舉委員會的選舉票數點清後，鎖在一個安全地方，以備覆查，如果有人報告投票有不法情事，或是雙方票數非常接近，落選者認爲一個無心的錯誤，可能會造成他落選時，法院便可以下令複查選票。因爲有了投票機和改進了的通訊技術，統計結算全國票數的工作也簡易得多，全國電訊業和廣播網負起了迅速報告結果的任務，但正式選舉票數彙結——和非正式的總數相差百分比極小，——要等幾個月後才發表。

參衆兩議院情形不同

除了現由共和黨担任的總統職位以外，今年十一月還有其他公職要競選，現時衆議院的兩黨議員是民主黨二百五十五名及共和黨一百八十名，衆議院議席都要競選。今年要改選的三十三席參議院議席，有十四席是民主黨佔有的，十九席是共和黨的，因爲今年不用改選的參議院議席，有百分之六十握在民主黨手裏，所以這個政黨不見得會失去對參議院的控制。還有，大多數州今年要選新的議會，而且五十州中有十九州要選新州長。近年來兩黨擁有的州長人數有很大的變化。民主黨現在佔五十個州長職位中的三十個，但在一九六八年選舉以後，他們只控制了十九個州——比一九六六年的三十三州減少甚多。今年十一月要競選的十九個州長職位，十一個現屬民主黨，八個屬共和黨。

在選舉總統的選舉中，政治學家和職業政治家常常講到「附驥作用」。一個總統候選人常會引用他的影響力來幫助那些緊隨驥尾的其他候選人。不過越來越多的投票者，他們的選票分給兩黨，總統候選人能爲他一隊中其他人員爭取選票的能力已告減少。例如尼克遜雖在一九六八年獲勝，但他的黨員在衆議院裏只取得四席。一九六〇年，甘迺迪獲選總統，可是民主黨實際上在衆議院失去了二十議席。副總統是和總統永遠是屬於同一政黨的。

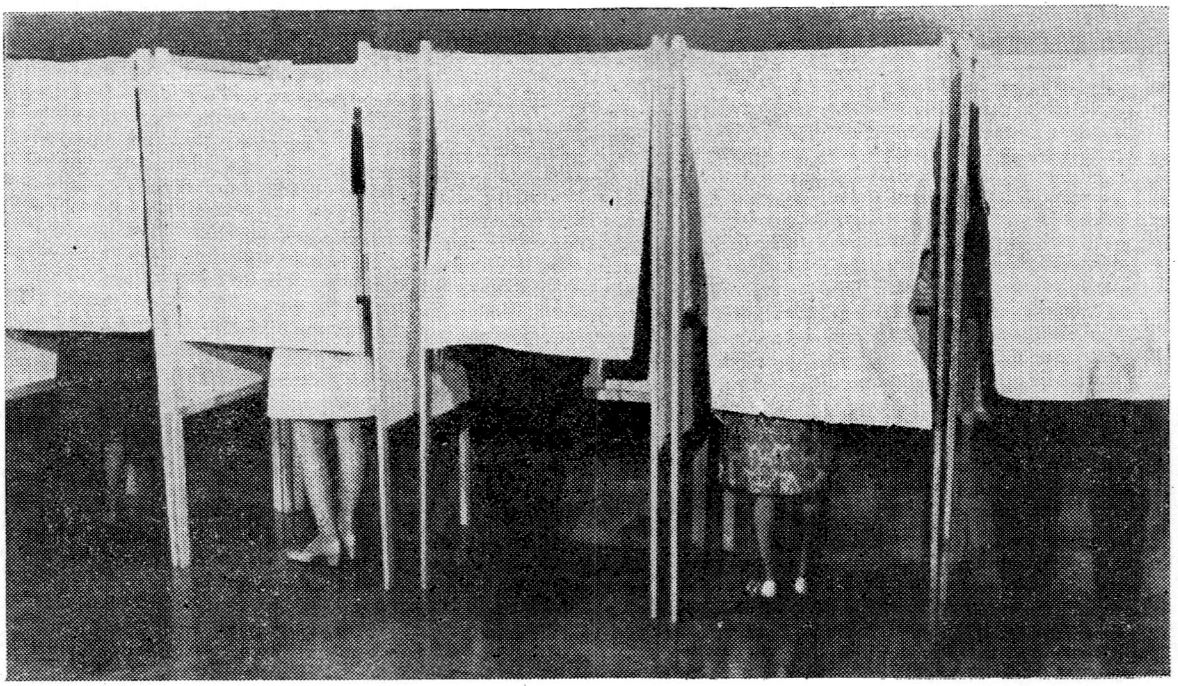

尼克遜總統和他的家人們在投票時情形

投票選出總統選舉人

總統選舉有個奇特地方是，總統候選人的名字雖然印在選票上，但在技術上，投票人所投選的不是總統，而是選出總統選舉人名單。

這許多在五十州和哥倫比亞特別區選出的選舉人，是「選舉院」的成員，根據每一州在美國國會中有多少席位，便可以委派多少名選舉人（哥倫比亞特別區可以委派三名選舉人，這一區在國會中只有無投票權的代表一人），所以選舉院人員共爲五百三十八人。一位候選人要做總統，需兩百七十張選舉人票。由於衆議院席數的分配，是依照每十年普查的最近人口資料，每十年修訂一次，所以今年許多州的總統選舉人，不會和它們在一九六〇年代兩次選舉中的人數一樣，加里福尼亞州現在超過紐約州，成爲最强有力的州，擁有四十五張選舉人票，比一九六四年和一九六八年的總數多了五票。紐約州失掉兩票，現在共四十一票。俄亥俄州和德克薩斯州在一九六八年在人口最多的州中名列第五與第六，今年地位已有改變，佛羅列達州已多得三張總統選舉人票。總之，一位候選人在一九六八年，如果只爭取到人口最多的十二個州，他在一九六八年可以獲得勝利；今年僅是十一個州：加里福尼亞州、紐約州、賓夕法尼亞州、伊利諾州、德克薩斯州、俄亥俄州、密西根州、佛羅列達州、新澤西州、麻薩諸塞州和印第安納州或是北加羅林納州，把十一個州的選舉票加起來，便可以達到二百七十張的數目。

一位候選人可以沒有多數民衆選票而當選總統。在每一州，全部的選舉人票都投票選那個候選人，他也就得到這個州最大數目的民衆選票。

通過一種叫作「選舉院」(Electoral College)的獨特制度選出總統和副總統，是美國選

紐約某電視公司在大選前之情形

維琴尼亞州投票人排隊入場投票

舉程序中最受抨擊的一點，但是它却一直傳留下來，一百八十餘年而不變。

選舉院制度遭受抨擊

上面說過，十一月七日，美國人民投票選總統，他們只是間接地投兩黨提名候選人的票，事實上他們是投票給代表各該候選人的黨的選舉人，得票多的選舉人於十二月十八日選舉總統及副總統。（當然，人們在十一月投票之後，通過報紙廣播及電視，已經知道誰當選了總統和副總統。）

從公衆方面着眼，選舉院的工作幾乎完全看不到。這和美國大選中其他過程——初選，全國代表大會，總統競選運動等的熱鬧情形，形成强烈對照。

批評選舉院的人士們說：它在美國初創立的年月中可能很有用，今天已告落伍，應加改變，代之以直接民選。這種意見以前也常有人提出，但是儘管在國會中都曾創導百次以上的政革行動，選舉院的存在，依然屹立不變。

它能存在的主要理由也許是因爲它的成立是有憲法規定的。美國人民尊重憲法，不大願意改變，特別是它牽涉到像總統及副總統選舉那樣的大事。

美國建國時，政治家們對如何選總統一事，進行過長時間的討論。一七八七年出席憲法起草會議的代表們，曾經愼重考慮過直接民選，但後來考慮到當時的社會和政治情形，終於否決了這種想法。他們當時認爲人民大衆的教育水準不夠，不能明瞭候選人及政治問題的內容，難作明智的選擇；另一考慮是想使總統選舉和政黨政治分開。

最後同意採取的一項折衷辦法，從每一州的知名人士中選出博學廣聞的「選舉人」，乃有「選舉院」之設，目的在使美國有最好的行政首領。

本來所有選舉是由州議會指派的，但是到一八〇四年時，許多州議會把這種權力交給人民，後來其它各州也照樣辦理。

有些史學家相信當年制憲人士原認爲選舉院只是暫時的辦法，後代的人會想出更好的措施。但是，憲法上實際改變這一辦法的，僅見於一九〇四年批准的第十二條修正案。它規定選舉人要分別投票選總統及副總統。在此之前，選舉人不必註明職別，只要選舉兩人，而以兩人中得票多的爲總統，次多的爲副總統。

這種辦法，到一八〇〇年時發生了傑弗遜和波耳兩人獲票相同的情形，兩人同屬一個政黨，由衆院投票表決由傑弗遜任總統。

後來，在美國政治制度成熟過程中，還經過其它不甚重要的改變，而選舉院的基本設計，仍保持憲法所規定的形式。

選舉票有長短票之分

現在，選舉院共有五百三十八人——四百三十五相當於衆議員人數，一百相當於參議員人數，根據憲法第二十三條修正案規定，另外三人來自哥倫比亞特別區。當選總統及副總統，至少需要二七〇張選舉人票。

根據憲法，選舉人的選擇由各州法律決定。大多數州中，由政黨大會或委員會選定選舉人候選者。所有各州的選舉人都由人民投票選定。

大多數美國投票人對選舉人的面目和姓名都不知道，由於普遍採用所謂「短票」，投票人和選舉人更加不相聞問。

採用「短票」，使投票人不必去看一張很長的選舉人候選名單，在選票上，投票人只看到用大字印出的政黨總統及副總統候選人，通常在前面有排小字標明「下列候選人之選舉人……」。

目前有三十五州採用「短票」，另外十四州中把全國候選人及州選舉人姓名印在票上，只有阿拉巴馬州在票上僅印上選舉人的姓名。

一州中獲勝的政黨選舉人按習慣要把選舉人票，投給該黨全國代表大會中提名的候選人，但在美國歷史中，這一習慣曾有幾次被破壞。

每州的選舉人作爲一個集團在州議會中投票，投票結果送交參議院主席（副總統），於總統選舉之後的一月六日，在參衆兩院議員出席的會場中正式計算選舉人票。

選舉院在十二月中投票時，失敗的選舉人所投之票並不計算，因爲勝負之差並無意義。那一黨的候選人在某一州中能取得全部選舉人票，其決定因素在該黨的選舉人是否在該州中獲得多數擁護。換言之，選舉院採取的是「勝者囊括一切」的制度。

在候選人很多的情形中，假使總統提名人沒有一個在選舉院投票中得到多數，衆院可以在三位候選人中選出得選舉人票最多者，每州代表團可投一票，選舉中需要二十六票方為多數。

副總統候選人中假使沒有獲得多數的選舉人票時，參院在兩提名人中選定最多票者。參議員是以個人身份投票的，要有五十一票始能決定副總統誰屬。

這是相當複雜的過程，在七十年代中有人認為它已經過時，但是經過種種改變，美國人民仍舊决定要保存這種制度。

選民中女性多於男性

談一九七二年美國選舉形勢時，先要分析一下選民的情形。

一九七二年十一月，美國達到投票年齡的人約有一億四千萬，其中有的尚非公民，或者尚未達到定居條件，或者因精神不健全及其它法定原因而不能投票。在有投票資格的居民中，我們可以期望約有八千五百萬人投票，不投票者五千五百萬人。

一九七二年的選民中，婦女畧佔多數，男子壽命較短，女性壽命畧長，因此在成年人口中她們佔了多數，但是直到五、六年前，婦女不投票者較男子不投票者多，因此男子仍在投票中畧佔多數。現在情形又有改變。一九七二年大選中，假使投票人有八千五百萬，可能女性佔四千三百萬，男性佔四千二百萬。

一九七二年的選民主要是白人；白人佔百分之九十，黑人佔百分之九，其它少數種族佔百分之一。

今年的選民，基本上仍是中年者，一九六八年選民平均年齡是四十七歲。今年因為有十八、十九及二十歲的人參加，再加上戰後嬰兒增加而使現在二十一至二十五歲的人增加，投票人的平均年齡將減至四十四、五歲。一般投票者將不是那些首次有投票資格的人，而是二十年來一直在投票的人。

一九七二年選民的財富之差並不太高——並不是富有者佔優勢，也不是貧窮者佔優勢。

美國選民以「中」為主：中年，中年階級，中等教育以及中庸思想，大學學位並不佔優勢，多數美國人是中學畢業生。

一度不大受重視的民意測驗，現已演變而為美國政治中一股潛力。

政治家通常視選民測驗為顯示選民對候選人及選舉問題所持態度的指標，因此，這些調查往往對美國的政治競選運動發生重大影響。

在大選前的民意測驗

一九七二年民主黨總統候選人提名的廣泛角逐中，民意測驗的作用可能特別重要。該黨顯然需要提名一個對民衆有號召力的總統候選人，而衡量民意的尺度只有兩個——初選及民意測驗。統計學是現代民意測驗的根據，而其目的則在正確反映某一社團中人的態度。

有很多機構進行民意測驗，有的是公開發表和廣播的，另一部份則由政黨及候選人私用；美國民衆所最熟悉的是蓋洛普民意測驗及哈里斯民意測驗。

蓋洛普民意測驗最先由報紙作專欄稿刋出，由喬治・H・蓋洛普主持，他是現代民意測驗三大先鋒之一。蓋洛普民意測驗由美國民意研究所主辦，經常在一百二十多家報紙發表其測驗結果。

哈里斯公司成立於一九五六年，進行私人民意測驗，後於一九六四年改為公開的民意測驗，現為一百六十多家報紙辦理民意測驗。

有些政治觀察家譴責民意測驗目前的影响地位，他們承認此種測驗在美國政治中有其地位，但又謂人們對它應有適當的看法。

他們說，原因之一是民意測驗可能有錯誤，因為它是基於不完全正確的統計方法的。這些批評者指出，許多事情或許是可以預測的，但統計數字必須可靠，應用也必須適當。

批評者又指出，就是統計學家也同意，調查範圍要大而典型，能眞正代表團體，他們指出民意變更迅速，某一民意測驗的結果，可能在發表前已經過時。

據批評者說，民意測驗固有的最大危險，是民意測驗本身可能影响民衆態度，因為有人在心理上往往要向大多數人看齊。

民意測驗機構很明白這些批評，多年來，它們一直謀求改善它們的技術，並使它們的測驗儘可能長久有效。

民意測驗有幸有不幸

現代政治意見研究法，是基於一九三〇年代中期在美國開始的統計調查，在此以前，所謂「假投票」制度曾經廣泛使用，在這制度中，要將非正式的選票派給大批選民。

最著名的假投票是由「文學文摘」雜誌主辦，該刊以選舉預測準確見稱，但其失敗亦最慘。

在一九三六年的總統選舉中，「文學文摘」根據二百多萬人的答覆而預測共和黨人阿佛烈・蘭頓會當選，結果是民主黨人羅斯福以壓倒性優勢獲勝，該刊不久後便告結束。

為什麽這樣呢？

該刊是從電話簿以及汽車商的銷售名單選出人來投「選票」的，在一九三六年經濟不景氣時，電話用戶及車主不足以代表大多數美國民衆。

在同一年，蓋洛普、葛羅斯萊及羅柏等三個民意測驗機使用一種稱為「比額制度」的範例調查技術，因預測羅斯福當選而獲得讚譽，雖則它們都低估了羅氏當選的比例。

「比額制度」是訪問可作為全國性範例的一千五百人至三千人，這些人被選為投票民眾的代表，各種統計資料是用以根據地理區域、年齡、性別、種族、經濟程度及地區大小而斷定可能參加投票的選民的適當比率。當時民意測驗機構會派訪問員，詢問每一調查區每一組的指定人數，訪問對象是由訪問員自行選擇的。

這制度似乎產生良好效果，民意測驗機構的聲譽因而高升，其後是一九四八年總統選舉。當時大多數民意測驗機構預測共和黨人湯馬士・杜威可擊敗民主黨在任總統哈里・杜魯門，但結果錯了，民意測驗機構在民間的聲譽遂一落千丈。

各民意測驗機構分析了選舉結果後，認定它們的訪問截止期定得太快（有時是在選舉前三週），因而未能測知民眾對杜魯門總統擁護情緒最後一分鐘的高漲。

這次錯誤雖然不能歸咎於民意測驗技術，但它刺激了民意測驗機構，使它們重新研究所採用的技術，結果改用目前使用的「隨意」選舉範例的調查方法。

蓋洛普民意測驗最準

對統計學家來說，「隨意」並不等意「隨便」，那是以或然率的數學法則為基礎的。

例如：蓋洛普機構只以人口為基礎，在全國隨意選出一百五十個地區來進行民意測驗，在每一次調查中，這些地區又被隨意分成許多住宅區。

每一住宅區都有一個訪問員前往，蓋洛普當局給他一個地圖，上面畫着十間隨意選出而由他進行訪問的房屋，他本人不能自行選擇。

民意測驗所使用的問話方式是徹底的，有時列出一百多個問題，這些問題的目的是衡量選民的情緒強度以及簡單的選擇。

訪問完成後，這些問話表便送往蓋洛普總部，由專家對這些資料加以評估，並印出送交訂戶。

雖然通常只有一千五百人被詢問，但蓋洛普機構說：它已發現這些範例調查是全人口的代表，並一貫得出準確的結果。

自一九四八年以來，蓋洛普民意測驗會準確測出每一次總統選舉的獲勝者，其對獲勝者預測錯誤的平均比率點僅為二・〇四。

與蓋洛普的技術相似的測驗技術，亦為其他主要民意測驗機構及較小的測驗機構所使用，後者是由可能參加競選及實際參加競選的候選人或他們的政黨僱用，以在某些地區或就某些問題進行民意測驗這些私人民意測驗的結果，通常都不發表。

本文執筆時，為九月二十五日，據路透社紐約九月二十日電，「時代週刊」與紐約時報聯合舉行之民意調查顯示，尼克遜民望與麥高文相比為百分之六十二對百分之廿三，亦即尼克遜擁護者，自今年八月初至九月下旬止，又增加了百分之十一。

現任總統競選佔優勢

今年總統競選運動進入秋季後，獲得民主黨候選人提名者必將發覺他處於極不利的地位，因為任何競選連任的在任總統，均佔有很多無形的優勢，使在野黨難以對付。

一九六八年的競選運動，共和民主兩黨都佔不到這種優勢，因為詹森總統並沒有競選連任，只是象徵式地競選民主黨候選人提名。因此今年的競選將是共和黨自一九五六年民主黨的史蒂文生角逐失敗，艾森豪威爾獲得連任以來，第一次再度佔得上風。

這些優勢有心理上的，財政上的，技術上的，無論在任總統屬于那一政黨，這些都是有利因素，使競選對手增加額外壓力。

其中最重要和難以測量的有利因素，是美國人民對美國總統職位所表示的尊敬和欽佩。

在很多國內及國際問題上，美國人民多依賴聯邦政府提供一般的領導，而特別倚重總統的領導。

在任總統多會盡量利用這一政治上的有利條件進行競選，強調自己是全國人民的領袖，脫離任何黨派的競爭。

本屆總統候選人（上）尼克遜艾格紐（下）麥高文施利華

在任總統爭取人民尊敬的特殊能力，在財政方面也是有利條件，自電視成爲政治宣傳的媒介後，在進行全國性競選運動的費用隨之大增，電視宣傳費用例由競選人負責，在任總統的聲望往往是他擁護者樂於踴躍輸將的一大保證。

還有一點，任何在任總統都可以要求電視免費撥出時間，用來發表演說、聲明或舉行記者招待會，美國電視台雖未有規定必須如此，但它們從未拒絕過在任總統的請求。

由於總統的言行必然具有新聞價值，在電視台的新聞節目中往往可以看到總統，這也是使他比競選對手佔盡優勢的理由之一。

總統在旅行方面，也佔有利條件。白宮有一交通部門，負責安排總統旅行事宜；使總統的行程不受延阻。尼克遜總統乘搭的空軍飛機，內部經過特別設計，非常舒適，而且在任何機場降落，均享有優先服務，不受繁忙的航空交通影响的特權；但是總統的競爭對手只能乘搭普通的商業飛機，所受欵待與一般人無異。

本屆正副總統候選人，共和黨是尼克遜與艾格紐，民主黨是麥高文和施利華。

尼克遜行動多于說話

尼克遜總統這樣說：「我的特點並非是滔滔雄辯或引人注目，也不在於說漂亮的空話。我的特點，如果有的話，是在於實際行動。我一向是行動多於說話，我所做的永遠多過我所許諾的。」這次，尼克遜總統獲選爲共和黨候選人，亦以行動超出許諾的人的身份，進行競選連任運動。一九六九年一月，他就任爲總統時，曾展望一九七六年美國獨立二百週年紀念的日子，並爲美國及世界未來的期望定下大綱。

當時，尼克遜總統提出的主張是加强國內團結精神，繼續尋求經濟與社會平等，提高健康與教育水平及在世界事務上實現一個「談判時代」。尼克遜總統特別强調和平的目標，他說：「在沒有和平的地方，實現和平吧；在只有短暫的和平的地方，實現永久的和平吧。」

在任期內，他以國家最高行政官身份，一共訪問了二十四個國家，飛行了四十八萬公里，高出任何美國總統的紀錄，在重新調整美國與世界的關係方面，尼克遜總統作了非常大的努力。

他在一九六九年就任時，曾許願盡最大努力結束越戰。到一九七二年中，他已經把美國駐越南軍隊從五十四萬三千人削減至四萬六千人，他協助南越軍隊擴充本身力量，並且把三百多個美軍建造的軍事設施送給越南軍隊。尼克遜總統的代表曾一再與北越代表舉行談判，尋求共同可以接納的和平解決方法。尼克遜主義的主題是强調美國遵守它的諾言，但同時主張它的盟友在維持和平方面，負起更大責任。

外交政策及國內問題

尼克遜總統在外交政策其他方面的成就包括：改善美國與中共的關係。今年二月，尼克遜總統在北京、杭州及上海進行了正式的訪問。美國政府放寬美國對中國大陸貿易限制，加速辦理美國公民旅行中國的手續，展開兩國文化交流計劃，並且在兩國首都間建立了永久的通訊系統，以備非常時期之用。

尼克遜總統又親自訪問了蘇聯，與該國領袖進行會談，爲促進美蘇兩國更多的合作奠下基礎。在他訪問蘇聯的九天中，美蘇兩國簽訂了六項重要的雙邊協定，包括進行聯合太空飛行，在公共健康及保護環境方面進行合作，兩國並且達成了初步的貿易協定。

美蘇簽訂的另一項協定，是限制兩國的越洲導向飛彈的基地數目，及凍結潛水艇發射的導向飛彈數目，這是雙方在限制武器行動上的重大進展。此外，雙方談判代表正在嘗試就其他攻擊性武器達成永久的限制協定，同時，兩國同意禁止所有微生物及毒氣武器。

在對外政策的另一陣線上，尼克遜總統致力於改善美國在外國生產商嚴重競爭威脅下的貿易收支情况。

尼克遜總統另一主要經濟目標是減輕國內通貨膨脹速率，這項努力預料會刺激美國產品在外國的銷售量，同時減輕美國人所受的物價高漲壓力。他採取新經濟政策管制國內工資物價後，最近的經濟指數顯示出美國一般工人今年所購買產品，物價每年增長率約爲百分之三，而一九七〇年初的數字曾高達百分之六。

美國失業率去年大部份時間徘徊在百分之六的水平上，今年中期的數字爲百分之五點五，雖有進展，但仍未達尼克遜總統的目標。另一方面，美國全部就業人數也增加了二百多萬人。

在國內問題方面，尼克遜總統的競選運動將强調政府在控制犯罪率方面的成就。官方紀錄反映出，美國犯罪行爲已告減少。在尼克遜政府促請下，國會通過多項對付犯罪行爲的法例，包括管制痲醉品，對付有組織的犯罪行爲及協助加强執法行動等法例。除此之外，聯邦政府對地方警察的撥欵數目，也幾乎增加了九倍。

尼克遜總統也非常注意提高公共教育水平這個問題，並强調他認爲兒童上學的地方距離住所愈近，學習效率愈高，他反對採取學校巴士（校車）制度，把兒童載送至遙遠的學校，作爲消除種族歧視的手法。

尼克遜要求國會撥出更多聯邦政府的欵項，協助州政府經營的學校系統。同時協助那些選擇把兒童送往私校或教會學校的父母。尼克遜總統的一項主要建議是「家庭協助計劃」，其目標是改革目前一致公認爲行不通的聯邦福利計劃。

尼克遜競選屢遭失敗

尼克遜總統在一次記者招待會中，檢討了他的政府的表現後，對記者說：「我相信我們可以說這是很不錯的紀錄。不過我認爲，美國總統最要緊的地方，是他絕對不能自滿。」

尼克遜總統在事實表現上一項長處是願意接受比前更困難的挑戰，他在加利福尼亞州自己的家鄉威特亞鎮時，是個執業律師。美國進入第二次世界大戰後，他加入海軍服役，升至海軍少校。大戰結束後，他獲選爲美國衆議院議員，並且任職兩屆。跟着，他進入參議院，由於表現積極，處事嚴密，聲名漸起。一九五二年，艾森豪總統挑選他爲競選伴侶。

一九六〇年，尼克遜獲得共和黨總統候選人提名，但在大選中僅敗於甘迺迪，爲美國歷史上最接近的一次競選。兩年後競選加利福尼亞州長職位，未獲成功，但他繼續在各種地方性和全國性選舉中大力協助共和黨競選者，一九六八年他終於成功取得入主白宮的機會，他兩位女兒在他就任後先後出嫁，次女的丈夫爲艾森豪總統的孫兒大衛·艾森豪。

由於共和黨只獲得美國人少數登記支持，尼克遜總統必須爭取那些自認爲獨立的人及那些通常支持民主黨的選民支持，競選才有成功希望。他的競選運動策劃人克拉克·麥克格里哥在邀請那些非共和黨人投票支持尼克遜時說：「參加我們的投票行動，協助這位眞正代表美國大多人的總統爭獲連任吧，這位總統即使在努力尋求辦法解決美國的問題時，仍然看出美國好的一面。」

尼克遜口中的艾格紐

「四年前我覺得他是這個職位最佳人選，今天我仍然覺得他是這個職位的最佳人選，明天我的看法仍然是這樣。」尼克遜總統在共和黨全國大會中形容副總統艾格紐這樣說過，他決定選擇艾格紐爲今次總統競選的競選伴侶。過去四年中，艾格紐副總統從一個藉藉無聞的人物變爲一個受到熱烈讚揚和尖銳批評的對象，現在更有人傳說他將是一九七六年共和黨的總統候選人。

艾格紐在位四年，通過他的智慧，堅毅和勇敢，把歷來不受重視的美國副總統職位，提高至受人尊敬的重要地位。

他在共和黨全國大會上說：「總統是舞台上人人注目的燈光焦點，但副總統却是個不受人注意的人物，只有偶然才獲得燈光的照耀。這種感覺有時並不好受，有時會使人覺得很渺小，但是副總統也有其不爲人知的酬報的一面。」

艾格紐一九六九年一月就任副總統以來，在處理工作上一直是充滿幹勁和興趣，使尼克遜總統及共和黨對他表現都感到滿意。他提供不少改善聯邦及州政府關係的意見，極力贊成美國的太空計劃，並且爲美國印第安人發展了很多新機會。

艾格紐加入的事務包括總統內閣會議，國家安全會議，總統對國會領袖們的通告，及尼克遜總統委派他出席的無數委員會會議，可以說，美國總統所有活動都在艾格紐的注意範圍內。

在國內問題方面，這位副總統曾協助擬定尼克遜總統的建議，修改經濟情況不如理想的州政府和地區政府分享聯邦稅收的法例。

在各種問題上，艾格紐副總統以率直發言見稱，例如他曾率直地批評了大城市的報紙和全國性的電視台，暴動學生和罪犯，反戰示威者和好戰的黑人領袖份子。

艾格紐對美國社會的誠坦率直批評，使一度被目爲是政治冷宮的副總統職位，成爲受人重視的位置。

艾格紐就任以來，曾在尼克遜總統授命下，出國訪問五次。

一九六九年十二月，艾紐格副總統及夫人曾代表美國出席菲律賓總統馬可斯的就職典禮，其他派出代表的國家包括越南、中華民國、泰國、尼泊爾、阿富汗、馬來西亞、新加坡、印尼、澳洲和紐西蘭。

一九七〇年八月，艾格紐副總統前往南越、高棉、泰國、南韓、中華民國訪問，這次訪問目的是評估尼克遜總統一九六九年在關島所宣述的尼克遜主義——要求小國在本身國防方面負起更大責任，減少美國的直接加入——在上述各國施行的情況。

一九七一年七月，艾格紐代表美國參加伊朗的波斯帝國二千五百周年紀念典禮，這次旅程包括在土耳其和希臘停留，傳達美國對地中海東部及北大西洋公約組織南翼的防衛的重視。

艾格紐在希臘時拜訪了他父親的出生地嘉卡格里安納鎮，他父親是在移民美國後才改上費奧多爾·艾格紐這一英語化的姓氏，艾格紐副總統在他父親故鄉受到了熱烈的歡迎。

一九七一年八月，艾格紐進行一項環遊世界的旅程。第一站是南韓，艾格紐代表尼克遜總統出席朴正熙總統就職典禮，然後轉往新加坡、康威特、沙地阿拉伯、埃塞俄比亞、肯雅、札伊爾、摩洛哥、西班牙和葡萄牙，傳達尼克遜總統對這些國家的關心。

一九七二年五月，艾格紐副總統代表尼克遜總統前往東京參加「冲繩」正式歸還日本的儀式，並順道前往泰國及越南共和國訪問。

艾格紐慣以笑臉迎人

艾格紐今年五十三歲，出生於巴爾的摩，他父親於一九〇七年移民美國，經營餐館業務，生意甚好，他母親原是維琴尼亞州布里斯托一個青年守寡的婦人。

艾格紐接受公立學校教育，其後在巴爾的摩的約翰·霍浦金斯大學攻讀化學和法律，他在一九四三年和該市的愛蓮娜

・伊沙貝・茱迪芬德結婚，現在已有四個子女。第二次世界大戰時，艾格紐為美國派歐洲第十裝甲部隊連長，戰後他返回美國繼續就學，一九四七年考取法律學位。其後他在巴爾的摩大學教了七年的晚間法律課程。

艾格紐曾任巴爾的摩郡分區投訴委員會主席，但遭到當地一些排斥政治勢力的排擠，被迫下台，此事引起當地人民公憤，結果於一九六二年推選他為巴爾的摩郡行政官，艾格紐就是從這個時候開始在政治活動內嶄露頭角。他是美國一百年來第一個主管郡政府的共和黨人，在他領導下的郡政府有非常出色的表現。

多年後，艾格紐競選馬里蘭州長一職，結果在大多數選民的支持下當選，在担任州長期間，艾格紐一樣表現了積極的活動。

艾格紐性好運動，他經常打網球和哥爾夫球，把六呎二吋高的身軀維持在一百九十磅左右的適中體重水平上。除此之外，艾格紐喜歡音樂，彈鋼琴，並且有相當廣泛的閱讀興趣。在大部份美國人的心目中，艾格紐是個對本身有非常明確認識是人，喜歡合羣，性格爽朗，說話喜歡誇張措詞，時常以笑容來討論嚴肅的事項。

麥高文為傳教師之子

今年年初，參議員喬治・麥高文積極努力爭取支持，在二十三個初選中贏了十處，終於在全國代表大會中成為民主黨一九七二年的總統候選人。

四十歲的麥高文參議員是美國中西部一位美以美會傳教師之子，以前曾任歷史及政治學教授，二次世界大戰時任轟炸機飛行員受傷。

麥高文於一九七一年一月十八日宣佈要參加提名競爭，成為一百四十五年來最早開始競選的人。他當時發表聲明强調一項保守的主題，就是發揚「我們開國文件——獨立宣言、憲法和人權法案——中的理想。」

不論是自由、保守或者過激，麥高文參議員在使美國人感到煩惱的各種問題中，常常毫不猶豫地採取堅決而往往不受歡迎的立場，但是參加麥高文競選工作的人士中有人說，許多美國人認為麥高文的思想永遠趕在時代的面前。

一九六三年九月，尚未聞「反戰運動」之名，但麥高文參議員已經發表了第一篇反對美國在南越作戰的重要演說。今天，他說要從越南撤出美

當年擁護參加錫的青年人穿上她設計的服裝為競選人作宣傳

美國電視攝影員在現場報導全國代表大會新聞情形

國部隊，停止美國轟炸和結束戰爭，保證戰俘安全回國。

目前美國外交政策主要重心之一是對中共的關係，多年來他一直主張中共進入聯合國，今天，他重申他長久以來的立場，要求以對蘇聯貿易的同樣基礎，展開對中國大陸的貿易。

現在，人們迫切辯論的問題之一是美國經濟如何從戰爭局面轉變過來，而麥高文參議員却可以說他在一九六三年就已提出如何協助推進充份就業的和平時代經濟的第一個法案，這一措施於一九七〇年中再行實施，使太空及其它部門因國家優先事務之改變而失業者們得到各種福利。

美國失業情況持續之際，麥高文是第一位要聯邦政府對體力健全而要工作的美國人保證就業的參議員。

美國婦女解放運動日益高漲之際，麥高文參議員是唯一的民主黨總統候選人提出保證要使婦女能担任最高官職，包括閣員部長等。

美國國內政治中，環境汚染和城市問題日告嚴重，麥高文參議員主張至少以三十億美元供城市公共交通系統建造費用，並以同額經費供對付汚染之用。

麥高文是南達科他州的一個農村子弟，在政治生活中曾經立了不少「第一」。十九年前，民主黨在南達科他全無勢力，他是第一位受薪的黨組織人。一九五六年他被選爲衆議員，連任二屆。一九六〇年，甘迺迪總統任命他爲第一任糧食和平應用工作主持人，是來自農業州的人道主義者的理想工作，使他能令貧者得到食糧，同時銷去剩餘生產，使自由份子和保守份子都對他發生好感。一九六二年當選參議員，一九六八年再度當選。

一九六八年，支持故勞拔．甘迺迪參議員的人士們要求麥高文參議員參加芝加哥民主黨大會的總統提名競選，以團結甘迺迪參議員的反戰擁護者。他敗於韓福瑞，但在大會中投票居於當時的明尼蘇達參議員麥加錫之下而獲季軍。

一九七〇年，麥高文議員爲了一九七二年提名，在參議院辦公室外，開了一個政治競選辦公室，他的競選工作，實際上於去年一月十八日即已開始。

民主黨副總統候選人

民主黨總統候選人麥高文徵詢了許多人士意見，終於獲得愛德華甘迺迪參議員的妹夫施利華氏同意，繼伊格頓之缺出來担任民主黨副總統競選人。

勞勃．沙金特．施利華是麥高文的競選戰畧策劃人久欲選取的人物，他被提出作爲可能的副總統候選人，已是第三次。一九六四年詹森競選和一九六八年韓富利提名之後，屢次都曾有謠傳說他被考慮任副總統職位，這次不是謠傳，而是眞實的邀請，因此他很快就接受了。

施利華是甘迺迪家五位姊妹中的歐尼絲．甘迺迪的丈夫。他這次被選，受到民主黨中政治觀察家們一致稱道。他們把甘迺迪家庭和麥高文的主張連在一起，認爲新候選人是富於行政經驗的、有才幹的人。

美國人對施利華相當熟悉，知道他在甘迺迪總統任內是第一任和平工作隊的主任，也是詹森總統反貧窮計劃的主任。

施利華年齡比麥高文大六歲，精力充沛而和靄可親。他曾在康涅的克州新梅爾福的坎塔伯雷學校求學，後來入耶魯法學院。二次大戰期內，他在海軍中服役。

他最初在紐約市一家律師事務所工作。後來曾短期担任紐約一家新聞雜誌的助理編輯。這時老甘迺迪（前駐英大使）請他代編長子甘迺迪在西班牙內戰期內逝世前所寫的日記。兩年後，一九四八年老甘迺迪又任命其爲芝加哥商場的副總經理。一九五五年他和老板第二個女兒結婚，他們有子女五人。

在芝加哥，他是社會名流，參予教育局、伊利諾學校問題委員會、耶魯藝術館協會、福特政府及高等教育問題委員會，以及若干大學的董事會工作。據當時一位雜誌的人物傳記作家說，他那時「堅決，聰明而好奇心重」、「能自由自在地談論從現代藝術和詩到宗教和經濟等問題」。

甘迺迪總統任命他作和平工作隊主任時，要他負起爭取國會批准這一計劃的任務。施利華努力鼓吹和易於受人信服的外表，在國會各委員會中作證，使和平工作隊成爲甘迺迪政府偉大成就之一。

甘迺迪總統逝世後，施利華留在政府工作，詹森總統任命他爲經濟機會局主任，也等於他是「反貧窮戰爭」的司令。

麥高文總部中人一般深信施利華的担任副總統候選人，是項有利的資本。黑人議員齊壽夫人在致麥高文參議員的電報中談到施利華時說道：「他是人緣很好，受到各界人士歡迎的人物。他和國會方面人士很熟識，是一位經驗豐富而受尊敬的商人，同時他和窮人及少數種族也相處甚佳，他在主持經濟機會局時贏得了他們的愛戴和支助。」

四年一度全國狂歡日

大選的程序於新總統就職後，方告全部結束。

一月二十日正午，當舊總統和新總統從國會大厦出來，走到就職禮台前面去時，穿着紅色短上衣的海軍陸戰隊樂隊奏出「元首萬歲」樂曲。幾分鐘以後，在祈禱和唱罷愛國歌曲之後，當選總統站在審判長旁邊，照讀一個簡單的誓詞。幾分鐘內，被授與了總統職位的權力，他對國內和全世界發表演說，他演講完畢退下；海軍陸戰隊向新元首歡迎，而舊總統儘可能靜悄悄地退走。在象徵上也是在法統上，國家最高職的持續已告完成。

當然，並不是每一次選舉都會換總統，在明年正月的第三個星期六，尼克遜很可能是宣誓就職總統的人，不過不論就任四年任期的是一個新來者，還是一位再當選的領袖，就職講話是一個新開始，是總統向全國宣佈一套新目標的時候。

這是一個歡樂的時候，自從華盛頓依照憲法宣誓就任第一任總統以來，便有直至深夜的慶祝舞會，現在或許有六個舞會同時舉行，那些在全國幫助選出得勝者的工作者，會聚在首都共享慶祝的歡樂。從第一任起，美國人民便把一位總統的就職典禮，當作一個盛大的國家節日。

總統是國家武裝部隊的總司令；他是由幾十個部會組成的大聯邦政府的最高行政官；他編製國家預算，他是美國外交政策的主要策劃者。

好多年來，每一個担任這項職務的人，美國人民都把他當作是他們的特別代表。總統職位是美國在兩黨制度中政府連續的一個象徵。坐在總統座位上的人，是對全世界代表美國人民的，所以美國人把到白宮去的路弄成一條長而需要的路程。

美國總統的權力範圍

美國總統雖然是世界上最有權力的行政首腦之一，但是無論憲法和傳統上，他執行職權時都受到清楚規定的限制。

大多數的限制列在美國憲法中，憲法是美國的基本法，它建立一個完美的制度，使政府中權力平衡而互相監督，以保障人民各種自由。

憲法中制定立法（由參衆兩院的國會制定法律），行政（總統，負責執行法律），和最高法院（解釋法律），是三個獨立平等的部門。總統想做的工作，沒有國會和最高法院的贊同，便不能實施。還有許多工作，總統根本無權處理。

國會，最高法院以及五十州政府的工作程序和決定，總統不得控制——在美國政府制度中，這一點極為重要。

美國國會是行政當局不能以任何理由予以解散的立法機構，只有國會有籌措及撥付欵項的權力。因此，國會可以不批准經費，有效地阻止總統進行國會所不願實施的計劃，甚至壓迫總統改變某些政策。

國會可以拒絕通過總統提出的立法草案。總統雖然有強大的否決權，但並不能阻止國會通過法案。總統所否決了的法案，如果在國會兩院中各以三分之二以上的多數票通過，仍能成為法律。

根據憲法，總統因「叛國、受賄或者其它嚴重罪行或惡劣行為」，可受衆院的彈劾，由參院以三分之二多數票予以罷免。美國總統中唯一受彈劾的是安德羅，約翰遜（一八六五——一八六九），但參院免予處理。

總統頒發的行政命令需受最高法院審查，最高法院可以否定之。最高法院對國會批准的法案，也可核定其是否符合憲法。

此外還有許多獨立的力量對總統常加以監督。這些力量中心包括有反對黨、報紙、五十州的州政府、公司、工會以及其它各種組織和基金會。

總統選舉每四年選舉一次，美國人民屆時他們不滿的總統，或者覺得在任期內有越權行動的總統，可以不再選舉他。

根據一九五一年開始生效的美國憲法第二十二條修正案，美國總統不論如何受歡迎，都只能被選任四年期總統兩次。

自從美國立國以來，一直到一九四〇年羅斯福（富蘭克林）第三次當選時為止，傳統上都是只任兩次的。這次修正案將原來的傳統變成法律。羅斯福非但連任三任，而且在一九四四年時又當選第四任。

由此我們可以看到美國總統雖然權力很大，但他的權力是是受到審慎規定的限制的。同時，總統權力受到限制最大的部門，不在對外，而在對內各種事務中。

歷屆總統共三十六人

凡是有志競選美國總統的人，一定是在美國傳統中成長的。憲法規定總統必須是在美國出世的公民，在選任前至少要在美國居留十四年；此外唯一的資格限定至少是三十五歲。

至今為止，美國前後共有總統三十六人，歷屆總統大都出身律師或軍人。就任總統前，幾乎全都從事過公共服務工作，至於家世富裕或出身寒微，頗不一致。

（上）雜貨店投票請君入櫃

（下）十八歲以上投票宣誓

（上）助選辦公處進行緊張

（下）看電視投票熱烈刺激

他們的政治觀點各有不同，但對立憲政體的原則之效忠則一。雖然還沒有對美國總統作過詳細統計，但歷史家却列出了四位最能幹和最具影響力的總統，他們是華盛頓、傑弗遜、傑克遜和林肯。

華盛頓是美國開國元勛，但他的偉大還有其他理由。他是維琴尼亞州的農人，在美國革命戰爭時期，他領導殖民地軍隊對抗英軍，建立了一個新共和國。

華盛頓連任兩屆（八年）總統後，國民熱烈希望他再連任，但他認爲總統之位不能由一人久佔，而且國家應該有新的領導人，所以宣告退休。在美國政體的初期歷史上，這是一項重大決策。

第三屆總統傑弗遜是美國獨立宣言的起草人。在他那個時候，人們就認識他爲人民爭取利益的努力。今天，傑弗遜已經成爲人民反抗暴政，爭取自由，個人在自由社會中爭取言論及身份自由的象徵。

在任期間，傑弗遜努力使聯邦政府建立民主樸素之風，立下很多功勞，包括創立美國政黨制度，及在一八〇三年時從法國手中購下龐大的路易斯安納區。

第七屆總統傑克遜是第一個從阿巴拉契亞山脈之西新加入聯邦各州中選出來的總統。傑克遜來自田納西州，是全國知名的軍人，他任總統可說是美國人民抗議聯邦政府長期受東岸歷史較久的數州所控制的演變結果。

傑克遜是美國拓荒人民、農人、技工等階層的人心目中的英雄，成爲後來所謂傑克遜民主主義運動的領導人。

傑克遜認爲總統的力量是絕對重要的，認爲在一八〇九至一八二九年期間，國會侵佔總統的合法力量範圍是嚴重的現象。他爲美國總統爭取最獨立的力量，爲此，他是第一個强硬和有效地運用總統否決權力的總統。

美國最受人愛戴的總統要數林肯。林肯在木屋中出生，家境寒苦，全憑奮鬥及決心取得成功，名留千古。他致力於消除美國的黑人奴隸制度，被稱爲偉大解放者，爲人謙躬，富於熱情，堅信所有的人都有天賦的價值與尊嚴，不能稍被剝奪。

林肯在位時，南方十一州企圖脫離美國聯邦另組獨立政府。但是林肯忠實地堅守着他偉大的信念——無論任何代價，美國聯邦政府必須維持。美國內戰跟着爆發，在這場血腥和艱苦的戰爭中，林肯安撫民心，領導北軍作戰，終於取得勝利，保持美國統一。

二十世紀的美國總統的影響力，目前尚難估計，但至少有三位已顯得獨持不凡，他們是西奧圖·羅斯福、威爾遜和佛蘭克林·羅斯福。

西奧圖·羅斯福精力充沛，對喜歡活動和關心公德的美國人民，頗有號召力。

羅斯福四任空前絕後

威爾遜在任時，第一次世界大戰爆發，他前往巴黎參加和平條約談判，促成國際聯盟的產生，威爾遜領導美國在世界上負起新的責任——積極尋求解決國際問題的辦法。

佛蘭克林·羅斯福在一九三三年就任時，適逢美國遭受不景氣打擊，陷入嚴重經濟危機，他推行社會經濟改革，使美國經濟逐漸復元，同時，在他就任期間，聯邦政府比任何時期都更關心公民的社會及經濟問題。

由於羅斯福功業彪炳，史前無例地連任了四屆總統，後來美國人民修正憲法，限定每個總統連任不能超過兩屆。

美國三十六個總統中，只有十二人沒有有修讀過法律或從事法律工作，五個是職業軍人，兩個是法官，有幾個則參加過州議會。

從州長而成總統的，共有十二人，很多總統最先是國會議員，有九個曾經担任過總統內閣職位。十二位總統曾做過副總統，有些是因總統去世而繼位的，有些則後來競選成功，出任總統。

歷史學家指出總統從共和國成立的初期以來，權力與責任一直是有增無減，雖然間中也出現過相反情形，這是因爲上任的總統多具有英明才幹，**有明確目標而堅定不移，提高了總統的聲望。**

蟹肥菊綻憶王孫

神交

> 風雨重陽冷華門，松毛帶水覆霜根；
> 義熙以後無佳色，寫出黃花只墨痕。
>
> ——溥心畬先生題畫菊——

溥心畬先生詩書畫三絕，久爲世人共仰，上面一首詠菊詩是他十年前所作，收在寒玉堂詩詞集中，在他自己手抄的厚厚的遺集中，詠菊祗有一首；心畬先生最喜吃螃蟹，奇怪的是在寒玉堂詩集裏，竟找不出一首詠蟹詩，也許舊王孫對飲食之道不求過份享受，而於水陸草木之花却情有獨鍾，此所以在詩歌中所見，皆山川登臨、美人香草、感時傷事之作，而於筳歌讌飲之會，則絕少題記。

可是，這位孤芳自賞的雅人，對螃蟹似乎特感興趣。在他謝世前的三年，幾乎每年九十月之間都要來香港一行，天涼氣爽，菊綻蟹肥，心老久惓塵務，藉此遠遊一舒積悶，也是最好主意。不過，對旅行出入境的痲煩手續，確有不勝瑣屑之感，特別是他那一派書生氣習，爲了申請入境証問題，不惜三番四次催促代辦，唯恐逾時來港，即無法嘗到肥蟹，而且焦灼之情，有如孩童索物的天眞活潑。

一九六〇年的夏季，心老爲了來港吃蟹事即已開始籌備，先後曾經寫了兩封信來詢問入境手續，信上說：

「……前奉一書，後接徐毓雲先生信，乃知未達，前書係託師範學院役夫寄者，及詢詰，乃言已寄，想是遺忘，自不便追問。此處幷未申請，係由港方辦理手續，弟即刻將照片寄去，幷託徐先生往謁，望執事示以一切，弟因急於往港，恐誤蟹期，且近卒歲，多所不便，務望分神，愈速愈感。能於九日前啓行，至所欣幸……」

照信上說的，可能是他寫好信，叫校役投寄；後來收不到我的回信，便以爲是校役遺忘，又不敢追問，加上他處世隨和，從不會對人苛細責問，祇從這小事去看，他可能是自己寫好了信，但不一定寄出；而且生平過慣了無拘無束生活，寄情書畫，心不二用，誰想到爲了吃一頓螃蟹，還要花上這許多痲煩手續，甚至寄封信也所託非人，難怪他着急萬分。後來，我趕緊把申請手續詳細列出，請他在台北就近辦理。

詩人修養以温文爾雅表現氣度爲最難得，心老生平不但做到從無疾言厲色，而且忠厚惇樸，端肅律己，祗看他重視申請旅行照會，明知役夫把他的信件付諸郵誤，也不計較。後來爲了趕上蟹期，函電交馳，催促辦理入境手續，第二封信也這樣說：

「……煩懇吾兄火速重行在港申請……一切勞神，速爲辦妥爲要，以便弟早日成行，恐誤蟹期，故頗焦急。……」

維時已近重陽，此地的螃蟹倒是最好和最多，我爲了不想令他失望，結果總算如期辦妥入境簽証，那年他偕同太座從台北飛來香港，還在啓德機場鬧了一樁不大不小的痲煩，就是匆忙中忘携回台証，移民局官員要他們夫婦倆原機飛返台北，眞把他急的口瞪目呆，枯坐機場半天，（詳情見本刊第七期），幾經交涉，才和高嶺梅兄將他們接出來，當天晚上，在吃第一頓螃蟹時，在席上談笑風生，左顧右盼，手忙口忙，竟吃了十二隻大蟹，喝過薑湯後，才撫腹而說：「爲了這些口腹之慾，我總算不嫌歷盡痲煩而得償所願」。

第二天，幾位朋友特地假座一家私人俱樂部，設了一席蟹筵，請他夫婦倆光臨。他的女弟子徐建華小姐也隨侍左右，那天晚上的來賓很多，其中當然也有些是富商巨賈慕名而至，場面很熱鬧，可是來賓全部粵語對白，心老和太太祗好端坐一旁，不發一言，我和建華小姐也週旋衆賓之間畧事寒暄。一會兒，心老叫我喚建華小姐回到他身邊，很莊重地說：「這樣熱鬧的所在，我們最好是靜坐一旁，不必費神，尤其是女孩子們更不宜勉强應酬。」

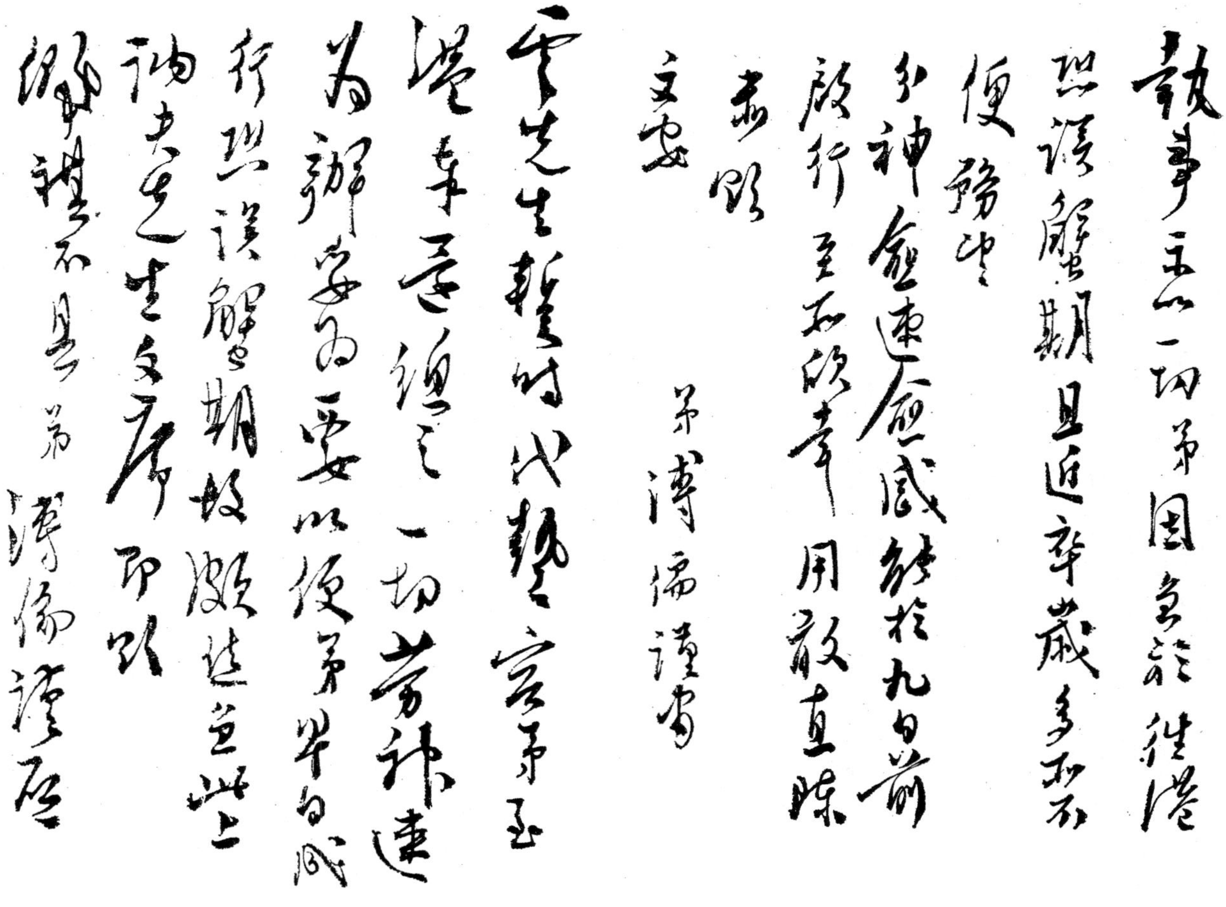

溥心畬致本文作者信札，二函要點俱在「恐誤蟹期」

我想他的個性喜歡清靜，對交際應酬視爲最感頭痛的事，甚至日常生活也都是隨遇而安。那天晚上的一席晚宴，如果不是事前說明專吃螃蟹，他一定會婉辭不赴。

心畬先生雖然洒脫不羣，但對做學問功夫却事事認眞，他的詩文固然格律精嚴，不同流俗，而書畫之道更從不敷衍苟且，甚至他用的筆墨紙張，無不考究入微，一九六二年冬，我有赴台旅遊之行，事前寫信問他需要在港代買些什麽東西，他覆信說：

「……敬悉大駕將臨三臺，無任欣慰。弟隱居簡出，日爲臨池遣興而已。承悉問所需，敢奉懇代覓白色冷金箋數張，最好裁開，便於携帶，必選其稍舊者，新紙礬重而不受墨，弟寫小行楷，向用天下爲公筆，請爲代購爲感。惟此種筆新製舊製者，相差甚遠，舊者管上刻文清氏或楊振華等字，字小而規矩，新者散漫而字大，至不成形象，據此數端選購其舊製者，瑣細煩瀆，想不以爲罪……」

觀此一紙一筆之微，而能處處留意，可知書畫大家，對文房用品絕不粗濫。

寒玉堂自製詩箋，亦爲心老親自繪題精品，如「遺民之懷」箋：爲集唐太宗晉祠銘字，用雙鈎體，其他常用的有自繪垂柳涼蟬箋，題「五更疎欲斷，一樹碧無情」李義山句，賦色雅淡，淸麗兼之。另一秋水箋，繪鱄魚小蝦各一，筆意飛逸，與齊白石所繪的簡拙有異曲同工之妙，還有四君子箋；蘭竹梅菊，直逼宋人筆法。

先生與朋友通信，必用毛筆書在自製箋上，揮灑自如，絕少塗改。署名亦必用「溥儒」二字，不署別號，也不寫紀年和月日。一次在閒談中，我曾舉此奉詢，他說「寫信用正名是表示對朋友莊敬之意，與寫畫題詩不同，寫信不註紀年月日，却是因爲行文太快，而且寄出的信；一定有郵戳，記不記年月倒不關宏旨。」

話雖如此，我始終覺得事情並不像他所說的這樣簡單，也不便再問下去，後來想起他與陌生人見面的時候，總愛用莊敬的態度，自道「溥儒」二字，很少說「溥心畬」三字。至於不用紀年一事，大概也是有些難言之隱，從他喜用「舊王孫」三字的印章來看，這位愛新覺羅皇裔，既不便署民國紀年，也絕不會用耶蘇降生的一九幾零年曆法，此所以在溥心畬的字畫上，看到的祗有干支年份，這是我個人忖測之意，一向不敢向他提問。

心畬先生逝世，距今已歷九年，哲人雖遠，流風餘韻依然在友朋門人中懷念不已。「大人」雜誌過去也有過幾位同文將他的嘉言懿行寫出，我不想再來重叙。際此涼秋入序，菊綻蟹肥，偶從藏篋中找出心老十年前給我的幾封手札，墨迹猶新，廻想當年風趣，不禁重有感懷了！

GEORG HOCK

MADE IN WEST GERMANY

大人公司有售

政海人物面面觀

——胡漢民、陳調元、賀耀組、易培基——

馬五先生

胡漢民（展堂）先生原係國民黨傑出人才，是世所共喻的事實。國父孫公在生之日，始終倚之爲左右手，信譽崇隆。一九二四年，孫公應段祺瑞邀約北上協商國是，即以胡氏代行廣州革命政府大元帥職權，繼且奠立了解決假革命的悍將驕兵滇軍楊希閔、桂軍劉震寰數萬部隊的勳績，物望甚高。論知識學問，胡氏亦在戴季陶、汪精衛諸號稱爲民黨理論家之上，他以孝廉公的國學素養，又能致力於現代社會科學知識如馬克斯學說的鑽研工夫，一九一九年民黨在上海創刊的「建設雜志」，即常有胡氏評述唯物論的文字，這都是戴、汪等人所不及的。然而，自孫公下世後不久，胡氏在革命陣營的地位，竟降居汪精衛之下，終且被排擠放逐於莫斯科，成爲「逋臣」。這其間的主要因素，雖由於胡氏的政治思想和主張，與當時的蘇俄顧問鮑羅廷相鑿枘，然其個性之過於方正拘執，紕於肆應，亦有很大的關係。一九三〇年胡氏爲着召集國民大會，頒佈約法問題，與蔣先生決裂後，曾致函聲明：「竟自審我非政治中人，而發現有作詩的天才，實可爲一詩家云云」。又作詩憶譚組安，亦言「太傅冲和未易師」，允屬自知之明。綜察胡氏一生立身行己、待人接物之道，確非大政治家的風度，他有作帝王師的學識，却缺乏玩政治的本領。換言之，他在政治生活上可與劉伯溫相伯仲，要作實際政治領袖的條件固然不夠，即如張居正之流的權相，亦非其類也——張氏爲着運用政治權力的關係，可與宮庭太監結交，胡先生是不屑爲的。

幹大事業的人，必須有唐太宗李世民那種使天下英雄盡入彀中的涵容氣魄，而以儒家所謂「大德不踰閑，小德出入可也」的尺度爲衡量衆人的標準。所以，國父孫公對於一般同志只要求他們努力於革命工作，個人的日常私生活如何很少置意的。胡先生却不然，他自己的私生活很謹嚴，除了吸紙烟外，世俗之所謂不良嗜好，毫無沾染，雖非道學面目，而理學家的氣味殊濃厚，又缺乏容忍肚量，因而風骨嶙峋，沒有平易近人的恢閎氣度，令人但覺其可畏而不可親。曠觀平輩的革命黨人中，許多曾經跟胡氏共過患難的政治人物，對他多具有敬而遠之的潛意識，如戴季陶、張溥泉（繼）等人是也。汪精衛與胡氏原係刎頸之交，到最後還是凶終隙末；李協和（烈鈞）將軍於民國十年——一九二一年——在廣州對胡氏禮貌欠周，即終身銜怨不釋，後來李氏雖在廣州海珠會議中，桂軍沈鴻英謀叛時，派兵救護了胡氏出險（詳見李氏自傳），仍不獲胡氏諒解，始終傾軋不已；吳稚暉有玩世不恭的無政府主義言行，胡氏即詆諆拒之，指爲「冒牌的無政府主義者」，從不假以詞色，當福建「人民政府」之變作時，吳氏曾致電胡先生勸其勿與閩方同流，而胡復電斥吳有扶同誤國之咎，望吳「自省以謝國人」，意氣之甚，完全失去了老同志份際。至於胡先生對晚輩的革命黨人，事無鉅細總是出以教訓、呵責，而不作誘導、矜全之想。如一九二八年國民黨頒訂召開第三次全國代表大會組織規程，對於出席代表之產生，規定各省市選舉三分之二，另由中央指派三分之一，認爲這是遵照總理在生時的舊例而然。但蘇浙豫與上海各省市黨部指爲違背民主制度，抗不奉命，最後推派代表數人到中央協商，而由胡氏與譚延闓、戴季陶三人接洽。諸代表皆青年同志，指說中央決定的辦法太不民主，侃侃陳詞，殊欠委婉，胡氏聞之，擲去手中紙烟，怫然拍案震怒道：「我跟總理革命時，你們尚未出生。今天你們如此狂悖，眞是豈有此理！」經他一場責罵，諸代表當然不便堅持己見，默爾而息了。但胡氏以前輩身份及其聲望，儘可據理酌情，懇切開導，問題亦必解決，疾言厲色的斥責，結果固相同，却非領導人應有的風度吧？憶一九二五年民黨監察委員張繼、謝持等彈劾中共黨徒跨黨的陰謀，力主清除共黨份子，然孫總理即席和顏告語張氏云：「溥泉，容共政策是我暫時採取的革命策略，如果試行失敗，到時候請你來主持黨務，此刻讓我嘗試一下何如？」張等乃謹敬遵從，不復說話了。假使孫總理亦如胡氏對同志那種怒目譴責的作風，張等亦不敢不遵，然失去了領袖的涵容雅量，未免得不償失，因爲張謝等是基於愛黨的心情，并非徇私好事啊！

胡氏的公私生活，皆不失其淸愼勤廉的本質，這乃是美德，但不能期望天下人必須向己看齊，事實上亦絕對辦不到的。綰領羣倫的政治家，應該體察俗言「水太淸則無魚」的義理，對人不必求全責備，但持大體而已，然胡氏每以己之心度人，無所假借。他對馮玉祥之矯揉造作生活，十分

胡漢民（展堂）

憎惡，馮雖對他表示推崇，亦不願有所敷衍。一九二七年南京國府實行清除共黨份子後，蔣總司令辭職赴日本游歷時，寧、漢政府實行合流，第七軍長李宗仁暨革命軍總部代參謀長白崇禧，對胡氏特示尊敬，執禮甚恭，而胡始終漠然置之，不屑措意，嗣後李、白對胡先生亦就抱持着不敢高攀的態度，若使汪精衛處此，一定跟李、白格外親近無疑也。一九二九年南京市長劉紀文結婚時，曾以每雙大洋廿元代價的絲襪，購贈新婦許淑珍，胡氏即於中樞紀念週會中，嚴加譴責，不留餘地。若以黨國元老的身份，私下對劉告誡，義所應爾，指名宣之於稠人廣衆中，似乖領導人物隱惡揚善之旨，何況這等小事情亦不值得當作一項大問題來檢討吧！

孫總理對於革命黨人，遇事大度涵容，不究既往，即對於公然稱兵謀逆、砲轟總統府的叛徒陳炯明，亦表示只要陳氏上書悔過，依舊倚任如故。胡氏追隨孫公數十年，竟未能私淑孫公這種偉大精神，對人恩怨分明，無所寬恕。一九三三年閩變發作時，南京中央決策，擬召集國民黨中央全會，改組政府，推舉胡先生爲國府主席，派員到香港徵求胡氏同意，他却以蔣先生下野爲先決條件，表示不忘湯山幽居之宿怨，事終不諧。事實上蔣如下野而讓胡氏全權主持國事，又在內憂外患孔亟之秋，胡氏決無統籌全局、担當大任之可能。「九・一八」事變時，蔣亦在野，然上海「一・二八」之役發作，即非他出來綜持軍事不可，胡先生沒有相忍爲國的雅量，而以報怨爲能事，太可惜了！

革命黨人士與胡先生平輩的同志中，終胡氏之身，在政治上彼此合作無間，毫無芥蒂的，似乎祗有古應芬、許崇智、李文範這幾位，其他的一般老同志，表面上跟胡氏固然沒有什麼隔閡，但亦缺乏水乳交融的情誼，原因就在胡氏平日立身行己，自視過高，落落寡合的個性上。晚輩的黨人，胡氏只培植了一個劉蘆隱，算是親信幹部，然劉氏亦犯下了不能容物的毛病，對胡先生幫助并不大。當一九二六年七月廣州國民政府成立時，胡先生以代理大元帥的地位，又具有黨國元勳的資歷，國府主席一職，無論從那方面設想，都非胡氏莫屬，絕對輪不到汪精衛的。胡氏的反共思想雖然極顯著，而爲俄共顧問鮑羅廷所不喜，但當時共黨在國民黨內的勢力尚微弱，大多數的中央委員仍係國民黨人，假使胡氏平日善於肆應，對人稍爲圓通些，汪精衛即無從乘間竊發，妄冀非分，而凌駕胡氏之上呢！

孫總理的聯俄容共政策，就當年的革命利益與國際環境設想，絕對是正確的。在一九二七年四月以前，國民黨人要利用共黨份子幫助革命運動，以期達成國民革命之目的，亦復未可厚非。至於今日中共之竊據大陸，重要因素并非容共政策，而係國民黨本身不團結，甘受共黨挑撥分化，連年內戰不歇，兄弟鬩牆，自傷元氣；再加以日本帝國主義之八年軍事侵畧，使中共乘機坐大；俄帝又將掠得日本在吾國東北的關東軍大量武器，裝備毛共部隊，稱兵作亂；這與容共政策固無直接關係。所以，汪精衛等人當年利用共黨以攘奪政治權位，就運用政治技術而言，實較胡先生高一着，亦與孫總理的容共政策，并不矛盾。

一九二六年三月，廣州海軍局長李之龍事變發生後，蘇俄軍事顧問皆解職歸國，共黨重要份子自李之龍以次，或拘囚，或放逐，或限制其活動，國民黨的權力依然雄厚鞏固。這時胡展堂先生謫居在莫斯科，俄共顧問鮑羅廷亦乞假回俄未返廣州。胡氏聞悉廣州三月十九日李之龍事變，料想國府將改變容共政策，即東裝歸國，史太林初不同意，胡以本人係中華民國國府外交部長來俄考察者，乃蘇俄的國賓，行動不容干涉，史氏無辭以對，只好聽胡氏假途回粵。胡行至海參威，鮑羅廷忽來急電，囑胡稍待，謂有三數友好趕來同行出發，旋有邵力子、徐謙、鮑羅廷聯袂而至，四人同乘俄輪直接駛來香港，這四人來與胡氏同行，當然得到了史太林同意的。在浮海的旬日旅途中，鮑等迭次提出今後國府的內政外交問題，與胡氏討論，并表示擁戴胡氏爲領袖，但希望勿放棄容共政策，胡堅持自己的主張，毫不妥協，鮑等雖無異議，亦未作出結論。到達香港後，鮑等先赴廣州，胡在港憩息數日再往粵垣，而情形已變，鮑羅廷避不與胡晤面，其他的民黨重要人員亦少所接洽，胡知鮑羅廷已別有計劃，即匆匆乘輪回港，胡女木蘭在輪上更衣室驀見陳璧君，乃悉汪精衛亦同船來港，然汪竟不與胡晤面，二人的友誼破裂，殆自此始（詳見胡氏未刊佈的筆記。）這情況很顯然，鮑羅廷到廣州後，以汪精衛既然弄假成眞，必須辭職出國，而胡氏的反共思想又牢不可破，乃藉蘇俄的軍經援助爲餌，另外尋得可與共黨合作的領導人物了。假如胡氏在海輪上與鮑氏等討論政治問題時，態度稍爲圓滑，亦採取暫行利用共黨的策畧，國府主席之位，即不會落到譚延闓身上，而北伐以後的政治局勢，可能另是一種光景了。祇因胡氏爲人過於方正，沒有縱橫捭闔的政治技倆，曲高和寡，無從暢行其志，殊堪惋惜。

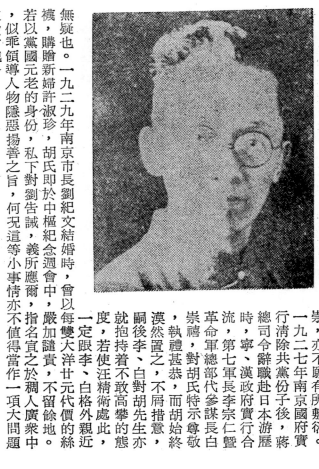

國民黨的西山會議派以反共為職志，隱然奉胡氏為精神領導者，一九二七年南京實行清共後，西山會議派人士大感奮奮，認為他們的主張終告勝利了，相率由上海馳赴南京準備歸隊。然南京方面仍張出「打倒西山會議派」的標語，使他們惶惑不安，鄒魯（海濱）且對南京諸當道要人提出詰詢抗議。這時候，胡先生以黨國元老身份，應該起而申述大義，疏導內部歧見，促成國民黨大團結，實為義不容辭的歷史任務，亦唯有胡氏纔具此資格和能力。然他噤不出聲，頗有坐在山門觀虎鬥的氣概，殊屬失策，繩以春秋責賢之義，不能不視此為胡氏的慚德吧？

越一九二九年，胡氏入南京主持黨務，旋兼任立法院長，聲勢甚盛，而西山會議派這羣老同志，依然被擯於黨政大門之外。胡氏一面撰成「三民主義連環性」長文，作為黨部宣傳圭臬，同時倡出「黨外無黨，黨內無派」的口號，西山會議派這羣老同志，且多係總理的幹部，明明是國民黨內的一大派別，舉世週知，作此口號不啻是宣佈他們這般老同志的罪狀，別人可以如是云云，胡先生却不宜有此論調，這亦就是胡氏自認「我非政治中人」的具體証明。至於「黨外無黨」之說，只有極權專政獨裁的共黨政權，纔昌言此義，胡先生的思想是堅決反共的民主主義者，乃竟有此口號，寧非矛盾的思想表示嗎？且因此而窒礙民主憲政思想之發展，更與三民主義的建國精神相背馳，烏乎可呢？

自一九二九至三一年二月這整整三年之間，胡先生在南京與蔣公合作，勤勞備至，辛苦非常，而內外變故頻發，遑無寧日。除却江西勦共與東北「九·一八」事變外，尚有粵省主席李濟琛被拘囚湯山，閻馮與汪精衛合謀反動諸項震撼大局的事端。胡先生坐鎮首都，完全支持蔣公的主張，即對李濟琛之囚禁，亦與王寵惠、戴傳賢等電告粵軍統帥陳濟棠，指李氏「功不補過」，表示李乃罪有應得。這足見胡氏對蔣公的一切措施，毫無間言，一例贊許的。可是，等到閻、馮戰役結束，大局漸趨安定後，胡先生對於無關宏旨的問題，又常與蔣公立異爭執，不稍遷就。如反對任命張學良為革命軍副總司令，說是「我們不能自已做鄭莊公，而讓別人當共叔段」；又反對遴任奉軍方面的人員作國府委員和部長，認為國家名器不應該濫給人。這類太平盛世的為政之道，理由很正大而堂皇，却與現實環境的需要不符合。最後由於胡氏堅決反對召開國民大會頒訂約法，乃與蔣公大起衝突，無可收拾了！

綜觀胡先生於國父逝世後的政治生活過程，一是皆以自己的尺度衡量別人為本，違背了孔子垂示的「毋固，毋我，毋必」的戒條。對人動則開教訓，他對蔣公亦說：「你不對，只有我教訓你，除我以外，恐怕沒有人再能教訓你了」（見胡氏自撰的「湯山被禁始末」小冊子。）這不是十足的大宗師口吻嗎？他對人對事的一切說教，除却提出「黨外無黨，黨內無派」的口號，在理論上值得研討外，都是言之有物而陳義過高，以之為帝王師，殊有裨益，以之運用實際政治，則多見其空疏無補，而其平日的風度，亦祇是令人敬畏不違，却不發生親切之感。胡先生確非政治中人，了無疑義。現代若干高級知識份子蹈着胡先生的覆轍者，所在多有，人生擇業之不可不愼，有以也夫！

陳調元（雪暄）

已故國民政府軍事參議院長陳調元（雪暄），河北人氏，出身北洋軍旅之中，於民初李純受任江蘇都督時，隨軍至南京于役，中經齊爕元、楊宇霆、孫傳芳等直奉軍將領主持江蘇軍政時期，變亂頻乘，而陳始終在金陵領兵如故，初由憲兵營長而升任陸軍將領，迄一九二六年——民國十五年國民革命軍北伐之際，他以北洋軍的師長兼任安徽軍務幫辦了。他一生的事業，皆以南京為發祥地，迨民十六年國府奠都南京後，陳氏在南京城內龔家橋的輝煌廣厦，即成了文武將吏的俱樂部，舉凡京華顯貴曁各省要人，十九都是陳公館的座上客。

筆者於民國十六年秋間纔初識陳氏的，那時他奉命担任安徽省主席，我濫竽省委之列。始以為他是個北洋老粗，嗣聆其言談，頗有知識，然以僚屬關係，亦未便叩問他學歷。一日，革命軍總部代參謀長白崇禧面晤他，稱呼「陳老師」，我感覺奇怪，詢其所由，陳氏笑道：「我在保定軍校作過地理教官，白健生曾聽過我的課」，此後我即不復以老粗視之了。

民國十六年春間，革命軍何鍵所部劉興師長率衆由武漢進入皖省之際，陳氏所部戍屯皖中南一帶。維時寧漢分裂，互不相下，雙方皆擬爭取陳氏為助，寧方蔣作賓（雨岩）以戰地政務委員會主委關係，積極對陳氏進行策反工作，從中奔走接洽的係吾友范熙績（紹陔）。武漢政府因受共黨操縱，兩湖赤焰高張，華北人士雖贊成革命軍，却害怕共產黨得勢，原在華北從事地下工作的民黨幹部張壁，曾潛來上海晉謁蔣總司令，說明華北各界深恐革命軍實行共產主義，人心惶惶不安，特來請示機宜。蔣總司令乃一面公開清黨，同時接納蔣雨岩的主張，讓陳氏輸誠來歸，任之為革命軍第卅七軍軍長，旨在消弭華北人士對革命政府的恐懼心理，陳氏因緣時會，即成為北洋軍參加革命陣營的第一個高級將領。

陳氏雖担任安徽主席，但省府全體委員都是中央遴任的，而且跟他素昧生平，即省府秘書長劉復（鄂人），亦係蔣雨岩推薦的，他對於省政很少主張，總是聽從衆人意見，而態度極親熱。他的軍隊仍駐紮皖省，由其參謀長孫孟戟（棨）料理，他對省政與軍務皆少過問，常在南京徜徉容與，展其交際手腕，揖讓周旋於當代文武將吏之間。陳公館建築宏敞，而設備齊全，除却彈子房、乒乓球、圍棋、留聲機等娛樂品外，還有很講究的鴉片烟盤。至於麻將牌和其一應的道具，盡屬特製上品，如牌桌上用的墊子，即爲別處少有的一張寸厚的橡皮，據說是託新加坡橡膠商定製的，因而玩牌的聲响很輕微，隔壁房間亦聽不到牌聲。飲食方面，中西厨師俱備，隨客所好。

陳氏自稱「組織部長」，客來即請玩牌，他自己却很少參加。組織就緒後，即有副官手持若干鈔票來，分置於牌客坐位旁的茶几上，說是主席吩咐的，怕各位未準備，臨時要回家去取錢，太費事了，先由主人借墊，輸了以後再歸還云。實際是輸贏皆不必還了。假使有客人輸得太多，怕你要自掏腰包，陳氏隨時前來省視，即刻自告奮勇替輸家代表，他的技術原不錯，加之以玩點小手法，一定收復失地，他纔笑嘻嘻地起身而去。有的客人不玩牌；如周佛海即是，他就陪你打彈子，玩乒乓，或吹鴉片；再不然，就派汽車到夫子廟一帶去迎接著名的歌女或名妓來消遣。南京人沒有不知道「陳老總」的，手面又濶綽，聽說龔家橋陳公館有請，鶯鶯燕燕皆趨之若鶩，引爲殊榮。所以，凡是到陳公館來的客人，皆有「賓至如歸」之感，沒有半點拘束，及時行樂，各得其所。筆者跟陳雪公在皖省一度共事後，承他不棄，倍示親切，每教我常來陳宅給他作招待員，又怕我貧乏，即密語以「你只管大胆陪客，需要錢有我哪！」有些在政治上地位較低的人來到陳公館，還是照樣看待，我曾向他獻議，應該稍加區別爲是。他却說：「爲知這些人將來不飛黃騰達呢？多交些朋友亦好嘛！」我謂耗費未免過大吧？他又說：「反正這錢并不是咱們從家裏帶來的，古人說千金散盡還復來，多花點兒亦無所謂啊。」氣魄很不小，在當代要人中殊不多見。民國十八年陳氏轉任山東省主席後，除了南京陳公館的場面如常外，他又在上海先施公司的東亞旅館內，常年開着一大間套房，作爲京滬間顯貴人物的消遣之所，一到週末，貴客聯翩而至，一切娛樂，應有盡有，客人不須花費一文錢，沒有不盡興的。他對於政治上擁有權力的要人，且在滬上秘密購置房產分別贈送，他送給周佛海的愚園路一所房子，在大陸變色以前始終沒人知道，直至共黨佔領上海後，周妻楊淑慧自動將房產送還陳調元的女兒陳庚，結果仍被人民法院判决沒收，纔公開出來的。許多各省疆吏來南京公幹時，亦以陳公館爲活動之所。民國十九年春間某日上午十時，筆者跟陳雪公正在客室談話中，忽見邵力子神色倉皇的走進來，說是昨夕遺下了緊要物品在客房內，特來尋找。陳氏笑謂：「邵先生不用躭心，我已經替你找到了。」說着，從懷中取出一枚小信封遞給邵氏，頓時，邵力子乃喜笑顏開地走了。我問陳雪公是什麽要件？他說：「昨夕省主席何鍵在我家跟邵先生談話後，把一張廿萬元的支票交與邵先生，邵將支票放在短夾襖的口袋中，脫去長衫，躺在床上吹烟，左轉右側之後，支票掉落床前的地下了。今晨工人打掃客屋時，檢到這張支票來報告我，我知道是邵先生遺落的，料定他今天必然要來尋找，所以用信封裝好，等候他來面交。因有你在座，我不便明說，祇將信封遞給他，彼此心照不宣。」可見陳氏處事對人之細心周密，迥異尋常。

陳調元（雪暄）

陳氏能言善辯，因人而施，很能夠體察別人的心理。民十七年他在安徽省主席任內，曾以軍費支絀，在皖省實行鹽觔加價，當時皖人多反對，但財政部已核准了。監察院有人醞釀對陳氏提起彈劾案，他聞訊即拉着我一道，急往叩謁于院長，却不提鹽觔加價這回事，祇泛言自從北洋政府解體後，北方人士在政治上參加革命陣營的固然不少，但缺乏團結，各幹各的，殊鮮作用，原因就是沒有一個卓著聲望的領導人。今後爲着發抒北方人的革命力量，非擁戴一位領導人不可，于右老的學問道德，以及革命歷史與功勛，在北方人士中，沒有第二個，我陳某要竭力策進此項工作，促其實現，希望右老多多指教。這一席話使于右老掀髯大悅，連說不敢當，大約以情面攸關，這一件彈劾案亦就消弭於無形了。

陳公館除了成爲駐在南京的文武將吏俱樂部外，凡有外來的特殊人物，亦以陳公館爲唯一的下榻之處，如西北軍前敵總指揮劉郁芬（蘭江），第三集團軍參謀長朱綬光（蘭生）等，於民國十八年曾因來京接洽公務，在陳公館作客很久，劉蘭江且將太太亦接來，决計不回馮軍去了。至於中央軍駐防各省的將領如馬鴻逵、劉茂恩、徐源泉等，每次晉京即以陳公館爲傳舍，吃喝玩樂，通宵達旦，主人招待殷勤，流連忘返。只有一次，兩個來賓藉在陳公館娛樂爲障眼法，實行叛變之計，那就是民國十八年冬間，領兵駐在津浦路南段的石友三、方振武二人到南京公幹時，每夕必在陳公館與衆客歡聚作樂。一夕玩到深宵，悄然過江赴浦口後，舉兵譁變了！這時南京沒有駐軍，僅有中央軍校的學員數百人可以執戈抗敵，叛將如將渡江輪船全部扣留，運兵進犯南京，則自國府主席以至五院院長和各部部長，祇好束手就擒而已。事變發生後，蔣總司令偕同首都警察廳長姚琮，赴下關江邊巡視，見兩岸匕鬯無驚，渡江輪亦蟻集南京江岸邊，蔣總司令知叛將沒有大志，即語姚氏道：「我們回去睡覺罷！」石友三等果然率部北黨，不作犯闕之圖，其愚殊不可及。

從民國十七年起，直到蘆溝橋事變前夕，若干年來陳公館皆保持着「貴人招待所」的常態，主人有時雖不在京——如民國十九年中原大戰時，陳雪公以山東主席兼預備軍團總指揮，駐在濟南，許久未回京——而陳公館的高朋依然滿座。要用錢，有其留守主任陳中孚（皖人）經紀其事；招待來賓則有在國府担任參議的舊部徐朝桐（鳳梧），有時候筆者亦義務効勞。所以龔家橋陳公館門前，每至午後五六時，即擺滿了汽車，一般人指稱陳公館為「公共租界」，因為治安機關決不會對陳公館有所干擾的。

上海「八．一三」的抗日戰事終結後，中央知國難日亟，乃積極整頓軍旅，統一軍政軍令，以迎接日本帝國主義者的大舉侵畧，陳雪暄所領的卅七軍即交由軍部整編調遣，他奉命升任為軍事參議院院長，這原是一種閒職，但陳氏任內異乎尋常。蓋在八年對日抗戰之中，全國各個戰區，每因人事或軍令關係，內部不免發生一些矛盾情況，必須最高統帥派員加以調處疏導，這項工作乃落到陳院長身上，而且勝任愉快，遇事迎刃而解，別人却無此能力。良以陳氏平日的孟嘗君作風，廣結人緣，一般中級以上的將領，多對陳氏具有好感，他又善體人意，工於詞令，凡有問題難以解決時，他若到場調處，當事人礙於情面，總不便固執己見，甚至涉及嚴重的軍紀事件，經他從長計議，亦能化險為夷。如徐源泉撤防案，即是一例，這場禍事，若沒有現代孟嘗君的陳雪公從中斡旋，徐源泉勢必步着韓復榘的後塵，成為戰時軍律的祭品呢！

陳氏以北洋軍人歸附國民革命陣營後，並無赫赫戰功可述，而其際遇之優渥，邁越儕輩，經常專閫封圻，顯達歷久不衰，最後且超升至特任官階，終其身成為不倒翁。此無他，一生善於交際應酬，揮金如土，無所吝惜，因而人緣極佳，在政治上隨時博得無形的助力。凡是玩政治的人，如果好貨惜財，一錢如命，其前程絕沒有出息，殆可斷言。等而下之的各色政治人物，祇要看不破金錢這一關，結局即未有不失敗者。吾於是為述現代孟嘗君陳調元的遺事軼聞，以示諷勸云爾。

周逆佛海房產一座
周楊淑慧報請接管
陳調元女兒聲請發還
市人民法院裁定沒收

本市法華區一圖地字圩十五號二坼土地一畝三分一厘六毫，連同定着物愚園路柳林別業第六十七號三樓雙間洋房一幢，原係英册三七〇一號道契，通和洋行管業。一九三〇年間權柄單戶名為上海四行儲蓄會，同年十二月五日，已故之陳調元購買贈與周濂溪堂，過入周濂溪堂戶名，當由通和洋行發給周濂溪堂權柄單，由漢奸周佛海之妻周楊淑慧於權柄單存根簽署。此後雖於一九三一年二月二十三日過入上海商業儲蓄銀行戶名，僅係管業洋行之轉換，業主[illegible][illegible]周濂溪堂。至一九四五年一月一日周楊淑慧將該產權還贈於陳調元之女陳庚，立有贈與字據，但未登記過戶。上海解放後，周楊淑慧以該項屬於漢奸周佛海之逆產，應歸之人民，報請上海市人民政府房地產管理處接管。陳庚主張產權歸[illegible]所有，請求發還，其所舉理由爲：一、該產係陳調元贈與周楊淑慧。周楊並非漢奸，該產即非逆產，不應歸公。二、周楊淑慧已將該產贈與陳庚，其產權自應屬於陳庚。房地產管理處爰將本案移送人民法院審理。

人民法院於受理本案後，以陳調元係將該屋贈與周濂溪堂，而非贈與周楊淑慧，已有上海四行儲蓄會通知通和洋行過戶聲請書之記載。及一九四九年一月一日周楊淑慧本人致陳庚函敍：「贈與周濂溪堂」一語，均可證實。周楊淑慧代表周濂溪堂處分該產，不能謂即屬於周楊淑慧所有。又不動產之贈與，須向地政機關登記核轉，方為有效。陳庚雖曾向偽上海市地政局聲請登記，但未領得所有權狀，亦不能謂該產已屬其所有。該產係周濂溪堂業權，自可認定。查周濂溪堂係已故漢奸周佛海所用之堂名，周佛海叛國投敵，在汪偽政府充任要職，危害國家人民利益，罪行昭著，人所共知。現該項房地產既經其妻周楊淑慧報明係周佛海產案，自應依照一九四九年六月十二日上海市軍事管制委員會財房字第一號布告規定處理，爰予刑事裁定將上述土地及其定着物沒收，交由上海市人民政府房地產管理處接管。

一九五〇年五月九日上海亦報刊載消息

賀耀組（貴巖）

賀耀組別號貴巖，湖南寧鄉人。民初自日本士官學校畢業歸國後，直至一九二六年（民十五年）秋，皆在本省担任軍職，國民革命軍北伐前夕，他已升任湘軍第一師長，頗受省長趙恒惕器重。既而湘軍第四師長唐生智稱兵反趙，賀糾合葉開鑫等組織「定湘軍」，實行擁趙討唐，自任「定湘軍」總指揮，聲勢甚張，初戰勝利。唐軍敗退之餘，藉保定軍校同學白崇禧之力，通欵曲於廣州革命陣營，受任為國民革命軍第八軍長，再戰轉敗為勝，趙省長通電去職。是時粵方的革命軍已踰嶺嶠北伐，直指湘省，蔣司令為減少革命阻力計，曾任命賀為革命第九軍軍長，派員賚同任命狀送交賀，詎他意存觀望，不願就職。他昧於大勢所趨，低估革命軍的力量，且以趙省長通電聲明，將省政交由唐生智代理，於心不慊，自信「定湘軍」實力尚足以擊破唐部，即可取代省長之位。殊不知唐有北伐軍作後盾，非賀、葉的孤軍所能抗衡，結果祇有失望而已。

唐率第八路軍進入長沙，代行省長職務後，又拜兼革命軍前敵總指揮之命，而賀偃蹇常德一帶，躄躄靡騁，乃向唐生智接洽，表示願就第九軍職，然唐答以「革命軍只要常勝將軍，不要常敗將軍」，給他很難堪。既而蔣總司令來到長沙，賀以士官同學之誼，輸誠請纓，受編為獨立師長，又恐受唐之傾軋，急率部離湘，馳赴九江附近待命。時革命主力正在江西境德安、馬廻嶺地帶，與孫傳芳的北洋軍鏖戰，孫以江輪為總部，停在潯陽江邊，賀為湔雪「常敗將軍」之恥辱，竟未奉總司令核許，即冒昧夜襲九江，孫傳芳倉皇遁去，革命軍在德安亦大獲全勝，賀以功升任第四十軍軍長，旋率部會攻南京而克復之，賀被派兼南京衛戍司令，從此漸漸取得了當局的信任。

越一九二八年革命軍二次北伐，賀與方振武部攻入濟南後，因日本田中內閣派兵干涉，賀、方兩軍奮起抗戰，發生濟南「五・三」慘案，事後日方指賀、方爲禍首，要求懲辦，我政府表面答以俟查明實情處理，暫示敷衍。北伐軍統一全國後，中樞預料今後日本軍閥必將繼續侵華，亟須整理全國軍隊，共禦外侮，第一步即非統一軍政軍令不可，賀既爲日本軍閥所指目，乃調任他爲國府參軍長，所部四十軍整編爲第八師，仍由賀的舊部毛炳文担任師長之職。賀對此事初無異議，迨一年後，他轉任參謀次長時，曾對筆者大發牢騷，他說許多擁兵自衛、不將軍權交給中央的將領如韓復榘、何鍵之流，皆得封圻專閫，雄據一方，我賀某基於愛國思想，遵從國策，毅然實行軍隊國家化，乃投閒置散，視若廢材，太不公道了。迨一九三〇年討伐閻馮之役，蔣委員長派賀爲津浦路總指揮，然賀要求將其舊部第八師調歸麾下，方肯就任，用心即是要有私人武力作政治資本。是時第八師由朱紹良統率，駐防粵桂邊境，別有任務，不能移防，而賀遂負氣不奉命，旋改派何成濬承乏津浦路總指揮職務。蔣對賀的觀感，洎是漸告轉變，賀再想領兵的希望，亦就難以實現了。

賀耀組（貴嚴）

賀在參謀次長任內數年，鬱鬱不得志，乃寄情於聲色，曾在南京私立「仁濟醫院」中，得識護士小姐倪斐君，兩情繾綣，論及嫁娶，然倪以賀已有妾，不願屈就。迨一九三二年秋，賀的如夫人病逝了，賀乃遍發訃聞，并於南京毘盧寺舉行盛大的追悼會。這時筆者適服務武漢「豫鄂皖三省勦總」，一日，總部秘書長楊永泰手執賀所發如夫人訃告，佛然語我曰：「你們的賀四爺（湘人對賀的稱呼）太無聊，姨太太死了亦大散訃聞，還要舉行追悼會，這算是什麼喪禮呢？」實則賀此舉是在取得愛人倪斐君的信心，俾能成就好事耳。詎知倪斐君原係一名共產黨員，她與賀結合後，很技巧地招引了一些同志跟賀接近，如筆者在日本求學時相識的川人李劍華，即其最著者。對日抗戰中期，賀担任軍委會辦公廳主任之際，李是賀的秘書，迨賀調任委員長侍從室主任後，李即離開賀了。原因是在軍委會辦公廳作秘書，可以蒐求許多機密情報，若到侍從室，殊不容易從事間諜活動，而且很危險！抗戰結束，李一度担任上海市社會局副局長，主管勞工事宜，亦得力於賀的推轂，幕後設計人就是賀太太倪斐君。一九四〇年共軍佔領上海伊始，李劍華担任「華東軍政管理委員會」勞動部長，實係一個資深的共幹。

對日抗戰初期，蘇俄與吾國修睦，且給以空軍援助，因此，中樞亟亟於修築自蘭州到新疆的公路，而新任甘肅省主席朱紹良以有軍事任務未能到職，乃派賀代理甘肅省主席，專爲從速完成西北公路，路通後，賀仍主甘如故。然賀并非行政人才，加以用人失當，曾有販運鴉片情事，而其他的政治措施亦爲甘肅人所不滿，政聲殊欠佳，甘省籍的國民參政員水梓，且在重慶參政員大會中，正式提案彈劾賀耀組，縷述其種種失職事項，而以販烟爲最受輿論攻擊，中樞祇好免去賀的代理主席職務，飭朱紹良入甘就任。朱視事後，應甘人的請求，查究販烟問題，曾將賀任內的高級職員數名暫予扣留，靜候查辦。此時賀已來到武漢，聞訊大不以爲然，即囑秘書龔雲村（湘人）撰擬簽呈報告蔣委員長，請求主持公道，龔不同意，謂如此則朱氏爲着自身的職責關係，勢非廣蒐証據，徹底究治不可；即或証據不足，亦必曠日持久，不易了結，倘得實據，後果嚴重了。不如由賀私人致電朱主席，請其念在同學關係（朱亦日本士官生），不爲已甚，藉留他日見面之情。賀猶堅執己見，謂由委員長電令朱氏省釋諸被逮者，事半而功倍。龔答以不妨先以私誼致電朱，如無效，再行上達天聽亦不遲。賀不得已應諾照辦，朱接電，果將諸人釋放了。若照賀的意見行事，被拘的人一定構成刑事罪犯，陷身囹圄，而賀朱二人的私交亦必破裂無疑。

武漢撤守，中央政府遷入巴蜀後，賀亦到重慶，旋受命爲軍委會辦公廳主任，繼又轉任軍事委員長侍從室主任，際遇可謂優渥。但他作過一次代理甘肅省主席後，竟對「省主席」這項官位着了迷，朝夕念茲在茲地營謀此項職銜，尤對湖南省主席之位，特別熱中，而對其他的任何文武公職，皆不感興趣。維時蔣委員長常赴南嶽指導中原戰事，賀以侍從室主任，自必隨侍左右。他每到南嶽時，即邀約湖南省府中的湘籍人員晤談，查詢省政實況，特別留心於省主席薛岳（伯陵）的一些不洽輿情的措施，曾有湘省田糧處長某到南嶽晤賀後，遄返長沙不久，竟自殺了！道路謠傳係與賀密談湘政有關，賀回到重慶，即以湖南旅渝同鄉會名義，散發傳單攻訐省主席薛伯陵的種種秕政，目的在要取代薛氏的主席地位，却不瞭解薛係戰區司令長官，且在長沙著有戰功，中樞爲着抗戰利益，自不便撤去薛氏的兼職。因此之故，抗戰結束時，薛伯陵表示請辭省主席職務，但暗示决不歡迎賀某繼任，中樞乃以吳奇偉承其乏焉。

在抗戰末期，中央任命賀爲重慶市長，特別市的地位原與省相埒，市長亦即等於省主席，但賀甚不滿意，對着向他道喜的朋友，竟以悽楚辭色，答言「你們應該替我追悼」，筆者就是親聆其說的人，他之所以薄特別市長而不爲，就是志在省主席也。他對市長新命，曾再三呈辭不就，頗有撒嬌之意，最後經最高當局面予訓誡，纔不得不遵從的。他作了兩年多的市長，政績殊無足觀，市府秘書長就更換了四位。他的太太倪斐君暗中干政，薦用私人，幷藉所謂「兒童福利社」名義，隨時在私宅召開座談會，參加的人，除却本國的一些左傾份子如章乃器之流外，還有當時由共黨同路人費正清主持的美國駐華新聞處人士。

抗戰結束之初，賀已卸去市長職務，大作其「省主席」之夢，旋見湖南主席被吳奇偉攫得，心裏已滋不平，政府還都後，吳奇偉去職，中樞又以王東原接替，賀更怨望不已。自認爲資歷以及跟最高當局的關係，皆遠在吳、王之上，湖南主席匪異入任，而乃再三向隅，爲之深表憤慨。庸知政治生活是最現實的，吳、王皆有大力者支持提拔，自非毫無憑藉的尋常人物如賀者，所可同日而語，搞政治而不能仔細瞭解政治行情，又缺乏「簡在帝心」的特殊功績，專慾難成，理固然也。賀於失望之餘，目擊當時各方人士羣起組織政黨政團，高談民主運動以期分享政治權益的作風，亦就如法泡製，在上海組織「太平洋學會」，從事號召，無奈聲望不足，財力亦絀，始終不發生作用。這時節，共黨釀亂日亟，局勢逐漸逆轉，賀移家上海，乃與李濟琛結合，實行親共了。但一九四九年春初何應欽担任行政院長時，賀仍受命爲政務委員。是歲五月，筆者于役上海新聞界，一日承賀枉訪，暢談大局趨勢，我告以即將南走粵，賀不謂然，說是共軍進佔上海後，許多文化事業亦需人接收的，勸我不必離滬，我笑謂：「貴公係行政院政務委員，何以有此論調呢？」他說：「我馬上就要請辭的」，旋即赴廣州一行，辭去了政務委員而返滬。

一九五〇年我到香港主持某報筆政時，賀與黃紹竑正在香港替中共進行策反工作，所謂九龍塘七十多名國民黨員聯合宣言「起義」的把戲，就是賀、黃導演的，宣言中歷數國民黨及其政府種種敗壞國事的措施，振振有詞。筆者瞧不順眼，即在某報撰寫社評予以反詰，指賀、黃二人原係民黨中央委員，又曾出將入相，顯達一時，黨與政府既有敗壞國事的罪過，你二人難道就沒有責任嗎？未幾，我在渡海輪上與賀狹路相逢，照例向他問好，他却以極不愉快的態度說道：「我曉得你在這兒是幹着什麽事的」，語含譏刺，我亦不客氣地答言：「我在某報作總主筆，前幾天批評貴公和黃季公兩位老長官的文章，就是我寫的，公誼與私情，恕難兼顧了。」他祇好苦笑而已。

賀與黃季寬回到大陸投降共黨後，黃初時尙以「民主人士」的姿態，撈到一個「全國政協委員」的名義，賀却住在武漢一啤酒廠樓上，屈任「華中水利部」參事，成爲劉斐的部屬，而其太太倪斐君却常住北平，不復與賀相處，恍若遺棄，賀每天持着拐杖，步行到「水利部」辦公，從未去過北平，情形甚凄慘，終於抑鬱而逝世了。

賀之爲人，多慾而寡識，私心甚重，無論治兵從政，皆好用親屬戚黨，沒有開朗作風，即不容易得到人才以相輔弼，晚境之落寞悲涼，非偶然也。

易培基（寅村）

易培基（寅村）湖南長沙人，粗讀舊書，好寫嬰兒體的漢字，不愧爲三家村的學究，由於時代關係，他對近世的社會科學知識，是極端貧乏的。他有一弟易白沙，少時爲革命而死難了，湘人同聲痛惜，因而視寅村爲烈屬，每加禮遇，民國初元執教於長沙各中學，講授國文。譚組安先生二次主持湘政時，易曾入幕府供職，旋受命爲省立第一師範學校校長有年，趙恒惕繼任湖南省長後，易卸去師範校長職，改充湖南省立圖書館館長。迨一九二〇年（民國九年）夏，易辭圖書館事，先叔祖（筱秋）承其乏，接任伊始，依照移交的圖書清冊逐一鈎稽，發現一部宋板書籍已非原有版本，即函易查詢，易復謂原書係第一師範借去了，但無借條存案，再致函一師追索，而一師校長堅決否認有借書之事。如此往返究問，遷延若干時日亦不得要領，而易已離湘前往廣州去矣，此案乃不了了之。是時筆者適在長沙，親聆先叔祖談及此事，肯定係易以普通板本掉換古籍，化公爲私了。趙省長曾電廣州譚畏公，乞轉囑易歸還原書，然譚復電謂未見易來粵，終無結果。

易培基（寅村）

易抵粵後，投入湘軍總部司筆札之役，越一九二四年國民黨採取容共政策，毛澤東、夏曦等湖南第一師範畢業生皆在廣州，毛尋且當選國民黨候補中委，主持農民講習所。易以曾任湖南第一師範校長關係，常與毛、夏等接近。毛、夏雖未直接受過易的教（易作校長時，他們已經畢業了。）然仍以師禮事易，呼之爲「校長」。後來國民黨遴派湖南黨務工作人員時，易即按照毛、夏所開列的人選，分向譚畏公與汪精衛爲之說項，指這些革命青年都是他的及門弟子，汪精衛以易擁有這般青年羣衆，乃不復視易爲學究式人物，特垂青眼，引爲同志。蓋易經常穿着長袍，足登布履，手持吾國舊式的長烟桿，在新人物的觀感中，認爲他是不能革命的老古董呢？

易在湘軍總部的職位是秘書，却非譚畏公的親信幕僚，眞正替譚公掌理文書事宜的，係與譚有葭莩之誼的呂苾籌（蘧生），往後譚在南京任行政院長，即以呂爲秘書長。易培基亦掌書記如故。一九二四年秋，湘軍改制爲國民革命軍第二軍，譚畏公仍任軍長，此時軍部幷未設置秘書長。一日易在其辦公室門口，貼出「秘書長室」字條，羣起攻擊，呂苾籌亦極不愉快。易在羣情非難譏嘲之下，不安於位，乃乞譚畏公向中央黨部商洽，請派赴外省從事秘密革命工作。初擬派往湖南，易以湘省仍係趙恒惕當政，恐趙藉宋板書舊案對他不利，自願北上幽燕于役，從之。汪精衛對易已有好感，特別爲易作書鄭重介紹於華北甚著聲望的李石曾先生，書由易面遞，此一九二四年冬初事也。易挾書馳抵北平，晋謁李氏，李與汪友誼素深，對易頗厚遇，易對李亦尊敬備至，過從甚密，寖成親信同志。

越一九二五年春初，馮玉祥倒戈反對直系軍閥曹錕、吳佩孚，潛師自熱河馳回北京，將賄選總統曹錕拘囚於延慶樓，而由原任教育總長黃郛組織攝政內閣，實行首都革命。黃內閣徵辟李石曾出任教育總長，李以生平不作官的素志，婉却之，黃求李舉賢以代，李即推薦易培基，黃雖不識易，然以李旣提名保舉，且係來自廣州的國民黨人，當然樂於延攬。於是乎，易以不甘落寞的舊式書生，平地一聲，躍居「文部大臣」的崇高地位了！富貴逼人來，殊非始料所及，他對李石曾先生自然感恩知己，刻骨銘心，旋將女兒許配李氏的侄兒，締結秦晋之好，關係更進一步了。

馮軍推倒曹錕後，再將滿清小朝廷的溥儀廢帝驅逐出宮，所有庋藏故宮的一切古物，原係國家財產，另設「故宮古物保管委員會」管理之，而以李石曾氏總其成，教育總長易培基以職責所在，當然參加，李氏固不願負行政責任，對於管委會的日常事務，皆託易料理，事實上，易纔是管委會的主持人。是時筆者自海外歸來，執教鞭於北京民國大學，常應當時住在張家口的李協和將軍之約，往來張垣與北京之間，而民黨要人張溥泉（繼）先生亦常在張垣與馮玉祥接觸，李、張二公爲着華北的革命問題，不時致書李石曾先生，間亦與易通函，這些信件不便投郵，每由我携至北京面交，因而得識易。一九二五年冬臘某夕，大雪紛飛，我懷着李協和將軍致易總長的信，赴易公館叩謁，易適進餐，囑閽人引我進入他的小客廳暫坐，這是表示對我優待的禮貌。我在客室候教時，見墻壁上掛有墨梅四幅，甚高雅，起身撫摸之，知係用絹質畫的，再翻閱反面，絹角上蓋有文淵閣第若干號的紅色鈐字，証明是故宮的古畫決非民間普通畫件。

黃內閣歷時不久，段祺瑞入京主政，成立執政府，各部人事改組，易亦去職，由湘人章士釗繼任，易乃專責料理故宮古物管委會的會務，直到一九二六年初夏，西北軍撤出北京，張作霖、吳佩孚聯袂入京，查緝國民黨人甚急，易纔避往天津。迨南京國民政府成立，易以李親家的推轂，出任農商部長。南京政府的高官，皆優爲之，憑易之才之學，及其對革命的歷史與勞績，固不配顯達若是的，這除却歸諉於命運外，很難得到正確的解釋。未幾，中央設置實業部，農商事業併歸該部掌管，易解除了部長職務，而中央決定將故宮古物管委會改組爲「故宮博物院」，範圍更擴充，易又被任爲故宮博物院院長，官運依然亨通，叨的還是李親家之光。易任故宮博物院長的時間甚久，每月發行一本刊物，將故宮的古物分門別類，加以圖片說明而刊佈之，算是一項有益於文化事業的工作。此外故宮所藏的皮貨亦不少，這類毛質品久藏必告窳敗，易乃主張公開拍賣，固屬不錯，大概易的幸運已經告盡了，竟因此而惹禍上身，終身抬不起頭來！

故宮的皮貨當然是特等材料，拍賣這些貨品時，據說不無弊竇，人言嘖嘖，莫可究詰。旋有中央黨部監察委員舉証提出彈章，中樞以事涉刑律，爲表示公正，乃交由高等法院究處，俾息物議。法院傳易到案偵訊，易具呈辯稱此係私人之間的嫌怨問題，否認有舞弊情事，却不肯出庭對質。法院以中樞專案移送的公訴事件，未便因循，非被告到案不可，迭傳而易不應，乃下通緝令。於是，易祗好辭去院長職務，避居津滬租界中，法院以被告行蹤不明，無從查緝，亦就停止進行，經過相當時期後，事情淡然若忘了。易久蟄思動，曾在上海江灣創設「勞動大學」，自任校長。迨一九三二年日本軍閥掀起上海「一·二八」戰役，江灣一帶遭受日寇空軍轟炸與砲火進攻甚烈，勞動大學以及易隱居江灣的宅第，一律化爲灰燼了。據說易收藏古硯最多，計有珍品八十餘件，盡已燬於砲火之中，損失殊慘重。洎是易的行蹤即很少人知道，不久乃以下世聞，他究竟是在什麼地方逝去的，社會人士多不明白。

易氏以一腐儒之資，因緣時會，於窮無所歸的落拓境況中，一躍而驟躋公卿之位，其興也勃焉；得意忘形之餘，竟以細故而招來身敗名裂之禍，抑鬱以終，其亡也倏焉。謂之爲兎起鶻落，不亦宜乎！易氏平日對人接物的詞色氣宇，多虛憍而不自然，故作學者通儒的形象，矜持不遑，而談吐則甚俗。世人疑其在掌管故宮古物期間，不無慚德，事屬曖昧，搢紳先生難言之。但他早年以坊間通俗本換取湖南圖書館的宋版書籍，却係千眞萬確的事實。康有爲游西北時亦曾盜取敦煌石室典籍，喧騰中外，易不過小巫而已，尙何言哉！

LLOYD

HANDMADE QUALITY

World's proudest, most expensive, elegant, comfortable & durable men's footwear

西德名廠「利來」男裝鞋

飲誉全球·鞋中權威

大人公司 平價市場 人人百貨 大方公司·來路鞋公司有售

蔣桂琴死了！

××兄：

先代晉蔣桂琴向您道謝！

昨天，她竟去了！是的，與其活着掙扎受罪，不如早些安息！唉！記得在九月二十日我代您送稿費給她；還送她一本大人雜誌，她還講「不好意思嘛！」我說你也需要錢啊，她順手就把錢放在枕頭下面一個小皮包之內，並囑我代爲寫信致謝，可憐，這聲音情景已成絕响了！……

白玉薇 九月廿九日

我的第三個女兒海屏就讀台中中興大學二年級了，九月廿九要到台中註册，決定廿八離開台北，我因復興劇校放假，女傭切好菜走了，我却一直心神不寧，一邊包餃子，一邊掉眼淚。在輔仁讀書的老二奇怪媽媽的反常，勸我說：妹妹十月馬上有假期回來了。不知怎樣，心慌意亂，七上八下的連中飯都沒吃好；其實孩子也不是第一次去台中啊，誰知却是蔣桂琴逝世前的心電感應呢！下午周彌彌來電話告訴我：「蔣桂琴於中午十二點四十五分走了！」轟然一聲雷！雖然這是意料得到的，但是仍瘋狂的跑去空軍總醫院，只見病室門窗大開，清潔工人在打掃第四病房的病室，地上尚是濕的，病房要打掃乾淨，準備新的病人住進來了！天呀！把僅餘的一些遺跡也被來沙爾和肥皂洗得乾乾淨淨？我沒來得及看她，蔣桂琴已被送至市立殯儀館！再不能看見那張蒼白的小臉，深陷迷茫的大眼，光潤柔黑的短髮了——是病後總脫落而剪短的——呆呆立在空床前，是悲痛是傷感！心神錯亂，好像要抓回些什麽，可是什麽也沒有了！雖然我也曾想過，說過多少次「與其苦咳咯血，呼吸困難，扎金針痛，渾身癌疼，不能順利通便，膀胱積漲導尿都導不出，甚至導出血的死酷折磨……不如一下子死了吧」！現在她眞的去了！凄凉的躺在殯儀館冷凍庫中，血脈停止，肺已腐爛，腎也壞了……這是在教師節那天，我的學生蔣桂琴給我留下刻骨銘心的悲傷！現在抄錄一段八月十一日她公演那天的日記如下：

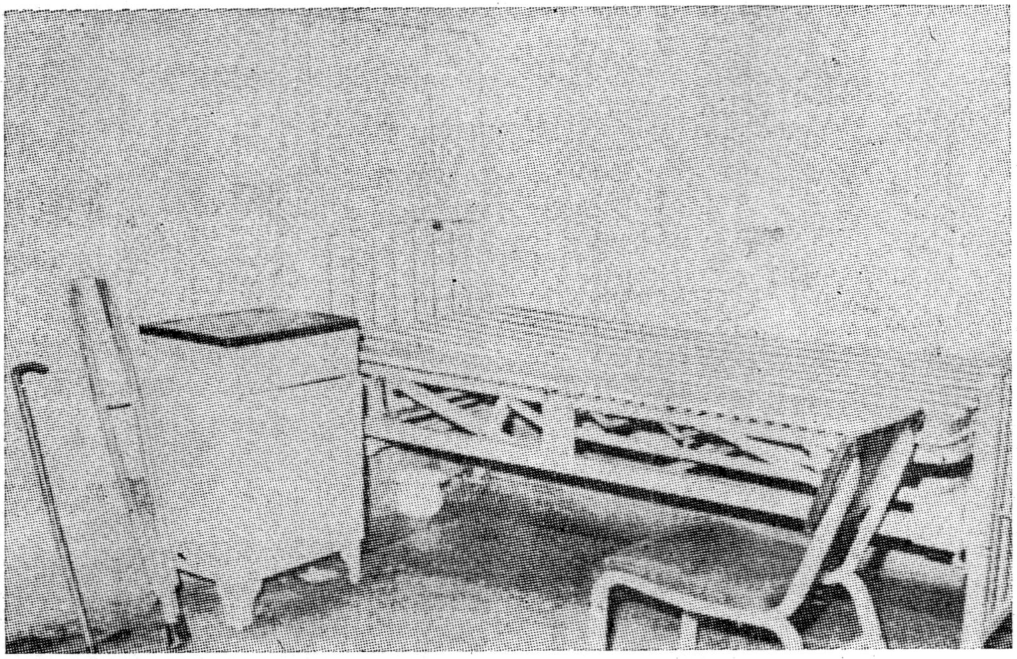

蔣桂琴的病榻，床頭櫃傍是她的脚架和手杖

八月十一日

昨天蔣桂琴一再叮囑我：「白姨要一直在後台吓！」

心情好緊張又躭心，老早就去文藝中心，守衛好嚴！阻止我不能進入，說明我是她們的老師，同學們又從裏面拿出我的工作証，掛在身上，才進入後台。看她一邊化粧一邊咳，又止不住的咯血，護士小姐把衛生紙大疊成一疊疊的放在化粧桌上來擦血，大家彼此相告，儘量少和她講話，讓她養精蓄銳，就要上台打仗了。後台戒備森嚴，守衛進來告訴：盧復蘭來看她，她堅持不見，叫我去擋駕，可憐——她胞姐抱着嬰兒和她大夫陳復曉也都是復興劇校我的學生，再三求，並留下電話寫在我的工作証上，我說再轉告桂琴，提及嬰兒也抱來了，她聽了這話一怔，看出她也動容了！她低聲告訴我：「白姨不是我無情，我姐妹長得那麼相像，進入後台，一定成爲電視記者的獵取對象，被登出來，怎麼對得起爸爸——蔣紹楨先生，我不願再給爸爸增加困擾！」多懂事的孩子，那時報上都還沒有揭穿她的秘密，她是蔣家向盧家領養來的女兒；說起來蔣老先生對蔣桂琴真是天高地厚難喻老父恩，她割腿時，老先生

世事無常空留塵榻，音容宛在痛失人琴

晝夜親自伺候，餵食大小便……眼睜睜一個月時間，把位山東彪形大漢，折磨得佝僂蒼老的像個小老頭了！

馬述賢老師也一直在後台，章遏雲老師送來的一盒鮮玫瑰也默默的看着她化粧。在化粧時蔣桂琴笑着說：「我以扮丫環的心情扮小姐，就不緊張了！」但是她一口連一口的吐血，好没出息的我哭了，趕快跑開，別給她看見，等平靜了，再回到她身邊，還是給她曉得了，馬老師也是頭暈心跳，在這種場合，誰能承受得住呢？演秋桐的夏元增在後台嘆氣說：「打尤二姐的一場戲，我實在打不下去，雖然是假的，我也不忍心那麼演，我不能打她！」徐露也是硬把她飾演的王熙鳳一角，改演成疼愛尤二姐的好人了；最起碼不是陷害尤二姐的壞人。副總統、幾位總司令和夫人、大使、部長……都靜靜坐在台下迫切的等待桂琴出場。

憑自己舞台經驗，囑咐郭小莊前部尤三姐別卸妝，以防萬一，又告訴她唱快一些，否則觀眾會焦急不耐，小莊不聽話，還是一字一板認真賣勁，結果前後台真是急急風——後來我曾責備她，她說也不知如何「馬前」（快唱減少的意思）。丁昺仁先生出台報告演出經過及意義，說明一半收入遵從桂琴的意思捐獻防癌中心，盛讚蔣桂琴以不治之身，義肢登台，燃燒自己，照亮別人……這時桂琴支持不住的直叫「快點吧！」等到徐露第一場又是一本正經的慢唱細做，鈕方雨跑過來，請我叫徐露快些，是太晚了，我已是急得逢人拜託，下一場徐露果然一掃而過。今天的觀眾甚至門外進不來的買站票的，人山人海，據說戲院前想看戲而買不到票的觀眾都打架了！

蔣桂琴終於上場了！一句一淚扣人心絃，如雷的掌聲，一張安平的努力攙扶，淒涼的台詞「我今一死歸泉下，痛斷肝腸染黃沙……死後將我火焚化……」台上唱，台下哭！前後台所有人的心情、淚珠融合在一起了！

唱完，我抱着她那條沉重的假腿，和一位住院醫師坐在救護車後面，蔣桂琴則由護士小姐扶抱坐在司機傍，歸途中這位住院醫生很感慨的指着車上爲桂琴預備的担架床和氧氣筒說：「我今生永不會忘記此事，蔣桂琴小姐意志太堅強了，不但在戲劇史上是空前，在醫學史上也是奇蹟，她應該是二十多天就會死去的！太了不起，比羅斯福還偉大！」當時我一怔，後來才明白羅斯福曾和小兒麻痺症搏鬥，也是一條殘腿。回醫院，送蔣桂琴上了病床，護士醫生累了整一晚也都回去了，電視台記者來慰問，道個晚安也去了，偌大的醫院，像死般的沉寂，恰好和剛才戲院中成對比，又是憑我的經驗，演完戲，心放鬆了，就會餓的，果然給她冲了杯奶，蔣桂琴叫白姨冲濃些，又叫白姨加上兩匙阿華田，一口氣喝完，安置她睡下，回到家中，孩子們像燕子似的等着媽媽呢！今日實況電視據說很晚播出，但是没趕上，不禁想起蔣桂琴喜愛的詞「林花謝了春紅，太匆匆，無奈朝來寒雨晚來風，胭脂淚，相留醉，幾時重，自是人生長恨水長東！」

桂琴啊！你默默的生，靜靜的嚐遍苦辣酸辛，却在人群敬愛的熱淚中，轟轟烈烈的死去，你給人們多少啓示，給病痛者多少勇氣，你那不完整的軀體死了，可是你的精神却永遠不會死的！

白玉薇

白玉薇女士早歲被稱為文藝坤伶，與李玉茹、侯玉蘭、李玉芝並稱為戲校四玉。二十年來，在台提倡平劇教育，不遺餘力，門牆桃李，蔚然稱盛，蔣桂琴是她的女弟子之一。

曾國藩的幼女崇德老人

・林熙・

今年太歲在壬子，曾國藩最小的一個女兒聶曾紀芬生于前兩個壬子年——清咸豐二年（西曆一八五二年），今年壬子年是她誕生一百二十周年紀念了。聽說這位聶老太太也有兒孫在香港；二十年前，還有一位孫女在香港大學做事，而在中國大陸的當然更多，他們未必爲這位老太太做冥壽。我在上海嘗見過她幾面，在北京亦見過一面，又和她的次子聶其杰（字雲臺）很熟，她的女壻瞿兌之更熟，有此種種關係和感情，故在她誕生一百二十年逝世三十周年之日，談談她本身的故事和曾聶兩家一些事情。

曾紀芬于咸豐壬子三月三十日丑時出生于北京賈家胡同，曾國藩那時正做着禮部右侍郎。她的母親姓歐陽，先後養三男六女，曾紀芬在衆女中年最幼，長兄楨第在一歲多時出痘死了，次兄紀澤，時年十四歲，三兄紀鴻五歲。她的叔父曾貞幹因膝下無女兒承歡，向國藩索取第四女紀純及紀芬出繼，所以她在三歲時就養育在叔父叔母之所。十九歲，由叔父國荃作伐，許字衡山縣聶仲芳，附貢出身，直到二十四歲才出嫁。在舊日官宦人家的小姐很少到二十四歲才結婚的，赫赫侯門之女，何以躭誤至此，則因其父在同治十一年逝世，繼之其母又在十三年逝世；服喪滿一年；以降服故，始于光緒元年（西曆一八七五年）九月結婚。

民國二十年（西曆一九三一年），曾紀芬八十歲了，曾由其子壻瞿兌之執筆，寫成「崇德老人自訂八十年譜」，于一九三二年印成，書中歷述七十年間她所聞所見的事，叙至是年止，材料豐富，極有趣味。民國三十一年（西曆一九四二年）曾紀芬以農曆十一月二十三日在上海逝世，享年九十一歲。她的後人又印行「崇德老人紀念冊」一本，內容仍年譜之舊，只是加上瞿兌之在書後寫一篇跋語。（年譜是線裝大字鉛印本，紀念冊則改爲洋紙老五號字鉛印，封面由名翰林邵章題字，邵乃國藩之年家子也。）

曾國藩生前自歎「坦運」不佳（「坦運」一詞，乃左宗棠所創，謂國藩對諸壻皆不甚許可），自今觀之，倒也有點近于事實。他的長壻袁秉楨，次壻陳遠濟，三壻羅兆升，四壻郭剛基（五女早殤），都沒有什麽建樹，只有陳遠濟曾隨他舅爺出使英法，算是認眞做些事而已。至于六壻聶仲芳則飛黃騰達，以報捐道員，得簡授蘇松太道（俗稱上海道台，肥缺也），從此扶搖直上，歷官安徽、浙江、江蘇巡撫，舊時上海有「聶中丞公學」（她捐出上海倍開爾路地畝，由租界工部局開辦學校，洋人援洋例，名曰聶中丞公學，以俗稱巡撫爲中丞也。），又以聶氏在上海久，故上海人皆傳其富可敵國，于是製造出來的故事也不少。

一九五四年三月四日，本港某晚報曾刊載「國家祥瑞聶老太太」一文，就是誇張她怎樣富有。事隔至今已十八年，我不妨摘錄一些舊聞給讀者欣賞，所記雖都與事實不符，但讀之却可發一笑的。

「究竟聶老太太是何許人呢？說起來頭也不小。她是清室中興名臣曾國藩幼女——曾紀芬女士，自幼父母愛同掌珠，曾國藩平定洪楊之亂，功蓋寰宇，威震人主，清朝爲了酬答殊勛，另一方面也是籠絡權臣手段，將他的九歲幼女接入宮廷撫養，兩宮太后，視同誼女，恩寵之隆，無與倫比，除了覲見時應有的儀注外，平常與皇上太后同吃同坐，這在封建時代來說，眞是了不起的恩榮，就是她父親曾國藩也不能如此。

她在清宮住了十二年，人緣很好，皇太后對她一直和顏悅色，她在宮中也常替各宮嬪妃在太后前緩頰，所以各宮嬪妃對她時有餽贈，連同太后的時時賞賜，確是非同小可，單是賞賜的荷包一項，就是數百個之多。

在她二十一歲那年，她父親曾國藩奏准太后，將她嫁給名翰林、後來出長江蘇巡撫的聶仲芳氏。夫婦感情極好，頗得唱和之樂，生有三男五女，女適名門，長子耕莘，曾出使外國，次子則爲早年蜚聲實業界，創辦裕豐紗廠，曾任上海市商會會長的聶雲臺，三子嘉餘，亦爲當時實業界的巨頭。

據說她的財富是很難估計的，宮廷中十二年的賞賜和出嫁時兩宮太后以及王公大臣所贈的添粧，爲數就相當可觀，當時聶家創辦裕豐紗廠的全部資金，僅不過是售出了她極小部份的珍寶的欵項。

誰也想不到這位詩禮傳家，封建時代產生的聶老太太，却有嶄新的頭腦，她的求知慾非常旺盛，寄居宮廷時，曾由太后聘請專家教授中英法三國文字，能詩詞歌賦外，幷兼通英法文字。對于時代進展，有相當的認識，不再要她的兒子讀舊八股，而學習近代科學，所以聶氏的子孫，後來蜚聲外交界和實業界的很多。

崇德老人聶曾紀芬八十留影

她老人家唯一的嗜好是喜歡看戲，幾乎每天必看，不論京戲或電影，如逢看英語片，她還能將劇情和對白詳細的解釋給旁坐的親友聽。

最難得的聶老太太不獨富貴壽考兼全，且有異常人的特別健康，八十餘歲，望之如六十許人，猶耳聰目明，步履安健，上下汽車樓梯，還拒絕兒孫們的攙扶。據她說，從不知道生病是怎樣一回事，若非得天獨厚，是不克臻此的。

日軍佔領上海時，對這位碩德高年的老太太，却也未曾騷擾過。直到抗戰勝利，她的子孫們從世界各地和大後方回到上海，為這位活祖宗做了百歲大壽之後的第二年，這位實際上九十餘高齡的聶老太太才無疾而終，離開了行將降臨災難的人世。」

十八年後重讀這篇文字，倒也有趣非常，作者竟然能在筆下為人添富添壽，把曾紀芬寫成為一個「財產很難估計」的富婆，又把她的死期延長了三年，添福添壽，更使人有趣的是兩宮太后因為籠絡曾國藩，把他九歲的幼女接入宮中撫養這件事了。想不到清末還有皇太后撫養勳臣弱女入宮之舉，可與順治太后後先媲美了。（孔有德降清後，封為定南王，鎮守桂林，後來全家被義兵所殺，孔自盡，太后遂養其孤女孔四貞于宮中，還準備要選她為順治之妃，四貞自言年幼時已許配孫延齡，乃罷其議。）

這位晚年自稱崇德老人的曾紀芬九歲到二十四歲出嫁那十六年中的她的蹤跡，我們不妨從她的自訂年譜中見之。

咸豐十年（一八六〇年）她九歲，跟着母親住在原籍湘鄉，是年四月，曾國藩奉署理兩江總督之命。

同治元年（一八六二年）十一歲，其自訂年譜中記云：

是歲以後，與仲兄栗誠公同從塾師鄧寅皆先生讀書。初讀「論語」，慮不能勝，乃改讀「幼學」。在塾不知用功，殊少成績。既而鄧師之子來附學，格于內外之別，遂中止讀書。又歐陽太夫人以雖貴而家非甚豐，雇用婢嫗無多，所着鞋襪須由余等自作，益無多暇日也。

同治二年，十二歲，記云：

是年九月二十九日，歐陽太夫人率兒女媳孫自家到安慶，惟仲姊未隨行，護送同行者為鄧寅皆先生及牧雲母舅。

同治三年六月，曾國藩兄弟攻入南京，九月，曾紀芬隨其母于九月初十日到江寧，入住督署。她在南京一直住到同治八年，隨其母往直隸，因上年十一月，曾國藩調任直隸總督之故。同治九年，清廷又調曾國藩為兩江總督，她又隨父母到江寧。同治十一年國藩死于任上，四月下旬奉喪回長沙。她自結婚以後，仍居住在長沙，到光緒七年十一月，才帶了兒女到金陵與夫團聚，時年三十歲，其時聶仲芳任幫辦營務處差，月支津貼八元而已。

由此我們可知曾紀芬自咸豐二年兩歲時出京，以至廿四歲結婚時，并未再入北京一步，可見所謂在清宮住了十二年，完全是空中樓閣之談；直到民國廿二年癸酉（一九三三年）春間，因有平滬通車之便，遂約同親戚數人往訪隔別八十年之北京，在女壻瞿兌之家中住了差不多一個月，時已八十二歲了。

聶仲芳雖非科甲出身，但也是宦家子弟，他的父親名爾康，號亦峯，咸豐三年癸丑庶吉士，散館改知縣（榜名聶泰，字崇庵），歷任廣東石城、新會知縣，高州府知府，在廣東差不多二十年，死後宦囊積存有六萬多元，在當時也算是富有的了。聶仲芳之飛黃騰達，多少沾有曾家之光，否則不會這樣順利的。但他和曾紀芬結婚後，尚未出身，不過在家中做大少爺而已。光緒四年他的舅爺曾紀澤做出使英法大臣，他的襟兄陳遠濟也帶了太太隨行。聶仲芳曾寫信給紀澤請求帶他出洋，希冀藉此獲一資格，怎知被紀澤教訓了一頓，他才息了出洋的念頭。這麽一來，反而對他有利，數年後得到左宗棠念他是曾家女壻，大加照拂，從此漸入佳境。

吳沃堯著的小說「二十年目睹之怪現狀」，有兩回描寫聶仲芳的官場趣事，寫得淋漓盡致，筆墨生動，蔣瑞藻「小說考證」，引缺名筆記談及此書的人物，有云：

書中影託人名，凡著者親屬知友，則非深悉其身世者莫辨。當代名人如張文襄、張彪、盛杏蓀及其繼室，聶仲芳及其夫人（即曾國藩之女），聶母張太夫人、曾惠敏、邵友濂、梁鼎芬、文廷式、鐵良、衛汝貴、洪述祖等，苟細繹之，不難按圖而索也。

可知聶仲芳與曾紀芬的故事，在光緒末年已流傳上海人士口中，吳沃堯是有根據的，雖然有時描寫得過火一點。書中第九十和九十一這兩回，就是寫聶仲芳、曾紀澤、曾紀芬、邵友濂的事情，書中以葉伯芬影射聶仲芳，聶葉音相近，伯對仲，芬對芳，頗相合。趙嘯存影託邵友濂，友濂是浙江餘姚人，字小村，趙嘯存即邵小村的諧音。邵在中國近代史裏也有一個小小的地位，到今日還有人提到他的。原來他以舉人出身，在京裏做官，考取當時的外交部（正名爲總理各國事務衙門）漢章京，保至候補道。光緒四年，隨出使俄國大臣崇厚赴俄，充頭等參贊。五年署俄國欽差大臣，七年回國，八年二月實授江蘇蘇松太道。十三年升台灣布政使，十五年升湖南巡撫，十七年任福建台灣巡撫，二十年調湖南巡撫，他到上海即生病，告假很久，後來終于開缺，光緒廿七年死，「清史列傳」邵友濂傳末段說：「卒後，浙江巡撫聶仲芳以聞」，從優撫卹云云。可見兩人交誼之篤。甲午中日戰爭，清廷以張蔭垣與邵友濂爲全權大臣往日本議和，日本人嫌他們的官不夠大，拒絕接待，後來才改派了李鴻章。

「二十年目睹之怪現狀」這兩回書寫的是這樣一個故事。蘇州撫台葉伯芬，出身紈袴，未遇時，因游手好閒的習氣太濃，爲其身任外國欽差大臣的舅爺所不喜。現在摘錄如後：

這蘇州撫台姓葉，號叫伯芬，本是赫赫侯門的一位郡馬。起先捐了個京職，在京裏住過幾年，學了一身的京油子氣。他有一位大舅爺，是個京堂，倒是一位嚴正君子，每日做事，必寫日記，那日記當中，提到他那位葉妹夫，便說他年輕而紈袴習氣太重，除應酬外，乃一無所長，又性根未定，喜怒無常云云，伯芬的爲人，也就可想而知了。他在京裏住的厭煩了，大舅爺又不肯照應，他便忿忿出京，仗着一部曹，要在外省謀差事，又是一位赫赫侯府郡馬，自然有人照應，委了他一個軍裝局的會辦。這軍裝局的局面極濶，向來一個總辦，一個會辦，一個裏辦，還有兩個提調。總辦向來是道台，……他一個部曹（按：「部曹」乃六部的中下級官員，即郎中、員外、主事等官兒），戴了個水晶頂子，去當會辦，比着那紅藍色的頂子，未免相形見拙。……伯芬在局裏覺得難以自容，便請了個假出門去了。你道他往那裏去來？原來他的大舅爺放了外國欽差，所以他也跟蹤而去。以爲在京時你不肯照應我罷了，此刻萬里重洋的尋了去，雖然參贊領事所不敢望，一個隨員總要安置我的。誰知千辛萬苦的尋到了外洋……欽差一見了他，行禮未完，便問道：「你來做什麼？」伯芬道：「特來給大哥請安！」

于是曾紀澤就哼了他一聲，斥他言不由衷，萬里迢迢的特爲請安而來，便不准他搬入公使館居住，買了一張三等船票，逼他趁船歸國，從此伯芬恨他的大舅爺刺骨。

伯芬附了船，仍回中國，便去銷假，仍舊到他軍裝局的差。在老婆跟前又不便把大舅爺待自己的情形說出，更不敢露出忿恨之色，那心中却把大舅爺恨的猶如不共戴天一般。又因爲局裏衆人看不起他是個部曹，好得他家裏有的是錢，他老太爺做過兩任廣東知縣，很刮了些廣東地皮回家。便向家裏搬這銀子出來，去捐了個候補道，加了個二品頂戴，入京引見過，從此他的頂子也紅了。人情勢利大抵如此，局裏的人看見他頭上換了顏色，也不敢看他不起了。伯芬却是恨他大舅爺的心事，一天甚似一天，每每到睡不着覺時，便打算我有了個道班做底子，怎樣可以謀放缺，怎樣可以升官，幾年可以望到督撫；怎樣可以調入軍機，那時候大舅爺的辮子自然在我手裏，那時便可以如何報仇，如何雪恨了。……他却又一面廣交聲氣，凡是有個紅頂子的人，他無有不交結的。一天正在局裏閒坐，忽然家人送上一張帖子，說是趙大人來拜。原來這趙大人也是一個江南候補道，號叫嘯存，這回進京引見，得了個記名出來，從前在京時葉伯芬本來相識的。

伯芬見他也是官場紅人便竭力拉攏，兩人便拜兄弟起來，把關係拉得更密了。當時上海西薈芳里的一個妓女陸蘅舫，本來是伯芬的相好，已有嫁娶之約，不料兩兄弟花酒時，嘯存看中了她，叫她轉局。葉不止不嫉妒，反而從中撮合，讓趙嘯存娶了她做姨太太。趙娶她後，官運一天好過一天，不到幾年，由臬司而藩司，而福建巡撫。葉伯芬再不敢以盟弟兄相稱，將金蘭帖繳回，另遞門生帖子。不久後，趙嘯存的太太死了，陸蘅舫扶了正，成了不折不扣的朝廷命婦。接着趙嘯存調任江西巡撫，帶着家眷取道上海，前往赴任。這時候，葉伯芬已是上海道台，也濶起來了。這便引起他和老婆一場大口角，勞動他的母親張氏出面排解。吳沃堯筆下寫這一場鬥嘴，寫得非常精采。

話說葉伯芬回到家中，便叫他太太預備着，一兩天內他的師母要來公館裏給老太太請安。書中寫道：

那位郡主太太便問什麼師母？伯芬道：「就是趙師帥的夫人。」太太道：「他夫人早就說不在了，記得我們還送奠禮的，以後又沒有聽見他續娶，此刻又那裏來的夫人？」伯芬道：「他雖然沒有續娶，却把那一年討的一位姨太太扶正了。」夫人道：「是那一年討的那一位姨太太？」伯芬笑道：「夫人還去吃喜酒的，怎麼便忘了？」太太道：「你叫她師母？」伯芬道：「拜了師帥的門，自然應該叫她師母。」太太道：「我呢？」伯芬笑道：「夫人又來了，你我還有什麼分別？」太太道：「幾時來？」伯芬道：「方才師帥交代的，說一兩天就來，說不定明天就來的。」

太太回頭對一個老媽子道：「周媽，你到外頭去叫他們趕緊到外頭去打聽，今天可有天津船開？有啊，就定一個大菜間；沒有呢，就叫他打聽今天長江是什麼船，也定一個大菜間，是到漢口去的。」周媽答應着要走。伯芬覺得詫異道：「周媽！且慢着，夫人，你這是什麼意思？」那位郡主夫人，臉罩重霜的說道：「有天津船啊，我進京看我哥哥去；不啊，我就走長江回娘家，你來管我！」伯芬心中恍然大悟。便說道：「夫人這個又何必認眞？糊裏糊塗應酬他一次就完了。」夫人道：「完了，完了！我進了你葉家的門，一點光也沒有沾着，希罕過你的兩軸誥命！這東西我家多的拿竹箱子裝着，一箱一箱的餵蠹魚，你自看得希罕，我看的拿錢買來的東西不是香貨。我們家的，不是男子們一榜兩榜博到的，就是丈夫們一刀一槍掙來的。我從小兒就看到，不希罕了你這點東西！開口夫人，閉口夫人，却叫我拜臭婊子做師母！什麼趙小子長得那個村樣兒，字也不多認得一個，居然也撫台了，叫他到我們家去舀夜壺，看用得着他不？居然也不要臉，受人家的門生帖子，也有那一種不長進的東西，去拜他的門！周媽，快去交代來，我年紀雖不大，也上三四十歲了，不能再當婊子，用不着認婊子做師母。」伯芬道：「夫人，你且息怒，須知道做此官行此禮，況且現在的官場，在外頭總要融和一點，才處得下去，如果處處要認眞，處處擺身份，只怕寸步也難行呢！」太太道：「我擺什麼身份來？你不要看得我是擺身份！我不是擺身份人家出身。我老人家帶了多少年兵，頂子一直是紅的，在營裏頭那一天不是與士卒同甘苦，我當女兒的敢擺身份嗎？」伯芬道：「就請夫人通融點罷，何苦呢！」太太道：「你叫我和誰通融？我代你當了多少年家，調和裏外，體卹下情，那一樣不通融來？」伯芬道：「一向多承夫人賢慧……」說到這裏，底下還沒說出來，夫人把嘴一披道：「免恭維罷，少蹧蹋點就夠了。」伯芬道：「我又何敢蹧蹋夫人？」太太道：「不蹧蹋？你叫我認婊子做師母！」伯芬道：「唉！不是這樣說，我不在場上做官呢，怎樣就怎樣；既然出來做到官，就不能依着自己性子了。要應酬的地方，萬不能不應酬。我再說破一句直捷痛快的話，簡直叫做要巴結的地方，萬不能不巴結。你想我從前出洋去的時候，大哥把我蹧蹋得何等利害，鬧得幾幾乎回不得中國。到末了給我一張三等船票，叫我回來。這算叫他蹧蹋得夠了罷！論理這種大舅子一輩子不見他也罷了。這些事情我一向不敢對夫人提起，就是知道夫人脾氣大，恐怕傷了兄妹之情。今天不談起來，我還是悶在肚裏。後來等到大哥從外洋回來，你看我何等巴結他，如果不是這樣那裏……」這句話還沒說完，太太把桌子一拍道：「嚇！這是什麼話！你今天怕是患了瘋病了，怎麼拿婊子比起我哥哥來？再不口穩些，也不該說這麼一句話。你這不是要蹧蹋我娘家全家麼？我娘家沒有人在這裏，我和你見老太太去，評評這個理看，我哥哥可是和婊子打比較的？」

夫妻鬥嘴這段對白，吳沃堯描寫得眞是出神入化，歎觀止矣。他們正在鬧到無法轉圜之際，旁邊的老媽丫頭，便去通知伯芬的母親，所以老太太就到媳婦房中看看是什麼事情。老太太不便站在兒子一邊，派媳婦的不是，又不便一味責怪兒子，長媳婦的驕氣。我們且看老太太做和事老怎樣，她又說出些什麼大道理。

好個葉太太到底是詩禮人家出身，知道規矩禮法，和丈夫拌嘴時，雖鬧着說要去見老太太評理，等到老太太來了，她却把一天怒氣一齊收拾起來，不知放到那裏去了。現出一臉的和顏悅色來，送茶裝烟。伯芬見他夫人如此，也便斂起那悻悻之色。老太太道：「他們告訴我，說你們在這裏吵嘴，嚇得我忙着出來看，誰知原是好好的，是他們騙我。」伯芬心中定了主意，要趁老太太在這裏，把這件事商量妥當，省得被老婆橫亘在當中，弄出笑話。因說道：「兒子正在這裏和媳婦吵嘴呢。」老太太道：「好好的吵甚麼來？你好好的告訴了我，我給你們判斷是非曲直。」伯芬便把上文所敘他夫妻兩個吵鬧的話，一字不漏的述了一遍。老太太坐在當中，兩手拄着拐杖，側着腦袋，細細的聽了一遍，歎了一口氣，對太太道：「唉，媳婦啊！你是個金枝玉葉的貴小姐，嫁了我們這麼個人家，自然是委屈你了！」媳婦嚇得連忙站起來道：「老太太言重了！媳婦雖不敢說知書識禮，然而嫁雞隨雞，嫁狗隨狗這句俗話，是從小兒聽到大的，那裏有甚麼叫做委屈。」說罷，連忙跪下。老太太連忙扶她起來，道：『媳婦，你且坐下，聽我細說。這件事，原怪不得你氣，就是我也要生氣的。然而要顧全大局呢，也有個無可奈何的時候，到了無可奈何的時候，就不能不自己開解自己。我此刻把最高的一個開解說給你聽。我一生最信服的是佛門，我佛說「一切衆生，皆是平等」。我們便有人畜之分，到了我佛慧眼裏頭，無論是人是雞是狗……總是一律平等。既然是平等，那怕他認眞是龜是鼈，我佛都看得是平等，我們就何妨也看得是平等呢！何況還是個人？這是從佛法上說起的，怕你們不信服。你兩口子都是做官人家出身，應該信服皇上。你們可知道皇上眼裏，看得一切百姓都是一樣的麼？……然而你們心中總不免有個貴賤之分，我索性和你們開解到底。媳婦啊，你不要說我祖護兒子，我是平情酌理的說話。如果說得不對，你只管駁我，并不是我說的話都合道理的。陸衡舫呢，不錯，她是個婊子出身，然而伯芬并不是在妓院裏拜她做師母的；亦并不是做趙家姨太太的時候拜她做師母的；甚至趙嘯存升了撫台，這邊壁帖拜門，那時還有個眞正師母在頭上。直等到眞正師母死了，嘯存把她扶正了，她才是師母。須知這個師母，不是你們拜認的，是她的運氣好，恰恰碰上的。何况堂堂封疆，也認了她做老婆，非但主中饋，主蘋蘩，居然和她請了誥命，做了朝廷命婦。你想皇上家的誥命都給了她，還有什麼門生師母的一句空話呢？媳婦，你懂得嫁雞隨雞，嫁狗隨狗，須知她此刻嫁龍隨龍，嫁虎隨虎了。暫時位分所在，要顧存大局，我請媳婦你委屈一回罷！』太太起先聽到不是在妓院拜師母一番的議論，已經跼蹐不安，聽得老太太說完了，越覺得臉紅耳熱，連忙跪下道：「老太太息怒，這都是媳婦一時偏執，惹出老太太氣來。」老太太連忙攙起來……又道：「伯芬呢，也有不是之處……我親家是何等人，你大舅爺是何等身份，你却輕嘴薄舌，拿婊子和大舅爺打起比較來。」說着，掄起拐杖，往伯芬腿上就打……。

這一段雖然很長，但讀起來如大珠小珠落玉盤一般，令人欣賞不暇，讀完幾乎也要浮一大白。吳沃堯對這一段的描寫也很得意，在小說夾注中說：「寫此段畢，曾狂浮大白，吾願讀者讀此段畢，亦浮一大白。」按：近三十年坊間印的「二十年目睹之怪現狀」，已盡將原作者的注語刪去，殊可惋惜！吳沃堯是痛恨葉伯芬這種人的，因此，他在這兩回書的結尾上說「祇須狐媚善逢迎」，「泥塗便是終南徑」，又說：「葉伯芬的曳尾泥塗大抵如此。」

聶仲芳與邵友濂都做過上海道台，這是全國道缺中首屈一指的肥缺，自然容易得罪了人，也自然是給人造謠的對象。清朝官場中有一特例，如果把兄弟在同一省做了上司下屬，則做下屬的那一個即不想拜門最好就將金蘭帖恭繳，以示不敢與上司平起平坐之意。假如做上司的那一個是開明的，講友誼的，亦將婉拒。聶仲芳與邵友濂在上海同時做官的時間極短，光緒八年（西曆一八八二年），左宗棠委聶爲上海製造局會辦（總辦爲李興銳，亦湖南人，是曾國藩提拔的，後來官至兩江總督），這時候，邵正實授上海道台。光緒十年，吳沃堯從廣東到上海，進製造局工作，職位甚微，聶和邵往來，當然吳也知道的，但吳只是個小職員，對于上司的日常生活情況及社交活動，未必一定知道得很清楚，也許他摭拾耳聞的資料，寫入小說，又加以煊染、誇大，遂成這兩回書的小說了。

關于聶仲芳的母親，我且引「崇德老人八十自訂年譜」所說的交代幾句。譜云：

先姑張太夫人家本湖南安鄉籍，其祖官奉天錦州，歿後諸子奉喪歸，僑居京師。太夫人自少明敏，持門戶，理家務，皆一身任之。作男子裝，豪邁倜儻，無閨閣態。亦峯公時以舉人困春闈，留官京師（按：「困春闈」，係指他入京會試不中。因會試在春天舉行，故曰春闈。）適前姑甘太夫人逝世，求主中饋者，媒妁以太夫人生庚進，公初殊無意，屬二伯翁春帆公退還，而春帆公忘未送往也。公久而始覺，念其已久未決，難于終却，遂毅然許之。既成婚，相敬殊甚，公一以家事委之太夫人，且謝絕友朋徵逐，未幾遂第春官，入翰林，家自玆興矣。春帆公房無後，故日後以兒子其昌嗣焉。……張太夫人素性嚴明，雖不知書而無敢欺者，然太夫人對余亦鮮有疾言厲色也。（按：這位張太夫人死于宣統三年正月，享年八十四歲。二月，聶仲芳亦死，只得五十八歲。）

曾紀芬的婆婆爲人，約畧可見，我們從小說中見她所說的一番話，可見她是一個城府甚深，精明能幹，久經歷練的老婦。

我在上文曾說聶仲芳的官運亨通，全靠曾家提挈，現在畧談一下。首先從他要跟曾紀澤出洋說起。

光緒四年，曾紀澤奉命出使英法，以妹壻陳遠濟爲二等參贊官（當紀澤陛見兩宮太后時，面對西太后說，他「敢援古人內舉不避親之例」，帶陳出洋，幷說他操守廉潔，具見紀澤日記），聶仲芳也請求同去，紀澤沒有答應，是年九月十五日曾紀澤的日記云：

午飯後寫一函答妹壻聶仲芳，阻其出洋之請。同爲妹壻，挈松生而阻仲芳，將來必招怨恨，然數萬里遠行，又非余之私事，勢不能徇親戚之情面苟且遷就也。松生德器學識，朋友中實罕其匹，同行必于使事有益。仲芳年輕而紈袴習氣太重，除應酬外乃無一長，又性根無定，喜怒無常，何可携以自累？是以毅然辭之。

日記中對于這位妹夫大有微詞，是年仲芳廿四歲，松生則已三十六歲，紀澤言仲芳年輕，亦自有理的。後來左宗棠做兩江總督，安置他在營務處，每月領津貼八兩，只靠湖北督銷局那五十兩乾修爲活。（光緒七年，聶仲芳往南京走門路，尚未有差事，數月後，曾紀芬携兒女往團聚，路經武漢，其時李瀚章爲湖廣總督，「曾李一家」，仲芳囑其夫人經過武昌時，憑着世誼去拜候李的母親，當然談及景況不好的話，第二日，李瀚章就送湖北督銷局的乾修五十兩。此乃聶憑藉曾家的關係也）。「年譜」中光緒八年條下云：

來寧就差，亦既兩年，僅恃湖北督銷局五十金，用度不繼，遂畧向左文襄之兒媳言之，非中丞公所願也。是年始奉委上海製造局會辦。進見之日，同坐者數輩，皆得委當時所謂濶差而退。文襄送客，而獨留中丞公小坐，謂之曰：「君今日得無不快意耶？若輩皆爲貧而仕，惟君可任大事，勉自爲之也。」故中丞公一生感激文襄知遇最深。

又，光緒十年條下云：

初李君興銳爲製造局總辦，曾稟文襄，欲不令中丞公駐滬，預送乾薪，文襄拒之，幷催中丞公到差，不令在寧少留。李後爲人稟訐，羅列多欵，文襄密飭中丞公查覆。中丞復委員密查。覆按所控，多有實據。中丞公將據以稟覆文襄，稿已成，旋又毀之，別具稿，多爲李彌縫洗刷。繼而李以丁憂去，居滬病足，中丞公時往視之，未嘗以前事介懷也。

這是曾紀芬自述左宗棠提攜聶仲芳的經過，并竭力贊美她的丈夫是怎樣的一個不念舊惡，以恕待人的君子。李興銳對聶本無成見，他只是看了曾紀澤日記中批評聶仲芳的話，就認爲聶只不過是個未曾做過事的紈袴子弟，爲製造局着想，最好只送乾薪到南京給他，不必叫他到上海到差。（按：五十年前中國的官場中，有「差」、「缺」之分，缺是正印官，是有個限額的，差是隨時差遣的官，人數可增可減，而且人可以不到某地當差，只領薪水，例如聶仲芳以曾家的關係，李瀚章在督銷局名下給他一個差事，只掛名，不到差而領薪水，聶則在南京另有一份差事。）左宗棠不肯這樣做，有復李興銳一信，說明他的理由云：

（上畧）聶仲芳非弟素識，其差赴上海局，由王若農及司道僉稱其人肯說話。弟見其在此尚稱馴謹，故遂委之。又近來于造船購炮諸事，極意講求，機器一局，正可磨勵人才。仲芳尚有志西學，故令其入局學習，并非以此位置閒人，代謀薪水也。來書所陳曾侯舊論，弟固無所聞，劼剛聰明仁孝，與松生密而與仲芳疏，必自有說。惟弟于此，亦有不能釋然于懷者。曾文正嘗自笑坦運不佳，于諸壻中少所許可，即栗誠亦不甚得其歡心，其所許可者，祗劼剛一人，而又頗憂其聰明太露，此必有所見而云然。然吾輩待其後昆，不敢以此稍形軒輊。上年弟在京寓，目睹栗誠苦窘情狀，不覺慨然爲謀藥餌之資，殯殮衣棺及還喪鄉里之費，亦未嘗有所歧視也。（按：紀澤字劼剛，紀鴻字栗誠，他是光緒七年三月因考不上進士，在北京鬱鬱謝世的，年止三十四歲。是年正月，左宗棠授軍機大臣，九月外放江督）劼剛去倫敦致書言謝，意極拳拳，是于骨肉間不敢妄生愛憎厚薄之念，亦概可想。茲于仲芳何獨不然？日記云云，是劼剛一時失檢，未可據爲定評。傳曰：「思其人猶愛其樹」，君子用情惟其厚焉。以此言之，閣下之處仲芳，亦自有道。局員非官僚之比，局務非政事之比，仲芳能則進之；不能則稟撤之，其幸而無過也，容之；不幸而有過，則攻之、訐之，俾有感奮激厲之心，以生其歡忻鼓舞激厲震懼之念，庶仲芳有所成就，不至棄爲廢材，而閣下有以處仲芳，亦有以對曾文正矣。弟與文正論交最早，彼此推誠許與，天下所共知，晚歲凶終隙末，亦天下所共見，然文正逝後，待文正之子若弟及其親友，無異文正之生存也。閣下以爲然耶否耶？至于薪水每月五十兩，具稟後會銜，均非要義，弟自有此處之，不必以此爲說也。

曾左交惡，始自同治初年，左宗棠每喜譏詆國藩，即對曾之屬下亦如此，但自曾死後，惓惓故人之意，時時可見，我們今日讀他這封信，覺得此老深情，待人厚道也。宗棠又說：紀澤所說的話，他未有所聞，但我對此事，在過去三十年中也曾發生過疑問，一九三三年我在上海買過一部「曾惠敏公全集」，中有「曾惠敏公使西日記」一種，是摘自曾紀澤的日記的，偏查光緒四年九月所記，并沒有批評聶仲芳之語。又過了幾年，偶然在北京東安市場的書攤，買得「曾侯日記」（是申報館鉛印本，列爲叢書）一部，與前舉者互有詳畧，光緒四年九月十五日，則有記其指摘仲芳這一段話，李興銳所見的大概就是這一種了。我當時頗覺得奇怪，同是摘錄自紀澤日記，何以一有一無，後來加以研究，因申報館的「曾侯日記」，是光緒七年以前出版，「曾惠敏公使西日記」出版日期稍遲（上海書局石印本），這時候大概聶仲芳已在上海稍露頭角，曾家的人應爲他留點面子，便把這段删去了。我當時曾有個願望，希望將來曾紀澤的日記會問世，到時便可釋此疑團。到一九六六年我知道曾紀澤的孫子約農，在台灣影印紀澤的手寫日記，連忙託人買了回來，到手後，立即檢尋光緒四年九月份的日記，奇怪，并沒有記指摘聶仲芳之語，很是失望，過了一些時日，又重新把光緒四年、五年的日記全部讀了，仍然找不到有此記事，然後才知道曾紀澤一定後來因妹夫已漸「生性」，而且也出來替皇上辦事了，不好留下這些話給子孫，傷了兩家的感情，于是把這天的日記重寫，不留一些塗抹之跡。

據曾紀芬晚年所說，光緒八年曾紀澤忽然又打電報叫聶仲芳往歐洲。「年譜」記云：

初惠敏之出使也，中丞公本有意隨行，以陳氏姊壻在奏調之列，未便聯翩而往，不果。及本年春間來電調往，則以堂上年高，不聽遠離，余又方有身，不克同行，復不果。郭筠老曾爲往復代酌此事，其手函尚在。

這樣看來，曾紀澤拒之于前，數年後又招之以往了。紀澤日記中未見有記招仲芳之語，或偶然忘記寫入，亦未可知。

左宗棠自言對待曾國藩後人，無殊子弟，語非盡虛，紀澤嘗爲宗棠所奏保，謂爲人才，且稱之「聰明仁孝」。光緒十一年七月宗棠死于福州，其時紀澤尚在外國，有一聯寄輓云：

昔居南國，戲稱武侯，爵位埒前賢，評將略則更無遺恨；

慟哭西州，感懷謝傳，齒牙藉餘論，登薦章而忝冠群英。

下聯則有知己之感了。又有一事可證左宗棠對曾家子弟友善，當光緒二年（一八七六年）宗棠西征時，聽說曾國荃以河道總督調任山西巡撫，他便立即上奏清廷云：「曾國荃與臣素相契洽，勇于任事，本所深知，合應仰懇天恩，飭速赴晉撫新任，冀于時務有裨。」此亦可見一斑。（同治十一年二月國藩死于南京，四月十四日宗棠家書有云：「曾侯之喪，吾甚悲之，不但時局可慮，且交游情誼亦難恝然也。已致賻四百金」。又六月十四日家書云：「曾文正之喪，已歸湘中，賻致不受，劼剛以遺命爲言，禮也。」）

曾紀芬記其與左宗棠見面的事，甚有趣。「年譜」于光緒八年條下云：

文襄督兩江之日，待中丞公不啻子姪，亦時垂詢及余，欲余往謁。余于先年冬曾一度至其行轅，在大堂下輿，越庭院數重，始至內室，文襄適又公出。別此地正十年，撫今追昔，百感交集，故其後文襄雖屢次詢及，余終不願往。繼而文襄知余意，乃令特開中門，肩輿直至三堂，下輿相見。禮畢，文襄謂余曰：「文正是壬申生耶？」余曰：「辛未也。」文襄曰：「然則長吾一歲，宜以叔父視吾矣。」因令余周視署中，重尋十年前臥起之室，余敬諾之。嗣後忠襄公至寧，文襄語及之曰：「滿小姐已認吾家爲其外家矣。」湘俗謂小者曰「滿」，故以稱余也。

曾國藩生于嘉慶十六年辛未（西曆一八一一年），至同治十一年壬申（一八七二年）死，享年六十二歲，「年譜」述其死狀，有很多是其他記載所未詳者，錄如左：

是年正月二十三日，文正公對客，偶患腳筋上縮，移時而復，入內室時，語仲姊曰：「吾適以爲大限將至，不自意又能復常也。」至二十六日，出門拜客，忽欲語而不能，似將動風抽掣者，稍服藥，旋即愈矣。衆以請假暫休爲勸，公曰：「請假後寧尚有銷假時耶？」又詢歐陽太夫人以竹亭公逝時病狀，蓋竹亭公亦以二月初四日逝世也。語竟，公曰：「吾他日當俄然而逝，不至如此也。」至二月初四日，飯後在內室小坐，余姊妹剖橙以進，公少嘗之。旋至西花園中散步，花園甚大，而滿園已走遍，尚欲登樓，以工程未畢而止。散步久之，忽足屢前蹴，惠敏在旁，請曰：「納履未安耶？」公曰：「吾覺足痲也。」惠敏亟與從行之戈什哈扶掖，漸不能行，即已抽搐，因呼椅至，掖至椅中，舁以入花廳，家人環集，不復能語，端坐三刻遂薨。二姊于病亟時禱天割臂，亦無救矣。時二月初四日戌刻也。余本定是年于歸聶氏，其時中丞公侍先翁亦峯公于廣東，以二月初十日啓程來就甥館，至滬始聞噩耗，乃電粵請進止，時電費每字銀四元，視今日幾十倍之多。復電命仍赴江寧弔奠，並謁歐陽太夫人。時藩司梅君啓照于兩家皆有交誼，故寓于其署中，未幾由藩署派小輪送至九江，換小舟取旱道回粵，抵粵甫三日，亦峯公亦棄養。初，先姑張太夫人尚未知文正噩耗，方以爲新婦偕至，迓于庭中，及是亦峯公始告之曰：「曾中堂去世，未辦喜事。」自此不復能言，竟以不起，時五月二十九日也。

譜中記曾國藩、國荃兄弟事，亦甚有趣。自曾家兄弟攻入金陵後，就有人傳說太平天國諸王府的財物珍玩，多歸曾九，又說，曾九亦以一部份進獻乃兄，而以極小部份貢于朝廷諸大老，已散見于前人筆記中，久已藉藉人口，而李伯元的「南亭筆記」更說曾國荃獲得天王的東珠百餘顆，晚年因哮喘病將死，醫生配藥要用珠粉，乃碎而用之。于是世人對曾氏之富更深信不疑了。「年譜」中特着一筆，述曾氏兄弟置產事，如同治三年甲子條下云：

文正在軍，未嘗自營居室，惟咸豐中于家起書屋，號曰思雲館。湘俗構新屋，必誦上樑文，工匠無知，乃以湘鄉土音爲之頌曰：「兩江總督太細哩，要到南京做皇帝。」湘諺謂小爲細也。其時鄉愚無知可見一斑。忠襄公每克一名城，奏一凱戰，必請假還家一次，頗以求田問舍自晦。文正則向不肯置田宅，澄侯公于咸豐五年代買衡陽之田，又同治六年修富厚堂屋費七千緡，皆爲文正所責。文正忠襄所自處不同，而無矜伐功名之意則一也。文正官京師時，俸入無多，每年節嗇以奉重堂甘旨，爲數甚微。治軍之日，亦僅年寄十二金至家，及功成位顯，而竹亭公已薨，故尤不肯付家中以巨資。至直督任時，始積俸銀二萬金。比及薨逝，惠敏秉承遺志，謝却賻贈，僅收門生故吏所醵集之刻全集費，畧有餘裕，合以俸餘，粗得置備田宅。

又咸豐九年己未條下云：

忠襄公于是年構新居，頗壯麗，前有轅門，後仿公署之制，爲門數重，鄉人頗有浮議，文正聞而馳書令毀之。余猶憶戲塲之屋脊爲江西所燒之藍花回文格也。

曾國藩是讀書學道的人，對于物質之慾較淡，曾國荃就不免求田問舍了。趙烈文的「能靜居日記」述國藩批評國荃，其語甚趣，錄之如左：

同治二年六月十七日。滌師邀至客座久譚，言及沅師收城時事，師云：「本地人尚知感激，若非各營官統領獵取無厭，豈非萬全美事。」余云：「沅師已實無所沾，但前後左右無一人對得住沅師耳。」師云：「沅浦不獨盡用湘鄉人，且盡用屋門口周圍十餘里內之人，事體安得不糟，見聞安得不陋。」……

七月二十日。少選，師亦至劇談，問沅師收城時事。余曰：「沅師坐左右之人累之耳，其實子女玉帛無所與也。各員弁自文案以至外差諸人，則人置一簏，有得輒開簏藏納，客至則傾身障之，醜態可掬。」師狂笑曰：「吾弟所獲無幾，而老饕之名遍天下，亦太寃矣！」余曰：「何寃之有，自古成大事功者，孰不蒙謗……嘗見沅師專弁入京，以八百金購箋紙，京中爲之沸然。凡親沅師者皆爲之諱，烈則以爲正沅師過人可喜之處。今沅師大功已成，羣謗久亦自滅，千秋論定，究之瑕不掩瑜，何傷之有。……

早飯後　做小菜點心酒醬之類　食事

巳午刻　紡花或績麻　衣事

中飯後　做針黹刺繡之類　細工

酉刻（至二更後）　做男鞋女鞋或縫衣　粗工

吾家男子於看讀寫作四字缺一不可婦女於衣食粗細四字缺一不可

吾已教訓數年總未做出一定規矩自後每日立定功課吾親自驗功食事則每日驗一次衣事則三日驗一次紡者驗線子績者驗鵞蛋細工則五日驗一次粗工則每月驗一次每月須做成男鞋一雙女鞋不驗

右驗功課單諭兒婦姪婦滿女知之甥婦到日亦照此遵行

家勤則興人勤則健　能勤能儉永不貧賤

同治七年五月廿四日

曾文正公手書功課單

能靜居日記又記曾國藩談家境及其弟有「貪名」事，如同治四年九月初十日云：

　滌師招飲餞行，肴饌甚豐，談話尤暢。師自言：「未受寒士之苦，甫欲求館而得鄉解，會議聯捷入館選。然家素貧，皆祖考操持，有薄田頃餘，不足于用。常憶辛丑年假歸，聞祖考語先考曰：『某人爲官，我家中宜照舊度日，勿問伊取助也。』吾聞訓感動，誓守清素，以迄于今，皆服此一言也。而家中亦能愼守勿失，自昆弟妻子皆未有一事相干，眞人生難得之福。親族貧窘者甚多，雖始終未以一錢寄妻子，顧身膺膴仕，心中不免缺陷。復得九舍弟手筆博寬，將我分內應做之事，一概做完，渠得貪名，而我償素願，皆意想所不

崇德老人手書跋曾文正公所訂功課單

吾家世居湘鄉深山距河甚遠地方俗尚勤樸文正公歷游南北目睹都市浮華虛偽之習早知大亂之將至及居高位深恐家人染奢惰之習決計仍返鄉居以保存勤儉耕讀之家風此功課單即本斯旨我國舊日女子習文事者每每趨向浮華而厭棄勞作

文正公教余等於勤儉早起衣食工作數事躬親督責不稍寬假常言人之福澤有限幼年享用則老年艱窘凡人均應學習多作有益於人之事況此均分內之事予迴思生平所得受用皆由受此基本訓練之所致也近來女子教育摹仿西洋以享樂為目的視奢惰為當然其影響於社會國家者已可見矣因敬刊此單行世或於民族復興之教育有所貢獻耳

民國辛巳仲秋聶曾紀芬敬識

到。家中雖無他好處，一年常無病人，衣食充足，子弟畧知讀書，粗足自慰。」……

因問：「師故鄉山甚多，亦有園池之概否？沅師所居，聞有大池，然乎？」師曰：「鄉間塘濼所時有，舍弟宅外一池，聞架橋其上，譏之者以爲似廟宇。所起屋亦極拙陋，而費錢至多，幷招鄰里之怨。」余問：「費錢是矣，招怨胡爲者？」師曰：「吾鄉中無大木，有必坟樹或屋舍旁多年之物，人藉以爲蔭，多不願賣。舍弟必給重價，爲之使令者，則從而武斷之。樹皆松木，油多易蠹，非屋材，人間值一緡者，往往至二十緡，復載怨而歸。其從湘潭購杉木，逆流三百餘里，又有旱道須牽拽，厥價亦不啻數倍。買田價比尋常有增無減，然亦致恨。比如有田一區已買得，中雜他姓田數畝，必欲歸之于己，其人或素封，或無產，不願則又强之。故湘中宦成歸者如李石湖、羅素溪輩，貪田何啻數倍舍弟，而人皆不以爲言，舍弟則大遺口實，其巧拙蓋有如天壤者。……憶咸豐七年吾居憂在家，劼剛前婦賀氏，耦庚先生女也，素多疾，其生母來視之，幷欲購高麗參。吾家人云：『鄉僻無上藥，既自省垣來，何反求之下邑耶？』對曰：『省中高麗參已爲九大人買盡。』吾初聞不以爲然，遣人探之，則果有其事。凡買高麗參數十斤，臨行裝一竹箱，令人担負而走，人被創者，則令嚼參以渣敷創上。亦不知何處得此海上方。」……

曾氏昆仲性行之稍有不同，可于此見一斑。當曾國荃攻破金陵時，趙烈文在軍中爲記室，爲二曾所重，他所見所聞，比較親切，非一般筆記家道聽塗說，率爾操觚者可比也。

國藩持家節儉，是其家訓，他規定嫁女的奩貲不得多過二百兩，當他嫁第四女時，國荃不信有這樣的事，後來打開箱奩一看，果然不錯，認爲太少了，怎夠應用呢？因此他送多四百兩。曾紀芬自述其嫁粧云：

崇德老人曾紀芬的丈夫聶仲芳

文正婚嫁子女，不許用多金，咸豐九年在江西軍營時，六月二十四日日記云：「是日已刻，派潘文質帶長夫二人送家信幷銀二百兩，以一百爲紀澤婚事之用，以一百爲五十姪女嫁事之用。又摹本緞線縐袍褂料各一，付爲紀澤製衣之用幷裏。又大呢套料、羽毛紗裙料各一丈，爲五十製衣之用幷裏。」（見「年譜」同治五年丙寅條下。）……余之奩貲，有靖毅所遺之一千兩，及文正公薨，諸女亦各得千兩，歐陽太夫人薨，又各分八百兩，益以子金，粗足三千，媵遺之豐，過于諸姊，愧于文正之訓戒矣。（見「年譜」光緒元年乙亥條下。）

最有趣的是曾紀芬記她的父親在兩江總督任上時，親自定有家庭功課單，規定婦女要做一些家務，雖不是全部家務都是自己做，而絕不用僕役，但以一位身兼將相、位冠百僚的大學士、一等侯、兩江總督的家庭中而有這種功課單，現在的人當詫爲奇事了。「年譜」于同治七年戊辰條下記云：

是年三月，由湘東下至江寧，二十八日，入居新督署，五月二十四日，文正公爲余輩定功課單如左：（見圖）

曾紀芬嫁往聶家後，聶氏日見興盛，她所生的兒女，大都成材，且多爲舊日社會上的領導人物。她死後，家人爲重印年譜，改名「崇德老人紀念集」，有瞿兌之跋語，藉見曾紀芬晚年生活一斑，今摘錄如左，以結束此文。

謹案：太夫人八十以後，神明迄未少衰，每日起居皆有定程。晨起在床畧進流質食物……旋閱聖經一節，跪伏于椅背禱天片刻，然後作字閱報。乞書者頗多，或書吉語，或書格言應之。凡書文正公忮求詩數過，至九十一歲猶作一通，筆劃謹嚴，骨肉停勻，見者皆訝異稟。……晚年以麪包乳油及小米粥爲常餐，于肴饌惟擇其溫軟者畧進少許，雖常年不易味，不憎其數見也。所用庖人，年老不善調味，家人或以爲不堪下箸，而老人輒優容之。癸酉（按：一九三三年）春間北上作舊都之遊，先是，老人以咸豐二年出京，八十年中足跡未履京華，久有此願，至是以通車穩速，自揣精神步履，尚能遠遊，遂約親串俞曾兩家同行，北方親故多年未見，歡然相聚，寓瞿宅經月始歸。丙子（一九三六年）又遊南京……丁丑（一九三七年）上海戰事發生，遼陽路宅正當炮火，老人向不願輕動，直至戰事無可避免，始徇家人之請移寓西區巨潑來斯路，倉卒之中不能攜物，事後檢點家中所有，已蕩然空矣。老人始終處之怡然……嗣又以寓宅爲房主索回，改賃靜安寺路二〇二八號，僦居逼仄，亦未曾以之縈懷。辛巳（一九四一年）春逢九十正壽，無知與不知皆以爲人世希有之盛事，特命止備素筵欵諸至親，不許稱慶。壬午（一九四二）春夏之交，屢患痰嗽……以後食量日減，衰象益呈……延至十一月二十三日申刻安然而逝，壽九十有一。……

Stevens

美國製造

史蒂芬床單枕套

大人公司有售

趙烈文與龔孝拱

·劉太希·

大詩人龔定庵的兒子龔孝拱，曾隸曾國藩幕中，與趙烈文交稱莫逆。趙烈文生平著有能靜居日記，全部共六十四册，藏在家中，外間人很少看到。在淪陷時期，其後人因生活艱難，把這部手稿以五百枚銀元代價出售給陳羣。抗戰勝利，沒收入官，曾為南京圖書館珍本室收藏，已在台灣影印出版。龔孝拱自稱龔半倫，是「孽海花」說部中煊染得很突出的人物。

曾國藩以侍郎治軍長沙，開幕徵士，一時思自效者，無不投趨轅門，曾氏既具知人之明，且謂人才以培養而出，器識以歷練而成。其取人，凡於兵事、餉事、吏事、文章有一長者，無不優加獎勵，量才錄用。故凡有一材一藝之能者，無不爭炫鬻於其門，於是非常偉奇之才，頗多出於其中。而曾國藩能成大事，亦即由於其幕府賓僚羣策羣力互助建功也。然則清末名臣之風起雲湧，賴曾國藩提携之力固多，曾氏之精神思想文章影響諸人尤鉅。而曾文正之所以為曾文正，又未嘗非諸人所影響也。

陽湖趙烈文（惠甫）官職止于知州，著作散佚無傳，已刻者僅石鼓文纂釋十餘葉而已，故名不甚著。即有知其姓名者亦以金石家目之。然烈文於金石之學，造詣不深，惟晚歲家居，嘗購庋碑版拓本以娛老，而文筆奔放，一碑之跋，遂動輒千言耳。

烈文生當太平天國之時（一八三二——一八九三）歷居國藩、國荃兩曾公幕。才識宏遠，料事如神，長於章奏露布，倚馬萬言，眞幕府之奇才。薛福成記曾文正幕僚文中，以閎覽稱之，可謂定論。

國荃之奪回江甯城也，烈文正在其幕中，時為同治三年六月十六日，申刻將盡，國荃回老營休憩，衣短布衣，跣足，汗淚交下，蓋甚憊矣。衆方趨賀，荃亟止之。出傳單示烈文命作奏。至酉戌間，江甯城中火光燭天，各軍入城掠奪，即中軍各勇留營者皆去搜括，甚至各棚廝役皆去，担負相屬於道。烈文恐事中變，勸國荃再出鎮壓。國荃時酣臥，聞言意頗忤，張目曰：「君欲余何往？」烈文曰：「聞缺口甚大，當親往堵禦」。國荃搖首不答。至戌末，龍膊子至孝陵衛一帶有砲聲，時城雖破，而太平軍幼主及首領李秀成、林紹璋等尙無下落。烈文恐其乘亂竄出，復從臥榻搖國荃起，請派馬隊要截，國荃不以為然，臥良久，起張燈，取烈文所擬奏稿，大加增删，並詳叙趕回老營及諸將戰功。烈文力言趕回老營一層不必提，且諸將成功此次乃奉旨僅奏大畧則隨摺應保人員，皆當由中堂（指國藩）續再詳奏。國荃怫然曰：「不必取巧，似近諱飾。至各將功績，我處不奏，中堂必不肯詳告，是負諸人矣，」烈文不能爭。僅將下文「令官軍環城嚴守，選路搜殺。」改作「環城內外紮定，兼扼各路要隘，冀使一無漏網」云云。以見國荃回營，非圖休息，乃為防敵之竄，聊以週旋語病。遂發繕寫，而國荃復臥。至四鼓時，城北來報，有馬隊二百餘，步隊千計，假冒發軍衣裝，並携婦女，從缺口衝出，守口者崐字及湘後、左、右營，精銳大半在城內未發未返，餘皆疲頓，不能阻之，僅殺數十人。出城後，由孝陵衛福字（李泰山）、節字（蕭孚泗）等營卡門出，亦莫敢遏，任其投句容路而去，報者不敢驚國荃臥。

烈文意太平軍首領必在其中，今任其大股脫逃，難保無人指摘，且奏中已言殲滅淨盡，則日後無以措詞。時文案繕摺未竟，烈文急扣門請國荃起，飛扎馬隊營官伍維壽追剿，並于奏末增入：「萬一城大兵單，竄漏一二，臣自當嚴飭各軍盡力窮追，會合前路防軍，悉數擒斬，免致流入他方，復貽後患」等語，以見城破之後，敵勢尙强悍如此，則防範不嚴，尙為有辭可說，所謂未求有功，先求無過也。奏既入，越十日而旨下，以大局粗定之時，國荃不當遽返老營為責，辭氣頗嚴，外營中人咸歸於前摺文字之疏。或以問烈文，烈文曰：若輩悠悠之口，何足與言，所恨中丞厚待各將，而城破之日，全軍掠奪，無一顧全大局，若蕭孚泗在偽天王府取出金銀不貲，即縱火燒屋以滅跡。忠酋係方山人民陶大蘭縛送伊營內，伊掠其美，稟稱派隊擒獲，一文不賞，又疑忠酋有存項於其家，派隊將其家屬縛至營中，鄰居亦被牽曳，逼訊存欵，至各村遺民，空村竄匿。誅求如此，則偽幼主之得出，安知非民人懲前車而縱之使去，尤足令人皆裂。中丞孤立無援，又多怨忌，幸得忠酋，此局方得交卷，否則不獨無賞，當受譴責矣。至此次廷寄忽加嚴厲之故，殆別有緣起，余知其約畧，未敢臆斷。大抵朝廷苟無奧援，將帥立大功于外，往往轉折交議。不然去年蘇州之役，李公（鴻章）原奏，明言忠酋從小路搭橋而去。今春杭州之役，左公（宗棠）原奏，明言賊傾城先去，皆奏入而恩出，于此奏何如，而以筆墨為罪耶！君父之前，立言有體。雖近世捷報，太半虛辭，按亦未必不畧有根據，不致全然誑語，不然，兩公皆長于作奏，何不以生擒入告耶？

江甯之役，奉旨曾國藩封一等侯，加太子太保。曾國荃一等伯，加太子少保。俱雙眼花翎。趙烈文亦于獎案內以花翎直隸州保敍。然朝廷以忠王眞僞及太平軍中藏金致疑，嘗派某將軍來察看旗幟，實則偵查也。其時御史賈鐸亦有「請飭曾國藩等將所擄金銀查明，報部備撥」之疏，國荃以是頗悒鬱不平。文正壽弟詩：「九載艱難下白城，漫天箕口復縱橫」。即指此也。

同治七年，文正官直隸總督，翌年，奏調烈文至署，委署廣平府之磁州。十一年改署易州。

烈文與文正投契最深，居幕府日，文正每晚必至烈文書室閒話，上自軍政大事，下至文章書法，無不論列，烈文或可或否，亦無不直言以對。同治六年六月二十日，文正謂曰：得京中來人所說云，都門氣象甚惡，明火執仗之案時出，而市肆乞丐成羣，甚至婦女亦身無袴，民窮財盡，恐有異變，奈何？烈文對曰：「天下治安一統久矣，勢必馴致分割。然主德素重，風氣未開，若非軸心已爛，則土崩瓦解之局不成。以烈度之，異日之禍，必先根本顛仆，而後方則無主，人自爲政，殆不出五十年矣。」文正蹙額良久曰：「然則當南遷乎？」烈文曰：「恐遂陸沉，未必能效晉宋也。」文正曰：「本朝君德正，或不至此。」烈文曰：「君德正矣，而國勢之隆，食報已不爲不厚，國初創業太易，誅戮太重，所以有天下者太巧，天道難知，善惡不相掩，後君之德澤，未足恃也。」觀此一夕語，對于四十五年後辛亥遜位之局，朗若目覩，而「不出五十年」一語，亦恰如其數，雖世之預言家，何以逾此。

烈文對于文正推服甚至，但未嘗執贄稱弟子也，其始從曾氏于南昌，爲咸豐五年，時曾年四十五，趙年二十四，李次青即勸其投贄門下，且云出自公意，烈文未即允，既相從日久，屢荷特薦，感恩知己，頗欲重申此意。然以功名之會，不敢托于暱近。自同治四年，曾公罷兩江總督，，追剿豫楚邊境捻匪。烈文以家累不能從行，相別于邵伯鎮，始投門生帖，會公謙讓，答書曰；

「頃接手書，猥以一日之長見推，大增慚恧。昔劉蔭渠制軍於咸豐十四年誤聽河人之言，謂敝處無密保之疏，忽欲投帖改稱，國藩致書力辯其誣，請以廣西所產之三七（藥名）見貺，而捐免門生二字。蔭渠亦復書，寄三七二斤，封面寫云：捐繳三七若干，請飭局核明給獎。敝處因將新帖壁還，以代實收部照，不改稱謂，仍爲友朋如初。此事雖小，頗有逸趣。敢援斯例，請閣下惠我以臯文先生儀禮圖之初印本，亦即捐免新稱謂，飭局給獎。如不能遽繳捐款，或先發實收，亦可飭局通融辦理，此次敬將大簡壁還，亦足見捐政之寬大矣。賢如子厚，不敢爲衆人之師，貴若衛青，亦豈無長揖之客。請存此義，留作一段佳話可也。」

曾公遊戲文字不多見，此蓋極難得者。

烈文於交游之中與龔孝拱（橙）最暱。咸豐五年，始相識于曾文正南昌營中，時烈文年二十四，孝拱已三十九矣。翌年，烈文以母喪歸，尋遭亂離，家室播遷，至十一年秋，再從曾公於東流軍次，孝拱則恃才傲物，爲衆人所排擠，流浪江南，鬱鬱不得志。曾公之將調直隸總督也，嘗借烈文自江甯來滬，時孝拱坐困滬寓，烈文勸其例謁。丁雨生（日昌）即讒言于曾公，謂孝拱私以公同治元年覆奏預修和約之稿示英人以易賄，曾公佛然，同時應敏齋（寶時）亦向孝拱言，曾公以元年之書督責之甚深，見面必有奇禍。烈文則力爲申辯，謂此稿下游見者甚多，英人耳目甚廣，實不借資孝拱也。此後孝拱益困窘，烈文每資助之，及烈文罷官歸隱，營第宅于虞山，孝拱往訪，欲舉所藏金石拓本爲贈。時烈文宦囊垂盡，辭受兩難，遂至一言失歡，不辭而別。翌年，孝拱病卒，二人不再見矣。

龔橙初名公襄，字孝拱，號石匏，又號匏庵，浙江仁和人，是大詩人龔自珍（定庵）的兒子，著書多可怪的論調，很少人能賞識他。他嘗告訴同鄉譚獻（復堂）說：「詩經周頌是有韻的，可惜後人不會讀！」當下他就向譚獻朗誦一遍，果然聲調鏗鏘。曾有人獲得龔孝拱給趙烈文的信札三十八頁，其中很保存着一些珍貴史料，這些信札由咸豐六年（一八五六）起，至光緒二年（一八七六）止，中歷二十年。初時署名公襄，同治元年以後署名橙。同治八年（一八六九）年二月，烈文奏調直隸，官磁州和易州知州，信札中斷。至光緒二年二月廿三日，烈文卸官至京，橙亦在京，往訪不值，才又有末一封信。字體從說文變化，獨創一格，不易認識，但奇宕可愛。信中論著述，論夷務，論書法，以及遺聞瑣事，方面很廣，畧述如後：

（一）著述　他的著述範圍，在經、史、小學方面。信中說：「生諸先生後，猶自樹一幟者，一則深信今文家言，一則不信馬、鄭臆說。所寫定：易六十四，删象曰、篆曰及繫辭以下。書二十八篇，逸書四十二篇，書遺文一卷，士禮十七篇，逸禮一卷，補兵禮一卷，大小戴記若干篇，春秋，寫本，別寫定左氏十卷，樂記之外爲樂容一卷，樂器四卷，唯禮圖未具，與舊作六典，理董許書，皆學童今日所必先肄業之正本。本擬入京進呈，請列學宮。今抱書海濱，乞有力者爲刋行，然及身寫定，視前哲福緣過之矣，更有何奢望哉。」又云：「至宋元二史，尚未有定本，敝稿兩大簏，茫茫不及整齊，却有幾篇絕好文字，可先就正。全書即或不成，後人不難補苴，此非橙絕詣也。」現在流傳下來龔橙的著述，只有詩本誼一卷刻本，譚獻復堂日記（卷八頁二一）記他的遺書手稿共十種，爲高子韶收藏。他說「雜用古籀爲今隸，倉卒幾不可屬讀」。距離現在，已有一百餘年，不知能否保存下來。

（二）夷務　其咸豐八年（一八五八）六月廿一日的信，談及英、法聯軍進攻天津事云：「

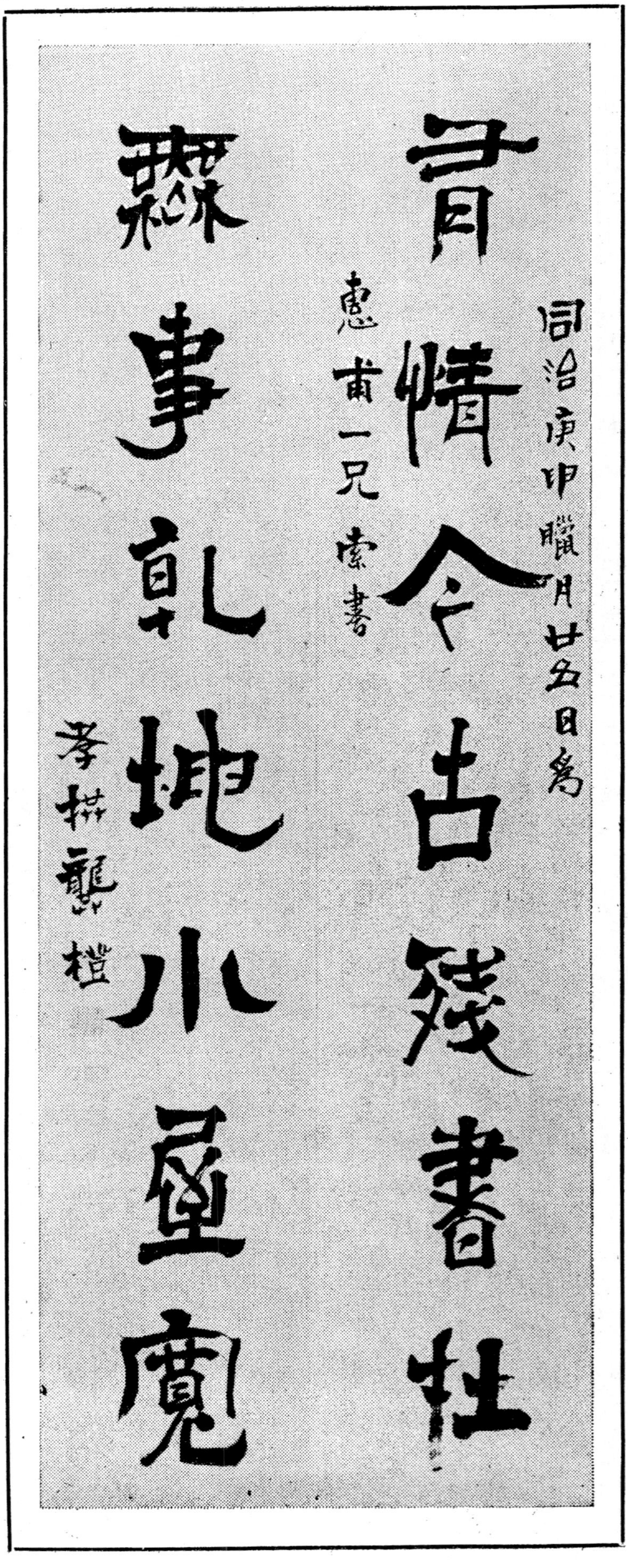
有情今古殘書在
無事乾坤小屋寬
同治庚申臘月廿五日為
惠甫一兄索書
孝拱龔橙

胡惠春先生藏龔橙（孝拱）贈趙烈文（惠甫）聯語：「有情今古殘書在，無事乾坤小屋寬。」

前月十三日，英、法、彌（美國）三夷以舟師二十九北駛天津海口。二十五日，突以火輪十二入口，毀焉，斃千餘人。砲傷夷兵目二，回駛上海。自內訌（指太平天國之役）以來，未有如是之大創者。惟聞該夷進口，我左岸砲台三座已不支，退守第四台。僧格林沁王自督第五台，急增兵，焚浮橋，並力轟擊，始獲勝仗。當夷舟至第三木樁，遽揮兵登岸，皆還濘淖中。我兵猶抬銃，遙擊，而不蟄鼈甕中，潮退舟淺，猶不一炬殲之。以彼短長若彼，天時、人事、地利、勞逸又如此，然則苟非天驕，又焉冀有此一敗乎。是役也，彌夷以四舟從，實不與戰。及英、法敗，乃登岸以禮見天津道而歸，且向英、法聲稱已與中國換約云。」所言與歷史記載頗有出入。當英、法艦隊潮退擱淺時，恨不一炬殲之，可見其同仇敵愾之慨。而此次戰役，彌（美）夷以四舟從，實未與戰，其中大有文章。

又同治元年（一八六二）正月十五日信云：「中國浮僞爲偷惰之習，泰西人來，正是對症發藥。矯枉之極，且以鴉片毒中國，至於此日。天道好還，或者冥冥中爲中國除難，而後生攘夷狄之才者乎。」很像是一種預言。

（三）書法　他自謂「少年亦嘗學白摺殿卷，一時翰林先生咸謂爲善，此書名之所由來。其實從唐碑入手，佻仄不實，粗重不靈，習氣深重，已入骨髓。及乎究心八體，極力擺脫，而又從事經史，不暇爲之。嘗嘆何子貞（紹基）太史竭畢生力，寫一筆好字，其福爲不可及，誠非虛言耳。」龔自珍以書法拙劣不能得館選，致令其家奴僕也學卷摺字。橙自不能例外。那知他一變而爲唐碑，再變而爲怪字。有清三百年，一空依傍，獨具面目的書法家，前有金農（冬心），後有龔橙，足以先後輝映。

（四）瑣事　信中有遺聞瑣事可采的如云：「容純甫兄采辦西器回來銷差，官常諸所未諳，尙望指教一切。渠須往曾（國藩）營，能得足下相識同行之便更妙。」這是同治四年（一八八五）十一月七日的信。容純甫就是寫「西學東漸記」的容閎，是留學美國的第一人。或謂龔孝拱憤世嫉俗，不近人情，觀乎其向趙烈文介紹容純甫一節，豈能謂其不近人情，簡直世故得很。

但謗之者仍大有人在，王湘綺即曾直指其爲漢奸，劉禺生世載堂雜憶云：『英人攻天津、廣州、威脫瑪尊爲謀主，多用其策。唐少川所謂：「廣州城上，列甕爲炮，謀主龔孝拱告英帥，擊碎之，入粵降葉名琛」者是也。名字事實，舉國皆知。』

關於龔孝拱的傳說其流傳最廣的，允推曾孟樸寫的「孽海花」說部，第三回「半敦生演說西林春」一直到第四回「光明開夜館福晉呈身」，都是說的龔定庵父子政事，不過把龔孝拱的名字改成龔孝琪而已，節錄如後：

雯青（影射洪鈞）道：「我問你怎麼改名了褚愛林？怎樣人家又說你在龔孝琪那裏出來的呢？看着這些陳設的古董，又都是龔家的故物。」愛林淒然的挨近雯青坐下道：「好在金大人不是外人，我老實告訴你，我的確是孝琪那裏出來的，不過人家說我捲逃，那才是屈天寃枉呢！實在祇爲了孝琪窮得不得了。忍着痛打發我們出來各逃性命。那些古董，是他送給我們的紀念品。金大人你想，若是捲逃，那裏敢公然陳列呢！」雯青道：「孝琪何以一貧至此？」愛林道：「這就爲孝琪的脾氣古怪，所以弄到如此地步。人家看着他舉動闊綽，揮金如土，祇當他這豪華公子；其實是個漂泊無家的浪子！他祇爲學問上和老太爺鬧翻了，輕易不大回家。有一個哥哥向來音信不通，老婆兒子他又不理，一輩子就沒有用過家裏一個錢，一天到晚，不是打着蘇白和妓女們混，就是學着蒙古唐古忒的話，和色目人去彎弓射馬。用的錢全是他好友楊墨林（楊坊字憩棠，鄞縣人，上海墨海書林主人）供應，墨林一死，幸虧又遇見英使威妥瑪，做了幕賓，又浪用了幾年。近來不知爲什麼事，又和威妥瑪翻了腔，一個錢也拿不到了，祇靠賣書畫古董過日子。因此，他起了個別號，叫「半倫」，就說自己五倫都無，祇愛着我。我是他的妾，祇好算半個倫。誰知到現在，連半個倫都保不住呢！」說着眼圈兒都紅了。雯青道：「他既犧牲了一切，投了威妥瑪，做了漢奸，無非爲的是錢。爲什麼又和他翻腔呢？」愛林道：「人家罵他漢奸，他是不承認。有人恭維他是革命，他也不答應。他說他主張燒圓明園，全是替老太爺報仇。」雯青詫異道：「他老太爺有什麼仇呢？」愛林把椅子挪了一挪，和雯青耳鬢廝磨的低低說道：『我把他自己說的一段話告訴了你就明白了。那一天，就是我出來的前一月，那時正是家徒四壁，囊無一文，他脾氣越發壞了，不是搥床拍枕，就是咒天罵地。我倒聽慣了，由他鬧去。忽然一到晚上溜入書房，靜悄悄的一些聲息都無。我倒不放心起來，獨自躡手躡脚的走到書房門口偷聽時，忽聽裏面拍的一聲，隨着咕嚕了幾句。停一會，又是嗶拍兩響，又唧噥了一回。這是做什麼呢？我耐不住，闖進去，祇見他道貌莊嚴的端坐在書案上，面前攤一本青格子，歪歪斜斜寫着草體字的書，書旁邊供着一個已出櫝的木主。他一手握了一支硃筆，一手拿了一根戒尺，正要去舉起那木主，看見我進來，回着頭問我道：「你來做什麼？」我笑着道：「我在外邊聽見嗶拍嗶拍的聲音，我不曉得你在做什麼，原來在這裏敲神主！這神主是誰的？好端端的爲甚要敲他。」他道：「這是我老太爺的神主。」我駭然道：「老太爺的神主，怎麼好打的呢？」他道：「我的老子，不同別人的老子，我的老子，是個盜竊虛名的大人物，我雖瞧他不起，但是他的香火子孫，遍地皆是，捧着他的熱屁當香；學着他的醜態算媚，我現在要給他刻集子；看見裏頭很多不通的，欺人的，錯誤的，我要給他大大改削，免得貽誤後學！從前他改我的文章，我挨了無數次的打，現在輪到我手裏，一施一報，天道循環，我就請了他神主出來，遇着不通的敲一下，欺人的兩下，錯誤的三下，也算小小報了我的宿仇。」我問道：「兒子怎好向父親報仇？」他笑道：「我已給他報了大仇，開這一點子的小玩笑，他一定含笑忍受的了。」我道：「你替老太爺報了什麼仇？」他很鄭重的道：「你當我老子是好死的嗎？他是被滿洲人毒死在丹陽的，我老子和我犯了一樣的病，喜歡和女人往來，他一生戀史裏的人物，差不多上自王妃，下至乞丐，無奇不有。他做宗人府主事時候，管宗人府的便是明善主人，是個才華蓋世的名王。明善的側福晉，叫做太清西林春，是個艷絕人寰的才女，閨房唱和，流布人間。明善做的詞，名西山樵唱；太清做的詞，名東海漁歌。韻事閒情，自命趙孟頫、管仲姬，不過爾爾。我老子也是明善的座中上客，酒酣耳熱，雖然許題箋十索，却無從平視一回。有一天，衙中有事，明善恰到西山，我老子跟踪前往。那日天正下着大雪，遇見明善和太清並轡從林子裏出來，太清內家裝束，外披着一件大紅斗篷，映着雪光，紅的紅，白的白，艷色嬌姿，把老人家的魂攝去了。從此日夜想思甘爲情死。但使無青鳥，客少黃衫，也只好藏之中心罷了。不想孽緣湊巧，好事飛來，忽然在逛廟的時候，彼此又遇見了。我老子見明善不在，就大着胆上去，說了幾句蒙古話。太清也微笑的回答。臨行，太清又說了明天午後東便門外茶館一句話。我老子猜透是約會的隱語，喜出望外。次日不問長短，就趕到東門外，果見離城百步，有一爿破敗的小茶館，他便走進去，揀了個座頭，喊茶博士泡了一壺茶，想在那裏老等。誰知這茶博士拿茶壺來時，就低聲問道：「尊駕是龔老爺嗎？」我老子應了一聲「是。」他就把我老子領到裏間，早見有一個粗眉大眼戴着毡笠趕車樣兒的人坐在一張桌上，一見我老子就很足恭的請他坐，我老子問他「你是誰？」他顯出刁滑的神情道：「你老不用管，你先喝一點茶，再和你講！」我老子正走得口喝，本想潤潤喉，端起茶碗來，嚈都嚈都的倒了大半碗。誰知這茶不喝便罷，一到肚，不覺天旋地轉的一陣頭暈，硼的一聲倒了。」愛林正說到這裏，那邊百靈台上錢唐卿忽然喊道：「難道龔定庵就這麽糊裏糊塗的給他們藥死了嗎？」愛林道：「不要慌，聽我再說！」正是：爲振文風結文社，却教名士殉名姬。欲知定庵性命如何？接着便是第四回的「光明開夜館福晉呈身」話說上回褚愛林正說到定庵喝了茶博士的茶暈倒了，唐卿着慌的問，愛林叫他不要慌，說我們老太爺被人毒死，不是那時節。正待說下去，珏齋道：「唐卿，你該讀過定庵集，據他送廣西巡撫梁公序裏，做宗人府主事時，是道光十六年丙申歲，到十八年，還做了一部商周彝器文錄，補了說文一百四十七個古籀。我做的說文古籀補，就是被他觸發的，如何會死呢？」公坊道：「就是著名的己亥雜詩三百十五首，也在宗人府當差兩年以後哩。」雯青道：「「你們不要談考據，打斷她的話頭呢？愛林你快講下去，」愛林道：「他說，我老子暈倒後，人事不知，等到醒來，忽覺温香撲鼻，軟玉滿懷，四肢無力，動彈不得。睜眼看時，黑洞洞的一絲光影都沒有。可曉得那所在不是個愁慘的石牢，倒是座縹渺的仙闥，頭倚繡枕，身裹錦衾，衾裏面，緊貼身朝外睡着個嬌小玲瓏的妙人兒，祇隔了薄薄一層輕綃衫褲，滲出醉人的融融暖氣透進骨髓，就大着胆，伸過手去，撫摩，也不抵攔，祇覺得處處都是膩不留手，那時他老人家暗忖，常聽人說：京裏有一種神秘的黑車，往往做宮娃貴婦的方便法門，難道西林春也玩這個把戲嗎？到底被裏的是不是她呢？就忍不住低低的詢問了幾次。誰知憑你千呼萬喚，祇是不應。又說了幾句蒙古話，還是默然。可是一條玉臂，已漸漸伸了過來，身體也婉轉的暱就，彼此都不自主的唱了一齣愛情的啞劇。雖然手足傳情，却已心魂入化，不覺相偎相倚的沉沉睡去了。正酣適間，耳畔忽聽古古的一聲雞唱，他老人家嚇得直坐起來，暗道：不好！揉揉眼，定定神，好生奇怪，原來他還安安穩穩睡在自己家裏書室中的床上。想道：雖道我做了整天的夢嗎？茶館，仙闥，錦被，美人。都是夢嗎？急得一疊連聲喊人來，等到家人進來，他問自己昨天幾時回來的？家人告訴他，昨天一夜在外，直到今天天一亮，明貝勒府裏打發車送回來的。回來時，還是醉得人事不知，大家半扶半抱的纔睡到這床上。我老子聽了家人的話，纔明白昨夜的事，果然是太清弄的狡獪，心裏自然得意，但又不明白自己如何睡得這麽死？太清如何弄他回來？心裏越弄越糊塗，覺得太清又可愛，又可怕了。隔了幾天，他偶然游廠甸，又遇見太清，一見面，太清就對着他含情的一笑。他留心看她那天，一個男僕都沒有帶，祇隨了個小鬟，這明明是有意來找他的，但態度倒裝的益發莊重。他鼓勇的走上去，還是用蒙古話，轉着彎先試探昨夜的事。太清笑而不答。後來被他問急了，纔道：「假使眞是我，你怎麽樣呢？」他答道：「那我就登仙了！但是仙女的法術太大，把人捉弄到雲端裏，有些害怕了！」太清笑道：「你害怕，就不來。」他也笑道：「我便死，也要來。」於是兩人調笑一回，太清終究傾吐了衷情，約定六月初九夜裏，趁明善出差，在邸第花園裏的光明館相會，這一次的幽會，既然現了莊嚴寶相，自然分外綢繆，從此月下花前，時相來往。忽一天，有個老僕送來密縫小布包一個，我老子拆開着時，內有一箋，箋上寫着娟秀的行書數行，認得是太清筆迹：

> 我曹事已洩，妾將被禁，君速南行，遲則禍及。附上毒藥粉一對瓶，酖人無迹，入水，色紺碧，味辛，刺鼻，愼茲色味，勿近！恐有人酖君也。香囊一扣，佩之胸當，可以醒迷，不擇迷藥或迷香，此皆禁中方也。別矣，幸自愛！

我老子看了，連夜動身回南。過了幾年，倒也平安無事，戒備之心，漸漸忘了。不料那年行至丹陽。在縣衙裏，遇見了一個宗人府的同事，便是他當日的賭友，那人投他所好，和他搖了兩夜的攤，一夜回來，覺得不適，忽想起纔喝的酒味，非常刺鼻，道聲不好，知道中了毒。臨死，把這事詳細告訴了我，囑我報仇。他平常雖然待我不好，到底是我父親，我從此就和滿人結了不共戴天的深仇。庚申之變，我輔佐威妥瑪，原想推翻滿清，手刃明善的兒孫，雖然不能全達目的，燒了頤和園，也算盡了我做兒子的一點責任。人家說我漢奸也好，說我排滿也好，由他們去罷！這一段說話，是孝珙親口對我說的。想來總是秘情。若說孝珙爲人，人脾氣雖然古怪，待人倒很義氣，就是打發我們出來，固然出於沒法，而且出來的不止我一人，還有個姓汪的，是他第二妾，也住在這裏。他一般的給了許多東西，時常有信來問長問短。姓汪的有些私房，所以還不肯出來見客，我是沒法，纔替他丢臉。我原名傅珍珠，是在煙台時依着假母的姓，褚是我的眞姓，愛林是小名，眞名實在叫做畹香。人家倒寃枉我捲逃，金大人你想我的命苦不苦呢？」。雯青聽完這一席話，笑向大家道：「俗語說得好，一張床上，說不出兩樣話，你們聽，愛林的話，不是句句護着孝珙嗎？」唐卿道：「孝珙的行爲，雖然不足爲訓，然聽他的理論思想，也有獨到處，這還是定庵的遺傳性。……」

龔定庵生于乾隆五十七年（一七九二），卒于道光二十一年（一八四一），才五十歲耳。龔孝拱生于嘉慶二十二年（一八一七），爲其父二十六歲時所生，卒年不可考，但在光緒二年（一八七六），他在京還和趙烈文通信，若他在和趙烈文通訊之次年逝世，亦已六十歲，又比他父親長壽多了！

附刊龔橙贈趙烈文聯，堪稱寫作俱佳，充滿金石氣，直可與金冬心比美；可惜龔孝拱寫錯了年份，因同治十三年中，並無庚申。若非庚午（一八七〇），便屬壬申（一八七二），俱屬孝拱五十以後作品，此公放蕩不羈，寫錯年份，在他是不足爲怪的。

爲你子女健康着想

穿著不舒適的鞋，常會發生扭傷等意外。大人尚且如此，何況是活躍好動的兒童？此外，在發育中的兒童，普通的皮鞋，皮質硬，易變形，防碍足部發育。因此，爲你子女健康着想，用料及製作嚴格，舒適耐用的英國名廠「**其樂**」鞋就最合理想。「**其樂**」鞋由於價錢公道，所以你會發現在學兒童最多是穿著「**其樂**」鞋。

Clarks

HARRY WICKING & CO. LTD.
域景洋行

干諾道中於仁大厦716室　電話：H-220001

悼念吳子深師

周士心

吳子深師逝世噩耗傳來，我又失去一位長者，頓使我陷入空虛悵惘的沉思之中，回想以前寄居香港有一段時間，晨夕相處，問道談藝，往來密切，事情一幕幕在眼前掠過，眞的好像做了一場夢。適於此時，陶鵬飛博士來信說：「大千先生對子深先生的遽歸道山，感到十分悼傷，頗多悵惘，談了不少往事，並說在美國知道子深先生最多的乃是我兄，可否作一悼文，刊諸『大人』，以爲紀念。」

幾次提筆，又幾次黯然放下，歡樂悲哀一起湧上心頭，眞不知從何說起，因此遲遲未能下筆，翻閱大人雜誌，見到吳師遺作「客窗隨筆」書畫部份的節錄，又勾起舊事，决心寫此短文，表達我誠摯的悼念之意。

一九五一年本文作者與吳子深先生（左）合影

被人艷稱的海上「三吳一馮」，自吳師逝去之後，至此已全部作了古人。他在現代畫家群中，依我的淺見，如修畫史，自然有他應得的地位。

首先，他捐輸鉅貲創建蘇州美術專科學校，率先提倡美術教育，造就東南地區不少人材，是一位大有遠見身體力行的美術教育家。

其次在民國初年的畫壇氾濫洋法，治史家稱此時爲現代中國美術逆流的時期，自覺地整現國故，提倡正宗畫法，而又於我民族迭遭壓迫之際，標誌氣節，大畫墨竹，不僅意有所託，且使幾致失傳的湖州竹派，重煥神明，其後蔚成風氣，影響所及，至今勿衰，未始非吳師倡導之力。再次，吳師於診務之暇，揮毫濡墨，畢生孜孜不息，畫到最後昏迷爲止，從未一日輟筆，伏案之勤，堪爲表率。

吳師出身三吳望族，生於前清光緒二十年（公元一八九四年），舊宅蘇州桃花塢，原爲唐解元伯虎所居處。先生名華源，號漁邨，齋名翠玲瓏室、清氣軒，南下後以字行，故凡署華源款者，皆屬早年之作。氏曾祖設參茸行於閶門下塘，營業頗盛，毀於洪楊之亂，乃祖乃父復創織造、釀酒業，雄踞江南，卒成大富。民前五年吳師十四歲讀內經，自謂茫然不解；學畫得吳中名師顧鶴逸傳授。時值晚清，吳師之母舅曹滄州徵君應召入京任御醫，吳師隨侍二年，得乃舅指授，讀其手批明刻本諸種醫籍，始識妙諦。民六年吳師廿四歲染肺疾，大咯血咳嗆不已，晚間寒熱來往，盜汗虧損之極，自意必不起，後服友人徐竹笙所製油浸白菓轉危爲安，從此悉心研習醫理，終成一代儒醫。自其尊人歿後，世業漸墜，民十二年復值江浙鏖兵，移居上海。民十九年，吳師三十七歲至關陝遊歷，曾寓西安四閱月，又嘗遠涉東北，胸襟一暢。自經飽覽名山大川，繪事益見進境，復立志提倡美育，出貲銀圓十二萬，創蘇州美術專科學校於滄浪亭畔，復攬名師，以設備齊全，校舍宏偉，教導認眞，譽滿全國。民二十六年中日戰起，蘇州舊宅迭遭洗劫，古物珍玩除藏之滬寓者外，餘皆蕩然無存。從此寄寓滬上，廣交友朋，以書畫自娛，以醫術濟世。

子深先生行二，故在家時上下人等俱尊之爲二老爺，即在旅港時期，其夫人仍以老爺相稱，三叔浩如早歿，四叔秉彝善工筆花鳥，有宋人遺範，戰後與五叔振聲先後病歿蘇垣，六叔似蘭號綠野，授余花卉，亦蘇州名士，戰前富甲一方，酷嗜文藝，因得西域娑婆羅花一株即以爲館名，畫學王忘庵，渾厚典雅，於當時流行之惲南田派以外獨立門戶，曾任蘇州美專教席，晚年執教華東藝專，後被徵入蘇州國畫合作社，終日揮寫出口美術工藝品，藉維生計，一九六二三反五反，不堪長期鬥爭，卒于重陽節子夜割脈自殺得大解脫。似蘭師天份至高，疏財好友，對余培植尤力，終生緬懷，未敢稍忘！

一九五一年十一月十二日至十三日，我在香港思豪畫廊舉行南下第一次個人畫展，承大千先生及吳師題畫多幅，吳師並爲我寫了一篇序文，起首有云：

「周君士心，與余同里復同學，近年國事冗雜，萍梗殊途者相乖數年，去歲之春，余來此間，復相晤見，握手話舊，恍如隔世……。」

這確是紀實文字，吳師一九五零年三月自上海過廣州轉來香港，時年五十七歲，那時他的處境直是逃亡性質，從此不會回過大陸。

我比他早來了一年，有一天在皇后大道中百新書店，吳師正在打聽買一本萬年曆，還有一位女畫家蔡佩珠也在買書，（蔡不幸也在今年五月十七日在洛杉磯心臟病逝世。）我在此異鄉客地，突然聽到一口家鄉話的蘇白，又看他背後身形，不待仔細辨認，就知道是吳師了。因為我是他六弟似蘭的弟子，也是他所創辦的蘇州美專學生，同時亦得過他的指點，在校時也間中聽過他講學，如此幾重關係，在海外驟然相遇，自然歡喜無量。雖然如此，事實上過去吳師住在上海威海衛路的日子多，我則因為讀書住家都在蘇州，平時不易見面，他們弟兄早已各立門戶，分別擁有巨院大宅。似蘭師在太湖邊上還有別墅遊艇，過着豐足優裕的生活，住在東百花巷，又在北局創立婆羅花館，屬於私人畫室，蘇州畫家常在這裏叙會，繪畫作詩寫字之外，大家在一起閒談、吃飯、品茗、度曲、打牌，過着文人逸樂的生活。我在婆羅花館年齡最小，大約十五歲左右，與他們為伍，無非看他們繪畫，從中觀摩；那時王季遷兄還沒有去美國，有時也從上海來館叙會，記得大家合作歲朝圖，我也湊上一手畫了一枝紅梅花，枝梗的中鋒筆觸，備蒙大家讚許。吳師有時在週末從上海到蘇州美專上課，談論畫理，很受同學歡迎，順便盤桓一二日，就住在館中。他隨身有「二爺」侍奉，朋友簇擁着，雖然他的身體特別瘦小，但是因為腹笥甚豐，字畫雙絕，心境舒暢，舉止瀟灑，大家都對他另眼相看；決不像他到了香港之後，那樣瘦怯憔悴。我那時震於他的學問才藝，很想接近他，但却也不容易，我事先準備了些畫，要待他訪客稀疏和精神愉悅的時候，才敢請他指教，因他的眼界很高，對人不輕許可，因此我之所謂得意之作，吳師也只是隨手翻翻，說兩聲「蠻好，蠻好！」而已。不過時間稍久，也許吳師漸覺我確是專心向學，曾囑似蘭師允許借我一些他們倆所藏的古畫，其中有董其昌、周天球的山水，文徵明、夏仲昭的蘭竹和王忘庵、惲南田的花鳥，一冊張子祥的蔬果，還有一軸沈三白的山水，因為讀過「浮生六記」，所以特別對之關心。

吳師在蘇州開過一次畫展，由古董商華品山經營其事，家兄玉菁及四圍的朋友義務幫忙，畫展真是熱鬧，全蘇州的名士畫家都來了，第一天的上午，作品已經被訂去九成，事後換了不少金條，吳師對於錢財並不在乎，但眼見自已的作品如此受人歡迎，大為愉快，當晚大宴出力諸君，各獲小品贈畫，我與玉菁得到一幅墨竹、一幅竹澗鳴泉淺絳山水，還破例為我題了四幅小山水，我的畫第一次得到他的贊詞，大家投以欣羨之色，並說吳師是向來不肯與人題畫的，當時也覺得非常喜悅，這四幅畫後來交給修雅齋裝裱，貼在壁上，竟然有人情商要求割愛，但沒有答應這位知音。那幅竹澗鳴泉圖，僅是一幅斗方，我現在還清淅地記得它的佈局，吳師當時還指着畫上的一堆亂石堆操着吳儂軟語說：「世兄，山水畫個水口，頂難畫，嘸不幾筆，就像有水要流出來，倷要專心學學，阿聽見？」所以我後來對水口的畫法，很受吳師的影響，不敢疏忽。

名滿東南的蘇州美專，有人說吳師出資銀元三十萬，但他自已告訴我出了十二萬，其餘不足之數是由當地士紳大家湊集的。這間學校設在滄浪亭左側，環境再好沒有，門前一泓流水，我很喜歡看這座建築物的倒影，外觀很是壯麗，校長是留法畫家顏文樑，平易近人，和靄可親，只是不多講話，善視學生如子女，常帶學生近郊寫生，校中設備齊全，校舍是羅馬式建築，在古老的蘇州，觀感一新，氣象不凡，設有中西畫系，並附設實用藝術，各系並有研究生學位，以備畢業同學繼續深造。素描室置有大小石膏像百餘座，均係顏校長親自向法國訂來，成為我國最引人稱道的美術學府。師資優秀，俱為一時俊彥，教西畫如黃覺寺、胡粹中、朱士傑；中畫工筆禽鳥走獸蔡震淵（銑），山水朱疇禹（竹雲），人物顏元（顏校長之父）後來由沈壽鵬任教，花卉吳秉彝（冰畦），後來由似蘭先生教，書法蔣企範，國文儲金元，圖案由一位洪老師教，西洋畫水彩加了一位孫文林，顏校長也教油畫和透視學。徐悲鴻、孫伏園、鄭午昌、章太炎等都請去講過學。畢業的學生散佈海內外，前年我旅行東南亞，一路上都遇到美專同學，自動前來協助畫展，並且大家都關心吳師近況，

蘇州美術專科學校在滄浪亭畔

親如家人，盛情可感。滄浪亭本身是蘇州歷史最老的著名花園，內部以曲折的複廊，式樣多變的漏窗，石泥不分、樹木自然繁衍的天然形勢和環繞的溪水，最為出名，內部建築有面水軒、觀魚處、看山樓，傍山假水，幽靜脫俗，還有吳中五百名賢石刻鑲嵌壁上，是蘇州重要文物。美專學生課餘陶冶其間，抒發靈感，確是一個培養藝術的最好環境，自從離開學校，時常夢魂牽纏，可是從此一去不復回了。

吳師到了香港，先住在九龍尖沙咀彌敦道上星光酒店，當時有位老家人從上海陪他到香港，兩個星期之後，主僕分手，後來這位僕人被指為協助地主逃亡，判了重刑，吳師說如果他不出來，此命亦將休矣。他說共軍一到上海，由他出面邀約了當地不少地主資本家商量自處之道，當晚就給抓了去，說是地主開會，準備造反。關入牢監十九天，幹部後來知道他是名畫家，給他取來紙筆，雖是優待，在裏邊的情形，吳師形容是「難過得

自右至左：陳定山、吳子深、于右任、吳浣蕙（定山草堂藏）

死去活來。」等到查明並無造反實據，才予以釋放。吳師明白了情勢和自己的立場之後，決定當晚就走，由老家人自告奮勇，陪同間關南下，蘇州人做事一向慢條斯理，拖泥帶水，吳師這次當機立斷，就這樣脫離虎口，重獲廿二年自由生活，這一個決定太重要了。

吳師到香港行篋簡單，隨身衣物外只有幾部醫書、畫書和命書，其中一部是國學叢書中抽出來的明李日華竹嬾畫賸，這部書中多題山水蘭竹跋文和詩章，簡練雋永，引人遐思，大約吳師臨走時隨手取下，供在舟車中消遣的，不過有些佳句，後來也時常在他的作品上，偶而摭拾，與他的畫意却也相當貼切。吳師在星光酒店住了不足一月，就搬到北角皇家公寓，那裏南下的上海人日見增加，以至成為日後的「小上海」，就在公寓中設立中醫診所，診病之餘，逐日寫醫藥心得，在「天文台」雙日刊發表，因此遠近人士，知者漸多，診務慢慢忙碌起來，但在空暇，性之可好，仍不忘繪事，診所牆壁上掛滿了山水墨竹，代替了一般醫生歌功頌德的感恩扁額，別有一番書卷氣。其後又在九龍佛濟堂設立診所，上午則到灣仔保康年藥局應診，來回奔波，有時只在過海小輪上吃一塊巧格力糖就算午餐，生活過得極其簡單。那時吳夫人男女公子紹琛、浣蕙尚未來港，我有空暇即伴他過海傳譯。沒有病人的時候，就聽他講解畫道醫理，畫家軼事，或看他在診所寫畫，而今回憶，我受吳師的教導，最得益的時期，不在大陸，而在大家落難的時期，可稱機緣。此時一位廣東有實學的中醫師張本一，亦天天隨侍吳師，鈔錄醫案，後來成了我的好友，我學畫，他深造醫術，各有所需。一九五三年三月，我進入某廠任美術設計師，才由另一位同學麥振雄陪他，直至吳師遷居台灣。不過當吳師舉行畫展的時候，我總是他的主要助手，為他做好宣傳工作。吳師在香港畫展，就記憶所及有一九五零、一九五一、一九五三年十二月均在思豪酒店，一九五五年十二月在聖約翰教堂，一九五七年十二月去東南亞各地開了五次畫展，一九六一年三月在聖約翰教堂，一九六四年七月在大會堂，此後在台灣大約開過五次以上。每次成績都不差，但是因為負担重，所有收入不能維持多久，有一次畫展結束，看他將所得分配予家人和親戚，他對我說：「士心，我這隻破船，啊喲，背後拖了勿勿少少的小船。」可見他心情的沉重。有一次他在會場裏對我說：「士心！開畫展很辛苦，最好勿要開，免得驚動別人，不過也有好處，就是自已可以慢慢在會場中仔細看看，啥場化好，啥場化勿靈，自家有數，以後可以改進，平時是沒有機會在屋裏一次看這許多自己個畫格。」吳師對於東南亞返港後一次的畫展最為滿意，他說：「一個畫家，旅行最重要，以前我的畫常覺太實，虛勿透，直到現在南遊歸來，方覺大變，筆下突然壯濶起來，就是墨竹也有進步，比前靈動得多。」吳師的山水蘭竹，時常得大千先生的推崇，在海外不斷為吳師揄揚，舊金山

吳坤淦博士寫信給我說：「大千先生一再命弟多買子深先生的畫，絡續只買到三張，現在吳先生逝世，以後眞可惜，沒有機會得到他的好畫了。」大千先生愛護同道的美德，一時也講不完，值得一般專講別人短處的畫人效法。

吳師的藝術特點，有一篇葉公超先生的文字，十分精簡透澈，茲錄如下，文曰：

『子深畫蘭，遠師趙子固，不落卑近之體，寫竹凝重有骨，錚錚然戛枝勁葉，如聞紙上之聲。元人以後蓋亦無所取法，而生平致力山水最深，今閱此册，淸奇鬱勃，格遠意高，董其昌論畫云：「朝起看雲氣變幻，可收入筆端，吾當行洞庭湖，推蓬曠望，儼然米家戲墨。」子深於此，可謂能嗣其奧秘者矣。江南畫家，昔推三吳一馮，世變以來，三家均留滬濱，惟子深買棹南來，轉輾來台，繼遊南洋各地，並應越南政府之聘，留順化大學講學，年前返台，日以書畫自娛，雖年逾古稀，筆墨猶勁健如昔，渾厚之氣歛入毫芒。歲暮子深過寒齋論畫，以此册出示，並囑爲題，爰書數語，謹以致欽遲云爾。民六十年嘉平番禺葉公超敬題。』

不久前逝世的大詩人易君左先生在二十年前亦有「吳子深畫竹」一文，亦有生動的描述：

「近來在香港看畫竹子的人，只有兩位：一是陳芷町兄，一位是吳子深兄，芷町最妙的是醉竹，就是他在喝醉了的時候所寫的竹，滿紙充滿竹韻酒香，芷町最近送林靄民兄的一幅，蕭颯幾筆，可擬東坡。子深的眼界本來不凡，畫蘭竹更是自負。有人對文徵明的畫竹表示贊美的，吳子深說：文雖專師趙吳興，然寫竹則僅窺門牆而已。他在寫竹的歷史上下了一番苦功夫，把歷史上寫竹名家的精華，像他替病人看脈的那樣精密地處理，而他又是一位詩人，所以他的畫竹自然與人不同，有時獨創了許多空靈的意境和神妙的筆觸。」

葉易兩位都是深知吳師的，所以寫來很眞切。

吳師有關藝術醫藥的著述，有根據天文台報發表的文章，另加自行整輯，一九五八年三月由上海印書館出版的「客窗隨筆」文藝編、醫藥編各一卷。「蘭竹譜」一卷，內有蘭竹樹石圖片四十幅。又「時診小論」一卷。及在台灣近年出版有中、英、法、日四國文字的新版「吳子深畫譜」一卷，尚有甚多詩文論畫論醫手稿，積存書齋，未成書，須待後人努力，整理出版。

我現在要提的是：黃子久富春山居圖對吳師的山水畫影響最深，當年浣蕙拜大千先生爲師，就是以一卷明人摹本作爲贄見禮物。一九五四年，吳師費時九閱月又臨成一卷，筆墨意趣，沉着中顯現出烟雲流潤的韻味，直可擷抗前賢，用紙也是清代乾隆年間進貢的高麗羅紋紙，墨色晶瑩煥發，確是一件精品，也以說是吳師自己測驗功力的試金石，像這樣的長卷，年少時期爲了要學習也許會作這樣須要極大耐性的鍛練；一位已經成了名的大畫家，大概不會再做這種功夫了。但是吳師不然，卻有如此克苦砥礪的精神。這卷巨構，事實上經已注入吳師的思想心力，決非一般亦步亦趨的模寫者所可比擬，子深師完成這個長卷之後，二年後即作南遊。臨行前夕，我去吳宅話別，他執住我的手，指指桌上一個白布包，要我解開它，當時我也不知何意，原來裏面就是那卷未經裝裱的富春山居圖長卷，吳師當下對我說：「我的學生中，只有季遷與你在藝術有很好的前途，我把這個卷子送給你，希望你好好保存，時常揣摩揣摩，或者對你會有用」。說着又找了一張羅紋紙，即席拈筆題了這卷繪畫的始末，又說明送給我有「薪盡火傳」的意思，我無意中得到這個長卷，對於我說來是一件大事，但願我將來眞有成就，才不負長者的殷望。

一九七二年二月吳子深作畫傍立者名攝影家郎靜山

子深先生在香港的生活奔波勞碌，全然與在大陸時期判若兩人，但是由於他的智能確是高人一等，故此能順應環境驟然擺脫以往奢侈的習慣，而澈底地改變成勤勞奮發的人。那時只有我們幾個弟子時常伴着他隨便聊聊，他將那份寂寞完全寄抒在書畫、醫藥、寫作和推算命理上，來往的朋友却也不少，不是要他寫畫，就是請他開方治病，再不然他會自動的與人算命，看看流年運氣，妻財子祿；還當看到危殆的病人時，他總是先給這個人算算命，看看是否到了「天尅地衝」的地步，如果眞如此，他就寧可要病家另請高明了。吳師曾經參加醫治杜月笙的醫生集團，曾經私底下表示此刻杜先生大運走完了，就是因爲詳細推算過。他與袁樹珊是老朋友，洋狀元姚克、無錫楊彥斌等常在一起研究命理，有時弄不清楚的時候，會到袁樹珊的弟子包濟民兄處去商量商量。他曾爲一位要人算命，並說：「照他的命一定逃不過今年，如果逃得過今年，算命的招牌可以拿下來哉。」但是過了一年、二年以至若干年，這位要人還仍然健在，吳師事後對我說：「不是我算得不準，實在還有些精微的地方沒有發現。」所以他始終沒有把算命招牌拿下來，不過事實上從來也沒有掛上去，在他祇是業餘興趣，性之所好而已。

吳師對於女公子浣蕙愛護得無微不至，一九五三年秋，吳夫人偕浣蕙來港團聚，吳先生的生活才上軌道，重復過着温暖的家庭生活。浣蕙秀外慧中，善英語，精繪事，山水蘭竹很有父風，有一時期隨乃父到南洋開畫展，南洋一帶的人對她印象極深，至今津津樂道。我去南遊，正好湊巧循着他們走過的道路，不少人家都有他們的字畫，和保存着美好的回憶。吳師稱大千先生爲親家，就因爲浣蕙小時曾拜大千先生爲師，大千居士亦如親生女兒那樣看待她，他們彼此以親家相稱呼，就是這樣來的。關於拜師的事，陳定山先生有一首詩紀之甚詳，現在錄之如右，以饗讀者。詩曰：

「浣蕙吾寄女，小字名佩珮，子深名畫家，得女此爲最。董巨山水訣，親授勝桃李，吾好屬通家，從旁補遺墜。武城二三策，不足一史記，大千今畫雄，四海仰行輩。誰言唐宋遠，高論到正始，列坐皆偉人，傾聽極時會。誰爲執燭侍，綵此一玫瑰，聞道不敢笑，嫣然知色喜。歸來語父母，願執弟子禮，得師信如此，所學何不遂。張髯本絕倫，吾愛其嫵媚，正宜女弟子，如花侍琴几。左右兩草角，玉樹交映睇，（大千新收女弟子善鼓琴曰葉名珮與蕙年相若）傳經老伏生，收此雙璧美。畫贊富春新，琴入鍾期耳。主人女狀元，（謂李秋君女士也）仕女本魁首，坐我歐湘館，榮比兩廡配。寄語雙小女，對我須長跪，不有建安詩，何由記佳會。大千來滬，余觴之定山草堂，吳子深令媛浣蕙余寄女也，年十七，十二月十三日設宴於李秋君三姊之歐湘館，行禮如儀，同席者張大千曁女弟子葉名珮，李祖韓秋君兄妹，吳子深夫婦女浣蕙，余及十雲九人而已。五倫具焉，可以賦矣。丙戌嘉平三月定山居士書。」

吳子深陳方及本文作者合作歲寒逸趣圖

是年十二月應是乙酉民國卅四年，浣蕙後適旅菲華僑章氏，相夫教子，對父母甚爲孝順，每年必回家省親。此次吳氏得病即不能言語，家屬即致長途電話與浣蕙，師妹力主送入醫院，惟吳師始終昏迷不醒，醫生曾切開喉管取痰，終因素向體弱，五月二十四日凌晨，歿於台北馬偕醫院，一代名家遂長眠地下，識者無不惜之。

上文提到的陳芷町先生，與吳師不時在大千居士府上見面，論功力、書法、文學基礎也自各有千秋，恐怕誰也不肯認第二。一九五三年春天，陳先生離港決定至台灣久居，我志在集藏，請吳師畫了四塊墨石，特到禮頓道陳先生家請他補竹，竟蒙他應承了，他在最後一幅畫上題：「癸巳（應爲癸卯）新春將之台灣，士心畫家以子深先生寫石四幀，囑爲補竹，珠玉在前，汗顏爲之，可笑可笑，陳方，」可見他們彼此非常尊重，他們是在中國現代藝壇上兩位專攻墨竹的高手，相信這四幅畫，是他們二位很少的合作畫，現在分藏在香港汪達深、三藩市黃仁俊及收藏家陳啓康三位先生合中，自己僅保存一幅，是值得回憶與紀念的珍品了。

關於三吳一馮還有一段故事，一九五一年六月，大千居士亦會書介吳師畫展且曾提及訂交經過，殊足珍貴，文曰：「海上言書畫者，莫不盛稱三吳一馮，三吳爲吳門吳湖帆、吳子深，石門吳待秋，馮則毘陵馮超然也，予先後識湖帆超然於嵩山草堂，最後始與子深相遇於北平董柚岑座中，握手如平觀，恨相見晚，此抗戰前數年事，屈指二十年往矣……。」

我記得有一幅眞正的三吳一馮南張北溥合作的四聯屏，亦是現代天壤之間一大奇畫，此畫係四張四尺宣紙合成，原只有三吳一馮，是吳師自藏之品，南來之後，又倩張溥二位先生補成，畫的是蒼松、藤蔓、墨石、修竹、靈芝、蘭蕙之屬，各以其靈動妙技作神會之合，其默契處似出一手。後來此畫吳師割愛與沈燕謀先生之長公子孟平兄，時爲一九五二年，孟平組上海進出口公司于於仁行，王植波兄任秘書，此畫當時僅取値港幣一千五百元，孟平兄竟開錯了一張一萬伍千元的支票，吳師將之退還，重換了一張。而今三吳一馮連帶沈氏父子、王植波俱已作古，逝水流年，不稍留情，廿餘年來，當初一番熱鬧，亦已風流雲散，令人黯然神傷。

大千居士因與吳師誼同親家，旅港期間，吳師時往大風堂坐譚，有時袖了一卷畫紙，請大千先生補畫人物，吳說：「今天又來請親家種個人」。大千先生有時還題上名欵，有時就索性算作吳師自己畫的，他們之間，已到了眞正筆墨交溶、功力悉敵的地步，普通的欣賞者自是不能分辨，大千先生對同道也眞是幫忙，對於吳師的畫，從來有求必應。不過後來大千先生遠遊南美之後，吳師努力克服困難，山水中的人物屋宇，亦是出於自已之手，他告訴我說湖帆亦不能人物，其山水中間有人物，則是朱梅邨代筆，猶如當年齊白石的工筆草蟲，部份出自其弟子于非闇之手。可見今人作品已經眞眞假假纏夾不清，遑論古代書畫更難鑿別了。

吳師記憶力强，到老四書五經隨口背誦，某人某詩亦可隨手寫下，名畫出處流傳經過，更是過目不忘，故此作文題畫不必翻檢古本，信筆爲之，無不成章。有一年在金巴利道新街私邸，突然四壁貼滿了倪雲林、柯九思、趙仲穆、沈石田、文徵仲、唐六如、董其昌、夏仲昭等名家古畫，使我爲之驚詫不已，吳師只是笑而不言，後來才知道是怎麽會事，然而其氣息古雅，筆墨超逸，確是夠得上前賢水準。直至近年，九龍西洋菜街某圖書公司主人，邀我觀看古畫，有唐六如枯木竹石一軸，開卷展示，竟就是翠玲瓏室壁上物，不禁大笑而別；去年秒在卡苗（Carmel）某畫廊古畫群中亦有一軸董其昌赫然在焉，看來這批「古畫」，流傳頗廣，早已到了美國，這種畫家墨戲確是很有趣的事，不過相信對鑑賞家又增加了一些攷驗題目，或者事隔五百年以後，說不定都成了眞品矣。

吳師一人單槍匹馬，到南洋、越南，爲吳廷琰總統治病，又爲順化大學講學，吳師不能說英語、法語，甚至粤語、國語，只會說一口蘇州話。他在船上遇到一位能說北京話的日本商人名叫高橋，當這位日本人知道吳師是一位漢醫兼畫家之後，對他照顧備至，十分尊敬，給他一切協助。他在越南爲上下人等，上至總統，下至販夫走卒繼續算命、行醫、開畫展，也爲人夫婦調解糾紛作和事老，人緣好極，朋友愈來愈多，直至發生政變，不堪驚擾，才收拾書箱回到香港，臨行時旅越華僑及當地人數十桌人設筵送行，各送程儀，口袋裏一卷卷全是金鈔塞得滿滿地，海關官員，見他身穿布袍，掛了佛珠，說是中土人到，非但行李免檢放行，還爲他合十致禮。吳師說到這裏，眉飛色舞，不過適逢越南一場政變，驚恐過度，回港後生了一場大病，幾乎不起。吳有創業的頭腦和進取的本性，所以不時有奇事特行，不怕冒險犯難，他的越南之行就是一個例子。很多人都佩服他，像他的身體、言語和一般蘇州人保守的習慣等等限制，也能創下如此一個局面，算得是一個奇跡。

吳師去台灣後，我不時在吳師母及紹琛兄處問候並探聽消息，只知健康日衰而作畫日勤，並加緊整輯新刊畫譜，字斟句酌，一絲不苟，卒至目睹完成，亦屬幸事。

一九六八年秋，我在台出席國際華學會議，特抽暇往吳師處請安，和平東路某巷巷口有一塊吳師診所的指路牌，入內看見一列陳舊的平房，巷子很靜，樹木飄下落葉，牆垣敗泥斑駁，顯得十分蕭索，入得門去，只見有一位老人伏在書桌上寫着寫着，像過去在香港那樣，他看到我來，平靜中掩不住喜悅，他說：「啊！士心，長遠勿見哉。」我帶了二罐烟，一盒糖，我知道他喜歡這些，而在台灣不是隨處可以買到，他隨手拿了一枝烟，邊抽邊看我的畫集，他告訴我：「久已想出一本畫譜，只是作品都散了，以前又沒有留下照片，這個工作不容易做成。」言下不勝嘆惜！吳師隨手也取了一本山水畫册給我看，有吳經熊、葉公超先生的跋文，十分精彩，此時吳師想起立拿另外的作品，只見他脚力輭弱，而平時扶持他的幫手，適巧不在，故此我阻住他，就此作罷。吳師大幅作品已不多作，小品則仍是源源而來。我們說了些家常和請他保重的話，就告辭赴黃君璧先生之宴，吳師說：「士心，你又要走了，爲什麽不多坐一會呢？我要跟你說的話很多呢？」眞是別時容易見時難，如果想到從此一別，永不再見，應該留下陪他說個痛快才是，至今想想，遺憾萬分。

生活是一件難以自主的事，天南地北，聚聚散散，這幾年更有强烈的感覺，很多熟人一個個幽明殊途作了古人，眞是「修短隨化，終期於盡」。但是再想回頭，這究竟是一個偉大的時代，吳師如果生活在平靜的世界裏，成就決沒有如此多姿多采，故此是禍是福，亦殊難言，如今吳師經過了一切苦厄之後，歸於圓寂，留下他以心靈結聚的無數作品，無疑將長存於這個世界和人們的心坎中！

一九七二年八月二十日於洛杉磯

訪問：希治閣

·林慰君譯·

譯者按：這篇文章的原作者是美聯社專欄作家Norman Goldstein君。希治閣 Alfred Hitchcock 是我們中國人最喜歡的導演，因此我想關於他的一切，一定是爲大多數影迷所樂聞的，現在我把原文簡譯如下：

對於希治閣的恐嚇人是一件有趣的事情。

希治閣可以說是恐怖大師。

今年他剛剛過了七十三歲的生日。但是作爲一位導演來說，他是一位不受年齡限制、而受廣大影迷羣衆所崇敬的一位獨樹一幟的電影製造者，他是一位藝人，也是一位技師。他曾經導演過五十三部片子，而且他的聲譽，仍然是高高在上。

有好些人曾爲這位紅臉的矮胖子寫過書。他那與衆不同的說話音調，和那凸凸的側面臉型，對電影觀衆和電視觀衆都很熟悉。那些書籍，都對他的技巧，他的象徵，他的影劇心理學，都曾加以詳細分析。但是世界上有很多觀衆，並沒讀過這些書，也不懂什麽是他的「作風」，然而却不願錯過任何一部他所導演的片子。

希治閣自從無聲電影時代，即已開始樹立了他自己的「作風」。他的電影，都是一些令人費解的謀殺案。

他對記者說：『所有我的片子，都是殺人的，我是這類影片的典型人物。』

他不願意導演別種類型的片子。

希治閣又說：『有一次我接到一個人的來信，他說他女兒自從看了一個名叫 Diaboligue 的法國電影後，因爲那個電影中有一幕可怕的在澡盆中謀殺的鏡頭，於是她從此不用澡盆洗澡了。現在她又看了我所導演的Psycho，這次的慘殺是在淋浴間裏，所以現在她也不敢洗淋浴了。

我回信給他，建議說：「你把她送到乾洗店去吧。」』

這種幽默，可以代表希治閣的作風，他的電影都是恐怖幽默兼而有之的。

『人們喜歡受驚嚇，人都喜歡看鬧鬼的房子，坐在遊藝場中從高處往下跑的電車。所謂驚嚇有兩種，有興奮的驚嚇，有眞正的恐怖。這二者之間，是有一點分別的。

孩子們遊戲時，一個人藏在黑處，忽然作出奇怪的聲音來，嚇他的游伴，這是最普通最基本的嚇人原理。』希治閣對記者說。

於是記者問他：『那麽，電影觀衆是否應該把你所敘述的故事看得很嚴重呢？』

他頑皮的微笑着，停了一會兒，又慢慢回答道：

『他們看電影時，是應當鄭重其事的看，但他們從電影院出來後，就大可不必了。』

雖然希治閣的電影都是謀殺和令人猜疑的，但是他的獨出心裁，使得他每一部片子都有新鮮的導演手法，每一部片子都不落俗套。

希治閣說：最主要的條件是避免千篇一律的俗套。

希治閣自己設計的一幅相片

最普通的暗殺手法是：把一個人放在一條燈光幽暗的街燈下，一輛大轎車急馳而過，然後有人放了幾鎗………

可是在「北，西北」North By North West一片中，他把主角放在光天化日之下，沒有街燈，沒有樹，而是一塊沒有人的地方。那麽那個殺人者從那裏來的呢？

希治閣讓一架飛機來追他，用飛機上的人來用鎗打他；在希治閣導演這部片子時，這種殺人法是創舉，可是後來，有一部〇〇七的片子，用了直昇機，此後又有別的片子，都用飛機來追人，於是「用飛機」殺人一舉，現在也成爲俗套了。

希治閣認爲：一個警探或私家偵探，在他的辦公室裏和他的助手討論案情，這樣的鏡頭，已經太俗了。因此在希治閣最新的片子Frenzy中，那個警探，是一邊吃着他太太給他做的飯菜一邊和他太太說他的案情。結果是非常幽默，同時也避免了千篇一律的俗套。

『現在電影中的裸體鏡頭，也已成爲俗套。』希氏告訴記者。他繼續說：

『我們現在得用裸體來開開玩笑了，他們現在所有的裸體鏡頭，都只是些裸體人在床上摔跤。』

在他最新的這部電影裏，開幕時，有一個裸體女屍，在河中漂浮。在另外一幕中，有另外一個裸體女屍，被藏在一個運馬鈴薯的載重車子上。

『我對在載重車上的那個屍首很小心，我叫她用她的兩隻手蓋住她的乳房，而她的下身則有馬鈴薯遮掩着，使她好像穿了一條用馬鈴薯所做的游泳褲一樣。於是什麽也露不出來，這樣才不失體統。』

在Psycho一片中，那幕很有名的在淋浴間被殺的鏡頭，死者並未赤裸裸的呈現在觀衆眼前。希治閣又解釋說：

『我不需要她在那兒裸體出現，這是一個兇殺案，至於裸體的暴露與否，那是次要問題。』過了一會兒，他又說：

『假使我在片中繼續用裸體鏡頭的話，我將盡量使裸體成爲一件滑稽的事。你可以利用裸體來開很多的玩笑，你不能把這種情形看得很嚴重。』

希治閣還是想把恐怖和幽默放在一起，截至目前爲止，他絲毫沒有退休的意思。

希治閣答客問——
希治閣說：「他們看電影時，是應當鄭重其事的看，但他們從電影院出來後，就大可不必了！」

遜廸麥
瑞士超級原子筆
卡達廠出品
享譽全球
款式獨創
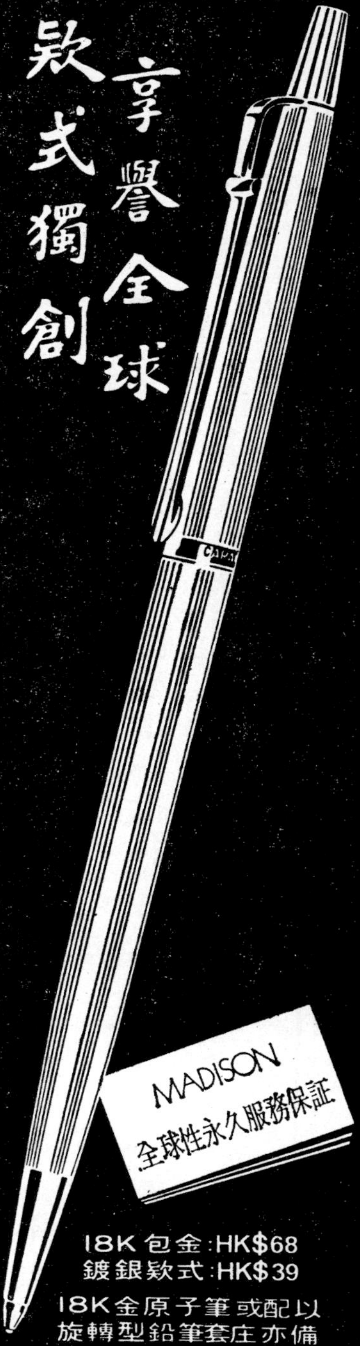

18K包金:HK$68
鍍銀款式:HK$39
18K金原子筆或配以旋轉型鉛筆套庄亦備
各大特約
文具店百貨公司
及筆店均有代售

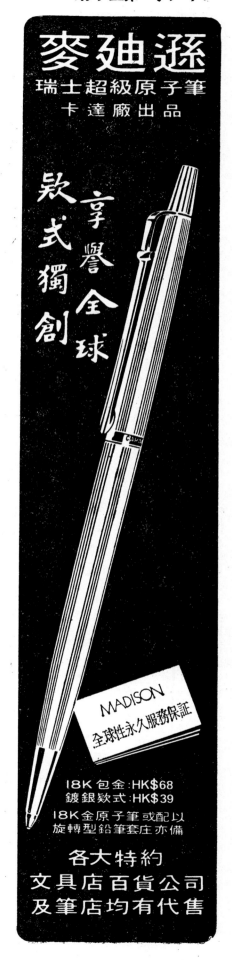

大人

合訂本 精裝每册十二元

第一集（第一期至第八期）
第二集（第九期至十四期）
第三集（十五期至二十期）
第四集（廿一期至廿六期）

九龍旺角彌敦道六一〇號
香港銅鑼灣怡和街一號 大人公司二樓地下文具部
香港租庇利街十一號二樓 吳興記書報社

均有出售

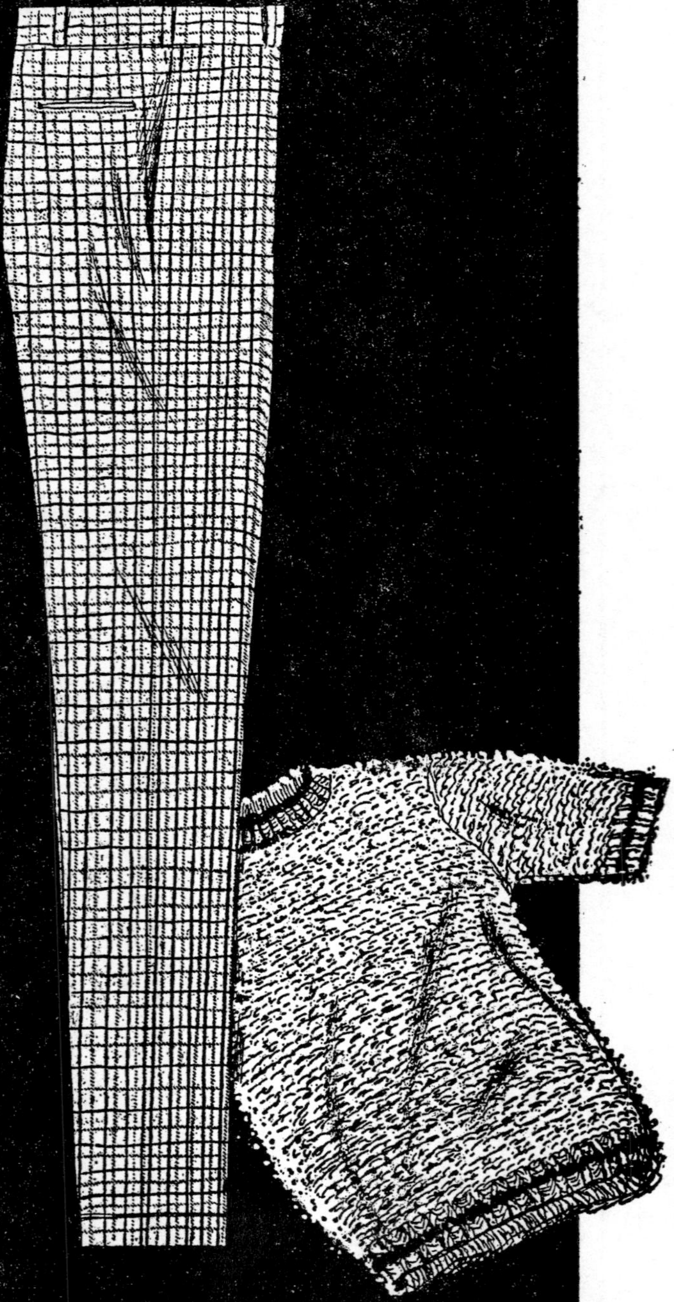

A RENOWN'S MASTER PRODUCT

利南西袪

褲頭樣子好・褲身樣子好・褲脚樣子好

定價每條自廿九元九毫起

大人公司有售

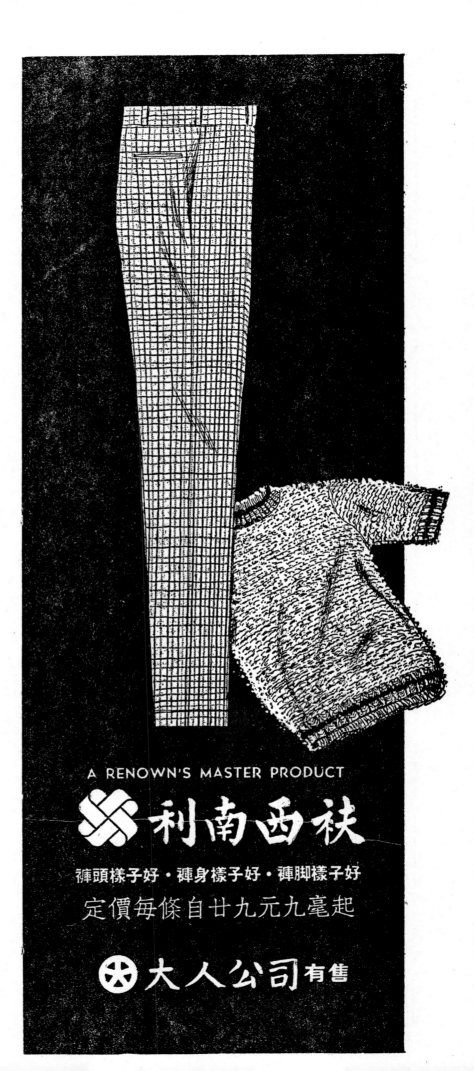

譚延闓澤闓昆仲

王壯為

譚文勤鍾麟有五個兒子，分別為三位夫人所生：陳夫人生寶箴，顏夫人生寶符，李夫人生延闓、恩闓及澤闓。

延闓本名寶璐，字祖安。據云將生時，文勤方寢，夢何文安公（凌漢，子貞之父）衣冠來拜，驚寤而第三子適生，因命字曰祖安，一字組盦。恩闓字祖庚，小祖安三歲。澤闓字祖同，一字大武，小祖安十歲。

這三位貴公子，都是文勤六十左右，官至督撫後所生。自幼錦衣玉食，席豐履厚，眞是生來命好，得天獨多。祖安才畧恢弘，功業煊赫，位至國府主席行政院長，世得大名。祖庚好武，能詞，早卒，未滿三十歲。祖同為少子，不騖功名，多事文藝，常居上海，盛有書名。

齊白石在其自述中說：「那時，（光緒二十五年，白石年三十七歲。）黎鐵安又介紹我到湘潭縣城裏，給茶陵州的著名紳士譚氏三兄弟刻他們的收藏印記。這三位都是譚鍾麟的公子，譚鍾麟做過閩浙總督和兩廣總督，是赫赫有名的一品大員。他們三弟兄，大的叫譚延闓，號組安；次的叫譚恩闓，號組庚；小的叫譚澤闓，號瓶齋。我一共給他們刻了十多方印章，自己看着倒還過得去。却有一個丁拔貞，名叫可鈞的，自稱是個金石家，指斥我的刀法太嬾，說了不少壞話。譚氏兄弟聽了丁拔貢的話，就把我刻的字，統都磨掉，另請這位丁拔貢去刻了」

由白石老人的這段自述中，可見當時這三位紳士公子在湘人心目中的地位以及他們的學養愛好。既云刻收藏印，則其對金石書籍有興趣自是不成問題的。那年是光緒二十五年己亥，祖安二十一歲，祖庚十八歲，祖同不過十一歲。若說為祖安祖庚刻收藏印倒還合理；若說為十一歲的祖同也刻收藏印，就未免有些勉强了。又說在湘潭城裏刻印，似有可疑，據畏公年譜，文勤是年冬自粵督被命入都，過湘還長沙，畏公隨侍，未聞住湘潭。不過白石老人和譚氏弟兄有交情，並且不止一次為刻印章，則是確鑿有據的。

關於祖庚，所知較少。二十七歲入都考蔭授陸軍員外郎，乞假歸湘，二十九歲咯血卒於長沙。畏公說他「幼英毅，以武勇自矜，長發奮讀書，深自貶抑，兩試鄉舉不第」。好填詞，有雲雀蒲桃鏡館詞，畏公以為祖庚之早世或與好詞有關。曾謂：「昔湘綺老人述武岡鄧先生言，戒人勿學詞；長沙張猾叟以詞名家，亦謂詞不足學。吾弟生長華膴，無生事之嗟，又謹飭無子弟之過。好學不倦，宜可大成，而卒凋瘵以死，豈詞之罪乎？」

瓶齋為同母三昆仲之幼弟，易代之際，不過二十歲左右，似已絕意於功名。兼之，清末民初，畏公已是湘省要人，聲望極高，國家地方，關係密切，可以說完全是一個社會性的大人物。而譚家督撫世系，產業豐厚，自不待言。文勤五子，三子早卒，至此只餘畏公及瓶齋兩人，畏公已

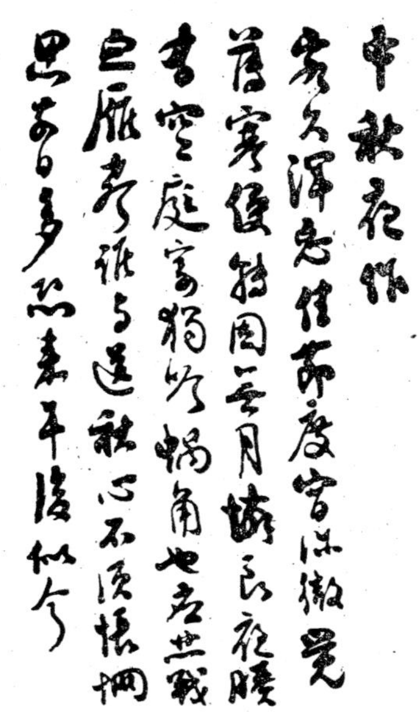

譚延闓手書詩稿中秋夜作

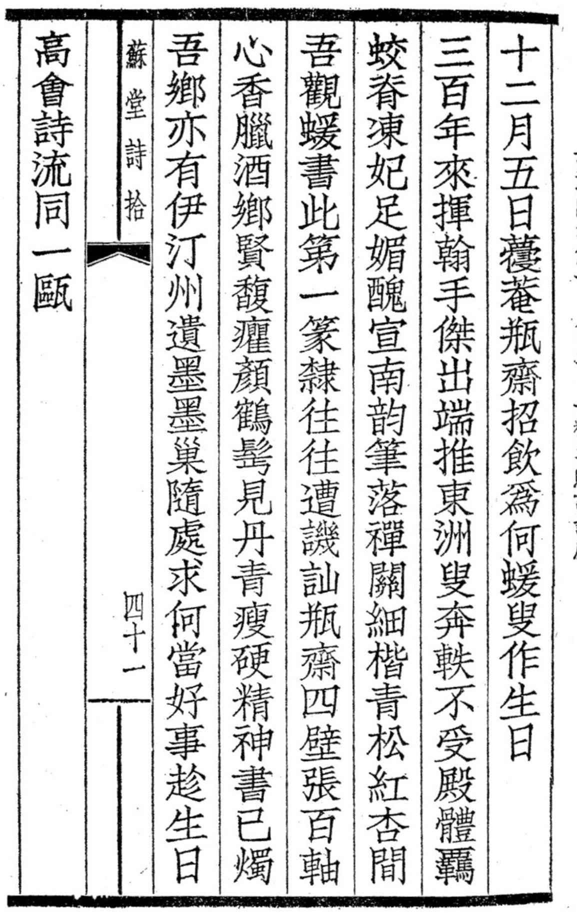
十二月五日蘉菴瓶齋招飲為何蝯叟作生日
三百年來揮翰手傑出端推東洲叟奔軼不受殿體羈
蛟脊凍妃足媚醜宣南韻筆落禪關細楷青松紅杏間
吾觀蝯書此第一篆隸往往遭譏訕瓶齋四壁張百軸
心香臘酒鄉賢馥癯顏鶴髩見丹青瘦硬精神書已燭
吾鄉亦有伊汀州遺墨墨巢隨處求何當好事趁生日
高會詩流同一甌
蘇堂詩拾　四十一

譚澤闓為何子貞作生日李釋堪賦詩誌感

成爲社會人物，雖欲抽身優游而不能，於是自然形成兄主外而弟主內的形勢。又：畏公兄弟，事母至孝，而李太夫人出身寒微，年青時境遇地位極受委屈，最爲畏公兄弟所痛心。畏公縈身國事，不遑寧處；因之奉母之責，便落在幼弟瓶齋身上。當譚三先生（畏公）南北湘粵，武漢南京，王事鞅掌，僕僕行役之際，譚五先生（瓶齋）大抵長沙上海（各有邸宅），奉養高堂，主持家務。收購字畫，臨書練字，並與一時文墨勝流，詩酒飲讌，過着極爲暇逸的生活。論事業三先生赫赫功勛，不可一世；論舒服，五先生輕裘緩帶，作書寫畫，享受得恐怕還更多些。

兩兄弟友于極篤，幼時一起嬉遊，成長後互相思慕。或兩地寄詩，往來唱和；或弟來省覲，携手言歡。凡此種種，具見於畏公詩集、日記（未發表）、年譜中。

茲摘錄數首，以見一斑。

七夕與大武及諸公餞飲

又是金風玉露時，廿年來事一尋思。
深盃中酒情懷好，小院廻燈笑語宜。
幾輩賓朋嗟老大，重逢兄弟感分携。
只言天上佳期近，無奈人間苦別離。

題大武壬癸日記後

當時只記嬉遊樂，此日相看盡淚痕。
境過始知春可惜，悲來惟有夢能溫。
流離骨肉半生死，傾洞乾坤幾覆翻。
休論艱危家國事，酒徒今亦少人存。

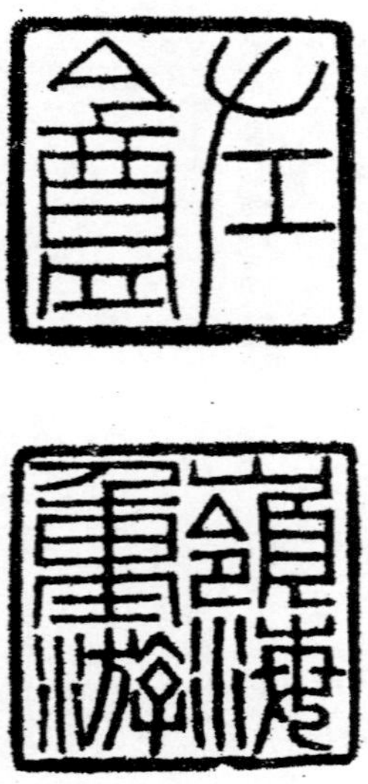

譚澤闓為乃兄治印

喜舍弟至

別來無日不相思，失喜相逢有此期。
五載達離同昨夢，一家歡聚又兒時。
新裁小製冠椰子，舊事能言啖荔枝。
轉海端應是奇事，可憐坡潁未曾知。

和大武元日寄懷即以爲壽

墮地於今閱五丁，年年長醉歲朝臨。
偶廻棋劫依危局，每憶楹書愴過庭。
月裏山河仍破碎，春來消息故沉冥。
巳持越釀爲君壽，知向初梅倒一瓶。

和大武七夕韻

荷池高閣倚東城，記否當年夜宴情？
華燭過時隨淚盡，銀河依舊向人橫。
墜歡欲拾秋醒夢，垂老猶聞世苦兵。
瓜果儼然前日事，不堪回憶說承平。

這些詩多半述到年輕時的生活，對於當時的追憶，總是回溯不已。畏公這時，在政治軍事上已是地位很高的人，但想到當年兄弟儕輩嬉遊談讌的情形，總是津津樂道，餘味不盡。談到分離聚合，感情極爲豐富，諸詩中常常提到荷池，乃是指長沙的荷花池舊居，爲文勤省會宅邸，他們兄弟早年多居其中，所以諸多回憶。又，兄弟嶺南聚首，且都是舊遊之地，（文勤督粵五年，畏公兄弟皆隨侍任所，直至光緒二十五年，畏公二十一歲，瓶齋十一歲。而喜舍弟至一首則作於民國十五年丙寅，相距二十餘年。）所以歡娛感慨俱多。以椰子爲冠，啖荔枝爲樂，少時生活，無非珍憶。兄弟嶺南聚首，在當時而言，乃是不可多得的事情。蘇子瞻子由爲文人兄弟友好的代表，東坡晚謫嶺南，先到惠州，又責儋耳（海南島），時子由也謫雷州，坡公行至梧州，始知子由尚在藤州，於是兄弟相遇於藤州，同行至雷，子由留雷，而東坡渡海。這段兄弟俱謫，相逢嶺表的事，爲文學史上有名的遇合史跡。不過當時的心境，自是苦多樂少，不難想像。譚氏兄弟，才華文藝，大略與坡潁相侔。所不同者，幼時侍父，同在羊城，廿載重携，歡多於戚。惟兩人生世優貴，志事順通，雖會少離多，不免惆悵；而久別重聚，喜樂可知，因之轉覺坡潁爲可憐矣。

兩兄弟興趣相同，俱耽文藝，好與學者藝術家往來，似乎乃弟於此類文酒之會，參與尤多。齊白石自述中，就曾記超覽樓雅集一事，云：

宣統三年，清明後二日，湘綺師借瞿子玖家裏的超覽樓招集友人飲讌，看櫻花海棠。寫信給我說：「借瞿協揆樓，約文人二三同集，請翩然一到。」我接信後就去了。到的人，除了瞿氏父子，尚有嘉興人金甸臣、茶陵人譚祖同（澤闓）等。瞿子玖名鴻禨，當過協辦大學士、軍機大臣。他的小兒子宣穎，號兌之，也是湘綺師的門生，那時還不到二十歲。瞿子玖作了一首櫻花歌七古，湘綺師作了四首七律，金、譚也都做了詩。我不便推辭，只好獻醜，過了好多日子，纔補作了一首看海棠的七言絕句。當日湘綺師在席間對我說：瀕生這幾年，足跡半天下，好久沒給同鄉人作畫了，今天的集會，可以畫一幅超覽樓禊集圖啦。」

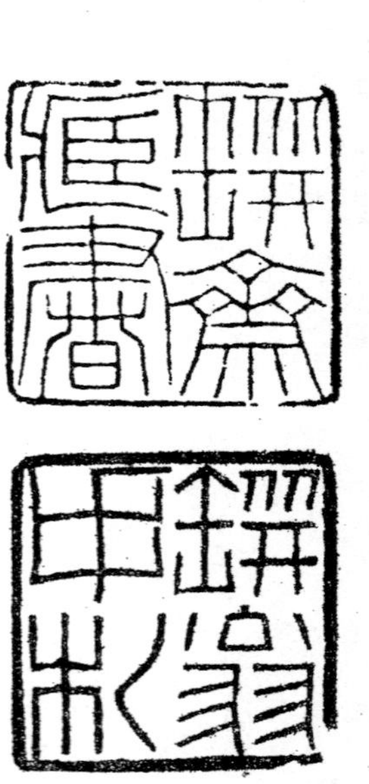

譚澤闓所刻自用印

白石老人當時並沒把畫畫成，二十七年後，纔把畫畫給瞿兌之，實是齊畫山水中經意之作。畫上樓頭，可見者五六人，便有瓶齋在內。當時瓶齋年齡次小，不過二十三歲而已。

譚氏兄弟有幾位共同要好，交往盤桓的朋友，年齡地位關係自然不盡相同，但都是些飽學、儒雅、詩文、書畫之士。汪詒書似乎年齡最長，最受尊敬。俞恪士、壽丞兄弟。（壽丞即大維之父，俞氏本山陰人，落籍長沙。）曾熙（農髯）。黎薇孫，祖庚之妻舅。呂苾籌，畏公的秘書長，瓶齋即娶於呂氏。瓶齋奉母長居上海，又多友於曾（農髯）李（梅庵）。同時交往於詩家陳三立、夏敬觀等。兄弟朋友們時常作詩唱和，滬粵兩地，郵筒來去，往往一唱羣和，同韻長詩，疊至六七回。某次瓶齋自滬賦寄長詩，畏公次韻答，同時作者數人，畏公更疊同韻作詩多首。茲錄其中一首如左：

七夕謠六疊前韻同大武作

銀河流雲欲成湖，黃姑織女隔水居。世人仰望空踟躕，一年一見無乃疏。豈知仙年固與塵年殊，天宮七政別有璿璣圖。君不見劉阮天台飯始罷，去時年少歸有鬚。又不見王質棋終斧柯爛，懷中棗核猶含腴。安知人間一歲天上非一日？翻與兒女相嗟呼。填橋更笑烏鵲愚，接翅如濫齊門竽。浮盃投杖即可渡，何用結駟還連輿？口耳相襲憐迂儒，聳肩驟首看雲衢，傷離恨別各詠歎，孰□（莫辨）靈匹夜夜常歡娛。亦有痴男與騃女，長生密誓同青廬，塵緣頃刻那能久，可如愛河一夕成乾枯。君知神仙誠有無？年年佇立衣露濡。不如守獨甘羈孤，臥看繁星如散珠，攄拾故事相嘻吁。

譚澤闓題乃兄遺札後記

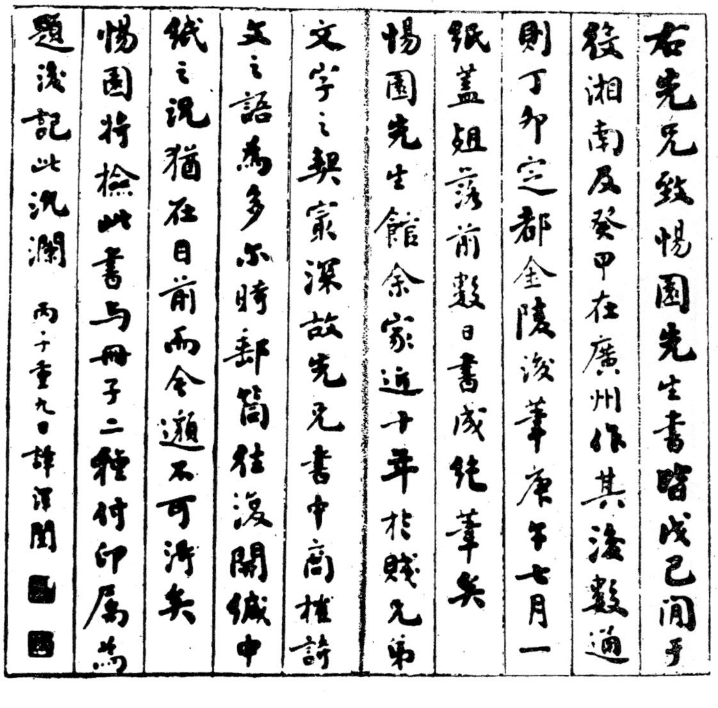
右先兄致惕園先生書皆戊己間予
發湘南及癸甲在廣州作其後數通
則丁卯定都金陵後庚午七月一
紙蓋殂落前數日書成絕筆矣
惕園先生館余家近十年於賤兄弟
文字之契最深故先兄書中商榷詩
文之語為多不時郵筒往復開緘中
紙之況猶在目前而今邈不可得矣
惕園將檢此書與冊子二種付印屬為
題後記此汍瀾 丙子重九日譚澤闓

瓶齋自上海至廣州與兄相聚，廣州最重七夕，競侈珍供，縱人來觀。瓶齋與簡叔乾均有長詩，（叔乾名易，長沙人，館於譚府，爲畏公男女公子之師，與畏公兄弟在主賓友朋之間，本期封裏畏公絕筆即致簡者。）畏公和之，又數疊前韻。每年七夕，畏公大抵有詩，或憶童年，或悼亡妻。方夫人民七逝世，畏公誓不再娶，而感念特多。右錄七夕謠一首，以古詩作翻案文章，立意極新，決不蹈傳統窠臼。其實還是隱含着生死別離，人天隔絕之感在內，又不免悼亡之痛了。

瓶齋的書名，不下於畏公，而晚年在滬上尤爲風行。兩兄弟的筆路，幾乎完全相同，相信都是深受翁同龢的影響。畏公曾親炙常熟，（瓶齋二字，即因仰慕翁相國瓶生別號而起。）不過當然受乃兄的影響更爲直接。如果細加分析，則畏公的字，雖出功夫，而局度恢廓，在此方面爲其特色。瓶齋的字，法度較長，不忘檢束，差不多可以說是純書家之字。評者對兩兄弟的書法，議論不一；或謂弟勝於兄，或謂兄長於弟。大抵不外以上述二點爲其立場，主氣局者稱畏公，主功法者稱瓶齋。我以爲這只是賞書者的好尚不同，無妨各自取其所喜，不必定分優劣的。

畏公評論瓶齋書法，也有詩作數首，如民國四年題大武書虎字詩云：

健兒今日多投筆，誰記軍門一筆書？此後荒江風雨夜，應無魑魅瞰經廬。
阿同筆勢豪雄甚，不道摹書勝自書。乞與東湖好藏弆，他年聚訟到瓶廬。

翁同龢生於寅年肖虎，故每值生日，即寫虎字，（見本刊第二期封面內頁）有時畫虎。瓶齋這個虎字，顯然是臨摹翁書，而且極爲相似，所以畏公以爲將來不免有人會以爲是翁筆虎字，而成聚訟。不過這位長兄以爲幼弟的筆勢雖然豪雄，而摹書却勝過自書。這時畏公三十七歲，瓶齋二十七歲。

又題瓶齋書扇詩五絕句，茲錄其二首：

吳安矜重小真書，比似諸城總不如。肯向祝（枝山）文（衡山）爭媚好？自尋山翠問麻姑。

第五名應勝驃騎，子寬書本遜誠懸。故人好是能珍惜，不共飛花入舞筵。

這幾首詩是十一年後所作，瓶齋所書原扇雖不可見，但定是眞書小字。詩中提到安吳（包世臣）諸城（劉石菴），而尤重諸城，因爲畏公早年是寫劉的。又說瓶齋不肯與祝文爭漂亮，而致力於學顏魯公的小字麻姑仙壇記。另一首則謂弟書勝過兄書，唐柳公綽、公權兄弟均善書，子寬、誠懸是他們的別字，而公權的書名更大。在此畏公自謙兄遜於弟，有如柳氏兄弟一樣。這兩詩對瓶齋之書，頗示揄揚，也不似十年前老大哥對小弟弟扳老腔的語氣了。

上期本刊所載畏公臨古冊影本，爲經意的作品。據其用印，知爲旅粵時或以後所書。其中除本體及相近筆體外，其臨右軍瞻近帖，臨宋徽宗張翰帖跋，臨趙孟頫快雪時晴帖跋，都與其平時筆調大異其趣。尤其所臨道君瘦金及松雪小楷，形神俱似，隱去顏法。因知畏公實擅諸體，不過以其本體爲尤長。瓶齋小楷，雖然以小字麻姑壇爲宗，但也不是不爲別體。如畏公詩集中有些詩是由瓶齋代爲寫入的，筆畫較細，結體差扁，不似顏書。而詩集的跋語，則全用其看家的顏體本領，且是以小羊毫所寫。

上期拙文，曾畧畧談及兩兄弟收購清四家錢南園、劉石菴、何子貞、翁松禪書蹟的事。據說這事多由瓶齋經辦，因畏公經劃軍政大計，沒有時間親自搜集。瓶齋家居優游，有充份時間做這種有興趣的事情。箋題尾跋，也似乎以瓶齋的筆跡爲多。據說兩兄弟不分彼此，有佳書則共賞之，但顯然瓶齋比較有閒，所得玩賞之樂，恐怕也多些。瓶齋曾有一印，爲廣州李尹桑（黃牧甫弟子）所刻，文爲「瓶齊藏清四家書千種之一」。譚氏所藏清四家書雖未必定有千種，此印似乎也未見鈐在藏品之上，但其好事雅興，令人羨慕。

齊白石為譚澤闓刻印附拓邊款

其後張大千有「大風堂藏百石之一」，張目寒有「雪盦所藏大千百畫之一」，恐怕都是學自譚五先生的。

上期拙文曾提到齊白石第二次爲譚氏兄弟刻印事，這一次的確刻了不少，大約爲祖安刻了十幾方，爲瓶齋刻了十來方，其中收藏、作書、齋館印都有。邊跋中曾記有瓶齋自己刻印的事，說：「觀瓶先生喜二金蝶堂印譜，摹刻不過數石，已得門徑。余以爲何難，亦仿其篆法，不能少似。始知瓶翁之聰明，余不得雁行」云云。這印刻於宣統二年庚戌，瓶齋不過二十二歲，而齊老竟稱之爲先生及瓶翁，客氣極了！

瓶齋能刻印，既見於齊老印跋中。其作品筆者也曾見過，有爲畏公所刻二印及自用二印。他們的戚友中，黎薇孫及戳齋父子，印都刻得很好。瓶齋的印，顯然是受黎薇孫及齊白石的影響，似乎只是早期曾從事於此，晚年便專意書法不再治印了。

瓶齋也能畫，上期拙文會述及其所畫錢、劉、何、翁四書家小像屏，屏上由四詩家題詩。（不能悉記，只記有汪詒書、夏敬觀二家。）畏公詩集中有喜黎鐵菴至題其所持瓶齋畫扇一首，從詩中可見所畫爲荒江蘆葦，人物山水，俱能爲之，可惜未曾見過。

瓶齋晚年在上海掛筆單賣字，名氣甚大，求者極多。當時箋扇店每天都送來求字紙張不少，牌匾聯幅都有，而對聯爲尤多。硯田所入，優於爲仕，生活優裕。兩兄弟身材都不高，全很肥胖，俱好飲饌，畏公尤其有名。當時廣州的黃肉翅，在北方的報紙上都用大標題長篇幅來記載。

畏公於民國十九年五十二歲卒。瓶齋死於三十六年，享年五十有九。

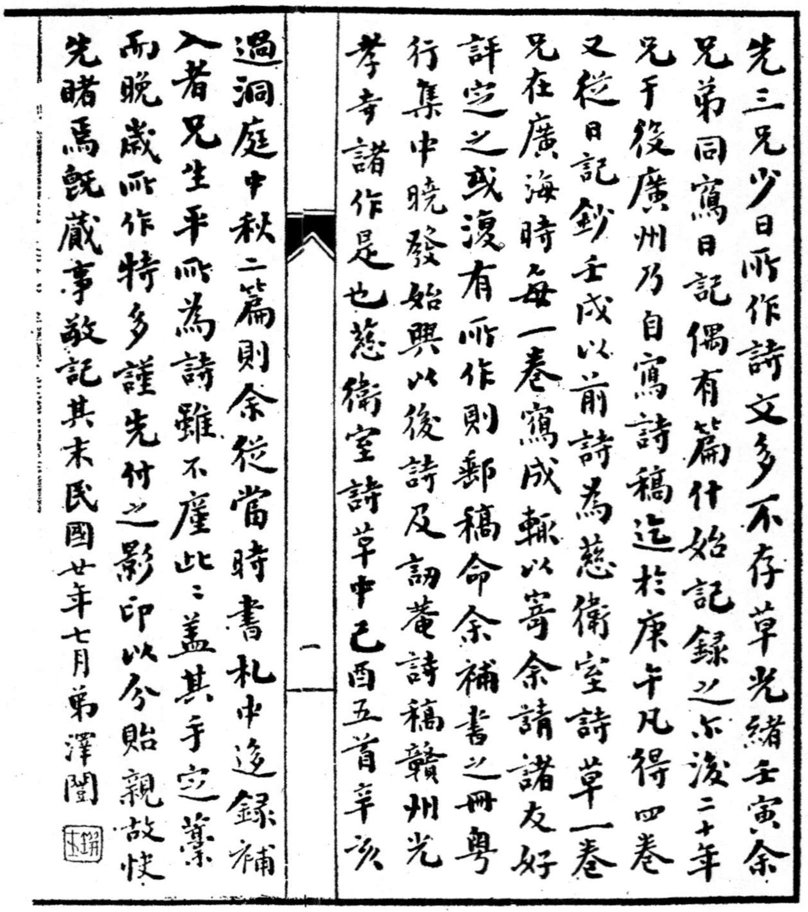
先三兄少日所作詩文多不存草光緒壬寅余兄弟同寫日記偶有篇什始記錄之亦後二十年先兄役廣州乃自寫詩稿迄於庚午凡得四卷又從日記鈔壬戌以前詩為慈衛室詩草一卷兄在廣海時每一卷寫成輒以寄余請諸友好評定之或復有所作則郵稿命余補書之册粤行集中曉發始興以後詩及訒菴詩稿贛州光孝寺諸作是也慈衛室詩草中己酉五首辛亥過洞庭中秋二篇則余從當時書札中追錄補入者兄生平所為詩雖不廑此此蓋其手定之藁而晚歲所作特多謹先付之影印以分貽親故快先睹焉既蔵事敬記其末民國廿年七月弟澤闓

譚澤闓跋譚延闓自寫詩稿後記

原稿
缺頁

原稿
缺頁

原稿
缺頁

原稿
缺頁

原稿
缺頁

原稿
缺頁

原稿
缺頁

原稿
缺頁

原稿
缺頁

原稿
缺頁

譚家菜與譚廚

耐·安·

凡精於飲食的老饕都知道北方有所謂譚家菜的，這是一家富有特色的家庭菜館。主人名喚譚篆青，廣東人，是位退職小京官，精研食譜，下廚的都是他的妾侍僕從。他們只供應成桌的酒席，價目特別昂貴，而且要在前數日預定，每次祇能接一單生意，所以其門如市，要吃譚家菜，還得輪着來，常有去北平等了十天半月還吃不到的；名菜有黃燜魚翅、紅燒紫鮑、白斬鷄等。那時凡去吃譚家菜的有一不成文法，即是必須向譚篆青老爺下一張請帖，表示客人和主人家是朋友，借主人的家廚請客而已；還要請這位譚老爺坐在首席品嚐名菜，這是一位由吃客食家進而爲家廚主人的特殊人物。

至於譚廚，則是指譚組庵先生的廚子，在湖南長沙高第街湘軍總司令部，職掌總司令炊事之小廚房的曹進成，是一個身材不夠稱爲高大的小老頭兒，短打服裝，像一般湖南鄉下人的樣式，似乎還擁有一個副官的官銜；我輩中人背後叫他曹廚子，當面稱他曹副官。曹廚子像是個很守本分的人，在過道上遇着我們，總是遠遠的就雙手垂下，站在一旁讓我們過去。他在譚老總進食時，常常伺候在旁，聽譚畏公對某一菜某一菜怎樣的指示；有說曹廚子能有那樣的一手，全憑譚老總隨菜指點的提示面命之功。當譚老總宴客時，上到主菜時，曹廚子必親自送菜；曹門中的這一套，我來到台灣後，見到胡少懷他們，還是照例遵行。

曹廚子這一派：就我所曾品嘗過的，尹、柳、胡諸大廚子所調和的鼎鼐鹽羹，都還能大快朵頤。在譚總部時，譚老總的那一桌飯，參、秘兩長是經常伴食的座上客；間或也叫我輩中三兩個人去「湊滿」桌面，儌倖的小可我，也有幸的有緣的吃過曹派宗師曹進成手自烹調的菜；當然，那祇是家常便飯，不備酒，譚老總時已少飲酒，他說過年輕時喝幾瓶紹興酒是經常的等閒事。後來，在南京譚院長公館，那是下了請柬的正式筵席，果然不同凡響。再後，民三十九，在香港的楊綿仲寄寓中，巧遇着曹門嫡傳柳胖子，正借住在那裏；我過楊家，綿仲會請柳胖子做幾樣特別拿手菜款待我；有時，柳胖子還自掏腰包來請客；我也幾次拿過一百元、五十元港幣勞煩柳胖子一下，作爲回敬。偶爾，和柳胖子談到烹調那方面的功夫；經他嘮嘮叨叨的數說一番：首先是滾（熱）、爛、淡三字要訣；再就得注意到火候，煎與炒用武火，炆與煨用文火；火、木炭、柴薪，各有各的功能，還有作料的配合：葱、蒜、椒、醬、鹽、醋、豉類等的輔佐；也是絲毫馬虎不得。眞個治大國若烹小鮮，同是一味菜，名廚之所以爲名廚，絕非虛聲可以奪人；口之于味，經過舌條下咽喉那一霎那，試看享受者的神情，便會優劣或粗惡，立見分曉。不過，高手名廚，祇堪小鍋小灶，一兩桌席面，才可大顯身手；如果十桌以上，那是不會有眞味道的名菜可嘗的。例如，譚老總在總部宴客，大約祇是一桌；桌面大、十四五個人可以圍坐而食，筷子自得特長，盛菜的盤碗也是特別加大。可見：食雖小道，確實還是一門大學問；若然譚廚傳，曹廚子隨譚廚以傳：仰託譚廚與曹廚子的一些名廚，自必也會隨之身價倍增了。

譚晚年，每食非出之曹不樂。故京師宴會，有譚在座者，饌必請曹治之。曹亦因是居奇，每席必索值四五百金，少亦一二百金，私積累富，乃至鉅萬。譚任行政院長時，有某氏宴之，而未請曹進成治肴，又未備翅，譚固甚嗜此者，能盡一器之量，蓋食量兼人，乃貶之曰味同嚼蠟，酒半酣而肴罄，主人肅客點菜，及譚時則笑應曰：「如蒙盛惠，請賜嚼蠟如何？」語出闔座哄然，主人大爲忸怩！譚死後，曹設酒樓於長沙，猶以組庵席相號召，每席仍三四百元，其實曹已富家翁，筵席皆倩人理之，已且不復下廚矣。聽說有許多幹湘菜司廚這一行業的，無論是否列過曹進成門牆？也都揹着曹廚子的大纛虛張聲勢；猶之乎過去鑽研國故的人之未能忘情于章太炎，以至下降及黃季剛輩諸大師一般？由此例彼：宗派與師承的爲用，無怪乎有人以之相互標榜、相互依仗；反之，也自不免出主入奴，從而黑白混淆是非莫辨矣；天下滔滔，又豈祇廚子；士大夫輩所目爲「竈下廝養」這一行業而已！

最近，香港某大酒店亦曾以譚廚作標榜，大張聲勢，一席之價，昂至港幣一千五百元以上，而食之無味，全然不是那回事，做了十天半月，業已銷聲匿跡矣！

四大名旦命造

（來鴻去雁）

韋千里

中秋日應友人劉君之邀，造府飲宴。其夫人親治佳肴，美不勝收。飯後復蒙劉君開放京劇錄音帶，中有「四五花洞」一曲，爲四大名旦僅有之合作唱片，精彩絕倫，歸家之後，檢視四人命造，畧評梗概，以餉讀者。

> *梅蘭芳造：甲午、甲戌，丁酉，癸卯。殺印並透，酉財傍戌，原爲富貴兩全之命。余在一九三五年編有「千里命稿」，批其「不以伶官終其身」。晚年爲京劇院院長，亦曾炙手可熱者也。
>
> *尙小雲造：戊戌，乙丑，丙戌，癸巳。癸水出干，惜乎戊土挫之，土重困癸，僅爲名伶而已。時下歸祿通根，所以子女皆能演戲，克紹箕裘焉。
>
> *荀慧生造：己亥，丙子，戊寅，乙卯。水旺土囚，幸有丙火透出，凍土回溫。更妙乙木正官，得祿旺於寅夘，乃木火土生不息，其貴氣即在於此耳。
>
> *程硯秋造：癸卯，甲子，丁酉，癸卯。殺重，印化，故有創造之魄力，卓然自成一家。病在酉金，不善理財。一度退休務農，毫無所獲。迨再作馮婦，毀譽參半，已不若昔日之盛矣。死於戊戌春月，蓋土重如崩，戊癸卯戌，重重妬合，是年春不駕鶴，則夏必騎箕。

（覆九龍梁玉珍女士）台造：丁亥，壬子，丙寅，庚寅。天干一壬，得祿旺於亥子，並非「官殺混雜」。殺旺無制，妙有兩寅化殺。尤以二十歲之後，一路木火土運程，載福之命也。婚姻美滿，生活優游。至於出國遠行，搜奇覽勝，乃其餘事耳。廿八歲結婚。兒女不多，但可貴焉。

×　×　×

（覆九龍方漢德先生）台造：癸巳、甲子，丁巳，甲辰。七殺當旺，得祿，用印無疑。將來有權威，未必發大財。但三十歲至五十歲，廿年財運，自然有些積蓄。妻極幹練，怕妻正亦無妨。今明年多不如意事，「女子與小人爲難養」，謹記此言。

×　×　×

（覆香港徐鳳翔先生）台造：戊申，乙丑，丁丑，庚子。滿盤濕土，丁火日元，不能勝任土洩，既得高齡，應作「從兒格」推算。寒濕之土，自然腸胃欠佳。過去飽經滄桑，幸未來歲月，大都安善。後年甲寅善加葆攝。函問今生能否與大陸女兒見面團聚，恕難作答。

×　×　×

（覆九龍龍康浚先生）先生去年來自南越。有感於過去顛沛流離，現又前途茫茫。查台造：辛巳，辛卯，戊寅，辛酉。戊土日元，不勝金木之威脅，祗賴一重巳火支援。茲行戊運，但流年屬於金水，遷地未必爲良。三十四歲甲寅年，三十五歲乙卯年，壓力更重，掙扎彌苦。三十六歲起，經過萬重山，順流千里水，從此有爲有守矣。晚來四十九歲至五十九歲之丙戌兩運，尤爲輝煌。

×　×　×

（覆九龍丁未生先生）四十年前，曾在上海聚首，今又相逢於海隅，幸何如之。台造：丁未，癸卯，壬申，丙午。今年壬子，雖與生時丙午相沖，因原命火多水少，壬子乃係幫身，無甚妨害。但冲時辰，小輩之中，或有不利耳。六十八歲起，年運多左，亟宜退休。七十一歲丁巳年，命在旦夕。

×　×　×

（覆九龍陳棟先生）台造：壬午，丙午，乙巳，庚辰。火太多，雖有壬水制火，辰土晦火，尙嫌不夠。生平無可意之運，僅四十一歲至四十六歲之戌運，機緣輻輳，躊躇滿志。三十三歲至三十八歲，流年不俗，可以自創局面。現在失業，今年九月有遇，否則明春必獲枝棲。

×　×　×

（覆九龍李子昂先生）先生正在壯年，已往不諫，來者可追。蓋查台造：辛巳，己亥，甲申，甲子。寒木喜火。三十五歲起，流年大好。三十九歲後，又有乙未甲午二十載東南美運，何愁名之不揚，利之不足哉。後年甲寅，有大變化，變則通矣，妻財子祿，熱鬧之至。承詢從商從工從學孰善，自以經商爲佳。

×　×　×

（覆香港駱陽光先生）台造：丙午，庚子，辛卯，己亥。命屬中和，一生待人接物，和平相處。四十九歲以前，談不到「安逸」兩字。五十歲以來，比上不足，比下有餘。今年大不利，冬令更蹇。明年平淡。後年起，又有十載大運，老境亨通。

×　×　×

（覆荃灣居士）台造：辛巳，乙未，辛酉，甲午。夏火炎炎，金被熔化，無水不足以言善。過去壬辰兩運，應顯赫一時，否則時辰有問題焉。先生謂請人批命，都不靈驗，殆即此故歟？

×　×　×

（覆九龍楊紫封先生）台造：辛亥、丁酉，戊戌，辛酉。秋金洩土，一丁一戌爲精華。早年得意，中年奔波。今明年事與願違，仍難展布。

六十四歲甲寅年，有奇蹟。六十五歲乙卯年，女子麻煩，小人纏繞，戒之在「得」在「色」。六十六歲起，寶刀未老，萬丈光芒。

× × ×

（覆香港方平先生）先生年事已高，垂詢健康情形，及壽元問題，按台造：壬寅，己酉，戊申，戊午。戊土失令於仲秋，幸時落戊午，有一火三土之生扶。尤妙申午拱未，未爲貴人，又爲南方之土，創業有成之命也。論體力，今明年畧差。後年有意外襲擊。如能越過，壽臻耄期。

× × ×

（覆香港司徒大衛先生）台造：丙戌，乙未，己亥，甲子。亥日子時，「身」「財」兩美。二十六歲至三十六歲戊戌二運，挫折重重。直至三十六歲之後，己亥庚子辛丑六步大運，一帆風順。故根據運程，妻遲，子遲，發財遲，所謂「三遲」之命耳。事業以交通、進出口、金融等等，最爲相宜。

× × ×

（覆星加坡黎景培先生）先生原在香港，茲去新加坡，攻讀工商管理，按　台造：庚寅，癸未，癸丑，庚申。雖在炎夏，金水太多，今明年了無出色。二十五歲甲寅年，且多阻撓。能否完成學業，全在於努力用功矣。但二十六歲以後，十餘年美景良辰，縱然讀書不成，亦必事業有就。

× × ×

（覆觀塘程道明先生）先生來自他邦。亟詢何日方可出人頭地。台造：丙寅，乙未，壬寅，庚子。精華所寄，全在庚子時辰。論命有一「象徵」，凡獨好於時辰，必得意於較晚時期。再查行運，今已達入亥水，應有發軔，茲後庚子辛丑四步更佳，方興未艾，稍安毋躁。

× × ×

（覆九龍謝煥然先生）令翁命造：丁己，丁未，丙辰，丙申。火旺欲焚，宜土洩而不宜水制。逢水爲「犯旺」。今年壬子，雖已經過大手術，仍恐回春乏術，續命無湯。

× × ×

（覆紐約陳珂先生）先生行年六七，雖寄身海外，仍希返鄉，而與妻子團叙。按台造：丙申，庚子，庚子，壬午。寒金用火，憾於壬水子水之虎視眈眈，多勞少成之命也。但六十九歲起，六年大好光景，正有可爲。余以爲且待名成利就之後，再行歸國，未爲晚也。

× × ×

（覆西貢陳展雲先生）台造：戊午，甲子，壬寅，壬寅。用取食神，惜乎無印。早運辛苦，誠如來書所謂「帽影鞭絲爲客早，少年子弟江湖老」。但中年亦無愜心貴當之運。明年行庚運，方如畫龍之點睛，機緣純熟矣。予取予求，不負生平。

× × ×

（覆九龍林錦良先生）台造：戊子，丙辰，己巳，己巳。偏枯之命，火土太多也。運分兩部。四十歲以前，一事無成，到處碰壁。四十歲以後，鳴必驚人，榮華到老。宜金水之事業，行商更勝於坐賈。妻子都不佳。小病常纏繞。

× × ×

（覆香港雷大明先生）台造：戊子，丁巳，辛酉，辛卯。命既少財，運又多刼，可以名成，未能利就。四十一歲之前，抑且任勞任怨，爲人辛苦爲人忙。命運如此，自宜達觀處之。收穫在於五十一歲之後，乃可爲自己謀矣。二十七歲甲寅年，方諧婚事。

× × ×

（覆牛池灣朱馨祖先生）台造：己丑，辛未，丙午，甲午。火旺極矣，幸有己丑濕土。但無金水運程，奈何奈何。今年冲刃，恐有跌打損傷。至於體力畧差，入冬可痊。三十二歲之前，年運一無可取，安貧樂道，君子俟命。三十二歲至三十五歲，流年大好，四載經營，足以堆金積玉矣。

× × ×

（覆香港葉智敏先生）台造：丙寅，庚寅，丁卯，庚子。木旺火相，喜用庚金。中年運途欠佳，趦趄不前。明年小有財。四十九歲至五十四歲，雖無大害，經濟拮据。五十五歲至六十歲，胆大心細，頗有收獲。六十一歲危如纍卵。

× × ×

（覆椰嘉達黃剛先生）台造：甲戌，癸酉，丁未，壬子。丁以未戌爲根，賴甲生扶。過去蹉跎時光。今明年還是隨俗浮沉，與時俯仰。四十一歲至四十六歲，急起直追，必多建樹，娶妻生子，且有溫暖之家矣。至於財來財去，不論何時，無法控制也。

× × ×

（覆曼谷鄭浩然先生）台造：丙辰，壬辰，戊戌，庚申。食神干旺格，月透壬財，富命也。或謂迄今尚未致富，此由於行運使然也。今明年必有良機巧遇，財業之建樹非鮮。後年甲寅，危機四伏，小人包圍，要未雨而綢繆，毋臨渴而掘井。

× × ×

（覆紐約陳錦熙先生）先生事業有成，但早年失婚，深以未來對象爲念。按台造：戊寅，甲子，壬寅，壬寅。水木雙清，火不透天爲憾，再度花燭，宜物色屬馬屬犬之命。三十七歲甲寅年，天賜良緣，不求自成，先此奉賀。

本欄篇幅有限讀者函問命運祇限本人
請詳細開列性別地址及出生之年月日
時附上列印花寄大人出版社依序奉覆

大八小語

生財有道

聯合國基金短絀，決定發行世界性彩票藉以籌欵。

此外還可以發行聯合國郵票一種，請求全體「會員國」每件一信，黏貼一枚。

一毛不拔

中共以「北京塡鴨」爲「國菜」，「茅台酒」爲「國酒」，「熊貓」爲「國獸」，引以自豪。

其中無一爲一九五〇年以後之新獻，亦無一而非「封建時代」之遺產。

意下如何

葉劍英發表談話，歡迎台灣人民前往大陸訪問。

假使有人請葉劍英先去看看台灣，不知葉劍英意下如何。

荳芽今昔

種植中國蔬菜，已成美國新興事業之一。滬諺「孵荳芽」，形容「窮到無法可想」，誰也想不到一九七二年在舊金山，種荳芽可以發財。

謠言用途

曾傳越戰停火達成協議，繼又聲明不確。若能因此而刺激股票上漲，黃金大跌，亦快事也。

自作多情

越南前王保大，重溫治越舊夢。

假使他能調停越戰，未來的聯合政府中恐怕也不會有他一份。

報紙我見

戒嚴後之菲律賓，全國報紙僅存「每日快報」一種，日銷四十三萬份。

愚見以爲香港也不妨只有幾種報紙：——一張中文，一張英文，一張日報，一張晚報，一張左派，一張右派。

泰國文化

泰國華文報紙，不及香港，更不及台灣。華僑社會之若干俚語却十分精彩，以「滴油」一詞，代替香港之「熟性」、台灣之「紅包」，尤稱一絕。

天眞可愛

民主黨黨員叙餐，討論如何設法支持共和黨總統候選人尼克遜，使之連任。美國人之可愛，此其一例。

「大王」之多

美國有「煤油大王」，有「汽車大王」，也有「鋼鐵大王」。

台灣的「瓜子大王」只有一個，但「牛肉麵大王」却有十個八個。

十三相對

台灣治安當局訂十三條辦法，用以對付不良青年。

久聞「十三太保」之名，一對一打個平手，雖不中亦不遠矣！

拭目以觀

十月飛台客機，多告客滿，惟日本航空公司乏人問津。

此次之五分鐘熱度不知如何？

肥肥之福

雅麗珊郡主本月底訪港，主持英國工展開幕典禮。

雅麗珊遲來是沈殿霞之福，假使郡主能於海底隧道通車時抵港，坐老爺車首先通過隧道的風頭就輪不到肥肥。

時代算學

大閘蟹又告上市，每隻二十四元。或嫌其貴，南貨店伙計曰：「今年之廿四元，亦即去年之十八元而已！」

功過相抵

警探緝毒行動中發現價值二萬元古董鴉片烟槍，將送博物館陳列以供衆覽。吸毒有罪，藏寶有功，功過相抵，理應從輕發落。

雙管齊下

推行全港清潔運動，香港政府促公務人員以身作則。如果實有其事，「清潔運動」一舉，不妨與「廉潔運動」同時進行。

衆所共見

電車漲價以來，車費已加，座位未改。有一點事實却爲衆所共見：以前愛坐樓上者，現在多坐樓下，以前常坐樓下者，現在都坐樓上。

有利有弊

夏令時間不日結束，以前預支一小時，屆時可以歸還。

隔晚趁此機會多打四圈麻將，有的因此翻本，有的因此輸得更慘！

·上官大夫·

軟玉温馨尋好夢
一室皆春"麗確雅"

澳洲「**麗確雅**」純羊毛毡

MADE IN AUSTRALIA
Laconia
WORLD'S MOST BEAUTIFUL BLANKETS

PURE NEW WOOL

大人公司有售

本港各大公司均有代售

負販記勞

…新浮生六記之五…

・大方・

許多朋友都以爲我是個職業文人，事實並不如此，我是一個上海人口中所謂「馬浪蕩」型的人物。上海人有「口頭禪」云：『馬浪蕩十棄行』，意思是指他幹過好多不同性質的職業，但見異思遷，一事無成，而我的遭遇，竟然同於馬派作風，嘗試過各種不同性質的職業。終於以筆耕爲活者，並非喜愛這一份工作，起先祇是屬於興趣，其後覺得賣文也可以吃飯，並且行動自由，不受資本家的管制，合乎我的個性，漸漸由業餘進而爲職業，終於變成了所謂「爬格子的動物」。

當學徒難成大器・被辭工無計囘鄉

筆者出身於江南農戶，是個標準的田舍郎，從祖父開始，轉營商業，父親在上海開着一家小型的報關行，我從八歲開始，母親帶我到上海居住，也在上海讀書，可是我們本屬農戶，祖產有兩處魚池，數十畝桑田和十餘畝稻田，保存着農家的傳統。農村習慣，三四月間是蠶忙季節，學校也需放假，學生都囘家協助蠶桑工作，我們家裏雖不養蠶，祇將桑葉售與鄉人，每年蠶汎，母親必自上海返家，料理出售桑葉工作，我也離開學校隨着返家，因之，我對讀書，時讀時輟，一向沒有好好讀過，功課方面除作文以外，英文和算術等，可說一竅不通，這情形頗影响我對讀書的進境。

非常不幸的是在我十四歲春間，母親以高血壓逝世，父親思想頑固，反對我繼續求學，是年冬季，叫我進入一家繅絲廠去做學徒，這是我一生命運的轉捩點，我是絕不願捨棄讀書而去當工廠學徒的，但父命難違，勉從其議。

中國蠶絲，在五十年前，是出口方面的一宗很大交易，除廠方各部管理人爲男性外，從事繅絲的都屬女性。中國蠶絲，以湖州所產爲大宗，號稱湖絲，所有繅絲女工，大家都稱爲「湖絲阿姐」。由於絲廠工作人員，陰盛陽衰，並因近水樓台之故，男管事與女工之間，不無桃色事件，遂也造成了湖絲阿姐獨特的艷聞。

一家絲廠，分爲毛繭間（即剝繭之所），抄繭間（即揀繭之所），絲間（即包裝之所），車間（即繅絲之所）等若干部份，工作情形都很辛苦。廠方規定，於淸晨五點一刻拉第一次囘聲（即鳴汽笛），促使工作人員起身準備，五點半拉第二次囘聲，工作人員各就崗位，五點三刻拉第三次囘聲，至此工人必需全體到達，六點正式開工，如果遲到，將記過或扣工資，似這樣一直要做到晚上六點卅分爲止，全部工作過程竟達十二個小時又半，此中祇有一小時午膳休息時間。

絲廠女工雖工作得非常辛苦，但代價則很低，筆者至今猶記得那時最高工資爲包裝部，每日小洋三角，次爲繅絲間，每日小洋二角至二角二分，又次爲抄繭間，每日不到小洋二角，至於剝繭間，則每日不過一角左右而已。筆者初期分配在包裝部做事，規定上午六時上班，但筆者常爲汽笛吵醒，往往可以看到一般女工上班時的紛亂情狀，她們多數是乘了小車赴廠，一輛小車，擁坐了八九個人，她們除帶着飯盒外，還帶着化裝用具，因爲她們起得早，來不及從事梳洗，中午十二點至一點，有一小時的午膳休息，住得較遠的女工，無法囘家吃飯，便在工作地段解决，車間布置是一間長形的房屋內，擺着兩列繅絲車，車後有一條走廊，許多女工大都在走廊上吃完飯，便從事化妝工作。她們早起時蓬頭垢面，化裝後則判若兩人，其間却也有頗具姿色者，我看到她們對吃飯比較草率，對化裝則頗爲認眞，相信女子之於愛美，比了吃飯更爲重要。

筆者在絲廠中，做過寫工賬的工作，也做過發工資的工作，我記得那時女工每月最高收入，祇有六元餘，普通祇有五元左右，工廠老板運用策畧，發明所謂存欵辦法，規定在發工資時，扣取一成，作爲女工儲蓄之用，這辦法表面很好看，實際則殊刻薄，因他扣取一成存欵，既可少發一筆錢，而存欵並無利息，大可移作別用，吃虧者祇是女工而已。

五十餘年前的上海人民生活，可說也是很低的，雖然那些女工每月所獲祇有五六塊錢，但這一個數字，供應個人的生活是綽有餘裕的，因之雖然辛苦，做的人依舊很多，由於除此以外，女性很少出路，不得不搏命去賺錢，今昔相較，使我感到現代人無論男女都是相當幸運的，今日香港女工，大都奉行日夜三班制，不過八小時工作，星期還有例假，紗廠女工，工作間還裝有冷氣，而假髮女工有月入千餘金者，其苦樂之懸殊，又豈是當時絲廠女工，所可相提並論。

筆者在絲廠做了一年，對廠方各部門的工作，都已做過，祇有車間未曾嘗試。一年來的經驗告訴我，使我對車間印象最壞，車間職員又名「管車」，必需着短衣工作，長期厮混在婦女羣中，名譽往往不大好，有時爲了爭取女工，少不得發生糾葛，同時女工背後，也多有黑社會人物爲靠山，故如要做管車這一份職業，便非拜一個老頭子不可。當時筆者心地純良，對這種情形，極度反對，自然以做管車爲畏途。不想有一天，老板忽然發下命令，說你拿長衫脫了，立刻到車間裏去，我在那時，不期然有一股反抗的勇氣，囘說：「什麼我都做，祇有管車我是不做的！」老板不防我作此答覆，竟至無法下台，便說：「那祇有讓令尊來領你囘去了。」我說很好，當天晚上我籌思一夜，覺得由父親領囘，殊欠光彩，不如自動離去爲佳，第二天便向廠方請假，一肩行李，蕭然離開了這家工廠的大門。

五十年前我國社會風氣，子弟出外就業，如果被炒魷魚，家長會認爲是奇耻大辱，甚至親戚對你鄙視，隣舍對你看輕，我的情形，雖和普通的炒魷魚不同，但別人是不瞭解此中曲折的，基此理由，使我無顏去見父親，也不敢回到故里，拿心一橫，便在三馬路一家小旅館，暫做了安身之所，爲了活命，從此身入了流亡之途。在這十餘年中，我做過了許多不同型的職業，試加計算，有小學教員、沙船公司記室、中華書局門市部店員、華商證券交易所職員、北新涇土布商店賬房、湖南旅部上校秘書、湖北血花日報上尉編輯、江蘇徐屬沙田分局副局長、報館和雜誌社老板，一直轉變到爬格子動物爲止。細算起來，我的職業要比一般人口中的馬浪蕩，還要複雜得多。

少婦投河眞慘事·他鄉招婿亦奇談

在上列許多項職業中，尚有兩種行業沒有計算在內，這兩種職業的性質，近乎現代的販賣商，一次是到溧陽去收買蠶繭，一次是到湖州去收買樹柴，這兩種職業，在筆者生平的經歷中，雖然每樁均祗做過一次，却認爲這是生平最辛苦的工作，迄今回首，記憶猶新，走筆寫出，聊供筆底資料。

筆者雖然離開絲廠，但和幾位執業絲廠的朋友仍有來往，十六歲那年，一位老友介紹我一種短期的工作，是到溧陽收買鮮繭，職位是「寫聯票」，依照一般絲廠習慣，蠶忙以後，準備現欵，派員赴各鄉鎮收買鮮繭，烘乾了運回上海，以供繅絲之用。這工作最重要的是一位看貨先生，他負責收貨，憑他的經驗，判別繭質的優劣，這種看貨先生大都聘請當地人担任，也都是合作多年的老朋友，次要的職員，便要推「寫聯票」的了，收繭方式，約分上中下三等，一個鄉下人担繭子出售，在看過貨品稱過重量後，看貨先生高呼上繭若干斤兩，寫聯票即需立刻寫好，當場算好價錢，這時櫃台上一列坐着三人，寫聯票的算好後，一聯作爲存根，一聯交與賣繭者，一聯交與傍坐的第二個人，讓他復核無誤後，再交與第三者，賣繭人則憑票向第三人收取現欵。收繭時間不到十日，有時售客擠擁，使到櫃台方面人員手忙脚亂，不易應付，那位看貨先生是個五十左右的老者，他見我年輕，以爲不能勝任，其後見我應付裕如，引起了他的注意，不久，收繭工作將屆完成，那位看貨先生忽然託我們的主任向我轉言，在我們歸去之前，請我們到他家裏吃一次飯，以代餞行，主人好意，自然祗可應命。說也可憐，我至今已完全忘却他的姓氏，祗記得他是溧陽的一個土財主，家裏有數十畝稻田，上百畝桑田，五條耕牛，幾處魚池，是當地極有聲望的人士，他從來不請人吃飯，忽然會請我一個大孩子吃飯，頗感出人意外。

溧陽十日，我過得很爲愉快，不想在收繭結束那天，鎮上忽然發生一樁慘事，使我聽了心裏極爲難受。不要深責於今日香港的烟賭林立，這種罪惡，雖五十年前的溧陽村鎮也不例外，祗是在昔已然，於今爲烈而已。溧陽繭市，雖祗旬日，但極熱鬧，同時鄉人在售繭以後，大多獲有現金，當地一般流氓地痞之流，便利用這個機會，開設賭場和烟館，村裏的少年，一時把握不住，受其毒害者，頗不乏人。

那天我們正在結束收繭工作，忽聽外面人聲嘈雜亂成一片，有人高叫阿招投河了！我跟隨看貨先生出外探視，見有幾個人，已將一個濕淋淋的少婦從河內救起來，連忙抬去附近茶館中，從事急救，可能由於入水時間太長，而當時醫藥又不發達，那位少婦終於返魂乏術，玉碎香銷，我曾見過那少婦一面，不過二十來歲，面目也極清秀，又誰信她會短命而死，使人代爲扼腕。

第二天，看貨先生家裏的餞行席上，大家都在談論阿招投水的事，阿招新婚不及一載，家裏有婆婆和小姑，一家四口養了好多蠶，收得數十斤繭子，由丈夫挑到市上去賣，這些繭子是他們全家兩月來辛苦所得，而所得代價，也可供全家半年間的開支，不想她的丈夫在取得繭欵後，赴酒樓吃飯，醉後爲劣友慫恿，竟去賭場賭博，拿數十元現欵掃數輸光，阿招得悉和他爭吵，她丈夫在酒醉之下，失却理智，非特不認錯，反將阿招痛打一頓，阿招一時氣憤，便跳下了附近的河流，造成了驚人慘劇。

阿招之死，對我留下深刻印象，我認爲她的死，雖由於丈夫不好，但眞正殺死她的兇手，該是那個開賭場的人，因這件慘案，使我對賭場深痛疾惡，其後隨着也很鄙視所謂一般市井闖人，由於他們的事業，大都寄託於烟賭上面，也可說發迹於罪惡方面，這情形眞是非常可歎的！溧陽賭局不過旬日，我已親眼看到他殺死了一個無辜的女人，然則今日之世，如港澳等地常年開着賭局，在無形中一年不知要害死多少人，明知好賭的朋友，勸誡是無補於事，寫此祗希望一般沉迷賭局之士，多少能提高一些警惕，懸崖勒馬，及早回頭，藉免身敗名裂之恨。

不作東牀甘爲游子·十年漂泊半世蹉跎

至於那位看貨先生何以要請我吃飯，在當時來說，眞是一則笑話。他的家裏房子很大，一排接連有十餘間之多，連五條大牛也養在家裏，廳屋建築都是木材做的，地下盡是泥土，並不鋪上磚塊，住在這種屋子裏的人，當然是屬於土包子之類，可是他有一個獨養女兒，不過十四五歲，却生得非常清秀，那次和她母親，同我在一起吃飯，我們彼此祗看了一眼，並未交談一語，但我對她的印象，倒是極深刻的，如要對她的樣子加以形容，有齣「翠翠」影片插曲中所謂：「大大的眼睛長長的眉，白白的皮膚紅紅的嘴」彷彿似之，雖是鄉下姑娘，充份透露着青春氣息。

這一餐飯所備的菜肴，可說豐盛之極，雖然鄉村間沒有名厨烹製，但肥魚大肉，再配上一些春筍園蔬，無一不是十分可口，尤其江南方面魚蝦的鮮美，吃得我大快朶頤，我那時更不管他請我吃飯是有着什麽作用，在酒醉飯飽以後，抹一抹嘴巴，便忽忽離去。

當天晚上我們那位主任，和我談論一件要事，他說看貨先生行年半百，膝下無兒，祇有一女，就是白天同席的那一位，父母愛若掌上明珠，村裏少年求親者更屬不少，但她眼界高，以致至今還無對象，自從見了閣下，她父親認爲很理想，經過今天的宴會，她母女也同意了，現在祇聽閣下答覆，你如應允，最好招贅在他家爲婿，將來他們的一份家產便全是閣下的了。味主任之意，認爲我對這一樁天外飛來的喜事，一定滿口應允，不想我聽了哈哈大笑，我說：我是書香門第，決不會娶一個村姑，同時我是清白人家，更不肯招贅外姓，當下堅决辭謝，請對方打消此意，隔了一天，收繭任務宣告結束，我又任了押船的工作，那些繭子分裝了六七條大船，浩浩蕩蕩地離開了溧陽，向上海而去。

在我啓程之日，看貨先生且到船上來送行，他等着我考慮後加以答覆，結果他自然是失望的，至今想起，覺得我當時如果答應其事，實行做一個鄉下土財主，不必流浪半生，甚至要以賣文爲活，未嘗不是一種幸福，惜乎我那時計不及此，以爲自己前程不可限量，自然不屑在鄉村終老，又誰知今後的遭遇，一切都不能盡如人意呢？

連宵被困溧陽河．眞見蚊蟲大似鵝

押船的又一名詞，謂之「押材」，同於軍隊中押解糧草的意思，這差使不僅責任重，並且相當辛苦，在全部繭子裝船以後，許多同事都乘火車走了，祇我登上那艘大木船，循梁溪東下，經蘇州河而抵達上海，船老大是夫婦兩人，更用了一名夥計，以撑篙的方式，蜿蜒前進，我問船老大，像這樣走法，幾時可抵上海？他說普通是七日，最快也得六天，就現時代的情形來說，那是類類乎蝸牛的行走，我意味着這一次的旅程不大好受，上船的第一日，白天看看沿途風景，倒也不覺寂寞，到了晚上，船老大讓出他們夫妻的臥榻給我安寢，這臥榻是設在船稍高處的一間小閣裏面，是全船最安適的所在，顯得船老大對我是非常客氣的，不想入睡以後，問題來了，因那時已是初夏季節，耳邊聽到一陣嗡嗡似聲音，愈來愈大，接着有許多蚊子向我圍攻，我在撲殺一陣之後，發現那些蚊子其黑如墨，非常壯大，展開雙翅，幾乎有半寸來長，這東西眞令人恐懼，使我想起笑林廣記有一則形容巨蚊的笑話說：「經過牛頭峽，蚊虫大如鴨」，如拿我那次所遇的蚊子來比較，也可說是「經過溧陽河，蚊虫大如鵝」了。接着我在蚊羣包圍之下，又發現床上有許多跳虱，他們都是吸血魔王，在上下夾攻之下，祇有一夜，即已咬得我體無完膚。

第二天，我將夜來遭遇告訴船老大知道，他們認爲事屬尋常，也許他們皮粗肉厚，遂也不怕蚊子們的襲擊，他表示對這事沒有辦法，祇能聽其自然，我見了他的表示，無可奈何，也祇能忍受着前後七天的痛苦。

船老大夫妻待我很好，沿途有新鮮的魚蝦出售，由他妻子買了自己烹煑，讓我一人享受，我本來可以吃得胖胖的，無如日間所吸收的營養，禁不起晚上蚊虫跳虱的侵襲，他們在我身上吸去了大批的血，使我變得憔悴異常，並且渾身咬得像一隻赤豆粽子，一到上海，急忙去看皮膚科醫生，調理半月，才得恢復原狀，這是我年輕時代一次最辛苦的旅程，自維以上情形，終我之生，將不會有第二次發現，可是天地間事，有些常會出人意料，我在溧陽收繭時是十六歲，不想經過了三十年，居然歷史重演。我再度經歷着一段和上面很相似的辛苦旅程，既是巧事，也可說是奇事。

抛筆桿志切求財．販樹柴空思獲利

三十歲左右，我投身報界，作爲終身職業，許多年未離開上海一步。忽然霹靂一聲，風雲變色，舊有情狀，全部改觀，新聞界人士都身入失業之境。我的積蓄無多，常感到坐吃山空之慮，每想設法賺一些錢，忽然聽人談起，到湖州去買樹柴，運返上海出賣，獲利頗厚，我聞言怦然心動，便想加以一試。經過一番調查諮詢後，决定前往碰碰運氣，力報館主人胡力更君，聞訊也欣然願往嘗試，派了他的兒子，和我同行，我取出了一條僅有的黃金，兌了十只小黃魚作爲資本。

那時到湖州販柴，並不需帶現欵，祇以小黃魚換取了大批麵粉，裝上了赴湖州的小輪，本人也隨輪出發。到達湖州後，拿麵粉存在當地一家商店，隨即在碼頭佔據一個位置，貼上招貼，收買樹柴。便有鄉下人循水陸兩路運樹柴來出售，驗好貨色，稱好斤兩後，給他一張收據，鄉人便憑收據，到商店領取麵粉，作爲樹柴的代價，這在當時，可算是一種奇怪的交易。

筆者在裝妥麵粉以後，同時登上那艘輪船，航程係由蘇州河，經南黃浦出發，沿太湖而達湖州。是晚，輪船身入太湖邊境，筆者倚欄遠望，忽見往來的小輪似穿梭相似，爲數不少，輪上都是燈火通明，我奇怪於這條航線會變得如此熱鬧，一個同行的朋友對我說，這叫做利之所趨，無孔不入，像閣下那種新聞界人士，居然也不辭辛苦去販樹柴，其他人士自然更要趨之若鶩了，我聽了祇有苦笑。

過大橋默默無言．吃羊肉津津有味

湖州的又一名字叫吳興，屬於浙江富庶區域，魚米之外，更以盛產蠶絲著名，由上海循水程前往，一夜即可抵達，筆者那次是傍晚登輪，翌日上午，即抵湖州縣境，入城時需經過一頂橋，突聞輪上有人大聲警告乘客，在到達那橋的半里以內，一律不準發言，否則，如有意外，便要歸那發言人負責，我不懂這是什麽規矩，經過詢問，才知那頂橋名爲「禁聲橋」，不知從什麽時候開始，過橋的舟楫，乘客絕對不許發言，如有發言，輒生奇禍，其後那橋便改名爲禁聲，也立下了不許發言的禁例，雖乏明文規定，但出門人一切祇求吉利，故雖明知這是迷信之舉，却也無人加以反對，我們那次，也就在鴉雀無聲之下，渡過了這頂怪橋，祇惜筆者去湖州，先後祇有一次，時至今日，大陸上一切頗有變動，是否還存有這一怪例，那就不得而知了。

湖州，雖屬於富庶區域，但事變初期，各業均在停止狀態，較大的商店，都無生意，較大的菜館亦然，反之，街頭的小吃檔則極發達，筆者選擇了一家中等旅社下榻，傍晚在街上徘徊，發現街上有一處羊肉檔，他拿整隻羊加以紅燒，燒熟了切成拳頭大的一塊塊，盛以磁盤，放在桌上。中國南部的羊，推湖州出產的，品種最好，號稱湖羊，更可能那個庖人烹調得好，那些羊肉放在桌上，一陣風過，發出撲鼻的奇香，使人聞了食指大動，筆者情不自禁的坐了下來，要了二兩白乾，切了一大盆羊肉，一個人靜靜地享受，最後又要了一碗光麵，拿剩餘羊肉倒在麵碗中，連麵帶汁，吃個一乾二淨，這一餐晚飯，化不了幾個錢，吃來却感到出奇的痛快，可算是我好多年來，很少吃到的一頓豐富晚餐。至此不禁使我記起一個故事，舊小說載官府向大盜迫供，往往先拿他餓上兩日，餓得他飢火中燒，然後拿許多肥魚大肉及美酒放在桌上，帶強盜在桌邊圍繞，讓他對桌上佳肴，可望而不可即，強盜餓慌了，禁不住酒肉的誘惑，就會自動招供，這一辦法，那是用飢餓來代替酷刑，筆者自認我們幸而有錢隨便即可吃到那種羊肉，如果沒有錢而祇能光聞一些羊肉香氣的話，這種難受，豈非也和強盜受飢餓之刑相似。

抵湖州的第三日，經商店老板代爲安排，請妥一位收柴的夥友，由他在碼頭負驗柴和計重的職務，而我則司發給收據之責，賣柴人一清早即抵達，一直要到紅日落山才結束，我們的中飯也是叫人送到碼頭來吃的，並且多數是站着工作，中間並無充份休息，待到歸去，早已筋疲力盡。

貪口腹卅里擔柴．做苦工鎮天曬日

國人過去有一成見，叫做百無一用是書生，但我並不同意此說，我以爲一個人的有用與否，當視他的環境和肯不肯努力而定，在環境壓迫下，肯努力者，可謂有用，反之即是無用，即以筆者來說罷，我是文人，本不慣做販夫走卒的事，但迫於環境，不得不去做相等於苦力的事，十天來的買柴工作，使我多了一種生活體驗，那時正値初秋，暑氣未退，我一早起來，即站立於烈日之下，受到驕陽曝背之苦，工作之際，脫光了上身，祇穿一件汗背心，十天來的成績，晒得皮膚起泡，背上添了一個馬甲的印子，這情形該是很辛苦的，祇是在辛苦之中，顯着一股興奮之意，那是我夢想着這一次生意可以賺錢，而我之所以不辭勞苦，說穿了也祇是迫於環境。

十天過去，收柴工作宣告結束，準備步上歸程，在這短短的十天中，曾經發生過兩個有趣的小插曲，似乎尙有一記價值。

湖州的西部多山，樹木繁茂，並且是沒有人主管的，上海方面既感燃料缺乏，有人提議到湖州販柴，本地鄉人，便都在山上伐了樹木，赴市區出售，鄉下人在山間伐樹，取之不盡，只憑勞力便是他們的資本，因是開始時期，售價很賤，販柴朋友着實賺了一些錢，引起了上海人士紛紛到湖州販柴的趨勢，湖州柴價也爲之提高。

樹柴的性質，可分爲三種，最高的爲栗柴，次之爲松柴，最低的爲雜柴，係許多種樹雜在一起之意，一般規定，鄉人伐樹後，必需將樹幹劈開，整段的樹身是概不收買的，忽然一天中午，一個鄉人掮着百餘斤重的一段樹幹，向我兜售，依例是無法收受的，我們的夥計向我解釋說，那根樹幹，他從三十里外掮來，非常辛苦，如果賣不掉，他沒有吃飯的錢，祇有餓着肚皮回去了，我聽了很加以同情，破格收買，並且給了他現錢，祇是叮囑他下不爲例，不想第二天中午，這人又掮了同樣重量的一株樹幹，前來出售，我自然加以拒絕，他親自向我要求，他說如果賣不掉，今天眞要餓着肚皮回去了，我詫異地追問，昨天給你的錢呢？他說實不相瞞，我已有一年光景不知肉味，一旦見了酒肉，情不自禁，在開懷暢飲下，把所有的錢，都一頓吃光了，我聽了他的話，覺得也是實情，想起強盜爲了貪吃甚至不惜招供的故事，想起自己幾天前貪吃羊肉的情形，覺得人生沉於口腹之慾，也屬常情，便又拿它賣下，似這樣一連買了三天，第四天，我們的生意宣告結束，這個人是否又掮了樹幹上城，那就不得而知了。

這一插曲，寫出有些人貪於口腹，不計後果，另一插曲，則和上述者適成一反比例，有些人則甘於淡泊，很能安貧，絕對不肯浪費，以下，便是我所親見非常節約的動人故事。

湖州雖是富庶之地，但西部屬於山區，出產減少，人民生活便多清苦，我有一個神交已久的讀者是山區人，知我到了湖州，一定要請我到他家裏吃一次飯，畧盡地主之誼，我情不可却，如期前往，他的寓所是一座小石屋，前後一分爲二，前座又一分爲三，中間是個小廳，兩邊作爲臥室，主人和我便在廳上進餐。入座後，先送上的是兩小杯白酒，接着是兩碗湯麵，上面堆着一些白菜肉絲，主人將麵上的白菜肉絲，夾在面前的碟子裏，便舉杯邀飲，我也祇能依樣葫蘆，我起先以爲這祇是一種前奏曲，可能還有冷盆熱炒等接踵而來，不想主人在飲完那一小杯白酒後，隨着拿那碗麵連湯也一起喝完，然後拱手對我說待慢待慢，請我慢慢的吃，我才明瞭這一席非常性的盛宴，已宣告結束。

這是我生平中所遇最狼狽而又最簡單的一次宴會，事後我問起湖州的本地朋友，他說山裏人請客，大抵如此，因閣下是遠客，故有肉絲麵和白酒可吃，否則的話，請你吃上一碗光麵，已算是天大的面子了。

客邸阻帆船歸鞭難着 旅途困蚊蚋舊夢重温

我聽了朋友之言，始恍然於放眼塵世，到處多的是貧苦的人，你不要以為蘇浙是天富之國，但以湖州而論，即有好多重視着一碗光麵的人，我們今日雖然置身海外，仍是天天娛樂，夜夜元宵，再不知足，是無天理。

天下事往往看似簡單，實甚複雜，是難下結論的。筆者湖州販柴之役，開始時對照雙方的價格，約有對本的利益，但其後販柴人愈來愈多，湖州的柴價日高，而上海的柴價則日落，更有一樁困擾事，是樹柴收齊，整裝待發，但找不到運貨的船，祇有在湖州一天天的等待下去，那時湖州可以看到隔日的上海新聞報，報上刊載着上海方面的柴價，是一天天的向下跌，指出我們在湖州多留一日，無疑要多損失好多錢，使人焦急欲死，直到四五天後，才以重價，雇得兩條木船，裝滿樹柴，迫不及待的揚帆東下，我自已又隨船做着「押材」的工作，那種木船，行程全靠風勢，遇順風三天可抵上海，遇逆風要走四五天，夜間入睡，却發現大批臭虫，上下圍攻，那時船上雖沒有蚤虱，眞是不堪其累，不禁使我想起少年時由溧陽押材回滬的故事，不圖三十年後，歷史重演，所有經歷，竟和少年時的情況相同，寧非人間奇迹。

樹柴抵滬，功德圓滿，但給與我的祇是一片困擾，我看到蘇州河畔的曠場，樹柴山積，都是先我而至而無法售去者，我到貨已晚，自然更不容易出售了。並且一經抵步，立需卸貨，我的柴像別人的一樣，都堆在河畔的曠場中，到了夜晚，還得雇用兩個人前去看守，以防賊人偷取，眞是弄得狼狽萬狀。在樹柴大量湧到之際，即使虧本也無人收買，幸爾我有的是朋友，先託永安紗廠的經理由他廠方買了一批，再託協大祥、寶大祥的主持者，由他們賣了一批，所有樹柴幸得賣光，計算數字，我以一根條子的成本，仍然收回了一根條子，雖然沒有什麼損失，但一場辛苦則全無代價，眞應了所謂一飲一啄，莫非前定，早知如此，我殊不必親去湖州販柴，祇要替曠場上堆着那些小山高的販柴者，給他代為銷售出去，我不費什麼勞力，倒可賺上一筆很厚的佣金呢！

少年時和中年時的兩次販貨生涯，無疑是相當辛苦的，但這些辛苦，對我來說，可算是一種教益，廣義的說，辛苦對於任何人都是有利而無弊的，筆者因少年飽經憂患，才能深悉謀食的艱難，不敢作過份荒嬉之事，終於抵達生活安穩之境，至今投荒異域既久，業已進入晚景，即言新浮生六記之作，亦已接近尾聲，自信此生業無其他奢望，但我自喜我的晚年一段生活，是過得平安而愉快的，這也許是我能夠知足及甘於淡泊的結果吧？一笑。

大人一笑

張大千題詩惹禍

回憶民國廿二年春間，北平中央公園水榭，經常舉行當代書畫家聯展，凡在平書畫家、各出近作展出，主辦者為中國書畫會會長周肇祥（養庵）。中國書畫會的前身是湖社，本是金城（拱北）和周肇祥共同領導的，後來因為鬧意見，才各自為政，周率領一幫畫家與學生等另組中國書畫會，和湖社分庭抗禮，彼此對峙，成為當時華北畫壇兩大集團，一般後進畫家，有不入於揚，即屬於墨的趨勢，可是每年這個團體的師生畫展，成為故都藝林的盛事。當年北平市區遼濶，舉行畫展的中心地點，莫過於中央公園，而中央公園之內，共有三個展畫場地，進門左邊是荷池縈迴的「水榭」，右邊靠「來今雨軒」走廊，以及後園當中一座巍峨宮殿改稱的中山堂。這三個場所，經常供給畫家們開展覽會之用，有時三處同時有畫展，使游園的人，目不暇接。那時適張大千正旅居平市之東方飯店，某日于非闇興之所至，畫一蝴蝶于紙上，要求大千補景。當時大千提筆補一簡筆仕女，執紈扇，作撲蝶狀，並題詩其上。詩曰：『非闇畫蝴蝶，不減馬江香，大千補仕女，自比郭清狂，若令徐娘見，吹牛兩大王。」作此畫時，筆者在傍親眼目覩。（註郭翊明初江西泰和人，善畫山水人物，名重一時；尤以人物清麗放縱，吳偉、唐寅畫仕女均近郭之筆法。現故宮博物院藏有郭翊畫東山携妓圖）該畫畫竟，參加展出。開幕後，適徐燕孫（操）同周養庵會場相遇，同觀此畫。周謂徐曰：「你看此畫，他們誠心跟你開玩笑，徐娘者隱指徐燕孫」。（因徐當時在平專畫仕女）。正是一言興邦，一言喪邦。徐一時不察，大發雷霆，認為公開侮辱，此可忍孰不可忍。次日即延當時鋒鋩畢露的梁柱大律師具狀地方法院，控告張大千惡意誹謗。其實張大千乃因畫意而信筆題詠，近乎打油詩之類，並無誹謗之可言。在無法洗刷之下，隨亦延請享譽司法界之江庸大律師為之辯護。江庸字翊雲，曾代理北洋政府之司法總長，並任北京法政大學校長，梁柱為其門人之一，由江召梁往私邸，斥為小題大做，從速和解，化大事為無事，一場風波，始告平息。此事距今將近四十年，不知此畫流落何方，抑或尚在人間？當年華北畫壇，此一場文字風波，亦曾轟動一時，足為藝林佳話，也可以說是張大千四十年前繪畫題詩的一個掌故。

・留厂・

望平街憶舊

申報與史量才

胡憨珠

相傳史量才出言不遜，逢君之怒，竟至招致殺身之禍，在滬杭公路翁家埠地方遇難。猶幸其令子史詠賡擅于賽跑，才得逃出虎口。遺體車返上海，開喪成殮，轟動了整個上海灘，視爲一件天大新聞。曾由趙叔雍撰寫別具一格的訃告，排定格式，分發上海所有各大報刊登。秋水夫人在史量才靈前奏一曲古琴，更成爲空前絕後的哀悼儀式。

陳彬龢對於史量才總是心懷怨望，在他錯誤的觀念中，認爲旣然授權給他革新申報運動的實施工作任務，爲什麼還要緊緊抓住權力，一些都不肯放鬆。他不知道這點正是史量才的英明幹練、智慧卓越之處，也是史量才之所以有今日事業的輝煌成功。可以想知史量才目光如炬，智珠在握，他在此時期，正需要像陳彬龢這樣一個人，來供驅策。所以在申報總管理處成立，革新運動展開以後，其形勢成績的出現，令人只有不過爾爾之感。及至「九一八」關外的中日事變以後，雖然開啓了他對申報的革新之門。但其動機與其說是爲受時代的驅使，毋寧說是爲被同業的影响所致，較爲眞實。蓋當其時，天津大公報的力量已開始南下向上海來謀發展了。史量才爲防申報的銷路見奪，才感到閉關自守政策，不足以應付今後的局面。大敵當前，實逼處此，不得不作急起直追，於是，申報乃即有眞實革新運動工作的開展。然而它畢竟是由小脚所放成的改造大脚，走路起步總是放不開的。

所以陳彬龢還强調其語氣說：「史先生在這幾年來，雖使用了申報名義，發辦幾樁較爲新鮮的社會事業，確也付出了相當的代價。但據我約畧從傍的觀察所得，與代籌所計，只覺得他所化這些代價之數，祇是於申報的盈利所得項下，提出一小部份從事使用，實踐宿諾而已。大部份的利益，則歸諸做老闆的獨有獨享，因此，他的財富仍是逐年增厚，蓋在當時史先生的左盤右算之下，只肯撥出這些些小數目，作爲點綴，絲毫沒有胆量大幹一番的魄力勇氣。是以我嘗向他進言着說：我們的申報雖在努力革新之中，然而距離理想的目標，途程尙屬遙遠。依照眼前這樣的革新運動做法，充其極成功的最高度，恐怕也難做到像大公報的模樣。我的話剛纔說完，一眼望去史先生的臉色，似乎突然劇變，已在大冒其火。緊緊綳着臉兒，一言不發，粒聲不出，只是兩隻烱烱如電的眼睛，睜睜地仰望着承塵間作沉思。

當時史先生顯現出這樣的神情形色，其內心的思維所繫，與念頭所轉，是我可以捉摸得到的，他必定以爲申報縱至不濟，也不會落在大公報之下。所以我不顧及他冒火不冒火，仍然繼續說我未竟之話。我說：我固不學無術，身乏片長之能，但決不是盲人瞎馬，不辨方向，須知道凡屬第一流的報紙，必須站在時代尖端。其次一流的報紙，也該要跟得上時代。最沒落一流的報紙，才依靠老招牌維持的苟延殘局，但到最後必歸淘汰湮沒爲止。申報的革新運動工作，只在開步走路的起步階段，如不加油努力向前，眼見不久的將來，大公報將由地方性的報紙，一躍而成爲全國性的報紙，可是申報恰恰倒轉頭來遠遠落在後邊，怕要淪爲地方性的一份報紙了。這些說話，自問還算說得率直懇切，史先生聽得頗能領悟。眼看他臉色漸漸轉佳，所冒火氣頓告消滅，雖然如此，無奈作用極微，只等於一陣淸風，風吹過了，又是一片空虛靜寂」。

最後，陳彬龢再說出一番話來，這些話雖不是說史量才的致死之因。但至少與史氏的待人接物有關，蓋他認爲史氏有些欠禮和失禮之處。陳彬龢是這樣的說：「史先生的個性是驕傲而衝動的，他的年齒並不高長，覺得無老可倚，但是他却老氣橫秋，未老賣老，實在有失謙謙君子的雅量風度。例如張羣（當時的外交部長）部長、顧維鈞（當時的上海市長）市長等這一流的大人物到他公館去，臨走送客，他只到小書房門口爲止，玉步自珍，決不踰檻。這種慢客行爲，固非處世交友之道，更非一個報業中人所應有這種不良的驕傲習慣。習慣久久成爲自然，所以後來出了大岔子，原來史先生由於張岳軍、虞洽卿、錢新之等的拉攏，曾去南京謁見蔣先生，他於夜車啓行，翌晨達到，蔣先生很有禮貌地立予延見。據聞座間蔣先生曾告以政府對於抗日問題的苦衷，並約畧透露國軍準備的實況。詎料他於答語中，竟昂然地說道：『你手下有軍隊二百萬，我手下有讀者數十萬，你我合作，沒有辦不通的事。』這全是三國曹操煮酒論英雄的口吻，秀才何物，竟然誇大詞意，鋒芒凌厲，大有筆鋒掃盡千軍之概。蔣先生蘊怒甚深；但亦僅止於憤怒而已。却不料逢君之怒者，大有人在，揣摹意旨，擅自施爲，於是中國報業一代人傑，史量才先生的危機眞正四伏了。」

史量才在翁家埠遇難

史量才的眞實死因，已經在前邊說得明白清楚，毫不遮瞞隱諱。現在對於史氏遇難被殺的事實經過情形，亦該做一個眞實交代的記述。據說史氏近年來自事業成功以後，深深懂得「民亦勞止，紇可小休」的那兩句古人之言，所以有時身感倦勞不爽，或者情緒覺得低落少趣，便偕同他的秋水夫人來到杭州裏西湖的秋水山莊，小休數天，藉事靜養，已成慣例。這次到杭州來，靜養不多幾天，又要回上海去，因爲日來有幾處地方要舉行董事會議，如閔行的孤兒院，上海的聯合廣告公司等等，他都是膺有董事長的名義，非去列席與議不可的。在秋水夫人之意，認爲休養身體要緊，會議之事不妨派遣代表出席，但此項建議不爲史氏接納。傳說中史氏於離杭前夕，夫婦之間，發生詬誶，雙方不愉快的情勢相當緊張。甚至說史氏於夫婦反目的勃谿聲裏，還憤然對他秋水夫人說：「是我再也不到這裏來了。」這樣的情形，如果屬實，倒是很像他們倆夫妻在搬演烏龍院戲中那齣「鬧院」。而他的憤然之語，大有如宋江所唱「從今不入烏龍院，再來不是我宋公明」那兩句轍兒的樣子。但不幸得很，史氏一去，果然死在滬杭公路上，再也不到這裏來了，一語成讖，能不訝異！

秋水夫人因爲與他丈夫發生口角關係，她要貫徹她留在杭州靜養的主張，所以決定她個人安居在秋水山莊。史量才遂於十一月十四日午後一時餘成行，乘坐自備汽車循滬杭公路回上海，同車的有其兒子史詠賡及詠賡的同學鄧祖詢。他們乘坐汽車的座位支配，那是史氏父子並坐後座的車廂中，鄧祖詢則坐在車前與司機並座。史詠賡原肄業於上海梵皇渡的聖約翰大學，却生得身強力健，體格結實，爲該校著名的運動健將。一般的青年學子無形中有個定例，大凡體育健美的，對學課定必稍遜，反之，學課優良的對體育亦當較差。至於學貫中西，才兼文武，而且門門好、件件精的雖有不多。史量才望子成龍，情殊殷切，在他願望中，定要把他的詠賡公子培養成功允文允武、十全十美的超級人材。因此，史詠賡就轉學杭州之江大學，取其距離城市甚遠，校址環境幽美，可以閉門下帷，專心攻讀。他老子還怕校中膳宿兩項事件，難達理想中的完好，是以斥資在該校附近特爲建築一座精美的小洋房，備供住宿和飲食，伴讀者亦寄寓其中，這個鄧祖詢亦即是史詠賡的伴讀人之一。總而言之，這種種的妥善佈置，和周密安排，都足以覘知史氏愛子情深的一斑。

史量才所乘坐的還滬座車，於是日下午三時許，風馳電掣似的在滬杭公路上駛行，已經駛過秦望山下，到達了浙江省海寧縣屬第四區的博愛鎮附近不遠地方。那裏總地名稱爲「翁家埠」，村落的小地名叫做「閘口」。當史量才的汽車快要開到那個鄉村地方時，他的司機人發現有一輛汽車橫在公路當中，像是檢察進行修理的樣子。同時，車中人大家也於遙望中辨認出是一輛老式「別克」牌子的汽車，若論車齡已該列入於老太爺的年高階級之儔了。誰都不會懷疑它橫在公路之上，會發生其他的意外事件。不料此時散處站立在該汽車旁邊的人，已在舉手示意，似乎要史量才的汽車作緩慢開駛。每個汽車司機人多有服從的生性，果然把行駛速率減低到五六「邁」之間。却不料那些散立在該「老太爺」汽車傍邊之人，已紛紛都拔出手鎗來，由其中一名暴徒首先向着史氏的汽車輪胎上開放一鎗，此人倒也是一名具有高級本領的射擊手，居然一鎗中的，輪胎頓時爆破汽洩，汽車無能爲也的，即成了不前進之物了。就在此同時，另有兩名暴徒，分向史氏的汽車司機和司機座傍的鄧祖詢，開鎗狙擊，也無不一一命中。這班暴徒們一動手就這樣的幹做，不問可知由於他們誤認鄧祖詢爲史氏的保鏢，怕他開鎗還擊。又怕司機人認明這班暴徒們的面目，將來成爲妨礙安全，留有後患之人物，倒不如使他們同歸於盡，做個斬草除根，永除後患的爲得計了。

當暴徒們的施行開鎗狙擊，在鎗彈亂飛密集如雨的時候。史量才和史詠賡兩父子急忙分別挽開車門，分頭從車中跳出去，各自奔跑逃命。大概暴徒們誤認兒子史詠賡爲父親史量才的一些錯覺關係，因此，有三個暴徒便緊緊尾追史詠賡，幸而他是體育運動界中的有名健將，擅長於田徑賽跑，在過去年月曾下過一番苦練工夫，所以他兩腿奔跑甚速。縱暴徒們一連追擊發射二十多鎗，均未命中，史詠賡終於從田野裏飛奔逃走脫身倖免於難。至於史量才則因身體原感不舒適，身上穿着的是中裝，又以時入冬令，免不得身衣重裘，步履不便，有此各種關係，是以跑得轉慢，在慌忙中逃入位於公路南邊傍近田野間，一所茅屋的民家。當兩名暴徒追擊去時，他又從茅屋的後門逃去，躲避在屋後距離約有二三十步路以外，一個乾涸了的小池塘裏。料想不到恰恰有個像領班頭子負責指揮的暴徒，他一邊在把守望風，一邊在監督行動。而他所站立之處，其視線角度，恰巧對準茅屋後邊，作四顧眺望。因爲史量才躲身於小池塘的一刹那行動，早已映入他的視野裏。於是，此人就大聲高呼「在這裏了，」以通知追尋史氏的兩名暴徒，作鉗形式兜擊。同時，他則握鎗在手向小池塘奔跑過來，史量才知道自己行藏，已被對方發現，便立起身來再圖逃跑。不料那個暴徒頭子對他已經扳機開鎗，砰然一响，子彈飛去，適中史量才頭部，頓時跌倒在小池塘中的地上，血流如注，及兩個暴徒先後趕到，由其中之一向史氏胸部再補一鎗，遂告氣絕殞命，那六名暴徒見目的已達，任務終了，便共乘那輛「老太爺」汽車逃走了。

趙叔雍含淚撰寫悼文

在鎗聲停息約過半小時之後，史詠賡邀來附近的村民多人，同到出事的現場地。經由鄉人指點下，先到小池塘中，撫視他的父親，早已氣絕脈斷，全體冰冷。此時史詠賡只得含悲忍淚，徒步趕到航空學校，借得卡車一輛。把三具屍體連夜裝運載回杭州裏西湖自己別墅的秋水山莊，先將他父親的遺體扛進莊中的大廳裏直陳平放，鄧祖詢和汽車夫的屍體，則暫行安置在側屋之中，以便通知其家屬前來認領棺殮。且說這次秋水山莊男主人遭此厥凶，慘死非命，却令人不能不相信堪輿家的地形風水之說。料想讀我燕文的先生們，大概還記得秋水山莊的男女主人過去數年之前，在葛嶺之麓的裏西湖畔，邂逅古琴專家吳純白。只因偶爾接觸，雙方話得投機，男主人史量才便邀之來家作把酒竟宵之談。詎料吳純白相隨偕來時，發現秋水山莊當門前的一座平直長橋，爲之搖頭驚嘆，連說可惜不已，認爲這座長橋臥波，形似白刃，不但秋水山莊地形所佔的大好風水，爲之破壞殆盡，而且對於莊主將蒙大大不利。後來秋水夫人還向吳純白請教得禳解禍災之法，曾購圓鏡一面高懸門前。誰知一語成讖，凶地遇暴，主人飲彈畢命。終於伏屍歸來，竟應了吳純白的不利主人之言。不過莊門前的鏡懸依舊，光射長橋，何以禳解無靈，還不知是主人的命中注定，難以逃此刧數，其然豈其然乎？

誰都可以想像得到這夜秋水山莊就被籠罩沉埋在凄雲慘霧之中，而最哀傷欲絕的，當然是秋水夫人和史詠賡兩人。秋水夫人眼看她丈夫血污狼藉的遺體，除了搶地呼天的哀慟以外，只是飲泣嗚咽涕淚滂沱的悲哀而已。可是史詠賡於昊天罔極的無限悲哀之餘，還要感到向所未經的萬分悲苦。因爲他自墮地出世以來，一直嬌生慣養，養尊處優，正不知人間有辛苦患難的事。不料今天於歷涉驚險之餘，還做了無父孤兒，單憑所經的一番作爲，感覺得集合人間悲哀與痛苦於一身的感受難當了。正的是死者已矣，生者何堪，尤其對眼前喪事的料理，更覺無從舉措。所以他把他父親的遺蛻運到秋水山莊以後，忙即掛上緊急長途電話到上海申報館去，當由馬蔭良、王堯欽、趙叔雍三人接聽。史詠賡於電話裏把今天他父親在翁家埠閘口地方，不幸遇難慘事前後經過情形詳詳細細告訴了他們。同時，他處理事情的心念意志，也突然變得堅强起來。要趙叔雍留在報館請與張蘊老兩人對編輯部同人加以勸慰安撫，大家務須鎮靜不要亂了脚步，使申報照常出版，仍與全國社會人士相見。其次，他要馬蔭良與王堯欽立即動身，趕赴杭州，幫同料理喪事，着實表現出他指揮若定的才能，他們三人就遵依了他們小東人的話，即刻分頭幹辦其事。

據說趙叔雍與張蘊和商定在編輯部，當衆宣佈史量才老闆的不幸遇難之事，因張氏是總編輯的身份職位關係，當然由他發言報告。無奈此老的心地仁慈，年齡高長，一時控制不住情感的崩潰，所以未曾開口發言，早已老淚縱橫，語聲嗚咽得不能成詞。是以結果仍由趙叔雍代爲發言，倒是報告得詞清句明，把狙擊慘殺的事實經過，話說得娓娓動聽，頭頭是道。到了最後，才宣佈小老闆史詠賡的所說之話，請編輯部同人大家安心工作，把申報維護到照常出版，延繼史量才先生的未竟之志。這一番話，着實說得既沉痛哀傷，又悲慘悽凉，眞正使在座之人，沒一人不聽得酸鼻難忍。趙叔雍於報告完畢，就回到他的寫字枱前，撰寫一篇哀悼史量才先生的文章，就在申報要聞版的社論欄中，發表刊載，代替了明日的這天社論。據說撰寫得快而且好，全文用新四號的字體發排，更顯出事不尋常，與文章的特殊優美，誠不愧爲出之名家手筆。

至於馬蔭良則與王堯欽乘坐館中的汽車，連夜車不停輪的由公路趕到杭州秋水山莊，時間已在午夜以後。當下他們兩人即與秋水夫人、史詠賡公子，舉行靈前會議，商量史氏喪務一切的善後問題。首先因爲杭州地方尚無殯儀館的一項專業設置，對於棺殮等事，不能辦理得完善無缺。其次，以史氏一生事業的發展，盡在上海，所有朋友親戚，亦皆居留上海的爲多。爲此兩種問題，遂決定於明日午後，搬移遺體回上海，準在靜安寺路本宅盛殮。於是，第二天依法向有關機關辦就一切手續，並向浙江省立醫院借得救護車一輛，運載史氏遺體回滬。到達史宅時，扛舁下車，暫行安陳在大廳東邊的那間小房室中，蓋欲先將史氏遺體在室內，予以整理清潔以後，渡過一宵。而後再行移置大廳堂中，以便舉行飾終典禮，從事大殮。相傳該室於落成以後，史氏從未作過一夕的安眠，此被認爲是間「怪異之室」，究竟如何怪異，怎樣困擾，在史氏生前向來對人未曾作過片言的透露。及至此夕，從杭州秋水山莊歸來，遺蛻即陳該室，他則安安定定地做着長眠人，渡過最後的一宵。世諺有「一飲一啄、莫非前定」之說，難道史氏最後的一夕之眠，也是生前註定的麽？世事一切，皆當作如是觀也。

友于情篤史量才托夢

塵間世俗流傳，曾有「生而爲英，死而爲靈」的那種說數。觀於史量才死後的翌日晚間，其陰魂竟會回歸泗涇故鄉，托兆於他臥病在床的阿兄。盡訴其途中遇難的經過情形，關於出事的地名所在與暴徒的人數，夢後証實所言，絲毫無錯，令人頗覺「生英死靈」之說的爲可信。並聞相偕同來入夢的陰人凡三名，於史量才本人之外，尚有與他同時畢命的汽車夫，及史子詠賡的同學鄧祖詢。此事說來固屬奇異之極，但是並不止此，最最奇異的；則爲史量才曾對他阿兄，情况殷殷地致以安撫勸慰之語，一再進言，勿以我們弟兄的死別認爲是件悲痛的事情爲詞。而且婉轉其詞着說：「要知弟之墮地入世，來時原本缺少一隻角而來，而今去時亦缺少一隻角而去，這爲弟前生的註定事。所以要請阿兄以後，弗再以弟的來去生死，作過份的重視，亦可說是我們弟兄兩人此生相聚的機緣已盡，合該要散，俗語說得對：世上無不散的筵席。我們今日的聚散，阿兄當視同海洋上面的浮沫飄萍，作偶爾的聚散一例看罷。」這史量才的夢魂所說他「來時原本缺少一隻而來，去時亦缺少一隻角而去」的那兩句話，聽來令人懵懂莫明。但語中本事的怪異奇突之處，若經詳情記述，固有勝於他的死後托夢。在此原子時代的今日看來，似乎是荒謬絕倫的無稽之談，可是事實確係事實而可信的。

原來史量才的父親春帆老先生夫婦，以蚕歲所生養的兒女，皆以不育夭折，無一生存。後來依遵松江鄉人習俗的「領子招子」之說，遂亦螟蛉一子，此子日後長大成人，即爲史量才的兄長。是以他們兩兄弟之間的年歲距離，却有十多年的間隔，多因史春帆夫婦老而不育之故。在理而論，他們在那時期已經有了螟蛉之子，承歡有人，原可以以弗再抱伯道無兒的悲感。但在宗法社會的時代，對於香烟祭祀的嗣讀問題，看得非常鄭重。更何况世俗有「田地要多耕，兒子要親生」的那種牢不可破觀念，史春帆當然不會例外。所以他向來一心爲善，拜佛燒香，祈求親子，以繼宗嗣。松江與嘉興兩地民間，於每歲春初，例有去杭州朝山進香之舉，數百年來，已成常規。而香客以農家男女的老年人佔數最多，他們總是集合多人，僱乘巨船，沿運河水路向杭州進發。在遜清光緒五年的正月初間，史春帆參加此項朝山進香的組合，隨同行列，倒也是心誠意虔的逢廟燒香，見佛磕頭。只因他探知得雲棲寺的蓮池大師，靈驗異常，世人們如要兒要女，有求必應，定能如願。是他渴欲得子，故於集團的排日向各處寺廟庵觀進香儀式完畢以後。便獨自一人，悄悄到雲棲寺進香，並在蓮池大師座前許下求子宏願。

史春帆當於敬香禮佛完畢之後，便即取下襟前所懸的一隻寫有「朝山進香」字樣的黃布袋，要請寺僧在黃布袋上，加蓋本寺朱印。寺僧向他索取加印費計制錢二百文，但他囊中所貯，祇有一百五十文，遂傾囊掃數奉獻。寺僧猶吝弗之許，經史向之作苦苦哀求，且謂是我少納五十文，蓋印就少印一隻角罷。大約這寺僧賦性捉狹，有鑒於史之窘態可掬，與言詞惹笑。於是對他一笑，始允爲之加蓋朱印既訖，即以黃布袋還之，果然少印了一只角。可是史春帆毫不計較，還是稱謝不迭，欣然携袋離寺而去。就於是夜他宿在燒香船中，於朦朧睡夢裏，只見一位皓首慈祥的僧人。溫顏怡色地對他話說：「老僧即爲蓮池大師，因鑒於爾之誠虔求子，當送爾一個寧馨佳兒，只是此子命中缺少一隻角而已。」該僧人語畢，就遽爾不見，而史春帆隨亦驚醒，方知那是南柯一夢。此時史氏夫婦年事已高，但不過他們兩老夫婦的生理機能和體質精力，反而越加健康奮發。到了來歲，他那位史老夫人竟珠胎滿結，到了瓜熟蒂落之期，果然產下一子，此子後來長大成人，就是申報館主人史量才。可見一個平凡人家子弟，能夠成功一代人傑的著名人物，其生也必有由來的。

說來也是件奇異到不可思議之事，史量才自從呱呱墮地，似乎前生已與他兄長結有良善的「因緣」生有親切的「情份」。據說還在他嬰孩時代，縱然在他爹娘的懷抱之中，時有嬌啼不止，嗚咽難已的情形，只要乃兄喊叫他一聲，即會停止啼哭。若經傳遞到他乃兄手上，竟會破涕爲笑樂不可支。要非有前生的「因緣」和「情份」，怎爲有如此和好情况呢？而他的兄長對他這個小兄弟，却也珍愛憐惜，呵護備至。最難得的一點，他們兩兄弟間自幼小年日起，而壯，而老，以迄於雁行折翼的前夕。一直以來，非但毫無間言，而且兄愛弟敬的友于之情，彌見敦篤。所以在今日的生死殊途，幽明嚴分之下，史量才死後的英魂靈魄，還未忘情於病中的阿兄，獨特而怪異的前來入夢，作最後話別。並且道出他命中原是缺少一隻角的這絕端秘密之話，以期慰止他阿兄折翼之悲，這實是件難得見聞之奇異事。原來史量才的父親却是個行爲端正而胸有城府之人，對於垂老還向蓮池大師許願求子，以及香袋蓋印少錢因而朱印缺一隻角的兩事，認爲非常可恥且羞。是以他雖對親如老妻兒子，亦守秘不宜，祇是悶藏自己肚中，直到一瞑不視，同埋泉壤。

不料此次史量才於死後托夢，才向乃兄吐露他命中缺少一隻角之話。再經其兄在夢醒之後，詳告家人，於是，此一秘事，逐漸爲外人所知，且越爲傳播越多人知曉。因此，自有一班聽敏人爲之作意會理解的猜測，他們的風傳人語於歸納起來。便有下邊一番大概的話說：「史量才的聰明能幹，的確是個了不起的人才，所以他的新聞事業的成功，社會聲名的洋溢，產業財富的充盈，報人地位的高超；可是他對於政治生活而言，雖不作參與其間的想望，但却有操縱其事的雄心。大概他眞的要以『新聞記者是無冕之王』自居罷？是以在他申報館辦公室中，一時往來的政府大員，南北名流，大有川流不息，座無虛席之概。對於世情觀點而論，以他智慧過人之故，一面在力做入世的工作，另一面在追求出世的樂趣。因此，他每天總要看看佛經，讀讀道書，同時還喜歡結交幾位僧侶道長。與他們不是談談禪理，即是說說玄機，則他又有要學佛學道之概。總而言之，史量才懂得享受，會尋開心，其起居優遊無不極盡人間快樂之能事。苦說他的富貴榮華，確已達到十全十美的境地，但可惜的就是如他所說缺少了一隻角。究竟這一隻角是什麽？想來即爲壽考。須知洪範五福，壽考居首，他所缺少的便是這一隻角。不料他如日方中之年，死於非命，豈非命乎？嗚呼哀哉！」這番猜測之談，是否正確命中，任誰也不知道，只有到杭州雲棲寺去請問蓮池大師了。

當史量才偕同秋水夫人到杭州秋水山莊去作小休的時候，他的兄長早已病倒在床上了。他知道他兄弟是忙於事業之人，如果知道他病倒，定必於百忙中也會趕到泗涇去看望他的。所以關照他家裏人不許寫信通知他兄弟，認爲鎮上有的是出名中醫，只要請來診脈處方就是。至於配方撮藥，毋需他求，自己家中的太和堂藥舖，正是泗涇鎮上的百年老店。多吃幾帖煎藥，不必化錢，病病體自會痊愈。誰知他吃了二十多天的煎藥，病勢只見沉重，未見減輕。就在史量才遇難後第二天的黃昏時際，他於矇矓不清的睡夢之中。只見兄弟史量才走進房來，直走到床前站住，後邊還跟隨二人。一個他是認得的那是替他兄弟開汽車的司機，另一個年紀較輕的，却是陌生面孔，從未見過。他們二人進得房門以後，就遠遠立在史量才的身後邊，不再走到床前來。但他在昏暗不强烈的燈光裏定睛一看，眼見三人都是頭髮歷亂蓬鬆，滿面血汚狼藉，而以史量才爲更甚。

他見到史量才這樣的驚心怵目，慘不忍覩的狼狽形狀，心頭既感悲痛萬分，又覺恐怖可怕。所以連喊帶問着：「修弟你怎麽啦，怎麽弄得滿面流血？」因爲史量才的名字爲「家修」，所以他從他嬰孩時代起，就叫喊做「修弟」的，直喊叫到現在。但他那裏知道他的修弟，此時已經由人變成鬼了。不過史量才雖然是鬼，却仍是說的人話，他從怎樣的乘坐汽車，離開秋水山莊要趕回上海。怎樣的車從滬杭公路開到海寧縣地界的翁家埠閘口地方。怎樣的遇着六名暴徒開鎗，把他們三人一齊打死。接着就是前邊燕文所記述的一番史量才勸慰他阿兄不要爲了他死去而悲痛的話。最後說到他們弟兄相聚的機緣已盡，合該離散，從此一別，後會無期。可是他還不願他兄弟離去，所以大聲疾呼着「修弟我不放你走，我要你修弟」。怎知呼喊之聲未完，他已清醒過來，床前三人的影踪固然不見，而他自己仍然躺在床上，方知做了一場惡夢。

但因他夢中的大聲喊叫，却已驚動病室外邊的妻兒老少，大家都慌忙趕進室來探視存問。他就吩咐着說：「明天你們誰去上海看望修弟身體究竟什樣？必須要早去早回，告訴給我知曉，只恐怕他已經不在人世的了。因爲適才間修弟滿頭滿面，血汚狼藉，前來托夢。告訴我他在翁家埠的閘口地方，給六名暴徒開鎗殺死，還連同他的汽車夫和一個青年朋友。於是，他就把夢中所見到的情形，與所聽得的訴說，詳詳細細的話說出來。却使滿室之人，越聽越可怕，也越聽越驚奇。原來他們在今天早晨，接得上海史公館賬房間派人送來報喪信件，且請大老闆（指史量才的兄長）去主持治喪事務，因他爲史氏嫡系親屬的最高家長之故。但是經他們的家庭會議，都認爲他病勢沉重，起床不得。如果告訴了床上病人，非但病要加重，說不定會一慟而絕。所以一致議定，大家秘而不宣，以便對他隱瞞過去再說。却不料竟會有此托夢之事的發生，非但他全都知道清楚，而且有些事情，比之報喪人還說得詳情正確。現在他吩咐家裏人趕去上海，探望他心愛的兄弟，究竟生死如何？不過大家聽到這個吩咐，都爲之相顧愕然。幸而是他大兒子生心較爲靈敏，懂得隨機應變之道，爲了安慰床上病人的要緊起見，所以他忙即上前唯唯答應，自願於明天一清早趕往上海，未到午刻定可回轉家來。等到他又沉沉睡去，大家悄悄退到室外，再經一次會商，還是維持秘不告知的原議。所以最後的結果，床上病人所聽得的報告，還是「阿叔平安無恙」的那句話。

據說他是聽到假報告之後，果然感到快慰而高興，似乎他的病勢畧現轉機，精神稍形健旺。但這點那是他心理上受到「阿叔平安無恙」這句假話的刺激影响，那種病情的好轉現象是暫時的，也是短促的。終因他想望與他兄弟圖見一面，只以死者已矣，難以如願，便委頓悒鬱於不久時日，永別了塵世。他可說是史量才此生中的最最親密之人，而所獲助力亦爲最多。試想他於未發迹以前，這奉養父母菽水承歡的這副重担子，虧得有這個非親生的螟蛉兄長肩挑了去使他可無後顧之慮。雖說有一所太和堂的生產可以倚持，但究竟是小鄉鎭中的國藥舖，生產收入，能有幾何。當此年日過程裏，這可以想知他如何的克苦耐勞，黽勉勤業的盡其職責了。

申報訃告史量才之喪

史量才之死，確屬當年的是件驚天動地，舉國譁然的暗殺案子。是以當該血案發生以後，南京國民政府當局爲之萬分震怒和非常重視。曾即嚴令江浙兩省與滬杭兩市的警務機關，限期緝兇破案，並懸賞一萬元作爲獎金，此足以覘知政府當局對此案事的特別重視，於此種切可見一斑。無奈此輩暴徒於得手後，早已逃躱匿跡於茫茫人海羣裏，大有鴻飛冥冥之概。這且不去說它，却說在史量才遇難出事的當夜，上海所有各大報館接受由申報排印小樣送來的史量才之死的訃聞廣告，於第二天同日一律刊登出來之後。凡看讀任何一家，任何一份報紙的讀者人士，都可以看見這則尺寸既大，地位又好，更其是式樣新穎的訃聞廣告。依稀記得這訃告的出面人，不用第二者的史氏家族家屬，而用了第三者的申報館同人。他們以館主不幸罹難，訃告於館主的親戚朋友，鄉黨世誼。基此立場，揮灑成文，極盡其文章內容的悱惻悲憤之至極。的是一篇賺人酸鼻，博人同情的好文章，傳說中該文字亦出之於趙叔雍的手筆。再經他與張蘊和共同做過了詞斟句酌的仔細研琢工作，認爲平穩無疵以後，方始發交排字房。統體以二號字粒排成訃告全文的廣告式樣，印打小樣，分送各報刊登，才發生廣告的作用和效率。

如所衆知，趙叔雍自有其清茂博碩的才華，對於這篇訃告文字，却運用他的高超智慧與卓越才思。乃以清麗絕俗的優美詞藻，攡撰成如晉代文人雅士所作的小品文，從而寫出史量才的死因眞相。該文中雖未說明「匹夫無罪，懷璧其罪」的一點內情。但帷燈匣劍，蛛絲馬跡，已盡其隱約可見的影痕索跡之妙。才人筆墨，非常人可及，所以一般人說趙叔雍自史量才接盤申報之日起即已追隨史氏左右。他在申報館二十三年的年日過程裏，只是吃喝玩樂，並無有若何的特殊成績之可言。但憑此次史氏遇難以後，是他撰寫「哀悼史量才先生」的一篇申報社論，與革新史氏死後訃告文字的廣告設計兩事。已足以酬報館的慷慨養士之德了。也許可能是趙叔雍所撰寫社論的文章有靈所設計訃文的廣告生效，該此兩事，在申報和各報於同日同時，與上海社會各階層人士相見以後，頓時把「申報與史量才」的其事其人，無不滿掛人口，吁嗟者有之，嘆息者有之。此種狀況，而以高層社會階級中人爲最甚，因爲他們與史量才都有或深或淺的友誼關係，因爲有深淺交往的友誼關係，自然的話柄繁多，談得起勁。即次等以下的人物，也得要效而尤之，冒認與史量才爲友，這是當時一般社會中人充濶氣、繃塲面的時髦行爲，你談我談，各說其說，遂使史量才的大名遍垂上海灘矣。

在訃文廣告上邊，已經載明後天午後爲大殮之期，而且還說明大殮塲地，就在靜安寺路的哈同路口本宅。史量才生前所交結的朋友，實在爲數不少，而他相與交結的朋友，無一不是非富即貴。所以在大殮前兩天，史公館的門前已漸形鬧烘烘起來，你往我去的川流不絕。這些男女傭僕們都是奉了主人之命來送喪禮的，所謂喪禮，不外乎輓聯輓幛，花圈花牌之類。爲供喪家的佈置懸掛，安排陳列起見，是以多數提前致送。到了大殮之日，這班送禮做主人的再來趕做弔客，在靈前弔奠如儀，恭送盛殮入棺。這樣，纔算得人到禮全，極少有禮到人不到的。而以相交多年的老朋友爲甚。因爲人生難得機緣，交成一塲朋友，如今永別，展望遺容，留取最後的一面。所以上海人的俗禮所定，對於老朋友之喪，若是大殮，非得要人到禮全不可。這次史量才之喪，送大殮的朋友，只有一人却是禮到人不到，就爲前時報館主人狄楚靑（平子）先生。他遣他老傭人送來一幅「陀羅尼經」被頭，本人却不來送大殮，，其實他們二人交成朋友，還是遠在史量才服務於王培蓀主辦的育才學堂時代，他常隨同陳景韓到時報館「息樓」中做常客。陳以時報館的總主筆身份，介紹史量才與狄平子相識，久久而成爲極投機的至交朋友。及至辛亥革命的前夕，史量才接盤申報，乃出加倍的薪金聘請陳景韓任做總主筆，狄氏因此怨恨史量才的不義，成爲面和心不和的朋友，極少往來，無異絕交。此次史量才大殮之日，狄平子一個禮到人不到，這可見他戀念舊惡，未曾去懷，其實歷時已經二十三年，應該淡忘，何必要念舊惡，一筆勾消，言歸於好，才是道理。況且他是個長齋茹素，崇信佛教之人，難道忘記我佛戒「嗔」字的戒律了麽？

史量才大殮之日，南京黨政要人，都有專電慰唁，上海紳商各界，個個親臨執紼，最風光的即爲上海市自市長以下，全體局長一個也不缺，都到靜安寺路史量才住宅，對史氏遺像行三鞠躬禮，並對家屬致以慰唁。

要說上海市屬下各局，計有教育局、公安局、公用局、衛生局、工務局、財政局等，而其中最重要且權力範圍較大的，便是社會局，而當時的上海市社會局局長便是吳醒亞。

再說史量才大殮之日，各界團體俱有公祭儀式，其中第一個單位，便是上海市政府，由上海市長担任主祭，各局局長担任陪祭，傳說此日的社會局局長吳醒亞在參加史氏吊唁公祭之時，還穿上了德國製造的鋼絲馬甲，亦可見其喪禮之隆重與各方戒備之嚴密了。

鼓琴靈畔沈慧芝寄哀

當舉行史量才飾終典禮的大殮之日，其愛妻雅號「秋水夫人」的沈慧芝女士，曾在靈堂「寢門」之內的遺蛻靈畔，鼓奏古琴一曲。這恐怕是古今喪家，從來未有的哀悼儀式了吧？因爲史量才生前的天性稟賦，就是有一種出人頭地，惟我獨尊的特殊觀念與孤傲思想。換句簡單的話說，便是凡我所有的，爲人家所沒有，即人有我有，亦必須要高出人家一籌。所以他自從擁有了明艷絕代的秋水夫人以後，就想要把她培養成功爲一位懷有最高貴的藝術名家。在史量才眼光中，似乎她對於音樂一門，已有相當造詣與結實基礎。爲了事半功倍，不如鼓勵她竟向音樂這門作深入的鑽研學習。音樂藝術的最高貴的一種，即爲彈奏古琴，要知古琴在中國至少已經有悠久的歷史，它在中國樂器中的地位，相當於歐洲的豎琴，可是古琴的造型，遠較豎琴樸素而美觀。至於古琴的製造，那是一塊一米多長扁平而鏤空的桐樹木板上面，平行排列七根琴絃。而古琴的彈奏，全憑着靈巧的雙手，亦即是所謂指法，在這七根琴絃上邊，彈奏出優美動聽的曲調來。這彈奏古琴雙手的指法，要想學會已不大容易，由學會了要想練習到熟練靈巧更是難之又難。就因爲難學難精的原故，所以一般人知難而退，相率斂手不敢學彈古琴，此即古琴藝術的最高貴處了。

當下史量才說出學彈古琴的種種難處，作爲向秋水夫人試探她是否有不怕難的堅定意志。

殊不知秋水夫人的生性，恰恰如史量才一樣，她就是有不願雌伏、力圖雄飛的偉大志向。所以她在往昔年代裏，無視於擁有千畝良田，出名「青浦大少爺」的錢幼石，認爲他只是一個一技無能，蠹食祖產的田舍郎。也無視於巍巍其貌，赫赫其威的鎭江都督陶晉葆，認爲他只是一個狐假虎勢、禍害人民的强盜坯。只有史量才她認爲是將來人傑，未來英雄，錦繡前程，莫可限量。憑她這點的慧眼所識，與芳心所傾。於是，她就於某日夜裏來到史量才的臥室，竟先登子反之床，作了以荒就墾，以船傍磡的反追求，而叛棄了錢幼石。後來滬軍都督陳其美接獲江蘇都督程德全的密電，要將陶晉葆予以扣押。該電文說：因有不少鎭民受其掠刼索詐，形同盜匪，紛紛前來控訴，理應嚴行法辦，以安閭閻，而平民憤云云。案經軍法處長蔡冶民（筆者按：蔡寅字冶民，吳江人，向在蘇報任當編撰，及蘇報案發，他即逃去日本，進入民治大學攻讀法政，迨畢業回國，適值辛亥革命事起，遂入滬軍都督府，出任軍法處長）審訊屬實，於是判處死刑，立即執行。時秋水夫人住在一品香旅社，得悉陶晉葆服刑之後，即如上海人口語「死人也弗關」的重投入於史量才之懷抱中來了。試想她果敢決斷的勇氣和精神，實爲鬚眉男子所弗及。是以史量才探問她學習古琴是否畏難時，她就率爾答說：「我若學琴不成，畏難而退，那就不是我沈慧芝了。」

不過古琴雖是中國樂器，但是中國人會彈奏古琴的竟無其人。偌大的上海灘上，爲人們所知的，只有一位古樂研究會會長，常州人鄭覲文。他以年紀老邁，怕於出外授教，而上門就教的男女學生，數字又多，自晨至暮，竟無片刻餘閒。好在他們所學的儘是那些琵琶絃子，與胡琴羌笛的那種輕便樂器而已，這是不太辛苦而收入不菲之事。是以他對於外出就教彈奏古琴，任憑史量才所提出高其修金，優其待遇的各項條件。此老只是搖頭拒絕，力辭勿就。因此在當時史量才對於他秋水夫人學彈古琴的師資問題，實是費却無數心機，可是始終未曾解決。後來有一次，他們夫妻二人到杭州秋水山莊去作小休，藉舒身心。有一天的傍晚時分，他們二人就在莊外西邊的裏西湖上，徘徊路側，眺望景色。只見一人年紀四十左右，頭戴一頂紅結子瓜皮小帽，身穿一襲灰色的線呢夾袍，不管小帽和夾袍，都已備置多年，是以色澤黯淡陳舊不堪，一望而知，是個窮讀書人。史量才原是窮讀書的過來人，同情之心，油然而生。便上前和他搭訕，一經接觸談話，覺得其人非常淵博，雙方談得相當投機。再經他展詢他的邦族，作何營生？其人自道姓吳名浸陽，字純白，原籍雲南，寄寓四川，早已成爲成都人，向以教彈古琴爲生。

這樣一說，頓教史量才和他秋水夫人聽了，大爲高興，這正是俗諺所謂「踏破釘鞋無覓處，得來全不費工夫。」於是便請吳純白教授他們夫婦彈奏古琴，非但夫婦二人學習，而且同時史量才要他兒子詠賡也學習。如果他們父子夫婦都學練成功的話，大家合奏起來，這倒是琴韻鏗鏘，一門風雅。但可惜的是，史量才是個極度忙人，朝晨起身要學練國術武藝，有時還要到戈登路捕房裏邊的靶子場去練打靶子。據時報記者雷筱馥曾告訴我說：「量才先生的靶子打得很準，鎗鎗都能夠命中」云云。在寫字間的時間，他又要爲他的各種事業而繁忙。到了下午四時，必定回家和幾個老朋友打網球二三小時。到了晚上却要爲各方應酬而奔忙了。所以他的學彈古琴，却無時間學練，一日曝之，十日寒之。因此，相信他的古琴藝術，毫無成績之可言。即使是好，也好不到那裏。俗語說曲不離口，琴不離手，因爲學彈古琴，第一要緊的是雙手指法，必需要練習到熟練而靈活。史量才只有「拳不離手」，却沒有「琴不離手」，我可保證他彈的古琴，決不會有大好成績出現的。至於史詠賡，在那時間正在大學就教育時代，被學校功課纏繞住了，怕也分不出時間去學練雙手的指法吧！

古琴藝術的學練成功，只有秋水夫人一人。是她有的是空閒工夫，朝晨彈，晚上彈，一天從朝彈到晚，怎不要彈出凄涼的名堂來呢。據說吳純白的雙手指法，非常高明，而他能彈的名曲甚多，連同四川各地的俗曲山歌，共有一千餘種之多。大概以秋水夫人的慧質蘭心，冰雪聰明，更在吳純白認眞的督練與勤教之下，於五六年來，定能盡傳其藝的了。傳說中史量才生前非常愛聽古琴的彈奏，每夜歸去，總要秋水夫人彈奏幾曲，藉供耳覺之欣賞，終於沉沉睡去，大有如孩童聆聽催眠曲之概。他有時興起，則幫同着秋水夫人焚香烹茗，調琴理絃，亦自感覺別有奇趣。總之史量才是個懂得享樂，會尋開心之人，可惜他命中缺少一隻角，致不能永享其樂而已。當在大殮之日，秋水夫人便忖想着史量才每夜的倚枕聽琴，夢入睡鄉之事。所以她便向吳純白問說：「史先生於盛殮蓋棺之前，是否可以給史先生聽我所奏最後的一曲。」吳純白道：「怎麽不可以啊，以前莊子喪妻，尚且可以鼓盆作歌，現在夫人喪其所天，怎麽不可以鼓琴寄哀。待我代夫人去作安排吧！」於是吳純白便把一張琴桌安放在史量才遺蛻左邊，還焚燃一支清香，插在琴桌上的小香爐中。此時清癯如鶴的秋水夫人，在她身上所着的灰布棉旗袍外邊，再套上一襲如雪的蔴衣。只見她雙手抱着琴囊，連同囊中的一張古琴，進入靈堂，緩緩的坐落琴桌邊的椅上。實因花圈花牌，堆積如山，那裏還看得見秋水夫人，這正合上前人的「萬花如海一身藏」那句詩句。當時那班走入寢門前來弔孝的男女來賓，眼看當前的凄涼景物，聽着冷冷的悲慘琴聲，就會引起無限的哀傷。正是

一點素心誰復識，漫將琴韻寄餘哀！

不才所塗抹「申報與史量才」的蕪文，至此告一結束。凡史量才死後，關於申報館所發生之人事變化和業務興替，概歸納於「史量才死後的申報」篇中。以別時代的先後，本篇至此，便要暫告結束了。（本篇完）

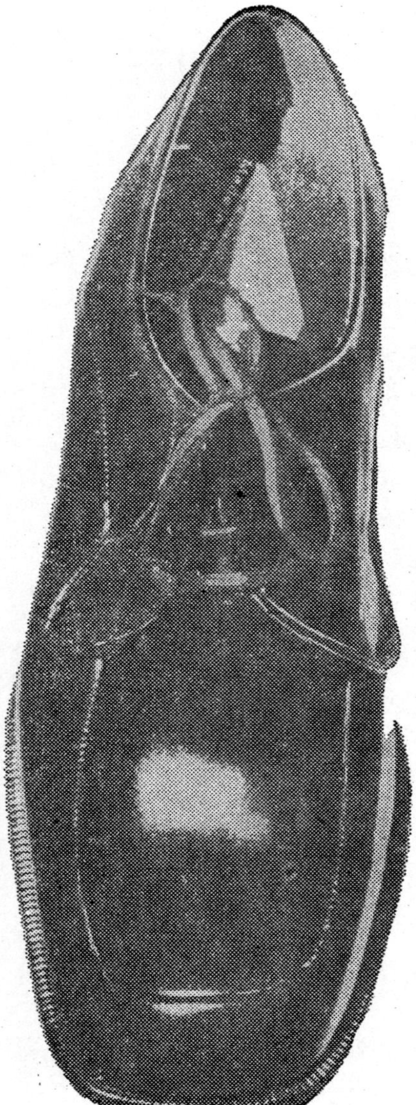

MANZ
MADE IN W. GERMANY.
sitzt wie nach Maß

MEN'S SHOES

大人公司 平價市場 人人百貨 大方公司 來路鞋公司有售

梨園老成話姜蕭

葦窗

大陸歸客談：京劇名小生姜妙香已在今年七月二十一日逝世，起病於身體痲木，享壽八十有三，梨園名宿蕭長華亦已凋謝，逝世年月不詳，存年九十餘，這兩位梨園界的老成碩望，雖都享高年，但都是京劇界有功之臣，遽聞噩耗，不勝悼惜！特為撰文，以誌紀念。

蕭長華，原籍江西新建，名寶銘，號和莊，他的父親蕭鎮奎，為當年名丑，伯父小蘭，為著名崑旦。幼時與兄長榮同以師禮事徐文波，亦即名琴師徐蘭沅、名旦徐碧雲之祖父，徐文波見蕭長華聰明伶俐，口才便給，就讓他從名丑宋萬泰習藝，無戲不學，無學不精，除本工小花臉外，如生、旦、淨、末等戲，無不嫻熟。唐伯弢著「富連成三十年史」中說：『……當葉社長創喜連成時，慕君之學識優盛，固請担承教授一席，君初不肯遽就，葉君請之再三，始允就職，自任教以來，備極勤勞，無論生旦淨末丑，文武各戲，無不遍為教授，迄今三十年之久，始終弗懈，該社大小五科之學生五百餘人，經君為之開蒙指導者，竟十有六七焉。……』一九五七年十二月，蕭長華過八十歲生日，那時統計他所教學生，已不下一千人之多。

蕭長華（蔣幹）姜妙香（周瑜）合演「群英會」

蕭長華、姜妙香二位與梅蘭芳是分不開的，若是說梅蘭芳是牡丹，他們二位就是綠葉，在蕭老先生過八十歲生日之時，梅蘭芳曾經寫了一篇壽序說：『我幼年在喜連成搭班的時候，開始認識蕭先生，不覺已有五十多年了。當時蕭先生在喜連成教戲，我在那裏是借台練戲的。回憶當日的情景，蕭先生每天和學生們一起上館子，全神貫注在學生們扮戲、出台、卸裝上。遇到分包（即一個戲班同時担任兩場演出）或晚上的堂會，他也是等着教了戲和學生們一齊走，學生在台上如有差錯或不到的地方，他一定認眞地指點他們。他教學的範圍很廣，各行的學生都有。在我們舊戲班的教師裏面，蕭先生是文化程度比較高的，他把日常見到和聽到的有關戲劇材料都記在曆本上，隨時參考運用。他喜歡看書，研究歷史人物，「三國演義」讀得非常熟。在排演三國戲的時候，指導學生的唱、做、唸，都結合着他閱讀「三國演義」的體會。

在喜連成的時期，蕭先生沒有搭班，全部時間都是教戲。當時我雖然不是喜連成的學生，但是演戲的時候，蕭先生也一視同仁地照應我。當時給我的印象，只覺得他一天到晚沒有閒着的時候，也沒有緊張得手忙脚亂的時候，沒看見過他大喜欲狂，也沒見過他盛怒凌人，總是小心翼翼，正襟端坐，但也很有風趣，偶爾也說些有關梨園掌故的笑話。他的記憶力特別强，對前輩的精湛表演，他能夠繪聲繪影地學給大家聽，幾十年前的事，時間、地點都不會記錯。他在富連成給京劇界培養出許多名演員和無數的骨幹演員，這是蕭先生對於戲曲事業最大的功勛。……』

關於梅先生文中述及蕭長華先生把日常見到和聽到的有關戲劇材料都記在曆本上，可引用陳紀瀅先生寫的「齊如老與梅蘭芳」一段文字來作為註解，文中說：『原來他把每天的重要事蹟，以極簡單的字句，用毛筆記在每一天的頂端上。舊日曆書上端留有較多空白，但是一天挨一天，上邊寫字的空間終屬有限。蕭老先生就利用這方寸之地寫下他一生大事記。譬如那天在華樂唱「借東風」，他只寫着「華樂盜書」四字，因為他飾演蔣幹，盜書一段是他的重頭戲，別的他就不管了。譬如到榮春社去為學生說「醉酒」，只記「榮春醉酒」。再譬如他家裏買了小米若干，多少錢一斗，他就記着「小米五斗」，下邊註蘇州碼子的錢數。又譬如天氣晴陰雨雪，以及人情往來等，都用極簡單幾個字，予以記載，大概每天有一二十個字就夠了。他把三十六年去上海的曆書拿給我看，也是如此記事：如「天蟾起解」、「天蟾請醫」等等。我問：「像這種日記，有多少年啦？」答：「大概有三十年了吧？」問：「都全嗎？」答：「一年一本，大概丟不了。」當時我心裏想：如果寫蕭氏的傳記，這眞是再好的資料沒有了。我希望將來能有機會再見他這份寶貴日記。當時，我心裏又想：一個舊式伶人，處理自己生活，尙且是這麽井井有條，愧死社會一班爭逐名利之輩了。……』

蕭先生的生日在十二月二十八日，那年他八十歲大壽，演堂會的全是他的及門弟子和故舊友好，最後兩齣戲是梅蘭芳、姜妙香的「奇雙會」，雷喜福、侯喜瑞的「打嚴嵩」。馬連良因有任務去了東北，未能親身參加蕭老師的八十大壽，演劇稱慶，認為遺憾！總計全國京劇名演員列入蕭老師門牆的有雷喜福、侯喜瑞、馬連良、于連泉（小翠花）、劉連榮、譚富英、馬富祿、茹富蘭、茹富蕙、李盛藻、葉盛章、葉盛蘭、裘盛戎、劉盛蓮、高盛麟、楊盛春、孫盛武、袁世海、李世芳、毛世夾、江世玉、閻世善等，像梅蘭芳、周信芳先後在喜連成這樣借台演戲而得到蕭先生照拂的，還沒有計算在內。

梅蘭芳（蘇三）蕭長華（崇公道）合演「女起解」

說起我認識蕭先生也有一段故事：一九四七年，梅劇團在上海天蟾舞台演出，院主吳性栽、熹升喬梓歡宴劇團同人，請帖上寫的是下午六時，因為那天晚上戲院有戲，特地將宴會時間提早，我和楊寶森、吳熹升同去，時間才五時三刻，而蕭先生已坐在那裏，他說：「吳先生賞飯，不能不來，可是館子有事，吃了心裏儘惦記館子裏的事，吃了也不是味兒，祗有向小吳先生告假啦！」說完，他就打恭揖的走了！這是蕭先生給我第一個印象，覺得他敬業樂業，倍加欽仰。此後再遇見，是在梅家吃宵夜，他向無吃宵夜的習慣，那天是梅先生特地請他來指點梅葆玖的。我見了就恭維他是梨園界的蔡校長，得天下英才而教育之，他連聲說「不敢，我們怎麽能跟蔡先生比？」從此，蕭先生也認識我了。有一天，蕭先生不愼中風，口眼歪斜，不能登台，梅先生為他延醫診治，老人家又固執，不肯讓梅化錢請醫生，於是梅的秘書許姬傳兄來找我說：『蕭先生生病了，不肯看醫生，這一會要搬你「蔡校長」出馬了！』

姜妙香（王金龍）趙燕俠（蘇三）合影「玉堂春」

便由許姬傳向蕭解釋：『沈先生是我們的好期友，給你候候脈，吃幾帖煎藥就好了！』當下爲他處方，吃了三劑藥，好了一大半。我再替他復診，蕭先生說：『眞見效，神仙一把抓，不是劉高手！』出口成戲，從此訂交。蕭先生病愈北歸，梅先生設筵餞別，席間，我唱了一段「借東風」，蕭先生大喜說：「原來你跟連良是好朋友，你知道這段戲是我編的嗎？」我說：『當然知道，』他又說：『您知道這段戲的來歷嗎，那是從「雍涼關」套過來的。』從此又長了見識，後來告訴連良，連良說：『我十歲那年在科班得了驚風之症，若非蕭老師、葉社長他們請醫調治，我這條小命就沒有了！』

梅蘭芳（桂枝）姜妙香（趙寵）合演「奇雙會」

說起來也眞巧，京劇界裏的幾位著名的小生、都是寅年生的。已故的程繼仙老先生的，今年他若還在。就是九十五歲了，依次序下來，姜妙香今年八十三，俞振飛七十一，葉盛蘭五十九，都肖老虎，確實巧不可諧。

姜妙香號慧波，行六，早年唱正工青衣，後來始改小生，他在梨園行大家管他稱姜六爺，外號又叫姜聖人。因爲他在台上演戲認眞，對觀衆負責，下了台又洵洵如也，不論本行和外行朋友，總是一派謙謙之風，譬如程繼仙、俞振飛師徒，都以「奇雙會」的趙寵馳譽，和姜六同台，他屈就二路小生，陪演李保童，使原來這齣戲，益發生色，這在旁人是不願意幹的活而幹了，觀衆和同行祇有對他更尊重。

姜妙香陪俞振飛演李保童，始於上海淪陷時期，當時南北交通隔絕，姜六爺正在皇后大戲院担任基本演員。上海的許多旦角，以黃桂秋最爲叫座，黃登場日久，唯恐號召不夠，小生一定拉攏俞振飛，於是才想出這一齣兩位名小生同台合演的好戲來。記得那次是在「新雅」吃晚飯，由皇后戲院院主張鏡壽作東，請姜妙香夫婦坐了首座，三言兩語，姜六爺就答應了，姜妙香還告訴我說：『我們戲班裏是有例不滅，無例不興，當初我已經陪過程繼仙先生演保童，現在就沒有理由不捧振飛？事實上，振飛這戲還演得眞好。』事後，張鏡壽告訴我姜六爺唱保童，要和俞五爺拿同樣的包銀，雖然賣滿堂，開銷也是很可觀的。

最早，「四郞探母」的楊宗保，只有四句搖板過場，到姜妙香手裏，才興起這段西皮倒板扯四門的娃娃腔來，灌有唱片，舉國小生一致奉行。

姜妙香原配王氏，是武生王八十的女兒，續娶馮金芙，是小生前輩馮蕙林的女兒，北京戲劇學校的高材生，善相夫子，是姜聖人的賢內助。姜有一位好朋友，名叫何時希，是一位中醫而對小生音韻有莫大興趣的，他時常創造了新腔，製成的曲譜，請姜試唱，像「四進士」裏的田倫修書唱原板，就是他們二位研究出來的。

姜妙香具有演員的種種美德，認眞排練，早下後台，提携後進，誨人不倦。梅蘭芳倚爲左右手者數十年。當年每逢梅排新戲，照例要把各人的單片，抄好了分送給各人，姜一拿到單片，就開始用功，右邊放着一盤銅板，左邊放着一個空盤，他把本子念完一遍，就拿一個銅板放到左邊的空盤裏去，他經常把右邊記數的銅板，全部搬到左邊，再從左邊全部搬回右邊，這樣來回的倒着好幾趟，這是一個學戲的老法子，姜老先生保留着這一種優良的傳統自修法。他這種對工作認眞，對觀衆負責的好演員，被稱爲聖人，實非過譽。

姜妙香學生甚多，早期有閻慶林，後期有劉雪濤，都未能傳乃師衣缽，因姜妙香的最大長處在小生的唱工，足爲後學楷模。葉盛蘭曾有意向姜六爺請教唱工，但又不肯在名份上拜姜爲師，此事終於告吹。

一九六三年，姜妙香以顧問身份隨北京京劇團來港，期內一共演了兩齣戲，一齣是和張君秋合演的「奇雙會」，一齣是和趙燕俠合演的「玉堂春」，戲畢，我稱讚他的演技老薑彌辣，他說：「辣倒不見得，老姜那是沒有疑問的，因爲我本來是姓姜的啊！」相與撫掌，其事距今亦九閱寒暑了！

業精於勤荒於嬉

·蕭長華·

我爲什麽要以「業精于勤、荒于嬉」這句老生常談來做談話的題目呢？我認爲對于青年人有很深刻的意義。無論你是那行那業，要是想精通自己的事業，不斷地長進，首先就須「勤」。勤能補拙。要是成天價心散神移，事業那有不荒廢之理呢？

常言說得好：「要練驚人藝，須下苦功夫。」我深深體會到：研究戲曲藝術這一門，就得有常性，有耐性，能吃苦，有心胸。小時候跟師傅練功，要先把底子打好；就仿佛蓋房子先要砸好地基一樣；地基打得堅固，蓋出來的房子才能磁實延年。演戲就最講究幼工，幼而學，才能壯而行。

學戲，有了功底，才具備了基本的東西。但這只是頭一步，還得往前走。走這段路就要靠自己的「勤」，不能等人來催；不管是數九寒天，還是三伏大暑，也得一天不歇、一天不落地堅持鍛煉。所謂常性、耐性，就是要一步一步地循序漸進，不能急于求成。古人說：「欲速不達」。別看練一天好像沒長多大的功，可是日久天長，積累在一起，進步可就顯出來了。反之，間斷一天就是一天的損失。拿唱小花臉的「矮子功」來說吧，沒有個三冬兩夏的苦功，就走不好。沒功夫的，走起來，不是塌腰板，就是撅屁股，更難看的還有瘸瘸拐拐、搖搖晃晃的。那會兒我們練矮子，半蹲在一塊方磚上，腆胸脯，挺腰板，縮小肚子，翻屁股蛋，夾膀子，收胳膊肘；胳膊一伸開就難看了——劉玄德才雙手過膝，但武大郎能雙手垂地，不就成笑話了嗎？就這樣混身紋風不動，一耗就是一炷香的工夫。走起來要四平八穩，不准有一點搖晃，腳底下得輕捷靈快，還不能出聲兒，形像就跟蜘蛛似的。爲了查驗走得穩不穩，還要端一個大碗，裏頭盛滿了水，走幾個圈之後，碗裏的水要一滴不灑。要是灑得剩半碗水了，那你的功夫就是不到家，還得好好練。有一位唱小花臉的前輩先生；記不清他的姓名了，他的矮子功別人簡直沒法兒比，他走矮子比站着走還快。他在北京阜成門外的阜成園演戲，家住在朝陽門外頭，晚上演完戲回家要趕城門，遲一步，城門關了就回不了家。他就走着矮子回去。

本文作者戲劇教育家蕭長華遺影

夜戲一散，路靜人稀了，他進了阜城門，把靴包一背，蹲下身在大街上就走起來，就像開弓放箭一樣，一氣兒走到朝陽門；一東一西幾里地，天天如此。聽起來準有人不信，其實這沒有什麽可奇怪的，只要功夫下到那兒，何嘗辦不到呢。

早年還有一位楊鳴玉楊三先生，他是有名的崑丑。我雖然沒有趕上見着這位老先生，但因爲我的老師宋萬泰先生與他同班，又尊他爲「先生」，所以我聽說過一些關于他的事。他的教授法可嚴了。就拿練「矮子」來說，他讓他的徒弟蹲在一塊方磚上，不許蹲實，兩腳幷齊，雙手合十，挺胸伸身，成爲童子拜觀音的姿式。在大姆指與食指中間的虎口上，擱上一根好幾尺長的僵葦子，走起來，這根葦子不許左搖右晃。一耗就是半個早晨。如果這個功夫練得不夠格兒，就不用想開始學單齣的戲，好些徒弟受不了這種練法，呆不了幾天就跑了，據說楊三先生的功夫就是照這樣練出來的。他演的戲，可以說無齣不妙，無齣不精，裏面許多是驚人的絕玩藝兒。他演「水滸記」中「活捉」一折裏的張三郎，當閻婆惜追張三郎的時候，他抱着椅子，圍着桌子繞圈；當唱到「罵玉郎」：「我淚沾襟」那段的時候，有三個浪頭（鑼鼓點子的名字）：第一個浪頭，他把眼睛往上一挺，黑眼珠定在當中，四眶都露着灼灼的白睛；第二個浪頭，黑眼珠就剩一半了；到了第三個浪頭，兩眼皆白，黑眼珠一絲不露，就這樣一直保持到全劇終場。末一場閻婆惜用汗巾系在張三的脖子上，提着上場，楊三先生五尺的身軀，慢慢縮成了二尺多高；走到台口，婆惜用手一提，他的身子就隨着往上一長，轉三個彎；閻婆惜又一提，他又是三個彎轉回來，一對眼睛始終是全白的。

他演「雁翎甲」里的時遷，盜甲時，台上擺兩張半高；兩張桌子、一把椅子疊起來，他在台上拿起一把大頂，用脚勾住第二張桌腿，懸身翻到第二張桌上，仍然是一把大頂，用再用脚勾住椅子，翻身而上。把甲盜到手里，用嘴啣着包袱，兩脚插入椅背，一飄身落在第二張桌子上，再踹着桌腿，仰身翻下。

像楊三先生的這種驚人絕技，現在已經見不到了，因爲沒有人肯下這麼大的功夫了。你光看見他在台上演戲那一會兒那麼干淨俐落，輕快靈巧，賽過狸貓似的，你可沒有見他私底下，不定吃了多少苦，受了多少罪呢！學習藝術不能抄近道、耍滑頭，就得踏踏實實、專心專力地苦學苦練；如果總想着在藝術裏投機取巧，那麼，吃虧的不是別人，是你自己。

上面我所說的練功，不單指的是武功，其它方面同樣如此。就說「念白」吧，從前講究「百遍功」：一段戲詞，要翻來覆去地念，多念順口流，即使你不有意的想着它，也念不錯才算成，甚至于睡覺說夢話都能念得一字不錯。這樣，在台上才能保險不「吃螺絲」，不「打奔兒」（因忘詞而口吶）。我小時候，每天清晨起來溜彎喊嗓子的時候，必念幾遍「法門寺」的大狀子：站在牆根，臉朝着牆，迎面擱一張高麗紙，念完幾遍，紙上不許濺上一點唾沫星子；要是濺得那兒都是，就是嘴裏沒勁，功夫不夠，還得加强練。那一回，腮幫子都念得發酸。至于要把一段戲詞裏的陰陽上去、尖團顎攙、遲急頓挫念對了；掌握住偸氣、換氣，念出噴口、張口，有韻有味；而且還能把戲裏的感情表達得清清楚楚，恰如其分，那就更不是一朝一夕之功了。年輕時有了念白的功底，到老了念詞還照樣能字字送到觀衆的耳朶裏去；牙掉了都念得了詞。要想做到這樣，就只有下苦功。久練才能久熟，熟了才能生巧，巧了才能精，歸根結蒂還是要靠着勤苦。

說到這兒，我想起我自己的一件小故事，也能說明一點問題。一九二一年時，我四十多歲了，當時在富連成科班教戲，已經歇了九年沒有上塲演戲了。有一天，在金魚胡同那家花園演堂會，這天的戲碼挺多，我先演了一齣「連升店」，還演了一個「群英會」的蔣幹，大軸「五花洞」，我又扮了一個吳大炮。吳大炮得走矮子，那天我很賣力氣，就忘了自己九年沒上塲了，在台上還多走了一個圈兒，心裏挺痛快。等一下後台的台階，可壞啦，站不起來了！一起身就跪下了，這齣戲都完了，我還是站不起來，好容易勉强地掙扎起來了，走到街上又跪下了，只好坐車回去。過了一宵，第二天早晨起床一下地，又跪下了。吃完早飯上廣和樓去看學生（富連成科班）演出，走在西河沿躱一輛車不留神又跪下了，手也摔破了。到了廣和樓門口，跟人家一打招呼，沒注意，又跪下了，兩個人才把我扶起來。自打頭天晚上唱完了「五花洞」，前後一共摔了七個跟頭。這件事情很可以說明：功夫是不能擱下的，一擱下就不聽你使喚了。有人說：功夫一天不練就回了（就是功夫往回抽，不如以前），兩天不練就生了，三天不練就沒了——正是這個道理。

技巧練得純熟了，還不能說你就一定能把戲演好，更要勤于鑽研你所演的這個人物：他的性格、身份、處境和生活特點……各個方面。這些，不能全憑着老師來「教」，戲裏有些東西也的確是「只可意會，不能言傳」的，就得靠自己不斷地細心揣摩、體會。所謂：「師傅領進門，修行在個人。」每次演完了一齣戲，就要思忖思忖，或者請教旁邊的人：今天，我演得那一點還有欠缺？那一點還須加工？……許多老前輩能把角色演活了，得到「活魯肅」、「活孔明」、「活周瑜」之稱，那都是積年累月千錘百煉的結果，決不是頭一回演就「成」了。所以說，「會」跟「精」不同，要「精」就得多下心胸，勤動腦筋。看到別人在台上演戲，那一點好，就記在心裏，吸取過來，充實自已；可別學人家的毛病。還要隨時留心私下生活中，能發現台上用得着的東西。像演見利忘義的湯勤、自作聰明的蔣幹這類人物，在生活中還能遇到；演「法門寺」的賈桂就很難找到借鑑了。那會兒，我借着進宮演戲的機會，就留神觀察宮裏的太監，其中就有那種對上唯唯諾諾、捧事架事，對下狐假虎威、盛氣凌人的形象，一說話帶那麼三分女人氣，惱了張嘴就駡「猴崽子」。這些生活，對于演賈桂就有很大幫助。所以說隨時隨地都能學到東西。也許我說離了題啦，不過，我覺得這裏還是沒有脫離一個勤字。

我們那會兒學戲，那兒像現在有這麼好的條件呀！苦極了！自已不用心，不吃苦，就學不出來，三年能出一個狀元，十年出不來一個好角兒。以「小榮椿」科班來說，它是在三慶班報散以後，沒有地方培養戲劇人材了，由楊隆壽先生聯合姚增祿、范福泰、裕雲鵬、王求安、唐玉璽、沈易成、沈銘、沈韻秋、萬春茂共十位先生湊起來的。教師們起先都是義務教戲，學生都是本行的子弟。平時每天早晨來到下處練功學戲，晚上回家去住。平時堂會很多，到演戲的地方去，近道的就走，遠道的坐大敞車，不管大雨大雪，都得演，還盡是外台子——露天戲台。冬天演戲，後台一樣括風，也不生火，勾臉的筆都凍成了冰錐子，研出墨來立刻就成了冰塊。就是這樣的艱苦，他們堅持了九年。爲什麼呢？就是爲了把藝術流傳下來。他們立了兩塊匾「接續梨園」和「傳留永載」。眞是不容易！到了辦「富連成」的時候，條件總算好了點兒，但在那個社會裏還是苦熬歲月，那兒有人管？我年輕的時候一切都要自己去「奔」，學習的機會眞難得。所以，我希望青年朋友們，千萬莫要荒廢了寶貴的青春，應該不倦地勤修苦練，鑽研好學。我到今年活了八十歲，光說戲曲這一門裏，我不會的東西還多得很呢！活到老就要學到老，直到現下，我還在學。

一九五七年十二月

蕭長華先生逝世消息最近始獲證實，本文係其爲戲劇學校同學之演講詞。

憶陳德霖老夫子

姜妙香

陳德霖先生，字潄雲，北京人，自幼在三慶班坐科，習崑旦。他的嗓子好，表演也好，演出很受歡迎。清朝末年，崑曲逐漸衰落，皮簧日見昌盛，因此，他又拜田寶琳先生爲師，改習皮簧，專工青衣。『祭江』『祭塔』『孝義節』『落花園』等青衣唱工戲，都是他的拿手傑作。清末民初，他常和譚鑫培、孫菊仙、俞菊笙等合作演出，頗負盛名。爲梅巧玲、時小福之後，王瑤卿、梅蘭芳之前，京劇青衣演員中的代表人物。

陳老先生所收徒弟很多，我在一九一〇年拜在他老人家門下學戲，同時一起在老先生門下學戲的還有梅蘭芳、王蕙芳、王琴儂、姚玉芙等人；王瑤卿先生沒有正式拜老先生爲師，但也和我們一起學戲。京劇界一般尊稱陳老先生爲「老夫子」，這個尊稱就是王瑤卿先生給起的。陳老先生最後收的學生是黃桂秋、李香勻和王紅拂（她是老夫子唯一的女弟子）。老夫子對所有的弟子，都倍加愛護，悉心教授。在他老人家的教導下，我們這些人在藝術上或多或少地都得到他一些眞傳。

我和老夫子的師生情誼異常深厚。我幼年學青衣，九歲登台，嗓子好，肯賣力，唱到十幾歲時，頗受觀衆歡迎。老夫子很喜歡我，常常指點我。後來因爲我唱戲疲勞過度，得了吐血症，養了一年後，病雖見好轉，但嗓子不如從前了。這時，我才正式拜老夫子爲師。老夫子見我身體不好，就一面挑幾齣唱工較輕的戲教我，如『雁門關』裏的青蓮公主、『販馬記』裏的李桂枝、『探親』裏的親家等，使我能繼續演出；一面教給我保養身體、恢復嗓音的方法。

一天，老夫子對我說：「你的嗓子，不能就這麼下去，應該想個法子。」他告訴我每天應該「體操」。他說：「我說的這個體操，就是一早起來蹓個彎，走二里地，到空曠的地方喊喊嗓子。就是不喊嗓子，每天早晨走一走，日久天長，也能夠長氣，氣長了，嗓子也就好了。前輩們常說：走路爲百練之祖。可是得有恒心，不能間斷，日久才能見功效呢。」我按照老夫子的話，沒過幾天就開始每天到窰台（今陶然亭）去「體操」了。每天「體操」完了，回到家裏，吃早點都感到特別香。這樣，從中秋節到第二年春天，果然臉上開始紅潤起來，嗓子也有了好轉。

我每天早上去「體操」，總是從窰台西面繞到南城根，對着城牆喊嗓子。在長滿蘆葦的湖邊，每天都能聽到高亢的「噢嚕嚕嚕……」學馬叫的聲音，或是『宇宙鋒』里趙艷容「哈哈，哈哈，啊——哈哈，哈哈……」的笑聲，那是老夫子在喊嗓子。有一天我起得特別早，天還沒大亮就往窰台走，心想，我準是來得最早的一個。可是快到城根時，忽然聽見一句韵白：「我又不買你的字畫呀！」接着大喝一聲：「撤座！」把我嚇了一跳。走近一看，原來是余叔岩在對着城牆喊嗓呢。余叔岩是老夫子的女婿，當時他才二十來歲，正在變嗓子，也是聽了老夫子的話，每天出來「體操」的。叔岩和我的嗓子能夠恢復，與老夫子的關懷教導有很大的關係。

後來，我才知道老夫子的「體操」是有來歷的：老夫子年輕時，嗓子很好，唱戲紅極一時。但因染上了喝酒、抽鴉片烟的嗜好，到三十多歲時就「塌中」了（塌中——中年演員嗓音起變化，不能唱高腔，更不能持久）。這時他正與著名青衣孫怡雲先生（孫甫亭的父親）同班演出。有一天，派出的戲碼是孫先生的『御碑亭』，老夫子在後面演『三娘教子』。這天，老夫子提前到戲館對孫怡雲說道：「大哥，『三娘教子』是二黃戲，又有不少高腔，我這條嗓子實在唱不了。您唱吧，把『御碑亭』讓給我。」孫先生沒有答應，老夫子只好硬着頭皮上台。結果這齣『教子』唱得力竭聲嘶，可以說簡直是哭完了一場戲。這件事給老夫子刺激很深。從此他戒除了嗜好，除了宮內演戲推不掉以外，其它演出一概停止，專心在家休養身體，鍛煉嗓音。他一年四季不畏寒暑，不避風雪，每天清早到窰台去「體操」堅持了幾年之久。結果嗓子不僅復原，而且還練出一種童音似的聲音，較前更爲高亢、嬌脆了。聽起來猶如少女一般，再度登台後，唱『五花洞』裏的「變一個凡婦在世間」和『彩樓配』裏的「回府去稟告二老爹娘」這兩句嘎調，都不覺費勁，到晚年還照樣唱『落花園』。我聽了這段故事，對老夫子的毅力十分欽佩，就下決心向他學習，所以直到今天，除有特殊情況外，每天早上我都堅持「體操」。雖然有時因不方便不喊嗓子，但蹓彎是從不敢間斷的。

老夫子的嗓音高亮嬌脆，在唱工上修養很深。票友孫春山先生曾特爲他創製了二本『虹霓關』裏東方氏唱的（西皮慢板）「八大腔」（連唱八句慢板，充分發揮了他的唱功特長。後來此處一般都改唱四句（西皮原板））。老夫子在唱法上除了繼續承前輩傳統外，有不少創造。例如：在尾音將要收住以前，他往往有一「甩」，他演『探母』的蕭太后唱「兩國不和屢交戰」時，「戰」字高腔就有一甩；唱「五鼓天明即刻還」時，「還」字腔先往下落，然後挑起再一甩。這一「甩」增添了唱腔的藝術感染力，所以每「甩」之後總能得一個滿堂好。老夫子的唱法對我們影

陳德霖（坐）與後立者自右至左梅蘭芳、王瑤卿、王蕙芳、姜妙香、王琴儂、姚玉芙合影。

響很大。我演小生，唱時用甩音就是跟老夫子學來的；梅蘭芳唱（西皮倒板），在前三字之後行個短腔即煞住，由胡琴墊幾個字再接着往下唱，如「玉堂春」出口立即煞住，胡琴墊頭後再唱「跪至在……，」這也是從老夫子那裏學來的唱法。學老夫子的唱，學得最好的是王琴儂，可惜很早就去世了。

陳老夫子的崑曲旦角戲有很高的成就。蘭芳年輕時隨老夫子學戲，得到的東西更多的是在崑曲方面。老夫子曾對我說：「我坐科時，爲了學『游園驚夢』，打可挨多了。現在想想，這些打總總算沒白挨，因爲我已經把這齣戲一筆一劃、一招一式地都教給蘭芳了。」老夫子還會不少崑曲小生戲。一九一四年，我正式改演小生以後，他對我說：「崑曲身段、字眼都考究得很，學幾齣崑曲小生戲，往後不論演什麼戲，身上都會好看，「嘴口」也就規矩了（「嘴口」——指字的四聲、尖團），此後他教會了我『奇雙會』的趙寵、『雁門關』的楊八郎、『斷橋』的許宣等，幷囑咐我要勤加練習。如果說今天我演唱時，身段還比較順溜，那跟向老夫子學這幾齣崑曲是分不開的。

老夫子對待徒弟眞是誨人不倦，徒弟們對待他也都十分敬愛。記得當時蘭芳每排一齣新戲，都要請老夫子去指點，有時還請他參加演出。如演『上元夫人』，就請老夫子飾王母；演『探母囘令』和『雁門關』就請他飾蕭太后。他臨終前幾天，還去天津協助黃桂秋演出。

老夫子鑽研、整理老戲，也很下功夫。大約一九二三年冬，老夫子看見崑曲日益衰落，就和曹心泉先生共同整理了一齣多年失傳的崑曲老戲『戲目蓮』（又名『四面觀音』），老夫子親自導演，我飾目蓮，王琴儂飾目蓮化身，四個觀音由老夫子、郭春山、諸如香及王琴儂（兼）分飾。這齣戲場面相當大，並有燈彩。排出後，決定在第一舞台，爲窮苦同行辦「窩窩頭會」時演出。這天，我們的戲碼排在最後，梅蘭芳、楊小樓、余叔岩諸人的戲都已演畢，時間已過了午夜，但觀衆還是始終情緒飽滿地看完了這齣戲，博得掌聲不少。以後，這齣戲還在各處演了很多次。

老夫子性情剛直，很有骨氣。一九〇〇年，八國聯軍侵入北京，燒殺搶掠，肆無忌憚。當時老夫子住在宣武門外百順胡同。一天，一個鬼子兵由一個漢奸領着闖進老夫子家中，用槍對着他喊道：「把好東西拿出來！沒有，就打死你。」老夫子一見，臉都氣紫了，瞪起眼睛，挺起胸脯，向前邁了一步，大聲說道：「沒有！」接着指了鬼子的槍，拍着自己的心口說：「往這兒打！」這一來，反把那個鬼子兵和狗腿子給嚇愣了，彼此瞧了瞧，慌慌張張地溜出門去了。老夫子在敵人面前表現的堅强無畏的精神，爲戲曲藝人樹立了榜樣。

陳老夫子于一九三〇年夏歷閏六月初二在北京病故，享年六十九歲。從他病到病重去世，我一直守在榻旁。至今先師已棄我們而去三十餘年了，他那和藹可親的面容一直深印在我的記憶裏。今年十月十四日（夏歷九月初五）是老夫子百歲誕辰，我作了這一些零星的囘憶，以爲對先師的紀念。

一九六一年十月

雅芳

綺露珊

Elusive by AVON

飄渺神秘
幽香醉人

雅芳綺露珊古龍噴霧及香膏，
令你倍添迷人風采。

港九各大百貨公司均有代售
總代理：大工企業公司

狗在香港

·呂大呂·

香港正有人呼籲不養狗，也有人正為狗而感到了麻煩。另外，所有新區都已經給徙置事務處明令禁止養狗。似乎狗在香港，已有式微零替，甚至會「狗族俱亡」之勢。

但香港狗會正於上月的下旬舉行第廿六屆的狗展，有幾百多隻狗參加展出。從這種情形看來，顯然呼籲香港人不要養狗的人是多此一舉，而新區禁止養狗是新區環境上的問題。事實上一共廿六屆狗展中可以斷定了參加狗展的狗，牠的主人決不會住在新區。因此不能由於新區的禁止養狗，有人呼籲香港人不養狗，決不會使到「狗族俱亡」；即使式微和零替也不會。

如果有跡象顯示新區禁止了養狗之後，便會逐步禁止各地各戶養狗；而呼籲香港人不要養狗的人又獲得成功。則這篇「狗在香港」還寫它則甚？正因為情形相反，新區禁止養狗是無足輕重，有人呼籲香港人不要養狗更起不了作用，這就寫這篇「狗在香港」寫得有點道理了。你可知道香港九龍共有幾多人養狗；港九已登記和未登記的狗共有幾多？香港兩個狗會共有幾多會員？因之有理由相信寫這篇「狗在香港」，對香港的養狗人是有其需要的。

港九養狗五十萬 狗會會員千六人

香港的人口超過四百萬，香港的狗也超過了五十萬頭，平均每八個人便有一頭狗。其實有的是一個人養好幾隻狗，有的却今天只養一隻狗，到明天他却養着七八隻狗，為的他養的是一頭母狗，母狗弄璋弄瓦，七喜臨門，這養狗人便由養一隻狗而變為養八隻狗了。因此說平均八個人養一隻狗，這個數字無非是抽象來計算，但香港有五十萬隻狗，這倒是極可信的數字。

香港人的養狗，不少人習慣只知養狗，不知其他。因此港九在衛生局已登記的狗，他的數字就僅僅二萬餘頭。換言之，截至現在止，衛生局發出的狗牌無非二萬餘個，也就等於只得二萬餘狗有狗牌，其餘就全是無牌的。有牌的狗只佔百份之五而已。

香港四百萬人，狗是五十萬隻，這算不算多？比之英美兩國就相差得遠。所知英國是有狗六百萬頭。美國在一九三二年全國只得一百萬頭，到了今年的一九七二年，全國統計，一共有五千萬隻。這比起了英國是九與一之比，比起香港是一百與一之比。比起了其他的國家呢，世界養狗最多的國家，還是以美國為第一。

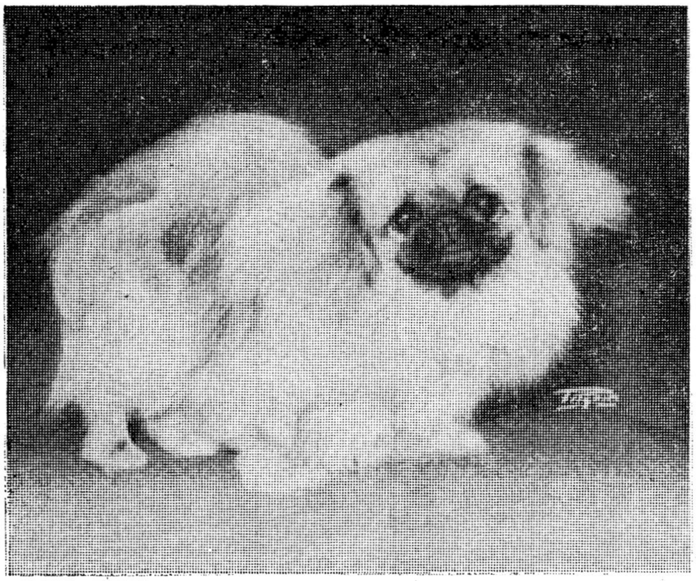

北京狗

世界各國都有不少狗場，便利人們把寵物寄養在狗場裏，設有技術人員替狗主訓練狗隻，還有的是代客買賣狗隻。這種組織，在一個城市裏是必定有的，香港有這麼多養狗人，自然也有狗場。

全港共有五狗場 港九分別兩狗會

不過香港的狗場並不多，全香港九龍合計數來只得五間。一是香港仔壽山村狗場，二是九龍獅子山狗場，三是元朗狗場，四是明園狗場，五是新華狗場。

這五間狗場，從前都另有一項替狗兒繁殖的工作。狗主把狗寄養在他那裏，可以託由狗場繁殖。狗場替這些狗來配種，生下了小狗後，照規矩是雄狗的狗主可以佔回一隻，狗場也佔回一隻，其餘無論多少隻，都屬於雌狗的狗主。這項生意，並不好做。工作要細緻，好些地方要顧慮週全，又要先徵求雙方狗主同意。到生下小狗來，小狗的疾病又多，料理不易。因此非有極大人力，工作人員又有這個興趣不可。就為了這個，目前五間狗場，就只有在元朗舉行的明園狗場還會做這項繁殖的工作；甚至可以說以這項工作為主。由於肯做繁殖工作，因而明園狗場便最多小狗出賣。養狗人要買小狗，只有到明園狗塲去選擇。但其餘四間狗場的營業就以寄養、訓練為主。但不能說他們沒有狗賣，他們賣的狗，又不是在他們的狗場中繁殖出來，只是從港九的養狗人家搜購得來賣。對於這個，內行人稱為「炒狗」。這個「炒」字，作「炒股票」、「炒地皮」的解法一樣。

由於養狗人多，養名種狗的人也不少，因而香港也像世界一樣有狗會的組織。計算起來，共有兩處。一是「香港狗會」，有會員一千人。一是去年才成立的「香港九龍狗會」，目前是有會員六百人。

狗會是世界性的，每一地的狗會都通過世界狗會而成立。它有權替香港出生的狗發「出世紙

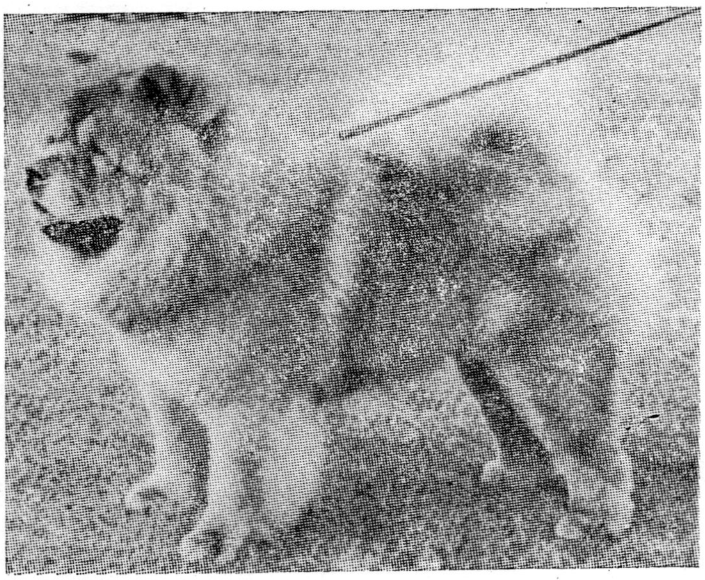
大鬆獅

」，而又每年舉行狗展一次或兩次。要想參加狗展，必須是狗會的會員才有權。因之養有名貴狗隻的人，他們很少不加入狗會爲會員。照目前兩個狗會的會員計，無非共得一千六百人。港九養名種狗的人，可能就只得這個數字也說不定。

凡加入狗會爲會員，必須要繳費。兩個狗會的繳費微有不同。「香港狗會」的會員，每年的會費是三十元，永久會員是一次過交三百元，入會時需要一個會員介紹。「香港九龍狗會」後於「香港狗會」許多年成立，成立至今才兩年。它的入會費是年費二十元。永久會員是一次過繳交二百元。二者都比「香港狗會」平收了三份一。但一樣也有發「出世紙」的權，一樣可以舉行狗展。

領出世紙的費用
每次狗展的開支

一隻名犬，從別處買回來，這是有着該處狗會所發的出世紙的。出世紙列明這狗屬何類狗種，出生地和時日，還有牠的三代。但在香港出生的狗，要取出世紙便得向香港的狗會去領取。

在「香港狗會」領出世紙，每頭狗十元，「總表」三十元。這些狗一出世便要去領。小狗出世共幾多隻，一律作十隻計算，都塡明在總表中，然後由狗會按每一頭小狗發給出世紙。算起來，費用是一共一百三十元。要是分開每一隻小狗去領出世紙，這可變了每隻要四十元了。

「香港九龍狗會」是每狗收費五元，總表二十元。十隻計，連總表就只一共七十元。但每頭小狗分開來領，却是每頭二十五元。

領到了出世紙，你這狗的價值不同了。要是你把這隻狗帶到外國，你可以把香港領到的出世紙來證明牠的世系，爲的狗會發的出世紙是有這個權力的。而且，在香港開的狗展你是會員而你的狗又領有出世紙，你便有權參加。在狗展獲得了冠軍，你這寵物的名氣，世界也承認。

談起了狗展，「香港狗會」每年必然舉辦一次，或者兩次，今年第二十六屆，就只舉辦一次。「香港九龍狗會」也有舉辦，第一次是在今年，爲的這個狗會是去年才成立。

作爲參加狗展的狗主，他必須是狗會的會員。首先繳交報名費十元。狗展有許多種類不同的比賽，像「狗仔賽」、「土生狗賽」和其他的錦標賽等等，每一項賽，參加的又要繳交五元。凡參展的狗，是由狗會的獸醫加以檢驗，主要是春情期內的雌狗不能參加。

狗會每一次狗展，他的支銷很大，每次都從外國聘來評判員，這些評判員都是專家，是狗的評判權威，很有名氣的。他們只是到來做一天、最多兩天的工作，一筆報酬却很驚人，不說什麼，單是包他的來回機票，便要好幾千塊錢。

這些狗評專家，來自那一國也有。但香港狗會聘來的大都是來自英國的多。試過有一次却把一位美籍華人評狗專家聘來担任那一屆的評判。這位華人的報酬很高，由於來自美國，比起來自英國的飛機票也貴了點。但他審判狗隻的眼光很到家，爲當年參加狗展的會員所激賞和佩服。

每次狗展，參加展出的狗盡是名種，牠們的出世紙，大都是輝煌的。參展的狗每屆都超過三百餘頭，只有今年這一屆就只得二百餘頭參加展出。原因這一天，一直也在下雨，不無影響。但本屆却有兩頭狗是歷屆狗展所無的，而且是香港的養狗人還沒有養過的狗。這是古埃及皇室所飼養的狗隻。

這一狗類，是在本屆狗展中發現。狗主爲了參加狗展，他不惜鉅資向外國輸入這香港前所未有的犬種。牠的特點是不會像一般犬隻所發出的吠聲。如果牠要吠，牠發出的聲音是「嗚嗚」的叫着，很是有趣。

香港多養名種狗
此中人士盡知名

從歷屆狗展參加的狗隻數字看來，可以看出香港人至少養有近千隻名種犬，總會有上近千的名種犬，倒三倍于參展狗隻的數字。有上近千的名種犬，倒不算少，何況這個估計還要存疑。根據兩間狗會的一千六百名會員，相信加入爲狗會會員的人，當然他們所養的狗決不會是普通狗，同時每一會員未必只養一隻狗。照此估計，香港養有的名種狗，說數字超過三四千，也不算估計過高。

這裏且來舉幾個有名氣的養狗人和說說他們所養的狗：

有一位姓謝，名陶庵的，他是狗會的主席。以前是中國銀行的副經理，現已退休。這位謝陶庵，他最愛狗，因而他所養的狗就多到幾十頭，而且每一頭狗都是名種狗，都是有價值的。

在他這幾十頭名種狗之中，有一對俄國獵狗（BOVZOI）最爲名貴，價值是三萬元。另外一頭「雪山狗」。不只身價貴，還要特別爲這頭「

雪山狗」建造一間裝有冷氣的狗屋，以適合牠的居住環境。爲的這種狗是在積雪的地方生長，自非有强力冷氣設備的狗屋，牠會因天氣的不適宜而不能生存。

以一個人而養到幾十頭的名種狗、珍貴狗，這當然是養狗人的知名之士了，許多養狗人也識得他。固然爲了他是狗會主席，也因爲他養的名種狗太多，數以幾十計。

另外一位是天天日報、南華晚報的社長韋基舜。他在文化界，體育界都是知名之士，却不想他在養狗人中更是知名之士。

韋基舜養有一對西藏獒犬（MASTIFF），重百六七十磅，高三十多吋，是世界上巨型狗之一，香港養狗人養這種狗的可不多。

韋基舜養的是雌雄一對，當時是以六千多元買回來的，一連幾次參加狗展，連獲數屆狗王。空前的成績，也是空前的盛事，這對狗，現在也是韋基舜的寵物。

韋基舜不只以一對獒犬榮獲幾屆冠軍，他還是首先在香港以中國大瀝打沙皮狗參加狗展，而他所養的大瀝打沙皮狗也獲得當時的冠軍。

韋基舜對於養狗，最有心得，很有學問，更難得是花得起錢。年前，他去西德旅遊，去西德以鉅資買到了一隻世界十大冠軍之一的德國雌性狼狗回港。狗的身價固然很利害，還要把這頭雌狼狗送到馬會的狗房來接受六個月的檢查。在這六個月內，若干次的檢查費用，狗的伙食，所費當然不少。

一隻外來的狗，並不是一買回香港來便可自養，必須在這頭狗一入口，便交由馬會獸醫檢查，六個月內飼養在馬會的狗房來等候按時檢查，六個月滿然後才可以領回來養，只有來自英國的狗才不受此一條例的約束。因之在英國以外的國家買一頭名種狗回來，除了狗的身價外，還要加上這一筆錢，這一筆錢的開支當然相當大。

從這件事看來，韋基舜買的是一隻世界十大冠軍的狼狗，更加上這六個月送交檢查，當然爲這頭狼狗所花的錢，數目一定不少，可知韋基舜對于狗是如何愛好了。

說起了狼狗，有一位名喚鄭承基的，他養的狼狗也很多。他養的狼狗都是從英國訂購運來，每一頭狗的身價都是好幾千元的。

現在已經高掛馬靴，一度爲報館寫馬經的名騎師劉家麟，他喜歡養銀狐狗。其中一頭銀狐狗，在狗展中歷屆連獲冠軍。

另外有一位名喚陳發的，他是北角一間豆腐店的製豆腐師傅，專養打狗，養了好幾隻沙皮狗，被稱爲沙皮狗王的「大番薯」，便是他養的。

哈巴狗

一位廣州世家子，姓何的，所知他和女導演唐書璇有親戚關係。這姓何的隨父來港居住已久，也很喜歡養打狗。現在養的一隻沙皮狗是「大番薯」的後代，還有幾隻沙皮狗和布爹利，對於狗的學問很有研究。

武林中以養狗聞名的有陳國華師傅，劉啓東師傅，他們也可算是養狗人中的聞人。

還有一位姓蔣的，他是江浙人，也是養狗的知名人士，不過這位蔣先生，却爲了養狗而開設狗場，也爲了開設狗場而賠了好幾十萬。現在蔣先生有沒有爲了創鉅痛深而不養狗，這可不知道，但他却是養狗知名人士中最不幸的一個，眞是認眞對得狗住的一個人。

蔣先生愛狗，養了不少名種狗，少人養的希奇狗。他相信這些狗一定爲養狗人所喜，只是他們不知門徑去買，或是不知有這種狗吧了。因此他便斥資在鐵崗那裏開了一間狗場，重金聘請有經驗的人來料理，更重金向外國訂購一些「冷門」和「僻養」的狗回來狗場養。這些狗都是香港人很少養的，像長脚的阿富汗狗、巨型的大牧羊狗和雛型的小牧羊狗等等。全部狗隻，都是奇種而又全部狗隻都是價值數千元一頭的，更在尖沙咀設了個寫字樓來接洽生意。結果養在狗場待沽的狗，大都賣不出，而這些狗的飼養料又貴，職員的薪金也高，他吃不銷了。幾千元一隻狗，三幾百元便賣，賣不出的便送了給人而關門大吉，却因此而賠了好幾十萬的本，說起來倒是香港養狗史罕見的一頁。

中國名狗有多種 大都繁殖在外國

香港人養的名種狗，有不少是屬於中國名種。却是這些名種的中國狗，已經「數典忘祖」了。牠們大都是在外國繁殖，反而在中國，差不多已經絕了種。因而香港不少人養着這類中國名種狗，他們還以爲是外國的名種。但也難怪，事實上要在中國來找這些名種狗，這幾十年來，也不會找到一頭。香港的養狗人都從外國買到這些狗，他們不會知道，這些狗原是中國種，這些狗的祖先是中國籍的。

現在，且把香港人養的幾種原籍中國，在外國繁殖的名狗說出來：

北京狗　香港人不少養北京狗，北京狗在香港，相信並不少。這是中國的名種之一。在中國，一向都被視爲高貴的名種，清朝，只有宮禁掖庭和王公大臣才會養。可以說是宮庭的寵物。據說，當八國聯軍入京時，一個英國軍官見了，認爲必然是一種名狗，他在回國時，帶走了幾頭回去，從此便在英國繁殖起來。經過八國聯軍之亂，經過了革命，清朝沒有了，這種狗也就沒有了，到現在的北京，也沒有這種北京狗了。反而在英國，美國和澳洲都有繁殖，英美澳所有的狗場都可以買到，現在香港人養的北京狗，除了土生外，便是向英、美、澳這三個國家訂來。

西藏玩具狗

北京狗的好處，是毛柔長而軟，脚矮，走動時幾乎毛長垂地。由於柔軟，因而動盪有緻。牠的一張嘴短短的，樣子很逗人喜愛，牠有純白色，純黑色，黑白，黃白幾種，以不超過十二磅重爲標準。

在香港，一般人是崇尚純白色，價可值千餘元。要是雜色的，價只值一半，五六百元而已。聽說英國曾經發現過一頭粉藍色的，這頭粉藍色的北京狗，以二萬英鎊的身價，由一個公爵買到，哄動英國的「狗壇」。

大鬆獅　英文名「CHOW CHOW」，一般人稱爲「大大鬆毛」。原是廣東各地都有的大狗，英國人從廣東帶回英國繁殖，牠的特點是毛特別長，特別密，像是一頭獅子，還有一樣最特別的是口臉內的舌頭，牙肉都是藍黑色的。這種口腔內的顏色是什麽狗也沒有，英國人就認爲是奇種，許多狗場也有繁殖，美國的狗場，繁殖大鬆獅的也不少。

大鬆獅一切都相當大，也可以算是巨型狗的一種，但牠的耳却特別細小。論毛色，有金黃色，藍黑色，純白色和鐵銹色。在英美狗場繁殖出來的產品，常常有重達八十多磅的。但有一樣奇，他們養不出純白色和鐵銹色的大鬆獅，只有全黃色和藍黑色兩種，而這種大鬆獅，在本港的新界地方，倒有不少土生的。他們常常會有純白色和鐵銹色，全黃色和藍黑色更不在話下，但他們養的都是「細種」，不可能像英美狗場繁殖的八十多磅體重。以毛色而論，新界出產的大鬆獅是四種毛色都有，以體重而論，則英美出產的重得多，大得多。

哈吧狗　這種狗，英文名是「PUG」，牠的形狀有點像北京狗，只是毛短而實，因此有人把哈吧狗稱爲「實毛」的北京狗。究竟是不是像鬆毛的北京狗一樣，由北京移到去英國繁殖，可沒有考據。牠的體重，通常是十三四磅，毛有黑色，有灰色，杏色，特點是豎耳，捲尾，突眼，樣子別具一格。

逝世不久，那位不愛江山愛美人的温莎公爵，他最喜歡這種哈吧狗，温莎公爵是個對狗隻最爲寵愛的有名養狗人。他在英國的別墅，花園裏有七個狗的墳墓，每一墳墓葬着他的一頭愛犬，其中佔了四個墳墓是葬哈吧狗的，可見他對哈吧狗是如何的情有獨鍾？

西藏玩具狗　這種狗屬於玩具狗一類。體重僅超過十磅，本產自中國的西藏，也是由英國人從西藏帶回英國來繁殖。有多種毛色，以白中帶黃棕色，和灰黑色爲多。頭部毛長得很，很像「披頭四」，至少也可以說牠是「披頭四型」。如果有一隊披頭四或嘻皮士，拖着一隊西藏狗在街上遊行，你會對他們有一種滑稽的感覺，倒眞有趣！

牠頭臉的毛，長得把眼睛、嘴臉都遮掩着，正合着廣東人說的那句「摟口摟面」。但牠們似乎並不因此而影响牠的視線，牠的嗅覺利害，自然使牠的視線得到了幫助。這種西藏狗，目前在香港很普通，很多人養，但大都不是正種，因此這些不是純種的西藏玩具狗，身價並不高，無非是一二百元吧了。多年前，純種而又由英國運入的，價値都超過了五百元。

獒　這也是西藏狗，英文名「MASTIFF」，養狗名人韋基舜養的一對，連獲狗展多屆狗王。他對這獒，改上了一個名叫做「果種」，本來是他這獒犬的一個名，却是許多人就誤會了「果種」便是這種狗的名稱，因而對於獒犬都稱爲「果種」，更有訛爲「火種」的，眞令有學問養狗人啼笑皆非。

獒是西藏的巨型犬，英國人在西藏帶了回英國繁殖。繁殖出來的獒，高三十多吋，體重達一百八十多磅。他們又把這種獒來和其他的狗雜交，這種特別配種而成的狗是別成一類狗，體重一百二十磅，比獒細小了些。但也成爲世界上的一類名種，牠的英文名是叫做「BLUE MASTIFF」。世界養狗的人，都對獒和這種雜交的獒也視爲很珍貴。

古代婦女也愛狗，本期封面，即屬一例。

馬場三十年

老吉

上文講到二十年前左右的香港馬場四小將、蔡克文與陳杰兩位，前者在一九五二年贏了新馬「打比」大賽之後，由此這匹「打比」馬「博落」爲馬主拍賣人「梳沙」先生（我爲他譯名「蘇沙」可是當年直至前幾年，他的譯名一直是梳沙，而且凡在「華僑日報」刊登拍賣告白，他的公司發稿人，也一直用「梳沙」先生，因爲英文原文是Mr. Sossa之故。到近幾年，香港地方的中譯有了進步，甚至港督的譯名，也是葛量洪、柏立基、戴麟趾以至現在的麥理浩，當然梳沙也要變爲蘇沙了）。贏了七、八次頭馬。過了兩年，他的「再博」又演出不弱，而且在一九五四年的大搖彩票「皮亞士杯」賽與「戰士」還得了一次空前絕後的並頭冠軍，因爲大搖彩有兩個頭彩確乎不獨香港，可以說得在全世界賽馬，都未曾有過的。因而在這個時候，蔡克文、陳杰與莊洪康三位小將，在香港馬場中，可說是炙手可熱，而不輸於當年最出風頭的郭子猷，後來再加入了「小毛頭」洪燮康，四小將，兩對老表，（蔡、陳是表兄弟、莊、洪也是表兄弟）更出風頭了。

這篇「馬場三十年」，在本刊已刊載了兩年多，現在發行單行本第一集，用柯式書紙精印，封面由張大千大師題耑，並刊載他二十年前繪贈的工筆畫「白馬圖」，全書一百頁，即日出版，每册售價二元，各大報攤均售。

小蔡與「博落」之贏「打比」，是他從騎馬以來第一次的輝煌史。

他的第二次出風頭時候，是隔了幾年之後，到一九六一年，他又贏「打比」了。

一九六一年的「打比」馬是滙豐銀行同人的「滙之寶」，此馬在一九六一年二月廿五日，第一次上陣出新馬「希望賽」一哩時，並非小蔡上陣，騎者是温尼（Wayne）當時馬未十分好，大熱門是湯于瀚醫生的「賽神仙」，由林國强主轡贏了頭馬，第二是馮秉芬爵士的「多趣」（布林利），「滙之寶」祗跑了一個第三，到第二次上陣爭「主席杯」，「滙之寶」方由小蔡上陣，那一次大熱門仍是「賽神仙」，「滙之寶」是冷門，得杯的仍舊是「賽神仙」，「滙之寶」跑得第二，因爲祗有五駒上陣，兩個位置派彩，所以「賽神仙」獨彩派九元六角，而「滙之寶」的位置却有廿二元之多。

到「滙之寶」第三次再出，這一回大熱門却敗於「多趣」（林國强）一頸，輪到「多趣」出冷門，派彩有九十三元。

「滙之寶」失敗三次了，到第四次出「打比」一哩三化郞六十五碼了，場地大爛，這一次却是爲馬迷們所料不到的第一熱門了，獨彩票竟然有五萬張之多，小蔡要再顯威風了。

原來「滙之寶」這一次上陣爭「打比」，牠以前的對手「賽神仙」與「多趣」，在新馬「打比」前贏了頭馬之後，皆因體健關係，不能上陣，再加這一次爛地，練馬師美圖惠利「矮仔」認爲「滙之寶」蹄小步密，一定對爛地能適應，因而牠在這一次便變成第一壓倒性的大大熱門了。

「滙之寶」這一次，一跑到直路，已是如入無「馬」之境。到終點，贏了二馬「寶馬」（告魯士）有六乘之多，當時沒有連贏位，牠的獨彩祗派十一元五角。

這是蔡克文第二次贏「打比」，可是他的馬運眞好，因爲再過一年他還要贏第三次「打比」，在香港賽馬史上，一個騎師能贏三次「打比」，到現在還沒有第二個，所以，小蔡認了第二，就沒有人敢認第一，小蔡亦足以自豪了。

講起這匹「滙之寶」，牠是「滙豐」銀行集團職員抽到的馬，牠的取名「滙之寶」與在一九五四年他們所抽到的「豐之珠」一樣，（這個集團，現在還有一匹「穿針引線」照以往宗旨，也養在美圖惠利馬房中）「豐之珠」由一九五四年跑到一九六一年退休，在七年之中爲「集團」得到了四萬四千三百五十元獎金，此馬並非高班，却勝在雄馬體力强，而且不大有病痛，所以可以爲集團主人賺了不少錢；至於「滙之寶」，也不是弱者，牠在新馬第一年，已爲「集團」得到了一萬五千二百元獎金，這一季牠共出四次，頭三次得第三一次，第二兩次，第四次便是贏「打比」得第一了。

一九六一年至六二年度，「滙之寶」共上陣五次，可是又得了一次第一，一次第二和三次第三，再得一萬四千七百五十元獎，跑了兩季，已有三萬元了。

這一季的五場賽事，騎牠的却不是蔡克文，因爲「滙之寶」編上了第一班，而小蔡在第一班中已有了一匹好馬「喜力寶」在，因而「滙之寶」第一次在第一班上陣，由施露華執轡，以後的四次，却轉入梅道登的胯下了。

「滙之寶」在一九六二年所得的第一次第一，却是越級挑戰爭「沙宣挑戰杯」，當年的此杯，與現在一樣雖說是「公開賽」，其實是第一班馬的禁臠，在六二年四月七日，與「滙之寶」同爭此杯的，有「寶馬」、「即時」、「幸運號碼」、「龍章」、「勇王子」、「安全第一」、「賽神仙」與「自家飛」等八駒，皆是第一班馬，「滙之寶」因爲越級挑戰，負磅當然最輕（一三三磅），而且又是冷門馬，這一場賽事「滙之寶」之所以能成功，負輕磅是一件事，還有一件便是天雨地爛而牠本是爛地好馬，所以就在最後一剎那，以一頸之微而壓倒了「寶馬」，得了「沙宣挑戰杯」。

蔡克文騎「骰博」，在一九六二年五月十九日贏「打比」大賽後，由馬主荷蘭人黎本齊君夫婦牽入大門留影。

「寶馬」本來也在第二班，而且也是爛地好馬，可是對上一次牠在第二班中負一五二磅贏了半哩一七〇碼短途，因此升上第一班，此次便需負一四四磅，比「滙之寶」重了十一磅，如果「寶馬」對上一仗不贏而跑第二，那末也越級挑戰爭「沙宣杯」，負磅至多一三五，於乎這座「沙宣杯」，可能落在「寶馬」馬主鄺榮錦君手中，可惜練馬師吳志霖不是現在的吳志霖（一九六二年到今天已是十年時間了），否則，老謀深算的吳志霖，那裏肯坐失良機呢。

「滙之寶」越級挑戰「沙宣杯」成功，這紀錄保存了十年少二十天，直到今年三月十八日的「沙宣挑戰杯」，陳毓麟老弟騎「必得勝」來翻版一次，此次路程與前一樣，也是一哩，「必得勝」在十四天以前與第二班馬跑一里一七一碼，當時的騎師是伊諾，跑第二，敗於頭馬「倍麗」（蘭尼）四乘，時間估計是一分五十秒左右，（現在的馬匹質素好，賽跑的時間也一路見快），這一次跑過第二之後，練馬師史秀和老二；史二哥原本是羅達尼——未入英籍前他的俄文名字是雷電諾夫——廐中的飼料好手，後來由羅達尼（當時尚未退休）的推薦及當年的主席賓臣批准，史老二乃升任爲練馬師，可惜，他在一九六三年升任之後，到上屆不夠十年，便要迫不得已自己辭職退休，我在上個月過海之時，在渡海輪上與史老二談及此事，他也不勝感慨系之。

「滙之寶」挑戰成功當然要升上第一班，跟着再由梅老道出爭「冠軍賽渣打杯」，大家平磅一四七，七駒上陣，「沙宣杯」時牠的手下敗將「龍章」（在「沙宣杯」時負一四四磅），與「自家風」（當時負一五四磅），這一次却跑了第一與第二，而「滙之寶」則祇得第三，與頭、二馬相差祇有一乘，其實「滙之寶」此次之不能得到「冠軍」，問題是在負磅比上一次加上了十四磅，而「龍章」與「自家飛」皆減了磅，再加上場地乾爽，不利於「滙之寶」，因而牠便贏不到「冠軍」了。

可憐「滙之寶」，美中不足的是在下屆六二至六三年，仍在第一班中，祇能上陣三次，得了一次第二，一次第三與一次落第，此後便不能再上陣而退休了，牠到港祇有短短兩季，得獎金祇有三萬六千元耳。

因蔡克文而講到「滙之寶」，這也算香港馬場的一件盛事。

小蔡贏了「滙之寶」的「打比」，他那裏估得到跟着要再贏一場「打比」呢。

各位在現在，可以看到蔡克文和練馬師李殿林，合作得非常密切，凡是在小蔡管理下的馬匹，無論大家知道或者不知道的，都養在李殿林馬房中，其實，小蔡與老李他們倆，遠在十年前早已志同道合了。

在一九六一年搖新馬，李殿林廐中得到了一匹好馬，那是十號，栗色、雄性，初來時身高十五掌一，執到此馬的馬主是荷蘭人，他的大名是P.V.C.E. Liebenschutz，如果譯中文，就稱他做「黎本齊」吧，此君得到了十號馬，英文名取爲LIAR DICE，這名字，如果直譯，便是「說謊的骰子」，根本賭博是像說謊一樣，未上場前那一個知道勝負，於是乎此馬的中文名字，乃被取爲「骰博」，也就是我們上海人所說「擲骰子賭博」的意思，這個中文名，取得非常雅潔。

問題來了，廣東擲骰子叫做擲色仔，這個，你如果和廣東人打麻雀牌，有時三粒骰子顏色不好，或者大小參差，你就可聽他們叫一句「夥記，拿多一副色仔嚟。」

於是乎這個「骰」字，多數的廣東人叫他做

「色」字，明明是「骰博」，却變成了「色博」了。

其實，「骰」字是「鴉候切」音「投」，並非音「色」，這在辭源或字典上都可以查得到，不過在此地，因「骰子」與「色仔」的讀法，於是乎很多馬迷便讀錯或叫錯，記得小蔡在當時，聽人對他講及「骰博」是好馬，變成了「色博」是好馬時，他又不便向人家糾正，也祇得隨和一下，唯唯否否，其實，他也只好心知肚明不得罪人而已。

這匹「骰博」，在一九六二年三月三日週年大賽的第一天第五場，出「新馬希望賽」一哩，却是大冷門馬，當時，大熱門是一定能（衛林士），有三萬六千多獨贏票（等於現在的十九萬元左右），二熱是「馬亨」（洪燮康），有二萬八千多票（不到十五萬元），小蔡騎「骰博」，祇有五千三百五十一票（二萬六千七百五十五元），賽跑的結果，「骰博」贏了第一，大熱門，二熱門連位置都打出，「骰博」獨彩派八十四元八角，位置也有十一元二角，牠跑一哩的時間是一分四十六秒二，奇怪而又巧合得很，「骰博」排在第三組，第一組的頭馬是陳杰騎的友愛（西名AMITY馬主何耀光君，他現在也養着一匹馬，就是鄭棣池騎的「龍駒」，這匹中距離馬值四、五班），第二組頭馬衛林士騎的「保能勝」（獨贏爆出了四百廿九元的大大冷門），牠們贏出來的時間，竟然都是一分四十六秒二，這也是香港馬會史中，一件留爲永久紀錄的時間，因爲，以後不可能再有這樣巧合的時間發生了。

「骰博」隔了一星期，再出「主席杯」一哩了，這一次牠仍不是大熱門而是二熱門，大熱門是和「友愛」初賽跑第三的「密底算盤」（郭子猷），大約「密底算盤」有了當年的郭子猷君，不熱也要熱，又何況牠確是一匹上駒耶。

這一場賽事的結果「骰博」雖負一五〇磅，却在最後一步，還是拼勝了負一四三磅的「密底算盤」而贏了一馬頸，時間一分四十四秒三，比較初賽時快了一秒又三線，獨彩仍有廿六元一角派出。

再休息了兩個多月到五月十九日「骰博」出爭「打比」榮譽了。

這時候（一九六二年）的「打比」賽，路程是一哩三化郎六十五碼。（相等於現在新制的二千二百卅公尺左右）這一場賽事的大熱門，你在賽前再也料不到，原來是「大鷄」林國樑君騎的「龍潭老鼠」，「骰博」仍是二熱門而「密底算盤」第三熱，牠們的獨票是五萬一千多、四萬三千不到、三萬二千多。

五駒爭標，「骰博」在最後力戰，映相贏了牠上次的冤家「密底算盤」短馬頭，眞是令馬迷們看得緊張之至。

一看時間，是快地二分廿七秒三，這個時間，創了新紀錄，直到現在，尚未打破，今年馬取消了一哩二五，原本改用公尺算二千二百卅公尺與當年的一哩三化郎六十五碼差不多，但因路程不同，時間紀錄當然要另外寫過，所以「骰博」對這項路程的紀錄，可以一直保持下去，永遠都不會給第二匹馬打破，其實，當年馬匹質素與高度，與現在的馬匹差得太遠，因爲，一哩三化郎六十五碼這項路程，用得不久便取消，「打比」賽用此路程也祇有「滙之寶」與「骰博」兩屆，以後「打比」路程便縮短爲一哩二五，（由一九六三年到一九六六年一共四屆）一九六七年起，再縮短爲一哩一七一碼直至今年一九七二，一共六屆，明年的「打比」，因路程改爲公尺，跑的路程二千二百卅公尺，相等於差不多一哩三化郎左右，因而當年「滙之寶」與「骰博」便是僅有跑「打比」用一哩三化郎六十五碼路程者，「滙之寶」的一次是爛地，時間二分卅三秒二，與「骰博」的一次爛地，時間二分廿七秒三，相差五秒又三線，因而「骰博」當然變了時間紀錄的保持者了。

蔡克文連贏兩屆「打比」，連一九五二年的「博落」，在十年中贏了三次「打比」，這是香港馬會有史以來的紀錄，也是小蔡騎了十多年馬的唯一榮譽。

「骰博」在這一季，連贏了三次頭馬，得了「主席杯」與「打比」兩項榮譽錦標，下一屆（一九六二與六三年度），當然編進了第一班，大約在新馬時拼得太厲害，因而體健上出了毛病，在這一屆出了四次，都是無位交白卷。其中頭兩次仍由小蔡執轡，到三、四次，騎師已易爲鄭棣池與梅道登兩君，各位緊記，現在最當紅的冠軍騎師鄭棣池君，是在一九六一至六二年度初初上陣做紅牌騎師，距今剛剛十年。

六三至六四年度，「骰博」降第二班，全季也祇能上陣三次，跑了兩次「梗頸四」，其中，由小蔡，小蔡的老友星洲梁滔舜和梅道登三位分別執轡，這一年度，「骰博」仍未見復原。馬主黎本齊灰心了，於是便將牠出讓於現在的大馬主我們的行家何文法君，同時也由李殿林馬房搬到了蘇芬諾夫馬房，總算帳，「骰博」爲黎本齊這位荷蘭先生除了售出馬價不算之外，還替他得了兩座錦標與一萬七千元奬金，可是在這三季之中，養馬費與開支也不少，至少也應在一萬元以上，那末黎君所得祇是售出「骰博」的馬價耳。

蘇芬諾夫養馬，確有一手，「骰博」轉進了他的馬房之中後，憑他的飼料方法，居然將拼死的「骰博」，漸漸復原，於是乎在六四年至六五年度中，改由當年何君的主任騎師郭子猷上陣，初初在第二班，跑了兩次「梗頸四」，到第三次出一哩，負輕磅一三九，居然贏了頭馬，而且時間是了不得的一分四十秒四，這時間可以等於現在的第二、三班馬，這一回因牠沉得太久，所以是半冷門，獨彩派了卅九元九角，看來馬主何君在這一場賽事，已可以將全部買馬費以及一切開支，一舉都賺了回來了。

（二十九）

銀色漫談 卷

鄭佩佩復出之秘密

·馬行空·

上一期裏談起遠在太平洋彼岸，「原」門一入深似海的鄭佩佩，好像還有很多話沒有講完，只不過受到了篇幅的限制，所以只可戛然而止，算是告一段落。現在九月份已成過去，十月也過掉了一半，想起在台灣時曾經答應九月裏重來的鄭佩佩，至今還是一點消息也聽不到，究竟是怎麽一回事？倒叫人怪惦記的。本篇繼續往下談鄭佩佩，雖然都是陳芝蔴舊穀子的往事了，但好像在各報章雜誌上還沒有發表過，所以不論其是眞是假，反正多少還有點內幕新聞的價値，姑妄寫之，關心影人動態的讀者們也許會得發生興趣的。

復出之說 似有變卦

「樹從根上起，水自源處流」，要知道前幾個月鄭佩佩在台灣怎會受到普遍的注意，就得從「武后」下嫁的那個時候談起。

鄭佩佩在「邵氏」的後期裏，與導演羅維合作，一連拍出好幾部破百萬紀錄的影片，可算是她從影以來登峯造極的一個階段。但是，鄭佩佩深明「見好就收」之理，就在她紅得發紫之時，突然結束了拍片合約，飛到美國去與最親密的男友原文通結爲夫婦，急流勇退，倒使影迷們不勝悵惘之至。

不過，鄭佩佩在美國曾經發表過談話，表示她並沒有從此退隱的意思，如果有機會的話，她還是要回到香港或台灣來拍片的。鄭佩佩講得很清楚：她答應過「嘉禾」與「金銓」，一言既出，駟馬難追，所以她至少要把這兩家的諾言給履行了之後，才能談得到退休的問題呢。當時使鄒文懷與胡金銓都非常興奮，也使廣大的國語片觀衆們不勝雀躍。

今年春天，鄭佩佩果然回到台灣，目的是探望翁姑，重晤親友，至於拍片之允諾，則彷彿有點恍恍惚惚似的，既不說拍，亦不說不拍，閃轉騰挪，花招甚多，與她以前豪爽不輸鬚眉的個性，整個來了一次一百八十度的大轉變，這就實在奇怪已極了！

胡金銓在香港，正爲了他自己的「迎春閣風波」與「忠烈圖」忙得不可開交，當然沒有功夫分身到台灣去與鄭佩佩會面。至於「嘉禾」方面，則有鄒文懷與何冠昌聯袂飛台，親加邀約，顯得十分之隆重焉。但鄒何二位歸來之後，關於鄭佩佩爲「嘉禾」拍片的消息，就此有如石沉大海，音訊俱無，只說鄭佩佩已經收下劇本，要詳細閱讀後始能決定。這當然是對於新聞記者們有所交代之詞，隱隱約約的洩露了那麽一點其中有變的蛛絲馬跡。

胡金銓（中）新片開鏡，李翰祥（左）李行（右）道賀

當鄭佩佩在台北松山機場跨下飛機之時，所有的國片製片家的眼光裏，都出現了一條光明燦爛」的「生財之道」，以爲「武后」假如復出，定能收得滿盤滿砵，大賺一筆的，因此鑽隙覓縫之徒，一時有如蟻之附羶，使鄭佩佩倒頗感應付爲難。到後來，大家看見連「嘉禾」都碰了壁，這才涼了半截，死了那條心，沒想冷鍋裏偏會爆出熱栗子來；就在那時，台北有一家獨立製片公司，名叫「雷鳴」的，突然發表消息，說是他們已經邀妥了鄭佩佩，而且新片也就很快的可以開鏡了！該項消息，來得太出人意表了，所以很多人都認爲是獨立製片家們的一記噱頭，在起初的時候大家一笑置之，並未加以特別的重視。

但是，「雷鳴」傳出的消息縷縷不絕，越說越像眞的一般，到最後，索興把鄭佩佩的阿公，原文通的父親，原順伯老先生給抬了出來。據說：原順伯也是「雷鳴」裏的股東老板之一，所以能夠影響到鄭佩佩的復出。此一發表，使好多人發現「雷鳴」並不簡單了；原來他們走的是「內線」，那就無怪他們有恃無恐了。

這是好久以前的事了；有一位香港記者，寫過一篇報道，說是如要鄭佩佩復出，一定先要得到原文通與原順伯的允許。曾經有許多人把這篇報道當做笑話來談，認爲鄭佩佩拍片，需要經過原文通的同意，那乃是夫唱婦隨之道，不足爲奇，最可笑的是還要通過原順伯的那一關，阿公竟然干涉到兒媳的拍戲生活，那豈不是荒乎其唐，天下第一奇聞乎？

誰都沒有想到：那位記者先生的報道確是有點根據的。自從「雷鳴」發表了上述的消息之後，原順伯並未加以否認，而鄭佩佩自己也沒有說過什麽話，那就代表了這兩方面的默認，可以證明是確有其事的了。

根據台灣傳來的消息，此事的內情大概如此：「雷鳴」的主持人周大賚，在過去也是一名影片代理商，與原順伯非但是同行，而且好像還有過携手合作的交情。此次周大賚計劃邀請鄭佩佩拍片，自然先向原順伯下手，開出來的條件是：原順伯負責說服鄭佩佩，周大賚負責製片，將來所獲得的利潤，則原周二位各佔一半。大概原順伯在原則上已經表示同意，所以周大賚發出消息之時，就乾脆把原順伯給開列成爲「雷鳴」的股東老板之一了。

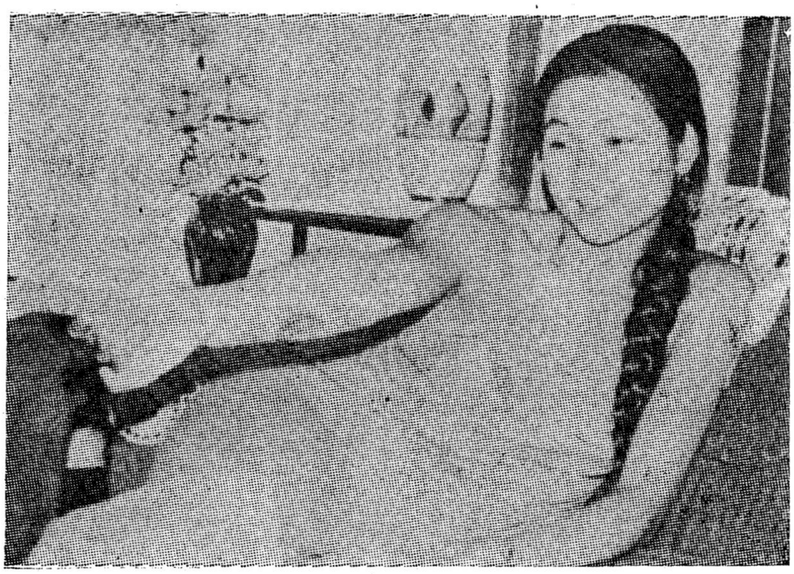

鄭佩佩說：這件事我也不能作主

原順伯本來是「嘉禾」的股東老板，但在幾個月以前，他的「永聯」已經中止了代理「嘉禾」出品的台灣發行業務，換一句話說，也就是與「嘉禾」不再合作了。鄭佩佩從前答應爲「嘉禾」拍片，一半是衝着與鄒文懷的交情，另一半也自然看的是阿公原順伯的面子，現在既然原順伯與「嘉禾」分道揚鑣，影响所及，可能也就是鄭佩佩對於「嘉禾」不甚熱心的原因；他們到底是一家子的人，胳臂肘沒有向外彎的也。

如此說來，鄭佩佩好像決定可以爲「雷鳴」拍戲了吧？但又不然，結果還是沒有拍成。據說原因有兩點：一是鄭佩佩夫婦急於要趕回美國去，時間上不允許趕拍一部影片，二就是劇本與導演的問題了。

上一期中，也曾談起過鄭佩佩拍片的條件：她堅决表示需要一個好劇本，好到什麽程度呢？「武后」的理想中是要拍成一部在她從影以來的「代表作」，否則情願不拍的！至於導演人選，「武后」也曾指出，至少要有胡金銓的水平。這兩項要求，的確是不太容易辦到的，但聽說「雷鳴」倒也曾遵照她的意思努力過一番；劇本由周大賚向張永祥洽購；台灣的頭名高手，等於香港的倪匡，都是編寫劇本的張永祥，寫妥了沒有則不甚詳細。至於導演方面，曾由「雷鳴」輾轉託人邀請此地的羅臻，只可惜沒有成功而已。

武后青睞 看中羅臻

據傳事實是如此的：胡金銓暫時沒有功夫，無法抽身，於是乎「雷鳴」就開列了一張大導演的名單；當然都是自由之身的大導演，所以李翰祥、張徹、羅維等人並未開列在內，請「武后」隨意圈定，以便進行。鄭佩佩在看過名單之後，選中了現已脫離「邵氏」的羅臻，此一選擇，非常明智，蓋羅臻確是一名有修養，有潛質，而又有着一股幹勁的好導演也。

寫到此處，我們就要把筆頭從台灣給拉回到香港來：話說有那麽一個晚上，羅臻突然接到台灣打來的長途電話，對方是在「邵氏」台灣分公司裏負責宣傳的原森，（同姓而與原順伯父子並無家族關係），此人與羅臻雖有交情，但一直沒有什麽往來，所以在接到長途電話之時，羅臻不禁暗暗納悶。

原森在電話裏開門見山：「羅導演嗎？有人想請你導一部片子，有功夫沒有？」羅臻答道：「你先得告訴我什麽人要拍戲。」據原森講，他也是受人之託，此人就是多年來一直爲「邵氏」負責台灣發行的黃天楨，因爲與羅臻並不相識之故，所以委託原森代打這個長途電話的。原森在電話裏說道：「黃先生就在我身旁，只等你的一句同意了。」羅臻好笑道：「就是要我導演，也得從長計議，怎麽可以三言兩語的在電話裏就解决得了呢？」原森道：「羅導演，他們計劃的可是拍鄭佩佩呢。」羅臻道：「不論拍什麽人，我剛剛脫離『邵氏』，可是不會再替那家公司拍片的！」原森忙說：「不是『邵氏』，絕對不是！而是此地的另一家獨立製片公司。」談到此處，羅臻就不得不把實情講給原森聽了，他與香港的陳炎明簽好合約，爲「明德」開拍新片，最早要到十月裏方能結束，對於黃天楨先生的邀請只能婉謝了，羅導演回絕得乾乾淨淨，此議當然只可告吹。

這件事裏怎會又冒出一名黃天楨來的？凡是與電影界熟悉的人士，都能夠一眼就看出來，蓋周大賚也，原順伯也，黃天楨也，原森也，都是一鼻孔出氣的夥伴；接長途電話的原森代表了黃天楨，而黃天楨也就很明顯的代表了原順伯與周大賚，別看「雷鳴」這塊招牌好似名不經傳，論人事上的關係，倒是在台灣相當吃得開的也。

由此推測：「雷鳴」所發表的消息，大概不是虛張聲勢，而是的確經過原順伯的努力，而且獲得了鄭佩佩的同意的，不然的話，羅臻也不會接到那個突如其來的長途電話了。可惜羅臻爲片務所羈，使得此一計劃終於未能實現，而鄭佩佩又因爲不便在台久候之故，所以匆匆的偕夫婿飛返美國去了。臨行之時，「武后」答應在九月裏重來，屆時再談拍片之事，一延再延，好事多磨，急煞一般影迷也！

總而言之：鄭佩佩前次返台，說拍片又不拍，說不拍片吧，可又有那麽一點欲拒還迎的意思，顯得扭扭捏捏的，倒不如唐寶雲來得爽氣。唐寶雲當初從美國飛返台灣之時，也說只拍李行的一部「秋決」的，但後來發現台幣原來很容易賺，於是索興在台灣無限期的停留下去，有人前來邀請拍片，無論張三李四，來者不拒，但等拍得無可再拍之時，反正台幣已經賺飽了，套成美金，再回到美國去逍遙幾年，到底不像她的藝術家丈夫寶畫那麽辛苦，這就叫做現實主義，鈔票掛帥，乾脆明瞭，痛快已極。

最後消息：鄭佩佩九月未來，但延至十一月中可以抵達香港，屆時決開新片，但不是「雷鳴」，也與「金銓」無關，拍的乃是「嘉禾」的本年份大製作之一。此項消息，係由「嘉禾」某高級職員所透露出來者，想來可靠，據說：「嘉禾」與鄭佩佩，已經在函電往來之中達成協議，一切皆不成問題了，至於劇本、導演、片名等等，則「嘉禾」還在保密之中，非要等到鄭佩佩在啓德機場出現之時，是不會正式發表的也。但願這囘不是「樓梯响」，讓我們在銀幕上又可以看到「武后」的矯健身手，則影迷幸甚，「嘉禾」幸甚矣。

以上所談的，都是有關鄭佩佩的種種，現在又要順便向讀者們報道一項關於鄭佩佩的妹妹鄭小佩的最新消息。

兩個月以前，本篇曾經談起女導演高寶樹，計劃邀請鄭佩佩之妹鄭小佩拍片的經過。鄭小佩到美國去探望家姐，高寶樹亦在機場上歡送，好像一切妥當，水到渠成的樣子，但最近聽說此事亦有變，能否實現？頗成問題，此說假如屬實，則鄭氏雙姝眞個成了「難姊難妹」矣。

據傳：高寶樹與鄭小佩之間，只不過是口頭協定而已，鄭小佩要到美國去，與「寶樹」簽約的洽商，就要託鄭媽媽作爲全權代表。鄭小佩飛走之後，高寶樹自然頻頻與鄭媽媽接觸，希望把細則談妥，但等鄭小佩由美歸來，就可以正式簽約，籌備開鏡了。使高寶樹沒想到的是：首先在合約期限的問題上就發生了難題，其它的合約內容，根本無從談起！

高寶樹的希望是簽約三年，鄭媽媽只答應一年，於是這張合約就此擱了淺！鄭媽媽的理由是：在過去，大女兒佩佩已經嘗過長期合約的苦頭，現在小女兒小佩既然又要拍戲，那麽前車可鑑，不必重蹈覆轍了。高寶樹的想法又不然，你們雖精，我也不笨；訓練一名新人，再加上宣傳上的工作，與拍片的時間，差不多已經需要一年之久，等到那時，鄭小佩的羽毛豐富，名氣响亮，以一部影片而走紅起來，剛好合約期滿，就此與「寶樹」拜拜，則高寶樹變成白忙一塲，羮熟了飯請旁人吃，那她才不幹呢！

這一個「死扣」，到截稿時爲止，尚未能解開，好在高寶樹目前還在養病期間，據說她患的是心臟衰弱、神經衰弱、甲狀腺發炎等，毛病可多啦；顯得一派財多身弱的模樣，自然也不急於恢復工作，所以「騎驢看書本」，慢慢的走着瞧吧。

美國盛傳 婦唱夫隨

根據從美國囘來的香港朋友談起：鄭佩佩以前答應婚後替「嘉禾」拍片的，但是從去年到今年，女製片劉亮華曾到美國去促過兩次駕，好像都不得要領，這究竟是什麽原故呢？據說鄭佩佩本人倒很有復出的意思，只是她的丈夫原文通突然提出一個很難辦到的條件，使得劉亮華也爲之束手無策了。這件事情的經過頗爲有趣，但只是在美國的華人社會裏傳流着的一個風言風語而已，究竟有多少可靠性在內？那就不得而知了。

大概是在去年年底，到今年年初的那一段時期裏吧？「嘉禾」計劃開拍一部以三藩市爲背景的「唐山五虎」，並且已經內定了羅維的導演，鄭佩佩與許冠傑的主演。當時「嘉禾」派遣製片劉亮華爲「先頭部隊」，飛到美國去佈置一切，劉亮華到達羅省，馬上與華籍荷里活明星鄺炳雄商洽，準備租用警車、直升機等，以便進行拍攝工作。此事在香港各報上已經都發表過消息了，我們不必在此多贅。

劉亮華那次的使命，除了籌備工作之外，自然也少不得要與女主角鄭佩佩敲定一番，據說鄭佩佩還是很爽氣的一口答應下來，雖然沒有簽訂什麽拍片合約，但話出如風，絕無反悔，那是「武后」一貫的豪俠作風，所以劉亮華也就很放心的囘到香港來向「嘉禾」覆命了。

今年春天，羅維拍完「精武門」之後，與李小龍決定分手了，所以劉亮華急急忙忙的又飛了一趟美國，目的就是希望早日開拍那部計劃已久的「唐山五虎」。大概劉亮華的二次飛美，並不如第一次那麽順利，不多日子之後，她悄然歸來，絕口不提鄭佩佩拍片之事，結果還是由鄒文懷撮合，使羅維與王羽這一對寃家，終於盡棄前嫌，携手合作，到日本去拍成「冷面虎」與「海員七號」，至於鄭佩佩的那檔子事，好像已經暫時被擱在一邊去了。

當時，外界都感覺很奇怪，因爲「嘉禾」向來不打沒有把握的仗，而鄭佩佩更不是那種出乎爾反乎爾的人，爲什麽劉亮華會得空入寶山？爲什麽講好的事情會吹了，羮熟的鴨子會飛了？

這一個疑問，直到好幾個月之後，方從美國來人的口中得到答案。雖然該項傳言並不可靠，但我們在「嘉禾」的嚴加保密情況之下，既然無法獲得滿意的解釋，也就只好把空穴之來風，當做了像煞有介事矣。

據說劉亮華第二次飛抵羅省，出乎意外的發現鄭佩佩的態度大變，談到拍片合約之時，鄭佩佩吞吞吐吐的似有難言之隱，經過劉亮華的再三追問，鄭佩佩才說道：「這件事我也不能作主，我看你還是跟我丈夫去談談吧。」

劉亮華當時還不在意，以爲需要事先徵求原文通的同意也是應該的，所以她立刻去向這位電腦專家的原家大少爺談判。原文通給予劉亮華的答覆，使她幾乎不敢相信自己的耳朵。原文通道：「我不反對佩佩拍片，但先決條件是必需也有我的參加！」電腦專家也想過一次明星癮，那是劉亮華連做夢都沒有想到之事。

原文通是一名科學家，所以他對於拍戲工作的分析，亦是完全科學化的。他認爲：像他所學的電腦技能，是一定要經過十載寒窗，博覽羣書，然後才可以獲得成功的，至於拍戲的工作，就不必有什麼專長，人人都可以嘗試，拿鄭佩佩來說吧：她沒有經過任何電影方面的訓練，不是一樣的成爲第一流紅星了？當時原文通還很謙虛的表示過：雖然他的外型並不英俊，（太客氣了）但現在時代潮流所趨，拍電影並不一定需要「靚仔小生」，像荷里活的積皮連斯等，就是極顯明的例子。所以假如他要參加拍片工作的話，論條件也並沒有什麼不合格之處。

劉亮華起先又誤會了，以爲原文通是捨不得與嬌妻分離，所以希望被派一個角色，藉此可以追隨在鄭佩佩的身旁。假使如此，則此事好辦之至，只消隨便派他一名不重要的配角，在鏡頭前面跟出跟進，對於大局是不會發生任何妨礙的。至於公司方面，多費的只是一張飛機票而已，在整個成本預算裏，其數微之又微，算不了一回事的也。當時劉亮華含笑答道：「有你參加，我們絕對歡迎，這一點，不成問題！」

然而，原文通的想法並不那麼簡單；他的目的，不是任何一個角色就可以滿足的，原來他想担任的是鄭佩佩新片裏的男主角！

原文通的理由，還是他的「科學分析」：鄭佩佩和他一樣，都沒有受過電影訓練，所以如用代數的方程式來尋求答案，則鄭佩佩可以担任女主角，他一定也可以担任男主角！這一下子，可把一名精明幹練的劉亮華給難倒了；拍一部原文通主演的片子，別說鄒文懷不能同意，就是各埠的片商們也不答應啊。

劉亮華沒有想到，原文通的條件還沒講完呢！原文通不僅要担任男主角，而且要掛牌掛在鄭佩佩之上，理由是：他在家中是一家之主，所以到得銀幕之上，也不能屈居於妻子之下。至於待遇方面，原文通堅持要美金一萬元，關於這一層，他又有科學上的根據：鄭佩佩現在不拍片之時，吃的是原家的飯，所以在拍上影片之後，所拿片酬亦不能高過原文通，（由此可見「嘉禾」付給鄭佩佩的片酬一定不到一萬美金）否則的話，就變成原文通吃上鄭家的飯了，豈不有損電腦專家之清譽乎？這一篇大道理講下來，連劉亮華也糊塗了；聽聽彷彿挺有道理似的，但實行起來則又都是絕對辦不到的事情。因此之故，劉亮華帶着一頭霧水飛返香港，在「嘉禾」裏對鄒文懷苦笑道：「這件事情我辦不了，你另請高明吧！」

現在，「嘉禾」既然宣傳將於十一月裏拍鄭佩佩，想來條件已經談妥，但不知對於這位電腦專家作如何的安排？希望這次不要再功敗於垂成，半路上又發生枝節才好。

影片叫座　且談花紅

其實呢，鄭佩佩的復出，到底能夠叫進多少座來？恐怕也很成問題。因爲她到底有好多日子沒有從事水銀燈下的工作了，身手難免生疏，再加現在新出的茅瑛、嘉凌（劉復雯）、郭小莊等，都是眞拳實腿，廣東人打話，叫做「食過夜粥」之輩，常言道：「不怕不識貨，就怕貨比貨」，萬一我們的「武后」讓一幫小妹妹給比下去了，豈非糟糕透頂乎？

一位大明星要永遠維持一定的叫座的力量，根本就是不可能的一件事。也不用說鄭佩佩了，就是李小龍，下一部影片能不能再賣四百多萬？誰也不敢講。還有最近忽然殺出來的許冠文，假如再拍一部「大軍閥續集」的話，你能保險它穩收三百多萬嗎？也好難講啦！

談起許冠文來，又有一件新的消息是要向各位讀者報告的。

報上已經發表過好多次了，「邵氏」有意再請許冠文主演一部喜劇，雙方談得頗爲接近，導演李翰祥已經在準備劇本之中，開拍之期，就在不遠的將來云。其實根據熟悉內幕者談：此事絕非如此之簡單，將來是否能夠實現？在目前還是一個很大的問號呢。

許冠文初登銀幕，主演第一部的「大軍閥」，就賣了三百四十六萬，實在可以稱得上是驕人的成績。「邵氏」的確有意「打鐵趁熱」，再接再厲，而導演李翰祥當然也希望繼續與許冠文携手，大家都有可以沾光的地方。但是，聽說在初步的談判之中，雙方的意見已經發生了很大的距離；許冠文要求一個破紀錄的片酬數字，就是每部港幣三十萬大元正！（註：上面所說破紀錄者，是指王羽的每部二十萬元而言的。）

「大軍閥」收了三百多萬，而許冠文的片酬則只有四萬元，的確太便宜了一點。但是，話又得說回來了：當許冠文在邵逸夫的辦公室裏簽字之時，誰也沒有想到「大軍閥」會得那麼叫座的，包括許冠文自己在內。這是「邵氏」的運氣，導演的「神通」，各方面配合起來的輝煌戰果，所以許冠文就算吃了一點虧也無話可說了。

現在既然要拍第二部，許冠文就不肯那麼「賤賣」了。聽說「唐山大兄」公映之後，鄒文懷在柏底塞給李小龍一張五十萬元面額的支票，（聽說而已，確否待考）按照這個例子來計算，許冠文要求三十萬元的片酬不算多，因爲「唐山大兄」與「大軍閥」一樣，總收入也都是三百多萬元也。

可惜的是：「邵氏」無法答應這個數目，其原因有二。第一：許冠文能夠叫座，那是事實，但許冠文却不能保證他主演的第二部影片也賣三百多萬，假如賣不到那個數字，「邵氏」豈非「偷鷄不着蝕把米」乎？第二：「邵氏」如答應給許冠文偌大的酬勞，則對於公司以內其他的大導演、大明星等無法交代。尤其對於建立奇功的李翰祥，更顯得是一個「不平等的待遇」了。此事牽涉甚廣，影响頗鉅，倒是不能隨便答應下來的。因此，「邵氏」還在詳細考慮之中，所謂「開拍之期，就在不遠的將來」，只不過是外界的臆測之詞吧了。

前些日子，聽說邵逸夫已經作出極大的讓步，就是提議以分賬式的方法，來支付許冠文的拍片酬勞。辦法是如此的：在賣座紀錄的總數裏，撥出若干成來作爲許冠文的片酬，紀錄越高，則許冠文的收入亦越多；紀錄越低，則許冠文只好自嘆命運不濟。換一句話說：許冠文等於是這部片子的小股東之一，賺錢與否，各憑天命。

李翰祥認爲這個辦法十分合理，但不曉得許冠文的看法又如何？總之：此一協定，大概還需要經過若干時日之折衝，絕不是短期以內可以順順當當談好者也。

撇下許冠文，讓我們再來談談那位一舉而打破「邵氏」有史以來賣座紀錄的大導演——李翰祥。

這些年來，「邵氏」出品之能夠破百萬者，已經不出奇了，張徹與羅維固優爲之，岳楓、何夢華、楚原、張曾澤等也都獲得過「百萬大導」的榮銜。至於突破二百萬紀錄者，也有王羽的「龍虎門」，張徹的「馬永貞」，與程剛的「十四女英豪」等三部，但能夠一鼓作氣，闖出三百萬大關的，則僅有李翰祥的一部「大軍閥」而已。這部新片，非但爲了公司賺了大錢，而且所起的「帶頭作用」也的確不小，經此之後，「邵氏」以內的各位「百萬大導」更要奮起直追，迎頭趕上，出品之水準，想必又能大大的提高，所以一般人都認爲：李翰祥這次的功勞，實在值得給予獎勵。

談起獎勵，使人不能不聯想到「邵氏」以內的「暗盤花紅」制度。一部影片叫座，老板對於導演及演員額外給予獎金，本來是天經地義，理所當然的。但「邵氏」的組織龐大，人員衆多，十隻手指還能分出長短來呢，所以在待遇上就不能不嚴加保密，以免引起厚薄不均的糾紛。不過，在這個環境複雜的電影圈裏，若要一手遮盡天下人的耳目，乾脆就是不可能的一件事。因此，在「邵氏」以內存在着「暗盤花紅」的制度，也就幾乎成爲公開的秘密，只不過外界沒法曉得內中的詳情而已。

「大軍閥」的空前成功，固然有賴於許冠文的號召力量，但「水大漫不過橋」，論功行賞，，導演李翰祥按理應該居於首名，那是不消說的了。但許冠文可以提出下一部片三十萬元片酬的要求，而李翰祥則因爲簽約的基本導演之故，不能在約滿之前增加任何條件，這是他比較吃虧之處。

關於這一點，邵逸夫看得很清楚，自然在私下會給予李翰祥一種「安撫」的。「大軍閥」大捷之後，李翰祥「叙香園」擺下慶功宴，本來是祇準備兩三桌酒席，慰勞該片的全體工作人員的，但後來聞風而至，不請自來的圈內外朋友們實在太多了，於是打破預算的竟然增加到八桌之多，那時就有人取笑道：「李導演一定從老板那裏拿到花紅了，多吃幾桌又有什麽關係？」這當然是開玩笑的話，因爲李翰祥的個性向來豪爽，最喜歡的就是結交朋友，吃吃喝喝他是絕不在乎的，其實與有無花紅到手絲毫也不發生關係，問題是誰都算不上來這筆花紅的數目究竟有多少。

據說：王羽在「邵氏」裏最爲走紅的時期之中，曾經得到過六老板的破例「優待」，張徹在最近一兩年以內節節勝利，當老板的自然也有一番點綴的「意思」，諸如此類，例子甚多，但是，誰能說出一個準確的數字來呢？何況邵逸夫的「花紅制度」，並沒有明文之規定，所以方式很多，莫可捉摸，有的是調整合約的內容，有的是一筆勾銷舊欠，更有餽贈樓宇、購買新車等等，並不一定全是「現金交易」也。所以在這種「暗盤花紅」之中，又分爲「正式的」與「變相的」兩種，更加使人摸不着頭腦矣。

獎金制度 有例在前

閒話少說，言歸正傳。李翰祥究竟有沒有花紅到手？暫時按下不表，且說另外一位已經脫離「邵氏」多年，現在「嘉禾」裏紅極一時的「四百萬大導」羅維（他的一部「精武門」曾創下四百多萬的驚人售座紀錄，）他在「邵氏」之時，就是名正言順，在合約上寫明了有花紅可分的一個例子。

以上表過了：所謂花紅，是電影公司裏的最高機密，外人沒法可以知道詳情，但有時會發生特殊情形，以致洩露天機，就可以稱爲「紙裏包不住火」了。依稀記得羅維脫離「邵氏」之時爲了帳目上的轇轕，曾經鬧出小小的不愉快，於是雙方在據理力爭之際，難免無意的道出些「不足爲外人道也」的內幕來，就在那時，圈外人頭一次聽到有關「邵氏」的花紅制度的一部份實情。

這是幾年以前發生的事情了，所以記不大清楚，羅維好像是唯一在「邵氏」裏名份上享有花紅權利的大導演。傳說是在羅維的合約上，特別加註一條有關花紅的條文，是任何一位大導演所沒有的特權，連炙手可熱的張徹亦不例外。

大概羅維在「邵氏」的後期裏，求去之心已有跡象可循，所以「邵氏」對於他是格外的拉攏。那時的羅維，視百萬紀錄如探囊取物耳，實在也夠威風的，而邵逸夫辦事，向來賞罰分明；成績甚差的導演與演員，可以毫不留情的送進雪櫃裏去雪藏，至於勞苦功高、表現出色的幾位，則非但加以重用而已，並且還有例外的看待，像羅維的合約內寫明除導演費外，另有花紅可分，即是一個很突出的例子。

關於花紅的條文是怎麽寫下的呢？記得是以

八十萬爲標準；幾年前的八十萬很可觀了，不像現在這樣視若稀鬆平常，倘若羅維所導的片子，能夠首輪賣到八十萬以上，則每十萬元應可分到手五千元的花紅。舉例來說：某片的首輪總收是一百二十萬元，超出八十萬的標準四十萬元，則公司方面撥出二萬元來，作爲對於導演的慰勞金。羅維在「邵氏」的時候，像這種花紅的確分到過好多次了，意外之財，袋袋平安，倒也甚爲實惠。

但是，並非每部售座超過八十萬元的影片都能獲得花紅，這裏頭還牽涉到一個「又好又省」的問題，那就是說：攝製成本低而售座紀錄高，纔有資格支領花紅。寫到此處，想起一件舊事來了：羅維導演的「五虎屠龍」，售座超出百萬，而成本則低於五十萬元，所以該片的製片劉亮華也有「小花紅」可分，數目多少？實在記不得了，總之有過這麽一回事就是了。

現在「大軍閥」的首輪總收是三百四十六萬元，如果以羅維的條件來計算，則超過了八十萬的標準二百六十六萬之多，李翰祥應得的花紅是十三萬三千元正，此數也很「過癮」了。不過根據行家們的推測，就算李翰祥拿到花紅的話，也絕對沒有那麽許多，大概的數目，極可能是他在這一部片子上多支六萬元而已。

李翰祥曾經對接近的朋友們透露過口風，他說：「你們也不用紛紛猜測，我可以老實講給你們聽：花紅是有的，但數目多少則不能講。在我說來，這也不足爲奇，因爲我以前在『邵氏』裏的時候，早已就拿過花紅了。」他指的是多年以前的「貂嬋」與「江山美人」等鉅片，不過那時的國語片尚不如今日之抬頭，售座紀錄既低，導演費亦不太高，即使分享得到花紅，其數也是很有限的也。

前幾天，在影人茶座上，聽見有人嗤笑道：「李翰祥情願不當老板，千方百計的想要回『邵氏』裏去，（傳說中是倫敦戲院任天競的穿針引線）以爲吃上一口安逸飯就算了，沒想這回可吃了大虧，後悔可也就來不及啦！」在場還有好幾位圈內朋友，都代李翰祥不值，認爲「大軍閥」假如是「新國聯」的出品，當老板的李翰祥豈不是肥了嗎？

「大軍閥」許冠文面對「花旦」何莉莉

三百四十六萬元，除稅，除分賬，除廣告宣傳費等之後，怎麽也能淨到手一百二三十萬元以上！還有外埠的版權，也會因爲香港的票房紀錄而水漲船高，以最保守的數字來計算，至少又可收一百四五十萬元。假如李翰祥自當老板，憑這一部「大軍閥」就可以在私人財產項下多出約莫三百萬港元來，難怪影人茶座中嘆聲四起，說起來的確叫人替他心痛。

李翰祥在「邵氏」裏支取每部六萬元的片酬，每年拍片四部，共合是二十四萬元的年薪，當然也不算菲薄了。但是二十四萬與三百萬到底相去甚遙，李翰祥要在「邵氏」裏苦工作十二年另六個月，而且還要不花一個銅板，纔能存下三百萬之數哩！請看脫離「邵氏」之後的羅維，以「四維」的名義拍成一部「精武門」，馬上就多出幾百萬家財來，眞個面團團成爲富家翁了，豈不叫人羨煞？

如此說來，李翰祥應該後悔得連覺也睡不着，連飯也吃不下去了吧？但是不然！「大軍閥」映過之後的李翰祥，高高興興的在籌備着下一部的「北地胭脂」，逢上朋友們還是那麽嘻嘻哈哈的，絕口不提「大軍閥」之事，依然故我，滿不在乎。

聽見李翰祥講過一句：「我要是不進『邵氏』，連『大軍閥』的影子也沒有，說什麽幾百萬？幾百塊都沒得撈。」爲人能夠達觀到這種程度上，自然知足常樂了。俗語道：「一兩黃金四兩福」，「大軍閥」的數百萬元利潤，老天註定了是賞給「邵氏」的，所以李翰祥並沒有什麽眼熱的表示，這就叫做「死生有命，富貴在天」，財來自有方，是絲毫也勉强不來的。

最後預告：下一期恐怕還要談李翰祥與「大軍閥」，因爲根據報載：這部轟動一時的鉅片，在台灣很有被禁映的可能！現在「邵氏」正在提出種種解釋，希望能夠挽救危機，想來又有許多熱鬧的「情節」，值得在探聽確實之後，加以報道。正是：欲知後事如何，且聽下回分解。

歌壇十二金釵（上）

陳蝶衣

時代曲風靡一時，唱家班人才輩出；下走於飽聽妙囀，遍覽仙飛之餘，不禁竊有所感焉！蓋自來促管繁絃，初不僅耳竅所悅；靚妝刻飾，亦能使目盡其娛。是以懲躁雪煩，郭訥常說佳以示賞；更歌迭奏，念奴每藉嬌以止喧。昔賢所謂唱引萬變，曲用無方；和樂怡懌，悲傷摧藏；此固歌人之盡態極妍，有以致之；而下走實亦嘗摛詞捶句，不辭貢拙以襄其盛。夫弛張分揆，迺聖哲之所施；鄭雅並臻，或士夫之當恕。矧登場之女，類皆豐贍而多姿；其間更不乏絕世殊尤之美質，往往能使人攄意弘觀，神魂俱協；蓋又非祗以參差之音節，攝動盪之精靈也！不佞以去國之流人，未厭金朱之照耀；遜荒之下士，罔辭光景之流連；恒時既累相往還，多所晉接，遂難如劉勝之留隱情，知善不薦；轉欲效姜晦之助熱戲，押樂以進。閒嘗默計歌壇嬰宛之可叙者，得十二人，恰符金釵之數。雖絳樹雙聲，不復獲覩於今日；特覓裳一隊，固正負譽於邇時。著文以彰其美，繫詩以存其眞，則亦如涂瀛「紅樓夢」論贊所言：『夫然後香温玉軟，不摧於怨雨凄風；綠膩紅酥，不侮於狂蜂浪蝶。』微意正同於此耳！若謂貪作裙釵之護法，樂爲巾幗之主持，則視神瑛侍者猶相去一間，殊未敢引以自譬也。

——歲在壬子月團圓之夕，蝶衣序於花寀。

一：姚蘇蓉

香桃骨瘦口能哆，一曲新歌息衆譁；
誰似蘇蓉心意苦？不回家是勸回家。
累憑電影訴情痴，秋水伊人有隱詞；
作者已隨徂歲去，猶煩騃女涙常滋。
幻想精靈出囪門，自開心境自温存；
每當樂作嚬呻起，難免襟沾肩涙痕。
膏脣拭舌慣論歌，自笑持衡未忍苛；
聽到喘沉聲轉激，寒天躅足更無多。

以上四首七絕，是壬子歲首姚蘇蓉重應東方歌藝團之聘，在香港歌劇院再度登場，聽了她的歌之後所寫。

蘇蓉以「今天不回家」一曲崛起歌壇，三數年間紅遍東南亞，可以說：「是異數，也是情理中事。」

事實上，蘇蓉之享名是始於在台北的電視節目中唱出「秋水伊人」一曲，因流露了眞感情而涙痕界面，從此乃獲得了「涙盈歌后」之號。後來以「今天不回家」一曲負譽，則是由於她在「發口成音」方面又有了新的創造，有了更進一步的發揮，纔使她踏入了成功的境域。

姚蘇蓉在練歌時的姿態，亦與正式演唱無異。

從「今天不回家」開始，蘇蓉之歌即自成一派。董文敏論畫，嘗有「同能不如獨詣」之說，蘇蓉蓋諳其旨而又能肆其力者。每一次聽蘇蓉之歌，往往覺得清越之音，逼人如壓；雖欲如師曠之躅足，亦不可得。

我曾經仔細領畧蘇蓉之唱，發覺她不但咬字、運腔，無不控制得宜，恰到好處，甚至在換氣之時，也能利用喘息而帶出情感，這一種方法，過去從未有人作同樣的嘗試。

除了在唱的方面有其「偏巧」之外，同時她對文學也有不淺的修養，早年她在台北，曾寫過短篇小說「菁菁」，借小說中人爲自己寫照，這是她公開發表的處女作。此後又曾以「唱吧！唱吧！」爲題，替電影刊物寫過專欄，發抒她對歌唱的體驗與意見。最近的一篇作品，則是「感情是歌唱的靈魂」。其中有一節說：

「……每當我唱一首愛情歌曲時，幻想的小精靈一躍而出，我把我自己幻想成女主角，男主角是一個飄浮中的人物，他的長相是模模糊糊的，面目不可辨。唱得身不由己時，那位幻想中的男主角自自然然的就出現了！走進了現實世界。我所唱的，一切都爲他，爲他對我的感情而唱（不管愛恨）。想到他負心時，眼角的淚珠一閃閃的溢出了我的眼眶，那已經不是我自己了！我自己已幻化成歌詞中的人物。」

看到蘇蓉每唱一首歌曲時的全神貫注情況，相信她之溶化在歌中，把自己幻想成女主角，說的乃是眞話，並非紙上的飾詞。由此，也說明了她是一位情感豐富的歌人。

有一次，蘇蓉談起徐志摩的一首名爲「偶然」的詩，曾使我爲之茫然，一時無法作答。後來終於在「歌選」中發現了徐志摩的原詞，這纔體會到當時蘇蓉的一番感想。

能夠談談徐志摩的詩，恐怕在歌人中也是鳳毛麟角，不可多得的了！

二：潘秀瓊

合樂新詞縱筆成，人間又起按歌聲；
平生不自嫌多感，傳遞癡兒騃女情。
朝朝海上看潮回，別有騷情激盪開；
邀得飛瓊乘月下，步虛聲裏一低徊。

距今十二年前，潘秀瓊首次從星加坡飛來香港，爲百代公司錄灌唱片，姚敏兄趕着爲她作曲，我在「急就章」的情形之下儷之以詞。就在錄音之日，我寫了上面的兩首絕句。

這是我與秀瓊識面之始，也是初次聽到她的富有磁性的歌聲。

自此以後，秀瓊一年一度應邀來港，我總是「奉旨塡詞」，爲她而「趕任務」，差不多已成了義不容辭的例行工作。一首「情人的眼淚」，經由秀瓊唱成了名，使我也沾到了一些意外的光榮。

最近兩年來，秀瓊寄居香港之時較多，因此更不乏晤對的機會。而在每逢見到她時，常會被她的那一種「冲澹粹穆」之神態所感染，不自覺地隨之浸沉於「與俗異軌」的氣氛之中。

曾經以「紅樓夢」中的邢岫煙比擬潘秀瓊，讀花主人作「紅樓人物論贊」，對邢岫煙有如下之評述曰：『斂才就範，抑氣歸神，此詣非十年讀書，十年養氣不到，邢岫煙在親較寶釵近，在遇比黛玉難，然厚寶釵如彼，薄黛玉如此，人情概可知矣！秋水菱花，能無顧影自憐耶？乃漠然自遇，淡然其衷，不忮不求，與人世毫無爭患，則超超元著也；謂非學養兼到之作歟？攬其風度，如披古會元風。』

以上所謂「斂才就範，抑氣歸神。」所謂「淡然其衷，與人世毫無爭患。」幾於無一不是爲秀瓊寫照。不久以前，秀瓊曾因視覺模糊而求驗於醫師，診斷之下肯定她是腦瘤壓住了眼神經，因而影響了視線；終於不得不進入聖保祿醫院，動「剖腦取瘤」的手術。就在這時，有不明眞相者造作蜚語，刊諸報端。前輩影星李芳菲見報後，去往醫院探視時提及此點。秀瓊聞之，只是莞爾而笑，付之一噱而已！

歌喉富於磁性的潘秀瓊

我也曾讀書，也曾養氣，但像潘秀瓊這樣的「冲澹粹穆」之韻度，則相形之下，就只好自歎不如。

「剖腦取瘤」是危險性相當嚴重的大手術，但秀瓊在奏刀前後，始終是談笑自若，不以爲意。能夠把生死都置之度外，對於一些飛短流長的無稽之談，自然更不會有所介意了。

此文刋出時，可能秀瓊已束裝賦歸，回到了星加坡，但聖誕節以前必然重來，由於她與此間「新都城」夜總會的合約未滿，尚須重踐夙諾，再展歌喉也。

三：吳靜嫻

唐時念奴元順時，能歌曾領天子頤；
中官內使一宣召，纏頭錦匹已先持。
汝生未識宮門鎖，倠宴幸免嬌侍坐；
妝成緩緩議登場，不憂慌急墜釵朶。
一闋方終聞掌聲，此時應愜獻謳情；
無數座中賞音客，不是帝王是蒼生。
行腔使調歌順遂，歌罷歸去掩關睡；
入夢只帶女兒嬌，到眼全摒官家醉。
自來身不屬教坊，立部往迹久渺茫；
長笑香山翻樂府，情多轉苦神慘傷。
我亦閒來強作賦，銜情寫抱意自措；
新詞贈爾塞歸裝，曲中聊替萬人訴。

吳靜嫻原籍安徽，但出生於台灣，並在台灣長大。一九七〇年參加凱聲綜合藝術團，首次來港演唱，約滿歸去時我設宴花窠餞別，並賦詩贈行。詩不足以壯行色，只是藉此誌一時之緣會而已！

台灣的正聲廣播公司，爲了獎掖歌唱人才起

見，每年必主辦一次「全省國語歌唱比賽」，一九六五年是第九屆舉行。就是這一屆，產生了轟動一時的雙冠軍，其一是姚蘇蓉，另一位就是吳靜嫻。兩人從初賽、複賽進入決賽，三個階段的得分都十分接近，到了最後，評判員無法決定冠軍、亞軍之誰屬，只好採取雙冠軍制，使兩人同時奪標。姚蘇蓉固然因此奠定了她在歌壇的基礎，吳靜嫻也自此得以脫穎而出。

有雙重「冠軍」榮譽的吳靜嫻

更巧合的是：姚蘇蓉於五年之後，挾雷霆萬鈞之勢來到了香港，吳靜嫻不久亦接踵而至，兩人分別隸屬於「民間」「凱聲」兩個團體，在香港分庭抗禮；姚蘇蓉之歌自是歆動一時，吳靜嫻的纏綿悱惻之抒情歌，也一樣不乏擁躉，有的是賞音之士。

去年，台灣又舉行了一次「十大歌星」選舉，靜嫻得票一路領先，最後終以壓倒之優勢，取得了冠軍的榮譽。至十二月間再度應邀來港，在各方紛邀之下，使她幾於唱遍了港九兩岸所有的歌廳、夜總會。她說：這是她踏上歌壇以來，地方唱得最多的一次。

在這一次留港期間，她曾徇我之請，一度參加本刊的大人聚餐會，與諸同文杯酒言歡。

大家都知道：姚蘇蓉愛好作方城之戲，靜嫻也學會了！曾於送姚蘇蓉及其夫婿莫宗毅飛返台北之日，在機場與李允中相遇，允中兄一聲「打牌嗎？」引起了靜嫻的興趣，於是靜嫻、陳蘭麗的媽媽、允中兄與我，僱車直駛大人飯店，湊成了「衛生」牌局。靜嫻未夠火候，不辨方位，連到東南西北都要輪指數上一遍，纔弄明白什麼是坐風；二十出頭的姑娘家，在牌桌上表現了歌台未有之憨態，惹得旁觀的侍者亦不禁爲之失笑。

靜嫻的初期唱片，就中有一首歌名「失去的戀情」，實際上在她的私生活中，至今還沒有發生過「戀情」。可以說，她是成名歌星中唯一不鬧「桃色新聞」的一個；私底下既靜且嫻，人如其名。

四：甄秀儀

言情一曲水長流，多少歌迷鼓掌求；
我亦不嫌腸九轉，頗從回馭乞添愁。

有一天坐在金屋餐廳喝下午茶，一位小姐翩然枉過，發問曰；「是不是陳蝶衣先生？」我領首承認了，她立即送了一張唱片給我。

一個傳奇性的開端，使我認識了這一位後來以「小九妹」自稱的甄秀儀。

過去上海有所謂「洋場八仙」，起源於有幾位小型報專欄作家經常在國際飯店的八仙廳聚首，有人發起締結金蘭之盟，打了個電話給我，推舉我做個「大阿哥」。我一生樂於「助興」，也就無可無不可的答應了。之後我四十歲生日，友好們發起，在倫社俱樂部爲我祝嘏，緣起中有二語曰：「洋場居八仙之長，報壇稱元老之尊。」這是出於詩人施叔範的手筆。四十歲那裏稱得上「元老」？次一句我愧不敢當，上一句則是事實。「洋場八仙」之名，亦由此而確定下來。

甄秀儀知道這一段故事，在另一次茗座之上偶爾談及，她笑着說：「我就做個小九妹吧！」

小九妹是「梁祝哀史」中祝英台的稱號，秀儀在澳門出生，香港長大，從未去過上海，但她有語言天才，粵語、國語之外兼能滬語，更了不起的是還擅演越劇，今年六月十五日，她曾參加「高瑾越劇團」的公演，在大會堂音樂廳粉墨登場，正式串演了一次「樓台會」中的祝英台，使小九妹的稱號獲得了實踐。

「孤意在眉，深情在睫。」這是張岱在「陶庵夢憶」一書中對「調腔戲」女優朱楚生的評語。秀儀的姿質稟賦，也往往似之。但生於現代的甄秀儀，畢竟較朱楚生爲幸運，在這三年中，眼看她一忽兒飛星洲，一忽兒飛泰國，一忽兒飛台灣，遊踪所至並遠及日本之東京、大阪，以及美國、加拿大諸邦；旅遊使她開拓了胸襟，而香港則經歷了一個時期的「皓齒不發、芳心自持」之後，也終於出而獻歌，以一曲「水長流」享譽於時，歷久不衰。

最近，「嫁妹」之心事完畢，母親也去了加拿大，依秀儀之胞弟以居。秀儀卸去了沉重的家庭負擔，益復專心致志於歌唱；看來今後必然是前程似錦，再也不會像朱楚生那樣的「終以情死」了。

篇首一詩，是秀儀去往星加坡獻歌，接得她的來書之後所作。歷來爲秀儀所寫的詩原不止一首七絕，此外還有一首五言律，起句曰：『深情長在睫，一半簇春愁。』現在已不適用，該在刪除之列矣！

另有值得一提的是：姚蘇蓉能談徐志摩的詩，甄秀儀則能娓娓論「紅樓夢」人物；姚蘇蓉累以文字發表於報刊，甄秀儀也曾搦管爲文記加拿大、美國之遊程，標題曰「十個星期，半個地球」，其中有一節述及火奴魯魯，寫得非常風趣，原文如下：

甄秀儀的「面面觀」攝影

『於是，十八日就飛火奴魯魯。以前，我老纏不清這個地名，島名夏威夷，埠稱火奴魯魯，港口叫珍珠港，還有個別名叫檀香山，簡稱檀島。

現在我到了這個地方，依然攪不清它的尊姓大名。人之相知，原也不必追問名號。認識一個美麗得出奇的地方，使我想像到男人邂逅到一位豔色美女的喜悅。儘管是驚鴻一瞥，也是夠終身憶念，不必管她姓甚名誰了。

夏威夷之美，恬靜中洋溢着熱情，熾烈中又透着靜穆。在這裏，我住「阿拉夢娜」酒店，這名字也夠美的——其實我根本不明白這兩個字的意思。』

讀其文，固亦儼然一作手也。

五：陳芬蘭

吳頭楚尾斷游程，萬里猶寬海外行。
去國人宜添麗矚，獻謳處定起纏聲。
紅妝力足消兵氣，白士情殷結酒盟。
醉裏夢尋如可得，檳榔一斛析朝酲。

一九七〇年春間，陳芬蘭從香港飛往吉隆坡，踐獻謳之約。偶有所感，謅成如上一詩，因擘箋謄錄，付郵追寄。後來她回到台北，給我寄來了一副竹對聯，我又賦詩一首作爲答謝，原詩已在前期的「花窠素描」一文中刊出，茲不再贅。

芬蘭在童年時期即上了銀幕，取得了表演的經歷，其後她的父親去往日本經商，旋即在東京定居，芬蘭也由此而寄籍東瀛，並獲得了研習聲樂的機會。一般人都認爲：芬蘭的歌聲帶有濃重的東洋味，甚至表演的方式亦復如是；這倒眞是確切不移的論斷。我在一九五六年初展東瀛遊屐，曾目覩彼邦著名女歌手美空雲雀登場獻歌的風貌，而陳芬蘭則正是美空雲雀的崇拜者。

除了私淑美空雲雀之外，正式指導她進修的音樂、舞蹈老師，先後有橫地裕子、市川紹介、竹山莊一、長尺靜子、三津紫等多人，都是日本極負盛名的藝人。她在日本演唱時另有一個藝名，叫作「南蘭子」。

芬蘭在台灣，以主演國語電影「淚的小花」成名。初次來香港時在「帝國」夜總會演唱，即負有「台灣美空雲雀」的頭銜。之後，芬蘭來港之次數較頻，我也曾爲她寫過不少歌詞，包括和她茗甌相對，共同研究的「無情風雨」在內。

她在日本、台灣，都曾居住過較長時期，此外還去過花都巴黎，作聲樂方面的進一步研習。她能唱國語時代曲與閩語時代曲，此外日文歌、英文歌、法文歌無不兼擅，是歌壇上少數的「兼才」之一。

芬蘭二次來港時在「翠谷」夜總會擔任歌唱節目，曾抽空拍了一部電影，片名「重逢」，後來改爲「幾時再回頭」。芬蘭私下表示；她對電形的興趣不大，她說：「我喜歡歌唱。」

歌唱之外的唯一嗜好，大概是飼養熱帶魚了！雖在客中，她也買了一缸熱帶魚，安置在國泰酒店的寢室裏，閒來便靜靜地欣賞游魚的姿態。她能夠領畧這一份濠梁之趣，說明了個性中有其「好靜」的一面。

（未完，待續）

有「台灣美空雲雀」之稱的陳芬蘭

亞米茄f300電子天文台表，自動，日曆，不銹鋼表殼。 A ST198.001 配皮表帶，港幣820元
B ST198.003 配不銹鋼帶，港幣895元 C ST198012 配不銹鋼帶，港幣945元

亞米茄電子天文台表
達瑞士總產量之
百分之九十三點七

每一只亞米茄f300電子天文台表，都要經過瑞士官方的嚴格試驗，証明合乎標準始發給官方的証書，一九七一年統計中証明亞米茄電子天文台表佔了瑞士官方發出之証書總數達百分之九十三點七·亞米茄電子天文台表之構造是基於音叉之原理並加以改良，使其準確性更高，更爲滿意。

電子計時之先導

亞米茄f300電子天文台表是亞米茄廠致力於研究天文台表二十年之成果，同時，在電子計時方面也具有悠久之歷史·亞米茄曾多次担任奧林匹克運動會之計時工作，亞米茄之Swim-O-matic 計時器之準確性可達十萬份之一秒·亞米茄在商業上的成就也有其光輝的一頁，因爲亞米茄被指定爲英法合作康確型飛機之電腦計時系統。

信用昭著，精密準確

亞米茄速霸型表之成就，也是舉世矚目的，美國太空總署指定亞米茄表爲所有太空探險之標準計時裝備，亞米茄海霸600型表也是該廠傑出產品之一，防水性能卓越，高斯多司令於海底一千五百呎試驗人類之潛水性能時也佩戴此表，這種種事實都足以增加亞米茄產品之信譽。亞米茄f300電子天文台表是世界電子表中之表表者，是最值得閣下信賴的精密時計。

世界性問答比賽 亞米茄

亞米茄空前壯舉

暢遊世界

另備名貴獎品超過一千份請到就近亞米茄特約零售商索取參加表格。

亞米茄表 馳譽世界 一致推崇

銀元時代生活史

——六十年來的物價追想——

陳存仁

這一篇是本文的結尾。本來銀元已經絕跡，到後來幣制崩潰之時，銀元又出現了，而且身價大增，不同往昔，所以這段文字亦是銀元時代的眞正結束。

專輯

中日戰亂　舉國震驚

我寫本文，還是從我本人所身歷的情況着筆，關於內地抗戰的情況，我是不詳細的。本來中日的一場戰爭，可以說開始於九一八瀋陽失陷，到蘆溝橋七七事變，把華北五省，都給日本人侵佔了。

中國人的觀察，日本人侵佔了我們這許多土地，一定要經過消化工作，才會影响到華中，所以大部份人都想從此可以得到一個苟安的時期，還有好多時期可以拖延，但是日本人却貪得無厭，得寸進尺，咄咄迫人，一下子就到華中來繼續滋生事端。

日本人對全世界的宣傳，總是說中國人先發生某項事件，迫得他們不得不採取軍事行動，分別地區訂立條約。譬如七七事變的起源，他們說是日軍有一匹軍馬，被中國軍隊拉了去，於是就開始轟炸宛平縣，其實是否有軍馬失踪，也無從查考。上海一二八事件發生，日本人說是：三友實業社職工埋葬了他們一個從軍和尚。這些事情，算他都是眞的，也該就地協商解決，不致於會掀起一場大戰。而戰爭結果，必然是威脅中國簽定一個協定，如塘沽協定、淞滬協定之類，根據這些協定，就大大的擴展他們的侵畧性的軍事勢力。

日本人對南京方面發出的威脅，當時有一種騰傳衆口的論調，說是：『三天可以佔據南京，七天可以征服整個中國。』這種論調，當然是宣傳性質，但是很多有『恐日病』的人，認爲有此可能。

他們在南京製造事件，仍是一套老手法，一天，宣佈日本領事館副領事『藏本』失踪了，在國際上他們宣稱這又是中國人的排日行爲，藏本確有其人，而且也料不到達到第三天時，藏本却靜悄悄的從一個山洞中爬出來，覓取食物，中國人的警覺性很高，一下子就認出他是日本人，於是就由郊外的一個派出所，派了幾名警察把藏本送到警察總局，錄取他的口供，藏本承認他是故意失踪的，而且原本要自殺來報國的，但是他到了一個山洞之中，懷念家人，下不了這個決心，又因爲飢餓難忍，所以出來覓取食物。這份口供，當時曾製版送刊各報，外交部亦派員把藏本送交日方，這一下子，日本人大丢其臉，名爲『藏本事件』，一時南京民心就安定下來，連上海的市民都鬆了一口氣。

民國廿三年六月八日，日駐京副領事藏本英明突告失蹤，日本全國譁然，並派軍艦二艘至南京示威。嗣於十三日下午一時，在紫金山孝陵尋獲，事件始得平息，圖爲神經不正常之藏本英明。→

安定了一個時期，日本人的花樣又來了，他們在上海，不是說日本軍人被殺，就說日本居留中國的僑民被辱，又將大批軍人由日本輪船運送來滬。

這一次，政府有了準備，不怕他們搗亂，第一是銀元收盡，法幣的幣制改革已成功，第二是訓練成功的新兵，一師一師的準備上陣，於是反其道而行之，態度堅强，向來日本人逢到中國方面硬了，他們就軟了下來；中國一軟，他們就强硬起來。所以在這個緊張關頭，政府對淞滬協定也顧不得了，只有把正規軍調到上海四郊閘北和吳淞，意欲以武力來作爲談判的後盾。

軍人們個個想向日本軍隊作戰，人人興奮，幾乎大家抱有敵愾同仇之心，所以軍隊一到了上海，還沒有幾時，戰爭就爆發了。

八一三的一戰，把日本人三天佔領南京的美夢完全打破，而且暴露出許多敗績，戰了好久，總是不能取勝，經過重重困難，才打到南京。這一回日本人憤怒極了，所以一佔領了南京，就實行大屠殺。

日本人這時候也有一個很大的錯誤，倘若那時節立即向上打通津浦鐵路，向下打通粵漢鐵路，戰爭就不會拖延到八年之久。

這個時節，德國大使陶德曼，出面調停，於是把戰爭停頓下來，中國政府得到了這個喘息時間，就部署好了第二道防線及第三道防線，這樣打起來，日方就泥足深陷了。

我們上海人，在八一三作戰時，興奮得了不得，上海租界成爲後方的供應站，軍方要什麽，民衆就供應什麽，直到日軍攻破了第一道防線之後，民氣就消沉下來。

當時日軍對英美法三國的態度，還是保持着相當的尊重，英法兩租界是不來騷擾的。中國方面的抗日人員，還可以自由搭乘洋商輪船，逃難到香港，有些還可以從香港回上海來做工作。

租界上的海關，照常轉公，『關餘』按時撥交，中國銀行和交通銀行，這些銀行也照常辦公，市民仍舊使用法幣，法幣的價值一些也沒有變動。

出面調停中日關係的德國大使陶德曼夫婦

向來日本人每佔領到一處，就發出一種軍票，但是軍票的使用，十分困難，大家不接受。連到爲虎作倀的漢奸，也不敢把軍票拿出來使用，所以日本軍方不得不要求各家日本銀行，把舊時所存儲的中國法幣拿出來使用。這一些情況，直維持到太平洋戰爭爆發之時。

日本軍票　推行困難

日本軍隊最初的計劃，佔領了一個地方，就使用軍票搜購當地的食糧和一切物資，但是這個計劃，大體上的失敗的，因爲軍票是日本軍部所印行的，與日本本國的日元是不相聯系的，這顯然它們是準備把這種軍票嫁禍於中國老百姓頭上，將來這筆糊塗賬與日本金融界毫無關係。

儘管日本軍打一仗勝一仗，地方越佔越大，但是中國老百姓都有一個普遍深刻的印象，認爲日本人泥足越陷越深，『最後勝利必屬於我』，所以對軍票的使用，用盡一切方法來推諉。軍票的應用範圍極小，只有一些附逆的漢奸，組織地方維持會，爲了奉承日本軍人起見，勉勉强强把軍票接受下來。這些漢奸，初期全是些無智無識的地痞流氓，以及失意的土豪劣紳，他們雖然用盡方法，狐假虎威的大力推行軍票，但終於推來推去推不開。

再深刻的講一句，這些地痞劣紳逢迎日軍，也無非想弄些錢，然而拿到的全是軍票，以軍票來換法幣，到處都沒有人要，所以他們內心非常痛苦，知道軍票的前途，將來是會不值一文錢的。

日軍進展得很快，每佔據一個地方，就要組織一個地方維持會，也算了卻一件心事，大批的軍隊，本來想以戰養戰，一切開支以軍票來支付，但是這只是一種理想，他們也沒有時間來做推行的工作。所以日本人所用的軍用品，都要從日本軍艦運來，在當地是接濟不了的。

又有一個原因，日本人打進一個城市，只留少數士兵維持城市的治安，一切民間事情都假手

我軍在閘北所築環形防禦戰壕

於漢奸，但是糧食在城市間儲存不多，要到四鄉去搜羅，軍票是行不通的，不論城市鄉郊，要買大量糧食和蔬菜，還是要靠中國的老法幣。

中國的老法幣，日本人手上所有的只限於上海幾家日本銀行的存儲，日軍一路打出去，一路需要老法幣來使用，顯然的他們所佔領的地區只限於城市，一出了城，軍票就一些也買不到東西。漸漸的被中國人看穿了他們的情形，他們的軍事只佔據了幾個『點』和『線』，所謂點就是城市，所謂線就是交通線，越出了點和線，他們就沒有力量了。日本散兵一出城市，動輒會不明不白的死掉，因此他們在點線之外的地區，去都不敢去。

點線之外的地方，稱爲『游擊區』，由地方的團隊維持治安，當然壞人數量佔得多，所以良好的游擊區比較少，而壞人佔據游擊區比較多，在中國軍政撤退之後，就成爲他們胡天胡地的世界，這些地區還是相信老法幣，軍票是一張也用不掉的。

我住在租界上的，租界上初時日本人絕不干涉任何事，所以上海稱爲『孤島』，有英法兩租界的當局維持治安，再出動萬國商團來作爲警備隊，市面不但不見蕭條，反而繁榮了數倍。那時我們使用的紙幣，仍然是清一色的老法幣。

我有許多學生，有些從閘北逃出來，有些從外埠逃來，有一次在談話中，某一學生問我有沒有見到過軍票？他說後就拿出一張一元面額的軍票，這是我第一次看見軍票。

有一天，攝影畫報的主持人林澤蒼趕來，匆匆忙忙的對我說：『我現在要買三百元軍票，你有沒有辦法？』我當即拒絕他說：『這事我一無辦法，還是另請高明。』澤蒼說：『事情很緊要，非要辦到三百元軍票不可。』於是他就在我家中打了十幾個電話給他的朋友，恰巧有一個朋友來自蘇州淪陷區，有的是軍票，於是林澤蒼才如願以償。

我在閒談之中，問林澤蒼：『你爲什麽急急要三百元軍票呢？』他說：「有一個朋友，在虹口開照相館，中日大戰初期，各行店舖都已停業，惟有照相館的生意好得出奇，都是日本軍人來光顧的；日本軍人有一種怪癖，他們强姦婦女，明明是一件不可告人的醜事，但仍要拍一張照片，而且要把婦女的面貌衣衫都拍進去，這種照片，一天要冲印幾百張，所以生意好得很，冲印的材料和紙張，都由日本軍方供給，但日本人也有舞弊的，有一個日本人說：『你如給我三百元軍票的話，我就額外配給你一些冲晒的紙張，是不在配給範圍之內的私人行動。』這位老板就和林澤蒼說：『現在南京大屠殺，姦淫的底片成千成萬的交到，可是印的晒紙有紀錄，一張都不許偸印，你如果能替我籌到三百元軍票，我就可以買到那日本人的走私的晒紙，多印兩套，一套給你，一套歸我。』」

林澤蒼認爲這些照片，是日本軍人作惡的鐵證，不但有新聞價值，而且公諸於全世界，還有意外的作用。所以他要急急的籌備這筆數目，準備帶到虹口去。（按那時節出入虹口，經過日軍崗位，要鞠躬致敬，手上拿的東西要公開出來給日軍檢查，但是晒紙一見光就會走光失效，即使租界有晒紙可買，也過不了關，所以只能用軍票在虹口當地秘密收買。）

過了十幾天，關於日軍在南京姦殺的照片，已全部印出，不知用什麽方式運出虹口，遞給林澤蒼，澤蒼偸偸地給我看了一下，這類照片共有一百多張，一類是成排老百姓和中國軍人被槍斃的情況，最多的一類是强姦婦女的照片，各式各樣的姦淫鏡頭，看了令人髮指。

這一批照片，林澤蒼選出四種，又翻成底片，賣給外國駐滬的新聞記者，得到酬金法幣四百元。這四張照片，後來全世界報紙都發表出來，由於形象醜惡，此處恕不發表。

後來大批照片如何下落，我也不知道了。（按一九五三年時，日本人對於中日之戰，出版了好多推究他們早期在華作戰未能成功的原因，有許多人執筆指責當時軍人在華作惡情況，形諸筆

中央造幣廠製造輔幣過程，每天可出一百萬元

墨，銷路很大。最後他們又出版了一部佔領南京的畫冊，據說有圖畫數百幅，大抵這種圖片是和這類照片有關的，這本畫冊出版之後，日本全國震驚，認爲原來軍人竟敢如此無法無天。這段消息我聽到之後，急忙託日本朋友在日本購買，但是那朋友說：這書出版後第七天，已銷到一百多萬部，第八天就被禁止發行了，因爲震動人心太厲害，所以一下子就禁掉了。）

表面言和　實際備戰

陶德曼對中日戰爭的調解，上海人都很關切，有些人認爲調解必然能成功，有些人認爲戰爭一定會抵抗到底，否則政府處在日人的卵翼之下，以後中國的主權完全喪失，要是回到南京去的話，也不過成了一個徒有其名的政府，還有什麽國家主權可言。

在談和期間，中國方面仍有作戰準備，日本也仍然把大量軍需品運到上海，我們這時居留在沉悶的空氣之下，本來不關心時事問題的人，也逐漸把中日戰爭前途，作爲研究資料。

那時節便產生了許多日本問題的觀察家，其實這些日本的觀察家，都有其自己的打算，立論難免有偏見。

龔德柏是一位日本問題研究專家，他的觀察最是深刻，他發表了許多文章，我都很喜歡讀，他的意見：日本人不但要想征服全中國，而且要統治整個亞洲，所以在中國使用的軍力，不過是十分之三，還有十分之七，準備用在『南征』，不惜與英美打上一仗。他這種說法，初時我們認爲有些狂妄，後來這些話，却一一的應驗了。

還有一個日本問題專家，是陳彬龢，他出了整套研究日本問題的小冊子，撰述的人，許多見地都是很高超的，不過他有一種觀點，總是不滿現實，要推翻原有的政府。所以我們要聽研究日本問題的話，衆口紛紜，教人很難捉摸。

倒是有一次碰到一位姓劉的長者，他是早期日本留學生，對日本的情況，觀察力很深，他從來不執筆寫文章，但是他的話，簡直句句都有來歷，而且把中日戰爭的根本原因，分析得很清清楚楚。這些話現在雖已過去，但是我看許多抗日書報都沒有表達出像他那麽高超的見解。

他說出日本進攻中國，摧毁中國政府的軍力，易如反掌，但是中國地方實在大，日本要是出兵幾百萬的話，也祇要抱定宗旨和他們長期作戰，使其泥足越陷越深，俗語說蛇能吞象，雖是一句不合理的譬喻，可是蛇要是眞的吞倂象的一部分，那麽已可以脹死一條蛇。所以日本武力的當權者，預先雖做過種種調查，認爲中國是一無可懼，甚至無數軍人以遊歷爲名，暢遊中國各地，如松井石根，在沒有開戰之前，先到南京，再經廣州返日，他也認爲滅亡中國是不會超過一個月的，所以軍人個個都磨拳擦掌準備出動。日本文人當權者，他們知道事情不是那麽簡單，雖說侵呑中國的意志是一致的，不過要運用哄、嚇、騙、詐的外交方式，最好不要出動兵力開火來達到目的，這是上策，用兵動武，乃是下策。

軍人們對國內文人的論調，深惡而痛疾，所以動不動就將主張緩進的政論家外交家以及首相重臣，一個個都施以暗殺手段來對付他們，大規模的暗殺事件陸續發生，不計其數。最駭人的如首相犬養毅，財相高橋，都爲軍人公然擊斃，西園寺元老也受到恐嚇，政府的政策完全操縱在軍人手中。

日本戰前的政治制度，內閣總理雖有權提出財政部長，教育部長，外交部長等名單，但是對陸軍部長，海軍部長，空軍部長，是無權過問的。是要由軍方推出，內閣總理惟有仰其鼻息。他們要是反對其人不推出部長的話，內閣總理就做不成。

還有一點，即使內閣已組織成功，內閣總理不聽軍部政策的話，軍部就可以令海相或陸相辭職，一個人辭去，內閣就要改組，所以從前日本政府的內閣總理，完全處於軍方卵翼之下。

姓劉的長者又說：那麽日本爲什麽會造成這般的局面呢？他們是有法律根據的，因爲海陸空軍是直接隸屬於日皇的，所以內閣總理對軍事實實在在是沒有一些力量來統制的。而且他們也有一種成規，軍人在外行動自由，不受國內的命令，所以有許多事件發生，都是軍人鬧出來，內閣總理預先不知道，外交部長更是矇在鼓裏，但是事體一經發生，當地的領事就要乖乖地收拾殘局；全國性的政治也是如此。

軍人在外，儘管不宜而戰，外交部長只有代表軍方說圓滑的話之外，沒有別的話可說，即使咎在軍方，外交部也要想出適當的理由來袒護軍方的。

這許多話，我倒是聞所未聞，所以陶德曼的調解，雙方都是表面上作出一種媾和的姿態而已，軍人是有軍人的準備，中國政府也明知日本外交界不能約束軍人，所以一塲調解，宣告失敗之後，就格外的大打起來。

當時上海的報紙，很少知道這種內部癥結，和乎？戰乎？大家都莫測高深。

戰亂初期　五洋獨漲

調解不成，掀起全面大戰之後。最初三年，實實在在可以說法幣堅挺，老百姓對它的信心，一些也沒有動搖，購買力也一如其舊，一般人大家都不知道什麽叫做囤積，更不知道什麽叫作外滙。黃金與美鈔，不見流通，普通人對黃金美鈔的重要性也無從知道。我們大家還是過着從前一樣的生活，認爲打仗由它打下去，從不想到法幣是會動搖的。

只有一部份商人和逃難移居到上海的人，知道上海的物價是如何如何，鄉間的物價又是如何如何，兩者之間的差額很大，旣然沒有生意可做，就奔走兩地，把甲地的東西，帶到乙地，再把乙地的東西，帶到甲地，以有易無，這樣的賣出買進，可以從中博得不少利益，這種人後來就稱爲『跑單幫』，這種人從幾百人開始，直到幾萬人，在戰亂期間，藉此維持生計。

最初『跑單幫』的人，目的只有五樣東西，這五樣東西叫做『五洋雜貨』，所謂五洋雜貨，是五種外洋來的實用品，即洋火（即火柴）、洋油（即火水）、洋烟（即香烟）、洋皂（即肥皂）、洋布（即外國布），這五種東西，鄉間都沒有生產，向來靠上海運去，是日常的必需品，跑單幫的人就採購了這種東西，鑽罅覓縫的走出界線。到了鄉間，把它賣掉，把當地的土產米魚肉痲袋等帶囘來，走一次單幫，可以賺不少錢，因此跑單幫的人越來越多，後來人數多到幾十萬人，這雖然是一種畸形的生意，但是勤力的人由於跑的次數多，賺的錢比普通職工的薪水，要高出幾十倍。

這種跑單幫，雖然辛苦萬分，可是囘到上海把帶囘來的貨色賣掉，同時再購入新貨，然後就聊以自慰的進入菜館，大魚大肉的飽餐一頓，因此中小型的菜館，天天座無虛席，而遊樂場所也是滿坑滿谷。

大商家最初認爲大戰開始，是發戰爭財的機會。從前第一次世界大戰時，德國顏料絕市，造成了四個千萬富翁，如貝某、周某、席某、吳某等，因此，這時好多大商人也在計劃，怎樣才能發到戰爭財，可是打了三年，貨價並未提高，白白的空等一場。只有五洋商人，由於跑單幫的人越來越多，他們倒有機會發些小財。

戰爭到了第三年年底，上海煤的來源斷絕，日本軍艦到了上海，向煤炭商人購煤，這一下子，煤球就起價了。

所謂煤球，是上海市民家家用來煑菜煑飯的主要燃料，是用煤屑和黃泥做成的，燒起來很耐久。由於此時存煤日少，煤球的價格天天漲，質料却漸漸的差，差到泥多煤少，煑一餐飯要用去好多煤球，我們感到生活上的影响，別的無關重要，倒是煤球關係最大。（按後來幾年，因爲煤源不濟，連電力都有限制了，家人吵着煤球買不到，我就想到戰爭開始時，曾經買過許多煤，堆在天台上，因爲從前的煤棧叫煤，價格便宜，一担兩担是不送的，一叫非一卡車不可，重約十幾噸，叫來之後，放在天台上，沒有多大的用處，日久之後也忘記了，後來才知道煤價飛漲，一担煤可以換十四担煤球。）

這個時候，大家對黃金美鈔還沒有注意到，我查出當年黃金美鈔的價格，與法幣的價值實在沒有什麽變動，舉例如下（錄自銀行週報）：

一、一九三八年四月：美鈔一元合法幣三元七角半，黃金十兩合法幣一千一百四十二元。

二、一九三八年十二月：美鈔一元合法幣六元一角六分，黃金十兩，折合法幣一千九百九十九元。

就上述兩項來看，法幣的動搖，是在一九三八年四月之後才開始的，四月之前實在和戰前相差無幾。

從前一般人還沒有想到物價漲，就是法幣貶值，不像現在的人，商業智識豐富，腦筋較爲敏感，物價會不會有波動，他們早已有預感，不使它們的幣值受到損失，所以要買東西，還是能從心所欲的買得到。舉一個例來說：我印一種醫藥雜誌，每一期到紙行去購買十多令白報紙，不但很容易買到，而且價錢每次相差不多，我有幾個朋友是辦報的，報紙的銷路都很大，每天買白報紙，也都沒有什麽困難，直到一九三九年開始，白報紙的身價就高了一倍，本來每令三塊多錢的，這時就要賣到七元左右，因此紙商個個都發了財，一般人就稱他們爲『紙老虎』。這還是物價波動的初期情況，後來就達到不可想像的地步，不過有一個特點，就是紙商祗有抬高價格，而沒有居奇不買的情況，初時在紙商方面說來，他們也沒有想到後來法幣的貶值，會跌到不可收拾的地步。

初期法幣貶值，有一個故事，傳說紛紜：法國人在第一次世界大戰時，有兄弟二人，哥哥勤勤懇懇的積了許多資財，弟弟有錢就買啤酒喝。常常囊中空無一文，可是他飲罷啤酒之後，總是把那些空樽堆在後花園曠地。後來馬克跌到不值錢，哥哥的積蓄化爲烏有，那位一味飲啤酒的弟弟，擁有啤酒空樽二三千個，反而可以用這些空樽來換取食物，繼續生存下去。這個故事，大家都付之一笑，認爲這祗是海外奇談，誰知道後來在上海也發生了類似這般的情形。

一般商人，祗知道求貨如輪轉，但求稍有所獲，就賣進買出，最初三年囤貨的人畢竟少數，特別是成千成萬跑單幫的人，錢財越賺越大，還沒有囤積的觀念，但是到了這時，跑單幫的人，己成爲天之驕子。

我祗懂得行醫，根本不知道什麽叫作囤貨，我有一個遠房舅舅陶庭瑤，那時他是亞細亞汽油公司的買辦，我的妹夫就在他的機構中任職。有一天，他走來對我說：『現在最好賺錢機會就是囤貨，最好囤的貨，一種是火油（即火水），一種是汽油（即電油），戰爭持續下去，這兩樣東西一定要漲上幾十倍，祗可惜我沒有錢，你能不能替我墊一些錢，買進大批汽油，儲存在你那間空屋中，本來這種汽油祗配給與汽油站，但我可以有辦法購買一二百桶（每桶五加侖）。』我聽了，心中雖不以爲然，可是想到日後如果汽油絕市，自己坐汽車也不方便，因此就勉勉强强答應了他的要求，於是大批汽油，一下子就運到我的空屋之中。

這些汽油運到不過兩天，四面八方的鄰居都來向我婉婉轉轉的提出抗議，說是：『你囤積了這種東西，實在危險得很。』我聽到一個『囤』字，心中很不舒服，我說：『明天我準定叫他們搬走就是了。』我的妹夫也沒有辦法，祗好僱了卡車，浩浩蕩蕩的運走，四鄰都目睹此事，大家也就放心了，不過搬到最後，我還教他留下二十桶，備作自己日後之用。誰知道日後汽油是飛漲，漲到一千倍一萬倍。連算都算不出。這時候號稱『一滴汽油一滴血』，我最後的幾桶汽油，要是以戰前數目來講，可以買進一幅地皮。

買地漏風　費盡口舌

我在一九三七年一月，感到上海人口倍增，診務繁忙，原來慈安里的診所，候診的人，無處容身，因此想到要自己造些房子，那時節跑馬廳跑馬停止了多年，收入全無，就把跑馬廳馬霍路正門對面的一塊地皮，劃成小塊，分塊出售，這地段很好，可是地價究竟貴不貴？造樓要花多少錢？我都無從估計，因此我又去請教於丁福保老先生，那天我午後去訪問他，他不在家，晚上恰巧是我參加他兒子丁惠康聚餐之期，丁惠康曾經造過一個虹橋療養院，我就問他，我想買的地段好不好，造價大約要多少？惠康本來是我的至交，他一口說：『好，好，好』，同人們也說：『你不妨買下來』。我說：『好，我明天一定去付定洋。』於是第二天我就到跑馬總會去付定洋，我去的時候是上午九時十分，誰知道那邊的職員對我說：『在九點〇五分，已有人買去了。』我一看定洋條上的名字却是丁惠康，這一下子，我心上就有些不自在，用電話遍找丁惠康，却找來找去找不到。到了晚間我約了聚餐會的中堅份子鄭耀南、姚君偉、陸守倫三人，一同商議，如何應付這件事情，陸守倫最爽直，他說：『買地皮，誰先付錢誰先得，本來是不錯的，但是存仁兄先向丁惠康討教，他不出一聲的就去付了定洋，這在道義上是說不過去的，我們幾人應該當夜去找他，曉以大義。』

晚間找尋丁惠康是很容易的，祇要連走幾家舞廳，必然可以找到。我們先到百樂門舞廳，問門口的小郎，丁先生來過沒有？小郎說：正在裏面。可是我們走遍了舞池，還是找不到，後來才在樓上一個酒吧找到他，他被鶯鶯燕燕包圍着，一見到我，就心知肚明，有些不好意思，再看後面還跟着幾個老友，明知我是爲了這塊地皮問題而來的，惠康很不好意思的說：『我怕你錯過機會，搶先付了兩千元定洋。』耀南馬上對我說：『好極了，你馬上還他二千元，拿了收條去過戶就算了。』惠康連說：『好，好，好，過幾天再辦這個手續。』

陸守倫聽了他這話，就覺得他明明在推諉，就說：『你這樣說，太不寫意了。』惠康說：『這塊地皮，我想來想去，地位好，形勢好，價錢又相宜，最好請存仁兄讓給我吧，我貼一些錢，倒無所謂。』他此言一出，陸守倫鄭耀南大起反感說：『你以爲這塊地皮好，存仁兄也以爲好，從前你辦虹橋療養院時，存仁兄大力幫你的忙，昨天存仁兄認爲你是老朋友來同你商量，你竟然起一個早，捷足先得，實在是太不講道理了。』丁惠康訕訕地說不出話來，祇說：『我們明天再談吧』！

鈔票成紮成捆，公開招搖過市

陸守倫輕輕的對我說：『明天還是要去追他，明知他總在這幾家舞廳，我們一班朋友一定幫你力爭過來。』我說：『好極了，這件事祇能用情理來說服他，一翻臉便會全功盡棄。』大家說：『對的。』

次日下午，我邀了一班老友，約惠康吃飯，惠康推說事忙不來，我們吃罷之後，陸守倫用電話向各舞廳打聽惠康的行踪，他對各舞廳的人熟得很，一會兒就知道丁惠康在麗都舞廳跳舞，於是我們一行就到麗都去找他，那時節舞廳還是一元三跳，茶資一元，他叫了一桌子舞女，我們就自動的和他並桌而坐，臨走都由我付賬，惠康見了我，祇搖頭苦笑。

第三天我們又在仙樂斯舞廳找到他，第四天我們又在斜橋弄聖愛娜舞廳碰面，第五天我們又在大都會舞廳找到他，這樣一連幾天，我化了不少錢，他心裏有些不好意思，到了第六天，他躲在一家較爲冷僻的大滬舞廳也給我們找到了，這天他同座的一個舞女正在哭泣，別人逗她笑，她哭個不停，惠康百般安撫她，她越發高聲大哭，這時惠康窘得很，陸守倫是此中老手，細細的盤問，才問出這個舞女原是一個處女，被惠康沾污之後，一無安置辦法。陸守倫說：『叫惠康賠一隻鑽戒了事』。那舞女說：『我也說過，惠康不肯啲。他一味拖，連人都找不到』。陸守倫說：『有辦法』。就拉着惠康和我，在舞女面前講明：『這個鑽戒言定二千五百元，由存仁兄來付，不過購地的定洋收條要過戶給存仁兄，否則的話，我明天陪那個舞女到虹橋療養院院長室來看你。』惠康一聽見這句話，頓時軟化下來，連說：『好了，好了，就這樣吧！』他就在口袋中拿出這張定洋條來，交給陸守倫，我當堂也就簽了一張二千五百元支票，雙方就算了結這件事情。

興建新厦　謠諑頻傳

記得舊時有句諺語，叫做『與人不睦，勸人造屋。』這句話由傳統上看來，的確是經驗之談，我這次地皮還沒有買到，已經飽受丁惠康種種磨折，雖然終於被我買到手，而麻煩也就接踵而至。

第一個麻煩，到跑馬總會去換收條的時節，櫃面的職員就作梗了，看形勢非要用一些小錢，不能完成更換戶名的手續，幸虧我認得跑馬總會的買辦洪君，是我遠房的親戚，我就把收條換名的這件事拜託他，洪君說：『這件事可大可小，一定要直接去跑馬總會見外國經理，否則，換不成也有可能』。我說：『好，我準備明天停診半天，請你陪我去見他。』

到了次日上午，洪買辦就陪我去見外國經理，外國經理說：『最初付定洋的人一定要到場。』於是我就打電話到丁惠康的小房子（即金屋）中，恰巧接電話就是那個接受過我二千五百元的舞女，這個舞女倒還講義氣，擱了電話沒有多時，就和丁惠康聯袂而至跑馬總會經理室，外國經理問了丁惠康幾句話，惠康期期艾艾的說不清楚，那舞女說：『不要吞吞吐吐，爽爽氣氣的講。』惠康迫於無奈，祗好簽了轉移戶名的合約，這樣才算得到一個結果。

經理室外面的幾個中國職員，見到這種情形，認爲本來有一些油水可撈，這樣一來，財路斷了，面色很不好看，有一個人對外國經理說：『陳某人看來實力不充實，他買了地皮，擱置不造房子，將會影响我們的整個計劃。』外國經理看我年紀很輕，是否能建屋還有問題？所以一張正式的契約，他不肯簽發給我，洪買辦偷偷的問我：『你買成了這塊地皮，造屋的錢是否已有準備？』我對他說：『洪老伯請你放心，簽約之後，我立刻就要動工興建，預定十個月完成。』洪買辦很高興的對外國經理說：『你可以在契約上加注一句：一年內興建完竣，否則，就要收回。』外國經理說：『好』。我就付清了一部份地價，外國經理當堂把地契簽了給我，那幾個中國職員目擊此事，頓時嗒然若失。

接着第二個麻煩，就是怎樣去找一位打樣師（即劃則師），我和幾個朋友商討之後，想起我有一個病家，叫作奚福泉，他是上海有名的大建築師，朋友們都說奚福泉承包的都是上海大建築，你這一幢房子他未必感到興趣。我又特地停了半天診，去探望他，祇見他的寫字樓規模很大，職員有數十人之多，他看了我的地契和圖則，他說：『我現在手中有四個大建築物尚未完成，實在不能再接受。』我再三再四的要求他，他仍然加以婉拒，我在這般情形之下，祇好悵然離去。

回家之後，打電話給鄭耀南，耀南說：『奚福泉爲人誠懇，如果接受了你的工程，他絕對不會受建築工頭的賄路，一切都能掌握到不超過預算和限期。』我聽他這樣一講，不加考慮的打了一個電話給奚福泉太太，因爲奚太太曾患重病是我看好的，她說：『包在我身上，明天你去簽委託書好了。』第二天，我再到奚福泉寫字樓，奚氏見了我，祇是笑，不出一聲的拿出一份委托書來給我簽字，笑着說：『你眞有辦法。』

第三件麻煩就要找『作頭』（即承包建築的人），這個麻煩就更多了。風聲傳了出去來接頭的人倒有六七人，還有許多掮客（即經紀）硬要拖我去吃飯，日日夜夜有人來談這件事，弄到我如丈二金剛，摸不着頭腦。我去請教丁福保老先生，他說：『這件事是最麻煩的，沒有信用的作頭，是會廉價承包，半途抛工（即停工再談價）頭，那眞要弄到你啼笑皆非。你不如爽性委託奚福泉，他找出來的作頭，是不會有這種事發生的』。於是我就照他的話，去拜托奚福泉，他也勉勉强强的答應了。

待到圖則打好樣，奚福泉約同四個作頭讓他們估價，估價最高的一張標紙是三萬二千五百元，最低的一張是三萬元，我聽奚福泉的話，就選了最高價的一張標紙。

第四件麻煩就是要籌集一筆建築費，從前人的儲錢都在銀行裏開定期存欵，不到期，要全部提出來是辦不到的，除非你自己肯犧牲利息，才有得商量，這件事又經過好多週折。

從前造房子，沒有分期付欵的辦法，地價是要一次付清的，建築費三層樓宇是分四期付的，簽約時，先付四分之一，作爲開工打樁之用。打罷了樁，就要付第二期。一層造好之後，就要付第三期。兩層造好就要付第四期。入伙時，還要付許多改裝的附加雜費。

造這般一座三層的樓宇，時間快得很，一開工三月就造好了，造價要預先準備好，是一天也不能拖欠的。

本來我預備的欵項，祇是想買了這塊地皮，慢慢的才建屋，但是跑馬廳的合約，要我即刻興建屋宇，我就不得不想盡方法來動工興建。

我有一個病家，是上海粵籍大律師馮炳南，我先和他商量這個合同的內容，因爲他是全上海各大銀行的法律顧問，他看了我這個合同說：『合同沒有什麼話可說，你一定要準時付地價，準時造屋，一些也不可以延宕的。』他又微微笑着說：『要是你手頭緊的話，我可介紹兩個銀行貸欵，銀行方面對放欵收利息總是歡迎的。』於是地價方面，我得到分期付欵的優待，造屋的欵項則由銀行按期代付。我說：『這個辦法很好，因爲造屋往往會超過預算，能夠如此，我就沒有顧慮了。』那時節幣制一些沒有動搖，萬不料付了兩期之後，百物飛漲，幣值大跌，所以等到我全數清付時，幣值已經貶值了一半，我大大的獲益，這是事先料想不到的。

這些麻煩完全解決之後，就擇日破土動工，我的母親不免有些迷信，她對我說：『破土動工之日，你要對工人有一些表示，讓他們開開心心的動工，才不會整蠱作怪。』我雖不迷信，但是經母親這樣一講，倒也不能不信。所以在開工這天，我預備了四盤饅頭糕，每人另發紅封包一個，裏面放了五元鈔票一張，這數目在當時算很大，工人們接了紅封包，一連說了許多好口彩。

到全部工程完竣，我才對幾個同學發表，豈知一發表之後，竟然在極短期間，遍傳整個上海市醫界，因此謠諑叢生，有些人說我中了獎券，有些人說我得到幾個病家幫忙，也有人說在憶定盤路空地裏掘到了藏。已故同道吳子深說得最妙，他說三個指頭是絕對搭不出自造洋房的，其實這筆欵子，確確實實是我歷年從三個指頭上一元一元的積起來的。但是一個私人醫生，建造一所大樓，未免招搖太甚，所以我和幾個同學和門人組織一個國醫研究所，用這個名義，似乎比私家醫室更來得名正言順。

這座屋子，方向正對馬霍路跑馬廳的大門，可是我的新屋落成之後，法幣就開始動搖了，內部裝修沒有一樣不漲價，這樣就令到我超出了預算好多。

本文作者在上海威海衛路二號自建國醫研究所

幣制動搖　比數驚人

我的威海衛路新居落成，工部局給我的門牌號數是二號，親友們都紛紛前來道賀，在請入伙酒的那晚，每桌菜是八十元，大家聽了，十分驚駭，認爲這是從來沒有聽到過的高價，因此人人感覺到幣制已經動搖了。

幣制動搖的情況，最顯著的是米價，天天漲，初時大概漲三成，經過當局的禁令和限制，就跌一成，但是不到幾天，跌了的一成又漲了起來，漲了三成，又跌一成，這般週而復始，天天漲，月月漲，年年漲，這個數字現在已無法查明，但是人人都知道打仗是打什麽，打的是軍器和人命，戰場之外，打的是經濟和幣值，在這個時候，我也漸漸明白到黃金和外滙的重要，這時所謂外滙，以美鈔爲標準，於是誰都關心黃金和美鈔的市價。

我爲了寫這篇文稿，好多熱心朋友爲我搜集資料，有一位朋友替我在香港大學圖書館中查到戰事開始之後，黃金美鈔對紙幣的比數列表如下：（按這裏所謂一元，起初是指老法幣，後來是敵僞時期儲備票，再後來是金元券銀元券等。）

一九三八年五月，美金一元，等於四千一百五十八元。（按這是初見的紀錄）

一九三八年十二月，美金一元，等於六千一百六十元。（按這是七個月加了半倍）

一九三九年十二月，美金一元，等於一萬三千二百七十五元。（按幣值大崩潰了）

一九四〇年八月，美金一元，等於一萬七千七百二十五元。（按幣值還是漲）

一九四〇年九月，美元一元，等於十八元七角八分。（按幣制已改）

一九四二年十二月，美金一元，等於二十二元六角。（按表示這年尚穩定）

一九四四年八月，美金一元，等於七百八十六元。（按說明幣值大瀉）

一九四五年十二月，美金一元，等於十二萬一千餘元。（按幣值瀉得不像樣子）

一九四六年一月，美金一元，等於一千五百四十九元。（按表示幣制名目又改）

一九四六年十二月，美金一元，等於六千七百六十五元。（按表示幣值又大瀉）

一九四七年十二月，美金一元，等於十四萬九千餘元。（按表示又是大跌）

一九四八年八月，美金一元，等於一千一百〇八萬元。（按這表示幣制在戰事終了時數字）

這張表，是花了很多時間查出來的。但是照我的觀察，各方面都有不同的記載，因爲那時節人心混亂，誰有心情去記這筆混賬，後來連『銀行週報』都停版了，所以要查這個資料極爲困難。但是我又有一件法寶，就是我從舊報中剪到一篇文稿，作者的署名是『夜蘭』，原文如後：

『廿六年七月，對日抗戰開始，半年之間，法幣信用，毫無變動，然而三十年之初，軍費浩繁，發行數額雖增，物價上漲指數，猶未達十倍。卅四年底，勝利復員，需欵更巨，此時法幣發行額，已由十五億元增至一萬億元，爲六百六十七倍（民國三十年後政府爲穩定幣值，發行關金券），卅五年底，發行額增至三萬億元，三十六年四月底，爲六萬億元，三十七年三月底，增至七〇萬億元，五月底爲一三五萬億元，八月十八日增至六〇〇〇萬億元之譜，票面則十萬、五十萬、一百萬元，充斥市場。惡性膨脹已至不可收拾之境。廿四年十一月四日實施之法幣政策，歷時十二年九個月又十五日，遂不得不宣告結束。

三十七年八月十九日，政府改革幣制之計劃，被迫提前實施，即日使用金圓券，每元折合法幣三百萬元，同時公佈金圓券發行辦法十七條，並宣佈人民所有金銀外幣處理辦法，中華民國人民存放國外外滙資產登記處理辦法各十五條，整理財政加强管制經濟辦法三十三條，相輔而行，於是我國貨幣，改採虛金本位，每金元之法定含金量爲純金〇．二二二一七公分，而由中央銀行發行金元券，十足流通行使。但因發行工作及執行技術，未能充分配合，而又未能及時趕鑄硬幣，僅憑換一名稱之鈔票，流通市場，人民感於法幣往事之敎訓，始則觀望懷疑，繼而信心動搖，終於未能作有效之支持，且其時正值徐蚌會戰失利，人心浮動，而政府支用浩繁，赤字劇增，加以國際貿易，入超增加，本國資金，紛紛向外逃避，在種種不利環境之下，金元券於發行兩個月後，幣值即開始劇烈貶跌，卅四年一月，銀幣一元可換金元券千元，四月中旬，折合率爲一與千萬之比，其跌落之情形，遠甚法幣。七月一日，政府又重建幣制，改用銀元券，並規定銀幣一元，收兌金元券五億元，發行未滿一年之金元券，至此亦隨法幣而成貨幣史上之名詞矣。」

這篇文稿，也是一位有心人所寫，實在是很可貴的資料。

我寫這篇文稿，遲遲不能結束，原因就爲了查不到從前一塊錢在戰時合到多少錢？在戰後合到多少錢？後來蔡聲白夫人莫川媚女士送給大人雜誌圖書室一疊貼報簿，我整整的翻了幾小時，最後找到一段很小的新聞，是記載當時幣值的，眞敎我欣喜若狂，現在附刊如下圖。

袁大頭 金圓券
一頁滄桑史

（上海通訊）記者頃晤一老工人，暢談塊銀元之變遷歷史，言下不勝滄海桑田之感：「廿四年十一月，以銀元一枚掉得法幣一元鈔一張，至抗戰第二年南京僞政府强迫人民以二元老法幣掉一元僞儲券，卅四年抗戰勝利，政府又以老法幣一元掉僞儲券二百元，截至政府去年「八一九」改革幣制時，又以銀元一枚掉二元金元券，實合老法幣三百萬元，即每枚銀元合老法幣六百萬元，現在每一銀元值二萬四千金元券即每枚銀元合老法幣一千四百四十億老法幣。短短十四年間，一枚銀元已漲了一千四百四十億倍，翻了幾個身，老百姓的財產也不知翻了幾個身，假如每一元老法幣四吋長，此千四百四十億元一元券可接成全中國之鐵路總長之數倍，此項天文數字之最受害者，實在不知應該向誰訴苦？」

語重心長的一段小新聞

在寫這篇文稿時，還參攷過好幾本書，但是各種記載錯綜不一，我覺得幣值的變動，在各個地區還有很大的差別，換言之，上海有上海的幣值，重慶有重慶的幣值，廣州有廣州的幣值，許多地區，都有顯著的不同。

世亂如麻 紙比幣貴

在我離滬的後期那二三年之中，我過的不知道是什麽生活，早晨六時半起身，寫上三五行日記，就開始出診，八點半開始門診，一直要看到下午六時，門診號數最高的紀錄達到一百四十多號，出診最多的一天是十四家，精神雖然還好，到晚間結賬，拿到手的都是紙幣，那時紙幣的紙質越來越壞，我太太點數時，總說紙幣氣息難聞，一疊疊的包紮之後，祗能應付次日的支出。

本來我是小家庭，自從新屋落成之後，大哥的家人都搬到我家來，母親和弟妹，當然住在我家，岳丈岳母也搬了過來，每天上下午要開兩桌飯，眞可說是食指浩繁，不易應付。

買米一担，沒有幾天就吃光了，向米店去買米，還要講人情，先把鈔票放在蔴袋中送到米店，然後才能拿到一担米，有時要三大蔴袋鈔票，才換到一袋米。

我還算幸運，有收入可以天天支付，最苦惱的是公務人員，雖說能獲得物價指數的加薪，但物價一日數變，加到的薪水永遠追趕不上物價，因此貪汚叢生，賄賂百出，把從前上海的廉潔作風一掃而空。我祗要講兩個故事，可見其餘：

第一個故事：那時燃料絕跡，煤球成爲天之驕子，行政當局下令，煤球不可囤積，也不可成担的買進，每天每人限買十個，但是煤球的成份，泥質多而煤質少，幾個煤球，不夠一個爐子生火，那怎樣可以取到大量煤球呢？有辦法，等警察上門來兜，問每天需要多少，可以委托他們代買，他們會在下班之後，押着送到你家中，任何人也不敢留難他，那時上海人爲這種警察題了個外號，叫作『煤球警察』，這名稱雖刻薄些，但是那時上海人的境況，由此可見一斑了。

第二個故事：就是上海的舊屋，很容易着火、救火車很快的就到了，救火員迅速的灌救，這是常例。但到了這個時候，救火員都懶洋洋不管事情，打電話報告火警時，救火會就要問有沒有貼補？報火警的人總是說有，等救火車一到，首先就要向業主講價錢（講數），講妥之後，一手繳錢，一手救火，凑錢的時候，四鄰都把鈔票搬出來，誰也不敢遲一步，如果不繳錢的話，火頭蔓延全條街，他們也不管，市政當局也明知其事而無法追究。

至於此時物價之高，高到什麽地步，我也可以舉兩件日用品來代表一下。一種就是最不值錢的油炸檜（即油條），每一條要賣到二千元，後來漲到五千元，再後來漲到一萬元。

還有一樣東西，就是買一盒火柴，要一萬元，什麽紙幣我已記不清楚，，我却算了一算，究竟一根火柴要值到多少錢，拿鳳凰牌（最有名的一種）來說，我叫學生細細點一下，一盒火柴大致七十枝，用一萬元計算，就是一根要值到一百三十三元一枝。大家看到了這一段，可能認爲是神話，但是事實確是事實，是無可否認的。

又記得那時節我到五芳齋去吃湯飽，吃罷之後，付了十五萬元，有一個時期，大家一開口就是講多少多少萬，一場麻將，輸掉兩三千萬也不足爲奇。

那時節的治安，除了政治性的暗殺之外，一般竊盜案却少得離奇，因爲那時的鈔票不值錢，搶了一袋也沒有多大用處，倒是有一個風氣，大家認爲很嚴重，就是在鬧市中有人購買生煎饅頭、雞蛋糕，或是臭豆腐干，乞兒就會走過搶去塞入口中，對你面露笑容而並不逃走，一般市民認爲畢竟是小事體，也沒有人加以拘捕，所以乞丐們倒也不愁沒有東西吃。

舊鈔票當作糊牆紙

從前走私販毒，都是一些外省籍的黑社會份子所做的，一般癮君子認爲日本人來了，鴉片和紅丸一定是很普遍的到處可以買到，但是事實上，戰事越緊張，鴉片等毒品越缺乏，鴉片烟膏越來越少，烟質也越來越差。那時節嗎啡並不流行，由於鴉片缺貨，一般人都改吸紅丸，這種紅丸價格也跟着飛漲，好多人在無法可想的情形下都戒除了這個嗜好。但有些自暴自棄的人，吃盡當光還是要吸，祇要北風一起，一夜之間，街頭巷尾都是凍死冷殭的癮君子，數字極高。

買米是要排隊輪候的，這時候市上發現一種斑疹傷寒（按醫書上稱作飢餓傷寒或戰爭傷寒），是由跳蝨傳染的，那些排隊購米的人，很容易沾染到這一種帶菌的蝨，在上海於一季之中，竟然因此死了一千多人，連我的同道中人，也死了好多個。

鈔票不值錢，但是鈔票的紙張向來是很貴的，到了此時，鈔票的紙越來越壞，又黃又皺，簡直完全不像鈔票紙，有些人鑒於購買花紙塗牆價值太貴，爽性把從前一元五元的老鈔票替代花紙塗在牆上，倒也很好看，而且有諷刺的意味。（見附圖）

鈔票這般的不值錢，銀行却麻煩死了，存入付出都是大包大綑，放在大麻袋中，大家連點數都不願點。但是印鈔票的印刷廠，實在來不及印，銀行爲了便利起見，爽性由各行發行一種『撥欵單』，一百萬一千萬都寫成一張撥欵單，彼此支付便利得多，因此各銀行紛紛倡行撥欵單，起初限於高層階級相互使用，後來連街市都用撥欵單來買菜。

所謂『撥欵單』，相等於銀行的本票，撥欵單風行之後，好多家庭婦女連這撥欵單三字都說不清楚，把它說成『八卦丹』，彼此往來就說八卦丹多少多少。

幣制這樣的混亂，幣值天天跌，祇有黃金與美鈔，却相反的天天漲，一個風潮一來，黃金的價格就會高了一倍，美鈔成爲稀世之珍。但是從前上海的黃金以十兩爲一大條，可是要購進十兩黃金，在普通人也不是容易辦到的事。

金行中爲了適應這種環境起見，另外發行一兩重的黃金小條子，這種小條子俗稱『小黃魚』。大概因爲金子是黃的，所以就稱它爲黃魚。

美鈔流動性比較活躍，但是要購買十元美鈔，也不知要用多少萬的鈔票，總之，鈔票不值錢，大家都過着數字遊戲的籌碼生活。

戰爭前期的銀行，任何存欵，最多的是五年期的長期存欵，到了後期，鈔票天天跌，等到期拿出來時，已經完全不值錢。有一個朋友，按月存欵已存了四年以上，到這個時候，再也沒有心情去繼續存入，有一次把存摺繳銷，結算出來的錢，賬面上明明有二萬餘元，可是領出來之後，祇換到一簍枇杷，所以銀行都大大的發了財。

抗戰到七年時節，日本人想出來搗亂上海金融，因爲上海的市面可以影響到內地，上海的幣制一混亂，內地的幣制也會跟着混亂，不知道那一個人想出來。把儲存多年在日本銀行中的銀元搬出來，交給小販，由小販到處設攤出售，或者抓在手中兜售。

這一個計劃，眞是毒計，因爲普通人黃金美鈔買不起，買一塊銀元畢竟輕而易舉，所以購買銀元的人爭先恐後。

本來廢兩改元，廢元改鈔的政策實行之後，市面上的銀元早已絕跡了，而且銀元也久已不在市上通用之列。我們祇知道日本人搶購許多銀元運囘日本，其實大部份銀元，還存在上海幾家日本銀行庫中，因爲數量太多，運不勝運，經正式開戰之後，日本軍艦到上海，運來的都是軍人和軍用物資，囘去的時候，裝的都是傷兵和被服，最初還有些戰利品，後來連放戰利品的位置都沒有了，所以在那時節，一切日本貨也沒有運到上海，他們搜購的廢銅廢鐵，也沒有運囘日本，可見運輸困難，他們戰爭的脚步也大亂了。

至於存在銀行中的銀元，更沒有想到繼續運囘去，況且那時節，日本人需要的是米糧棉布和煤。銀元即使運囘去，也派不了用塲，所以上海積存的銀元還是相當多。日本人雖有棉布統制委員會、米糧統制委員會等，統制雖是統制，還是要付一些錢，鈔票既來不及印，祇把銀元拋出來，換鈔票使用。

大家見到銀元重復上市之後，一部份人叮叮噹噹的敲起來，認爲實物畢竟是實物，尤其是鄉下人，看到銀元就眼紅，把物品運到上海之後，就買進銀元囘去。

民間的財富階級，在實行廢元改幣，政府實施時，表面上拿出一些銀元去換鈔票，實際上貯藏在地下窖中還是很多不動的，埋藏了好多年，不能流通，一旦見到銀元恢復使用，有些人心也活動起來，他們把地下銀元掘出來，有些把它來換美金美鈔，有些用來購買房屋地產。

我就有一個親戚，向來住在江蘇安亭，全家都穿得破破爛爛，務農爲生，其實他們在地窖中，世代相傳，有三千塊銀元，我家的老坟在安亭，他們在上海祇認得我。有一天，那位親戚率領了子女兒孫二十多人到上海來，他說：『我們在鄉間苦了幾十年，現在四鄉不安，都是游而不擊的游擊隊，銀元既可復用，我們也要到上海來謀生。』說罷之後，身强力壯體格偉岸的青年人，腰間多纏上了二三百銀元，好幾個老年人身邊也各帶了幾十元，連小孩子身邊也塞上幾元，我和他們是世交，我對他說：『財不可露眼，快快搬進我的小房間中。』細細的點數之後，眞是三千大圓。我從這件事知道了，法令歸法令，人民的財富埋在地窖中的，還是不在少數。

銀元的市價，當時已經很高，我勸他用一小部份銀元先安置一個家，其餘的銀元，慢慢待善價而沽，一下子賣出是不合算的，我的親戚深以爲然。

這時候，銀元的身價已經脫離了現實，從前上海人租屋，很小的一個亭子間也要八元十元，一個統廂房也要三十四十元，但是這時出租房子的人，喊出很大數目的鈔票，而折合銀元祇不過六七元，所以祇有銀元的身價是平步青雲的漲起來。

在抗戰將要結束時期，儲備票不值錢，大家搶購銀元，銀元的攤檔，全上海總有幾千處，實際上並沒有什麽攤檔，祇是一個人手裏拿了幾十塊銀元，叮叮噹噹的敲着，就有人走近和他做交易，交易分兩種，一種叫大頭，價錢貴一些，一種叫小頭，價錢便宜些。

這時候，我每天收入的診金，雖是成綑的鈔票，但是陸續換取銀元，也不過十七八個銀元，雖然我的診金也跟着加，然而總是追不上銀元的價格。

銀元買賣的猖獗情況，震動了整個上海，大家祇要手頭有一些撥欵單或鈔票（按這時的鈔票面額是萬元），就要趕着去買進銀元，這是第一個時期的情況。

勝利來臨，儲備票以二百元折合法幣一元，銀元又重復銷聲匿跡，但是法幣的幣制也是月月低落，市面上鈔票不夠用，於是市面上又出現了一種關金券，每一張關金券換法幣二十元，但是究竟戰爭了八年之後，幣制不易做到穩定，銀元依然蠢蠢欲動。過了一個時期，法幣關金券都站不住，又出了一種金元券，金元券的政策是好的，可是祇維持了幾十天的正常價格，金元券又崩潰了。金元券一崩潰，銀元又出頭了，整個上海沿街又重見出賣銀元的人。街頭上祇聽到一片叮叮噹噹之聲，全是做這種交易的。

從前銀元的市價，幾天一變，漸漸的成爲一日一變，更進一步，成爲早晚市價不同，總是漲

關金券二十五萬元金元券伍十萬元

！漲！漲。幣值總是跌！跌！跌。

銀元漲得最厲害的時期，就是一九四八年的秋間，我每天收入的診金，每隔二小時派人出去換銀元，每次銀元的價格都不同。有一天，我收到一筆鈔票，叫掛號先生去換銀元，他老實得很，認爲附近一個銀元攤索價太高，他走遠一些向另一個攤去買，不料這個攤檔價格更高，再走幾檔，價格更高，於是走回來仍舊向附近一個攤去買，不料這個攤的索價又高了，可以說在一個小時之內，會變幾變。

在這種千變萬化的情狀之下，許多人都勸我從速離開上海，我聽了他們的話，祇是默不作聲，依然按時臨診。

最後一天，我看了一百個病人祇換到四個大頭，晚上一位西醫朋友何雲鶴，仍然按時到我家來爲我講述西醫的內科學，那一晚講的是心臟病，他見我神色自若，滔滔不絕的講了一個半鐘頭，講罷之後，他忽然淚盈於眶的說：『這樣的日子，實在過不下去，你有能力的話，不如早早離開上海，我家累甚重，行不開，走不動，如此情況，眞不知伊於何底？』他說罷了，我就答：『好，我們的講學就至今晚爲止。』我就拿出二十塊銀元來送給他，他面色大變，似乎又感激，又悲哀。這位何醫生的學識豐富，講解詳細，我從他那裏獲益不少，在此以前，我已聽他講了兩年有餘。

上海擠兌黃金，萬頭攢動

正在這時候，又有五六個老同學來，看見我還在聽講書，他們覺得非常奇怪，見到我和何雲鶴最後的一幕，他們說：『存仁兄，你還是走吧！』這一晚我眞無法入睡，眼光光的等待天明，整理了一下東西，覺得沒有一樣東西不想拿，也覺得沒有一樣東西可以拿，祇是走到母親身邊講了幾句辭別的話，拿起一個籐包，就此離開上海，我的太太和子女，是後來到香港的。母親堅守自建的樓宇，不肯離滬，後來仙逝，享年八十三歲，其時我已不在上海了。

我寫這篇銀元時代的文稿，自此宣告結束，不久銀元也在這個時期結束了它的使用價值。

銀元時代　從此結束

我到了香港之後，依然以行醫糊口，一九五〇年，有一天，我走過一家小兌換店，我就想起了紅極一時的銀元，在香港究竟能賣多少錢？一問之下才知道港幣三元兩毫可以換到所謂大頭的銀元一個，我爲了『留念』起見，曾經買了一個，但是在任何場合，從未見有人使用這種銀元。

光陰眞快，不知不覺已在香港過了二十二年。去年八月我到美國去，在時報廣場區內，見到有許多古錢舖，他們賣的是全世界金銀雜幣，在櫥窗中我見到中國的銀元也赫然陳列其間，我好奇心動，走進去問了一問價錢，他就取出一塊乾隆龍洋，索價美金三十元，我祇是對他笑，他說這塊錢已成爲古董，這一塊賣了給你，我就沒有第二塊了。我聽了這兩句話，苦笑不已。

這篇文稿是我應大人雜誌之請而寫的專載，每月一篇，連寫了十七篇，料不到頗受讀者歡迎。其實這些事情，論年份實在很近，好像都在眼前，可是現在說來，幾乎隔了一世了。其中年月方面有些已記憶不清，要是再隔幾年，更不知要變到什麼程度。可是知道的人，還是很多，中年以上的人都能記憶得到。我文中有什麼錯誤，希望讀者來信爲我指正，不久，就有『銀元時代生活史』的單行本出版，可以逐一改

一九七二年九月寫成

英國

珍履

Cheaney

of

England

高級男鞋

大人公司　平價市場　人人百貨　大方公司　來路鞋公司有售

粵菜滬菜

珍寶大酒樓附設滬菜部，稱大人飯店，供應標準滬菜。全層席開二十桌，設有禮堂，可供喜慶宴會之用。並有貴賓室多間，裝修富麗堂皇。宴客或雀局，必須定座。

珍寶大酒樓

旺角奶路臣街十一號・定座電話：(三)八七七七七七

大人總目錄

第一期（一九七〇年五月十五日）：

第二期（一九七〇年六月十五日）：

第三期（一九七〇年七月十五日）：

第四期（一九七〇年八月十五日）：

第五期（一九七〇年九月十五日）：

第六期（一九七〇年十月十五日）：

第七期（一九七〇年十一月十五日）：

第八期（一九七〇年十二月十五日）：

第九期（一九七一年一月十五日）：

第十期（一九七一年二月十五日）：

第十一期（一九七一年三月十五日）：

第十二期（一九七一年四月十五日）：

第十三期（一九七一年五月十五日）：

第十四期（一九七一年六月十五日）：

第十五期（一九七一年七月十五日）：

第十六期（一九七一年八月十五日）：

第十七期（一九七一年九月十五日）：

第十八期（一九七一年十月十五日）：

第十九期（一九七一年十一月十五日）：

第二十期（一九七一年十二月十五日）：

第二十一期（一九七二年一月十五日）：

第二十二期（一九七二年二月十五日）：

第二十三期（一九七二年三月十五日）：

第二十四期（一九七二年四月十五日）：

第二十五期（一九七二年五月十五日）：

第二十六期（一九七二年六月十五日）：

第二十七期（一九七二年七月十五日）：

第二十八期（一九七二年八月十五日）：

第二十九期（一九七二年九月十五日）：

第三十期（一九七二年十月十五日）：

第三十一期（一九七二年十一月十五日）：

第三十二期（一九七二年十二月十五日）：

第三十三期（一九七三年一月十五日）：

第三十四期（一九七三年二月十五日）：

第三十五期（一九七三年三月十五日）：

第三十六期（一九七三年四月十五日）：

第三十七期（一九七三年五月十五日）：

第三十八期（一九七三年六月十五日）：

第三十九期（一九七三年七月十五日）：

第四十期（一九七三年八月十五日）：

第四十一期（一九七三年九月十五日）：

第四十二期（一九七三年十月十五日）：

大人（八）

數位重製・印刷　秀威資訊科技股份有限公司
http://www.showwe.com.tw
114 台北市內湖區瑞光路 76 巷 65 號 1 樓
電話：+886-2-2796-3638
傳真：+886-2-2796-1377
劃　撥　帳　號　19563868　戶名：秀威資訊科技股份有限公司
讀者服務信箱：service@showwe.com.tw
網　路　訂　購　秀威網路書店：https://store.showwe.tw
網路訂購：order@showwe.com.tw

2017 年
全套精裝印製工本費：新台幣 30,000 元（不分售）

Printed in Taiwan　ISBN: 978-986-326-369-2　CIP: 078

本期刊僅收精裝印製工本費，僅供學術研究參考使用

ISBN 978-986-326-369-2

讀者回函卡

感謝您購買本書，為提升服務品質，請填妥以下資料，將讀者回函卡直接寄回或傳真本公司，收到您的寶貴意見後，我們會收藏記錄及檢討，謝謝！

如您需要了解本公司最新出版書目、購書優惠或企劃活動，歡迎您上網查詢或下載相關資料：http:// www.showwe.com.tw

您購買的書名：______________________________

出生日期：________年________月________日

學歷：□高中（含）以下　□大專　□研究所（含）以上

職業：□製造業　□金融業　□資訊業　□軍警　□傳播業　□自由業

□服務業　□公務員　□教職　□學生　□家管　□其它____

購書地點：□網路書店　□實體書店　□書展　□郵購　□贈閱　□其他

您從何得知本書的消息？

□網路書店　□實體書店　□網路搜尋　□電子報　□書訊　□雜誌

□傳播媒體　□親友推薦　□網站推薦　□部落格　□其他________

您對本書的評價：（請填代號　1.非常滿意　2.滿意　3.尚可　4.再改進）

封面設計____　版面編排____　內容____　文／譯筆____　價格____

讀完書後您覺得：

□很有收穫　□有收穫　□收穫不多　□沒收穫

對我們的建議：______________________________

____

____

____

請貼
郵票

11466
台北市內湖區瑞光路 76 巷 65 號 1 樓
秀威資訊科技股份有限公司　　收
BOD 數位出版事業部

（請沿線對折寄回，謝謝！）

姓　　名：＿＿＿＿＿＿＿＿　年齡：＿＿＿＿　性別：□女　□男

郵遞區號：□□□□□

地　　址：＿＿＿＿＿＿＿＿＿＿＿＿＿＿＿＿＿＿＿

聯絡電話：(日)＿＿＿＿＿＿＿＿＿＿ (夜)＿＿＿＿＿＿＿＿＿＿

E-mail：＿＿＿＿＿＿＿＿＿＿＿＿＿＿＿＿＿＿＿